本科师范教育改革发展研究

张艳国 著

江西人民出版社
全国百佳出版社

作者简介

张艳国，男，1964年生，湖北仙桃人，中共党员。历史学博士、博士后，研究员、二级教授，博士生导师、博士后合作导师。我国当代知名的马克思主义理论家、历史学家、教育家。获得国家“万人计划”哲学社会科学领军人才（国家高层次人才特殊支持计划）、中共中央宣传部文化名家暨“四个一批”人才、国务院特殊津贴专家等荣誉称号。曾长期在湖北省社会科学院（1985.06—2008.12）、江西省高校领导岗位工作，曾任江西师范大学副校长、党委副书记（2008.12—2021.03），南昌师范学院党委副书记、校长（2021.03—2024.01），现任华中师范大学博雅学者特聘教授，中国政治文化与国家治理研究中心主任、首席专家。兼任国家社会科学基金重大项目首席专家、国家社会科学基金重大项目评审专家、国家社会科学基金项目评审会评专家，第四、五届教育部国家教学指导委员会历史学类委员，全国行业职业教育教学指导委员会暨教育部职业院校教学（教育）指导委员会文化艺术类委员，第二届民政部全国基层政权建设与社区建设专家委员会委员，教育部人才项目评审专家、社会科学研究项目评审专家，教育部本科教学工作合格评估专家、本科教育教学审核评估专家、研究生教育与学位论文评审专家，中国史学理论研究会副会长。主要研究史学理论与方法、中国思想文化史、中国近现代史、马克思主义中国化、城乡基层治理、高等教育改革发展。在《中国社会科学》《中共党史研究》《马克思主义研究》《中国史研究》《史学理论研究》《人民日报》《光明日报》《中国社会科学报》等报刊发表学术理论文章300余篇，被《新华文摘》全文转载17篇、《中国社会科学文摘》全文转载7篇、人大复印资料各刊全文转载68篇次；主持承担国家社科基金重大项目、重点项目、重大项目子课题、一般项目多个；获得中宣部精神文明建设“五个一工程”奖，省部级优秀社科成果一、二、三等奖20余项，获得江西省教学成果特等奖、一等奖、二等奖10余项；在人民出版社、中国社会科学出版社等出版学术著作10余部；20余件研究报告被党和国家领导人、省部级负责人、省部级领导部门批示肯定、采纳吸收。

图书在版编目（CIP）数据

本科师范教育改革发展研究 / 张艳国著 . -- 南昌：江西人民出版社，2024.8

ISBN 978-7-210-15264-4

Ⅰ . ①本… Ⅱ . ①张… Ⅲ . ①高等师范教育—教育改革—研究—中国 Ⅳ . ① G659.21

中国国家版本馆 CIP 数据核字（2024）第 030931 号

本科师范教育改革发展研究 张艳国 著

BENKE SHIFAN JIAOYU GAIGE FAZHAN YANJIU

责任编辑：饶 芬

封面设计：章 雷

江西人民出版社 Jiangxi People's Publishing House 全国百佳出版社 出版发行

地 址：江西省南昌市三经路 47 号附 1 号（邮编：330006）

网 址：www.jxpph.com

电子信箱：jxpph@tom.com

编辑部电话：0791-86898683

发行部电话：0791-86898815

承 印 厂：湖北金港彩印有限公司

经 销：各地新华书店

开 本：787 毫米 ×1092 毫米 1/16

印 张：45.25

字 数：716 千字

版 次：2024 年 8 月第 1 版

印 次：2024 年 8 月第 1 次印刷

书 号：ISBN 978-7-210-15264-4

定 价：298.00 元

赣版权登字 -01-2024-184

美丽的江西师范大学

张艳国教授看望本书序文作者、江西省老领导、著名文化学者朱虹教授（2024 年 1 月 29 日）

美丽的南昌师范学院

南昌师范学院党委书记王金平教授赠送张艳国教授在校工作相册（2024 年 3 月 20 日）

张艳国教授在庆祝南昌师范学院建校七十周年大会上作主旨报告（2022 年 10 月 29 日）

张艳国教授主持江西师范大学建校八十周年校庆“新时代高等教育发展论坛”（2020 年 10 月 30 日）

在庆祝江西师范大学建校八十周年之际，张艳国教授、康凤云教授和部分在校研究生、博士后合影（2020 年 10 月 30 日）

序　好校长办出好大学

◎朱　虹[①]

这个世界说大也大，说小也小，人生际遇总是那么奇妙，令人回味。艳国同志和我一样，都是江西的“进口老表”。2008年底，他响应江西省委省政府号召，从湖北跨省选拔走上江西师范大学副校长领导岗位。2010年秋季，我离开国家广电总局办公厅主任、新闻发言人岗位，南下担任江西省副省长，分管教育、文化、旅游、社科研究等工作。我和他既是湖北老乡，又是华中师范大学校友。在年轻的时候，他在《江汉论坛》办刊，我在《社会主义研究》编刊，那时候我们就有过交往。此次相逢在江西，别有一番老乡校友之情。加上工作关系，我们有一些学术理论方面的交流与研讨，我对他有了更多了解。我到江西工作不久，就有高校负责同志告诉我，艳国被引进到江西师大工作。刚开始，大家对他的到来不以为意，经过一段时间工作后，大家对他的工作“很以为意”。于是，高校之间就流传着一句“热语”——“天上掉下个张艳国”[②]。他的才华和能力在短时间内得到大家认可，这确实是江西师范大学发展历程中的一件幸事。其时，江西师范大学正在用人之际，可谓求贤若渴，他的到来，缓解了补齐“双肩挑”校领导人才短板的“燃眉之急”。因为他长期在武汉教育、文化“大码头”工作的缘故，他为江西师范大学的改革发展带来一股清流和活力，这是必然的。

---

① 本文作者朱虹同志曾长期担任江西省人民政府副省长，中共江西省委常委、秘书长，江西省人大常委会党组副书记、副主任；现为南昌大学文化和旅游研究院院长、教授、博士生导师，江西省哲学社会科学重点研究基地南昌师范学院江右文化研究与传播中心特聘研究员，国家社会科学基金重大项目首席专家。

② 方志远：《我所了解的张艳国》，在张艳国教授主持的国家社会科学基金中国历史研究院重大历史问题研究专项重大招标项目“习近平关于历史科学重要论述理论内涵和重大意义研究”开题报告暨研讨会上的讲话（2022年5月14日下午）。今日头条、大江网2022年5月17日全文转载。

一、牢记“国之大者”，推动学校高质量发展

党的二十大报告指出：“高质量发展是全面建设社会主义现代化国家的首要任务。”① “高等学校是人才的摇篮、知识的殿堂、创新的基地，是经济社会进步的‘发动机’和‘助推器’”②，承担培养服务经济社会高质量发展生力军的重任。书记、校长作为高校主要负责同志，引领学校高质量发展，服务国家战略部署和地方发展需求，责无旁贷。习近平总书记强调：“高校书记、校长都要成为社会主义政治家、教育家。”③ 坚持社会主义政治家、教育家标准，不仅是党组织选拔高校领导最鲜明的素质要求，也是推动高等教育高质量发展的必然要求，更反映出社会对办好人民满意的高等教育的期待。

我所认识的张艳国，就是一位具有政治家、教育家深厚情怀的现代高校领导。他深爱着江西这片红土地，情系教师教育改革发展，严格按照习近平总书记的要求，坚持以社会主义政治家、教育家标准严格要求自己、完善自己、提升自己，练就办学治校的过硬本领，全力推进江西师范大学和南昌师范学院走内涵式发展之路，实现高质量发展，用实际行动和发展成果向我们阐释了一名共产党员金子般闪亮的初心使命，展示了一名教育工作者赤子般纯真的办学追求。

艳国同志按照政治家要求办学，具有坚定的政治立场和深邃的战略思考。在江西师范大学担任副校长、党委副书记期间，他贯彻落实习近平总书记对江西发展作出的“作示范、勇争先”重要指示，努力补齐学校高质量发展的短板弱项，统筹推进学科专业内涵建设，建成一批优质学术阵地和窗口。他领衔创建省内迄今唯一一个中国史一级学科博士点，并协同推进多个文科博士点建设；他带领中国近现代史教研室教师获批江西省迄今唯一一个中国近现代史国家级教学团队，带领历史文化与旅游学院获批省内第一个历史学国家一流专业建设点；他大力支持马克思主义理论一级学科博士点带头人祝黄河教授建学科、强学科，指导并带头推动马克思主义学院成为全省唯一一个获批中共中央宣传部、

① 习近平：《高举中国特色社会主义伟大旗帜　为全面建设社会主义现代化国家而团结奋斗——在中国共产党第二十次全国代表大会上的报告》，《人民日报》2022 年 10 月 26 日。

② 朱虹：《翻开江西这本书》，江西高校出版社 2020 年版，第 322 页。

③ 习近平：《论坚持党对一切工作的领导》，中央文献出版社 2019 年版，第 165 页。

教育部确定的全国重点马克思主义学院；他下大力气指导《江西师范大学学报》办刊改革，引领其进入全国“C 刊”行列；他指导学校创新创业教育获得所有相关国家级荣誉表彰的“大满贯”；2016 年，他在《中国社会科学》发表标志性代表作《李大钊、瞿秋白对俄国道路的认识》，在学术界产生很大影响。读完此文后，我赞赏有加，作出了“江西哲学社会科学界亟须培育更多像这样的高端成果”的批示。事实上，艳国同志有 17 篇文章被《新华文摘》全文转载、7 篇文章被《中国社会科学文摘》全文转载。他确实是一位多产高质、有全国性学术影响的知名学者。他用他的勤劳和成果证明了自己的学术组织能力和科研实力。说实话，高校的教学、科研和学科建设工作，都是高质量发展难啃的“硬骨头”。艳国颇有荆楚壮士断腕的魄力和“一飞冲天”的气概，不道前途多险阻，不破楼兰终不还，他硬是把这几件难事、大事办成了，在师生心中留下深刻印记。

2021 年 3 月，省委省政府任命艳国同志担任南昌师范学院党委副书记、校长。上任之际，省委主要领导与他谈话，希望并要求他在新的工作岗位上勇争先，善作为，继续发扬勇挑重担、敢于担当的工作作风，把南昌师范学院改革发展事业搅动起来、激活起来。走上新的工作岗位后，他向我专门汇报过一次工作新思考、新谋划。我鼓励他解放思想，联系学校实际，看准了的事，就团结干部和师生大胆干、大胆改、大胆试。他果然不负众望，与学校党委书记王金平同志一道，讲团结，顾大局，党政同心谋发展，在南昌师范学院干得风生水起、有声有色，受到其他高校关注和好评，也向省委省政府交上了一份打造地方本科师范院校教师教育改革发展的新时代人民满意答卷。

艳国同志以过人的胆识和睿智的战略眼光，在学校结束本科教学工作合格评估两年后，推动思想解放大讨论，准确定位学校办学方向，找准发展前进的坐标系，确定“申硕更大”[①] 战略目标，极大提振学校发展精气神，凝聚师生奋进力量；以赶超进位的奋勇姿态，找对学习追赶的参照系，聚焦中部六省同类高校，选树标杆院校，对标对表谋发展；以学科建设为突破口，抓住核心竞争力，带领学校进入江西省“十四五”时期新增硕士学位授予立项重点建设单位

① 《南昌师范学院“十四五”发展规划》（2021）确立了学校建设一级学科硕士学位授权点的奋斗目标。《南昌师范学院第三届教代会、工代会第二次会议工作报告》（2022）提出学校更名为南昌师范大学的奋斗目标。这两个目标合在一起简称“申硕更大”。

行列；破局一流本科建设，建成学校首个国家一流本科专业建设点（学前教育专业）；高品质推动师范类专业认证工作，学校9个师范专业通过认证，通过率100%，教师教育质量得到教育部师范类专业认证专家组高度肯定。专家组指出，南昌师范学院坚守教师教育底色，守牢育人育才本色，彰显服务基层特色，聚焦师德师风亮色，“四色”有机融合，打造“金色”教师教育，成为一所有情怀、有担当、有质量、有特色、有作为的师范本科院校[①]。学校以70周年校庆为文化结点，吹响改革发展集结号，赓续师范传统，梳理学校大学文化，创新教育文化，聚焦“四色”有机融合，打造“金色”教师教育[②]，教育改革经验得到中央教育工作领导小组及省委教育工作领导小组肯定，创新成果刊登在《全国教育工作情况》《江西教育情况》《中国社会科学报》等重要简报和报纸上，受到全国高校领域关注，产生良好的社会反响。实践证明，艳国想干事、能干事，更能干成事；省委看准了事，选对了人，为我省高等教育培养了一名好干部。这也说明，干部是改革发展的关键因素。选对了干部，就能带领群众干大事、推动发展迈大步；而有能力、有才华的干部，也需要有干事创业的舞台。

二、锐意改革进取，强化学校内涵式建设

“好学校必有一位好校长，好校长才能办出好大学。”然而，成长为一名出色的好校长，并非易事。伟大的人民教育家陶行知先生曾说过：“做一个学校校长，谈何容易！说得小些，他关系千百人的学业前途；说得大些，他关系国家与学术之兴衰。”[③]可见，一名校长身上所肩负的担子有多么重啊！教育既是良心活，也是责任活，更是专业活。办学治校的工作更是如此，育人责任、教育情怀和专业能力是一名校长办好大学的情感基础和学术基础。大学校长必须要有超前的眼光、专业的素养、仁爱的情怀和改革的魄力，既要善于把握办学规律，能够“把脉开方”，推动学校发展；又要善于掌握育人规律，能够“触动灵魂”，引领师生成长。

① 参见南昌师范学院官网：《我校首次成功开展师范类专业认证》，http://www.ncnu.edu.cn/news-show-8029.html，2021年12月16日。

② 参见《聚焦“四色”有机融合 打造“金色”教师教育——南昌师范学院聚焦教师教育特色的实践与经验》，《中国教育报》2022年2月16日。

③ 陶行知：《中国教育改造》，安徽人民出版社2019年版，第37页。

艳国同志按照教育家要求办学，具备良好的综合素质。早年，他先后在华东师范大学、华中师范大学、武汉大学求学，来江西工作前，他长期工作在湖北省社会科学院，师承吴泽、陈旭麓、谢天佑、夏东元、王家范、夏振坤、章开沅、冯天瑜、严昌洪教授等一大批学术名家，为人处世深具“海派气息”和“大家风范”，是一名善于思考研究、善于解决问题的“双肩挑”学者，他能够很好地把工作岗位和学术研究结合起来。他具有的这些特质，为他研究师范教育、撬动师范院校改革发展，奠定了良好的学缘基础和工作基础。回顾他在江西高等教育界所经历的十五年职业生涯，他的专业能力和教育家情怀主要体现在以下五个方面。

一是精准确定人才培养规格，落实立德树人有抓手。人才培养规格是落实国家教育方针的重要抓手。艳国同志旗帜鲜明地提出：“人才培养规格是教育教学、人才培养的总标尺，是教育教学运行、教学改革发展的总向度，是检验办学定位是否准确、人才培养模式是否有效可行、办学特色是否鲜明、家校社互动是否良性的试金石。”[①] 在科学理论指导下，他从南昌师范学院办学实际出发，将学校人才培养规格定位为培养有科学精神、有人文情怀、有艺术品质、有过硬本领、能够满足地方需求的本科有用人才。其论述有情怀、有深度，展示出强劲的思想力量，给人留下深刻印象。他不仅像一位擅长描绘蓝图的“工程师”，善于从宏观视角考量办学治校；还像一位耐心细致的“园艺师”，精心培育、用情引导学子成人成才。读完艳国同志在本科生开学典礼、毕业典礼、学生座谈会、博士研究生开学仪式上的一系列讲话、谈话，我深受感动。他谆谆叮嘱学生：“要保持一种青春的朝气，一种求知求真的涌动；要保持一种青春的清纯，不要把社会阴暗角落的东西带进教育。”[②] 他愿意用有限的时间帮助最优秀的人，帮助学生向着太阳走，仰望北斗星，成为学术天空最亮的那颗星。[③] 古人说：“父母之爱子，则为之计深远。”[④] 我看，艳国的爱生之情是“有过之而无不及”的。

---

① 张艳国等：《打造新时代金色教师教育的江西样本——南昌师范学院金色教师教育探索与实践》《中国社会科学报》2023 年 10 月 27 日。

② 张艳国：《做理性平和、自律包容的新时代优秀大学生》，收入本书。

③ 参见张艳国：《在导师的指引下走好人生的学术之路》，收入本书。

④ 钟基、李先银、王身钢译注：《古文观止》，中华书局 2011 年版，第 237 页。

二是打好系列组合拳，促进高质量发展有实招。发展就是硬道理，发展成果就是“硬通货”。为促进学校内涵式高质量发展，艳国同志科学研判，重拳出击，持续深化改革，打出“挂帅出征”“订单培育”“领单建设”“挂单推进”“名家引领”“网格化管理”等系列组合拳。2021 年，组合拳开始发功发力；2023 年，它便见威见效。学校参与 2022 年省政府教学成果奖、第二十次省优秀社科成果奖、2022 年省科技奖评选，共有 18 项成果获奖，其中，获得 2022 年省政府教学成果奖 6 项，含一线教师获得教学成果特等奖 1 项；获得省第二十次哲学社会科学优秀成果奖 8 项，含一等奖 2 项；获得 2022 年省政府科技奖 4 项，含合作获得省科学技术进步奖特等奖 1 项。取得这些亮眼成绩，使学校提前完成“十四五”时期设定的“三大奖”目标。与同为江西省“十四五”新增硕士学位授予立项重点建设单位的兄弟高校相比，“三大奖”获奖数量排名第一。这种发展速度、这种发展质量、这种发展成绩令人称道，鼓舞人心。可以说，他如果没有过硬能力和深厚情怀，是不可能带领师生取得这些骄人成绩的。

三是提振本科师范教育，教育改革内涵有品质。明确比较优势，发挥所长，精益求精，就能出特色，就能出质量。艳国同志聚焦教师教育主责主业，围绕“弘扬师范特色，办人民满意教育”的新时代主题，从“师范教育究竟是个什么范”这个办好人民满意教师教育的根本问题着眼，破题答问，陆续总结提炼出教师教育“四色”办学理念、师范生“四有”气质品质与“五师”职业素养、教师“五范”育人方式，科学确定学校人才培养规格，办学实现“专业围绕需求转、教师围绕育人转、学生围绕能力转、质量围绕时代转”的重大变化。他把一些行之有效的教师教育改革经验，在形成学校共识后，固化下来，打响“四有亮四色，五师融五范”金色教师教育品牌，贡献新时代教师教育的江西样本。[①] 他的思维活跃度、理论涵养度、文化厚重度在打造金色教师教育品牌过程中展露无遗，体现了他作为国家“万人计划”哲学社会科学领军人才（国家高层次人才特殊支持计划）和中共中央宣传部文化名家暨“四个一批”人才的教育风采与文化活力。

四是重视教学督导队伍，教育管理有文化品位。善于抓紧、抓好教育教学管理，是一位好校长的基本功。艳国同志在江西师范大学分管了 10 年本科教育、

① 参见张艳国等：《“四有”亮“四色”“五师”融“五范”——南昌师范学院彰显新时代“金色”教师教育本质特征和精神品质》，《中国社会科学报》2023 年 3 月 17 日。

5年研究生教育，在南昌师范学院亲自指导3年本科教育教学，他对教育教学规律、教育管理规律有着深刻的实践认识和理论思考，他是高等教育教学研究与管理领域的行家里手。其中，重视督导队伍，并抓好督导工作，就是他善于抓教育教学管理工作的具体体现。他提出："督导工作是教育教学过程闭环系统的重要组成部分，能够起到教育教学监督、反馈、改进功能。""很多人认为，督导工作只是教育的一个外在监测系统，相当于高速公路上的巡路员、交通警察。我认为不只是这样的，它是内在、内生的，本身就需要有，而不是袖手旁观或站在一旁指手画脚的看客，而是评估方、认证方，是能够起到建设作用的一股重要力量。""如果我们尊重督导专家，重视督导队伍，发挥督导队伍和专家的经验与作用，这个学校的教育教学即使不用行政的方式去管理运行，也一定是有趣的、有质量的、有文化品位的。"① 这些论述，可以说，它是懂行的人、有品位的人、有情怀的人的深度思考，体现了他作为教育部本科教学工作合格评估专家、本科教育教学审核评估专家的素养与水平。

五是推进家校社协同育人，全方位育人有合力。学生的成长成才寄托着学子的追求、家长的期待、家庭的希望、社会的需要、国家的未来，学校育人使命光荣、责任重大。艳国同志深刻把握现代大学具有"开放性、协同性、社会性"的本质特征，从2011年开始，他深度谋划，指导并参与在江西师范大学国际教育学院等开展的以"家长委员会+"为基础的家校社协同育人机制研究与探索，形成颇具特色的"三全七位"家校社协同育人机制，实现育人主体全员参与、育人周期全过程参与、育人成果全覆盖惠及，使家长、家庭、社会与学校联动配合，积极参与学校人才培养目标与规格、教学质量、思政教育、学生管理、文化育人、社会实践、创新创业七个方面的育人事务；共同推进"七个一共识行动计划"，形成"职责同在、责任共担、家校共建、成果共享"的育人格局，有效打通育人"最后一公里"。② 这一实践探索荣获第十四批、十五批江西省高校省级教学成果一等奖，获得江西省委省政府领导肯定，得到兄弟高校和社会良好评价。特别值得一提的是，我在担任江西省人民政府副省长期间，曾专门听取了江西师范大学关于家长委员会建设的工作汇报，并在汇报材料上予以肯定和支持。从一定意义

① 张艳国：《提升督导工作质量，积累教育教学文化》，收入本书。

② 参见张艳国：《家长委员会在高校人才培养中的地位和作用》，《中国大学教学》2016年第11期。

上来说，我是他积极投身高等教育改革，促进江西师大特色发展的见证者、赞赏者、支持者。

三、情系育人育才，落实立德树人根本任务

“功以才成，业由才广。”① 人才兴，则事业兴。“国之需才，犹鱼之需水，鸟之需林，人之需气，草木之需土。得之则生，不得则死。”② 党的二十大报告首次把教育、科技、人才工作单列为一个部分，集中进行论述和部署，充分凸显教育、科技、人才的基础性、战略性、引领性支撑作用。习近平总书记强调：“深化人才发展体制机制改革，真心爱才、悉心育才、倾心引才、精心用才，求贤若渴，不拘一格，把各方面优秀人才集聚到党和人民事业中来。”③ 由此可见，人才对于国家发展、民族复兴来说，是多么重要！

艳国同志本身是全国哲学社会科学领域的佼佼者。他在我省“60后”哲学社会科学专家群体中算是数一数二的优秀学者。他对人才有深厚的感情。在领导岗位上，他高度重视人才工作，把人才队伍建设和人才培养工作摆在办学治校的首要位置，正如他在南昌师范学院建校70周年暨教师教育研讨大会上强调的：“大学姓大，名学，有大学者方为大学，可以育人成材；高校姓高，名校，有才高八斗的大先生，方能引领学子成长！”④ 为此，在学校校庆之际，他亲力亲为，主持出版了一套《南昌师范学院七十周年校庆“学者文丛”》，为每位学术名家出版一本论文集。⑤ 对此，我深表赞同。我素来主张，办一流大学要实现“五个一流”，即打造一流的师资、培养一流的学生、铸就一流的质量、建设一流的设施、创新一流的管理。其中，“打造一流的师资”是重中之重。大学之所

① ［晋］习凿齿著，舒焚、张林川校注：《〈襄阳耆旧记〉校注》，荆楚书社1986年版，第182页。

② 赵尔巽等撰：《清史稿·胡林翼传》，中华书局1977年版，第11935页。

③ 习近平：《高举中国特色社会主义伟大旗帜　为全面建设社会主义现代化国家而团结奋斗——在中国共产党第二十次全国代表大会上的报告》，《人民日报》2022年10月26日。

④ 张艳国：《抓质量正校风，办好人民满意的南昌师范学院》，《南昌师范学院学报》2023年第1期。

⑤ 《南昌师范学院七十周年校庆“学者文丛”》由知识产权出版社于2022年出版。该套“学者文丛”收录了南昌师范学院校史上知名的10位学者的作品，涉及中国逻辑史、中国书院史、马列文论、语文教育、拓扑学、文化研究、国画艺术、文艺评论、文艺美学、生物教育等学科领域。这10名学者分别是袁牧（1925—2015）、周文英（1928—2001）、吴东兴（1931—）、李才栋（1934—2009）、郑清渊（1935—2016）、刘法民（1945—）、谢苍霖（1947—2006）、李满（1953—）、孙宪（1954—）、赖大仁（1954—）（按出生先后排列）。

以有名，是因为教授有名；大学之所以为大，是因为有大师存在。[①]一流的大学要有一流的师资，一流的老师要深情培养一流的学生。只有抓住人才培养中的教师和学生这两个最关键要素，育人过程才能生生不息，大学才能办得有生命力、影响力、创新力。关于大学的定位是什么，应该培养什么人，怎样培养人，为谁培养人这些育人的根本问题，艳国结合学校工作实际，进行深入思考。他有着自己独到的见解，其中不乏真知灼见、连珠妙语。

针对大学功能定位的问题，艳国同志指出，“高校是培养人才、积累文化、创新文化的地方”[②]“培养一个人才，振兴一个家庭，造福一方社会”[③]。这些理念很好地融合了高校的基本职能，读起来既有时代感，又有文化品位。针对大学应该培养什么人这一问题，他说道，“学生的职责在于‘成人成才’，大学生的职责是在人格上做一个‘大写的人’，在道德上做一个‘高尚的人’，在才干上做一个‘有益于人民的人’”“在学校，我们要做勤奋好学、追求上进、有责任感的好学生，自律包容、理性平和，融通情理法理，坚决不做告密者，守护校园文化；在社会，我们要做遵纪守法、重德明理、有家国情怀的好青年，敬业乐群、爱岗奉献，遵守公序良俗，守望幸福家园！”[④]这些论述，洋溢着饱满的正能量和正义感。针对怎样培养人这一问题，他强调，“老师要甘为学生成长道路上的人梯，愿做黑暗世界里点燃的红烛，照亮学生幽暗的思想，引领学生前进的航程，这才是老师该有的风范”[⑤]。读了这些话，我相信，读者能够被他厚重的师者情怀深深打动。针对为谁培养人这一问题，他认为，“人的志向有千般万种，而那些具有深厚家国情怀、高度社会责任感的志向最为崇高”[⑥]，“大家要紧紧把握‘实现中华民族伟大复兴’的时代主题，始终围绕 2035 年、2050 年奋斗目标，回应‘我拿什么奉献我的母校，我拿什么回报我的父母，我拿什么敬献我的祖国’这些问题”[⑦]。这些话，不仅立意高，而且接地气，颇有催人疾蹄奋进的紧迫感和力量感！

---

① 参见朱虹：《翻开江西这本书》，江西高校出版社 2020 年版，第 320—322 页。

② 张艳国：《让青春之花在新时代绽放追梦力量》，收入本书。

③ 张艳国：《家长委员会在高校人才培养中的地位和作用》，《中国大学教学》2016 年第 11 期。

④ 张艳国：《在伟大中国梦的旗帜下创造精彩人生》，收入本书。

⑤ 张艳国：《做理性平和、自律包容的新时代优秀大学生》，收入本书。

⑥ 张艳国：《涵养新时代青春志气、骨气、底气》，收入本书。

⑦ 张艳国：《做理性平和、自律包容的新时代优秀大学生》，收入本书。

岁月使人苍老，学术使人常青。一个人如真心不老、情系学术，青春就会永不消逝。正如他在寄语青年学生的时候所说的，“青春涌动无限活力，青春充满无限希望，青春是改天换地的力量，青春是人类最宝贵的品质”[①]。我相信，作为“双肩挑”学者，艳国同志从高校主要领导岗位上退下来后，会有更多时间、更多精力聚焦专业研究，取得更多高质量成果。他也一定会保持一颗年轻的心，彰显美好“青春品质”，涌动无限“青春力量”，继续情系高等教育、情系大学改革发展；也依然会用他敏锐的眼光、温暖的笔触，继续思考和抒发对高等教育，特别是对师范教育改革发展的“独得之见”“裨益之言”。

英国著名哲学家、数学家、历史学家罗素曾说过：“个人的存在应像一条河流：起初为涓涓细流，在狭窄的河岸间流淌，接着汹涌奔腾，冲过礁岩，飞跃瀑布。随后，河面渐渐宽阔，河岸若隐若现，水流也越来越慢，最后浑然汇入大海，平静地失去自我的存在。”[②]在此，我祝愿艳国做好“60后”规划，像他自己所说的，“对于文科学者来说，60岁以后，是十分积极有为的阶段”[③]，继续发扬优势，既写好“学术开新”的大文章，又续写“教育报国”的新篇章，在“百川东入海”的“忘我”境界中，结出更为耀眼的学术、人生成果！

2023年12月16日

① 张艳国：《做理性平和、自律包容的新时代优秀大学生》，收入本书。

② ［英］罗伯特·罗兰著、张广永编译：《罗素思想小品》，上海社会科学出版社2018年版，第162—163页。

③ 张艳国：《六零后瞻望60后》。收入张艳国：《心安吾乡——读史论学集》，中国社会科学出版社，2024年。

我在江西高校工作十五年

——写在《本科师范教育改革发展研究》出版之际

人的一生，就是自己书写的历史。不同的人，有不同的人生追求；不同的人生追求，写就不同的人生历史。不论是什么类型的人，也无论其人生行程或长或短，都要经历生、老、病、死，也都要体会人生的欢乐与苦痛，这是人的经历在形式上的普遍性，即共性。难怪俄国伟大的文学家、思想家列夫·托尔斯泰感慨道："幸福的人，都是一样幸福；不幸的人，各有各的不幸。"[①] 而人生历史的内容，是否丰满，是否精彩，全在于人们自己的作为。人生经历的独特性即个性，全因主体作为而异。在我看来，作为生命个体的人，就是偶然性与必然性的统一体和综合体。无怪乎我国伟大的历史学家、文学家、思想家司马迁在讲述项羽的人生传奇时，有着"时也乎，命也乎"[②] 的感叹！时也乎，就是人生所处的偶然性，偶然性使生命个体的表现充满多变性、魔幻性；命也乎，就是人生所有的内在性、必然性，人们常说"天命难违""天意呀，天意"，大概就是这个意思，必然性使生命个体的行程具有一般性特点。每个人都是自己生命的主体，具有独立性；又都是另外生命个体的旁观者，是生命精彩的欣赏者。作为旁观者和欣赏者，人们往往求异而不观同。人生之异，是人们脸谱千差万别的决定因素；人生之同，是人具有人类共性（人性）的决定因素。

十五年前的今天（2008 年 12 月 28 日），初冬晴好，阳光明媚，暖阳高挂，

① ［俄］列夫·托尔斯泰著、汝龙等译：《安娜·卡列尼娜》上，《列夫·托尔斯泰文集》第九卷，人民文学出版社 2000 年版，第 3 页。

② ［汉］司马迁撰、［宋］裴骃集解、［唐］司马贞索隐、［唐］张守节正义：《史记·项羽本纪》中华书局 1959 年版，第 333 页。

中共江西省委、省人民政府决定任命我为江西师范大学副校长，由此开始了我从湖北到江西跨省工作的经历，我的人生经历也因这一偶然发生的巨大转折，刷新了面貌。我在江西高校工作十五年，多了一份新的人生体验、新的人生感悟、新的人生经验。现在回头来看，这是我当初始料不及，也是万万想不到的。人生的行程，和世间万事万物的发展一样，是没有现成的答案和模式可以依循的，只能一步一步来，走一步算一步，“摸着石头过河”，这如同我老家江汉平原流行的俗语一样，“木匠打家具，边打边像样”。

一、难忘湖北省社会科学院

来江西工作以前，我在湖北省社会科学院工作。1985 年 6 月，我从华东师范大学历史系毕业，入职湖北省社会科学院，先后经历了《江汉论坛》杂志社（兼任《青年论坛》杂志社编辑）、科研教育管理处（含研究生教育办公室）、院办公室和政治学与法学研究所四个工作部门，到 2008 年 12 月底调任江西师范大学副校长，整整二十三年半的时间。在这个时段里，我在《江汉论坛》杂志社工作时间最长，印象也最为深刻，从 2001 年 10 月离开编辑部提任为科研教育管理处处长兼研究生教育办公室主任，一共是十六年多的时间。我在杂志社工作期间，从一线编辑、校对（历史学）干起，得到组织培养，于 1995 年 11 月入党，1997 年 3 月提拔为编辑部副主任、副主编，之后还在常务副主任、常务副主编生病以及休养的一年多时间里，主持了杂志社的业务工作。我在杂志社工作的时间里，除了入党提干以外，编辑与科研工作也有很多收获，从助理研究员（1989 年 3 月）到副研究员（1993 年 5 月），再到研究员（1997 年 5 月），我都是破格晋升的。更为重要的是，我从荣开明研究员（我入职时的编辑部主任）、何浩研究员（我入职时的史学编辑组组长）等前辈编辑老师身上学到很多，坚定地走上了他们所选择的编研结合、献身学术的人生道路。荣老师今年 93 岁了，身体健康，耳聪目明，思维活跃，还在笔耕不辍[①]，他刚刚被评为“湖北省第三届最美社科人”，我衷心祝福他！感谢他为我们后学树立的学术人生典范。《江汉论坛》是湖北省社刊期刊界居于领先地位的名刊，我经历并见证了它

---

① 关于荣开明研究员的学术人生，参见张艳国：《既开风气也为师》，《社会科学动态》2021 年第 2 期。

首批进入全国中文核心期刊和C刊行列的高光时刻。大学毕业后，我参加工作一入职就进入学术气氛浓厚、学者气质彰显、学习环境优良、责任心事业心上进心强烈的团队工作，真是我一生的荣幸和幸运！我曾在庆祝《江汉论坛》创刊六十周年的回忆文章和讲话中，充分表达了我对《江汉论坛》杂志社的感激之情，说它是我“永恒的精神家园”①，在此我就不再赘述了。在杂志社工作期间，我还有一份影响我一生行程的重大收获，就是兼职为院党组书记、院长夏振坤研究员（1992年10月后不兼任党组书记）做些学术秘书的工作，直到夏振坤同志在1996年11月从主要领导岗位退下来专职从事研究与教学工作为止，大约七年零八个月的时间。由此，夏振坤同志成为我的人生导师，他对我的言传身教、指导培养成为我成长进步、不断前进的思想指导和精神动力；在工作中，我学到了大量经济学专业知识，认识了很多优秀的经济学家和经济学者，丰富了我的学识、学缘，开阔了我的学术视野，真是终身受益无穷。夏振坤先生是我国著名经济学家，是“中部崛起”国家战略的首倡人，是湖北省首届荆楚社科名家，被誉为湖北省哲学社会科学战线的一面旗帜②。现在，他已经96岁高龄了，依然精神矍铄，思维清晰，勤学不倦，读写不停，关心人类命运和中华民族伟大复兴大业，用他的思想和学术贡献其智慧，他与我的另外三位导师章开沅先生、冯天瑜先生、严昌洪先生一样，是引领我前进的崇高榜样和精神力量。

在我进入《江汉论坛》杂志社领导班子的同时，湖北省社会科学院党组就经过组织程序确定我为院级后备干部培养对象之一（当时的组织用语为“地厅级三梯队青年干部培养对象”）。我考取华中师范大学博士研究生后，院党组为了留住人才，并进一步培养我，党组书记刘宗发研究员、院长陈继勇教授多次找我谈心谈话，予以挽留，同意我在职学习，支持我边工作边完成学业，他们出面找华中师大和湖北省教育厅的领导做工作，提供条件让我顺利深造；在我毕业前夕，多次做我的思想工作，征求我对工作岗位安排的意见，在新建九号

---

① 参见张艳国：《“春看花开满树红，秋闻果熟透园香”——祝贺〈江汉论坛〉创刊60周年》，《江汉论坛》2018年第11期；《名刊风范：弘扬文化，守望学术——纪念〈江汉论坛〉创刊60周年》，《社会科学动态》2019年第2期。

② 参见张艳国：《行走在守正创新与求真致用之间——写在〈夏振坤文集〉出版之际》，《江汉论坛》2022年第1期。

楼集资楼分配中，也创新思路制定分房政策，使我分到比较理想的最大房型，并安居下来。从 2001 年 10 月到 2005 年 12 月底，我在科研教育管理处处长、院学术委员会副主任委员兼秘书长、院和谐社会研究中心常务副主任岗位上干了四年多时间。我按照院党组确立的“改革兴院，科研立院，人才强院，开放办院”方针，健全科研组织、集合产出全要素，整合科研生产全链条，树立科研质量导向，狠抓科研管理制度建设和健全科研激励机制，全面激发科研生产积极性、创造性和主动性。在工作中，我在院长助理金德万研究员指导下一手抓科研生产，围绕应用研究主动服务省委省政府关注的重大发展问题，确立年度重大调研课题，省领导以上肯定性批示、省部级党政部门采纳对策建议，每年都达到 80%以上，围绕学术热点和重点学科集中优势兵力抓基础研究，结束了多年不能突破国家社会科学基金项目获批的窘境，年年都获批湖北省社科规划重大、重点项目，在湖北省暨武汉市哲学社会科学优秀成果评选中，都有一、二等奖好成绩，在楚史楚文化研究、“三农”问题研究、改革发展战略研究、社会主义市场经济体制研究、精神文明建设研究、政治发展研究等领域都推出了一批在全国学术界叫得响、有影响的学术成果；一手抓研究生教育，与湖北经济学院、江汉大学联办合办硕士教育，壮大研究生教育师资队伍，扩大研究生招生指标，建章立制加强研究生教育质量管理。那几年，是我从事科研教育管理与坚持科研教学“双肩挑”，两手抓、两不误的锻炼期，虽然很辛苦、很劳累，但在实践中，我增长了协调平衡的工作本领，积累了当一名“双肩挑”领导干部的经验和智慧。在工作中，我不可避免地经受了处理复杂矛盾的煎熬，事情经历过后，想想自己得到了磨炼和提升，即使再苦再累，我觉得也还是值得的。有付出，就有收获。特别值得一说的是，我在 2001 年 7 月获得湖北省有突出贡献中青年专家称号，是全院职工获得这一殊荣的两人之一；2004 年 6 月获得湖北省宣传文化领域“五个一批人才”称号；在 2004 年 5 月，我被湖北省直属机关工作委员会评为第二届“十大杰出青年”；与此同时，日发行超过百万份的《楚天都市报》以整版篇幅报道了我的奋进事迹[①]。这些荣誉和表彰，对我是莫大的鼓舞，也是莫大的鞭策，我对此十分珍惜，把荣誉当作继续奋斗的鼓励。

2005 年 9 月，省委调整湖北省社会科学院党组主要负责人后，院里着手进

① 参见《书生眷侣》，《楚天都市报》玫瑰周刊 2004 年 10 月 11 日。

行中层干部轮岗与机构改革。在准备酝酿中，主要领导征求我关于工作岗位的意见。他们一种意见是希望我继续在原岗位留任，一种意见是希望我交流担任研究所所长。其时，我的身体状况已经出现严重不适，主要表现是焦虑、头痛和耳鸣。在此情况下，我向组织表示不再担任行政职务，专职做科研教学工作。10 月 25 日后，我的工作岗位确定了新的继任者，而我也拒绝担任新的领导职务。在此后的半年多时间里，院党组出于关心爱护，将我安排在院办担任专职研究员，协调重大调研工作，不坐班，不参与院办的行政事务性工作，以休养身体为主。在此期间，夏老师和师母万老师对我的身体和工作状况表示极大关心。他们认为我劳累过度，精神疲惫，需要好好休养和充分休息。他们抚慰我的情绪，廓清我的思想迷津，化解我的人生困惑，万老师还将健康老人周有光先生的“心经”用 A4 纸打印好送给我，嘱咐我分别贴在床头和书桌前，以便随时看到，并要求我每日默诵十遍以上：“要能够适应不好的环境。你不要着急，不要失望，遇到任何坏事情，你要稳定，要安定，同时保持积极的思想，不要消极。”[①] 我照此心法，每日坚持，一段时间之后，果然见效，复又开朗、乐观起来。这真如民谚所说：“心结须用心法解”，“困难像弹簧，你弱它就强”。人只要调整好精神状态，就会精神振奋、精神抖擞，就能开创工作新局面。

在我的三位导师章开沅先生、夏振坤先生和冯天瑜先生的关心下，在时任中共湖北省委常委、宣传部部长张昌尔同志的直接推动下，李锦章书记、赵凌云院长等人多次找我谈心，做我的工作，诚恳希望我担任政法研究所所长、支部书记职务。2006 年 7 月 16 日，李锦章同志送我到任，分管组织人事的党组成员、副院长曾成贵同志在所里主持召开会议，宣布对我的任命，介绍我的工作优势，勉励全所支持我工作并取得更大成绩。从此，我在政法所干了两年半时间。政法所由政治学研究所和法学研究所合并而成，研究人员全院最多。政治学研究所是老所，是全国地方社会科学院最早开办的专业研究所，有全省第一个政治学硕士点，老一代学者如刘其发、刁田丁、陈嘉陵等在学术界卓有建树，学科科研基础好、影响大。两所合并后，人员变得复杂一些，涉及科研方向整合，发展问题也突出。上任之后，我主要承担省委省政府、武汉市委市政府交办的重大研究项目“百步亭和谐社区发展模式研究”。我带领相关专家学者迅速

① 周有光著、文明国编：《对话周有光》，人民日报出版社 2014 版，第 275—276 页。

组织科研队伍，制定工作方案，进社区蹲点，扎实开展调研；我边学边干、又干又学，掌握了工作主动。经过深入调研、认真研讨，陆续推出了系列成果[①]，调研报告得到省市有关领导批示肯定，时任湖北省委副书记、武汉市委书记杨松同志还专门到我的工作室看望慰问。我们关于百步亭社区治理模式的内涵、特征、价值、意义和可推广性的研究成果，受到广泛关注，至今也是一种定型的权威说法[②]。在此基础上，我们还组织召开全国学术研讨会，会议成果产生了积极的社会反响。人生的道路往往就是这样：面对困难，只要思想不滑坡，办法总比困难多；遇事只要顺势而为，就能转化矛盾，解决困难，坏事变好事。我转岗后，因工作需要研究社区建设与治理，再延伸到国家治理，由此又开辟了我的一个新的研究方向和科研领域。

我在杂志社工作期间，经湖北省社会科学院前党组书记、院长夏振坤研究员向章开沅教授推荐，于1998年6月考取华中师范大学中国近现代史专业在职博士研究生，师从著名历史学家章开沅教授、严昌洪教授，主攻中国近代思想文化史，我的博士论文《破与立的文化激流——五四时期孔子及其学说的历史命运》答辩获得优秀，被评为学校优秀博士论文，我也被评为优秀博士毕业生，获得表彰和奖励，还获评“野泽丰奖学金”，2001年6月按时毕业。我在科研教育管理处工作期间，经导师章开沅先生同意，由严昌洪老师推荐，于2002年7月，进入武汉大学历史系、教育部人文社会科学重点研究基地武汉大学中国传统文化研究中心在职从事博士后研究，师从冯天瑜先生，继续深化我的博士论文研究，2005年5月出站。我的研究报告《李大钊与五四时期唯物史观思潮互动性研究》答辩获得优秀，并被武汉大学博士后办公室奖励，我的博士后研究

① 参见《光明日报》2007年6月9日第6版整版配发“编者按”推介系列成果，湖北省社会科学院课题组（张艳国主笔）:《百步亭和谐社区模式调查》；张艳国等:《百步亭和谐社区有“四好”》；张艳国等:《百步亭社区思想政治工作创新有真经》。中共湖北省委机关报《湖北日报》连续报道“百步亭社区模式”，张艳国等:《百步亭社区为何叫好》,2007年5月18日；张艳国等:《社区机制创新，新在哪里》，2007年5月18日；张艳国等:《百步亭社区模式该如何推广——百步亭和谐社区模式调查之三》，2007年5月21日；张艳国等:《百步亭思想政治工作创新有真经——百步亭和谐社区模式调查之四》，2007年7月25日。

② 我们将百步亭社区治理模式概括为：“党的领导，政府支持，社会参与，居民自治，社区和谐。”参见湖北省社会科学院课题组（张艳国主笔）:《百步亭和谐社区模式调查》,《光明日报》2007年6月9日。

课题也获得国家人事部立项资助。我的博士论文和博士后研究报告成为内在联系极强的姊妹篇，深入回答了五四时期的文化激流围绕破什么、怎么破和立什么、怎么立的重大问题，除得到导师肯定外，还得到著名历史学家龚书铎教授、姜义华教授、马敏教授、罗志田教授、邱捷教授、谢放教授、罗福惠教授、陈锋教授等评阅以及答辩专家的充分肯定和好评。

在我经历选拔的组织考察过程中，中共湖北省社会科学院党组高度重视，十分配合和支持，通过事后反馈得知，我的各项推荐、测评都达到了全优，没有一封告状信。夏老师还以江西省人民政府决策咨询委员会省外专家身份给中共江西省委写了一份关于我的使用推荐信；老院长邓剑秋同志谈完话后，觉得我的优点还没有讲完，还要求讲，如是者三。干部任用公示出来后，院里的很多同志对我依依不舍、表达挽留之情。在他们中间，有的找院党组恳请院里向上级组织推荐使用我，以便我能够继续在院里发挥作用；像邓院长、荣主任、法学所老所长吴越研究员等还找到中共湖北省委宣传部干部处，请求他们在院里或省内进一步使用我；一些老同事老朋友也热心劝我留下来继续一起合作共事。这些都真情感人，永远留在我的记忆里，激励我做好职工、当好干部，认认真真做人、端端正正做事，留得美誉在人间！在我离开湖北到江西师范大学工作的前夕，夏老师专门与我谈心，勉励我扎下根来搞好工作，不负组织的培养与期待。他说："要自信，是金子总要闪光。工作总会遇到困难，关键要有克服困难的勇气。要有定力，只能成功，不能失败。做事要干净，洁身才能自好。"他教育培养我，支持鼓励我远走高飞，其实他内心还是舍不得我离开他的。据师母万老师后来说，我离开湖北省社科院到江西师大上班的那天，夏老师是很想来送我的，但他终究不能来，他生怕依依不舍之情影响我离开的心绪；在我远行赴任的当晚，夏老师独自流下了牵挂的热泪[①]。这些感人的温暖，都深深教育了我。在前进的路上，我一定要坚定君子之品，笃定君子之行，"求仁而得仁"[②]。

我在湖北省社会科学院工作了二十三年半的时间，它是我最难忘的岁月，

① 参见张艳国：《一代"大先生"精彩的学术人生——在"一切为了祖国的现代化"理论研讨会暨〈夏振坤文集〉出版座谈会上的讲话》，中国社会科学网，https://www.cssn.cn/skgz/bwyc/202209/t20220920_5532568.shtml，2022年8月20日。

② 张艳国：《〈论语〉智慧赏析》，人民出版社2020年版，第122页。

不管我挥洒了多少汗水，也不论我流过多少痛苦的泪水，我都为我的奋斗和付出感到骄傲。感恩湖北省社会科学院！经过多岗位锻炼，我形成了顽强拼搏的意志、勇于克服困难的品格、一抓到底的工作作风，积累了从事“双肩挑”工作的经验，锤炼了干工作不怕苦、不怕累、不怕难，奋勇前进、追求卓越的品质。这些都为我后来能够跨省、跨领域独立承担更重要的工作打下了扎实基础。实践出真知，磨炼增本领。人的工作经验和本领，都是在严格的工作实践中得来的，人们不可能事先进行有针对性的准备，顺其自然、水到渠成，总是要比刻意为之更好。

二、结缘江西师范大学

人生的转折，往往随着人生的际遇悄然来临，可能事先并没有任何预兆。我跨省到江西师范大学工作，经历人生的重大转折和考验，恰好是如此。实现人生的重大转折，抓住发展机遇，既要自己付出努力，也要遇上贵人帮助，还要有一定的运气。这可以视为规律性经验。我认为，三者缺一不可。在我这一次人生的重大转折中，我对此深有体会。

党的十七大后，全国范围内开始跨省跨地“双推双选”优秀年轻干部，高校着眼于选拔高学历高水平青年学者进入领导班子，分管高校业务工作，提升学校发展的内涵、品质。当时，我对这一形势的发展并不敏感。直到次年春夏，湖北省社会科学院前院长陈继勇教授请我参加一次朋友聚会，大家散去后，他特地请我留下，十分诚恳地启发我说：“艳国，今天小聚，一方面是为即将到山西大学担任副校长的杨军教授送行；另一方面，则是我关心你的成长状态。现在，党和国家的干部人才政策这么好，在全国范围内选贤任能，使一些在原单位得不到充分重视和尊重的优秀年轻干部有了施展才华的机会和用武之地，我不知道你关注了这个大好形势没有？武汉市的高校和科研院所已有多名优秀青年学者都先后展翅高飞了，像你这么优秀、条件这么好，你还在社科院等什么？”[①] 他的一席话引起了我的深思；同时，我也开始关注全国各地的人才人事动态。没过多久，刚刚进入暑假，我在南昌航空大学工作的大学同寝室同学王

① 张艳国：《送别好领导好朋友陈继勇教授》。载武汉大学校友总会编：《校友通讯 2020 年》，武汉大学出版社，2021 年。

勇教授打来电话，兴奋地告诉我，江西高校即将面向海内外招聘若干名分管业务工作的副校长，他所在的学校已经传达省委文件，既要他们做好报名考试的准备，也希望他们广发“英雄帖”，提高报名率。他认为我的条件好，建议我积极参与，试一试。面对这样一个通过考试选拔实现转岗和晋升的新生事物，当时我并没有多少心理准备，也不太熟悉应对的套路，只好感谢老同学的情谊与热情。说老实话，当时我在心里并没有把报考当多大一回事。大约一周以后的七月中旬，我在《光明日报》上看到了中共江西省委、江西省人民政府面向全球招聘十五位省属高校分管业务工作的副校长公告，一下子想起前段时间陈继勇教授的好心启发，一时间，心里觉得痒痒的。于是，我就有了“试试看”的冲动。我把我的想法和我太太沟通了，她出于高校教师的直觉，十分支持我下定决心，鼓励我说：“何不一试？”经过两天考虑，并在查看江西几所我感兴趣的高校资讯后，我便有了“试它一试”的考虑。为了稳妥起见，我按照每遇重大疑难问题必定请教夏老师和师母的惯例，在晚上拜访夏老师，请他指导。在去他家的途中，我内心忐忑不安，总怕被他批评，以为他会说我不安心学术研究，想做官。可真没想到，等我把事情的来龙去脉向他汇报后，夏老师却高兴地鼓励道：“真是一个值得试一试的机会。如果你下定决心了，我理解你，支持你，祝你成功！”师母万老师显得有一丝兴奋，好像我能够马到成功一样，鼓励我说：“你到江西的哪所高校任职，都十分合适。你这么优秀，愿意站出来为夏老师的家乡服务，一定能成功！”从夏老师家出来，我就下定决心备考了。

决心是下了，但要付诸行动，一步一步推进实施步骤，最后实现目标，可并不是一件简单容易的事，它还需要积极因素的催化和孵化。如果出现反向力量，就会使下定决心的事情泡汤。在下定决心之后的实施过程中，我既得到了预料之中的同情理解和大力支持，也遇到预料之外的好心帮助，所谓“君子成人之美”“予人玫瑰，手有余香”吧！首先是我所在单位的报名许可问题。其时，湖北省社会科学院党组主要领导正处在调整之中，老的还没走，新的还没来，如果当事人推诿不作为，我报名的事情就要搁置而导致耽搁了。好在时任党组书记赵凌云同志充分理解我、支持我，在他离任前夕，签批了同意我报考的最后一份文件。其次是从预报名到正式报名的畅通性问题。在正式报名之前，有一个预报名环节。所谓预报名，就是先填写报名表，由主考单位进行资格审查，审查合格者，方可正式报名。在预报名后，有一位姓余的同志认真耐心地与我保持联系，最多的时候一天联系我三次，直到联系上为止。他温言细语地向我介绍有关报考情况，表达出来的善意和友好比我这个当事人还要积极得多。他肯定我的条件好，符合报考条件；鼓励我在得到报考通知后，坚定报考决心；他还主动向我介绍江西高校的办学类型、内涵与特点，让我了解江西高校的基本情况，以便我填报报考志愿。余同志工作认真负责、积极主动、热情友善，给我留下了深刻印象，现在想起来，都觉得很温暖，在我心里留下了“江西老表真好”的印象。

在得到正式报考通知后，填报志愿又是一个煞费考量的问题。是报考南昌大学？还是报考江西师范大学？抑或是其他高校？当时，我很难选择。在此之前，我对江西高校关注很少，因此，在填报工作岗位的选择上可谓是两眼一抹黑。找我太太和家人商量吧，他们只是鼓励，说不出具体的意见，他们说得最多的一句话是，“你选择哪所高校，我们都支持你”；找我的导师以及好朋友商量吧，他们也只有鼓励，说不出切实的可操作意见，因为他们和我一样，对江西高校办学情况知之甚少。所以，我只能结合自己的学习经历和用人单位需求，在内心反复琢磨。我在心里对自己说：你这个学师范的人有自己的优势，就报考江西师范大学吧！谈不上什么科学论证，很有那么一点“跟着感觉走”的味道。再次是考试是否一帆风顺的问题。人们常说，凡属考试，都有运气的成分。但凡能够考试高中者，那都是要有一定考运的。2008 年 10 月 20 日，我到江西南昌赶考，考点设在南昌大学信息工程与管理学院，我们集中住在该校前湖宾馆。由于考生多，宾馆客房有限，我们被安排两人住一间房。我与上海大学商学院一位姓雷的副院长住一间房，他年长我五岁，通过交流了解到，他是很优秀的青年学者。进入半夜，他鼾声如雷，而我早已不习惯两人住一间，因此，实在无法入睡，只好轻轻离开房间，准备在宾馆僻静处“打坐”一夜。待我在走廊座椅上刚坐定不久，来了一位巡夜的青年考务干部，我们交流起来。他得知我的状况后，果断帮助我解决面临的困难。当得知随考采访的媒体记者晚上回家后，他马上高兴地征询我的意见，问我是否愿意在留给记者的客房住下。我当然是求之不得，也高兴起来。分手之际，我表达对他的谢意，并请教他的大名。原来他就是先前联系我的余同志，是借调省委组织部干部四处的江西师范大学党委组织部副处级干部余正琨同志！我说，“江西老表真热情，江西的干部作风真好！”他的温暖激发了我认真备考的积极性，我打心眼里感激他！当时我就想，人才环境不仅体现在政策上，还体现在干部作风上，“人人都是人才环境”，这句话说得一点都不错啊。

经过笔试、面试，一周后揭榜，我以总分并列第二的成绩顺利入闱。面对这个成绩，我是满意的，因为我认真准备、努力投入了，何况我此前一直在科研单位工作，对高校的管理运行知之甚少，这个结果既是对我真实成绩的准确反映，也是我考运较好的一个例证。因为我排名并列第二，最后是三选一，我和我的家人在中共江西省委来湖北考察我之前，都没有被选中的心理预期和准备。但是，预料之外的好事还是发生了！当年 12 月 28 日，中共江西省委、江西省人民政府正式决定任命我担任江西师范大学副校长。由此，我与江西师范大学结下不解之缘。

江西师范大学的前身是创立于 1940 年 10 月的国立中正大学，由中华民国政府教育部直管，是其时与中央大学、中山大学齐名的“民国三中”之一；首任校长是享誉世界的生物学家、水杉活化石的发现者、被毛主席誉为“我国生物学界的老祖宗”、民国时期著名教育家胡先骕先生。从国立中正大学到江西师范大学，学校七移其址、六易其名①，具有悠久的办学历史、深厚的大学文化和旺盛的学统文脉，是江西省基础教育的发动机，是教师教育的摇篮，它在江西省高等教育中具有举足轻重的影响和地位。这样一所有特色的大学，值得我付出全部的心血去守护和爱护。

2009 年 2 月 8 日（农历正月十三），我正式到学校上班。新年伊始，受到学校主要领导暨全体领导班子的热情欢迎；过了元宵节，正月十六学校开学，我在全体中层干部会上与大家见面，由此开始了我在江西师大十二年的工作历程。十二年间，我先后经历了游海书记、眭依凡校长，傅修延书记、校长，傅修延书记、梅国平校长，陈绵水书记、梅国平校长，田延光书记、梅国平校长，黄恩华书记、梅国平校长等六任领导班子。无论与他们共事时间或长或短，他们都给我留下了深刻印象。我特别要感谢我初来乍到时分别担任书记、校长的游

① 七移其址：国立中正大学以来，江西师范大学薪火相传，从未中断，从选址建校，经历战乱和政治运动，学校选址、迁址依次为江西省九江庐山、赣南泰和杏岭、南昌县望城岗、南昌市青山湖、井冈山拿山脚下、南昌市青山湖、南昌市高新区瑶湖。六易其名：江西师范大学由民国时期的国立中正大学易名而来，一脉相承，依次是：国立中正大学、国立南昌大学（非今天的南昌大学）、江西师范学院、井冈山大学（非今天的井冈山大学）、江西师范学院、江西师范大学。

海同志、眭依凡同志，如果没有他们对我的认可和接纳，我深知，无论我考得有多好，测评如何优秀，我是来不了师大工作的。虽然我与他们只共事了短短的四个多月，但他们信任我、指导我、支持我放手工作，还关心我的日常生活，令我难忘。游海同志累倒在工作岗位上，不幸英年早逝，我一直怀念他！傅修延同志欣赏我杀伐果断、雷厉风行、一抓到底的工作作风，用“天上掉下个张艳国”[①] 的话赞赏我、勉励我，当他得知我的工作用车老旧、时常在路上熄火后，立马决定购置新车替换，还说：“让张校长坐上新车跑得更快，工作效率更高。”陈绵水、梅国平同志关心我的生活状况，将我太太从武汉纺织大学调入师大，并按照学校政策落实高层次人才住房待遇；绵水同志在我太太调入和安居上的热心快肠，令我们感动。田延光同志积极支持我主持申报江西师大中国史一级学科博士点工作，获批后，他坚决不当博导，哪怕是根据学校政策，我们为他填写好博导增选表，他也不签字，坚持让符合条件的一线教授当博导。黄恩华、梅国平同志积极向省委推荐我担任高校正职，并获得成功。我太太在师大马克思主义学院（2015 年从政法学院分离出来）工作了十年，于 2023 年 7 月调离，回母校华中师大工作。她因我而来，工作勤勤恳恳、认真负责。十年来，她坚持担任本科生班主任，既带硕士生，也带博士生，受到学生喜爱，荣获首届江西普通高校金牌教师“金牌研究生导师”称号，被学生亲切称为“教授妈妈”。最后，她没有按照我们原来的设想，一起上班到退休，坚持调走，其中自有其道理。不论她因为何种原因离开，我们都感恩师大，祝福师大。在世界上，不论什么人，都有他自己的价值观，也都有他自己的价值底线，在道德价值判断上，不能强求一律。有时候，主动逃避，或者说分道扬镳，古人所谓“合则留，不合则去”[②]，也是一种处世智慧和方法。

我在江西师大工作期间，先后担任副校长，党委副书记、副校长，党委副书记，分管过本科教育、教师教育、创新创业教育、研究生教育、图书情报工作、教师培训、学校规划与发展（含合作办学、学校综合改革）、国际交流与合作（含港澳台办、孔子学院）、马克思主义学院、组织部、宣传部、统战部、校

---

① 方志远：《我所了解的张艳国——在张艳国教授主持的国家社会科学基金中国历史研究院重大历史问题研究专项重大招标项目“习近平关于历史科学重要论述理论内涵和重大意义研究”开题报告暨研讨会上的讲话》，2022 年 5 月 14 日，今日头条、大江网 2022 年 5 月 17 日全文转载。

② 钟基、李先银、王身钢译注：《古文观止》，中华书局 2011 年版，第 809 页。

工会、机关党委、学校党校、老干部工作，联系过心理学院、教育学院、历史文化与旅游学院、政法学院、新闻与传播学院、科学技术学院。我在工作履职中，喜欢思考，特别是围绕“建设什么样的地方一流师范大学，怎样建设地方一流师范大学”这个主题、这条主线进行思考，将思想体会随写随记，适当的时候以文章、讲话等形式表达出来，一些代表性的文字收入在这本《本科师范教育改革发展研究》书中，以便同行切磋。我要感谢我分管部门、联系学院的有关同志，我们一起研究、思考，他们为我提供了很多帮助，我深深地感激他们！

我在江西师大工作时，紧张、繁忙而充实，我十分感激省委省政府能够给予我为师大服务的机会，我在岗位上有一种工作的紧迫感、责任感和使命感，我在学校领导班子的信任支持和有关管理部门、学院负责同志的配合协助下，做成了一些事情，为我的职业生涯留下了深刻印记。我为学校改革发展事业取得进步而感到欣喜！

我分管本科教育，经历了教务处三任处长，分别是徐晓泉、张朝光、刘小强同志，教学评估办主任黄友华同志，现代教育技术中心主任黄刚、姜辉同志，学校教学督导组组长魏奇（已故）、陈抚良、张朝光同志，我与他们的合作都很顺利。一方面，实现教学与评估分离，建设了实体机构教学评估办；一方面，加强教学督导建设，完善督导制度，健全督导机制，明确督导职责，提高督导待遇，强化教学质量反馈机制。在工作中，我聚焦人才培养模式改革，紧盯人才培养规格，将校史、校训有机融入大学文化，贯通通识教育、素质教育、思想政治教育和专业教育，打通教师教育、创新创业教育和非师范教育，围绕课程体系，整合第一课堂、第二课堂与第三课堂的关系，促进老师投身教学、学生主动学习，构建教学相长良性关系，以学生为中心，构建“三全育人”体系，守牢本科教育中心地位、基础地位。上任伊始，我深入调研本科教育教学存在的短板和弱项，对标对表先进，对接教育部“本科质量工程”，用一年多的时间，在原有一项的基础上，迅速实现项目全覆盖，文学院获批教育部中国现当代文学国家级教学团队，赖大仁教授荣获教育部“国家级教学名师”称号（迄今为止，他还是学校唯一一位国家级教学名师）；提出“抓教风，促学风，树立良好校风”的口号，抓“三风”建设成为学校本科教育的鲜亮品牌，在教育部组织的有关会议上，我的专题汇报得到教育部分管领导和与会省属师范大学领导的肯定和响应；开展三年学生考试舞弊治理行动，三年之后交出满意答卷，学生考试作弊量由之前的百位数降低到个位数，有效回应了学生圆满毕业、拿到学士学位证的基本诉求，做到让家长放心；持续狠抓教学规范，在全校倡导“学规五戒，师风五讲”[①]，在教学中正风肃纪，收到良好效果；坚持开展两年一次的学校教学名师评选，加强对教学名师的宣传，营造尊师重教、榜样引领的教育文化氛围；重视专业建设和教育教学改革研究，取得15个首批国家一流专业建设点的好成绩，突破多年绝缘的国家级教学成果奖，并获二等奖。2012年1月，教务处荣获“全国高等教育学籍学历管理工作先进集体”，徐华银同志荣获“全国高等教育学籍学历管理工作先进个人”表彰。这是全省首次获得这一殊荣。2012年6月，我们在朱虹副省长的倡议和指导下，进行旅游管理专业创新人才培养模式改革，在江西高校首办“金牌导游”实验班，培养具有“精湛的才艺，优雅的气质，深厚的底蕴，娴熟的技能，俊美的形象”的高端旅游人才，为江西旅游业发展提供人才支撑。我亲自担任这个班的班主任，教学改革取得成功[②]。我主持学校参与全国首批本科教育审核评估工作，经过两年多迎评促建，这项重大工作获得成功，受到以著名教育家、原西南师范大学校长宋乃庆教授为组长的专家组的高度评价。2017年11月30日，在教育部专家组反馈会上，专家组称赞江西师范大学是一所具有历史底蕴、文化情怀、名校气质的“模范大学”[③]。多年来，学校本科教育质量稳居江西省属本科院校领先地位，不负江西省本科教育开始最早的高校这个称号和地位。

在傅修延同志担任学校党委书记、校长期间，我受他委托，代管过一年多时间的教师教育。当时的教师教育处处长是项国雄同志。我们在很短的时间里

① 从2009年秋季开展“三风”建设以后，江西师范大学教务处联合学生处等单位，开展学风教风调研，围绕学习养成和教学规范进行了一系列探索，到2017年春季开学初，校务处联合有关单位发出“学规五戒，师风五讲”倡议。学规五戒：一戒迟到早退，二戒衣冠不整，三戒玩耍手机，四戒偷懒睡觉，五戒吃喝吵闹。师风五讲：一讲文明礼仪，二讲方法效果，三讲因材施教，四讲教学相长，五讲师表风范。

② 江西教育网：《朱虹副省长观摩江西师大首届“江西金牌讲解班”学员毕业汇报演出》，http://jyt.jiangxi.gov.cn/art/2014/7/10/art_25538_1457586.html，2014年7月10日；参见朱虹：《金牌讲解班旅游人才培养模式创新的实践研究》，《江西科技师范大学学报》2016年第1期。

③ 江西师范大学官网：《教育部专家组反馈本科教学工作审核评估意见　江西师范大学是一所有历史底蕴、文化情怀、名校气质的“模范大学”》，https://www.jxnu.edu.cn/2017/1130/c137a180574/page.htm，2017年11月30日。

提出了重视师范教育、聚焦师范特色的教师教育振兴方案，并获得学校通过，由教师教育处统筹协调、指导促进全校教师教育工作；2009年暑假加班制定申报国家中小学师资培训标书，年底获批，既争取了大额“国培”资金进行项目实施，也实现了项目在全校全覆盖，为各学院寒暑假实施“国培”建构了体系、健全了机制、夯实了基础。其时，学校是全省唯一获得“国培”项目并有效实施的本科高校。

我分管创新创业教育时，成立创新创业教育研究与指导中心（简称“双创”中心）。创新创业中心与创新创业学院两块牌子，一套人马，我经历了三任中心主任兼院长，分别是陈文华、陈军、王钠同志。我在工作中重视加强队伍建设，形成学校有专职“双创”教师队伍，从社会上主要是校友中定期聘任一批“双创”兼职教师，两支队伍相互融合、相互支撑的“双创”教师队伍新格局。学校“双创教育”实现国家奖项、国家级荣誉和国家级授牌大满贯：2016年，荣获教育部“全国高校实践育人创新创业基地”；2017年，荣获首批“深化创新创业教育改革示范高校”称号；2018年，由姚智德校友领衔的项目《芒果青年——中国领先的新一代校园品质后勤生活服务提供商》在第四届中国“互联网+”大学生创新创业大赛中荣获金奖；学校荣获“2018年度全国创新创业典型经验50强高校”称号；我长期参与建设的课程“创业社团功能与自我发展”获批第二批国家级一流本科课程。这些成绩，为此后学校进一步获得“国家级创新创业学院、国家级创新创业教育实践基地”称号打下了坚实基础。多年来，学校“双创”教育处于全国先进行列、位居全国师范大学前三。

我分管研究生教育工作，主要是分管研究生院、学科办公室和党委研究生工作部，经历了一任常务副院长陈抚良同志和两任主任陈抚良、李永红同志，我指导研究生院建立党委研究生工作部，李伟同志任首任部长。建立党委研究生工作部，是顺应研究生教育发展大势，学习华中师范大学研究生教育管理体制的成果。为此，我带领研究生院的同志专门到母校华中师大调研，返校后，撰写调研报告，向学校提出建议，并得到采纳。我上任伊始，2010年新一轮一级学科博士点申报工作就摆在我们的面前，时间紧，任务重，压力大，刻不容缓，耽误不得。我们一边对照文件要求进行梳理，一边指导学院进行外联工作，这就是当时我说的“内建内涵质量，外联创造条件”。我们根据编制的学科建设发展规划，出台、修订、完善学科建设方案，明确学科带头人，凝练学科方向特色，组建学科队伍，固化学科指标，打造学科发展核心竞争力，保障学科发展经费，畅通学科交流渠道，按照学科发展规律抓学科发展，对照学科发展高度确立学科建设目标，重点支持马克思主义理论、中国语言文学、历史学（中国史）、教育学、心理学、物理学、数学、化学、地理学、生物学、计算机科学，共 11 个学科；梅国平同志调入学校后，增加了管理科学与工程。2010 年，学校成功获批马克思主义理论、中文、化学一级学科博士点，成功实现一级学科博士点建设零的突破。其他几个学科的建设培育，为下一轮一级学科博士点申报成功打下了扎实基础，并在 2018 年申报中全部获得成功。此外，2010 年获批汉语国际教育专业硕士点，这是江西省首个，受到时任副省长孙刚同志肯定；2011 年获批 MBA 工商管理硕士点，跟进了全省发展形势，做到不掉队、不落伍；2011 年，我作为学科带头人成功获批省重点学科一级学科政治学理论硕士点，这是江西省首个，也是唯一一个；2015 年，我作为学科带头人成功获批社会工作专业学位硕士点，申报成功后，委托李建斌博士主持，运行良好。我作为学科带头人，绝不只是挂个名，摆个姿势，做个样子，而是亲力亲为，既做组织工作，也带头做研究工作，提供本学科代表性成果，亲自带队到评审现场做主汇报。我在同时分管本科教育和研究生教育的五年时间中，确实是很辛苦、很劳累的。

我分管图书情报工作，主要是江西省高校图书情报工作委员会挂靠学校，学校是图工委秘书长单位。我分管图书馆时，经历了周洪、刘小强、许婕三任馆长和党总支书记甘安龙同志。我指导全省高校图工委工作既挂靠，又有依靠，实现运行常态化，内涵业务化，吸引力最大化；我指导图书馆整理、梳理因青山湖校区老图书馆搬至瑶湖校区新图书馆多年积压没有开捆的 20 余万册纸质图书，规范上架，实现借阅流通；我指导党总支建立“流动红旗岗”制度，通过荣誉激励激发职工的岗位责任心，有效解决了行为涣散、上班串岗、口角争斗等突出问题，理顺了职工人际关系；我在本科教育审核评估准备中，指导图书馆一期改造项目按期优质实施，图书馆面貌焕然一新，内涵品质得到极大提升，古籍图书按照国家标准得到安全保护，钟楼修缮打造了文化品质升级版，受到评估专家、来访交流的同行学者以及有关领导好评。

江西省高校师资培训中心挂靠学校，与江西师范大学师资培训中心合署办公，一套人马，两块牌子，办公地点在青山湖校区。省师培中心主任由省教育厅分管领导洪三国副厅长兼任，我兼任学校师培中心主任。三国同志是学者型领导，有魄力，敢担当，他很支持我的工作，也很放手。我经历了中心两任常务副主任，分别是周剑萍同志、宋友荔同志。在周剑萍同志任上，学校不设副主任，业务规模也小一些，她在任上只干了一年多一点时间就退二线了。经过十多年的发展，师培中心真正做到了教师培训“二合一”，培训成效得到上级主管部门肯定，既承担全省新进青年教师岗前培训、青年教师技能培训、思政课教师业务能力培训、“双创”教师技能培训、教师职中各项能力提升培训，承担华中师培中心培训项目，获得教育部教师培训项目，又按照计划和要求做好学校各项师培工作。师培中心抓培训教师队伍建设，建立了培训专家库，形成了一支由国家级教学名师引领、多学科骨干教师构成的高素质高质量教师队伍；优化课程体系和教学模块，形成教学品牌，将自主项目培训、教育部暨江西省定向培训与高校委托培训有机结合起来。2013 年 11 月 27 日，在省师资培训中心成立三十周年之际，朱虹副省长莅临视贺并指导工作，在出席“江西省高校中青年教师发展计划”“江西省民办高校教师能力提升计划”开班仪式后①，他作了题为“坚持‘立德树人’，以改革创新的精神推进高校思想政治理论课教学改革与建设”的专题报告，受到学员热烈欢迎②。这是省师培中心成立以来，首位省领导进入中心实地考察指导工作，极大地激励了全体工作人员的责任感、使命感。在朱虹副省长的指导下，学校重视支持师培中心，建强班子，配齐队伍，中心的工作充满活力，多次获得教育部及省教育厅表彰。

我刚到学校工作的时候，高教研究室还没有更名为发展规划办公室，但它承担着编制学校发展规划的职能；2013 年上半年，经我建议，学校同意并决定更名，并将其作为全面指导学校改革、发展和规划事业的职能部门。我经历了三位负责同志：刘小强副主任、张意忠副主任和余敏主任。受学校委托，我主持制定了学校“十二五”发展规划、“十三五”发展规划，学校综合改革实施方案，明确了学校在五年时间里的奋斗目标和改革发展方略、前进方向。这三份纲领性文件都受到时任分管教育的副省长的肯定性批示，推进了学校改革发展。

① 参见江西教育网：《朱虹副省长为全省高校思政理论课骨干教师培训班授课》，http://jyt.jiangxi.gov.cn/art/2013/11/28/art_25538_1459254.html，2013 年 11 月 28 日。

② 参见江西教育网：《朱虹副省长到省高校师资培训中心视察指导》，http://jyt.jiangxi.gov.cn/art/2013/11/29/art_25538_1459242.html，2013 年 11 月 29 日。

我主持制定的学校支持术科建设发展实施意见（俗称“术科发展绿色通道”），解决了音乐学院、体育学院、美术学院和外国语学院一些急、难、愁、盼的问题，对于探索分类评价改革开了一个好头，促进了术科发展，受到术科老师欢迎。根据省政府部署和架设通道，北京师范大学对口支持学校发展，我每年带队到北师大学习交流一次，带着问题学习研究，带着经验回校运用；我们制定合作办学方案，扎实推进，取得成效。特别是在朱虹同志指导下，我们发挥校友优势（朱虹同志与我都是华中师大校友），学校与华中师范大学建立合作办学通道，于 2014 年 7 月在南昌与华中师范大学签订全面战略合作协议，全面学习华中师范大学综合改革方案和经验。我陪学校主要领导田延光、梅国平同志带队上桂子山学习取经，华中师范大学主要领导马敏、杨宗凯同志带队来校指导工作，学校打包学习华中师大改革发展、内涵建设、内部治理、开放办学八份文件一整套资料，分类研究升级、定向消化吸收，优化、提升和完善了学校改革发展体制、机制和举措。

我分管国际合作与交流处，经历了侯桃、肖忠民两任处长。在国际合作与交流上，我们实现了从东南亚、亚洲大陆、非洲诸国进一步“走出去”的目标，形成了与全球、全世界交流、合作的新格局。国际合作与交流处能够有力配合、支撑学校同世界各国进行学术交流、合作的需要，建立了“走出去”与“请进来”相结合的无障碍通道；国际生的生源从亚洲拓展到欧洲，外籍教师更多地来自欧美发达国家，美籍教师康妮女士获得“庐山友谊奖”。孔子学院从马达加斯加塔那那利佛大学（院长李海军、陈丽娟），建设到美国伊利诺伊大学香槟分校（首任院长罗照盛），推进在欧亚接壤地巴勒斯坦圣城大学新建一所孔子学院，后来得以实现（首任院长肖忠民）。塔那那利佛大学孔子学院、伊利诺伊大学孔子学院获得全国优秀孔子学院称号。总之，学校的国际合作与交流无论是在数量、内涵，还是在质量上，在这期间都实现了大幅度增长和跃升。

我担任学校党委副书记期间（2019 年 2 月至 2021 年 3 月），分管学校党的建设、思想政治工作、意识形态工作、统一战线工作、机关党委工作、党员干部教育工作、老干部工作、工会工作和对口扶贫工作，得到了党委委员、组织部部长黄保文，宣传部部长宁洁，党委委员、统战部部长侯桃，机关党委书记郭亮亮，团委书记吕建星，党校常务副校长（我兼任校长）周建国，工会主席黄晓宾，离退休工作处处长潘莹璐、支部书记陈蓓蓓，扶贫工作队队长周贵忠等同志的大力支持和配合，各项工作都圆满完成了党委工作计划和要求。我们整顿机关作风，建立服务型机关，解决“门难进、脸难看、事难办”等官僚主义突出问题，出台《江西师范大学机关工作人员守则》，效果显著；我们大力推进省级文明校园建设，积极建设国家级文明校园，取得成绩；我们申报全国党建工作标杆院系、样板支部获得成功，把党建、思想政治工作与内涵建设有机融合起来；我们建立了服务离退休老干部、老职工 24 小时值班制度和无障碍畅通机制，受到老同志高度评价；我们改进和创新校院两级党委理论学习中心组、党员干部教育培训形式与内容，极大提高了校院两级领导班子、全体党员领导干部的思想理论水平和驾驭高等教育发展形势、规律的能力；学校统一战线工作创新工作方法，多次获得中央及省委的奖励和表彰；我们重视工会工作，不断畅通职工参与学校管理和建言献策渠道，全体职工归属感、主人翁意识得到极大增强；扶贫工作达标圆满完成。我主持了校团委、学生会换届工作，用习近平新时代中国特色社会主义思想武装全校团员青年，教育团员青年争做新时代有为青年，蓝天环保社团党支部受到团中央表彰。我还协助党委书记田延光同志完成了省委对学校党委的政治巡视工作，并推进了整改工作。

我两度联系新老政法学院，经历了老政法学院党委书记吴仁平、院长彭隆辉，现政法学院党委书记熊时升、院长沈桥林；两度分管马克思主义学院，指导马克思主义学院建设，参与论证建设方案，确立了马克思主义学院建设争创全国一流的发展目标；支持首任党委书记王员、院长周利生工作，协助学校党委书记田延光同志创建全国重点马克思主义学院，获得成功；我作为马克思主义理论学科中国近现代史基本问题研究方向带头人，积极支持学科带头人祝黄河教授工作，2011 年学校获批马克思主义理论一级学科博士点；我和我太太康凤云教授积极投身马克思主义理论学科建设中，倾力贡献教学、科研优质成果，马克思主义学科建设在两轮评估中都取得 A- 好成绩。

我还联系心理学院、教育学院、历史文化与旅游学院、新闻与传播学院、国际教育学院、科学技术学院工作，主动为联系学院排忧解难，出主意、理思路、想办法，抓班子、带队伍，抓院风、强作风、正教风、优学风，用对标标杆学院、标杆专业、标杆学科的办法指导学院争先创优、加快发展。心理学院在刘建平书记、胡竹菁院长带领下，2012 年获批心理学一级学科博士点。教育学院在胡平凡书记、何齐宗院长带领下，获批国家一流专业建设点，教育学一级学科博士点建设在 2018 年获得成功，我两次请国务院学科评议组教育学小组副召集人周洪宇教授莅院指导学科建设。新闻与传播学院在汪青云、张和昆书记，邱新有、曾振华院长带领下，专业建设特色鲜明，学科建设稳步推进。国际教育学院在陶风华书记、黄慧院长带领下，积极支持我主持的探索“家校社合作育人模式”项目研究，实践与研究成果均位于全省前列，教育教学成果受到全国同行关注，获得两届省教学成果一等奖。师大科技学院在程春泉书记、李斌院长带领下，落实学校要求，按照优质工程标准建成共青校区，校园风格与母体瑶湖校区既一脉相承，又有所创新，校园里的红灯广场、青春雕塑成为现代大学文化地标和育人景观，受到师生好评。我既作为历史文化与旅游学院的联系领导，又是学院历史学专业建设负责人和中国史学科建设带头人。2009 年暑假，方志远院长将历史学学科带头人的“帽子”通过“湾里会议”，戴到我的头上，我深感责任十分重大。从此，我就用极大的精力投入和心血付出，紧抓专业建设和学科建设。中国史一级学科博士点于 2018 年申报成功，实现江西省零的突破，至今仍为全省唯一，实现了师大五代史学人的博士点梦想，今年（2023 年）12 月 5 日，我作为学科带头人向国务院学科评议组中国史一级学科博士点合格验收专家组作视频汇报，初战告捷。我们创下中国史一级学科博士点，得到先师章开沅先生和以马敏教授为代表的“章门弟子”团队的大力支持。2014 年 11 月 14 日，88 岁高龄的章老师偕马敏教授一行，莅临学校指导，朱虹副省长亲自关心接待方案，校党委书记田延光同志几天全程陪同。章老师在赣几天日程十分紧张，但他老人家却分外高兴。没有章老师的关怀和大力支持，我们要获批中国史一级学科博士点，简直是不可思议的[①]。2010 年，我作为团队负责人，申报获批教育部中国近现代史国家级教学团队；2019 年，我作为历史学专业负责人，申报获批全国首批国家级一流本科专业建设点。

此外，我还经常扮演学校领导班子里的“不管部长”角色，承担非分管领域的“急、难、险、重”工作，我都不辱使命，做到万无一失。譬如，从 2009 年开始，我主要在校办杨望生副主任等协助下，组织校办、教务、后勤、保卫

① 参见张艳国：《一代史学家对史学的不了情缘》，《中国社会科学报》2022 年 4 月 27 日。

和相关学院成立工作专班，承担江西师范大学高考阅卷点工作，负责语文、历史、政治、地理四个科目，十年如一日，坚持做到高效、平稳完成任务，年年受到江西省教育厅暨教育考试院表扬鼓励。学校落实省领导关于建强建好师大文科学报、凸显师大文科底色特色的指示，主要领导让我推荐学报文科版主编并扶持学报高质量发展，如期实现进入中文社会科学引文索引（CSSCI）来源期刊行列的目标。我推荐新闻与传播学院院长邱新有教授转岗履新，并支持他独立开展创新工作，做到“扶上马，送一程”，大力协助他拓展办刊资源，对标核心关键指标促工作，如期实现学报办刊质量上台阶的工作目标。我还要感谢我所经历的学校党校办主任白浔（已故）、刘光华、丁晖（兼任校长助理）、李伟同志，白鹿会馆总经理邓劲梅、向俊同志，以及学校车队曹贤贵同志，在学校2016年“车改”以前，他凭借过硬的技术和良好的素质，与我合作了七年多时间，他付出了极大辛劳。

作为高校“双肩挑”学者型领导，我始终不忘自己的学术追求，向“江右史学”的旗帜性人物谷霁光先生学习，“八小时以外奋斗终生”[①]。我白天上行政班，晚上和节假日雷打不动上学术班，我徜徉在我的学术领域、思想世界，其乐无穷！读书是我的爱好，思考是我的习惯，写作是我的兴趣，发表论文和出版学术著作是我的快乐之源。在白天上班之余，我基本上没有消遣式应酬，更不喜欢世俗的拉拉扯扯。我欣赏师母刘老师赞美导师冯天瑜先生的话，“他没有休息日，读书、写作‘有瘾’”[②]，我要努力成为我的导师那样的人，书写精彩的教育人生、学术人生、思想人生！我在学术研究中，既按照我的兴趣和节奏走，也对标博士点建设、学科建设对成果质量的要求，做有学术高度的研究、有学术品质的研究、有思想穿透力的研究，将最新的研究成果贯穿在我从事的博士后、博士研究生与硕士研究生培养之中，研究生教学即时体现我的研究成果。我花了三年时间，在已有研究基础上，聚焦从学习俄国道路到走中国道路的问题，在《中国社会科学》（2016年第10期）发表学术论文《李大钊、瞿秋白对俄国道路的认识》，它至今依然是该刊自创刊以来发表的最长论文之一（25页），

① 《谷霁光同志在江西省社联第三届第二次全体理事会上的讲话（1982年3月31日，根据录音整理）》，江西省哲学社会科学学会联合会：《江西省社联第三届第二次全体理事会文件暨部分优秀论文汇编》，1982年，第16页。

② 张艳国：《我心中的好老师冯天瑜先生》，《社会科学动态》2022年第4期。

受到学术界重视和关注。我常年研究、慢慢创制而成的“中国文化的现代魅力”书系三卷本（《〈论语〉智慧赏析》《〈颜氏家训〉精华提要》《中华家训讲读》，总计152万字）由人民出版社（2020年）以精装、平装两种装帧形式出版，受到专家肯定、读者好评。人民出版社罕见地在《中国社会科学报》刊发社评重点推荐，认为该书系对“中华优秀传统文化进行深入浅出的解读，做到了学术性、思想性与通俗性、大众性相结合，雅俗共赏，老幼皆宜”，“既是专家与出版社通力合作，使中华优秀传统文化‘飞入寻常百姓家’的成功探索，也是人民出版社重点打造的高质量的弘扬中华优秀传统文化的精品力作”，出版社还组织八名我国当代知名历史学者马敏、彭卫、虞和平、张宝明、刘增合、章义和、仲伟民、方志远教授予以深度评论。马敏教授评论说，“书系以极高的学术品味与深切的社会关怀，为我们诠释了如何将学术性与通俗性、研究性与大众性熔于一炉，锻造出史学著述的精品”①。著名历史学家、全国政协副主席邵鸿教授评价书系学术性与大众性结合得很好，是“思想内容十分厚重之作”。著名历史学家冯天瑜、黄今言、陈锋先生分别在“序言”中也充分肯定了这套书的学术价值和现实意义。我带着我指导的博士后尤琳、博士研究生刘小钧、硕士和博士研究生朱士涛同学围绕社会治理与社区建设开展前沿性、跨学科研究，借鉴信息科学技术成果，在重要学术期刊上发表一系列学术论文，都被《新华文摘》全文转载，还有的同时被《中国社会科学文摘》全文转载，产生积极的学术影响②。我还获批并完成国家社会科学基金重点项目“新时代文化创新的内在逻辑和实现路径研究”（18AKS011），结项等级为优秀（20232153）；成功申报并获批国家社会科学基金中国历史研究院重大历史问题研究专项重大招标项目“习

① 《弘扬中国文化　推进先进文化建设》，《中国社会科学报》，2021年4月7日。人民出版社：《出版学术精品　筑牢文化根基》；马敏：《架设史学通往大众的桥梁》。

② 参见张艳国、朱士涛：《大数据融入智慧社区建设：时代价值与现实路径》，《江汉论坛》2021年第11期，《新华文摘》2022年第4期全文转载，《中国社会科学文摘》2022年第2期全文转载。张艳国、朱士涛：《互联网+社区服务：智慧社区服务新趋势》，《江汉论坛》2017年第11期，《新华文摘》2018年第6期全文转载。张艳国、尤琳：《农村基层治理能力现代化的构成要件及其实现路径》，《当代世界社会主义问题》2014年第2期，《新华文摘》2014年第21期全文转载，标题上封面。张艳国、刘小钧：《我国社区建设的困境与出路》，《当代世界社会主义问题》2013年第3期，《新华文摘》2014年第1期全文转载，时任国家民政部部长、副部长批示肯定，民政部基层政权司批示采纳，2014年3月4日、5日、7日。

近平关于历史科学重要论述理论内涵和重大意义研究”（LSYZD21001）。我在教学中与教学团队成员一起琢磨、研究教学上的重大问题，获得了江西省教学成果特等奖、一等奖、二等奖多项。这些重要成果对于支撑学科建设与评估、一级学科博士点建设与验收，起到了十分关键的重要作用。特别是在我55岁之际，处在申报国家级人才的封顶年龄，我在学校党委、中共江西省委教育工作委员会、中共江西省委宣传部、中共江西省委组织部（省委人才办）的爱护和支持下，经过从基层、地方到中央层层选拔，于2020年、2021年相继获得哲学社会科学领域最高人才称号和荣誉：中共中央宣传部文化名家暨“四个一批”人才、国家“万人计划”哲学社会科学领军人才（国家高层次人才特殊支持计划），我也由此成为江西师大第一个自主培养的国家级人才。这份来之不易的成果既是我多年不懈奋斗的结果，也是组织培养、同志们支持的结果，我十分珍惜这份荣誉和情谊！

在我的奋斗中，在我取得工作成效和学术成果的体验中，我深深地感悟到古人所说的道理：古之成大事者，非为一己之力，众人也。“乘众人之智，则无不任也；用众人之力，则无不胜也。”[①] 我的上述经历，只是表明我抓住了干事创业的机遇，并勇敢地站出来，扎扎实实、认真负责、锲而不舍地做了一些工作，但是，如果没有组织的培养，没有大家的支持，那一定是不可能取得成功和进步的。

三、奋进南昌师范学院

2021年3月，省委决定我到南昌师范学院担任校长职务。对此，我一方面感激组织对我的培养信任；另一方面，说实话，我的思想准备是不够充分的。说思想准备不充分，一方面是我在江西师大工作久了，形成了工作生活习惯，出门上班，进门回家，很方便、很单纯，回望我十二年来在学校走过的路，深沉有力，不免依依不舍，当初我太太从武汉高校调来学校工作，我们就商量好准备在江西退休，在学校终老一生。如果到新单位工作，我还要适应新环境，创造新业绩，存在新的挑战。在此之前，我对南昌师范学院了解很少，埋头做自己的事，与这所学校缺少交流。我在脑海里回忆来回忆去，我与南昌师范学

① 陈广忠译注：《淮南子·主术训》，中华书局2012年版，第445页。

院的交集，只有两次：一次是在2013年秋季，师院由江西教育学院转制办本后不久，请我去作了一次本科教学指导，学校领导班子全体成员都参加了；一次是团省委等单位在师院举办纪念五四运动100周年活动，我参加了文艺晚会。另一方面，我的年龄已经过了55岁，超过了在主要领导岗位上打拼的年龄。但我作为党员领导干部，必须服从组织安排，这是第一要求。我经过短暂的思想矛盾和犹豫踌躇之后，最后还是决定选择离开。到新的工作岗位，虽然意味着新的挑战和压力，但也是自己进一步释放能量、施展才华、有新作为的机遇。“只要思想不滑坡，办法总比困难多。”下定了决心，调整了思想状态，提振了精气神，一切向前看，坚定往前走，我相信，一定能够启新程，开新局，创新业。

3月30日下午，时任省委书记刘奇同志单独与我进行了任前谈话。刘奇同志的谈话既严肃认真，又轻松活泼；既高屋建瓴，又实实在在；既严格要求，又循循善诱。刘奇同志的记忆力真好。我们的谈话是在他回忆两年前的五四青年节前夕到江西师大看望学生、考察指导学校工作中开始的。在座谈会上，我们有过一次交流，回答了刘奇同志多年关心的“鹅湖会议如何解决语言交流问题”，我的讲解获得了他的认可。他说给他留下了深刻记忆；他肯定了我的学术成就，勉励我既要当高水平专家，又要会管理，首先要明确自己的岗位职责，做合格的大学校长，做优秀的大学校长。我们的谈话是在他祝愿我工作顺利，为学校改革发展作出新贡献，带领学校发展迈上新台阶的美好祝福中结束的。整个谈话超出了预定时间，时长四十分钟，除了对他的询问我作出简短回答之外，主要是刘奇同志讲，我专心听，并认真做笔记。刘奇同志的谈话要求，我除了认真记在笔记本上，更重要的是牢记在心上，将他提出的重要要求进行认真梳理，体现在行动上，做到听、想、做贯通，学、思、悟一体。比如，常怀感恩之心，坚定奋进之志；增强“四个意识”，做到“两个维护”，坚定政治站位；讲团结、顾大局、谋发展，贯彻落实党委领导下的校长负责制，坚定岗位职责；增强服务意识，增强工作主动性，坚定政治家办学、教育家办学觉悟，办好人民满意的南昌师范学院；廉洁自律，清正治校，坚定保持共产党人的本色。他提出的“五个坚定”要求，对我胜任新的工作岗位具有重要的思想方法指导作用，我经常回顾温习，经常获得新体会，经常受益。

随后，省委常委、组织部部长刘强同志在有关负责同志的陪同下与我进行任前谈话。刘强同志在得知我是“楚才赣用”的“进口老表”时，他很高兴，连声说，聚天下英才建设江西，好！他高兴地回忆起他在武汉水运工程学院（今武汉理工大学）的求学经历，谈及他的老师以及我们共同的熟人、朋友，充满了感恩和感情。刘强同志对我履行的使命、责任以及工作方法和重点事项，提出了指导和要求。刘奇同志和刘强同志十分关心我的生活状况，我逐一详细向他们作了汇报，他们支持我继续做好“双肩挑”，做到两兼顾、两不误。他们明确指示说，我在原单位承担的教学（主要是研究生教育）、科研与学科建设（主要是带领团队）工作同新单位的岗位工作要做到两相协调，以南昌师院岗位工作为主，兼顾江西师大教学科研与学科建设；不转人事关系，卸任后回师大继续从事教学科研工作。从他们的谈话要求中，我深深感受到省委领导站得高、看得远，对问题看得很透彻、把得住关键，体现出对我关心厚爱，对南昌师院和江西师大高质量发展关心支持，对全省高等教育创新发展高度重视。他们的谈话思路，体现了系统思维、统筹兼顾的科学方法。

4 月 2 日上午，省委教育工委领导同志在南昌师范学院主持召开干部大会，省委组织部副部长周训国同志以及有关负责同志出席。江西师范大学主要领导送我到任。训国同志发表讲话，对学校改革发展提出希望和要求。我感觉训国同志对这次会议高度重视，讲话内容作了充分准备，他对师院工作情况也很熟悉，因此，整篇讲话要求高，落点细，突出内涵式、高质量发展主题主线，针对性强，指导性强，受到与会干部热烈欢迎。他的讲话运用一系列金句妙语，给我留下深刻印象，并成为我有益的思想启发。比如，高质量谋发展要学会“借道超车”；各种制度有机衔接才能形成有效机制，棋子落入棋盘才能形成一盘棋；理论不能变成实际操作技巧和方法，它就永远是一句空话；当官只是一个经历，要相信知识和能力才是永恒；提倡真抓实干，实现了的才算理想，否则就是空想；思想先行，任何一件事，只有想明白了，才能落实，才能办好；衡量一所高校发展快不快、质量高不高、风气好不好，关键看学校领导班子，看学校主要领导，领导班子是学校的工作“母鸡”。党委书记王金平同志和我先后作了表态发言，金平同志感谢省委对学校发展的关心支持，对我到任表示欢迎，对学校发展充满信心。会议开得很成功，一场干部到任的常规会议，能够开成凝心聚力、提神鼓劲、解放思想、具有感召力的会，这是不多见的。会后，一些中层干部与我交流，对训国同志的讲话评价很高。

我上班后，首先是用一个月时间全面开展调研，了解学校办学历史、大学文化和基本情况，一面与班子成员交流、与中层干部交流、与教师代表特别是青年教师代表交流、与前任老领导交流；一面查阅近三年来的党委会纪要、校长办公会纪要，学校基本规章制度；一面实地查看青山湖校区、瑞香路校区基本办学设施、条件，进课堂听课、看课，进学生寝室、食堂与学生交心谈心。通过内容饱满、紧锣密鼓而又静悄悄地调研，我收获很大，形成了接续改革发展的办学思路。特别是党委书记王金平同志在我刚一到任的时候，就两次安排时间专门向我介绍学校发展情况，他由面到点、由浅入深、由一般到重点进行详细介绍，他深爱学校、尽心履职的情怀深深地打动了我。我在集中调研结束后，专门安排时间与金平同志进行了一次深度交流，我首先把省委主要领导同志与我谈话的主要精神向他传达，然后把我了解的情况进行梳理后得出的一些初步认识，坦诚地同他交换意见，效果很好。我们在办学方向、前进目标、重点难点、改革措施、注意事项上形成基本一致的看法，特别是在办学思路与发展决心上迅速达成共识，用八个字概括就是：加快追赶，克难奋进。在三年的时间里，这句话我们两人在很多场合经常说，大家也很认同。因为有基本一致的判断和高度契合的共识，我们在贯彻党委领导下的校长负责制、体现党的全面领导上，一直都是有商有量、配合默契的。学校近年来年年都被省委评为“五好班子”。事实证明，团结出战斗力，团结出新面貌，团结出干部。三年来，学校办学排名由我到校时的600多名，迅速提升到2023年的409名，估计到2024年可以跃升至385名左右，是同类师范院校进步最快的地方高校之一；三年来，我们奋斗的成绩频频得到教育部、省委省政府以及省委组织部、省委宣传部、省委统战部、省委政法委、省委教育工委、省教育厅等上级主管部门肯定和表扬，社会满意度和美誉度得到极大提升；三年来，学校领导班子建设得到省委进一步重视，不断得到加强，殷剑副书记提任为上饶师范学院校长，胡小萍副校长重用为豫章师范学院党委副书记，谢康副校长重用为学校党委副书记，高翔、刘永红同志先后提拔为学校党委委员、副校长，朱晓颖同志重用为学校党委委员、组织部部长。俗话说得好：“村看村，户看户，群众看的是干部”，“干部有进步，带领群众迈大步”。学校领导班子面貌的积极变化，带来了全校教职工精神面貌的极大变化，大家对改革发展更有信心了，在自己的工作岗位上更有干劲了。

我们通过编制并颁布学校事业发展“十四五”规划纲要和召开学校第二次党代会，明确并固化了学校前进方向和发展目标，就是要“抓内涵，扬特色，奋力谱写‘申硕更大’新篇章”，并使之成为全校师生的思想共识和行动自觉。抓内涵，就是走内涵式高质量发展之路，在办学各项内涵指标和育人质量上有一个明显进步；扬特色，就是进一步彰显师范特色，我们提出响亮口号“举师范旗，不易帜；走师范路，不变道；育师范人，不变心”[①]，聚精会神办好教师教育，用实践探索和育人质量回答好“师范究竟是个什么‘范’”[②]的重大问题；“申硕更大”，就是在“十四五”时期努力实现学校获批硕士学位授予单位，然后再实现更名为“南昌师范大学”的建设目标。人是要有点精神的，精神要靠奋斗目标引领，奋斗目标要成为人们的行动指南，这样才能干事创业、接续发展、一往直前。

走内涵式高质量发展之路，狠抓内涵建设，是我们三年来的行动纲领和行动计划。学校的内涵发展，是一所学校的血肉，是高校的内在活力。我们聚焦专业建设、学科建设和社会服务，把内涵建设与奋斗目标紧密联系起来。

教学是教育、育人的核心。我一向认为，教学组织抓教学、教师从事教学，要让教学无比精彩；要做就要做有育人魅力的教学，把教学当成一门艺术来实践。我们调整专业结构，把两个在招生、就业上质量不高的专业停掉，新建急需急用的历史学、地理学专业；优化人才培养方案，树立“学生中心”理念，改革人才培养模式，把思政教育、素质教育、通识教育、专业教育与创新创业教育有机融合起来，构建“五青思政”[③]+ 专业技能 + 创新创业全覆盖育人体系，在江西全省高校较早连续出版《课程思政案例集》《创新创业教育案例集》；强化实践技能教育，构建理论教学与实践教学相结合的课程体系和课程模块，重视实验、实践、实习、实训育人；对专业进行分类评价，制定专业标准和评价体系，制定学校“四有一满足”人才培养规格[④]，以此指导各学院各专业制定自

① 张艳国：《科学用好高等教育分类评价重要方法》，《中国大学教学》2023 年第 4 期。

② 张艳国：《师范究竟是个什么“范”》，《华中师范大学学报（人文社会科学版）》2023 年第 3 期。

③ “五青思政”是学校长期积累的一个育人品牌，由青蓝讲坛、青风学堂、青雨润堂、青烛讲堂、青影艺堂组成，2021 年以后，学校又创新并充实了其内涵。

④ 培养具有人文情怀、科学精神、艺术品质、过硬本领的有用人才。学校将它简称为“四有一满足”人才培养规格。

己的人才培养规格，形成学校、学院、专业人才培养规格相互印证、相互依存的人才培养规格体系；建立健全教育质量监督反馈体系，形成教学运行闭环系统，健全学校、学院、教研室教学督导队伍，建立督导制度，体现督导效能；把师德师风与育人育才有机融合起来，建立健全教师投入教学、既教书又育人的教育教学管理制度，把一年一次的“教学月”“红五月教师教育”活动按照系列化、有主题、能考评的要求，做深、做实、做好，建立专家评教、教师互评、学生评教、干部评教相结合的教学评价常态化、刚性化体系机制，保障教学内容饱满、质量过硬；大力引进博士研究生，重点引进骨干教师和教学名师、专业负责人，着力建设一支高素质专业化教师队伍。尽管教学是个“良心活”，教学质量提升是一个“长周期、慢变量”的过程，不容易评价，不好管理，但是，我们按照教育教学规律抓教学管理，还是抓出了质量，见到了成效，家长、社会和学生对教学满意度大幅提升。近年来，学校本科招生分数线逐年攀升，中文、数学、物理、化学等专业录取新生的成绩超过全省一本招生分数线，学生就业率、留赣率稳居全省本科院校先进行列；在全省第二轮专业综合评价中，学校学前教育专业排名第一名，实现全省专业排名第一零的突破；在全国第二届国家级一流本科专业建设点评审中，学校学前教育专业成功获批，实现国家级一流本科专业建设点零的突破，它也是全省唯一一个同专业中的国家级一流本科专业建设点；2023 年获批三门国家级“金课”；校友罗小庆团队的项目“一线生鸡”获得全国第七届“互联网 +”大学生创新创业大赛金奖，我们是同批次获得此项大奖的江西四所本科高校之一。

学科是高校内涵建设的龙头，昂起学科龙头，才能舞动发展龙身。科研是学科建设的重要支撑，它体现了一所大学的学术高度和品质。我一向主张，抓科研，强学科，就是要建好学科队伍，明确学科领域，突出学术特色，站在学术前沿，做有创新价值的高端研究。因此，抓科研，就是要做“有组织的科研”，科研管理十分重要。“有组织的科研”，就是学校做好学科建设、科研方向的顶层设计，建立健全制度体系，形成激活创新创造活力的奖励激励机制，建设以学科带头人、团队负责人为核心的运行机制，学校统筹管理，职能部门负责协调，学院提供支持，充分发挥首席专家的学术自主权，集中力量进行科研攻关，抓住产出导向激发科研生产力，“一条龙”管理、服务既按章办事，又见事有人管、事事有人管、事事能落地、事事都办好，形成“网格化”管理、全过程推进、畅通重点环节与目标实现通道的大格局和好机制。我们盯住学科队伍建设狠抓科研生产，突出重点抓“有组织的科研”，围绕“申硕”目标细化、分解指标，做到“千斤重担肩上挑，人人身上有指标”“不当旁观者，争做参与人”。我们围绕六个“申硕”重点建设学科，形成六个学科、科研团队，明确负责人，责任到事，责任见人，做到“人随事走，钱随事转，事有人做，做有成效”；我们围绕江西区域经济社会发展所需所用，建设科研平台，成功建成和通过验收一文一理两个省级重点研究基地（江西省哲学社会科学重点研究基地南昌师范学院江右文化研究与传播中心、家禽遗传改良江西省重点实验室），把科研方向与社会服务结合起来，明确问题导向，锁定科研产出，围绕目标牵引；打出促进学科、科研高质量发展“组合拳”，靠制度保障逐项做到“挂帅出征”“订单培育”“领单推进”“名家指导”“结对帮扶”，学科建设、科研质量亮点频出；抓住“有组织的科研”，打好学科科研“组合拳”，经过一段时间推进，成效凸显。近年来，国家自然科学基金项目实现增长，国家社会科学基金项目实现零的突破并有增长；在 2023 年江西省科技进步奖评选中，获得特等奖一项、一等奖两项、二等奖一项，总计五项的好成绩，在第二十次省哲学社会科学优秀成果奖评选中，获得包含两项一等奖在内总共八个奖项的好成绩，获奖数量质量均创历史最好成绩；在全省首届省政府教学成果奖评选中，我们取得了特等奖一项、二等奖五项，奖项覆盖高等教育和基础教育的好成绩，高等教育类项目获奖率居全省本科高校之首，取得学校历史上最好成绩；从 2021 年开始，我们进行学报建设全面改革，办纯文科学报，制定办优质期刊（中文核心期刊、CSSCI 刊）行动计划，确定办名刊发展目标，论文转载率、引用率等重要指标年年攀升，“书院研究”专栏在 2023 年获评全国高校社科期刊特色栏目。

走特色发展、高质量发展之路，实现错位发展、特色发展，是我们三年来不变的决心和奋力推进的重点工作。学校的特色发展，就是学校的一张亮丽名片，是学校办学的鲜明标识，也是与其他高校相互区别的重要依据。三年来，我们紧紧抓住教师教育特色办学，锚定“一流师范”办学，把“扬特色”与“办好人民满意的南昌师范学院”有机结合起来，把奋斗目标全面融入特色建设之中。

南昌师范学院靠教师培训起家，因教师教育兴业，从 1952 年的江西中等师资进修学校一路走来，五移其址、七易其名[①]，是江西省开办本科教育最早的八所高校之一，师范教育一直是其深厚的底蕴和悠久的历史传承，形成了优秀的教师教育文化。三年来，我们聚焦师范，深耕教师教育，至今保持师范专业和师范生占比在全校三分之二以上，学校是一所名副其实、内涵饱满、师范立校的本科师范院校。在2022年三个专业通过教育部首批师范类专业二级认证的基础上，2023年，学校又有六个专业通过二级认证，通过数位居全国第四。以华中师范大学前副校长李向农教授为组长的教育部师范类专业认证联合进校考查专家组认为，南昌师范学院领导班子高度重视师范类专业认证，遵循师范类专业认证发展的新理念、新标准、新要求，加强顶层设计，实施方案好，建设举措实，取得了显著成效。学校围绕教师教育进行的改革探索是成功的，对教育教学所做的深刻总结值得赞赏。专家组指出，建校七十年来，南昌师范学院坚守教师教育底色，守牢育人育才本色，彰显服务基层特色，聚焦师德师风亮色，“四色”有机融合，打造了学校“金色”教师教育，成为一所有情怀、有担当、有质量、有特色、有作为的师范本科院校。我们在办学实践中回答教师教育的本质特征，将“教学神圣，教师光荣，教育伟大”的新时代内涵勒石为铭，镌刻在校园创新楼前，成为一处鲜亮的文化地标。我们立足红土地办学，锤炼教师教育本土样本，将育人育才本色、教师教育底色、服务基层特色、师德师风底色有机融合起来，打造“金色”教师教育育人品牌，深刻回答教师教育的人民之问、时代之问和教育之问。我们紧扣新时代主题育人，提出培养具有“腿上有泥，身上有汗，心中有爱，师能有长”品质气质的新时代师范生；努力契合教师教育内涵，做到师德、师风、师能、师技、师长与师范红、师范情、师范味、师范力、师范美有机融合，相互支撑、相互促进，我们概称为“‘五师’融‘五范’”。我们打造江西师范教育本土样本，形成一篇《南昌师范学院着力打造高质量的教师教育》报告，受到中共中央教育领导小组高度肯定，被《教育工作情况》2022年第77期刊发，向全国推广。在庆祝学校成立七十周年之际，我们召开“中部六省师范院校校长论坛”，研讨师范教育新形势、新任务、新实

① 五移其址，是指学校经历南昌、庐山、南昌、井冈山、南昌五次迁址办学。七易其名，是指1952年成立江西省中等师资进修学校；1956年升格为南昌师范专科学校；1958年进一步升格为江西教育学院；1969年与江西师范学院、江西大学文科合并，先后成为井冈山大学、江西师范学院的组成部分；1979年恢复江西教育学院；2013年改制更名为南昌师范学院。

践和新特征，我们向会议汇报的"'四有'亮'四色'，'五师'融'五范'教师教育育人模式探索"，受到专家好评；时任教育部教师工作司司长任友群教授在致辞中肯定道：南昌师范学院着力打造"金色"教师教育品牌，"努力展示教师教育时代品格和时代精神，受到社会广泛赞誉，成为一所教师乐教、学生乐学、政府乐办、家长支持、社会满意的新时代师范院校"[①]。

办教育，看起来只是教学生，其实，它并没有那么简单。教育从本质上讲，是办文化。对于高等教育来说，校史立心，文化铸魂。一所高校的学统文脉、教育传承、教学管理、环境氛围、师德师风、职业规范等等，都是大学文化的重要内涵。校史汇聚大学文化，又成为大学文化的特色和亮点；大学文化支撑和延续校史延绵，创新校史文化内涵积累。校史是高校的根，文化是高校的魂，质量内涵是高校的体魄。因此，一所高校的历史长短是重要的，我们应该重视校史梳理；但是，它不是唯一重要的要素，我们还要重视大学文化建设，只有不断创新大学文化，弘扬大学文化，一所学校才能行稳致远、朝气蓬勃，名师辈出、人才涌流。这是大学发展的规律性特征和特点。

在南昌师范学院校庆七十周年之际，我们重点梳理了学校办学历史，提炼了发奋图强、教育报国的校史文化，认真撰写题为《"四色"有机融合　打造"金色"教师教育——庆祝南昌师范学院建校七十周年》的校史铭，将它镌刻在校园，教育一级又一级在校学子发奋读书、立志成才；出版《南昌师范学院学者文丛》[②]，致敬前贤，礼赞名家，尊重历史，坚定自信，宣示自强，"以教育文化样本形态，厘清学校发展大楼与大师的关系，彰显深蕴学校发展史中的学术文化，揭示学校倡导的学术标识，弘扬大学文化、大学精神，让师生从中受到教育和启示，激励后人，传承学术，滋养学脉，培养涌现出更多的学术名家大师，使学校为传承江右文化、建设时代新文化作出更大贡献"[③]；成功召开庄重、俭朴、热烈的庆祝南昌师范学院建校70周年暨教师教育研讨大会、南昌师范学

---

① 任友群：《奋力办好人民满意的教师教育——"中部六省师范院校校长论坛"致辞》。载张艳国主编：《办好人民满意的教师教育》，江西人民出版社2023年版，第1页。

② 南昌师范学院建校七十周年"学者文丛"十本一套，收入学校历史上在各自学科领域卓有建树的十位学术名家袁牧、周文英、吴东兴、李才栋、郑清渊、刘法民、谢苍霖、李满、赖大仁、孙宪教授的个人文集，2022年由中国知识产权出版社出版。

③ 张艳国：《积累学术文化，创新大学文化——南昌师范学院校庆七十周年"学者文丛"总序》，《南昌师范学院学报》2022年第5期。

院“金色教育·春华秋实”教学成果汇报演出以及中部六省师范院校校长论坛、基础教育论坛、校友论坛等重大活动，突出“发展、奋进”主题，聚焦教师教育特色，高扬大学文化，收到极大凝聚人心、激发爱校荣校活力的效果，受到社会好评，汇演晚会线上直播，获得超过800万次的点击率；进一步建设和积累大学文化，将大学文化建设创新与师范类专业认证、本科教育教学审核评估等重大活动有机结合起来，开展“厚德修身、博学育人”全覆盖、常态化教育，以校训为指导，各学院制定各具特色的院训，进行校训、院训释义、研究与宣传，将文化建设成果转化为人才培养方案的内涵要素；树立“对校史负责，从文化破题，从实事入手，让师生满意”理念，以人为本、以学生为中心，以提升师生教育共同体、文化共同体、生活共同体的归属感、认同感、荣誉感、使命感为导向，加强环境文化、服务文化、安全文化建设，既从观念文化入手进行灌输教育，又从制度文化入手，固化教职工、学生行为规范，达成文化养成。学校领导干部带头践行为师生服务的意识，将干部服务师生言行纳入相应的管理体系之中。我很赞同江西师大原党委书记、校长傅修延教授在此问题上的一句经典话语：“大学校长就是为教职工端盘子的人，干部都是大学的服务员。”由我作词、黄池教授作曲，南昌师范学院音乐学院青年教师张艳、吴晓峰、宋瑾、陈齐、牛海龙演唱的《师范魅力激荡高山大河》，由我作词、田信国先生作曲、江西师大音乐学院青年教师李盼演唱的《劝学歌》响彻校园，从校内走向校外，受到欢迎。总之，我们重视并开展大学文化建设，就是要让师生明确大学的社会、文化角色，重大责任、崇高使命和不可替代的化育功能。从文化的角度，我深入论述了大学、高校的内涵和意义，“大学之‘大’和高校之‘高’，首先体现在人的志向远大、人的品格高尚上，高校高质量发展的关键处、着力点是人的高质量发展，要靠高素质的‘人’驱动学校各项事业高质量发展，从而打造一流的教育教学质量、一流的专业学科建设、一流的科学研究水平、一流的社会服务等等”。[①] 对此，我深信不疑。

目前，南昌师范学院已经走在科学发展、创新发展、可持续发展的快车道上，全校上下人心齐、意志坚、干劲大，学校的改革发展也处于最好的机遇期

---

① 张艳国：《抓质量正校风，办好人民满意的南昌师范学院——在庆祝南昌师范学院建校70周年大会上的讲话》，《南昌师范学院学报》2023年第1期。

和攀升点，向着建设一所新型的高质量南昌师范大学目标前进，坚持“抓内涵、扬特色”不动摇、不松劲、不偏道，学校的明天一定更加灿烂美好！

我为我能够在南昌师范学院和同志们一起奋进而感到骄傲和自豪，我将终生铭记这段难得的人生经历！

“山不在高，有仙则名；水不在深，有龙则灵。”① 曾为师院人，未了瑞香情。我祝福南昌师范学院！

四、几点感想

“人生一世，草生一春。”② 人生有长有短，草木有荣有枯；人生不可重来，草木能够复生。人生或誉或毁，草木或盛或衰，全在自己，莫怪其他。人要保持对人生的敬畏。敬畏之心，人皆有之；不敬畏之心，如禽兽之行，人人皆可“鸣鼓而攻之”③。人生就是一个生命的旅程，各有各的精彩，各有各的失败。人的一生由各个阶段组成，各个阶段的经历构成了人生的丰富历程。走稳人生之路，要保持人生定力，谨慎行走。这诚如古人所言：“一失足成千古笑，再回头是百年身。”④ “可不慎欤！”⑤

从 2008 年 12 月底到 2023 年 12 月，我在江西高校整整工作了十五年。这十五年时间，正是我精力充沛的青壮年时期，是人生最具活力的宝贵时段。我把人生中最宝贵的时间献给了江西师范大学和南昌师范学院，献给了江西高等教育事业。对此，我无怨无悔，绝无怨天尤人之意。在我的胸中，始终珍藏着一颗感恩的心和一份感激的情。我当初来江西工作，既是组织的召唤，也是我自己的选择。既然是我自己的选择，我无论在其中经历了多少苦乐酸甜，都能够理性面对和坦然接受。开局之难，难在举目无亲，人生地不熟，两眼一抹黑，扎下根来拼命干，力争上游，难上加难！在十五年中，我只要尽心尽力就好，不求闻达声名，但愿无愧我心。“只问耕耘，不问东西。”对我的工作评价，

① 钟基、李先银、王身钢译注：《古文观止》，中华书局 2011 年版，第 525 页。

② 冯国超译注：《增广贤文》，商务印书馆 2015 年版，第 53 页。

③ 张艳国：《〈论语〉智慧赏析》，人民出版社 2020 年版，第 206 页。

④ ［明］杨仪：《明良记》。转引自赵传仁主编：《诗词曲名句辞典》，山东教育出版社 1988 年版，第 8 页。

⑤ ［汉］韩婴撰、许维遹校释：《韩诗外传集释》，中华书局 1980 年版，第 117 页。

就交给历史总结吧！人们的即时性评价、过程中的评价，甚或是自我评价等等，都不是终极评价；只有“历史总结”才是真实评价，所谓“政声人去后”“盖棺定论”，其奥妙就在这里。

值得欣慰的是，“世上还是好人多”。我在江西高校工作期间，总能遇到好心人支持、帮助和鼓励，他们与我一路同行，使我感到无比快乐，我能够在这种宝贵友谊中迅速增添精神力量，战胜困难，忘却一些不如意的经历和遭遇的莫名委屈。我一直牢记晚清著名政治家、军事家左宗棠的名言：“能受天磨真铁汉，不遭人妒是庸才。”[①] 我经常琢磨这句话的人生真谛。我想，我当不了“铁汉”，当个“硬汉”就够了；我也当不了遭人羡慕、妒忌、恶恨的“天才”，能勉强当个敢做善成、学有所成的“英才”就不错了。我一直牢记古人的教诲：“天作孽，犹可违；自作孽，不可逭（活）。”[②] 我把圣人的教诲作为我的人生观、价值观的全部基础，作为我为人处世、治学做事的原则和底线。“善人自有天助，恶人自有天磨。”“不是不报，时候未到；时候一到，全都报销。”我运用中国老祖宗的人生智慧，观察我从湖北到江西的那些人、那些事，没有不灵验的！做好事善事、成人之美者，福报深远；搞事、闹事，害人、害事的作恶小人，自有“天收”。莫说无“天眼”，“天眼”专治小人！人生不过百年，人生苦短；“短”也要行君子之道，为人间发光发热，做一个有益于家庭、有益于人民、有益于社会的人。

人在社会生存，总要担负一定的社会角色。不论他充当何种社会角色，是大角，还是小角，抑或是很一般的平常角，都离不开他作为人的社会存在。这正如马克思的名言，人从本质上讲，“在其现实性上，它是一切社会关系的总和”[③]。人进入社会关系，并编织一定的社会关系，总要具备人的一般内涵、特征和价值，成为一个正常人、身心健康的人。人们常说，“做官先做人”“人有人味，官有官样”，这是立足于做官先从做人开始，而又高于做人的要求和标准来讲的。担任高校领导，甚至是主要领导，既是一种重要的社会角色，也是一份工作职位，更是一种责任担当。从社会身份来讲，人被赋予的工作职务和岗位，

① 转引自南怀瑾：《南怀瑾选集》第十三卷，复旦大学出版社 2021 年版，第 590 页。

② 王世舜、王翠叶译注：《尚书·太甲中》，中华书局 2012 年版，第 402 页。

③《马克思恩格斯选集》第一卷，人民出版社 2012 年版，第 135 页。

并没有高低、贵贱之分，只有社会角色之别。因此，无论是在高校哪个领导岗位干工作，都要具备高尚的人格，具有突出的人格魅力，守住“做人之本”，夯实“当官之基”。当官之务，在于正人；正人之先，必先正己。当官的职业操守就是要身先士卒，以上率下，尽忠职守。这诚如我国伟大政治家、思想家、教育家孔子所谓：“为政以德”[①]，“子帅以正，孰敢不正”[②]，“先之，劳之，无倦”[③]。其实，高校领导干部，还有一个重要的身份和角色，就是大学老师。当老师，就是育人，就是甘当人梯，无私地将学生培养成才，如同蜡烛一样，“燃烧了自己，照亮了别人”“请将你的脂膏，不息地流向人间，培出慰藉底花儿，结成快乐的果子！”[④]在社会上，不是人人都可以当老师的，当老师的要求要比一般人的要求高得多、多很多，除了师德师风之外，还要具备专门的专业本领、育人技能；从文化的角度看，还要求大学教师具备从教的品质、气质和魅力，体现教师的思想穿透力、文化感召力和真理征服力。做大学老师光荣，值得用一辈子的定力去追求，值得用全部生命去坚守。我的大学老师、著名法国史专家王养冲先生总结其一百多岁的学术人生时说道，他一生做了两件事：一是涵养君子人格，以君子人格影响、教育学生，这是修己以育人的功夫；二是毕生从事教学和科研，这是立言以致不朽的工作[⑤]。教师的教学工作十分伟大，这正如我国伟大教育家陶行知先生所说的：“千教万教，教人求真。千学万学，学做真人。”[⑥]当然，做高校领导，必须首先具备当大学老师的一般要求和特征，他首先是“合格教师”，然后是具备领导干部的素质、才能，能够胜任领导岗位要求的人。集中地说，高校领导要具备高于一般老师的优点、能力，能够代表高校教师优秀群体的一般特征，是“老师中的老师”。作为一名高校领导，如果他没有一技之长，缺乏一专之能，何以服众？何谈推进改革发展？高校领导应该是一专多能的，专就专在专业教学、学科方向和科研领域上；高校没有，也不需要

① 张艳国：《〈论语〉智慧赏析》，人民出版社2020年版，第15页。

② 张艳国：《〈论语〉智慧赏析》，人民出版社2020年版，第226页。

③ 张艳国：《〈论语〉智慧赏析》，人民出版社2020年版，第234页。

④ 闻一多：《红烛》。载孙党伯等主编：《闻一多全集》第1册，湖北人民出版社1993年版，第9页。

⑤ 参见陈瑜：《王养冲：做有道德的人，为社会著书立说》，《文汇报》2021年8月3日。

⑥《陶行知全集》第七卷，四川教育出版社1991年版，第924页。

所谓专职的“纯行政领导”，或者是“万金油”式的领导干部，更不能有“只会当官，不能做事”“亮大嗓门喊口号”“马列主义照别人，自由主义对自己”“见好处就捞，有利益就要”“欺上瞒下、作威作福”的“官油子”。

在高校领导岗位上任职，并不是一件容易的事。担任高校领导，是不是“当官”呢？当然是。但如果像社会上一般理解的是什么级别的“官”，那就太庸俗不堪了！在官本位意识视域下，高校领导是“官”，是与名利联系在一起的。但从贯彻新时代党的教育方针的要求来看，从大学育人责任、使命和功能来看，从党、政府和社会对高校领导的希望来看，高校领导的确与职业官员有很大不同。高校领导必须坚持政治家治校、教育家办学的标准，具有政治家站位和教育家情怀。区别高校领导是“官”还是“家”的分水岭和试金石，就是把当高校领导当成“当官”的职业，还是具有当“政治家、教育家”的情怀、理想和追求。理想引领追求，追求体现情怀，情怀为理想和追求提供持久动力。职业是用来谋生的，通过劳动报酬安身立命、养家糊口；职业情怀和追求是有理想和使命的，情怀和追求可以提升职业高度，放大职业效能。职业具有大众性、一般性，职业理想具有专门性、特殊性。特别要明确的是，情怀是有温度的，有深度的，有厚度的；追求是有高度的，有力度的，有前进方向和发展目标的。

办好一所高校，需要由一群有职业理想，具备政治家站位，体现教育家品质、气质和内涵的专业人士组成领导班子。因此，选优配强高校领导班子，建好高校领导班子极其重要。好的领导班子组成，来源于政治强、业务精、情怀真、品德高的构成个体。这就意味着，无论是从系统论，还是从“木桶理论”的观点和方法来看，都不允许存在“短板效应”。因为班子里的“短板”会影响系统整体功能的发挥，使木桶容量最小化。如果不从个体出发衡量高校领导强不强的问题，那班子就永远不可能配齐建好。当然，这并不意味着，好班子、强班子不允许存在个体的气质、专业、学科、领导风格等方面的差异。相反，由高素质、硬本领、风格各异的领导个体形成一个领导集体，互补性更强、兼容性更强，能形成充满活力、具有发展战斗力的“狼队”，关键是要在学历、资历、识力、毅力、魄力等向度上识人选人，举贤用能。在现有办学体制下，领导班子的强弱，决定了一所高校的发展快慢优劣，甚至是兴衰存亡。重视领导班子建设，大力选拔具有优质学术背景和经历、业务能力强，具有发展力、引领力和职业理想的专家型、学者型优秀干部进入高校领导班子，是诚如“孙子兵法”所讲的“死生之地，存亡之道”[①]。好班长建出好班子，好班子带出好队伍，好队伍走出一条特色发展、创新发展的好路子。从根本上来讲，特色发展、创新发展是高校内涵式高质量发展的科学方法。一个没有团结的地方，是谈不上发展的；一所没有人才聚集、没有高层次人才引领的高校，是不可能实现发展的。我经常讲，高校领导要树立一个虚怀谦敬的人才理念：“我不是人才，但我尊重人才；我是一般人才，但我尊重高层次人才；我是大人才，但我能够团结更多高层次人才。”只要他能够放下自我，尊重人才，求贤若渴，而不是自我感觉良好，站在“官本位”上居高临下，他就能集聚人才，赢得发展。

我长期担任省属重点大学的副职，担任过副校长、党委副书记，分管的领域比较宽、部门比较多；我在高校主要领导岗位上干了三年六学期。对于如何当好高校领导副职和正职，我有长期的观察和体会。它们两者既有共性，也有差异性，共性是基础，差异性是正副职的岗位不同。就共性来说，无论是担任副职，还是正职，都要按照政治家、教育家标准严格要求自己、不断提升自己、经常衡量自己，特别是要具有包容、坚定、执着和勇敢的内涵、品质、气质和作风。包容才能团结，才能做到“抱团取暖，大家温暖”；坚定才能保持定力，才能涵养蓬勃朝气、昂扬锐气、浩然正气，做到理性平和、沉稳有力；执着才能向上拼搏、勇往直前、一以贯之，也才能敢作敢当，善作善成；勇敢才能面对困难、正视困难、解决困难，也才能逢山开路、遇水搭桥，小事果断、雷厉风行。就差异性来说，担任副职强调从分管领域出发契合整体，做到守土有责、敢于担责、守土尽责，能够上下沟通、左右协调，善于通过分管工作的成效推进全局工作，力戒“本位”主义、“自留地”思想，将自己分管领域和工作视为自己的“一亩三分地”，甚至是“独立王国”，那他就是“闹不团结”，甚至是失败的开始。担任党政正职强调从整体、顶层和目标出发整合局部和个体，树立战略思维、系统思维、底线思维和创新思维，体现统筹力、领导力、决策力和风险化解力，既不能有“揽权独断”思想，更不能搞“一言堂”、独断专行；也不能当“甩手掌柜”，只当官不作为，做“百事不管”、放任自流的“懒官”“庸官”“散官”“昏官”“混官”。在现行体制下，高校领导班子团结，主要是党政

① 陈曦译注：《孙子兵法》，中华书局 2011 年版，第 2 页。

正职之间的团结，它是一个关注度很高的突出问题。问题虽然很复杂，成因很多，但在我看来，党政正职之间相互团结很容易做到，闹不团结也很容易发生，关键是要在达成共识上狠下功夫、做足文章，没有共识谈合作、来共事，那是不可能的，也是没有不失败的。可以概括地说，共识是共事的基础，和气是合作的前提。一个团结的学校领导班子，能带出发展、祥和的气象，就像我们说“家和万事兴”一样，学校改革发展就能一帆风顺。一个团结奋进的学校领导班子、一个团结和谐的大学校园，就是最好的人才环境，才能极大地提升人才安居、宜居、乐居，谋事、干事、成事的环境和品质，使“近者悦，远者来”①，吸引青年博士和高层次人才纷至沓来，真正成为有爱校园、文化校园、创业校园、事业校园。如果一所高校男女老少不惜扶老携幼，就像逃避瘟神一般，千方百计、百计千方要离你而去，就像“胜利大逃亡”一样，你还是“有爱的地方”吗？还能够算是“有爱大学”吗？那恐怕是痴人说梦吧！

我回顾自己从湖北省社会科学院到江西省高校工作的心路历程，对我十五年在江西高校领导岗位上的主要工作进行线索式梳理，将十五年来如何做高校领导的所思所想记录下来，以便读者进入本书的内容，方便阅读，权且作为一篇全书的导读吧！其中说得对与不对，请读者批评指正。

特别感谢我的老乡、校友、老领导朱虹教授关心支持本书出版，并拨冗作序；我指导的博士研究生钟成海等同学协助我校订了书稿；江西人民出版社副总编辑王一木博士以及有关编校老师为本书出版倾注了大量心血；南昌师范学院党委书记王金平同志以及有关负责同志热情支持本书出版。我将牢记他们的友情和友谊！

人生成就事业，事业改变人生。被改变的是人生，不朽的是事业。最后，我要感谢中共江西省委、江西省人民政府对我的关心爱护，同意我提前从主要领导岗位退下来，并同意我调离江西，从此可以专心专职从事我喜爱的教学、科研工作。在我卸任之际，省领导以及省委组织部对学校工作高度肯定，认为南昌师范学院近年来学校事业发生了很大变化，改革发展取得了很大进步，师生的精气神都出来了。这份评价是全体师院人通过拼搏奋斗得来的，它是全体师院人的荣光，不只是对我努力工作的肯定。在我卸任之际，从江西师大调到

① 张艳国：《〈论语〉智慧赏析》，人民出版社 2020 年版，第 243 页。

上海市一所重点大学的一位教授朋友为我感到高兴，她祝贺我“江西之行圆满收官”。十五年之路，就算作是一次旅行吧！“江西之行”，我的“江西之行”收获是满满的，全是感恩、感激、感谢的激动、牵挂和不舍。

我爱我的老师，我爱我的学生，我爱我的家人。我祝福一切善良的人们！

我们的离开都是为了相聚，分别也是为了重逢。我们只要精神在，思念在，就能够永远在一起。

天下得失知多少？知多知少难知足。得失是私欲之源，私欲是堕落之根。“卑鄙是卑鄙者的通行证，高尚是高尚者的墓志铭。”① 不必计较得失，放下得失，我还是勇敢地出发吧！

再见江西，祝福江西高等教育事业发展越快越好！相遇桂子山，祝愿大地清明，阳光普照，万物祥和，我在山上等您来！

张艳国，2023 年 12 月 28 日于南昌瑶湖之畔光风霁月斋，2024 年 1 月 5 日于上海市华住酒店，1 月 10 日于武汉东湖之畔知不足斋。

① 北岛：《北岛作品精选》，长江文艺出版社 2019 年版，第 4 页。

目　录

【师范教育思想组织保障新思考】

【师范教育办学方式新探索】

【师范教育内涵建设新实践】

【师范教育品牌打造新路径】

【师范教育人才培养新使命】

【师范教育思想组织保障新思考】

师范教育究竟是个什么“范”

习近平总书记强调：“百年大计，教育为本。教师是立教之本、兴教之源，承担着让每个孩子健康成长、办好人民满意教育的重任。”[①]办好人民满意教育，关键是教师；建设一支高素质教师队伍，关键是教师教育。2022 年是国家实施《新时代基础教育强师计划》的起始之年，顺应国家经济社会高质量发展需求，回应社会对人才培养的期盼，迫切需要师范教育提质增效。提振师范教育，重新审视“师范”中的“范”这个事关师范教育全局的根本问题，厘清“师范究竟是个什么‘范’”的科学内涵。为构建新师范教育体系、培养堪当时代大任的未来教师，我们必须在师范教育的“范”字上下足功夫，彰显新时代教师教育所蕴含的智慧和力量。

一、中国师范，中国气派

师范一词，早见于《后汉书 · 赵壹传》：“君学成师范，缙绅归慕。仰高希骥，历年滋多。”[②]此处，“师”是学习之意，“范”是模范之意，两者相合，便是学习的榜样。刘勰在《文心雕龙 · 才略》中曾说：“相如好书，师范屈、宋。”[③]其意在表彰司马相如爱好读书写作，师法屈原、宋玉，以他们为榜样，师出有名，学有动力，才取得了好成绩。古代所说的师范，大体上是指人在学习上有所师法，是一种学习、追赶标杆的状态和风尚。

近代以降，“师范”除了继承传统以外，又添新内容，赋予教学机构新内涵，即以教师标准培养教育人才，“新民智、新民德、新民力”，为实现民族振兴、

① 《习近平向全国广大教师致慰问信》，《人民日报》2013 年 9 月 10 日。

② ［南朝宋］范晔撰、［唐］李贤等注：《后汉书 · 文苑列传第七十下》，中华书局 2012 年版，第 2633 页。

③ ［南朝齐］刘勰著、王志彬译注：《文心雕龙》，中华书局 2012 年版，第 533 页。

国家富强、人民安康服务。1896 年，梁启超在《变法通议 · 论师范》中提出，"故欲革旧习，兴智学，必以立师范学堂为第一义"[①]，痛斥新式学堂所聘教习几乎都是洋人的现象。1898 年，梁启超代为起草《总理衙门筹议京师大学堂章程》（1898 年 7 月 3 日），在第一章第四节中指出，"西国最重师范学堂，盖必教习得人，然后学生易于成就。中国向无此举，故各省学堂不能收效。今当于堂中别立一师范斋以养教习之才"[②]，竭力为振兴本土师范教育而奔走呼号。"师范教育"这一概念也因此逐渐被人普遍接受。[③] 同年，清末洋务派代表人物之一盛宣怀上奏《筹集商捐开办南洋公学折（附章程）》，指出："臣惟师道立则善人多，故西国学堂必探源于师范。"[④] 盛宣怀在上海创办的南洋公学，分设师范院、外院、中院、上院四院，标志着近代中国师范教育的开端。以上海南洋公学师范院创办为肇始，一批近代化师范学堂相继创办，如京师大学堂师范馆（1902 年）、湖北师范学堂（1902 年）、直隶师范学堂（1902 年）、通州师范学校（1902 年）、三江师范学堂（1903 年）等。1903 年，张百熙、荣庆、张之洞在《奏定学堂章程》总纲《学务纲要》中更是强调师范教育重要性，指出："师范学堂，意在使全国中小学堂各有师资，此为各项学堂之本源，兴学入手之第一义。"[⑤] 为重视师范学堂建设，清政府特颁行《奏定初级师范学堂章程》（1903 年）和《奏定优级师范学堂章程》（1904 年），以构成《奏定学堂章程》。1905 年底，清末新政设立学部，翌年颁布《学部订定优级师范选科简章》。清末新式师范学堂的兴起，是中国式师范教育现代化的萌芽，对清廷而言，其培养师范人才的出发点是为封建王朝服务的，这当然不能与当时世界潮流中的近代师范学校相提并论。

1912 年，"中华民国"成立，临时政府对清末教育制度进行了一系列改革；同年，颁布《师范教育令》，规定："师范学校以造就小学校教员为目的。专教女子之师范学校称女子师范学校，以造就小学校教员及蒙养园保姆为目的。高

① 梁启超：《变法通议 · 论师范》，《饮冰室合集》第 1 册，中华书局 1989 年版，第 37 页。

② 汤志钧、陈组恩编：《中国近代教育史资料汇编（戊戌时期教育）》，上海教育出版社 1993 年版，第 126 页。

③ 吴婷婷、栗洪武：《我国教师教育研究现状分析》，《当代教师教育》2012 年第 3 期。

④ 盛宣怀：《筹集商捐开办南洋公学折（附章程）》。载舒新城编：《中国近代教育史资料》第一卷，人民教育出版社 1981 年版，第 151 页。

⑤ 张百熙、荣庆、张之洞：《学务纲要》。载舒新城编：《中国近代教育史资料》第一卷，人民教育出版社 1981 年版，第 198 页。

等师范学校以造就中学校、师范学校教员为目的。女子高等师范学校以造就女子中学校、女子师范学校教员为目的。”[①]《师范教育令》规定师范教育体系有国立高等师范学校、省立师范学校、县立师范学校、私立师范学校。同年，中华民国临时政府教育部为遵循《师范教育令》本旨，公布《师范学校规程》，对教养学生要旨，本科、预科、讲习科、附属高等小学校、国民学校及附属蒙养园等学科程度进行详细规定，并对师范学校设备配备、职员选任、学校设立变更及废止进行规定。相继发布的《高等师范学校规程》（1913 年）、《师范学校课程标准》（1913 年）、《高等师范学校课程标准》（1913 年）等，规范了师范学校实施规程、课程标准，逐步形成近代意义上的师范教育独立体制。1922 年，中华民国北洋政府颁布《学校系统改革案》对学制进行改革，史称“壬戌学制”，在学制改革背景下，形成不久的师范教育独立体制被动摇，师范教育受到冲击，它一定程度上阻碍了中国师范教育近现代化进程。1928 年，南京国民政府成立，对北洋政府时期的“壬戌学制”进行改革式纠偏，建立一套从幼师到高师趋于完备的师范教育体系。

中华人民共和国成立后，中国师范教育步入新的历史发展时期。1951 年 8 月，第一次全国初等教育和师范教育会议在北京召开，为调整、整顿和发展各级师范学校指明方向。1952 年，教育部颁发《关于高等师范学校的规定》和《师范学校暂行规程》，就全国各区域师范院校设置、办学任务、人才培养、办学层次等做出进一步规定，指出：“高等师范学校的任务，是根据新民主主义教育方针，以理论与实际一致的方法，培养具有马克思列宁主义和马克思列宁主义与中国革命实际相结合的毛泽东思想的基础、高级文化与科学水平和教育的专门知识与技能、全心全意为人民教育事业服务的中等学校师资。师范学院培养高级中学及同等程度的中等学校师资，师范专科学校培养初级中学及同等程度的中等学校师资。”[②]

党的十一届三中全会后，师范教育领域改革亦随之进行，《中国教育改革和发展纲要》（1993 年）、《中华人民共和国教育法》（1995 年）、《国务院关于基础教育改革与发展的决定》（2001 年）等规范性文件陆续出台，相关法律法规制定

① 《师范教育令》，《教育杂志》，1912 年 11 月第 4 卷第 8 号，第 22 页。

② 《中国教育年鉴》编辑部编：《中国教育年鉴（1949—1981）》，中国大百科全书出版社 1984 年版，第 779 页。

并完善。新时代，师范教育与时俱进地改革发展，党和政府提出的新观点新要求尤其值得重视：“教师承担着传播知识、传播思想、传播真理的历史使命，肩负着塑造灵魂、塑造生命、塑造人的时代重任，是教育发展的第一资源，是国家富强、民族振兴、人民幸福的重要基石。”[①] 这一科学论断，指导中国式师范教育现代化发展。

百余年来，师范教育始终与中国教育现代化历程同向同行、同频共振，发挥着“群学之基”“兴学之要”的作用[②]，肩负着“启智化民”“救国兴邦”的使命，为国家发展培养一批又一批优秀人才。

自 20 世纪 90 年代开始，国内不断有学者指出，“师范教育”未能在概念上很好地反映现代教师教育职前职后一体化发展趋势，遂在研究中使用“教师教育”替代“师范教育”。尽管如此，“师范”一词仍然保持着旺盛的生命力。这与中国传统文化对“师者”固有的尊崇有关。

历史地看，“师范”这一称谓在中华民族心理结构中具有广泛的社会大众心理基础。在文化传统上，“师范”一词具有浓厚的中国教育文化意蕴，它承载着中国古代厚重的师道文化精神。古人说，“古之学者必有师”[③]，“君子既知教之所由兴，又知教之所由废，然后可以为人师也”[④]。近代以来，随着西学东渐，西方师范教育传入中国，中西教育文化碰撞交汇，师范文化体现着近代中国独特的教师培养范式和文化内涵。可见，“师范”是地地道道的中国文化词，它深具中国精神和中国气派。

二、“师范”承载着中国师道精神的文化范

西汉大儒扬雄说道，“师者，人之模范也”[⑤]。这里的“模”与“范”，就是人们学习和效法的标准，也可以理解为人们常说的“为人师表”中的“表”。“杨

① 《中共中央　国务院关于全面深化新时代教师队伍建设改革的意见》，https://www.gov.cn/zhengce/2018-01/31/content_5262659.htm，2018 年 1 月 31 日。

② 霍东娇：《中国百年师范教育制度变迁研究》，东北师范大学博士学位论文，2018 年 6 月，第 25 页。

③ 钟基、李先银、王身钢译注：《古文观止》，中华书局 2011 年版，第 553 页。

④ 胡平生、张萌译注：《礼记·学记》，中华书局 2017 年版，第 704 页。

⑤ 汪荣宝撰、陈仲夫点校：《法言义疏·学行卷》，中华书局 1987 年版，第 18 页。

惜重其德业，以为人之师表。”[①]“表”，即表率的意思。师之所以为师，是因为教师在德行、学识或技能等某一方面有着过人之处，值得他人学习，可以传诸后世。先有师道可传，后才有师范可表，这是师道文化存在的基础，所谓“国有贤相良将，民之师表也”[②]。唐代大文豪韩愈在《师说》中说道：“道之所存，师之所存也。”[③]无论地位高低贵贱，无论年龄大小，只要有“道”存在的地方，就有老师存在的意义和价值。师道兴，则教育兴；教育兴，则人才兴；人才兴，则文化兴；文化兴，则国运隆。

师道文化，是基于师道观的一种文化，是人们在为师、求师、尊师以及传递师承关系过程中形成并被普遍认可的价值观念、精神追求、制度文化、物质文化等[④]，它涵盖师道文化精神和师道文化形式两个方面，其核心是师道价值观，它还包括器物形式、制度形式、行为形式、思想形式等[⑤]。“师范”承载着中国师道精神的文化规范与内核，因此，这个“范”，就是中国师道文化传承绵延不绝的活基因、真密码。

“古之教者，家有塾，党有庠，术有序，国有学。”[⑥]我国师道文化源远流长，随着殷商时期统治者开始设立官学，部分官员开始兼任教师并向贵族子弟传授“六艺”等教育内容，师道文化便开始形成。当然，由于受教育的权利被贵族所垄断，学习文化知识成为统治阶级所享有的特权，师道文化具有鲜明的阶级性，它只是在上层社会流行的文化。春秋战国时期，战乱频仍，王室衰微，士族没落，典籍散佚民间，以孔子为代表的私学产生，使平民百姓中的好学者有了接受教育的机会。因此，私学的兴起为师道文化在民间传播起到了重要作用。总体而言，中国古代教育有很强的内生性，受教育更多的是私人的事情[⑦]，国家较少干预。师道文化活力来自民间，人才也大多出自民间。“学成文武艺，货与帝

① ［唐］李百药撰、中华书局编辑部编：《北齐书·王昕传》，中华书局 2000 年版，第 289 页。

② ［汉］司马迁撰、［宋］裴骃集解、［唐］司马贞索隐、［唐］张守节正义：《史记·太史公自序》，中华书局 1959 年版，第 3304 页。

③ 钟基、李先银、王身钢译注：《古文观止》，中华书局 2011 年版，第 554 页。

④ 魏兆锋：《钱穆论中国传统为师之道》，《当代教育科学》2016 年第 15 期。

⑤ 丁念金：《论中国师道文化重建》，《南京社会科学》2017 年第 8 期。

⑥ 胡平生、张萌译注：《礼记·学记》，中华书局 2017 年版，第 698 页。

⑦ 张彦山：《论教师职业的产生及发展》，《新疆教育学院院报》1996 年第 2 期。

王家"[①]，便是那时学子自主求学、努力成才、踊跃报国的真实写照。我认为，这是中国师道文化中最为突出最为宝贵的价值。

一是为师之道，崇德爱生。《左传》中说道："德，国家之基也。"[②]《礼记》中说道："师也者，教之以事而喻诸德者也。"[③] 为师之道是师道文化的重心[④]，它重在以德化人、以才成人、以爱育人。中国古代不论是官学，还是私学，在选择教师时，都将德行作为"师道之重心"放在首位[⑤]，把"才能"当作"德行"的羽翼，德才兼备成为优秀教师的标准；而德、才、情三者兼备，就成为卓越教师的标准。北宋史学家司马光曾说："夫聪察强毅之谓才，正直中和之谓德。"[⑥] 在他看来，作为好老师，一定是秉性正直、善养中和之气的；一定是智慧过人、坚强有力、意志坚定的。这正如西汉学者韩婴在《韩诗外传》中指出的，"智如泉涌，行可为表仪者，人师也"[⑦]。在此基础上，如果再具有一份"捧着一颗心来，不带半根草去"[⑧] 的爱生情怀，能助人成才，实为师中楷模。通览中国教育史，中国私学的开创者、伟大教育家孔子就是这样的典范。他"默而识之，学而不厌，诲人不倦"[⑨]，"发愤忘食，乐以忘忧，而不知老之将至云尔"[⑩]；他一生有教无类，因材施教，爱生如子，为后世所敬仰。

二是求师之道，诚意正心。中国传统文化中拥有不少感人至深的访师求学、拜师求道的典故，如，杨时、游酢拜师"二程（程颢、程颐）"，程门立雪；禅宗二祖慧可向达摩祖师求学，断臂求法。他们都是"诚意正心"拜师参学的楷模。《大学》中说，"所谓诚其意者，毋自欺也"[⑪]；"所谓修身在正其心者，身有所忿懥，则不得其正；有所恐惧，则不得其正；有所好乐，则不得其正；有所

① ［元］佚名：《庞涓夜走马陵道》。载王玉章纂：《杂剧选》，商务印书馆 2019 年版，第 209 页。

② 郭丹、程小青、李彬源译注：《左传 · 襄公二十四年》中册，中华书局 2012 年版，第 1330 页。

③ 胡平生、张萌译注：《礼记 · 文王世子》，中华书局 2017 年版，第 403 页。

④ 萧承慎：《教学法三讲 · 师道征故 · 弁言》，福建教育出版社 2009 年版，第 4 页。

⑤ 王晓璇：《中国古代传统为师之道》，《河北师范大学学报（教育科学版）》2019 年第 3 期。

⑥ ［宋］司马光编著、［元］胡三省音注、"标点《资治通鉴》小组"校点：《资治通鉴 · 周纪》第一册，中华书局 1956 年版，第 14 页。

⑦ 魏达纯：《〈韩诗外传〉译注》，东北师范大学出版社 1993 年版，第 180 页。

⑧ 陶行知、朱永新编：《陶行知教育箴言》，福建教育出版社 2014 年版，第 2 页。

⑨ 张艳国：《〈论语〉智慧赏析》，人民出版社 2020 年版，第 114 页。

⑩ 张艳国：《〈论语〉智慧赏析》，人民出版社 2020 年版，第 125 页。

⑪ ［汉］郑玄注：《大学 · 中庸》，上海古籍出版社 2003 年版，第 2 页。

忧患，则不得其正”[①]。从教学文化来看，要想永远做一个追求真善美、践行真善美、不自欺欺人的人，就会有求师的动力、求学的意识，不断增长真学识、真本领；要想永远做一个心怀坦荡、内心澄静、充满正能量的人，就能领悟教诲，增长智慧。

三是尊师之道，敬学笃行。《吕氏春秋·尊师》说：“神农师悉诸，黄帝师大挠……吴王阖闾师伍子胥、文之仪，越王勾践师范蠡、大夫种。此十圣人、六贤者，未有不尊师者也。”[②] 尊师、敬师、爱师，是自古以来中国师道文化的优良传统。亲其师，信其道，行其教，这是尊师文化的重要体现。历史地看，在历朝历代中，虽然教师的地位和待遇不一，但是，总体上看，教师的社会地位在老百姓心中还是崇高的。这种尊师重教、崇善向善的文化与传统，奠定了中国古代浓厚的崇教重德氛围和民族心理基础。千百年来，中国社会形成了“天地君亲师”信仰，这是尊师文化在民间广为流传的集中体现。据学者考证，“天地君亲师”观念可以追溯到我国战国时期。历史学家钱穆先生曾指出：“天地君亲师五字，始见《荀子》书中。”[③] 东汉时，“天地君亲师”这一排列次序形成；明朝中后期,“天地君亲师”在社会上广为流传，成为民间祭祀的对象[④]。可以说，古往今来，尊师的文化基因流淌在老百姓的文化血脉里，非常深厚，非常强劲，非常有影响力，它成为老百姓心中的一种精神寄托和文化信仰。春秋战国时期的子贡是尊师的代表人物之一。孔子死后，子贡悲痛万分，他在孔子墓旁住下，其他弟子像失去父母一样为孔子守墓三年，而他整整守了六年，而且他还竭力维护老师的尊严和名声，传播老师的思想和德行，终成儒商始祖。

四是师承之道，赓续文脉。师承文化所彰显的，不仅是师生关系的伦理规范，更是中华文化生生不息的生命力。北宋张载的“横渠四句”——“为天地立心，为生民立命，为往圣继绝学，为万世开太平”[⑤]，就是中华文化“兴灭继绝、兴国安民”精神在知识分子中的深情延续。一个国家，如果有了师承，文

① ［汉］郑玄注：《大学·中庸》，上海古籍出版社 2003 年版，第 4 页。

② 陆玖译注：《吕氏春秋·尊师》，中华书局 2011 年版，第 108 页。

③ 钱穆：《晚学盲言》，广西师范大学出版社 2004 年版，第 242 页。

④ 徐梓：《“天地君亲师”源流考》，《北京师范大学学报（社会科学版）》2006 年第 2 期。

⑤ ［清］黄宗羲原著，［清］全祖望补修，陈金生、梁运华点校：《宋元学案·横渠学案》，中华书局 1986 年版，第 664 页。

化就不会断绝，民族也不会消亡；只有教育的师承关系和师承延续，一个社会才有文化创新的坚实基础，才有国家昌盛的丰富养分。师承就像族谱所记载的人口脉络一样清晰，让人们看清思想学说的来龙去脉、思想文化的迁流嬗变，中华共同价值得以世代传承，一以贯之。“教学相长”[①]，学校是维系师承之道的重要载体，师生关系则是维系师承之道的精神纽带。学校兴，则文化兴；教师强，则文化强。虽然中国古代社会的文化普及率不高，但是，支撑每一个王朝盛世的，却总是高度发达的文教事业。人们只有通过读书，才能进入主流社会，充分实现人的社会价值。因此，“万般皆下品，唯有读书高”[②]成为千百年来社会的普遍信念，“耕读传家”更是寻常百姓传给子孙亘古不变的重要家训。社会核心价值追求、社会知识信仰，都为师承之道的赓续相传提供了十分广阔深沉的社会基础。

三、“师范”彰显着教师育人的规格范

人才培养规格，即“培养什么人”的问题，它和“为谁培养人”“怎样培养人”的问题一道，成为教育者需要思考的根本问题。习近平总书记在全国教育大会上指出：“坚持中国特色社会主义教育发展道路，坚持社会主义办学方向，立足基本国情，遵循教育规律，坚持改革创新，以凝聚人心、完善人格、开发人力、培育人才、造福人民为工作目标，培养德智体美劳全面发展的社会主义建设者和接班人。”[③]这为做好新时代教育工作提供了根本遵循。对于师范生培养而言，有什么样的综合素养，才能造就堪当时代大任的时代新人呢？总体而言，师范院校要坚持“师德师风铸魂、创新创业育人、服务人民培根、报效国家圆梦”的办学理念，要以“四有”好老师为目标，以“五师”职业素养为抓手，用高尚的“师德”陶冶未来教师，用仁爱的“师风”涵养未来教师，用过硬的“师能”奠基未来教师，用扎实的“师技”塑造未来教师，用独有的“师长”增强未来教师，使未来教师具有师德师风之魂、创新创业之才、服务人民之情、报效国家之志。

① 胡平生、张萌译注：《礼记·学记》，中华书局2017年版，第698页。

② 张玮译注：《神童诗·续神童诗》，中华书局2013年版，第6页。

③《习近平在全国教育大会上强调　坚持中国特色社会主义教育发展道路　培养德智体美劳全面发展的社会主义建设者和接班人》，《人民日报》2018年9月11日。

一是师德为本，培根铸魂。教师职业道德即师德，是教师之魂，直接关系到人才培养方向，涵养崇高师德是实现教师促进个人发展与满足国家需求相统一的核心要素[①]。习近平总书记指出："合格的老师首先应该是道德上的合格者，好老师首先应该是以德施教、以德立身的楷模。"[②]正因为师德在师范生综合素质中居于首要地位，因此，怎样提高师范生德育效果成为教师教育工作者普遍关心的问题。研究表明，德育方法对德育效果具有很大影响，改进德育必须从德育方式入手，在遵循知行统一、集体教育和个别教育相结合、正面教育与纪律约束等德育原则基础上，综合使用说服教育、榜样示范、情感陶冶、实际锻炼、自我教育等方法[③]，尤其要注意道德经验情境在德育中的重要作用[④]，使学校教育与社会教育、家庭教育相结合，利用各种社区资源，充分发挥中华优秀传统文化中的孝亲爱家、尊老爱幼等共同价值的重要引领作用，使德育达到最佳效果。

二是师风为表，言传身教。孔子在《论语》中说道："君子之德风，小人之德草，草上之风，必偃。"他把官与民的关系比作风与草的关系，如果一阵风吹过去，草就必然顺着风的方向倒下去；风势、风力越大，草就倒得越快，力量就越大。[⑤]这句话虽然是孔子教育季康子在为政中要深刻领会上行下效的道理，但风行草偃的规律同样适用于师风建设。师风既包括教师个人的风度风范，也包括整个教师群体的职业风尚风气。"师风"既是师德的外在表现，也是学生和社会评价教师的直接依据。良好的师风对学生起到润物无声的作用，是不言之教、不教之教。习近平总书记指出："人民教师无上光荣，每个教师都要珍惜这份光荣，爱惜这份职业，严格要求自己，不断完善自己。做老师就要执着于教书育人，有热爱教育的定力、淡泊名利的坚守。"[⑥]教师在师范生培养过程中以高尚的言行影响学生，使学生感受到真爱、真情、真理，从而对教师职业由衷地

---

① 林崇德、黄四林：《以培养"四有"好老师为目标涵养高尚师德修养——〈中小学教师培训课程指导标准（师德修养）〉有效实施的关键问题》，《人民教育》2022年第1期。

② 习近平：《做党和人民满意的好老师——同北京师范大学师生代表座谈时的讲话》，《人民日报》2014年9月10日。

③ 鲁洁、王逢贤主编：《德育新论》，江苏教育出版社2010年版，第319—320页。

④ 金一鸣：《教育原理》，高等教育出版社2002年版，第343页。

⑤ 张艳国：《〈论语〉智慧赏析》，人民出版社2020年版，第228页。

⑥《习近平在全国教育大会上强调 坚持中国特色社会主义教育发展道路 培养德智体美劳全面发展的社会主义建设者和接班人》，《人民日报》2018年9月11日。

敬畏、爱慕，这就是最好的师德师风教育。

三是师能为要，启智润心。师能是教师从事教育活动的基本条件，是教师学识的重要体现，包括基本知识和能力，如学科专业知识、教育科学知识、语言表达能力、教育教学能力等。没有师能，教师传道、授业、解惑就成为一种空谈，教育活动就成为无源之水。《礼记·学记》说，“君子知至学之难易，而知其美恶，然后能博喻，能博喻然后能为师”[①]。可见，在教学中，善于因材施教、善于启发诱导，是一名好老师的基本功。教育是培养人的事业，辨别个体发展差异，是关照人、培养人的基础。孔子说：“中人以上，可以语上也；中人以下，不可以语上也。”[②]根据教育对象在天赋、认知水平上的差异，实施个性化教学，才能做到因材施教[③]。“不愤不启，不悱不发。举一隅不以三隅反，则不复也。”“愤”描写的是学生苦思不得其解的状态，“悱”描写的是学生张口想说却说不出来的状态，“举一反三”是学生具备创新思维的体现，善于把握学生的心理状态，激励学生独立思考，是成功启发学生、培养创新能力的重要前提，也是区分“经师”与“人师”的尺度。[④]伯乐识良马，明师育良才，练就“识才”的慧眼、“育才”的机智是培养智慧型教师、创新型教师、引领型教师的重要体现。

四是师技为基，助教促学。师技即教师职业技能或技艺，与教育教学能力密切相关，但更侧重于职业能力的训练和应用，除传统的师范生必须具备的“三字一话”等教育教学辅助技能外，还包括课堂教学技能、班级管理技能等，这是人们对“师范”中教师“范”的直接感知来源。随着封闭的师范教育体系向开放的教师教育体系转变，许多师范院校朝着综合性大学的办学方向迈进，具备条件的非师范大学也参与到教师培养的行列中来，师范生技能培养在一定程度上被弱化，师范生独有的师范标识越来越模糊。最近，不少专家呼吁强化教师教育的师范性、职业性，重新找回我国传统师范教育向现代教师教育转型过程中被丢掉的优势。教师职业技能和教师专业知识、能力综合在一起，是教师职业专业性的重要体现。只有坚守教师职业的专业性，才能为提高教师社会

① 胡平生、张萌译注：《礼记·学记》，中华书局 2017 年版，第 705—706 页。

② 张艳国：《〈论语〉智慧赏析》，人民出版社 2020 年版，第 105 页。

③ 张艳国：《〈论语〉智慧赏析》，人民出版社 2020 年版，第 209 页。

④ 张艳国：《〈论语〉智慧赏析》，人民出版社 2020 年版，第 118 页。

地位奠定基础。[①] 这是很有道理的。

五是师长为辅，增信添彩。师长即教师个人特长，这既可以体现在专业能力上，也可以表现在个人才艺上，它不仅能够增加为人师表的信心和魅力，而且能为自己的职业生涯带来无穷乐趣。以孔子为例，不少典籍都记载了孔子多才多艺的一面。《列子》中写道，"孔子之劲，能拓国门之关"[②]，这是他力气大得惊人的一例佐证。《淮南子》描述孔子足蹑郊菟，这是他跑得飞快的证据。《礼记》记载道，孔子射于矍相之圃，盖观者如堵墙。这是他善于射箭的生动描述。这些生动的史料记载，褪去了人们心中孔子"圣人"的外衣，如实还原了一个活泼的、有血有肉的孔子形象。不难判断，孔子的众弟子除了被他高尚的情操、渊博的学识所折服外，也被他多才多艺背后散发出的强大人格魅力所吸引。可以说，"师长"是他吸引学生受教的一大法宝。老师在展示"师长"的过程中，收获学生的追捧；学生在膜拜"师长"时，增添求学的动机。这是一种良性的教学互动。可见，"师长"并非旁门左道，而是育人的一种重要手段。

四、"师范"体现着教师培养的方式范

师范教育作为一种培养师资的教育方式和方法，在培养上也有"范"可言。纵观国际教师教育实践，先后出现过六种教师教育培养范式，即从早期以知识为重的知识范式，到 20 世纪 60 年代以后，逐渐形成了以综合能力为重的能力范式，注重教师是否具备爱生等情感人格因素的情感教育范式，强调知识是在师生互动基础上自主构建的建构论范式，主张培养教师独立思考能力的批判论范式，注重自我反思、自我成长的反思论范式。不同时期的六种教师教育培养范式，体现着不同时代的教师培养要求，也体现着教育工作者对教师培养规律认识的不断深化。[③] 我们结合教师人才培养规格要素构成的多元特征，不难看出，教师培养方式也应该是立体的、多元的。总体来说，新时代师范生培养要更加注重发挥教师在"师范情""师范力""师范味"方面的引领和表率作用，从而为师

① 邱超：《中国教师教育的过去、现在和未来——顾明远教授访谈》，《教师教育研究》2014 年第 1 期。

② 叶蓓卿译注：《列子》，中华书局 2011 年版，第 220 页。

③ 朱小蔓、笪佐领：《走综合发展之路 培养自主成长型教师》，《课程·教材·教法》2002 年第 1 期。

范生培养烙上鲜明的中华情、中国印，使之守护中国心、不变中国心。

一是师范情，见情怀。师范情即注重教育情怀在教师培养中的引领作用，这是教师培养的软实力。“四有好教师”中的有理想信念、有道德情操、有仁爱之心的要求，集中体现在一个“情”字上，这是整个教育事业发展的内生动力。情远、情坚，则有理想信念；情正、情直，则有道德情操；情真、情切，则有仁爱之心。伟大的人民教育家陶行知先生就是具有远大教育情怀的典范。“爱满天下”，成为他坚守一生的教育信条，而强烈的社会责任感则是他造就“大爱陶行知”的内生动力。我国著名历史学家、教育家、华中师范大学前校长章开沅先生说道：“我有两个榜样，一个是蔡元培，一个是陶行知，一个强调学术自由，一个强调走向社会。所谓‘走向社会’，就是学校要为社会树立一个好的导向，帮助社会，改变社会，而不是只讲学校为社会服务，不讲批判，不讲导向，也不讲改善。”[①] 师范生培养尤其要注重教育情怀的引领，要求教师“己欲立而立人，己欲达而达人”[②]，真正落实立德树人根本任务。只有这样，学生走上工作岗位后，才有真情、大爱，才能服务人民、改造社会。

二是师范力，见智慧。师范力即培养教师时要以教育智慧成就人，这是教师培养的硬实力，是“四有好教师”中“有扎实学识”的重要体现。具备扎实学识，不仅要求教师掌握大量知识，更重要的是能活学活用知识，呈一派通达之象，形成教育洞见力和判断力，具有教育智慧，能够启发学生、引领学生。如，孔子赞誉颜回能“闻一知十”，这是子贡“闻一知二”所不能及的。[③] 一个好老师能够因材施教、善于启发学生，而一个好学生则能够举一反三，乃至闻一知十，这种教育智慧是当下培养智慧型教师、创新型人才所急需的。党的十九大报告指出：“创新是引领发展的第一动力，是建设现代化经济体系的战略支撑。”[④] 党的二十大报告指出：“坚持创新在我国现代化建设全局中的核心地位。”[⑤] 如果教师只会记问之学，学生也就只会死记硬背，那么，创新型国家建设

① 王克己：《章开沅：我们缺少生动活泼的学习环境》，《同舟共进》2015年第3期。

② 张艳国：《〈论语〉智慧赏析》，人民出版社2020年版，第110页。

③ 张艳国：《〈论语〉智慧赏析》，人民出版社2020年版，第76页。

④ 习近平：《决胜全面建成小康社会　夺取新时代中国特色社会主义伟大胜利——在中国共产党第十九次全国代表大会上的报告》，《人民日报》2017年10月28日。

⑤ 习近平：《高举中国特色社会主义伟大旗帜　为全面建设社会主义现代化国家而团结奋斗——在中国共产党第二十次全国代表大会上的报告》，《人民日报》2022年10月26日。

就会成为一句空谈。

三是师范味，见风范。师范味就是以卓越的教育风范、教师教育文化影响学生，它是教师培养综合实力的外在展现。习近平总书记指出："一个人遇到好老师是人生的幸运，一个学校拥有好老师是学校的光荣，一个民族源源不断涌现出一批又一批好老师则是民族的希望。"[①] 求学是人生的重要经历，人的一生中会遇到许多老师，好老师或以高尚的道德情操感染自己，或以扎实的专业功底折服自己，或以暖心的言行激励自己，这些都是师范味的具体体现。著名学者季羡林回忆自己的老师陈寅恪先生时说道："寅恪师讲课，同他写文章一样，先把必要的材料写在黑板上，然后再根据材料进行解释、考证、分析、综合。他的分析细入毫发，如剥蕉叶……仿佛引导我们走在山阴道上，盘旋曲折，山重水复，柳暗花明，最终豁然开朗，把我们引上阳关大道。读他的文章，听他的课，简直是一种享受，无法比拟的享受"，"寅恪师这种学风，影响了我一生"。[②] 由此可见，"师范味"具有影响人生的巨大穿透力，它可以影响学生一辈子。

五、新师范，新未来

20世纪末，我国师范教育人才培养体系表现出由封闭式向开放性转变、三级师范培养体系向二级过渡的鲜明特征[③]。我国教师教育在呈现积极发展面的同时，又遇到一系列发展问题，如中国师范教育优秀传统和优质资源逐渐丢失、师范专业弱化、生源质量下降等等。因此，有很多学者陆续提出"再师范化"的概念[④]，并积极呼吁找回我国师范教育固有的特色和优势。早在1926年，陶行知就提出了"新师范教育"的时代命题，但他主要是针对师范教育必须坚持本土化、贴合实践需求而提出这一概念的。现在研究者提出的"新师范"，不是简单地在"去师范化"遭遇困境后的"再师范化"，而是对我国原有的教师教育体系的完善和发展，它所反映的是新时代建设高质量教育体系对教师教育提出的

---

① 习近平：《做党和人民满意的好老师——同北京师范大学师生代表座谈时的讲话》，《人民日报》2014年9月10日。

② 季羡林：《回忆老师陈寅恪》，《中国民族博览》2021年第20期。

③ 杜文静、张茂聪：《"新师范"建设的时代意蕴、现实张力与路径选择》，《山东师范大学学报（社会科学版）》2022年第3期。

④ 赵国祥、罗红艳、赵申苒：《论师范大学再师范化转型及价值重塑》，《教育研究》2020年第3期。

新要求[①]。构建新师范格局、创造师范教育新未来，需要政府、高校、中小学协同发力、协同育人，着力构建师范教育新体系、探索新课程、培养新师资、顺应新要求。

一是促进师范院校协调发展，构建教师教育新体系。2018 年，中共中央、国务院颁布的《关于全面深化新时代教师队伍建设改革的意见》提出："建立以师范院校为主体、高水平非师范院校参与的中国特色师范教育体系，推进地方政府、高等学校、中小学'三位一体'协同育人。"[②] 这为新时代教师教育体系构建指明了方向，这一顶层设计既突出了师范院校在教师人才培养中的主体作用，又强调了高水平非师范院校在学科专业优势方面的支撑作用，还倡导学校举办者、办学主体和用人单位三者之间良性互动、协同育人。同年，教育部等五部门印发《教师教育振兴行动计划（2018—2022 年）》，提出："加大对师范院校的支持力度，不断优化教师教育布局结构，基本形成以国家教师教育基地为引领、师范院校为主体、高水平综合大学参与、教师发展机构为纽带、优质中小学为实践基地的开放、协同、联动的现代教师教育体系。"[③] 新时代教师教育体系更加注重教师教育高质量发展、师范院校协调发展，既要满足国家对高质量教育体系构建的时代要求，还需要兼顾各级各类师范院校之间发展不平衡的实际，更要回应社会对教师人才培养的实践需求。目前，我国有 215 所师范院校、500 余所非师范院校参与教师培养，有 10 所师范大学进入第二轮"双一流"高校建设行列，有 6 所大学将教育学列为建设学科。中国已经走出了一条师范教育本土化之路，形成了中国特色的教师教育体系[④]，但是也要看到，我国还存在师范院校之间发展不平衡、发展同质化等诸多问题。这就需要国家在政策层面加大资源保障力度，坚持协调布局、整体推进原则，使各级各类师范院校各得其所、各尽其责，为构建具有中国特色的高质量教师教育体系做出更大贡献。

二是坚持师范生培养产出导向，探索教师教育新课程。2011 年，《教育部

① 孙春国：《"新师范"远景下认证专业的建设思路》，《教育发展研究》2021 年第 21 期。

② 《中共中央　国务院关于全面深化新时代教师队伍建设改革的意见》，https://www.gov.cn/zhengce/2018-01/31/content_5262659.htm，2018 年 1 月 31 日。

③ 《教育部等五部门关于印发〈教师教育振兴行动计划（2018—2022 年）〉的通知》，http://www.moe.gov.cn/srcsite/A10/s7034/201803/t20180323_331063.html，2018 年 3 月 23 日。

④ 游旭群：《中国特色世界一流教师教育体系建设的探索——基于党的十九大以来我国教师教育政策的视角》，《教师发展研究》2022 年第 2 期。

关于大力推进教师教育课程改革的意见》提出教师教育课程改革十条指导性意见，其中有五条意见强调实践取向，注重培养师范生的社会责任感、创新精神和实践能力[①]。2017 年，教育部印发《普通高等学校师范类专业认证实施办法（暂行）》，明确提出“学生中心、产出导向、持续改进”的认证理念。其中，“产出导向”强调以师范生的学习效果为导向，对照师范毕业生核心能力素质要求，评价师范类专业人才培养质量。人才培养“产出导向”成为“实践取向”的升级版、强化版，也成为教师教育课程改革的刚性要求。教师教育人才培养改革倡导建立符合师范类专业认证要求的“四位一体”卓越课程体系（通识课程、专业课程、教师教育专业集群课程和实践课程），探索“4+2”或“3+3”本硕一体化和本硕博贯通的培养模式[②]。目前，我国师范生课程设置中存在教育类课程比重偏低、公共课挤占通识课程空间、文史哲课程严重缺乏、实习实践时长和质量得不到保障等问题，造成师范生知识面狭窄，不能很好地满足未来合作型、探究型教学需求。有效解决以上问题，需要师范院校持续修订人才培养方案，抓好教师教育质量管理，加大高校和中小学协同育人力度、校地合作力度[③]，建设有发展梯度的结构化课程体系，整合通识课程资源，打造有灵魂的课程元素，既要突出课程的基础性、广博性，也要强调课程的人文性、实践性、高阶性，培养未来教师的教育情怀、教育智慧[④]。

三是探索复合型人才培养模式，培养基础教育新师资。对于“新师范”的本质，学术界各有各的理解，不一而足；但我认为，所谓“新师范”，就是在新时代高质量发展要求背景下，实现教师人才培养理念与目标更新、教师人才素质革新和教师人才培养模式创新。2022 年，教育部等部门印发的《新时代基础教育强师计划》提出：“2035 年，适应教育现代化和建成教育强国要求，构建开放、协同、联动的高水平教师教育体系，建立完善的教师专业发展机制，形成招生、培养、就业、发展一体化的教师人才造就模式，教师数量和质量基本

① 参见《教育部关于大力推进教师教育课程改革的意见》，《基础教育改革动态》2020 年第 6 期。

② 王后雄、李猛：《卓越教师核心素养的内涵、构成要素及发展路径》，《教育科学》2020 年第 6 期。

③ 胡钦太：《“新师范”建设的时代定位与路径选择》，《华南师范大学学报（社会科学版）》2018 年第 6 期。

④ 万东升、赵倩：《“新师范”背景下教师教育课程改革进展与反思——以 15 所地方师范院校人才培养方案为例》，《黑龙江高教研究》2021 年第 11 期。

满足基础教育发展需求。”[①] 目前，我国大力提倡培养“一专多能”型教师，解决乡村教师结构性缺员问题；同时，鼓励跨学科、复合型人才培养，构建新工科、新医科、新农科、新文科。“新师范”在人才培养上，更加注重构建基础类与实践类课程并行的课程体系，形成高等院校、政府、中小学融合培养的共同体，促进互联网技术与教学实践有机融合，最终建立复合型人才培养目标体系[②]。这就要求师范院校贯彻构建“开放、协同、联动”的高水平教师教育体系要求，摒弃常规思维，打破单一学科培养的传统路径，尝试开门办学，跨院系、跨学科、跨专业整合教师教育资源，培养更多“问题导向、跨学科边界”的复合型师范生和全科型师范生[③]；同时，落实立德树人的根本任务，结合师范类专业认证工作，坚持“学生中心”“产出导向”“持续改进”理念，以培养“四有好老师”为目标，以“五师”素养为抓手，以“师范情”“师范力”“师范味”为引领，培养满足新时代教育需求的智慧型教师、创新型教师、引领型教师。

四是促进义务教育优质均衡发展，顺应时代发展新要求。在信息化、数字化、智能化同向融合发展的时代背景下，全球社会、经济发展出现重大变化，可持续发展成为当前教师教育变革亟须面对的一个核心议题；而可持续教育的核心在于，确保包容和公平的优质教育，让全民享有终身学习的机会[④]。目前，中国教育改革已进入“均衡优质教育资源，全面提高教育质量，努力办好人民满意教育”的新时代。新师范教育正是顺应世界可持续教育发展潮流和当下中国教育优质均衡发展、高质量发展的时代需求而产生的。当前，新师范教育迫切需要培养更多未来优秀教师，逐步缓解县域与城乡优质教师配置不均衡的局面。总体上看，公费师范生政策在吸引优质生源、提高办学积极性、缓解资源配置不均衡局面等方面，都起着重要作用。然而，目前公费师范生政策仅仅面向教育部直属重点师范大学和少数省属师范院校，而且公费师范生到农村从教的意愿也不高，这就不利于大规模培养优质教师、缩小师范院校发展的差距。

---

① 《教育部等八部门关于印发〈新时代基础教育强师计划〉的通知》,《中华人民共和国教育部公报》2022 年第 7、8 号。

② 杜文静、张茂聪:《“新师范”建设的时代意蕴、现实张力与路径选择》,《山东师范大学学报(社会科学版)》2022 年第 3 期。

③ 尹飞:《新文科背景下高校人才培养的四个面向》,《中国社会科学报》2021 年 11 月 30 日第 12 版。

④ 董伊苇、宁波:《转型社会呼吁教师教育实现转型发展——联合国教科文组织教师教育中心全球教师专业发展论坛综述》,《比较教育学报》2022 年第 1 期。

因此，国家要鼓励地方政府实施更大覆盖面的地方公费师范生制度，发挥更多师范院校办学积极性，为教师教育均衡发展提供普惠性政策保障；同时，通过提前批录取、定向就业等方式提高生源质量和就业保障，为农村中小学培养“留得住、用得上”的教师人才。此外，积极搭建农村教师专业发展平台，出台更多优惠政策，鼓励更多优秀师范生从事乡村教育工作。

“国将兴，必贵师而重傅。”① 随着中国特色社会主义进入新时代，中国人民正意气风发地朝着第二个百年奋斗目标前进。新时代需要新教育，新教育呼唤新师范。随着中国式现代化全面推进，中国阔步走近世界舞台中央，中国文化和中国智慧愈益散发着亘古常新的魅力。继承和弘扬中华优秀师道文化精神、振兴师范教育，更加迫切地需要我们坚定历史自信、增强历史主动性，坚定文化自信，进一步彰显文化自觉，在回应师范教育究竟是个什么“范”的问题上，作出与时俱进、令全社会满意的答复，回答教师教育发展的历史之问、时代之问、人民之问、世界之问，走出一条内涵式高质量发展的新师范道路。

（本文原载《华中师范大学学报（人文社会科学版）》2023 年第 3 期，收入本书时有文字改动。）

① 方勇、李波译注：《荀子 · 大略》，中华书局 2011 年版，第 463 页。

十九大以来习近平关于高等教育重要论述的深刻内涵和重大意义

教育是关乎国家发展、民族进步的基础工程、文化工程、未来工程。党的十九大以来，习近平总书记发表了一系列关于高等教育改革发展的重要论述，为新时代高等教育发展提供了基本遵循。这些重要论述根植于悠久的中国历史文化和当代深厚的教育实践探索，与历届中国共产党领导人的教育思想一脉相承，显示出强劲的时代活力，成为提高高等教育办学质量、育人质量的重要思想武器。

一、习近平关于高等教育重要论述的时代背景

（一）改革开放以来中国高等教育发展取得的伟大成就

在人类文明的历史长河中，40 年不过弹指一挥间，但对于我国教育发展而言，这 40 年的变革则具有里程碑式的意义。40 年来，教育的每一步变迁，都是中国改革开放取得的显著成就在教育领域的一个印证与缩影；教育的每一次发展，都是中国改革开放交响乐中不可或缺的音符。1977 年恢复高考是中国高等教育事业发展的一个里程碑，也揭开了中国高等教育改革的序幕。经过 40 年的改革发展，我国的高等教育在经费投入、办学条件、办学规模、教育质量及国际地位等方面都发生了举世瞩目的巨变。

第一，经费投入快速增长。2017 年全国教育经费总投入 42557 亿元，占 GDP 的 5.15%，其中高等教育经费投入 11109 亿元，占 GDP 的 1.34%。以 2017 年的价格计算，2017 年我国高教生均经费是 1978 年的 3.05 倍。

第二，办学条件明显改善。全国高校普遍兴建了新校园、新科教大楼、新图书馆、新运动场、新食堂等；学生宿舍条件大为改观，甚至还装上了空调；教室里现代化教学设备齐全。现在的校园再也见不到昔日简陋破旧的陈迹，我

国高校设施水平与西方发达国家相近，为师生的教学、科研和生活提供了良好的条件和决定性的支撑作用。

第三，办学规模大幅增加。1978 年全国各类高校 598 所，各类高等教育在学总规模 228 万人，校均学生规模仅 3812 人。2017 年全国共有普通高校 2631 所，各类高等教育在学总规模达到 3779 万人，校均学生规模 10430 人。其中本科院校 1243 所，校均学生规模 14639 人；有 17 所大学的在校生规模超过 5 万人。2014 年我国高校在校生规模已居世界第一，高校数量居世界第二。中国现代史上的高等教育历来是精英教育，1978 年的高等教育毛入学率仅 2.7%；2002 年高等教育毛入学率达到 15%，进入大众教育阶段；2017 年毛入学率已达 45.7%；不久将突破 50%，而进入高等教育普及化阶段。

第四，教育质量实现飞跃。20 世纪 90 年代以来，中国政府实施科教兴国和可持续发展战略，对高等教育改革发展事业不断作出新的指示和部署，先后启动实施“211 工程”“985 工程”和“2011 协同创新计划”，并从 2016 年开始部署高等教育一流大学和一流学科建设（简称“双一流”建设）。通过这一系列重要举措，中国的高等教育质量实现了飞跃。

第五，国际地位显著增强。尽管世界各种高校排行榜的关注指标和权重有所不同，也不尽客观、科学，但从中仍能看出我国高等教育所取得的巨大进步。中国内地高校在世界大学四大排行榜上的位次都在迅速上升，以 ARWU 排行榜为例，2010 年北京大学（第 167 位）和清华大学（第 178 位）首次进入世界高校 200 强；2016 年清华大学（第 58 位）和北京大学（第 71 位）首次进入百强；2017 年清华大学（第 48 位）首次进入前 50 强；2018 年浙江大学也进入世界百强，清华大学列第 45 位。2003 年中国内地大学只有 8 所高校进入世界 500 强，2018 年有 51 所高校进入世界 500 强。从国际学科衡量指标“基本科学指标（ESI）”排名前 1% 学科和前 1‰学科看，我国进入排名前 1% 学科的高校从 2012 年的 91 所增加到 2018 年的 278 所，其中进入前 1‰学科的高校达到 47 所，占全球前 1‰学科的 5.3%。2017 年国内发明专利申请量达到 138.2 万件，国际专利申请达到 48882 件，首次超过日本升至全球第二，高校在专利申请中作出了重要贡献。20 世纪中国学者很难在国际主流杂志上发表学术论文，2018 年 SCI 收录中国学者（未包括台湾）发表的论文超过 46 万篇（截至 9 月 15 日）。经过 40 年改革发展的中国高校正在群体性地接近世界一流大学，个别高校已经进入世界一流大学行列，有一些学科甚至已进入世界前十名。

（二）我国高等教育面临的问题

经过长期努力和发展，我国高等教育事业走过了由小到大、由弱向强的辉煌历程，实现了从规模扩张到质量提升的历史性转折，取得了全方位的历史性成就，发生了深层次的历史性变化。梳理和总结重大成就，我们对高等教育发展更加自信，更加坚定地按照习近平总书记的要求，扎根中国、融通中外、立足时代、面向未来，更加坚定不移地走中国特色社会主义发展道路。但我们也清醒地看到，面对国际形势的深刻变化和我国进入新时代的重大转折，高等教育既面临着大发展的良好机遇，也面临着诸多问题。

第一，高等教育大而不强。高等教育经过 40 年的发展，在学规模已经达到世界第一，但质量仍亟待提升。当前的高等教育仍处在由粗放型外延式发展向创新型内涵式发展转化的过程中，只有切实提高高等教育质量，才能更好地服务于经济转型的需要。与国际上先进国家的高等教育比较，可以发现我国各类高等教育在水平、质量上都存在较大差距，尤其是在高水平高质量部分，我国所占的比例都很小。以世界一流大学为例，在各类大学排行榜上，我国大学位于前列的数量非常有限，远低于美、英、德、日等国。优质高等教育发展不充分导致我国高等教育功能发挥存在很大的局限性，造成我国高等教育培养的一流人才严重不足，“钱学森之问”至今并未获得完美解答，我国高等教育对人类文化进步和文明发展所做出的贡献依然有限。

第二，教育公平问题依旧严重。在我国高等教育快步进入大众化之际，高等教育公平问题日益突出，并且呈现出新的特点。首先，传统的区域高等教育不公平依然存在。这其中的一个重要表现就是中西部地区考生的入学机会远远低于东部经济发达地区。虽然我国政府采取了诸多措施来促进区域间的教育公平，但是以经济发展差异为主因的教育不公平并不能仅仅通过政策倾斜实现短期内的教育均衡。而区域差异的另一个新的表现就是区域高等院校发展的不公平。在国家建设一流大学的背景下，经济实力雄厚的东部省份投入巨资建设大学，并高薪从中西部挖走优秀师资，导致中西部部分高水平大学师资流失严重，区域间大学水平差距进一步拉大，高等教育资源分配更加不均衡。其次，自 20 世纪 90 年代以来，高校入学机会的城乡差距拉大。清华、北大等一流大学中的农村新生比例逐年下降，而地方性普通院校、高职院校中的新生则以农村学生为主。最后，阶层差距正在成为影响教育公平的重要隐形因素。优势阶层子女得到的优质学习机会越来越多，这也是我国当前高等教育最需要警惕的公平问题。在高等教育日益市场化的今天，效率成了大学办学的主要考量因素，但是忽略公平的高等教育不仅失去了中国特色，最后必定也会损害高等教育的整体发展。

第三，治理结构不尽合理。合理的高等教育治理结构是大学能够有效运行的关键，合理的大学治理结构，要求各利益主体是平等的、多元的、共存的，国家、大学、其他利益相关者之间互相协调、互相制约。当前，创新型经济更要求灵活的管理模式，赋予大学更多的自主权，激发大学的创造力。但当前我国大学治理结构依然不尽合理。首先，在政府管理模式方面，政府给予大学的自主权依然十分有限。虽然在政策上和实践中我们都强调给予大学自主权的重要性。但是，正如北京大学校长林建华所指出的，现行法律赋予中国大学一些自主权，但其权利含糊不清。高校自主权下放也被称为呼吁最强烈、进展最缓慢的体制改革。其次，在高校内部管理方面，高 + 非学术人员对学校管理的发言权还有待加强。最后，大学的外部监督机制还很薄弱，大学缺少来自校外政治界、经济界、校友等组成的管理和咨询机构的监督。

第四，高校原始创新能力不足。原始创新是在科技活动中，主要是在基础研究或应用基础研究中获得的，能引发大规模知识创新和技术创新的重大理论突破或重大发现、发明。美国宣布对中兴禁运，一下子就让这家世界第四、中国第二的通信业巨头陷入了休克。许多人这才发现，没有美国的芯片，中国的许多东西都造不出来。《人民日报》评中兴事件："只有把核心技术掌握在自己手中，才能真正掌握竞争和发展的主动权。"① 虽然我国经济总量已居世界第二，但科技原始创新能力不足。从获得诺贝尔奖的情况来看，具有中国国籍的诺贝尔奖获得者仅有莫言和屠呦呦 2 位；中国虽然是专利大国，专利数量虽多，但有分量的发明专利却相对较少，更缺乏基础性、原创性专利；在论文方面，我国缺乏真正有原创性、突破性、标志性的研究成果，特别是基础研究成果。

第五，师德师风问题屡见不鲜。近年来，由于市场经济的负面影响，对师

① 人民网：《人民日报评中兴危机：核心技术靠花钱买不来》，http://ccnews.people.com.cn/GB/n1/2018/0419/c141677-29935989.html，2018 年 4 月 19 日。

德师风建设重视不够，教育评价制度不健全等原因，出现了许多有违师德师风的事件。这类事件的出现，虽为个别教师所为，但影响十分恶劣，严重败坏了教育的声誉，损害了教育的形象。例如：北航导师性侵事件；江西某学院副校长女厕所偷拍；华北电力大学教授性侵女学生；武汉理工大学研究生之死；翟天临论文事件；浙江大学原教授陈某通过将科研经费划入自己控制的公司贪污 945 万余元；蔡某利用其担任中国人民大学招生就业处处长职务上的便利，在招录考生、调整专业等事项上非法收受财物共计 2330 万元；等等。

（三）习近平关于高等教育重要论述的历史、理论和实践基础

伟大思想的产生离不开历史文化根基和特定的时代背景。习近平关于高等教育的重要论述是在继承和弘扬中国源远流长的传统教育思想、中国共产党人教育思想的基础上准确研判和把握国际国内教育态势，逐步发展和创新起来的。

第一，文化渊源：对中国源远流长的传统教育思想的继承和弘扬。先哲前贤以其深邃的智慧对教育作出奠基性和开拓性的思考和论述，孕育中国优秀传统教育思想资源，为习近平关于高等教育重要论述的形成提供了历史借鉴。先哲前贤从不同层面和角度对教育著书立说。首先，在国家重视教育方面，董仲舒指出，古之王者“南面而治天下，莫不以教化为大务”[①]，具体为国家兴办太学，各郡县设置学校建立地方教育系统。汉朝扬雄提及：“学之为王者事，其已久矣。”[②]由此可见，我国古代统治者治理国家、管理人民无一不是将教育作为先行关键任务。其次，在尊师重教方面，荀子道：“国将兴，必贵师而重傅”，“国将衰，必贱师而轻傅”[③]。荀子此言从正反两面揭示了尊师贱师与国家兴盛衰败的关系。《礼记》著“大学始教，皮弁祭菜，示敬道也”[④]，同时亦有汉明帝敬师“犹尊桓荣以师礼”以及程门立雪的典故等。再次，在教育方法上，孔子提倡因材施教、引导学生先思考再适时启发，“举一隅不以三隅反，则不复也”[⑤]。北宋欧阳修提到服民以道德，以高尚情操使人们顺服。孟子也论及“以德服人者，中

① ［汉］班固撰、［唐］颜师古注：《汉书·董仲舒传》，中华书局 1962 年版，第 2503 页。

② 汪荣宝撰、陈仲夫点校：《法言义疏·学行卷》，中华书局 1987 年版，第 22 页。

③ 方勇、李波译注：《荀子·大略》，中华书局 2011 年版，第 463 页。

④ 胡平生、张萌译注：《礼记·学记》，中华书局 2017 年版，第 699 页。

⑤ 张艳国：《〈论语〉智慧赏析》，人民出版社 2020 年版，第 118 页。

心悦而诚服也”[①]，即武力并不能使人真心信服，认为要施行道德感化教育。另外，在教师职责方面，《礼记》中谈到教师的职责不仅仅是教会学生谋事之才，更为重要的是立世之德。孔子言“诲人不倦”，不知疲惫、不敢怠倦地教导学生这并非难事。还有，在教育平等方面，孟子有得天下优秀人才而教育之的情怀；孔子“有教无类”，直言无论何种背景的人均可接受教育，扩大了教育对象的来源面和基础性，保障众生受教育的基本权利。凡此种种，习近平关于高等教育的重要论述根植于中国源远流长的传统教育思想，汲取精华，沉淀承载历史悠久、文化厚重的基因。

第二，理论基石：对中国共产党人教育思想的传承。习近平总书记丰富发展了以毛泽东、邓小平、江泽民、胡锦涛历届领导人为代表的中国共产党人有关教育的思想理论。中国共产党人在不同历史发展时期，从国情出发提出相应的教育思想。毛泽东在大革命时期提出平民主义教育思想，土地革命时期提出教育与生产劳动相结合的思想，社会主义建设时期强调教育与无产阶级政治结合。毛泽东教育思想一以贯之，以造就具有社会主义觉悟的劳动者为目标，强调学以为用，教育最终落实在服务民众上。邓小平承继毛泽东教育思想合理成分，将教育推向新阶段，初步形成中国教育事业新格局。他提倡把教育摆在优先发展战略位置，并且高度重视教育在现代社会经济发展和科学技术中的作用，进而提出“三个面向”的教育发展指导方针，提出“尊重知识、尊重人才”的理念及社会主义培育“四有”新人的目标。江泽民进一步丰富教育思想内涵，创造性地提出“科教兴国”战略思想，强调发展素质，注重思想政治教育，着重教育创新，并提出教育的“系统工程”理论。他坚信在社会经济发展前提下，实现教育适度超前发展可有效提高教育的发展水平。胡锦涛奋力推进教育思想走向成熟，他提出“以人为本”的科学发展观，坚持教育优先发展和加强师资队伍建设并举，大力发展职业教育，把办令人民满意的教育视为我们党和国家发展教育事业的根本目的。习近平总书记传承中国共产党人教育思想并锐意创新教育改革发展，在新时代背景下正确把握教育事业发展规律，阐发如何改革、怎样发展系统且完整的教育新理念新思想新战略。

第三，实践基础：对国际国内教育态势的研判和把握。我国目前正处于全

① 方勇译注：《孟子·公孙丑上》，中华书局2010年版，第56页。

面建成小康社会攻坚阶段，但是我国传统教育体制模式僵化，教育理念落后，教育发展程度差距过大，优质教育资源紧张及分布不均衡等问题依旧存在。教育层次无法满足经济社会多元发展，教育专业结构有待深入嵌合社会需求，教师队伍整体素质有待提高，等等。这些现实问题内在要求不断深化教育改革，营造良好育人环境，破除发展藩篱，实现教育现代化健康持续发展。同时，新形势下教育态势发生巨大变化——迅速发展的人工智能新理论新技术深刻地改变着社会生活。教育要借助人工智能发展的大好时机，紧跟时代潮流，放眼未来工作和竞争格局，为加快建设创新型国家提供智力支持和人才后盾。国际上，多媒体计算机和互联网成为教育的新资源和新空间，形成一种崭新的教育生态环境，触发了教育数字海啸——慕课。可见，当今教育突破传统时空禁锢界限，愈发凸显教育手段现代化，愈加明朗信息技术趋势。以信息科技为核心的综合国力较量实质上就是菁英的竞争，特别是创新型高素质菁英的角逐。教育在培养菁英方面起着基础性决定性的作用，只有创新教育，建立新型的现代化教育模式，才能为4.0工业经济社会迅猛发展夯实人才根基。

教育已然成为国际局势所需，同时教育在一国科技进步、经济发展、国家强大和民族自信等方面具有重大的战略意义。习近平总书记审时度势，紧跟世界教育前沿，发展和创新教育思想。

二、习近平关于高等教育重要论述涵盖改革发展的顶层设计

习近平总书记在治国理政过程中，面向世界谋划教育格局，高度重视高等教育在社会主义现代化建设中的地位和作用，高度重视教育在实现中华民族伟大复兴中国梦、促进人类和平与发展中所承担的责任和使命。

（一）教育本质：教育决定着人类的未来

习近平总书记站在人类社会发展的高度，在致清华大学苏世民学者项目启动的贺信中提出“教育决定着人类的今天，也决定着人类的未来”① 的论断，深刻论述了教育对人类社会发展的重要性。教育是人类社会的重要活动，它担负着传承老一辈的生产经验和社会实践经验、为当代社会和未来社会培养人才的

① 《清华大学苏世民学者项目启动仪式在京举行　习近平和奥巴马致贺信》，《人民日报》2013年4月22日。

任务。

当今世界风云变幻，冲突和矛盾重重，人类面临种种挑战，教育要为未来可持续发展承担责任。这是联合国教科文组织2015年报告《反思教育：向“全球共同利益”的理念转变？》中提到的重要内容，报告提出，教育应该以人文主义为基础，以尊重生命和人类尊严、权利平等、社会正义、文化多样性、国际团结和为可持续的未来承担共同责任。①

习近平总书记深刻地分析了世界发展的形势，提出“人类命运共同体”的主张，论述了教育在为未来社会培养人才，促进人类和平与发展中的作用。他指出，“教育应该顺此大势，通过更加密切的互动交流，促进对人类各种知识和文化的认知，对各民族现实奋斗和未来愿景的体认，以促进各国学生增进相互了解、树立世界眼光、激发创新灵感，确立为人类和平与发展贡献智慧和力量的远大志向。”② 习近平总书记的这段论述，使我们认识到教育的本质和作用。教育的本质就是通过传授知识、提高品德、启迪智慧，培养促进社会发展的人才，是提高每个人的生命质量、提升生命价值的重要途径。在经济全球化背景下，无论是坚持和平，还是战胜贫困、改善环境，都要依靠教育培养有远大志向、能为人类造福的人才。

（二）教育战略：坚定实施科教兴国战略

习近平总书记始终坚持把教育放在社会主义现代化建设中的战略地位。他于2013年9月在联合国“教育第一”全球倡议行动一周年纪念活动上发表视频贺词时指出，“中国将坚定实施科教兴国战略，始终把教育摆在优先发展的战略位置”。③

习近平总书记继承和发展了党的十六大确立的科教兴国战略思想，强调教育在实现“两个一百年”奋斗目标和中华民族伟大复兴中国梦过程中的重要地位和作用。他在2014年教师节前夕与北京师范大学师生代表座谈时指出：“教育是提高人民综合素质、促进人的全面发展的重要途径，是民族振兴、社会进

① 参见联合国教科文组织编：《反思教育：向“全球共同利益”的理念转变？》，联合国教科文组织总部中文科译，教育科学出版社2017年版。

② 《清华大学苏世民学者项目启动仪式在京举行》，《人民日报》2013年4月22日。

③ 《习近平主席在联合国“教育第一”全球倡议行动一周年纪念活动上发表视频贺词》，《人民日报》2013年9月27日。

步的重要基石，是对中华民族伟大复兴具有决定性意义的事业。”①

把教育摆在优先发展的战略位置，是建设社会主义强国的需要。习近平总书记指出：“当今世界的综合国力竞争，说到底是人才竞争，人才越来越成为推动经济社会发展的战略性资源，教育的基础性、先导性、全局性地位和作用更加突显。”② 因此，必须坚持把教育摆在优先发展的战略地位，普及教育，培养具有创新能力和国际视野的高品质人才。

把教育摆在优先发展的战略位置是促进教育公平、改善民生的需要。习近平总书记始终把人民群众的利益放在第一位，他说：“人民对美好生活的向往，就是我们的奋斗目标。”③ 他指出，“教育公平是社会公平的重要基础，要不断促进教育发展成果更多更公平惠及全体人民，以教育公平促进社会公平正义。”④

（三）根本任务：国无德不兴，人无德不立

立德树人是教育的根本任务，它根植于中华民族的优秀文化传统。中华民族在漫长的历史发展过程中，构建了一套成熟的道德价值体系，形成了丰富的个人伦理、家庭伦理、国家伦理以及宇宙伦理的道德规范体系和道德教育理论。我们党继承和发扬了中华民族崇德的传统，坚持把立德树人作为教育的根本任务。

当今时代，我们更需要加强学生的道德教育。社会的现代化带来了价值观念的冲突，一方面科学技术高速发展，日新月异，社会物质越来越丰富；另一方面社会变革，风云莫测，特别是文化多元，各种思想交相融合和冲突，一些腐朽的享乐文化也随之而来。学生正面临着这种复杂环境的挑战，如果不能树立正确的世界观、人生观、价值观，很难肩负起中华民族伟大复兴的重任。

习近平总书记要求把社会主义核心价值观教育贯穿教育全过程，要全面加强学校的德育、智育、体育和美育工作，坚持文化知识学习与思想品德修养的

① 习近平：《做党和人民满意的好老师——同北京师范大学师生代表座谈时的讲话》，《人民日报》2014 年 9 月 10 日。

② 习近平：《做党和人民满意的好老师——同北京师范大学师生代表座谈时的讲话》，《人民日报》2014 年 9 月 10 日。

③ 《习近平在十八届中共中央政治局常委同中外记者见面时强调　人民对美好生活的向往　就是我们的奋斗目标》，《人民日报》2012 年 11 月 16 日。

④ 《习近平在北京市八一学校考察时强调　全面贯彻落实党的教育方针　努力把我国基础教育越办越好》，《人民日报》2016 年 9 月 10 日。

统一、理论学习与社会实践的统一、全面发展与个性发展的统一。

习近平总书记对青年寄予了深切的期望。他在2013年同各界优秀青年代表座谈时说："青年最富有朝气、最富有梦想"，"青年兴则国家兴，青年强则国家强"。[①]他教导青年，第一要坚定理想信念，第二要练就过硬本领，第三要勇于创新创造，第四要矢志艰苦奋斗，第五要锤炼高尚品格。总之，只有进行了激情奋斗的青春，只有进行了顽强拼搏的青春，只有为人民作出了奉献的青春，才会留下充实、温暖、持久、无悔的青春回忆。[②]

（四）教育理想：走自己的道路，牢记"四个服务"

高等教育发展水平是一个国家发展水平和发展潜力的重要标志。习近平总书记出席2016年12月7日至8日全国高校思想政治工作会议并发表了重要讲话，强调发展高等教育的重要性，指出教育强则国家强。他强调，"我国有独特的历史、独特的文化、独特的国情，决定了我国必须走自己的高等教育发展道路，扎实办好中国特色社会主义高校。"[③]

作为中国特色社会主义的高等学校，要坚持党的领导，坚持以马克思主义为指导，全面贯彻党的教育方针。要坚持不懈传播马克思主义科学理论，抓好马克思主义理论教育，为学生一生成长奠定科学的思想基础。要坚持不懈培育和弘扬社会主义核心价值观，引导广大师生做社会主义核心价值观的坚定信仰者、积极传播者、模范践行者。要坚持不懈促进高校和谐稳定，培育理性平和的健康心态，加强人文关怀和心理疏导，把高校建设成为安定团结的模范之地。要坚持不懈培育优良校风和学风，使高校发展做到治理有方、管理到位、风清气正。

三、习近平关于高等教育重要论述的重要命题

习近平总书记站在新的历史起点上，从战略的高度思考和谋划新时代背景下为什么办教育、办什么样的教育、怎么办教育等关乎教育发展的重大问题，发表了系列重要讲话，形成了科学严谨的教育战略思想体系，为未来教育发展

① 习近平：《在同各界优秀青年代表座谈时的讲话》，《人民日报》2013年5月5日。

② 参见习近平：《在同各界优秀青年代表座谈时的讲话》，《人民日报》2013年5月5日。

③ 《习近平在全国高校思想政治工作会议上强调　把思想政治工作贯穿教育教学全过程　开创我国高等教育事业发展新局面》，《人民日报》2016年12月9日。

指明了方向。

（一）一个“问题”

正如习近平总书记 2018 年 5 月 2 日在北京大学师生座谈会上的讲话中指出的那样：“古今中外，关于教育和办学，思想流派繁多，理论观点各异，但在教育必须培养社会发展所需要的人这一点上是有共识的。培养社会发展所需要的人，说具体了，就是培养社会发展、知识积累、文化传承、国家存续、制度运行所要求的人。”①

基于这种历史和理论上的基本共识，习近平总书记指出：“古今中外，每个国家都是按照自己的政治要求来培养人的，世界一流大学都是在服务自己国家发展中成长起来的。我国社会主义教育就是要培养社会主义建设者和接班人。”②可见，我国教育必须培养社会主义建设者和接班人的目的要求是与我国的社会主义政治制度相一致的，是不断完善的中国特色社会主义制度对教育工作提出的客观要求，也反映了从古至今任何国家在教育目的认识问题上的共同规律。

在全国教育大会上，习近平总书记再次强调指出：“我国是中国共产党领导的社会主义国家，这就决定了我们的教育必须把培养社会主义建设者和接班人作为根本任务，培养一代又一代拥护中国共产党领导和我国社会主义制度、立志为中国特色社会主义奋斗终身的有用人才。这是教育工作的根本任务，也是教育现代化的方向目标。”③可以说，中国共产党领导中国人民经过长期探索所建立的中国特色社会主义制度为回答“培养什么样的人”的问题提供了深厚的政治基础。

（二）九个“坚持”

在全国教育大会上，习近平总书记系统总结了推进我国教育改革发展的“九个坚持”④，对当前和今后一个时期的教育工作作出了重大部署，为加快推进

① 习近平：《在北京大学师生座谈会上的讲话》，《人民日报》2018 年 5 月 3 日。

② 习近平：《在北京大学师生座谈会上的讲话》，《人民日报》2018 年 5 月 3 日。

③ 《习近平在全国教育大会上强调 坚持中国特色社会主义教育发展道路 培养德智体美劳全面发展的社会主义建设者和接班人》，《人民日报》2018 年 9 月 11 日。

④ 参见《习近平在全国教育大会上强调 坚持中国特色社会主义教育发展道路 培养德智体美劳全面发展的社会主义建设者和接班人》，《人民日报》2018 年 9 月 11 日。

教育现代化、建设教育强国、办好人民满意的教育提供了根本遵循。“九个坚持”从根本上回答了“培养什么样的人、怎样培养人、为谁培养人”等重大问题，构成了科学的理论体系。

坚持党对教育事业的全面领导，就是要明确党是领导中国教育事业发展的核心力量。这是中国特色社会主义教育制度的最大优势，是办好教育的根本保证。

坚持把立德树人作为根本任务，就是要明确社会主义教育的首要问题。它继承和发扬了中华民族崇德的传统，突出了教育的主责主业，把社会主义核心价值观教育融入立校办学、育人育才全过程，树立正确的世界观、人生观、价值观，培养社会主义合格建设者和可靠接班人。

坚持优先发展教育事业，就是要强调全面落实教育优先发展战略。作为推动党和国家事业发展的重要先手棋，它隐含了教育先行的思想，对加快教育现代化、建设教育强国作出总体部署和战略设计，以适度超前的教育现代化 2035 战略支撑国家现代化，不断使教育与党和国家事业发展的要求相适应、与人民群众的期待相契合、与国家综合实力和国际地位相匹配。

坚持社会主义办学方向，就是要坚持以习近平新时代中国特色社会主义思想为指导，全面贯彻党的教育方针，把思想政治工作贯穿教育教学全过程，实现全员育人、全过程育人、全方位育人，为学生一生成长奠定良好的思想基础，使他们成为德才兼备、全面发展的人才。

坚持扎根中国大地办教育，就是要体现中国特色。只有扎根中国才能更好地走向世界，加强中华优秀传统文化教育、革命文化教育、社会主义先进文化教育，努力为中国人民服务，为中国共产党治国理政服务，为巩固和发展中国特色社会主义制度服务，为改革开放和社会主义现代化建设服务。

坚持以人民为中心发展教育，就是要把办好人民满意的教育作为初心和使命。它体现了教育为人民服务的宗旨，坚持人民主体地位，把人民对美好生活的向往作为奋斗目标，依靠人民创造历史伟业。其核心要义是落实一切为了人民，一切依靠人民，一切成果由人民共享；让每个孩子都享有受教育的机会，让 13 亿多人民享有更好更公平的教育，让人民群众有更多获得感、成就感、幸福感，不断满足人民日益增长的优质多样的教育需要。

坚持深化教育改革创新，就是要冲破思想观念的束缚、突破利益固化的藩篱，坚决破除各方面体制机制弊端，解放和激发内在活力，增强教育发展动力，使我国教育越办越好、越办越强。

坚持把服务中华民族伟大复兴作为教育的重要使命，就是要把建设教育强国作为中华民族伟大复兴的基础工程。重视教育才能赢得未来，我们要培养实现中华民族伟大复兴中国梦的有理想、有本领、有担当的时代新人。

坚持把教师队伍建设作为基础工作，就是要落实教育大计，教师为本，体现兴国必先强师理念，把教师作为教育发展的第一资源，把教师工作置于教育事业发展的重点支持战略领域。优先谋划教师工作，优先保障教师工作投入，优先满足教师队伍建设需要，大幅提升教师综合素质、专业化水平和创新能力，以“四有好老师”为目标，做好学生发展的“引路人”，形成优秀人才争相从教、教师人人尽展其才、好教师不断涌现的良好局面。

（三）六个“下功夫”

教育是国之大计、党之大计。教育发展方向与党和国家事业前进方向息息相关，新时代坚持中国特色社会主义教育发展道路，办中国特色教育是党和国家始终坚定不移的初衷。习近平总书记在全国教育大会上强调要在六个方面下功夫，为我们走好中国特色社会主义教育发展道路，办好中国特色教育指明了方向。

要在坚定理想信念上下功夫。中国特色社会主义发展，坚定理想信念是首要的，而且是最重要的。作为传道授业解惑的教育工作者，学生人生道路上的第一导师，首先应教育引导学生树立共产主义远大理想和中国特色社会主义共同理想，为青少年上好人生起航的第一堂思想教育课，牢记初心、坚定信仰，立志肩负时代发展、民族振兴的重任。

要在厚植爱国主义情怀上下功夫。爱国主义这份情怀是我们每一个人都应该具备的，而且应深深扎根我们心底。办好中国特色教育，从老师到学生，要把爱国主义情怀发扬出来，体现在学习上，落实到工作生活中，让爱国主义情怀成为学习的动力、努力的方向，要在学生中大力倡导爱国主义精神，教育引导其从小立志奉献国家。

要在加强品德修养上下功夫。社会主义核心价值观，可以说每一个字都与个人品德修养有关。对每一个人来讲，品德修养无疑是最重要的。作为新时代的教育工作者，要加强学生的品德修养教育，教育培养学生树立正确的价值观、人生观是办好中国特色教育的关键。

要在增长知识见识上下功夫。知识见识决定了发展的深度和广度，是衡量学生素质最重要的标准之一。知识就是真理，见识就是阅历，真理全面、阅历丰富是成功教育的典范。增长知识见识，要全面培养学生的求知欲、探索欲，教育引导学生爱学习、多求索，全面丰富知识体系，增长人生阅历，让求知的过程更加多姿多彩。

要在培养奋斗精神上下功夫。学生是未来，是新时代的挑大梁者。新时代又是一个全面奋斗的时代，培养奋斗精神十分重要。作为中国特色社会主义事业的接班人，必须志存高远、敢于担当，而且要主动担当、勇于奋斗，要具有为中国特色社会主义事业和共产主义事业不懈奋斗的精神。

要在增强综合素质上下功夫。中国特色社会主义的建设者和接班人应该德智体美劳全面发展，教育引导学生培养综合能力是办好中国特色教育的关键。综合素质强的人更能适应各种复杂的环境，从容面对人生的顺境逆境，进而把发展的道路走得更好。

（四）四个“服务”

习近平总书记在全国高校思想政治工作会议上强调，“我国高等教育发展方向要同我国发展的现实目标和未来方向紧密联系在一起，为人民服务，为中国共产党治国理政服务，为巩固和发展中国特色社会主义制度服务，为改革开放和社会主义现代化建设服务”[①]。这段话非常重要，只有深刻理解这段话的含义，才能深刻理解为什么“要坚持把立德树人作为中心环节，把思想政治工作贯穿教育教学全过程”[②]，才能准确定位“德”的实践标准、把握住思想政治工作的核心内容，才能深刻理解高校究竟应该“培养什么样的人、如何培养人，为谁培养人”。

为人民服务是思想政治工作必须遵循的根本宗旨。马克思主义唯物史观告诉我们：“人民，只有人民，才是创造世界历史的动力。”[③]我们党一贯强调“全心全意为人民服务”，习近平总书记提出“以人民为中心”。这就要求我们一切

① 《习近平在全国高校思想政治工作会议上强调　把思想政治工作贯穿教育教学全过程　开创我国高等教育事业发展新局面》，《人民日报》2016 年 12 月 9 日。

② 《习近平在全国高校思想政治工作会议上强调　把思想政治工作贯穿教育教学全过程　开创我国高等教育事业发展新局面》，《人民日报》2016 年 12 月 9 日。

③ 《毛泽东选集》第三卷，人民出版社 1991 年版，第 1031 页。

为了人民、一切依靠人民，想人民之所想，急人民之所急，解人民之所忧，谋人民之所求，一切发展的成果由人民共享。因此，为人民服务的立场、情感和作风，既是思想政治工作必须遵循的一个根本原则，也是做好思想政治工作的一个根本方法。高校教育工作者特别是搞马克思主义研究、教育和宣传的人，只有牢固树立为人民服务的理念并且身体力行，我们的思想政治工作才能在立场、情感、作风上赢得广大干部群众和高校师生的认可，赢得他们对我们党理论、路线、方针、政策、战略部署发自内心的拥护。

为中国共产党治国理政服务是思想政治工作义不容辞的责任担当。近些年来思想领域风起云涌，各种思想相互交流、相互激荡、相互竞争，出现一些反对马克思主义、反对社会主义、反对党的领导的错误观点。这些错误观点归根结底和历史虚无主义紧密相关。无数历史事实证明，尽管我们党也有过缺点、有过失误、有过挫折、有过教训，但我们党在中国革命、建设和改革开放中，建立了无与伦比的丰功伟绩，赢得了中国各族人民的无比热爱和巨大信任，没有任何政治力量可以取代中国共产党的领导。以习近平同志为核心的党中央高举反腐的利剑“打虎拍蝇”，说到做到，成效显赫，极大地赢得了人民的信任。中国共产党的领导是历史的选择、人民的选择，这是无可争议的。只要以史为据，辩证分析，分清主次，鉴别真伪，历史虚无主义的谬误不堪一驳。中国共产党是领导我们事业的核心力量，中国高校是中国共产党领导下的高校。更好地为中国共产党治国理政服务，彻底批判历史虚无主义，是当前高校思政工作义不容辞的责任担当。

为巩固和发展中国特色社会主义制度服务是思想政治工作必须坚持的价值取向。中国特色社会主义制度主要包括全国人民代表大会制度、民族区域自治制度、中国共产党领导的多党合作和政治协商制度，还有以公有经济为主体、多种所有制经济共同发展的社会主义初级阶段基本经济制度和按劳分配为主的分配制度等。我们的制度并非尽善尽美，但是，中国特色社会主义制度是中国共产党和中国人民的最佳选择。那些盲目崇拜西方所谓“民主政治”的人，应该从西方选举暴露出的弊端、丑闻中警醒过来。特别值得注意的是，习近平总书记不仅强调巩固中国特色社会主义制度，同时也强调发展。世界各国的发展各有优长，包括政治制度。他山之石，可以攻玉。只要是人类文明的优秀成果，我们都可以立足中国国情加以借鉴和利用。正像马克思主义继承了19世纪德国的古典哲学、英国的古典政治经济学和法国的空想社会主义的优秀成果一样，我们完全可以在借鉴与利用中不断完善中国特色社会主义制度。思想政治工作就是要本着“立足国情，融通中外”的理念，为巩固和发展中国特色社会主义制度服务。只有立足国情，才能站稳脚跟；只有融通中外，才能推陈出新，使中国特色社会主义制度更加完善，优越性更加明显。

为改革开放和社会主义现代化建设服务是思想政治工作坚定“四个自信”的试金石。只有搞清楚为什么要为改革开放和社会主义现代化服务，我们要建设什么样的社会主义，我们需要什么样的改革开放，才能增强改革开放的自觉性和社会主义现代化建设的积极性。历史已经证明，只有社会主义才能救中国，只有改革开放才能更好地发展中国。因此，实现中华民族伟大复兴必须坚持改革开放和社会主义现代化建设。改革开放是强国之路，四项基本原则是立国之本，两者相辅相成，缺一不可。必须清楚，我们所说的社会主义现代化建设，就是中国特色社会主义建设，为之服务的前提是坚持中国特色社会主义道路自信、理论自信、制度自信、文化自信。每一个自信，都有深刻的理论依据和实践依据，不深悟这些依据，“自信”就是空谈。只有发自内心地坚定“四个自信”，才能培养出有利于“四个服务”的合格建设者和可靠接班人。可以说，树立“四个自信”是做好“四个服务”的精神前提。

（五）“五育”并举

众所周知，马克思、恩格斯是科学社会主义的创立者，对资本主义的教育进行了深刻批判，首次提出“智育”“体育”与生产劳动相结合的问题，“未来教育对所有已满一定年龄的儿童来说，就是生产劳动同智育和体育相结合，它不仅是提高社会生产的一种方法，而且是造就全面发展的人的唯一方法”①。在此基础上，毛泽东在1957年《关于正确处理人民内部矛盾的问题》的讲话中明确提出：“我们的教育方针，应该使受教育者在德育、智育、体育几方面都得到发展，成为有社会主义觉悟的有文化的劳动者。”②从此，“德育、智育、体育”成为我国全面发展教育的主要内容。1999年，在全国第三次教育工作会议上，江泽民提出：“我们必须全面贯彻党的教育方针，坚持教育为社会主义现代化建设

① 《马克思恩格斯全集》第二十三卷，人民出版社1972年版，第530页。

② 《毛泽东文集》第七卷，人民出版社1999年版，第226页。

服务、为人民服务，坚持教育与社会实践相结合，以提高国民素质为根本宗旨，以培养学生的创新精神和实践能力为重点，努力造就有理想、有道德、有文化、有纪律的，德育、智育、体育、美育等全面发展的社会主义事业建设者和接班人。”[①] 自此，“美育”正式成为全面发展教育的组成部分。这一次，习近平总书记对于全面发展教育理论的重要贡献，一方面在于明确提出“劳动教育”，确立了“德、智、体、美、劳五育并举”的理念；一方面结合时代背景和需求，对“五育”的内容进行了新的更加丰富的阐释。

（六）八个“相统一”

习近平总书记在学校思想政治理论课教师座谈会上强调，“推动思想政治理论课改革创新，要不断增强思政课的思想性、理论性和亲和力、针对性。”[②] 他还具体提出了八个“相统一”。这一指示精神，为新时代推动思政课改革创新、提高思政课质量水平明确了重要指向和基本遵循。

坚持政治性和学理性相统一。思政课肩负着培养一代又一代社会主义建设者和接班人的神圣使命，必须旗帜鲜明地讲政治，彰显政治属性。对此，新时代思政课要坚定政治立场、凸显政治智慧，贯彻党的理论和路线方针政策，引导广大师生同党中央保持高度一致，强化政治担当。思政课的政治属性建立在逻辑严密的学理性基础上，必须以透彻的学理分析回应学生。因此，思政课还要有深度、有力度，运用精粹的马克思主义理论释学生之惑，实现以彻底的思想理论说服学生，用真理的强大力量引导学生。

坚持价值性和知识性相统一。价值性与知识性，是蕴含于思想政治教育的两个重要元素。思政课不仅要传授丰富的知识，培育学生认识世界的理智态度、判断能力和扎实的知识基础，还要用知识成果滋养价值观念。如果把思政课的价值属性剥离出去，仅将其视为价值中立的知识性传播活动，那就遮蔽了思想政治教育的本质。因而作为落实立德树人根本任务的关键课程，思政课要寓价值观引导于知识传授之中，挖掘学科中的真善美因素，将做人与做学问紧密统一，帮助学生形成端正的道德品行和正确的价值取向，塑造学生的灵魂。

坚持建设性和批判性相统一。推动思政课改革创新必须坚持建设性和批判

① 《江泽民文选》第二卷，人民出版社 2006 年版，第 332 页。

② 《习近平主持召开学校思想政治理论课教师座谈会强调　用新时代中国特色社会主义思想铸魂育人　贯彻党的教育方针落实立德树人根本任务》,《人民日报》2019 年 3 月 19 日。

性相统一。一方面，要牢牢把握思政课的整体建设。以“四个服务”为根本方向，构建科学合理的教材教学体系、学科支撑体系、人才培养体系、综合评价体系、条件保障体系，全面发挥思政课的主渠道作用，唱响主旋律、弘扬正能量，传导主流意识形态。另一方面，又要继承马克思主义理论的批判性传统。将马克思主义的立场观点方法贯穿到教学科研的全过程，做好理论斗争、舆论斗争，旗帜鲜明地批判各种错误观点和思潮，引导青年学生正确评价社会现象，褒良贬劣。

坚持理论性和实践性相统一。思政课兼具理论性和实践性，做到两者的辩证统一是两者关系的应然状态。首先，必须坚持思政课的理论性。要坚持和发展马克思主义，用马克思主义中国化的最新理论成果武装学生头脑、指导学生行动，引导学生针对社会问题作出深刻的逻辑论证和理性思考，用习近平新时代中国特色社会主义思想铸魂育人，实现用科学理论培养人。其次，必须重视思政课的实践性。把思政小课堂同社会大课堂结合起来，完善集教学科研、创新活动、社会实践、文化养成等于一体的实践教学模式，按照课堂教学要求确定实践活动主题及方式，激励学生主动参与社会实践，在实践中教育引导学生立鸿鹄志，做奋斗者。

坚持统一性和多样性相统一。思政课改革创新是循着统一性和多样性辩证关系的轨道不断向前演进的。在坚持统一性方面，要落实教学目标、课程设置、教材使用、教学管理等方面的统一要求，进一步明确思政课课前、课中和课后的全流程管理，规范统筹学分设置、教务安排、教学方法、教研管理、考核评价等教学工作，切实强化其价值引领。在坚持多样性方面，要因地制宜，整合校内外教育资源，开发地区实践教学资源，构建“大思政”新格局；要因时制宜，思政课的目标原则、内容任务、方法手段等应紧扣时代脉搏、反映时代要求，抓住学生思想政治教育的时代主题；要因材施教，结合学生的专业特点、个性特点，实施精准化教学，使思政课真正打动学生的内心。

坚持主导性和主体性相统一。教师“教”与学生“学”之间的关系，是教师主导性与学生主体性的关系，两者有机统一。首先，思政课教学离不开教师的主导。教师是学习活动的组织者和引导者，在教学内容选择、教学方法运用、教学进程安排、学生成绩评价等方面发挥主导作用，通过系统有计划的知识传授、言传身教等方式对学生的思想行为产生重大影响。对此，习近平总书记强调，思政课教师政治要强、情怀要深、思维要新、视野要广、自律要严、人格要正，自觉做为学为人的表率。[①] 其次，还要发挥学生主体性作用。要加大对学生的认知规律和接受特点的研究，掌握学生思想观念的具体特点、最新动向，在立足学生成长需要的基础上，突出学生主体地位，让每一位学生得到充分而全面的发展。

坚持灌输性和启发性相统一。灌输和启发是思想政治教育的重要对偶范畴。灌输教育与实践中存在的填鸭式、教条化教育不同，其本质是马克思主义理论的系统教育。坚持灌输教育，符合学生思想品德形成发展的要求，因为科学的理论不可能自己跑到学生的头脑中，也不能自发产生，需要从外面灌输进去，用科学的理论武装青年。新时代实行灌输教育，要结合新问题、新实际，丰富理论内容，拓展网络阵地，优化教育艺术，运用鲜活的生活叙事，巧妙实现教师与学生的思想对接。同时，要注重启发性教育，通过设计学生自主阅读、思考讨论等富有启发性的环节，引导学生发现问题、分析问题、思考问题，调动学生的主动性、积极性、自觉性，在不断启发中让学生水到渠成得出结论。

坚持显性教育和隐性教育相统一。显性教育与隐性教育是相得益彰的辩证统一关系。一方面，要坚持显性教育。在思政课教学中，应根据教学目标、教学内容、学生知识结构、学生特点需求和接受习惯等进行科学的教学设计，结合慕课、微课、翻转课堂等智慧教学模式，有效传授理论知识，锻造学生思维方式，培养学生情感素养。另一方面，还要坚持潜移默化的隐性教育。要在思政课中渗透隐性教育的方法，运用人文精神熏陶、日常互动交流等隐性化、柔性化的方式，触发学生接受的兴奋点，实现入芝兰之室久而自芳的效果；要挖掘其他课程和教学方式中蕴含的思想政治教育资源，将思想政治教育浸润到其他课程，融入学生组织管理、志愿服务、社会实践、校园文化建设等过程中，实现全员全程全方位育人。

四、习近平关于高等教育重要论述的重要意义

（一）坚持社会主义办学方向，落实立德树人根本任务

第一，要坚持社会主义办学方向。党的十九大报告指出，“中国特色社会主义最本质的特征是中国共产党领导，中国特色社会主义制度的最大优势是中国

① 参见习近平：《思政课是落实立德树人根本任务的关键课程》，《求是》2020 年第 17 期。

共产党领导，党是最高政治领导力量”[①]。因此，要办好中国特色社会主义大学，建设社会主义高等教育强国，离不开党的领导。坚持和加强党对高校的领导，是高校坚持社会主义办学方向的应有之义。

坚持社会主义办学方向，必须落实党对高校的全面领导。“党政军民学，东西南北中，党是领导一切的。”[②]党对高校的全面领导，关键在于坚持和完善党委领导下的校长负责制。党委领导下的校长负责制，是中国共产党创办高等教育的成功经验，是中国特色社会主义大学的根本制度。高校党委要对学校工作把关定向、统筹谋划，履行办学治校主体责任，高校党委书记主持党委全面工作，履行第一责任人的职责。作为高校的法人代表，校长在党委领导下组织实施党委有关决议，行使《高等教育法》赋予的各项职权。

坚持社会主义办学方向，必须坚持马克思主义在高校的指导地位。坚持马克思主义是培养中国特色社会主义事业合格建设者和可靠接班人的重要保证。习近平总书记提出，高校“要把马克思主义作为必修课，成为马克思主义学习、研究、宣传的重要阵地”[③]。这是推进高等教育深化改革、科学发展，办好世界一流大学的内在逻辑，更是坚持社会主义办学方向的根本要求。

坚持社会主义办学方向，必须推进全面从严治党。推进全面从严治党要加强高校作风建设，坚决落实“两个责任”，认真查找“四风”突出问题，特别是形式主义、官僚主义的新表现，抓住主要矛盾，拿出过硬措施，扎扎实实整改；要切实加强监督执纪问责，明确校院两级部门权力清单，突出部门和学院负责人的责任，把检查管党治党责任落实情况作为监督执纪的重点，开展巡察工作，加强廉政风险防控，严肃查处违纪案件，以完善的党风廉政建设考核责任制、量化的考核办法、常态化的巡查构建完善的监督问责框架；要持续强化纪律建设，把纪律挺在前面，扎实践行执纪监督“四种形态”，坚持用纪律的尺子去衡量干部的表现，使纪律真正成为带电的高压线；要扎实有效推进学校的党风廉政建设和反腐败斗争，为党的教育方针政策的贯彻执行和建设高水平的高等教

① 习近平：《决胜全面建成小康社会　夺取新时代中国特色社会主义伟大胜利——在中国共产党第十九次全国代表大会上的报告》，《人民日报》2017 年 10 月 28 日。

② 习近平：《决胜全面建成小康社会　夺取新时代中国特色社会主义伟大胜利——在中国共产党第十九次全国代表大会上的报告》，《人民日报》2017 年 10 月 28 日。

③《习近平在全国宣传思想工作会议上强调　胸怀大局把握大势着眼大事　努力把宣传思想工作做得更好》，《人民日报》2013 年 8 月 21 日。

育提供坚强有力的政治保障和风清气正的良好生态。

第二，要落实立德树人这一根本任务。党的十九大报告中提出“要全面贯彻党的教育方针，落实立德树人根本任务，发展素质教育，推进教育公平，培养德智体美全面发展的社会主义建设者和接班人”①。将“立德树人”作为优先发展教育事业、全面深化教育教学改革的根本保证。

落实立德树人根本任务，要做到“六个下功夫”，把立德树人的成效作为检验学校一切工作的根本标准。“国无德不兴，人无德不立。”② 我们必须将立德树人融入思想道德教育、文化知识教育、社会实践教育各环节，教育引导学生树立共产主义远大理想和中国特色社会主义共同理想，肩负时代重任，立志扎根人民、奉献国家。

落实立德树人根本任务，要促进思政课与课程思政相互融合，打造过硬高校思想政治工作队伍。要建强三支队伍：要建强思想政治教师队伍，打牢思政教师的正确政治信仰根基，加大引进培养力度，完善成果评价机制，支持思政课教师开展课题研究、参加专业培训和研修交流；要建强辅导员队伍，让辅导员工作有条件、干事有平台、待遇有保障、发展有空间；要建强党务工作者队伍，选优配强专兼职党务工作者特别是党支部书记，着力加强党务干部培训，努力打造理想信念坚定、能力素质过硬、密切联系学生的高校团干部队伍。同时，要着力打造党政工团共同参与、全方位、立体化的“大思政”工作格局。

落实立德树人根本任务，要牢牢把握高校意识形态工作领导权。无论是第一课堂教育，还是第二课堂教育，无论是校园文化建设，还是社会实践活动，无论是知识传播、技术教育，还是思维训练、技能教育，都要特别注重渗透、贯穿进步的思想理论启蒙和诱导，积极的人生理想的培育和塑造，既定的价值观念的灌输和指引，使大学生受到良性引导和正向指引，形成客观、公正、准确和担当的价值判断，实现个体品性的淬炼和精神意志的升华，不断形成和固化大学生的社会主义觉悟和思想素质，努力培养中国特色社会主义的合格建设者和可靠接班人。

---

① 习近平：《决胜全面建成小康社会　夺取新时代中国特色社会主义伟大胜利——在中国共产党第十九次全国代表大会上的报告》，《人民日报》2017 年 10 月 28 日。

② 《习近平在山东考察时强调　认真贯彻党的十八届三中全会精神　汇聚起全面深化改革的强大正能量》，《人民日报》2013 年 11 月 29 日。

（二）提高人才培养质量，突出特色发展

第一，要提高人才培养质量。在成都召开的新时代全国高等学校本科教育工作会议上，教育部部长陈宝生强调，高校要回归大学的本质职能，把“培养人”作为根本任务，要调整思路，把人才培养的质量和效果作为检验一切工作的根本标准。[①]

提高人才培养质量，首先要有质量意识。人才培养的质量是由教学质量决定的，并且同时面临着招生和就业两个市场的考验，地方高校要想在“双一流”的大背景下生存和发展起来，必须着力提高教学质量。其次要有精品意识，注重卓越人才的培养。要把最新研究成果及时体现在教学中，推进优质课程资源共享，建设一批高水平的课程。

第二，要打造办学特色。习近平总书记指出：“办好中国的世界一流大学，必须有中国特色。”[②]我们的大学办得好不好，就是要看能否真正扎根中国大地办大学，能否一切从中国实际出发，从中国历史文化出发。地方高校应该扎根地方办大学，立足自身实际，做好自己，在不同的层面上办出高水平、办出特色，努力成为与众不同的“第一个”。

打造办学特色要紧扣学校的目标定位，实现特色发展。特色发展是决定学校的水平、优势、竞争力和生命力的关键要素，是学校人才培养质量和管理水平的综合反映，是建设教学研究并重的高水平大学的必由之路。积极培育办学特色，强化特色意识，重视特色建设，是学校适应经济社会发展的客观要求，也是学校自身发展的内在逻辑要求。特色的形成是一个不断优化选择的自我完善过程，需要我们在继承办学传统、发挥办学优势的基础上，不断地发掘、培育、凝练和升华，把潜在的优势转化为显性的优势。

（三）做好顶层设计，推动内涵式发展

党的十八大报告就已经提出“推动高等教育内涵式发展”[③]，十九大报告提出

① 参见人民网：《教育部部长陈宝生：本科教育是大学的根和本》，http://edu.people.com.cn/n1/2018/0622/c367001-30075279.html，2018 年 6 月 22 日。

② 习近平：《青年要自觉践行社会主义核心价值观——在北京大学师生座谈会上的讲话》，《人民日报》2014 年 5 月 5 日。

③ 胡锦涛：《坚定不移沿着中国特色社会主义道路前进　为全面建成小康社会而奋斗——在中国共产党第十八次全国代表大会上的报告》，《人民日报》2012 年 11 月 18 日。

“实现高等教育内涵式发展”[①]，从“推动”到“实现”，体现了从柔性到刚性的转变，是高等教育发展方式的升级换挡，是党和国家在中国特色社会主义进入新时代的关键时期对高等教育提出的新要求。大而不强是许多高校的现状，学校由大变强，必须走内涵式发展之路。为此，学校要从内部挖掘潜力，努力提升办学质量。

首先，实现内涵式发展，要做好顶层设计。一是要尽快转变观念。内涵式发展，某种程度上就是一种转型，转型的深层次就是一种观念的转变，没有观念的转变，内涵式发展很难进行。要牢固树立以人才培养为中心工作的理念，正确处理好人才培养与科学研究、社会服务等功能之间的关系，把工作的着力点放在提高人才培养能力上。要进一步深化综合改革，整合资源，优化结构，理顺关系，群策群力，形成共同推动人才培养工作的良好氛围。二是要控制规模。不能再追求大而不强的发展模式，而是要进一步巩固强化自身特色，以特色求生存，以特色促发展，走出一条独具特色的内涵式发展道路。三是要谋划好转型发展。内涵式发展实际上就是一种追求质量的发展、追求创新的发展，是一种自我革新的发展，是一种摆脱路径依赖的发展，从某种程度上说就是一种转型。推动转型发展，就是办学水平、层次、质量、声誉、成就由低到高的提升与超越，就是自我发展的升级版。

其次，实现内涵式发展，要切实加强“三强三高”。一是要强化师资队伍，引育高层次人才。实现学校内涵式发展，必须努力造就一支师德高尚、业务精湛、结构合理的师资队伍。要实施人才强校工程，坚持引进与培育相结合，重点加强高层次人才引进和培育工作，进一步优化人才队伍结构。实施教师素质提升计划，提高教师队伍整体水平，打破制约学校发展的人才瓶颈，形成以学科带头人为引领，教授、博士为支撑，优秀中青年教师为主体的素质优良、规模适当、结构合理的高水平人才队伍。充分发挥柔性引进专家、教学名师的作用，推动学校内涵式发展。二是要增强学科建设，形成高占位优势。要大力加强学科建设，做好学科布局调整，重点推进学科创新平台和创新团队建设，进一步提升学科内涵，突出学科建设在学校内涵发展中的龙头作用和基础地位，

① 习近平：《决胜全面建成小康社会　夺取新时代中国特色社会主义伟大胜利——在中国共产党第十九次全国代表大会上的报告》，《人民日报》2017年10月28日。

带动学校专业建设、人才队伍建设和科研工作发展。三是要加强科学研究，打造高水平科研团队。内涵式发展离不开高水平科研成果和奖项的支撑，要大力开展有组织的科研活动，组建一流团队，产出一流成果。同时，要结合地区实际，探索社会需求，从外部充分整合社会、政府、科研机构、其他高校等外在资源，提高学校科研水平。

（四）推动综合改革，建立现代大学制度

习近平总书记在党的十九大报告中深刻指出，“坚持全面深化改革”，“坚决破除一切不合时宜的思想观念和体制机制弊端，突破利益固化的藩篱”①，我们在思想观念、体制机制、职责划分、校院关系等方面仍存在许多的问题。要从改革思想观念和体制机制出发，推动学校综合改革工作往深做、往前走。往深做，就是要牢牢把握学校的历史使命和责任，从发展的实际出发，改革体制机制不顺畅的地方，处理好改革发展稳定的关系。往前走，就是要充分把握高等教育的发展趋势和特点，提前谋划布局重点发展方向和特色领域。

第一，做好学科专业调整和结构优化。积极顺应经济社会发展需求，建立学科专业设置、评估、预警、退出的动态调整机制。着力优化传统专业，突出特色专业，培育新兴专业，努力打造适应地方经济社会发展需要的、能够发挥学校优势的、具有竞争力的专业集群。建立学科动态调整机制，构建符合学校目标定位、适应学科发展趋势、具备区域竞争力的新型学科体系。适应交叉学科生长和发展的需求，促进以特色学科为核心的交叉学科群的形成。紧跟国家和省级“一流学科建设计划”，创新重点项目管理机制，提高传统特色学科、优势学科的核心竞争力。实施学科建设的周期性任务分解和目标化管理，根据学科制定的标杆、学科建设的指标、目标完成的情况，建立稳步的经费投入和激励保障机制。

第二，处理好校院两级管理的关系问题。要推行简政放权，激发学院活力。着力整合校内资源配置，科学调整和设置学院，完善以学科门类或学科群为基础的院制建设。充分发挥学院作为相对独立办学实体的功能，实现事权财权统一，强化学院责任和办学主体地位，明确学院在人才培养、学科建设、师资队

① 习近平：《决胜全面建成小康社会　夺取新时代中国特色社会主义伟大胜利——在中国共产党第十九次全国代表大会上的报告》，《人民日报》2017 年 10 月 28 日。

伍、资源调配、财务管理、岗位聘任、考核评价等方面的办学自主权。健全学院党政联席会议制度和教授委员会制度，分别强化其在学院发展及学术评议、职称评审、学科建设等方面的作用。健全监督约束机制，规范院务公开，更加注重对学院的工作实绩考核，建立对学院基础考核和激励考核的双重考核体系。

第三，完善制度体系建设。要坚持以建立现代大学制度为目标，推进治理体系和治理能力现代化建设，进一步贯彻落实大学章程，坚持和完善党委领导下的校长负责制，健全党委统一领导、党政分工负责、协调运行的工作机制。坚持以完善内部治理结构为重点，加快以大学章程为核心的各项规章制度的修订与完善，使之成为相互配套、衔接紧密、互为支撑的制度体系。充分发挥学术委员会、各专门委员会和二级学院教授委员会的作用，充分发挥教代会、工会、团代会、学代会的作用，坚持党委领导、校长负责、教授治学、民主管理，构建完善的学校决策、执行、监督体系，保证各项制度运行顺畅、约束有力，形成提升办学质量和促进内涵式发展的现代大学治理结构。

第四，深化人事制度改革。要坚持人才是第一资源的战略思想，紧紧围绕建立长效激励机制，全面深化人事分配制度改革。努力造就一支师德高尚、业务精湛、结构合理的师资队伍，一支乐于奉献、热心服务、充满生机的教辅队伍，一支德才兼备、敢于担当、精干高效的管理队伍，最大限度地调动“三支队伍”的积极性、主动性、创造性。实施好人才强校工程，设立“专项人才奖励计划”，将各类高层次人才计划统一纳入专项人才奖励体系。进一步完善任期制，实行职员制，规范合同制，推行聘用制，重点完善教职员工岗位聘用制度，将职称评审与岗位聘任有机结合，以岗位管理和绩效考核为抓手，最大化地运用办学自主权，灵活设置无行政级别的机构和岗位，推行目标化合同制管理和奖励性绩效考核，建立符合中国高等教育发展规律和学校自身特点的人力资源管理体制机制。

习近平总书记站在治国理政的高度，以世界发展大局的视野，论述了我国高等教育的理论问题和实践问题，高瞻远瞩，具有政治性、思想性、科学性、时代性，不仅丰富了我国教育理论宝库，同时指导着我国高等教育改革和发展的方向。

（本文系作者在江西省师资培训中心组织主办的思政课教师培训班上的讲话。）

论新时代高校思想政治教育铸魂育人的理论意蕴与实践路径

——学习习近平关于高校思想政治教育的重要论述

党的十八大以来，以习近平同志为核心的党中央高度重视高校思想政治教育工作。2016年12月，中共中央专门召开了高校党建与思想政治工作会议，习近平总书记发表了长篇重要讲话，强调思想政治工作的重要性。会后，中共中央、国务院下发《关于加强和改进新形势下高校思想政治工作的意见》，指导高校深入开展党建和思想政治工作。在党的十九大报告中，习近平总书记论述了落实立德树人根本任务的重要意义。2018年9月，在全国教育大会上，习近平总书记强调，要把思想政治教育放在立德树人、铸魂育人更加重要的位置。2019年3月18日，习近平总书记主持召开学校思想政治理论课教师座谈会，强调指出，“新时代贯彻党的教育方针，要坚持马克思主义指导地位，贯彻新时代中国特色社会主义思想，坚持社会主义办学方向，落实立德树人的根本任务”①。新论断为我们做好新时代高校思想政治教育提供了指引。我们必须紧紧抓住“铸魂育人”这个根本要求，弄清其思想内涵，找准高校思想政治教育的现实难题，科学选择实践路径，不断增强新时代高校思想政治教育的实效。

一、高校思想政治教育铸魂育人的理论意蕴

魂乃神之本，无魂魄即无精神。近代女杰秋瑾在《宝刀歌》中说：“宝刀之

① 《习近平主持召开学校思想政治理论课教师座谈会强调 用新时代中国特色社会主义思想铸魂育人 贯彻党的教育方针落实立德树人根本任务》，《人民日报》2019年3月19日。

歌壮肝胆，死国灵魂唤起多。”[①] 高校思想政治教育入脑、入耳、入心，提振精神、坚定理想、笃定信念、塑造人格、提升品质，必须牢牢抓住“铸魂”这个关键。新时代高校思想政治教育铸魂育人，就是要铸牢高校大学生的人生信仰、价值取向和精神追求。铸魂育人是一个教育系统工程，是统领高校学生成长成才的龙头工程，是战略性工程。[②] 做好这项工作，必须首先在弄清其思想内涵上下功夫，以思想上的清醒和自觉引领实践上的坚定和深入。

牢牢把握“办人民满意教育，立德树人”的高等教育发展内在要求。立德树人、人民满意，是新时代高等教育的根本任务，是高校的立身之本。立德，首先是立师德，以德服人，足以教化天下。树人，首先是要树人师，贵师重傅，方能兴国育民。教师为人师表，靠“德”；教师育人成才，在于学生德才兼备，以德率才。这就是将思想政治教育贯穿于教育的全过程，使德育、素质教育和专业教育融为一体。做好高校人才培养和教育改革工作，必须首先重视思想政治教育这个“先行官”，掌握这把人才培养“金钥匙”，使大学教育真正成为青年学生成长成才的筑梦摇篮和腾飞起点。习近平总书记在全国高校思想政治教育工作会议上强调指出：“高校教师要坚持教育者先受教育，努力成为先进思想文化的传播者、党执政的坚定支持者，更好担起学生健康成长指导者和引路人的责任。”[③] 古人说得好，人无德不立，国无才不兴。要把千千万万高校大学生培养成优秀人才，既要抓好知识教育、素质教育和专业教育，更要抓好道德人品教育、理想信念教育和人民情怀教育。“育才造士，为国之本。”[④] 高校思想政治教育既是立足中国大地办学的一个特色，又是办好我国高等教育的一大优势。

教学首先在教。从教育的一面讲，教师在教学中首先起到决定作用。作为高校思想政治教育的主导者和教育活动的实施者，高校教师的为人处世、言行举止是其人格力量和人格魅力的重要展现，直接反映了高校教师的价值观和风尚情操。因此，高校教师首先要展示文化自觉和文化自信，取法乎上、见贤思

① 秋瑾著、郭延礼选注：《秋瑾选集》，人民文学出版社 2004 年版，第 56 页。

② 谢梅成、夏聘庭编著：《铸魂——大学生思想政治教育的理论与实践》，光明日报出版社 2018 年版，第 5 页。

③ 《习近平在全国高校思想政治工作会议上强调　把思想政治工作贯穿教育教学全过程　开创我国高等教育事业发展新局面》，《人民日报》2016 年 12 月 9 日。

④ 权德舆：《策问·进士》。见［清］董诰等辑，续修《四库全书》委员会编：《钦定全唐书》四百八十三卷，《续修四库全书（一六四二　集部　总集类）》，上海古籍出版社 1995 年版，第 98 页。

齐，不断提高自身道德修养，提升自我人格品质，用正确的道德观、价值观和人生观教育学生、影响学生，用教师的学识、阅历和魅力吸引学生对真善美的向往，特别是在社会政治、人生选择、是非判断等重大原则问题上，教师要以身示范，态度坚决，立场鲜明，决不能模棱两可、似是而非、“和稀泥”、“做软骨人”，更不能说一套、做一套，做学生面前和背后不一样的“两面人”。抓教育也要像抓其他工作一样，牢牢抓住重点，抓住关键。万事德为先，教育德为要。强调坚持立德树人，就是要以此为准绳衡量高等教育的办学机构、办学主体、教育设施、教育过程和人才培养目标。只有坚持立德树人，才能在教学过程、教学环节和教学对象上做到“铸魂育人”，先铸“魂”，再立“人”。

善于研判高等教育发展的新形势，高度自觉地顺应高等教育人才培养的新趋势。一方面，随着改革开放和社会主义现代化建设进入新时代，为满足中国特色社会主义事业的服务需求，促进社会全面进步和人的全面发展，对高等教育人才培养和引领社会学习变革提出了新的更高要求；另一方面，以大数据、云平台、信息化和人工智能为展现的新一轮科技革命扑面而来，深刻影响高等教育改革发展的理念和格局、人才培养和社会需求的结构、现在学习与未来求知的模式转换。这些都对高等教育改革发展提出了新的时代课题。

在推进“双一流”高校建设的背景下，高校要根据国家和区域经济以及社会发展的需要、自身条件和发展潜力，顺应新时代教育发展的趋势特点，在找准自己的人才培养模式、方式方法等方面下足功夫，确定自己在一定时间内的总目标、总要求、总方向，培养人才的层次、类型和人才主要服务方向，科学制定学校的发展规划，切实避免办学特点不够鲜明、突出，规划制定中定位不够准确，办学目标不够清晰、科学等问题，更好地推进新时代对高等教育人才培养的迫切需求。新时代高等教育要全面贯彻党的教育方针，遵循教育发展规律，以立德树人为根本，立足中国大地办学，以支持创新驱动发展战略、服务社会经济为导向，强化问题意识和目标导向，聚焦顶层设计，全面推动高等教育综合改革深入发展。新时代催人奋进，新发展期待人才培养。习近平总书记在同北京师范大学师生代表座谈时指出：“‘两个一百年’奋斗目标的实现、中华民族伟大复兴中国梦的实现，归根到底靠人才、靠教育。”① 立足于立德树人，

---

① 习近平：《做党和人民满意的好老师——同北京师范大学师生代表座谈时的讲话》，《人民日报》2014年9月10日。

落实好铸魂育人要求，就要更加自觉地强化思想政治教育，全面构建和筑牢铸魂育人的教育体系，把立德与铸魂结合起来，把树人与育人统一起来。要旗帜鲜明地强调立德的正当性和铸魂的必要性，要理直气壮地强调树人与育人的一致性、把人的德性与知性有机统一起来，充分发挥主流价值和主导价值对“育人”“树人”的价值规定作用、过程管理作用和方向引领作用。

深入研究新时代我国高等教育发展的客观规律，科学驾驭新时代高校思想政治教育的发展规律。站在新的历史起点，面对国际国内纷繁复杂的新形势、新情况、新问题，只要我们善于透过现象看本质，抓住高等教育的主要矛盾和矛盾的主要方面，坚持规律论和两点论，就能以新思路、新方法积极应对思想政治教育与实践育人的新发展、新趋势，实现思想政治教育效果的最大化，顺利实现育人目标。

掌握规律无难事。思想政治教育要按照“因事而化、因时而进、因事而新”的要求，准确掌握工作对象、工作环境、工作要素、工作条件的新变化，判断新变化之中的必然联系。遵循高校人才培养和思想政治教育的内在规律，就须准确把握相互联系的要素：一是紧扣时代脉搏，科学掌握立德树人、铸魂育人的指导思想。习近平新时代中国特色社会主义思想，是全面推进新时代高校思想政治教育的重要指导思想，[①]它从根本上解决了用什么来培养人以及培养什么人的问题，契合了新时代的特征和发展要求。[②]加强新时代高校思想政治教育和人才培养，最重要的是要在事关办学方向的问题上站稳立场，确保人才培养不走偏。二是将思想政治教育放在教育教学、人才培养更加重要的位置，做到思想政治工作全覆盖，思想政治教育与专业教育、素质教育无缝对接，融为一体。习近平总书记在全国教育大会上强调，“思想政治工作是学校各项工作的生命线”[③]，要把思想政治工作作为一条“金线”贯穿到大学治理、教育教学管理、人才培养模式改革和大学文化建设的全过程。在“三全育人”教育格局中，贯通思想政治育人；在教育体系中，创新课程思政，使思想政治教育与学生成长成

① 顾海良：《新时代高校思想政治教育的理论指导和发展理念——学习习近平新时代中国特色社会主义思想》，《思想理论教育导刊》2018 年第 1 期。

② 李辉：《新时代与思想政治教育新定位》，《马克思主义理论学科研究》2018 年第 4 期。

③《习近平在全国教育大会上强调 坚持中国特色社会主义教育发展道路 培养德智体美劳全面发展的社会主义建设者和接班人》，《人民日报》2018 年 9 月 11 日。

才同频共振。三是抓牢高校思想政治教育的主阵地、主渠道，搞好思想政治理论课课堂教学和思政课改革创新。习近平总书记在学校思想政治理论课教师座谈会上反复强调，“思政课作用不可替代”，“思政课建设长期以来形成的一系列规律性认识和成功经验，为思政课建设守正创新提供了重要基础”，为培养一代又一代社会主义建设者和接班人提供了“重要保障”。[①] 大学阶段，是大学生世界观、人生观和价值观形成的重要人生阶段；大学生形成“三观”的知识基础、学理基础和人生基础，首先来自课堂。做好思政课课程设计、课堂设计，讲好思政课，充分发挥思政课育人作用，极其重要。四是形成思想政治教育的教学良性互动，建设一支高素质高水平、热爱思想政治教育、热爱学生的思想政治教育专业队伍，指导、引导、吸引学生自觉接受思想政治教育。思想政治教育做得好不好，关键在教育者，关键在思政课专业教师。思政课教师要“做让学生喜爱的人”。[②] 当然，发挥教师的教育主导作用，重在引导学生“信”，引导学生坚定“四个自信”，“厚植爱国主义情怀，把爱国情、强国志、报国行自觉融入坚持和发展中国特色社会主义事业、建设社会主义现代化强国、实现中华民族伟大复兴的奋斗之中”；[③] 重在教会学生“懂”，使学生懂得中国的昨天和今天，懂得中华民族伟大复兴中国梦的目标和意义，懂得自己所承载的人生使命和社会责任；重在教会学生“用”，教育的意义全在于教会受教育者使用知识、创造知识，从而改造社会、创造幸福。创新新时代高校思想政治教育，就是要将指导思想、教育设计与教育过程、教育者与受教育者内在地、必然地整合起来，使思想政治教育成为符合人们成长规律、有温度、有厚度、有高度的教育艺术。

二、新时代高校思想政治教育铸魂育人面临的现实难题

现实的困惑来自时代的发展，现实的难题来自实践的深化。新时代高校思想文化领域和意识形态领域的复杂情况、多样化社会思潮的严峻挑战、市

① 《习近平主持召开学校思想政治理论课教师座谈会强调　用新时代中国特色社会主义思想铸魂育人　贯彻党的教育方针落实立德树人根本任务》，《人民日报》2019 年 3 月 19 日。

② 《习近平主持召开学校思想政治理论课教师座谈会强调　用新时代中国特色社会主义思想铸魂育人　贯彻党的教育方针落实立德树人根本任务》，《人民日报》2019 年 3 月 19 日。

③ 《习近平主持召开学校思想政治理论课教师座谈会强调　用新时代中国特色社会主义思想铸魂育人　贯彻党的教育方针落实立德树人根本任务》，《人民日报》2019 年 3 月 19 日。

场经济条件下追功逐利、急切浮躁的侵蚀，以及信息社会赖以生存的网络化、大数据、新媒体迅速发展，无疑加大了新时代培养中国特色社会主义建设者和接班人的难度；在教育实践中客观存在的“只教书，不育人”“重科研、轻教学”“重言传，轻身教”“只灌输，不启发”“重专业技能，轻道德养成”的现实困境，与“时时育人、处处育人、事事育人”良好育人局面和“在灵魂深处立德，在行为养成上育人”的要求存在差距。历史的、现实的、实践的、主体认识的、方式方法的“问题之踵”，聚合成高等教育铸魂育人的现实难题。主要表现为：

一是“三全育人”合力机制不健全问题。立德树人，铸魂育人，力量重心在于“铸”，要集众人之力形成合力，真正做到“全方位、全员、全过程”。诚如专家所言，“三全育人”体系建设要直面问题，聚焦补短板强弱项，短板与弱项往往是实践中的难点或重点。① 长期以来，高校思想政治教育面临“孤岛”困境，思政课教师往往陷入“单兵作战”状态，思想政治教育面临与通识教育、专业教学不相通的窘境，往往形成“两张皮”现象。在一些高校，各部门、学院齐抓共管、通力合作的“全方位育人”机制存在薄弱环节。

从领导支持、部门配合来看，有的领导并未从思想上真正重视思想政治教育融入育人工作的重要性，对思想政治教育的价值和作用缺乏高位认同。认为思想政治教育是一种“虚功”，可有可无，思想政治教育谁都能做，思想政治教育是“万金油”式的工作、做的是“耍嘴皮子”的工作，没有“硬活”，因此难以落实。对思想政治教育工作队伍的待遇、工作经费等硬件建设投入不足，对思想政治教育、教育培训等“软件”建设不重视，导致思想政治教育陷入困境。从思想政治教育主体自我认识一方面来看，相关专业教师对高校思想政治教育“全员育人”的理解存在偏颇。部分教师认为，高校思想政治教育与专业教学没有多大关系，甚至把思想政治教育当成是思政课教师、辅导员或班主任的事情，与自己无关。殊不知，思政课课堂教学只是高校思想政治教育的主阵地、主渠道，而全体教师与全体学生组成的是教育共同体。在教育共同体中，很难完全区分为思政教育或专业教育，任何人的思想、行为和价值取向、情操，总是潜

① 朱平：《高校“三全育人”体系协同与长效机制的建构——以全员育人为中心的考察》，《思想理论教育》2019 年第 2 期。

移默化、同情共感地密切联系在一起的，任何教师都不能脱离这一环境而将自己置身事外。也有部分教师对思想政治教育“全程育人”的责任感不强、热情度不高、持续动力不足。在思想政治教育过程中，部分教师尤其是非思想政治教育理论课的专业课教师只注重专业知识的传授，忽视对大学生精神生活的引导、指导、疏导，常常对先进性、有精神感召力的思想政治教育内容视而不见、熟视无睹。因而在释疑解惑、聚同存异、提升分析问题和解决问题能力的关节点上，显得疲软乏力，效果不佳。因此，如何将思想政治教育定位为高校育人的全局性、常态化工作，有效探索上下齐心、横向协力、专兼职结合、各项工作聚力铸魂育人的合作形式和实践模式，科学确定实践边界与内涵，是实现铸魂育人“三全”范式的一大现实难题。

二是“德”与“学”如何有效对接问题。按照《中国普通高等学校德育大纲》规定：德育即思想、政治和品德教育，是学校教育重要的组成部分。[①]但实际上，如何实现德育与学业教育有效对接还存在这样或那样的偏差。高校思想政治教育是一种外在的作用和影响，其效果往往是要看接受者的态度和程度。思想政治教育必须与时偕行，以德引领，使大学生的思想观念与道德品质能够按照新时代的本质要求，向着更高的思维形态转变。[②]在高校日常教学环节中，科任教师的素质与能力直接影响到“德”与“学”的效果。首先，从教育功能上表现为教育者的导向性缺失。在教学中，教育者需要做的不仅仅是使受教育者掌握基本的知识与技能，更为重要的是影响、帮助其实现精神构建与思想成长。然而由于部分教师的主动性存在缺失现象，他们只将自己看作是知识的传授者，而不是思想的引导者和人生的引领者。他们在教学活动以及社会实践中，更多地强调教师主体在授业中的作用，偏重教育内容、教育过程、教育方法、教育环境在教学过程中的主观性和主导性，更多的是强化专业知识的灌输性传授，而忽视了教师在授课过程中的品格塑造和德育养成教育，对大学生现实生活和人生渴望研究不够，对解决大学生的思想问题和实际问题的方法不多。部分教师在思想政治教育功能的发挥上，只是重视理论教学，轻视了德育引导。

① 袁本新：《高校人本德育研究》，中山大学出版社 2015 年版，第 6 页。

② 李力、金昕：《新时代高校立德树人的内涵、难点及实现路径》，《东北师大学报（哲学社会科学版）》2019 年第 2 期。

一些科任教师往往只注重书本上的内容，而忽视受教育的主体差异，不考虑学生理解能力和接受能力的个体差异，将教育变成“教育机器”，丧失人文情怀的教育，使学生对教学产生距离，甚至是逆反。当学生思想上的疑问和困惑无法从教学中找到答案和方法时，就开始转向其他途径寻求答案，从而产生“思想偏离”。其次，从教育形式和方法上表现为灌输式而不是启发式。在教学中，教师要让学生知道他们在传授什么、应该接受什么，更重要的是要教会学生思考问题的方式方法。教育过程本应该是教育者与受教育者的思想交流，但实际上不说“自己的话”已经成为部分教师“对付课堂”的万全之策。因此，高等教育如何围绕“要给学生心灵埋下真善美的种子，引导学生扣好人生第一粒扣子”①，促使“德”与“学”实现有效对接，是实现铸魂育人的又一大现实难题。

三是构建思想政治教育大格局与精准发力问题。从思想政治教育的全局谋划来讲，就是要构建党委领导、行政推动、以思政课教育为主渠道而各方协力的思想政治教育大格局；从思想政治教育的发力和实际效果来讲，需要健全全员参与、各部门齐抓共管而能够精准发力的工作机制。这诚如专家所言，凝聚育人合力、实现协同效应既是新时期党对高校思想政治工作的具体要求，也是高校思想政治工作发展的大势所趋。②紧紧牵住党委领导“一呼百应”的“牛鼻子”，抓住思想政治教育全覆盖、网格化、常态化这个重点，抓住思想政治理论课主渠道、主阵地这个关节点，抓住大学生思想实际的疑点、难点、痛点、热点这个关键点，思想政治教育就能精准发力、获得实效。

一方面，要着眼于构建高校思想政治教育大格局，遵循高校思想政治教育的客观规律，正确处理好高校思想政治教育过程中的各种关系，包括校内外的关系，领导与被领导的关系，组织系统之间的关系和各种组织机构之间的关系。然而，目前在高校思想政治工作大格局形成过程中，由于过多强调体制约束和过程控制，在很大程度上影响了高校思想政治教育工作全面有序、系统协调和有效开展。目前，实行高校党委领导下的校长负责制，要真正做到党政协同，党委集体决定学校重大问题而不是包揽行政事务，特别是行政系统在党委领导

① 《习近平主持召开学校思想政治理论课教师座谈会强调 用新时代中国特色社会主义思想铸魂育人 贯彻党的教育方针落实立德树人根本任务》，《人民日报》2019 年 3 月 19 日。

② 闫玉、黄佳：《协同效应下高校思想政治教育联动模式》，《思想理论教育导刊》2018 年第 7 期。

下认真地承担起应该承担的高校思想政治教育工作，做到同心同向、聚力聚合，在实际运行中还存在一定的差距。传统模式下的管理手段，难以适应新时代高校思想政治教育满足多层次、多样化需求的大学生思想实际。高校党、政、工、团等部门由于受到职能管理部门体制设置制约，具有相对独立性，往往在思想政治教育过程中存在各组织、各要素协调关系的“管理真空”现象，与高校思想政治教育总目标步调一致，合力协同，积极营造良好的育人氛围等存在一定的差距。此外，还有管理上的条块划分、资源整合不力、工作碎片化等因素，影响思想政治教育大格局的构建和合力作用的生发。另一方面，要着力于效果，以目标为导向，抓住重点，做到精准施策、精准发力。要实现党对高校的全面领导，党委聚焦思想政治教育就是头一条。要建立党委会经常研究学校思想政治教育的制度以及考评、检查、督查和追究制度，高校党委要不折不扣地按照中央要求全面履行思想政治教育的领导责任。要创新管理机制，对标质量要求，满足建设条件，持续整合思想政治教育资源。要激活思政课教师、辅导员、班主任和专职干部的主动性、积极性和创造性，以专业队伍的创造活力带动全体教师参与思想政治教育的热情。要畅通大学生意见、诉求表达渠道，及时了解大学生学习、生活、成长实际和动态，做到思想政治教育与大学生“零距离”“亲情化”和“无缝对接”。总之，要做到既有思想政治教育的大格局，又能突出重点、精准发力，使思想政治教育的效果落在大学生生活学习的实际上和心坎上，做到既有“面子”，更有“里子”，是实现铸魂育人的第三大现实难题。

三、新时代高校思想政治教育铸魂育人的精准路径

围绕立德树人这个根本任务和“高校立身之本”，就是要瞄准“育人”这个核心，对标“社会主义建设者和接班人”，从“铸魂”入手，将人才培养中的理想信念、品格情操、价值取向、过硬本领和服务面向等要素整合起来，真正构建思想政治教育“无时不在，无处不有”的全覆盖格局，[①] 为立德树人、铸魂育人起到最根本的保障作用，体现中国特色的高等教育人才培养特征和本质；精

① 李忠军：《“铸魂育人”是思想政治教育本质核心内涵的探讨》，《思想理论教育导刊》2015年第10期。

准选择新时代高校思想政治教育铸魂育人的实践路径，使铸魂育人工作既强基固本、形成常态，又行稳致远、取得实效。

一是以协同联动创新支撑铸魂育人实践创新。做人的工作最复杂，做思想政治教育最忌单兵独进和“大水漫灌湿地皮”，而需要围绕受教育者建立健全联动机制。首先是构建育人联动体制机制，形成教师特别是思政课教师，学工队伍特别是辅导员、班主任，党务干部队伍的协同联动，从根本上改变传统的单兵独进的路径依赖模式。其次是以课程思政和思政课为重点而全面展开的师生互动，从纵向到横向都形成育人合力①，第一课堂与第二课堂无缝对接，大学生实验、实训、实习、实践都有学生思想政治教育的内容和元素，学生的心里话有人听、思想困惑有人解、生活困难有人帮、误入歧途有人拉、人生规划有人导，真正体现“围绕学生、关照学生、服务学生”的学生工作要求。再次是建立开放的协同联动体制机制，围绕思想政治教育，深入有效开展校地协同、校政协同、校企协同、校校协同和国际合作协同，将中国历史、世界潮流、新时代中国改革发展和社会主义现代化建设等重要内容有机融入大学生思想政治教育之中。

二是以体制机制创新保障铸魂育人落地见效。创新育人体制机制是新时代高校思想政治教育发展的必然要求。从制度建设上固化铸魂育人，就是要进行制度创新，做实高校思想政治教育严格、紧张、刚健的体制机制。这诚如专家所言，高校要构建思想政治工作的整体格局，就必须强化领导层面对思想政治工作的顶层设计，打造“没有缝隙的桶”。② 建立和健全管用、有效、长远的高校思想政治教育体制机制，关键在学校党委。首先是高校党委要体现党对思想政治教育的领导权、主导权和引领权，抓总靠抓制度建设，抓重点难点在于抓体制机制运行。学校党委要按照《中共中央关于加强党的政治建设的意见》要求，全面履行党对高校的领导，将学校思想政治教育纳入学校政治建设之中，有效建立党委统一领导，党、政、工、团齐抓共管，专门部门负责、有关部门协同配合，分管领导靠前指挥、履行“一岗双责”的高校思想政治教育运行制度和机制。其次是建立确保横向到边、上下到底的全覆盖展开、分层级推进、

① 郑永安：《以立德树人为根本　全力构建“三全育人”体系》，《中国大学教学》2018 年第 11 期。
② 冯培：《把握高校思想政治教育同向同行格局的思考》，《思想理论教育》2017 年第 10 期。

兜底性深入的纵横交互发力体制机制，以及“高校党委统一领导、相关职能部门协同、院系党组织落实、党支部主体参与、专职辅导员落实”的五级运行联动管理体制机制。思想政治教育不局限于专业、课堂，还要延伸到学生寝室、学生社团、学生家庭等非传统性教学环节；在强化学校党委顶层设计的基础上，不断细化管理规范，加强检查督促和考绩奖惩，既做到全程参与、全程联动、全程监控，又使各方各尽其责，既有分工又有合作，打通高校思想政治教育在管理体制机制环节的“最后一公里”，最大限度地调动各方面的积极性，激发高校思想政治教育创新活力，使思想政治教育主观设计更加符合学校特别是大学生思想、学习和生活的客观实际，使思想政治教育可亲可敬可爱，活起来、实起来、嗨起来，不断提高高校思想政治教育工作的科学化、时代化水平。

三是以大学文化创新培育铸魂育人的良好环境。文化是大学的血脉和灵魂，是高校思想政治教育育人功能的精神力量和动力源泉。文化育人的潜移默化作用，对培养大学生高尚的道德情操、健全的人格具有积极的导向作用，对大学生专业素质的培养和创新能力的确立有着很好的推动作用，对和谐师生关系的形成有极大的促进作用。① 大学文化所蕴含的价值观念通过大学的办学理念、校园生活的点点滴滴等等，或显性或隐性地影响高校师生，使他们在思想、行动等方面对所在大学的文化产生认同，从而深层次地实现对教师理想与师德修养，以及大学生世界观、人生观、价值观的塑造。为高校铸魂育人提供良好的文化环境，除了社会大环境外，关键在于大学生学习生活的大学文化环境。进一步提升文化品牌、载体、设施的品质，建成高水平的校园文化体系，积累文化建设系列标志性成果，推动全方位、都参与、有内涵、吸引人、多层次多项目、寓教于乐的文化活动，提振大学精神、建设大学特色、讲述大学好故事、唱响大学好声音、推出大学好文化，切实发挥大学文化的协同育人功能。大学文化创新促进铸魂育人，就是要提倡“以德服人”，将大学建成道德、精神、风尚高地，形成引领学生成长进步的精神风标，使大学生自觉养成对道德的敬畏，使道德感、荣耻感内化为大学生的精神血脉，使之成为大德、公德、私德的使者；就是要形成“以理服人”的风尚，将讲中国特色社会主义、社会主义核心价值观、伟大复兴中国梦的大道理与科学、知识的学理结合起来，将讲大道理与生

① 秦元海：《论大学文化自觉及其实现路径》，《云南大学学报（社会科学版）》2014 年第 5 期。

活、学习中的“小道理”结合起来，使大学生学会观察、善于思考、理性务实；就是要厚植“以文化人”的文化力量，将中华优秀传统文化、以爱国主义为核心的民族精神、以改革创新为核心的时代精神和与时俱进、兼容并蓄的开放精神融入大学生的精神生活，将“文化之根”与“中国特色社会主义精神之魂”有机结合起来，用先进文化助力大学生成长成才、追梦筑梦。

四是以教育理念创新引领铸魂育人实践。教育理念重在育人。高校思想政治教育抓得住人、入得了心、管得上用，必须抓住两头：以成长成才为目标，一头牵住学生需求，一头牵住学校传导。促进大学生的全面进步，实现全面发展，是思想政治教育的出发点和最终归宿。因此，以促进学生成长成人，实现学生成才奉献为高校教育理念，引领铸魂育人新实践，首先要牢牢坚持以生为本的教育理念。以大学生“关心什么”之问，引导思想政治教育围绕社会难点热点问题展开，提升教育的释疑解惑功能；以大学生“需要什么”之问，引导思想政治教育提高精准应对的教育供给能力；以思想政治教育“能够解决大学生什么实际问题”之问，引导思想政治教育延伸问题触觉和敏感神经，将思想政治价值引领有效植入大学生评奖评优、入党任干、恋爱婚姻、困难资助、勤工助学、创业就业、心理咨询、纠纷排解等具体事项之中，发挥思想政治教育的效用性功能和价值。细化育人实践，通过思想政治教育把大道理、大原则讲深讲透，使思想政治教育往深里走，往心里走，往实里走，真正做到内化于心、外化于行，对接学生的全面发展。[①] 其次要坚持尊重受教育者的主体地位，发挥大学生自主学习、自我管理、自我发展的教育理念。高校大学生既是思想教育的对象，又是学习、生活、成长的主体，要确立和尊重大学生在教育培养中的主体地位和作用。要在教育引导的过程当中，激发大学生的主体意识、成长成才自觉、人生使命和社会责任自觉，实现由“要我学”向“我要学”、由“教我管理自我事务”向“我会管理自我事务”、由“要我成才”向“我想成才、我能成才”、由“要我担负社会责任和使命”向“我能担负社会责任与使命、我愿意奉献国家和人民”转变。从这个意义上讲，教育理念创新是教育思想和实践具有革命性意义的变革。它打破了对育人理念与实践的传统路径依赖，确立了教

① 章立新：《“以人为本”教育理念的实践探究》，《新疆大学学报（哲学·人文社会科学版）》，2010 年第 3 期。

育的人文关怀，以帮促教、以导代管的终极意义和情感驱动，赋予了“师道尊严”、教与学、师与生、大学和学生与时俱进的崭新时代内容和知识创新的科学内涵。

五是以方式方法创新提升铸魂育人质量。如果说，协同联动创新决定铸魂育人的深度，体制机制创新决定铸魂育人的力度，育人理念创新决定铸魂育人实践的高度，大学文化创新决定铸魂育人实践的厚度，那么，方式方法创新则决定铸魂育人的有效度。从这个意义上说，方式方法创新对铸魂育人实践来说，具有兜底的意味。如果不能实现方式方法创新，那么，前面所说的协同联动创新、体制机制创新、育人理念创新和大学文化创新，就都将付诸东流，落空而去。因此，高校思想政治教育讲有效性，在很大程度上是针对工作的方式方法、载体运用和手段力量而言的。高校思想政治教育只有抓住了当代大学生的关注点、兴奋点和需求点，才能使之真正具有吸引力。当前，在新一轮科学技术革命的引导下，人类正在进入信息社会和人工智能时代。这正如专家所指出的，面对人类生活的新变革，高校要不断创新思想政治教育方式方法，充分运用新媒体技术、发挥互联网作用，培育互联网思维。[①]只有适应新形势的变化，充分认识并利用好新媒体的优势，大力推进高校思想政治教育与新媒体融合，构建新媒体时代网络思想政治教育新格局，才能让思想政治教育的主流意识形态抢占高校思想舆论阵地，才能使高校思想政治教育化“被动”为“主动”、变“追赶”为“引领”。这一方面决定了新时代思想政治教育必须站在时代潮流前列，充分运用人类文明成果，不落伍、不掉队，主动进行思想政治教育方式方法变革。另一方面，既要“见物”，更要“见人”。“见人”，就是围绕大学生，服务大学生，服务大学生成长成才的需要。方式、方法、载体和手段的改进和运用，衡量其有效性的唯一标准，是主体适应性、实践适用性、工作实用性。首先在方式上，要尊重学生的差异化。高校思想政治教育要以受教育的主体为第一观察点，要以受教育主体的个性化、差异化为第一对标点，要以思想政治教育的亲情化、生动化和科学性、深刻性为第一效用点，将思想政治教育的重点从知识传授转移到培养大学生正确获取、选择、鉴别、使用信息的能力上来，充分发挥思想政治教育引航铸魂、释疑解惑、坚定坚守、提振精神

① 王建敏：《新时代思想政治教育的特征及实现路径》，《马克思主义与现实》2018年第5期。

和丰富人生内涵的作用。其次在方法和载体、条件上，主动适应新媒体、数字平台、线上线下等交流互动。积极运用微信、微博、QQ 等即时通信方式，拓宽教师与学生之间、学校与学生之间的信息共享、沟通交流渠道，建立学校全方位、全员参与和 24 小时畅通的信息互通共享平台，大力增强“思想政治教育工作 + 信息技术”“互联网 + 思想政治教育”的铸魂育人效果，促进思想政治教育依托时代进步的发展红利早日惠及当代大学生。这既是新时代党和政府、社会和家庭所要求的，也是大学生所期盼的，当然也应该是高校和大学教师所乐于积极探索的。

（本文原载《社会主义研究》2019 年第 4 期，收入本书时有文字改动。）

不忘教育初心，牢记办学使命，努力担当建设一流师范大学的重任

在举国欢庆“祖国70华诞”的喜庆日子里，党中央决定在全党开展“不忘初心、牢记使命”主题教育。开展这次主题教育，是党中央统揽伟大斗争、伟大工程、伟大事业、伟大梦想作出的重大部署，对统筹推进“五位一体”总体布局、协调推进“四个全面”战略布局，决胜全面建成小康社会、夺取新时代中国特色社会主义伟大胜利、实现中华民族伟大复兴的中国梦，具有重大而深远的意义。这次主题教育的总要求是“守初心、担使命，找差距、抓落实”，根本任务是深入学习贯彻习近平新时代中国特色社会主义思想，锤炼忠诚干净担当的政治品格，团结带领全国各族人民为实现伟大梦想共同奋斗，具体目标是理论学习有收获、思想政治受洗礼、干事创业敢担当、为民服务解难题、清正廉洁作表率。

今天，根据中央和省委的统一部署，结合学校主题教育实施方案，我们举行集中学习研讨，交流学习体会。我结合自己的学习感悟，围绕“不忘教育初心，牢记办学使命，努力担当建设一流师范大学的重任”这个主题，汇报三点体会。

一、不忘教育初心，落实立德树人根本任务

教育学认为，教育在本质上是一项“培养人”的社会活动。可以说，教育的初心就是“培养人”。教育到底要培养什么人、如何培养人、为谁培养人？这历来都是教育的根本性问题。在这些根本问题上，习近平总书记强调，各级各类学校和广大教师“必须旗帜鲜明、毫不含糊”[①]。他明确指出，共产党人的回答

① 《习近平主持召开学校思想政治理论课教师座谈会强调　用新时代中国特色社会主义思想铸魂育人　贯彻党的教育方针落实立德树人根本任务》，《人民日报》2019年3月19日。

应当斩钉截铁：教育的根本任务是立德树人，培养德智体美劳全面发展的社会主义建设者和接班人，努力打造一支中华民族“梦之队”。[①]

在北京大学师生座谈会上，总书记进一步指出，“大学是立德树人、培养人才的地方，是青年人学习知识、增长才干、放飞梦想的地方”，“人才培养一定是育人和育才相统一的过程，而育人是本。人无德不立，育人的根本在于立德。这是人才培养的辩证法”，“要把立德树人内化到大学建设和管理各领域、各方面、各环节，做到以树人为核心，以立德为根本”。[②]总书记的这些科学论断，揭示了教育的本质，体现了党对“教育如何培养人”这一根本问题的最新认识；揭示了德育在学校教育中的突出地位，强调教育的首要任务是促进人的德性成长，体现了党对人的全面发展的最新要求；揭示了道德发展与人的全面发展的辩证关系，体现了党对教育规律的深刻把握。

如何落实立德树人的根本任务？

首先，在教育理念上，要做到“六个下功夫”。“才者，德之资也；德者，才之帅也”[③]，即要在坚定理想信念上下功夫、在厚植爱国主义情怀上下功夫、在加强品德修养上下功夫、在增长知识见识上下功夫、在培养奋斗精神上下功夫、在增强综合素质上下功夫。切实把立德树人的成效作为检验学校一切工作的根本标准，将立德树人融入思想道德教育、文化知识教育、社会实践教育各环节，教育引导学生树立共产主义远大理想和中国特色社会主义共同理想，肩负时代重任，立志扎根人民、奉献国家，培养一代又一代拥护中国共产党领导和我国社会主义制度、立志为中国特色社会主义奋斗终身的有用人才。

其次，在教育途径上，要大力推进“课程思政”建设，用好“课堂”主渠道。思想政治理论课要坚持在改进中加强，提升思想政治教育亲和力、针对性，以及实效性，满足学生成长发展需求和期待，其他各门课，特别是专业课，也要守好一段渠、种好责任田，使各类课程与思想政治理论课同向同行，形成协同效应。要更加注重以文化人、以文育人，广泛开展文明校园创建，开展形式

① 参见《习近平主持召开学校思想政治理论课教师座谈会强调　用新时代中国特色社会主义思想铸魂育人　贯彻党的教育方针落实立德树人根本任务》，《人民日报》2019 年 3 月 19 日。

② 习近平：《在北京大学师生座谈会上的讲话》，《人民日报》2018 年 5 月 3 日。

③ ［宋］司马光编著、［元］胡三省音注、“标点《资治通鉴》小组”校点：《资治通鉴 · 周纪》第一册，中华书局 1956 年版，第 14 页。

多样、健康向上、格调高雅的校园文化活动，广泛开展各类社会实践。要运用新媒体、新技术，使工作活起来，推动思想政治工作传统优势同信息技术高度融合，增强时代感和吸引力。

再次，在师资队伍上，要打造过硬高校思想政治工作队伍。总书记说，广大教师是打造中华民族“梦之队”的筑梦人，承担着“传播知识、传播思想、传播真理，塑造灵魂、塑造生命、塑造新人”[①]的使命，必须培养建设一批“有理想信念、有道德情操、有扎实学识、有仁爱之心”[②]的“四有好教师”，切实担负起做学生“锤炼品格、学习知识、创新思维、奉献祖国”的“四方面的引路人”。[③]从立德树人的角度，就是要重点建强思想政治教师队伍、辅导员队伍和党务工作者队伍，引领青年成长成才，培养社会主义合格建设者和接班人。

二、牢记大学使命，坚持为国育才的办学方向

大学的使命是“人才培养、科学研究、社会服务、文化传承”。其中，人才培养是大学的核心使命，是大学之根（存在之理由）、教师之本（本职工作）。如果说“立德树人”科学回答了“如何培养人”这一根本问题，那么“为党育才、为国育才”则科学回答了“为谁培养人”这一根本问题。

在全国高校思想政治工作会议上，习近平总书记提出办学“四个服务”的科学论断，准确揭示了我国教育的社会主义性质和方向。如何坚守大学使命，努力做到“四个服务”，牢牢把握社会主义的办学方向？

首先，就是要坚持马克思主义的指导地位，坚持以习近平新时代中国特色社会主义思想武装全体师生，全面贯彻党的教育方针。习近平总书记说，一所学校一旦办学方向走错了，在培养人的问题上走偏了，那就像一株歪脖子树，无论如何也长不成参天大树。高校要成为学习、研究、宣传马克思主义的重要阵地。教师要帮助学生“扣好人生的第一粒扣子”，始终把思想政治工作贯穿教

① 《习近平在全国教育大会上强调　坚持中国特色社会主义教育发展道路　培养德智体美劳全面发展的社会主义建设者和接班人》,《人民日报》2018 年 9 月 11 日。

② 习近平:《做党和人民满意的好老师——同北京师范大学师生代表座谈时的讲话》,《人民日报》2014 年 9 月 10 日。

③ 《习近平在北京市八一学校考察时强调　全面贯彻落实党的教育方针　努力把我国基础教育越办越好》,《人民日报》2016 年 9 月 10 日。

育教学全过程，全员育人、全过程育人、全方位育人，为学生成长成才奠定良好的思想基础，使他们成为德才兼备、全面发展的人才。

其次，就是要坚持党对教育事业的全面领导。党是领导中国教育事业发展的核心力量。习近平总书记明确指出，牢牢掌握党对高校工作的领导权，关键是要确保高校始终成为“坚持党的领导的坚强阵地”[①]和“培养社会主义事业建设者和接班人的坚强阵地”[②]。

再次，就是要牢牢把握高校意识形态工作领导权。总书记指出，高校要成为上述的两个“坚强阵地”，关键在于牢牢掌握高校意识形态工作领导权，基础在于牢牢掌握高校思想政治工作主导权。高校既是教育的阵地，也是思想文化阵地，强化思想引领和价值塑造是把握社会主义办学方向的核心抓手。要对各种错误思想保持警惕，防止其以各种形式在高校抢滩登陆，同我们争夺阵地、争夺师生、争夺人心。

此外，要坚持扎根中国大地办教育。坚定文化自信和教育自信的统一，加强中华优秀传统文化教育、革命文化教育、社会主义先进文化教育，用中华民族的一切优秀文明成果育人，用共同理想信念凝聚意志，用中国精神激发中国力量，坚定“四个自信”。要坚持放眼世界与中国特色的统一。只有扎根中国才能更好地走向世界。既要坚持以人民为中心的教育发展价值追求，坚守教育实践民族性，又要扩大国际交流，坚持中外融通。彰显中国特色的学校文化与精神，体现中国特色社会主义的办学特性，构建中国风格、中国气派的教育理论体系。

三、勇推改革创新，担当一流师大建设重任

习近平总书记说：“教育是国之大计，党之大计。”[③]“人才越来越成为推动经济社会发展的战略性资源，教育的基础性、先导性、全局性地位和作用更加突

---

① 《习近平在全国高校思想政治工作会议上强调　把思想政治工作贯穿教育教学全过程　开创我国高等教育事业发展新局面》，《人民日报》2016 年 12 月 9 日。

② 《习近平在全国高校思想政治工作会议上强调　把思想政治工作贯穿教育教学全过程　开创我国高等教育事业发展新局面》，《人民日报》2016 年 12 月 9 日。

③ 《习近平在全国教育大会上强调　坚持中国特色社会主义教育发展道路　培养德智体美劳全面发展的社会主义建设者和接班人》，《人民日报》2018 年 9 月 11 日。

显。”[①]“建设教育强国是中华民族伟大复兴的基础工程，必须把教育事业放在优先位置，深化教育改革，加快教育现代化，办好人民满意的教育。”[②]

建设教育强国是中华民族伟大复兴的基础工程，是贯彻落实党中央“五位一体”总体布局、“四个全面”战略布局，夺取全面建成小康社会决胜阶段、实现中华民族伟大复兴中国梦重要历史背景下，我国教育改革与发展的核心理念、总体方向和根本遵循。

当前，建设教育强国战略，在高等教育领域的重要体现之一就是深化教育体制综合改革、实现内涵式发展、努力建设一流本科教育；就是“双一流”建设，就是“双万计划”，就是打造“金专”“金课”“金师”。体现在我校就是要坚持“以本为本”，全面推进“四个回归”，勇于担当一流本科建设重任，努力实现学校“十三五”规划确立的“建设特色鲜明的一流师范大学”奋斗目标。具体而言，包括以下几方面。

（一）聚焦重点难点，创新系列举措，打出改革“组合拳”

一是加强课程思政建设，强化每位教师立德树人意识，把思想政治教育有机融入每门课程，建设一批思政教育效果显著的精品专业课程，打造一批课程思政示范课堂，选树一批课程思政优秀教师，推动形成专业课教学与思政课教学紧密结合、同向同行的育人格局。

二是促进学生刻苦学习。完善学分制，探索实行荣誉学位，推进辅修专业制度改革，加强学习过程管理，严格过程考核，改革考试形式，鼓励符合条件的学生积极参加职业资格考试，增强创业就业本领。

三是提高教师教学能力。围绕加强师德师风建设和提高教书育人能力，推行师德考核负面清单制度，建立教师个人信用记录，加强高校教师教学发展中心建设，全面开展高等学校教师教学能力提升培训。强调在教师专业技术职务晋升中实行本科教学工作考评一票否决制。

四是打造一流本科专业。以建设面向未来、适应需求、引领发展、理念先进、保障有力的一流专业为目标，改革传统专业，优化专业布局，努力争取

---

① 习近平：《做党和人民满意的好老师——同北京师范大学师生代表座谈时的讲话》，《人民日报》2014年9月10日。

② 习近平：《决胜全面建成小康社会　夺取新时代中国特色社会主义伟大胜利——在中国共产党第十九次全国代表大会上的报告》，《人民日报》2017年10月28日。

“双万”专业建设取得历史性突破。

五是推进慕课建、用、学、管。围绕建设高水平的中国慕课，推进“双万”精品课程培育工作。推动建立高校之间慕课学分认定制度，促进共享，提升高校教学水平。

六是加强质量文化建设。强调把人才培养水平和质量作为一流大学建设的首要指标，提出落实本科专业教学质量国家标准，开展保合格、上水平、追卓越的三级专业认证等举措。

（二）贯彻“创新、协调、绿色、开放、共享”五大发展理念，深化教学综合改革，全面发展素质教育

一是要更新教育教学理念。我们与世界一流大学的差距最重要的是教育理念的差距。更加注重以学生为本，坚持立德树人，加强培养学生的国家意识、社会责任感；更加注重创新性，加强探究式教学，培养学生的创新意识、创新精神和能力；更加注重实践性，加强培养学生解决实际问题的能力；更加注重开放性，培养学生的国际视野和尊重多元文化、跨文化交流能力；更加注重选择性，因材施教，为学生创造更加个性化、多样化的学习机会和学习体验；更加注重适应性，培养学生在未来学习新知识、适应新环境、解决新问题的各项能力。

二是要深化创新创业教育。创新创业教育要面向全体学生，引导全体教师参与，贯穿到人才培养特别是本科教学全过程。通过教育，促进学生全面而有个性地发展，把创新意识和创新能力真正内化为学生的一种素质。要着力于培养方案、课程体系改革，重新修订人才培养方案，把创新创业教育融入人才培养体系之中。要着力于教学内容、方法和考核方式改革，鼓励教师用新理论、新知识、新技术更新教学内容。要开展启发式、参与式、讨论式教学，改革单纯知识考核、期末一张试卷定成绩的简单做法。要着力于教学管理制度改革，建立创新创业学分积累、转换和支持休学创新创业的制度，使学生有更多的选择机会。

三是调整优化学科专业结构。高校要根据国家发展需求、科技发展趋势，结合学校办学定位、学科专业优势，制定好学科专业发展规划，明确发展方向。积极设置国家战略性新兴产业、经济社会发展和民生改善领域急需的相关专业。

四是完善开放办学协同育人机制。构建协同育人机制，充分利用社会资源

和国际办学资源，抓好实践平台建设和国际交流与合作，促进产学研用融合、科教协同。

五是提升国际交流合作能力。随着我国高等教育国际化的发展，高水平大学师生和教学资源的跨国流动已成常态。在人才培养标准上，一些学科专业要积极稳步推进国际实质等效标准，促使我国教育质量的评价标准既有中国特色，又有世界水平。

六是推进信息技术与教育教学深度融合。要主动适应、积极引领信息技术与教育教学深度融合的大趋势。当前，主要有三项重要任务：一是建设课程。学校要积极组织、鼓励和指导、支持教师发挥教学、科研优势，建设优质在线开放课程，使更多学生共享名师名课，也让更多中国优质课程走向世界。二是加强应用。积极探索优质在线开放课程多种形式的应用，积极探索如何运用信息技术深化教学改革。三是建立制度。要积极探索建立线上线下相结合的管理方式和学分互认等配套管理制度。

七是深入推进拔尖创新人才培养。高水平大学承担着培养拔尖创新人才的重要使命。要继续实施“基础学科拔尖学生培养计划”，建立拔尖人才培养试验区。要改革、完善选拔培养机制，吸引优秀学生投身基础科学学习、研究。

（三）要狠抓工作落实，勇当改革创新的促进派、实干家，做新时代的奋斗者

习近平总书记在2012年参观《复兴之路》展览时指出：“实现中华民族伟大复兴是一项光荣而艰巨的事业，需要一代又一代中国人共同为之努力。空谈误国，实干兴邦。我们这一代共产党人一定要承前启后、继往开来，把我们的党建设好，团结全体中华儿女把我们国家建设好，把我们民族发展好，继续朝着中华民族伟大复兴的目标奋勇前进。”[①] 总书记已经用自己的行动为全党、为全国人民作出了表率。

首先，要树立正确政绩观。以“功成不必在我”的责任担当，切实扛起“师大发展必有我”的历史担当，敢于直面学校发展中的矛盾，积极有为，做一个无愧于这个伟大时代，无愧于全体师生员工的奋斗者。

① 《习近平在参观〈复兴之路〉展览时强调　承前启后　继往开来　继续朝着中华民族伟大复兴目标奋勇前进》,《人民日报》2012年11月30日。

其次，要发扬劳模精神，听实话、察实情、出实策、鼓实劲、办实事、收实效。“一语不能践，万卷徒空虚。”[①] 要坚决反对干部群众反映强烈的形式主义、官僚主义、享乐主义和奢靡之风（“四风”），不图虚名，不务虚功，以身作则带领群众把各项工作落到实处，争当新时代教育改革创新的领头雁、排头兵。

此外，要知行合一，做教育改革创新的实干家。总书记说：“学到的东西，不能停留在书本上，不能只装在脑袋里，而应该落实到行动上，做到知行合一、以知促行、以行求知，正所谓‘知者行之始，行者知之成’。每一项事业，不论大小，都是靠脚踏实地、一点一滴干出来的。”[②] 学校一流本科建设千头万绪，任务错综复杂。“道虽迩，不行不至；事虽小，不为不成。”[③] 要坚持党的事业第一、人民利益第一，树立责任重于泰山的意识，敢于较真碰硬，力推各项改革创新，任劳任怨、尽心竭力，善始善终、善作善成。

同志们，初心如磐石、使命扛在肩。我们要紧密团结在以习近平同志为核心的党中央周围，牢固树立“四个意识”，坚定“四个自信”，坚决做到“两个维护”，以更大的勇气，更大的担当，更好的作为，高扬旗帜，豪情满怀，践行新思想，奋进新征程，以新探索回答“时代之问”，以新作为向祖国献礼！

（本文系作者在江西师范大学“不忘初心、牢记使命”主题教育集中学习研讨会上的发言，原载《江西日报》2019 年 9 月 29 日理论版，收入时有文字改动。）

① 林鸿：《饮酒》。见羊春秋选注：《明诗三百首》，岳麓书社 1994 年版，第 71 页。

② 习近平：《在北京大学师生座谈会上的讲话》，《人民日报》2018 年 5 月 3 日。

③ 方勇、李波译注：《荀子・修身》，中华书局 2011 年版，第 21 页。

努力把高校建成党的创新理论教育和研究的重要基地

高校是推进马克思主义中国化的重要阵地，高校从事人文社会科学教学科研的教师是推进马克思主义理论创新的一支重要队伍和重要力量。尤其是高校文科青年教师，更是马克思主义理论创新工程的生力军。支持和培育这支队伍健康成长，发挥这支队伍的积极作用，对于贯彻习近平总书记关于高校改革与发展的系列重要讲话精神，使高校切实担负立德树人的重任，把高校建成党的创新理论教育和研究的重要基地，意义重大。借此机会，我谨代表江西师范大学，就我校围绕马克思主义理论创新成果进高校、进课堂、进学生头脑，始终树立马克思主义在高校育人中的指导地位，用中国特色社会主义理论武装时代青年，狠抓教育教学改革，促进人才培养，发挥马克思主义理论在指导培养社会主义合格建设者和可靠接班人中的积极作用，以马克思主义学科建设为引领，促进马克思主义理论建设工程在学校生根落户等三个方面的情况，向会议作一个介绍，敬请批评指正。

一是以中国特色社会主义理论为引领，把思想育人、理论育人、文化育人与教学过程结合起来，使先进理论的引领作用落实在教育教学改革这个载体上。

教育大计，育人为本；育人之要，思想引领。江西师范大学一贯重视用中国特色社会主义理论引领育人全过程，贯彻党的教育方针、政策。一是高度重视建立党委统一领导、党政齐抓的领导体制，学校党委曾先后出台《关于进一步加强和改进思想政治理论课的意见》《江西师范大学思想政治理论课新课程教学试点工作实施方案》《关于进一步加强和改进研究生思想政治理论课的意见》等文件，把思想政治理论课与全过程育人有机结合起来；二是用制度保障教育教学改革的政治方向，建立学校师德师风建设长效机制，实行教师师德师风一票否决制，实施学生学业德育毕业双答辩，建立健全教学过程重点环节常态监控机制，畅通人才培养本科、硕士、博士教育渠道，把理论引领纳入学院绩效考核体系之中，将德育和政治理论素质作为教育教学质量评价的首要标准，坚守“以生为本，以德为先”的办学理念；三是创新新时期思想政治理论课教育教学方式方法，积极探索和创新教学方法，优化教学手段，改革考试评价方式。近 5 年来，我校有 3 项思想政治理论课教育教学改革成果，即《高校思想政治理论课教学改革与实践研究》《中国特色社会主义理论与实践研究课程“三进三化四认同”教学改革的探索》《博士研究生科研创新能力培养研究》先后获得省级优秀教学成果一等奖，教材《中国特色社会理论与实践概论》获得省级优秀教材一等奖。我校坚持马克思主义理论在大学育人中的指导地位，积极探索高校思想政治理论课改革方式方法，形成中国特色社会主义理论与实践研究课程“三进三化四认同”教学改革模式，固化“十二名教授共上一门课”的做法，使大学生、研究生喜爱思政课，探索的经验受到省政府主管领导的批示肯定，受到教育部分管领导的大会表扬，被省教育厅肯定并推广。学校还不定期邀请专家学者就党的创新理论、重要战略思想、重大政策以及社会思潮、社会热点问题进行专题报告，如我校今年举办了“践行社会主义核心价值观　争做优秀文明大学生”讲座，帮助青年学者加深对中国特色社会主义理论体系的理解，掌握马克思主义的立场、观点和方法。通过教学改革，学生喜欢思政课了，他们说，课改使思政课老师变了。老师变年轻了，变可亲可敬了，变可听可信了；老师不再是过去他们眼中的“马克思主义老头儿、老太太了”；思政课不再空洞乏味，不再让人想睡觉，而是非常幽默，生动有趣，又不乏引人思考的深度，不时冲击人的灵魂深处，很有意义。

二是坚持用马克思主义理论武装青年学生，创新人才培养模式，把马克思主义理论教育与专业教育结合起来，把伟大中国梦教育与人生规划结合起来，使人才培养质量落实在社会主义合格建设者和可靠接班人的培养这个载点上。

高校承载着培养社会主义合格建设者和可靠接班人的主要任务，用马克思主义理论武装青年学生这个标准来衡量人才培养质量，就是要在人才培养目标、规格上，实现马克思主义理论教育与专业教育相统一，使个人梦想融入中华民族伟大复兴的中国梦。具体来说，一是要构建知识、能力、素养三维度的专业质量标准体系，以社会主义核心价值观为主线贯穿本科生、研究生教育全过程，明确每门课程、每个教学环节的道德情感教学目标，使德行智性有机统一；为强化创新能力与实践能力培养，学校相关职能部门如社科处、宣传部、统战部、马克思主义学院等每年都会围绕马克思主义、思想政治教育、党的统一战线政策等设立各种科学研究课题专项。组织青年学者结合自己所学专业和个人兴趣，对相关领域的重要问题开展调查研究，形成调研成果，以提高观察思考、研究分析问题的能力。二是要坚持系统培养、个性服务育人理念，融合第一、第二课堂，设置德育学分，把老师教和学生学的要求有机结合起来，实现以文化人。学校通过各种社会实践、支教服务、文艺演出、环境保护等志愿服务活动，引导青年学生养成服务他人、贡献社会的习惯，弘扬“奉献、友爱、互助、进步”的志愿精神；定期组织青年学生参观爱国主义教育基地、革命遗址等，观看爱国影片、优秀共产党员事迹影像材料、重温入党誓词等，增强学生骨干对革命传统精神的理解，对中国共产党领导地位的认同；积极组织学生外出访问、参观，以开拓视野，增长见识，举办各种交流活动、知识竞赛等以激发学生主动探索的精神，培养批判性思维，锻炼表达能力，形成共同提高的学习氛围。三是要促进课程设置的系统化，把马克思主义理论课置于课程设置中的重要位置，把培养青年马克思主义者工作作为一个整体去研究实践，开辟马克思主义理论课程通选模块，突出人文学科在人才培养上的示范作用，在学生中开设了“马克思主义与社会科学方法论”“自然辩证法”“中国马克思主义与当代”“中国特色社会主义理论与实践概论”等课程。学校充分发挥马克思主义理论学科优势，在思想政治理论课课程教学改革创新上走在全省前列。

我校马克思主义理论学科承担了从学士（思想政治教育）、硕士（6个专业）、博士（5个专业）到博士后（4个专业）完整性的人才培养工作。马克思主义理论学科建设的根本目的，就是将学科建设的成果转化为思想政治理论课教学的丰厚资源，培养出受社会欢迎的高质量学生。这些学科建设的成果，已在我校本科生和研究生的思想政治理论课教学中加以充分运用，并取得良好效果。在马克思主义理论专业人才培养中，我校马克思主义学院本科思想政治教育专业已被教育部列为国家特色专业，为国家培养了大批优秀的中等学校思想政治教育师资；培养马克思主义理论博士、硕士200余人，接纳进站博士后研究人员8人，在省内高校首屈一指。其中，我校马克思主义理论学科博士后流动站的博士后人员获国家博士后基金项目3项、江西省博士后基金项目3项。马克思主义理论学科博士研究生获国家社科基金项目5项、省部级科研项目30余项，获江西省优秀博士论文1篇。这些都在省内高校首屈一指，居于领头羊地位。

三是以学科建设为龙头，积极推进马克思主义理论学科建设，建设高水平的高校马克思主义教育教学、理论宣传与科学研究的主阵地，使马克思主义理论学科建设成果体现在教师不仅能讲会讲，而且能教会写这个关键节点上。

在高校传播马克思主义，建设好马克思主义理论教学与科研的主阵地是一项长期而艰巨的任务。只有加强马克思主义理论教学与科研主阵地的建设，才能为大学生思想政治教育提供强大的理论支撑、精神支撑和动力支撑。

我校是一所以文科见长、人文底蕴深厚的综合性大学，学校高度重视马克思主义理论学科平台建设，将马克思主义理论学科建设辐射到整个人文社会科学各相关学科建设之中，形成了以专业的马克思主义学科建设团队为引领，其他人文社会科学学科参与互动的大格局。尤其是在相关人文社会科学学科建设中，牢牢把握马克思主义理论在各学科的指导性和话语权，运用马克思主义哲学原理、社会学理论、史学理论、经济学理论、文学理论、法学理论、政治学理论等指导本学科建设，形成了一支马克思主义学科专业队伍与相关学科善于运用马克思主义理论指导学科建设并具有自身学科特点的多学科交叉融合的马克思主义创新团队。

一是抓马克思主义专业团队建设。依托马克思主义学院，构建高水平的马克思主义理论学科专业平台。学校现有马克思主义理论一级学科博士后流动站，马克思主义理论一级学科博士点，8个马克思主义理论二级学科博士点。2012年全国马克思主义理论一级学科评估中，我校马克思主义理论学科在全国排名跃入前10%，马克思主义理论一级学科所属的马克思主义基本原理、思想政治教育、中国近现代史基本问题研究3个二级学科为优势学科。

二是抓马克思主义理论学科与其他人文社会科学学科协同创新，形成全校一盘棋建设而又各有特长的学科队伍。我校现有马克思主义理论、教育学和中国史等三个省高水平学科，还有政治学、文学、管理学、艺术学等4个省重点学科，以马克思主义理论为指导的学科理论成为马克思主义理论创新工程的重要力量。

三是抓多学科协同创新的马克思主义理论学科平台建设。我校现有江西省高校德育基地“江西省红色资源开发与教育研究中心”，江西省纪委重点研究基地“江西省廉政文化研究中心”，江西省高校文科重点研究基地“当代形态文艺学研究中心”“传统社会与江西现代化研究中心”，江西省哲学社会科学重点研究基地“苏区振兴研究院”等多个综合创新平台。

四是抓高质量的马克思主义理论创新成果。“十二五”时期，我校获得祝黄河教授领衔的国家社科基金重大招标项目“十七大以来科学发展观的新发展研究”1项，赖大仁教授领衔的国家社科基金重点项目“当代文学理论观念的嬗变与创新研究”1项，傅修延教授领衔的国家社科基金重点项目“听觉叙事研究”1项；一般项目2011年至2014年共84项，省社科规划项目近200项，4项国家社科基金项目结题被鉴定为“优秀”等级。在人民出版社、中国社会科学出版社、中央文献出版社、社会科学文献出版社等出版著作、教材400余部，在《人民日报》《光明日报》《马克思主义研究》《政治学研究》《哲学研究》《马克思主义与现实》《科学社会主义》《文学评论》《社会学研究》《法学研究》等刊物发表学术论文500多篇；获得江西省社会科学优秀成果一等奖11项、二等奖44项、三等奖60项，居省内之冠。

通过学科建设，我校逐步形成了一支高职称、高学历、结构合理的多学科协同的马克思主义理论建设与创新队伍，成为我省乃至全国一支马克思主义理论研究、宣传和教学的重要力量。

最后，我们还要感谢江西省青年马克思主义者理论研究创新工程项目对我校的大力支持！我们相信，通过我校马克思主义理论学科青年教师与本项目的互动，一定会在更高的起点上推进我校乃至全省马克思主义理论创新工程，促进我校乃至全省马克思主义理论队伍的发展壮大，促进我校乃至全省马克思主义理论事业繁荣发展！

（本文系作者于2016年在江西省马克思主义理论创新工程有关会议上的发言。）

推动党的建设全面过硬，增添高质量跨越式发展动力

省委十四届十二次全会是在“十三五”即将收官、“十四五”即将开局的关键时刻，召开的一次重要会议。会议总结回顾了一年来省委常委会的工作，并立足江西实际，对“十四五”时期全省经济社会发展，进行了前瞻性思考、全局性谋划、战略性布局，明确了“十四五”时期发展的总体要求、奋斗目标、主要任务和2035年远景目标。此次会议是推动江西经济社会高质量跨越式发展的行动指南，对江西开启全面建设社会主义现代化新征程具有十分重要的意义。

11月30日上午，学校党委召开理论学习中心组（扩大）会议，黄恩华书记亲自传达了省委第十四届十二次全会精神。作为班子成员，我将认真学习好、贯彻好、落实好全会精神，切实把思想和行动统一到中央和省委的部署要求上来，全面准确把握“十四五”乃至更长一个时期江西发展的方向和路径，对标对表省委全会决策部署，认真思考怎么把师大梦融入中国梦中，助力江西教育强省战略，为红土圣地高质量跨越式发展增添动力。

下面，我结合工作谈几点认识。

一、高起点编制党建“十四五”专项规划，要有“不畏浮云遮望眼”的战略格局

凡事预则立，不预则废。学校党建“十四五”专项规划是贯彻党的十九届五中全会和省委十四届十二次全会精神的载体、路径和方法。学校党建“十四五”专项规划要以习近平新时代中国特色社会主义思想为指导，牢牢把握社会主义办学方向，全面落实立德树人根本任务，切实为学校实现高质量跨越式发展谋好篇、布好局。高起点编制党建“十四五”规划，我以为要做到六个注重：一是要注重思想政治建设，提升改革发展的引领力；二是要注重领导班子和干部队伍建设，提升干事创业的向心力；三是要注重党的基层组织建设，

提升创新发展的战斗力；四是要注重党风廉政建设，提升拒腐防变的免疫力；五是要注重宣传思想建设，提升学校的文化力；六是要注重和谐校园建设，提升师生员工的凝聚力。

二、高站位加强党的领导，要有“群雁高飞头雁领”的先锋示范

党政军民学，东西南北中，党是领导一切的。坚持和加强党的全面领导，一是要做到“两个维护”。这是党的十八大以来我们党的重大政治成果和宝贵经验，是全党在革命性锻造中形成的共同意志，是最重要的政治纪律和政治规矩，是保证全党团结统一、步调一致，推动党和人民事业不断发展前进的根本政治保证。二是要贯彻党把方向、谋大局、定政策、促改革的要求。以党的政治建设为统领，全面推进学校党的各方面建设，不断提高学校党的建设质量和水平。坚持和完善党委领导下的校长负责制，确保中央和省委的决策部署在学校有效落实。三是要加强学校党的基层组织建设。贯彻落实新时代党的建设总要求，推动全面从严治党向基层延伸，不断强化基层党组织的政治功能，提升基层党组织的组织力。以基层党建标准化、规范化、信息化建设为抓手，全面加强党的基层组织建设。

三、高标准贯彻新时代党的组织路线，要有“用一贤人则群贤毕至”的鲜明导向

学校事业发展，关键靠人才，关键靠干部。贯彻新时代党的组织路线，很重要的一条就是，着力培养忠诚干净担当的高素质干部。选准用好干部，树立正确导向，一是要坚持党管干部原则，把好选人用人关口特别是政治关。围绕政治忠诚、政治定力、政治担当、政治能力、政治自律五个方面，提高考察识别的科学性、精准性。二是要突出斗争精神的培养，注重干部的思想淬炼、政治历练、实践锻炼和专业训练。教育引导全校党员干部胸怀“两个大局”，在不断破题、解题实践中，提高政治能力，提升专业素质。三是要建立实行崇尚实干、带动担当、加油鼓劲的正向激励体系，激励全校广大干部展现新时代新担当、新作为。学校各级党组织要主动为担当者担当，为实干者鼓劲，充分调动和激发干部队伍抓改革谋发展促稳定的积极性主动性创造性，体现“撑腰鼓劲、关爱宽容”的组织温度。

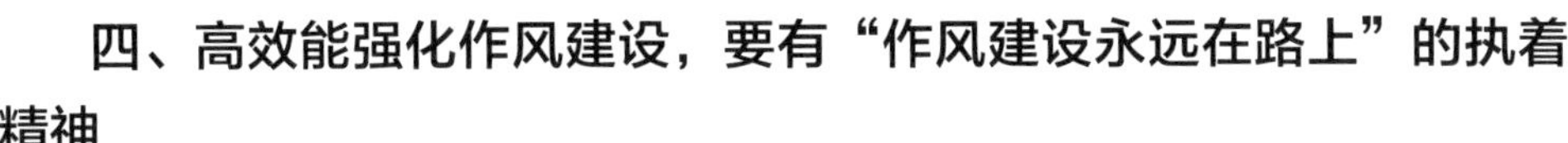

四、高效能强化作风建设，要有“作风建设永远在路上”的执着精神

有什么样的作风，就会有什么样的效能。作风就是形象，就是观察党群干群关系、人心向背的晴雨表。抓好作风建设，一是要以上率下。风成于上，俗化于下。抓作风建设，关键是要发挥好领导干部的“头雁效应”。领导干部身体力行，以上率下，树好作风形象“风向标”，广大党员干部就会学有参照、做有对照。上级带动下级，围剿作风顽疾的“包围圈”就会越织越密，作风顽疾隐蔽躲藏的空间也会越来越小。二是要久久为功。认真落实上级和学校有关规定，把“严”的主基调长期坚持下去，锲而不舍落实中央八项规定精神，驰而不息纠治形式主义、官僚主义，深入整治“怕、慢、假、庸、散”等作风顽疾。三是要破立并举。推进作风建设常态化、长效化，必须坚持破立并举、标本兼治、扶正祛邪，通过探索设置流动红旗岗、党员先锋岗等做法，不断完善作风建设的长效机制。

五、高质量推进工作部署落实，要有“抓铁有痕，踏石留印”的干劲韧劲

一分部署，九分落实。实现学校“在省内高校一流学科建设上作示范，在全国同类高校中勇争先，高质量跨越式建设一流师范大学”的目标，必须保持定力，脚踏实地，躬身实践。一是要崇尚实干。学校上下要在师大奋进历程中跟进发展大势，树立起干事创业人人有份、人人有责，人人可成才的观念。全校各级干部要崇尚实干，只争朝夕，不忘初心、牢记使命，为师生群众办好事、办实事，增强师生群众的获得感、幸福感、安全感。二是要狠抓落实。抓落实能力是领导干部的七种能力之一，干事业不能做样子，必须脚踏实地，真抓实干。学校每月一次的工作部署推进会确定了目标，明确了任务，各级干部就要以“咬定青山不放松”的韧劲、“不破楼兰终不还”的拼劲，苦干实干加油干。三是要强化激励。激励就是最好的管理。要把敢不敢扛事、愿不愿做事、能不能干事作为识别干部、评判优劣、奖惩升降的重要标准，把干部干了什么事、干了多少事、干的事组织和群众认不认可作为选拔干部的根本依据。在全校上下营造干事创业、激励担当的浓厚氛围。

（本文系作者于2020年12月4日在江西师范大学党委理论学习中心组研讨会上的发言。）

抓实抓严抓强党建工作，在奋勇争先中展现新作为

2020年，江西师范大学党委以习近平新时代中国特色社会主义思想为指导，深入贯彻党的十九大和十九届二中、三中、四中、五中全会精神，坚持和加强党对学校工作的全面领导，坚决贯彻中央、省委关于党建工作的部署要求，不断加强党的基层组织建设，为实现学校各项事业发展提供坚强保证。

一、“严”字当头，确保全面从严治党主体责任落地落实

学校党委自觉提高政治站位，全面落实中央各项要求，积极巩固深化“不忘初心、牢记使命”主题教育成果情况，贯彻《党委（党组）落实全面从严治党主体责任规定》，推动全面从严治党走深走实，向纵深发展。

一是全面加强政治建设。按照“理论武装、使命引领、问题导向、推进工作”的要求，高度重视教职工的政治理论学习，举办“加强党的政治建设”专题学习会等，做好《习近平谈治国理政》第三卷、十九届五中全会精神等的学习。加强党对高校的全面领导。学校党委充分发挥把方向、管大局作用，结合学校党的建设和内涵发展实际，出台了《关于推进在省内高校一流学科建设上作示范，在全国同类高校中勇争先，实现高质量跨越式建设一流师范大学目标的实施意见》，论证确立“在省内高校一流学科建设上作示范，在全国同类高校中勇争先，实现高质量跨越式建设一流师范大学”的发展目标。提高政治站位，强化责任担当，全面落实上级要求，把巡视整改作为重大的政治任务抓紧抓好，推动学校各项事业健康持续发展。

二是全面巩固教育成果。今年初，主题教育一结束，学校党委立即成立整改工作领导小组和督查小组，先后召开26次校级层面会议进行研究、部署和推进、督办，把来自“两个梳理”和答好“时代之问”的内容、党委班子专题民主生活会剖析材料、学校在主题教育期间征集的师生意见等梳理为120个问题，

并明确了221项整改措施，出台了19项制度，目前95个问题已完成整改，15个问题已取得阶段性成效，还需长期坚持。

三是全面落实主体责任。学校党委围绕《党委（党组）落实全面从严治党主体责任规定》，出台《江西师范大学贯彻落实上级重大决策部署实施办法》《关于推进全面从严治党的实施意见》《落实全面从严治党主体责任清单》，修订《落实“三级书记”抓党建责任工作实施方案》等，落实全面从严治党主体责任。7月13日，学校召开全面从严治党暨巡视集中整改阶段性总结大会，认真总结去年以来学校全面从严治党和巡视整改工作成效，分析存在的问题和面临的挑战，进一步强调部署下一步重点任务，推进学校全面从严治党工作迈上新台阶。

二、“实”字为基，推进基层党组织“三化”建设见行见效

作为全省推进基层党建“三化”建设的试点高校，学校党委认真落实省委决策部署，把基层党建“三化”建设作为党建工作的“一号工程”，围绕工作中存在的短板弱项，按照四个“标准化”建设、六个“规范化”建设要求，立标准、定规范、建机制，取得实际成效。

一是规范了组织设置。抓基层强基础，下发《关于落实〈党章〉要求，加强和改进基层党组织设置的意见》《中共江西师范大学委员会关于进一步加强基层党组织建设、强化党小组功能的实施意见》，以提高组织力为重点，突出政治功能，健全基层组织，优化组织设置，理顺隶属关系，创新活动方式。学校院级党委（直属党支部）数量从36个调整到29个，党支部由换届前的272个调整至换届后的239个，扩大了基层党的组织覆盖和工作覆盖面。

二是规范了党员发展。开展“三化”建设以来，针对党员发展工作中存在的问题，党委组织部花费2个月时间，指派专人点对点对各院级党委围绕党员发展、党组织会议记录等工作开展业务培训，院级党委书记、副书记、组织员均在受训范围；自我加压，主动作为，对全校党员档案进行集中全覆盖普查，从中发现问题、解决问题。今年上半年，机关党委出台了《江西师范大学机关党员发展操作细则》；校团委下发通知，对推荐优秀团员作为党的发展对象的要求作了细化。学校高质量完成今年党员发展工作，下达到各学院的发展学生党员名额为1610人，在高知群体发展党员7人。

三是规范了组织生活。学校对全校各基层党组织“三会一课”情况进行检查，及时反馈，下发新的会议记录本，明确记录要求。党委组织部对于民主生活会、组织生活会，进一步严格程序，严肃内容，建立了“叫停”机制。机关党委为机关党支部下发了《工作手册》。通过组织生活规范化建设，推动党内组织生活质量的提档升级，提升基层党组织的凝聚力战斗力，促进党员政治思想素质的提高。今年抗击新冠疫情期间，学校党委号召党员自愿捐款，师生党员积极响应，短短两周内，5000 余名师生党员共计捐款 667436.78 元，总金额位居全省高校第二。同时，一大批师生党员作为志愿者活跃在社区、街道、乡村等防控一线，为党旗添彩，为党徽增光。

开展党建“三化”建设，擦亮了党建标识，夯实了阵地堡垒，党的组织和工作有效覆盖得到提升，学校基层党组织的面貌焕然一新，党员的身份意识得到增强，作用发挥更加明显。2019 年底，马克思主义学院党委获评全国党建工作标杆院系，教育学院教工第一党支部、科学技术学院国旗护卫队党支部获评全国党建工作样板党支部。

三、“强”字为要，促进党建与业务深度融合、同向同行

学校党委积极把握基层党建的职责定位，着力促进党建和业务工作一体推动、深度融合，把党中央决策部署是否落实、学校中心工作是否完成、党组织功能是否增强、党员干部素质是否提高、干事创业精气神是否提振、师生员工是否满意作为衡量学校党建成效的根本标准。

一是扎实落实党建重点任务清单。1. 在制度建设方面。根据中央新精神和新要求，修订《中共江西师范大学委员会贯彻落实〈关于坚持和完善党委领导下的校长负责制的实施意见〉的实施办法》，从高校领导体制和决策机制层面，进一步加强党对高校的全面领导，更好地落实党委领导下的校长负责制，充分保障校长依法治校职能。学校坚持召开党组织书记工作例会，今年 4 月以来，为促进党建与业务工作融合，学校党委将院级党组织书记例会与学校重大工作部署推进会合并，每月初召开，对党建和业务工作挂图作战，挂牌督战。在总结学院党组织工作实际的基础上，今年印发了《江西师范大学学院党委会议事规则（试行）》，明确议事范围、会议规则、会议纪律。机关党委印发了《机关党委委员会议议事规则（试行）》。2. 在队伍保障方面。各教学学院均配备了 1

名党委副书记，协助党委书记做好党建工作。开展党建“三化”建设以来，为科技学院党委、附属中学党委、资产经营有限责任公司党委配备了专职纪委书记。学校原有组织员 10 人，开展党建“三化”建设后，补充组织员 19 人，各学院党委（直属党支部）均配备 1 名组织员；学校党委明确为机关党委配备 2 名工作人员（组织员）。全校党支部换届前，教师党支部书记“双带头人”覆盖率为 88%，2020 年初换届后实现 100% 覆盖。

二是扎实做好基层党建“双创”工作。通过各级党组织多年的扎实建设，学校已获评新时代全国党建工作标杆院系 1 个（马克思主义学院党委）、全国样板党支部 3 个（教育学院教工第一党支部、地理学院蓝天环保社团党支部、科学技术学院国旗护卫队党支部）、全国百个研究生样板党支部 1 个（马克思主义学院马克思主义原理研究生党支部）。昨天下午，考察组验收的就是我们获得首批党建“双创”样板党支部——蓝天环保社支部。今年上半年，我们还立项了全省“一校一品”党建特色品牌建设项目 1 项。目前正在向教育部申报第二批高校“双带头人”教师党支部书记工作室，推荐的是马克思主义学院毛泽东思想概论教工党支部书记。

三是扎实做好基层党建品牌建设。在做好学校党建工作的同时，学校党委积极凝练党建特色，建设党建工作品牌。在校级层面，学校大力推进党小组规范化建设，作为学校的党建特色品牌进行建设。党小组是党支部的重要组成部分，是党组织开展工作的重要单元，处于基层党组织“神经末梢”的终端，在推动党的路线方针政策和党中央决策部署贯彻落实方面发挥着重要作用。学校各基层党组织依托部门、学科、课题、科研平台、教学实习点等，已经成立了 429 个党小组。围绕党小组的建设评价，起草了《党小组工作实施细则》《党小组述职评议考核办法（试行）》，推进党小组开展“三进三融”工作，推进党建和业务相互融合，相互促进。在学生党员层面，开展“三进”工作：一是党小组活动进班级，推动学风建设和班级管理；二是党小组活动进宿舍，建立党员下寝制度；三是党小组活动进社团，推动第二课堂和创新创业开展，丰富校园文化。在教师党员层面，开展“三融”工作：一是融合教书育人，在日常工作中开展“党员先锋岗”创建，亮身份，树形象，作表率；二是融合教学科研，围绕内涵发展，发挥党建引领作用；三是融合争先创优，以全国标杆院系、样板党支部为目标，整合资源，上下联动，努力实现工作创先争优目标。

党建是做好一切工作的根本保障。开展党建“三化”建设，有力地推进了党建工作与业务工作相互融合、相互促进，使学校能够把组织活力转化为发展活力，把党建优势转化为发展优势，保障和助推了各项事业蓬勃发展。2020年上半年，学校综合排位在国内三大大学排行榜中均创历史最好成绩，基本实现了“十三五”定下的各项目标。学校2020年国家社科基金年度项目立项数并列全国高校第32位（全国第33位）、全国师范院校第6位，连续三年列江西省高校第1位，多年位居全国高校50强。

（本文系作者于2020年11月24日在江西师范大学听取基层党建工作情况汇报时的发言。）

努力办好高校思政课

2019年3月18日上午，习近平总书记在北京主持召开学校思想政治理论课教师座谈会并发表重要讲话，从党和国家事业发展的全局出发，深刻阐述了办好思想政治理论课的重大意义，深刻阐述了思想政治理论课教师在办好思政课中的关键作用，提出了推动思想政治理论课改革创新的明确要求，为我们进一步强化立德树人，抓好思想政治理论课主渠道主阵地，着力培养担当民族复兴大任的时代新人，培养德智体美劳全面发展的社会主义建设者和接班人指明了方向。

习近平总书记在讲话中，主要强调了四个问题[①]。

第一个问题：办好思想政治理论课的意义重大。

习近平总书记指出，青少年是祖国的未来、民族的希望。办好思政课，要放在世界百年未有之大变局、党和国家事业发展全局中来看待，要从坚持和发展中国特色社会主义、建设社会主义现代化强国、实现中华民族伟大复兴的高度来对待。在大中小学循序渐进、螺旋上升地开设思想政治理论课非常必要，是培养一代又一代社会主义建设者和接班人的重要保障。思想政治理论课是落实立德树人根本任务的关键课程。青少年阶段是人生的“拔节孕穗期”，最需要精心引导和栽培。用新时代中国特色社会主义思想铸魂育人，引导学生增强中国特色社会主义道路自信、理论自信、制度自信、文化自信，思政课作用不可替代。

习近平总书记强调，办好思想政治理论课，最根本的是要全面贯彻党的教育方针，解决好“培养什么人、怎样培养人、为谁培养人”这个根本问题。新

① 参见《习近平主持召开学校思想政治理论课教师座谈会强调 用新时代中国特色社会主义思想铸魂育人 贯彻党的教育方针落实立德树人根本任务》，《人民日报》2019年3月19日。

时代贯彻党的教育方针，要坚持马克思主义指导地位，贯彻习近平新时代中国特色社会主义思想，坚持教育为人民服务、为中国共产党治国理政服务、为巩固和发展中国特色社会主义制度服务、为改革开放和社会主义现代化建设服务，努力培养担当民族复兴大任的时代新人，培养德智体美劳全面发展的社会主义建设者和接班人。

第二个问题：办好思想政治理论课关键在教师，关键在发挥教师的积极性、主动性、创造性。

“经师易求，人师难得”[①]。习近平总书记指出，思政课教师，要给学生心灵埋下真善美的种子，引导学生扣好人生第一粒扣子。他提出了六点要求：

第一，政治要强。思政课要解决学生理想信念问题。要让有信仰的人讲信仰。要善于从政治上看问题，自觉用习近平新时代中国特色社会主义思想武装头脑，在大是大非面前保持政治清醒。

第二，情怀要深。思政课要引导学生立德成人、立志成才。思政课教师要有国家情怀，心里装着国家和民族，在党和人民的伟大实践中关注时代、关注社会，汲取养分、丰富思想。要有传道情怀，对马克思主义理论教育事业投入真情实感，对思政课教育教学有执着追求。要有仁爱情怀，把对家国的爱、对教育的爱、对学生的爱融为一体，心中始终装着学生，让思政课成为一门有温度的课。

第三，思维要新。思政课教师给予学生的，不应该只是一些抽象的概念，而应该是观察认识当代世界、当代中国的立场、观点、方法。要学会辩证唯物主义和历史唯物主义，创新课堂教学，给学生深刻的教学体验。引导学生树立正确的理想信念，学会正确的思维方法。

第四，视野要广。思政课教师要有知识视野、国际视野、历史视野，广泛涉猎其他哲学社会科学以及自然科学的知识，善于利用国内外的事实、案例、素材，引导学生全面客观认识当代中国、看待外部世界，善于在批判鉴别中明辨是非，通过生动、深入、具体的纵横比较，把一些道理讲明白、讲清楚。

第五，自律要严。思政课教师对自己要求要严格，既要遵守教学纪律，也要遵守政治纪律和政治规矩，做到课上课下一致、网上网下一致。坚持正确政

① ［唐］令狐德棻等撰：《周书·卢诞传》，中华书局 1971 年版，第 807 页。

治方向，立足于引导学生坚定理想信念，全面客观看问题，自觉弘扬主旋律，积极传递正能量。

第六，人格要正。有人格，才有吸引力。亲其师，才能信其道。思政课教师要有堂堂正正的人格，用高尚的人格感染学生、赢得学生，用真理的力量感召学生，以深厚的理论功底赢得学生。自觉做为学为人的表率，做让学生喜爱的人。

第三个问题：推动思想政治理论课改革创新，不断增强思政课的思想性、理论性和亲和力、针对性。

习近平总书记提出：改革创新是时代精神，青少年是最活跃的群体，思政课建设要向改革创新要活力。推动思政课改革创新，需要做到以下八个“统一”。

第一，坚持政治性和学理性相统一。政治引导是思政课的基本功能。思政课的政治引导功能，是要以透彻的学理分析回应学生，以彻底的思想理论说服学生，用真理的强大力量引导学生。但不能用学理性弱化政治性，在大中小学的不同学段，都要体现思政课的政治引导功能。

第二，坚持价值性和知识性相统一。思政课重在塑造学生的价值观，这一点必须牢牢抓住。强调思政课的价值性，就是要通过满足学生对知识的渴求来加强价值观教育。知识是载体，价值是目的，要寓价值观引导于知识传授之中。

第三，坚持建设性和批判性相统一。思政课的任务是传导主流意识形态，建设性是其根本。思政课要在传播马克思主义立场、观点、方法的基础上用好批判的武器，直面各种错误观点和思潮，旗帜鲜明地进行剖析和批判。

第四，坚持理论性和实践性相统一。思政课要用科学理论培养人，遵循不同学段学生的认知规律，把马克思主义基本原理讲清楚、讲透彻。把思政小课堂同社会大课堂结合起来，在理论和实践的结合中，教育引导学生把人生抱负落实到脚踏实地的实际行动中来。

第五，坚持统一性和多样性相统一。思政课的教学目标、课程设置、教材使用、教学管理等方面有统一要求，但具体落实要因地制宜、因时制宜、因材施教，结合实际把统一性要求落实好，鼓励探索不同方法和路径。

第六，坚持主导性和主体性相统一。思政课教学离不开教师的主导，同时要坚持以学生为中心，加大对学生的认知规律和接受特点的研究，发挥学生的主体性作用。要教育引导学生多读马克思主义经典著作、当代中国马克思主义理论著作、中华优秀传统文化典籍等，让学生正确理解经典著作，掌握马克思主义精髓，避免一知半解误读马克思主义。

第七，坚持灌输性和启发性相统一。灌输是马克思主义理论教育的基本方法，同时也要注重启发式教育，引导学生发现问题、分析问题、思考问题，在不断启发中让学生水到渠成得出结论。

第八，坚持显性教育和隐性教育相统一。思政课要做思想政治教育的显性课程。办中国特色社会主义教育，就是要理直气壮地开好思政课。同时，要挖掘其他课程和教学方式中蕴含的思想政治教育资源，实现全员全程全方位育人。

第四个问题：要加强党对思想政治理论课建设的领导。

习近平总书记强调：办好中国的事情，关键在党。他要求各级党委要把思政课建设摆上重要议程，抓住制约思政课建设的突出问题，在工作格局、队伍建设、支持保障等方面采取有效措施。要建立党委统一领导、党政齐抓共管、有关部门各负其责、全社会协同配合的工作格局，推动形成全党全社会努力办好思政课、教师认真讲好思政课、学生积极学好思政课的良好氛围。学校党委要坚持把从严管理和科学治理结合起来。学校党委书记、校长要带头走进课堂，带头推动思政课建设，带头联系思政课教师。

要配齐建强思政课专职教师队伍，建设专职为主、专兼结合、数量充足、素质优良的思政课教师队伍。要高度重视思政课教师队伍后备人才培养，加强马克思主义学院、马克思主义理论学科建设，统筹推进马克思主义理论本硕博一体化人才培养工作，不断为思政课教师队伍输送高水平人才。学校干部队伍建设要把思政课教师作为重要来源。要完善课程体系，解决好各类课程和思政课相互配合的问题，鼓励教学名师到思政课堂上讲课。思政课建设情况要纳入学校党的建设工作考核、办学质量和学科建设评估等，切实把这项工作抓起来、抓到位。

以上就是习近平总书记重要讲话的主要精神，我们要在具体工作中学习好、贯彻好、落实好。当务之急，要干好几件事：

一是抓好习近平总书记重要讲话精神的学习。组织全体思想政治理论课教师深入学习习近平总书记重要讲话精神，深刻领会最新要求，增强加强自身建设和提高思想政治理论课建设水平的责任感使命感。

二是认真贯彻落实学校工作部署。学校已经制定了相关工作方案，进行了统筹部署，希望全校合力推进思政课改革建设，把学校思政课建设好。一会儿，田延光书记将对思政课教师和思政课建设作出部署，梅国平校长也会提出有关要求。全校上下要迅速抓落实，把学校的部署不折不扣落实到具体工作中。

三是认真审议“三个文件”，并按照文件要求做好相关工作。为了进一步加强思想政治理论课建设，学校草拟了三个文件，已印发到大家手里，征求大家的意见。大家要从政治高度和工作实际，认真审议，提出意见，以帮助学校进一步完善文件，提高文件的针对性、操作性，共同努力促进思想政治理论课建设再上新台阶。

（本文系作者于2019年3月下旬在江西师范大学学习传达习近平总书记在学校思想政治理论课教师座谈会上的重要讲话精神时的发言。）

坚定不移推进大学治理体系和治理能力现代化

在不久前闭幕的党的十九届四中全会上，通过了全党全军全国各族人民衷心拥护的《中共中央关于坚持和完善中国特色社会主义制度　推进国家治理体系和治理能力现代化若干重大问题的决定》(以下简称《决定》)。《决定》博大精深、内涵丰富、立意很高、前瞻很远，对于坚持和完善中国特色社会主义制度，推进国家治理体系和治理能力现代化，确保党领导有力、长期执政，国家长治久安和人民安定幸福，具有十分重要而深远的意义。

《决定》紧密联系新时代中国的具体国情和实际，第一次以中央全会的形式形成一本指导当代实践、走向未来发展、影响历史进程的政治宣言书，鲜明地突出举旗定向、坚持政治自信和制度自信的政党担当和政治责任，坚定不移、毫不动摇地走中国特色社会主义道路，坚持和完善中国特色社会主义制度，按照“三步走”战略，推进国家治理体系和治理能力现代化：到我们党成立一百年时，在各方面制度更加成熟更加定型上取得明显成效；到二〇三五年，各方面制度更加完善，基本实现国家治理体系和治理能力现代化；到新中国成立一百年时，全面实现国家治理体系和治理能力现代化，使中国特色社会主义制度更加巩固、优越性充分展现①。这个总体目标的顶层设计，既科学回答了新时代中国政治发展、国家治理的“时代之问”，中国共产党带领中国人民坚定地走在中国特色社会主义道路上，绝不走僵化守旧的回头路，绝不走三权分立、轮流执政的“西化”邪路，充满信心、充满力量地坚持和完善中国特色社会主义制度，彰显新时代中国共产党人的政治自信、政治定力和制度自信、制度张力；又极其深刻地丰富和发展了马克思主义的国家学说，把马克思主义的国家理论、

① 《中共中央关于坚持和完善中国特色社会主义制度　推进国家治理体系和治理能力现代化若干重大问题的决定》,《人民日报》2019 年 11 月 6 日。

治理理论、制度理论和政党理论与新时代中国特色社会主义政治实践紧密结合，书写了马克思主义国家学说在当代中国实践的崭新政治篇章，极大地丰富和发展了习近平新时代中国特色社会主义政治思想和大国治理理论，是指导新时代党领导中国人民实现国家治理体系和治理能力现代化，实现人民群众对国家强大、治理有力、社会安定、生活幸福、公平正义美好向往的强大思想武器。

《决定》紧密联系当代世界发展的大势格局，充分展现正在和平崛起、日益走向世界舞台中央的大国自信和大国责任，第一次以中央决定的形式，形成了一个体现中国共产党领导，有别于西方政治制度及其实践模式，而又充满活力、得到人民群众衷心拥护、充分体现社会主义政治优势和制度优越性的大国治理方案，也是当代中国政治智慧向世界贡献的一份国家强大、社会安定、人民幸福、实现现代治理和有效治理的中国方案。如同十三亿人口的中国实现粮食自给，确保了社会稳定，是世界上一个了不起的成就，是中国对世界和平作出的一个伟大贡献一样，《决定》对新时代中国国家治理做出最为根本、最有保障、最有效能的制度安排，就是要在中国实现中华民族伟大复兴中国梦的现代化进程中，确保制度供给有效、效能优化，确保政治制度安全有力，更不能出现"政治断裂"，并由此导致现代化进程中断、社会出现颠覆性动乱。中国稳定发展、政治效能优化、社会安定有序，本身就是中国对世界和平和人类文明的重大贡献，是当代中国在党的领导下，进行政治文明建设，向世界贡献的具有中国特色、中国形象、中国力量的"政治样本"。坚定不移地走中国特色社会主义政治道路，持续推进中国特色社会主义政治制度创新，围绕国家治理体系和治理能力现代化这个主题和这条主线，始终不渝地促进中国政治发展，实现党长期执政和国家长治久安，我们有这个底气。这个底气来自新中国成立七十周年以来党领导人民经过艰辛探索获得的成就和经验，其集中体现就是，"党领导人民创造了世所罕见的经济快速发展奇迹和社会长期稳定奇迹"①；这个底气来自我们坚持理论自信，以马克思主义为指导，植根中国大地，具有深厚的中华文化根基，这是世界上任何国家都不可比拟的；这个底气，来自我们坚持以人民为中心的根本立场和价值取向，深得人民群众拥护和支持，我们能够获得人民群

① 《中共中央关于坚持和完善中国特色社会主义制度　推进国家治理体系和治理能力现代化若干重大问题的决定》，《人民日报》2019年11月6日。

众的不竭智慧和力量，战胜发展道路上的任何艰难险阻。《决定》深刻总结了新中国成立以来，我国国家制度和国家治理体系所具有的“十三个显著优势”，提出了将国家治理优势转换为治理效能的“四个必须坚持”，提出了坚持和完善中国特色社会主义制度、推进国家治理体系和治理能力现代化的总体目标、总体要求和“十三个方面的制度设计和布局安排”。这些就是我们在政治制度上坚决抵制“全盘西化”、坚定探索中国特色社会主义政治制度安排和制度创新，而又顺应当代政治文明发展潮流、体现当代世界政治文明水平的充分依据。可以说，这份“中国方案”“时代答卷”既具有中国元素、中国特征和中国特性，又具有当代世界追求政治文明发展的强大内生力和体现世界政治文明成果的中国智慧。

坚持和完善中国特色社会主义制度、推进国家治理体系和治理能力现代化，是党的十九大作出的重要部署，是“坚持全面深化改革”的根本内容，是“充分发挥我国社会主义制度优越性”的题中之意。学习四中全会精神，就是要把《决定》学习与贯彻党的十九大精神结合起来、贯通起来，按照习近平总书记所要求的“推动新时代改革开放走得更稳、走得更远”[①]，“深刻领会党中央精神”，紧密联系实际，把各方面的工作做得更好。结合学校实际，我们应当在以下几个方面狠下功夫、真抓实干：

一是要认真领会“中国共产党领导是中国特色社会主义最本质的特征，是中国特色社会主义制度的最大优势，党是最高政治领导力量”的精神，以此次“不忘初心、牢记使命”主题教育为契机，建立学校“不忘初心、牢记使命”制度，把初心使命贯穿到办学的各个方面和改革发展全过程；建立和完善坚定维护党中央权威和集中统一领导的政治制度，提高政治站位，加强党的纪律约束，消除在维护党中央权威和集中统一领导上的杂音和杂质，实现党的组织和党的工作全覆盖，确保党在高校执政的有力性和有效性；健全党的全面领导制度，建立和健全各级党委（党总支）工作制度，确保党在学校各种组织中发挥领导作用，把党的领导贯穿到学校所有机构履行职责全过程，推动学校各个方面协调行动、增强合力；健全为师生服务、靠师生发展的各项制度，坚持立校为公、服务师生，保持党同师生的血肉联系，把尊重师生意见、汇聚师生智慧、改善师生生活贯穿到办学治校的全部工作之中，着力防范脱离师生的危险；建立健

① 习近平：《在庆祝改革开放40周年大会上的讲话》，《人民日报》2018年12月19日。

全党提高办学治校能力和水平的制度，坚持民主集中制，完善和发展党内民主和实行正确集中的相关制度，提高学校党委把方向、谋大局、定政策、促改革的能力，增强各级党组织的政治功能和组织能力，把党委的决策部署落实好、执行好；完善学校全面从严治党制度，坚持党要管党、全面从严治党，永葆党的先进性和纯洁性，建立健全以党的政治建设为统领，全面推进党的各方面建设的体制机制，完善和落实全面从严治党主体责任制度，坚决同一切影响党的先进性、弱化党的纯洁性的问题作斗争，始终保持党成为办学治校的坚强领导核心。总之，要聚精会神抓党建，抓好党建促中心，把党的坚强领导落实到大学治理的各领域各方面各环节，确保学校发展有主心骨、有战斗堡垒、有政治优势、有治理效能。

二是要认真领会“必须坚持人民主体地位，坚定不移走中国特色社会主义政治发展道路，健全民主制度，丰富民主形式，拓宽民主渠道”的精神，坚持以师生为中心的政治立场和价值追求，进行制度梳理，改革不合时宜的制度，进行制度创新和治理创新，加大制度建设和落实制度的力度，确保大学各方面的制度和大学治理更好地体现师生意志、保障师生权益、激发师生创造，让师生依法依章有效参与大学治理和事务管理。

三是要认真领会“把坚持以马克思主义为指导全面落实到思想理论建设、哲学社会科学研究、教育教学各方面”的精神，坚守高校意识形态阵地，担负立德树人、铸魂育人的根本任务，不断加强改进大学思想政治教育，建立健全全员、全程、全方位育人体制机制，落实意识形态责任制，建立意识形态责任清单和风险观测点，分清政治原则问题、思想认识问题和学术观点问题，旗帜鲜明地坚决反对和抵制各种错误观点，培养社会主义建设者和接班人。

四是要认真领会“全面贯彻党的教育方针，坚持教育优先发展，聚焦办好人民满意的教育，完善立德树人体制机制，深化教育领域综合改革，加强师德师风建设，培养德智体美劳全面发展的社会主义建设者和接班人”的精神，守牢“人民满意”的大学教育底线，坚持把本科教育放到核心地位，以本为本、立本建本，建设大学师德师风高地，抓改革促发展，遵循现代大学建设规律，以“追赶时代”的勇气和“勇创一流”的坚守，建设“特色鲜明、全国一流的高水平江西师范大学”。

五是要认真领会“完善群众参与基层社会治理的制度化渠道”“构建基层社

会治理新格局”的精神，加强和创新大学治理，探索党委领导、政府支持、社会协同、师生参与、民主协商、法治保障、科技支撑的大学治理体系，使党委领导、行政负责、教授治学、学生成长、民主管理相得益彰。建设师生人人有责、人人尽责、人人享有的教育共同体和大学治理共同体，推动大学治理和服务重心下移，把更多资源下沉到教学基层，更好提供精准化、精细化服务，建设师生乐业乐学、校园安定有序的高水平学术校园和平安校园。

六是要认真领会“生态文明建设是关系中华民族永续发展的千年大计”“必须践行绿水青山就是金山银山的理念”“坚定走生产发展、生活富裕、生态良好的文明发展道路，建设美丽中国”的精神，坚定不移建设“美丽师大”和“最美师范大学”，将生态校园建设与“人民满意的大学”建设有机结合起来，将“美丽师大”作为“大美江西”的活力元素，与“美丽中国”建设有机结合起来，使师生牢固树立生态理念和环境观念，使“我在师大园中，师大在我心中”“人人爱师大、人人讲环境，人人重生态”成为每位师生的共识、守则和行为规范，把学校建设成为一所朝气蓬勃、蒸蒸日上、环境优美和生态优良的美丽大学。

此外，还要加强关于大学党委行政监督制度建设的学习领会、落实各级党组织监督责任的学习领会，建设校园内风清气正、充满干事创业正能量的政治环境。加强关于“制度的生命力在于执行”的学习领会，各级党组织都要提高政治站位和执行力，精心组织、整体推进、注重实效，把制度约束变成行动效能，特别是要把“提高治理能力”作为大学新时代干部队伍建设的重大任务，把制度执行力和治理能力作为干部选用、考核评价的重要依据，打造师大改革发展、大学治理“铁军”。

总之，《决定》既是新时代中国共产党的政治宣言书，又是指导各级党委在习近平新时代中国特色社会主义思想指引下抓改革、谋发展，守正创新、撸起袖子加油干的行动指南。学习《决定》，落实《决定》，我们一定能够描绘出更加灿烂美好的江西师范大学治理蓝图和发展蓝图！

（本文原载《江西师范大学报》，2019 年 11 月 30 日。）

关于《中国共产党普通高等学校基层组织工作条例》的修改意见

党的十八大以来，以习近平同志为核心的党中央高度重视党的制度建设，我想有三个鲜明的特点：一是全，就是涵盖面广，涉及党的建设的方方面面，为抓好党的建设提供了根本遵循；二是实，就是针对性准，紧紧围绕管党治党这一根本任务，出台的一系列制度、规定，取得了很好实效；三是细，就是操作性强，很多制度、规定一印发，我们基层很快就可以结合实际执行，既“连天线”，又“接地气”。

在认真学习《中国共产党普通高等学校基层组织工作条例（征求意见稿）》（以下简称《条例》）原文后，总体感觉这次修订的《条例》有以下特点：一是政治站位高。贯彻落实新时代党的建设总要求，以习近平新时代中国特色社会主义思想为指导，强化党的全面领导，紧紧围绕社会主义办学方向，是一部指导新时代高等学校加强党的建设的纲领性文件。二是涉及内容广。《条例》共11章41条，在原有基础上增加了不少条款，这也是紧跟新时代党的建设总体要求。比如意识形态、统一战线、宗教工作等，是当前高等学校面临的巨大挑战。三是可操作性强。这次修订的《条例》，同样具有很强的可操作性，对一些内容进行了细化、明确，为教育部门、高等学校抓好党的建设提供了遵循，再结合各地各校实际后就可提出具体操作办法。

现在我就本人的理解，结合地方和高校实际，提几个方面的建议：

一是贯彻执行党委领导下的校长负责制需要进一步细化党委班子尤其是党委书记和校长的具体职责。党委书记和校长作为两个主要负责人，其合作共事情况，对高校的改革发展稳定至关重要。希望这次修订《条例》时对党委领导下的校长负责制的相关具体内容进行进一步细化。

二是对突出高校党委班子成员履行抓党建工作“一岗双责”方面需要进一

步细化，主要是党委班子成员在抓分管、联系领域行政工作的同时，如何履行抓党建工作“一岗双责”，如何督促、指导党建工作。希望这次修订《条例》时在大的方向和一些具体内容上能予以明确。

三是按照高校党委班子成员履行抓党建工作“一岗双责”的要求，对院（系）党组织班子成员履行抓党建工作“一岗双责”同样予以明确，以推进全面从严治党向基层延伸、向基层拓展，真正回答好习近平总书记的“党建三问”。

四是几条具体建议。主要是几条的个别内容，具体为：

1. 第八条〔基层党支部设置方式〕中对教师党支部的设置提出办法，仅局限于院（系）的教师队伍，但高校的机关、直附属单位以及院（系）的管理机构党支部如何设置，建议一样给出指导性意见。这样就可与第十一条的“教职工党支部”呼应起来。

2. 第十四条中的最后一句话，建议将“高等学校党的委员会根据具体情况决定院（系）级单位党的委员会设立纪律检查委员会或纪律检查委员”改为“院（系）或高风险直附属单位党的委员会设立纪律检查委员会或纪律检查委员”，这样更容易把握。

3. 第十九条中的十六字方针建议加上双引号。

4. 第十九条中的“优秀青年教师”建议与第十一条第三点中的“高层次人才”表述相一致。

5. 在院（系）党组织班子成员构成中，建议实行交叉任职，即院（系）长（主任）为党员的，同时担任副书记。这项内容看放在哪条合适。

6. 第三十七条建议增加“研究生工作部”工作机构，同时对“配备专职组织员”予以明确，是院系配专职组织员还是工作机构配专职组织员。对“院一级设立相应工作机构”也建议予以明确，可列出设立的主要机构名称。

7. 如增加“研究生工作部”工作机构表述，则第三十四条中“加强对学生社团的领导，构建党委统一领导，学工部具体负责，团委、宣传等部门共同参与的社团管理工作机制”的表述，建议调整为“学工部、研究生工作部具体负责”。

8. 第三十八条“地方、有关部委和高校应当将党务工作和思想政治工作以及辅导员队伍建设纳入学校干部队伍、人才队伍建设总体规划”，建议将组织员队伍建设也纳入学校干部队伍、人才队伍建设总体规划。

（本文系作者于2019年7月9日在中共中央组织部、教育部相关专题调研会上的发言。）

全面提升组织力，全力打造先锋堡垒

调查研究是谋事之基、成事之道，是扎实推进“不忘初心、牢记使命”主题教育落地见效的重要途径。这次我们调查研究的选题是“提升高校党的基层组织组织力”，主要是针对如何提升高校党的基层组织组织力，进一步加强高校党的基层组织建设进行调查研究。

一、精心选题

这次选题考虑主要基于以下几个方面。一是进一步加强高校党的基层组织建设的需要。习近平总书记指出：“基层党组织组织能力强不强，抓重大任务落实是试金石，也是磨刀石。”[①] 加强党的基层组织建设，就是要在贯彻落实党中央战略部署中发挥领导作用。目前高校党的基层组织还不同程度存在领导力不强、凝聚力不够、战斗力下降等问题，如基层党支部建设发展不均衡，“重业务、轻党建”，基层党组织制度的执行落实不到位，部分党支部“三会一课”等组织生活不规范、个别党员参加党内活动不积极。这些问题虽然不是问题的全部，但具有一定的普遍性和代表性。这次调查研究始终坚持问题导向，紧紧围绕这些突出问题，认真思考如何在坚持和加强党对高校工作的全面领导，有效激发高校基层党组织新的活力，提升高校党的基层组织组织力上进行。二是推动实际工作的需要。习近平总书记强调，“要使调查研究的过程成为推动事业发展的过程”[②]。主题教育要求搞调查研究，决不能为完成调查研究这项任务而搞调查研究，而是要把调查研究与理清工作思路、推动工作实际结合起来，用更多的时间思考深层次问题，用更大的精力研究关键性问题，用更大的担当处理顽疾沉

① 习近平：《论坚持党对一切工作的领导》，中央文献出版社 2019 年版，第 261 页。

② 习近平：《在“不忘初心、牢记使命”主题教育工作会议上的讲话》，《求是》2019 年第 13 期。

痾性问题。作为高校党务工作者中的一员，了解和掌握高校基层党务工作的实情，搞清楚学校基层党组织究竟存在哪些问题、原因是什么、症结在哪里，切实拿出破解难题的实招、硬招是职责所在，义不容辞。三是密切联系群众的需要。党的群众路线就是“一切为了群众，一切依靠群众，从群众中来，到群众中去”。群众路线是中国共产党人把马克思主义的群众观点创造性地运用到党的全部工作中形成的根本工作路线，是马克思主义群众观点的方法论，是毛泽东思想活的灵魂的一个基本方面，是党的根本领导方法和工作方法，是中国共产党的优良传统和政治优势。开展调查研究就是进一步密切党同人民群众血肉联系的过程，在调查研究中，我们深入了解师生想法、认真倾听师生呼声，回应广大师生期待，全面关心师生疾苦，进一步联络了师生感情，形成了密切师生关系的良好工作局面。

二、简要情况

为切实开展好调查研究，主要做了以下几方面的工作：一是成立了调研组。组长由我担任，副组长由江西师范大学主题教育领导小组办公室主任、党委委员、组织部部长黄保文同志担任，成员为江西师范大学主题教育领导小组副组长、党委委员、统战部部长侯桃同志，学校主题教育领导小组办公室综合组成员周国辉，共 4 人组成。二是制定了工作方案。为做好本次调研，调研组提出了调研工作方案，围绕调研主题提出了组成人员、时间安排、调研方式、方法步骤、工作要求等，并上报省委第十二巡回指导组备存获批。三是召开了座谈会。9 月 27 日下午，课题组负责人主持召开座谈会，邀请学校教工党支部、学生党支部书记和院级党委书记代表共 10 余人，就当前高校党的基层组织力存在的问题、主要表现、难点痛点，以及如何提升、方法途径等听取意见建议。四是进行了问卷调查。在召开座谈会的基础上，为获取更为具体的情况、意见建议等，调研组通过设计电子问卷，面向全校各级党务工作者和广大党员进行了匿名问卷调查。在上述工作的基础上，调研组集中学习习近平总书记关于基层党组织建设的重要论述，对征求意见建议和问卷调查结果整理汇总，分析基层党组织存在的问题，查找相关资料，最终形成调研报告。

三、突出问题

通过对调查研究掌握的第一手资料进行初步分析可知，影响高校党的基层组织力提升的突出问题主要有以下几个方面：

一是功能发挥上重业建轻党建，虚化了党组织的领导力。在高校党的基层组织建设实际中，有的基层党组织的工作存在着党建与业建“两张皮”的情况：要么为了抓党建，忽视业务建设；要么只抓业务建设，对待党建往往采取走走过场的形式主义。有的基层党组织存在“不干不够意思，多少干点意思意思”的错误思想，存在“不占用党员太多时间和精力，不给中心工作添乱”的错误思想，在抓党建促进中心工作认识上含糊不清，措施上缺乏创新，效果上成绩平平，虚化了党组织的领导力。在此次问卷调查中，有 41.12% 的党员认为教学科研党员重业建轻党建，当问及基层党建工作中，最需要加强的工作是什么（多选）时，排在前三位的是“改革创新基层党建工作”“基层党组织阵地建设”“提高党组织生活质量”，分别占比 65.33%、62.14%、60.55%。

二是规章制度上重宣传轻落实，弱化了党组织的执行力。调查问卷中对党支部坚持开展“三会一课”认为“很少组织开展”“基本没开展”“不清楚”的占比 3.73%；有 12.75% 的党员认为支部没有按时开展组织生活；而在评价党组织对党员的管理时，认为管理一般及以下的占比 20.41%。这客观反映了一些高校基层党组织，对待规章制度的态度往往只重视“上墙”，而不重视“落地”，让很多好的制度最后变成了报告中和宣传栏上的呆板文字，失去了现实意义。有的高校基层党组织党建考核结果运用和问责力度不够，对基层党组织不作为、慢作为的问责机制不健全，几乎没有因为抓党建而被问责的干部，致使基层干部对抓党建认识不够、重视不足，基层党建抓得不够深入、不够扎实。长此以往，必然会弱化党组织的执行力。

三是党员队伍上重吸纳轻管理，降低了党组织的凝聚力。随着党员发展要求和标准的提高，“入党”逐渐成为近些年高校师生群体中的热门话题。一方面，高校师生入党热情的提升保证了党员队伍建设的质量；另一方面，入党指标的额定性加大了师生入党的“竞争性”，提高了党组织严格党员发展程序的要求。党员队伍的发展目前呈现向好向善的局面，但问题是，党组织在党员吸纳时表现得“仔仔细细”，在后期的管理中却表现得“马马虎虎”。重吸纳而轻管理的错误做法，导致一些党员在入党后不思进取，缺少对党组织的归属感，降低了党组织的凝聚力。调查问卷同样也印证了上述问题的存在，比如，在“您认为影响党员先锋模范作用发挥的主要原因”调查中，有 67.24% 的受访者认为“发挥作用的有效载体和平台少”。而在“您认为您所在基层党组织党建工作中存在的最大困难是什么”调查中，排在第一位的是“开展组织活动缺少有效载体，党组织缺少吸引力和凝聚力”，占比达 65.25%。在“为把党员队伍建设好，当前最重要的是什么”（多选）调查中，排前三位的依次是：“党员领导干部以身作则，率先垂范”，占比 88.85%；“切实加强党员的党性教育”，占比 82.7%；“严格把好党员入口关，畅通出口”，占比 76.78%。此外，党员的行为表现不佳容易引发师生群众对党组织管理能力的质疑，最后将损害党组织在高校的形象，使群众疏远党员队伍。

四是理论学习上重文本轻实际，减弱了党组织的引领力。理论学习是强化党组织影响力的基本路径，一个现代化的政党必然要靠先进的理论和思想来武装头脑，要靠常态化的学习机制更新知识结构。作为学术的殿堂，高校基层党组织理应将先进理论的学习做到最好，从而提升党组织的影响力。但是在一些党组织中却存在着重文本而轻实际的问题，具体表现为：在经典理论的学习上，习惯照本宣科，采取填鸭式的宣讲方法，没有考虑到学生党员的知识水平和认知能力；在党的文件会议学习上，习惯于精神的传达，不注重与党组织的实际发展结合起来。在问卷调查中，关于“您参加组织生活的主要内容和形式通常是什么”的问题，有 87.25% 的受访者选择了“读报纸、念文件、领导讲话”。这些问题的存在往往使得理论学习的效果不佳，无法在师生群体中引起共鸣和广泛的讨论，必然会减弱党组织的影响力。

四、思想根源

解决问题要靠深挖思想根源。不触及思想灵魂、不深挖思想根源，只能是治标不治本，存在的问题还会复发、再犯。我们认为影响高校党的基层组织力提升的突出问题的根源主要有以下几个：一是缺乏主责主业意识。当前，高校基层党务工作者绝大部分都是由教学人员、行政人员、学生骨干兼任，他们面临着教学科研、行政管理、课堂学业的重任，摆在他们面前的第一位的工作任务就是做好自己的本职工作，而忽视了兼任的党务工作。在实际工作中精力有所分散，抓业务工作多，抓党建工作少，有的甚至完全靠上级布置的党建工作推着走，有任务时就忙一阵子，没任务时还不一定会注意到自己党务工作者的角色身份，更谈不上去思考、谋划党建工作的推动和开展。二是缺乏责任担当。高校党的基层组织和党务工作者总体来说还是好的，能够扛起肩上的党建工作责任。但是在党支部书记队伍中，有相当一部分党支部书记没有履行好自己的职责，对支部建设的责任心有所松懈，有应付工作的现象，无法充当好基层组织活动领头雁的角色，主要表现在抓支部建设不得法、不得力，抓党员队伍松松垮垮，不善于用规章制度去规范约束，不敢坚持原则，不敢较真碰硬、做老好人等，导致党的基层组织软弱涣散，没有战斗力、没有凝聚力、没有吸引力。三是缺乏创新精神。高校基层党组织在党员教育管理上不能墨守成规，要进行大胆创新，努力探索新路以适应新时代的要求。但是，当前不少高校党的基层组织仍然以学文件、念报纸、听报告为主，组织生活枯燥乏味。这种灌输式的教育方式，使得党员学习积极性不高、学习效果较差，不能将学习内化于心外化于行。在对党员管理上主要是检查开会记录，发展党员数量，或者搞了多少次主题党日活动，至于这些活动的实际效果如何，则很少过问且难以衡量。

五、工作短板及自身不足

开展“不忘初心、牢记使命”主题教育调查研究工作后，我们不仅发现了工作中存在的一些问题，同时也有机会对自己的工作进行审视和反思，以便进一步改进和提高。一是重心下移不够。在抓学校党建工作过程中，作为学校党委副书记主要是协助学校党委书记抓全局管全面，注重宏观把控，注重顶层设计，注重工作部署，而工作沉下去明显不够，表现在对基层党建的实际落地进展了解不够深、检查督促也略显不足，实际成效怎样也不能完全做到心中有数。二是深入基层不够。在平时工作中满足于听汇报看材料，真正深入基层与一线工作同志敞开心扉谈思想聊工作讲问题还是很少。关注点上的事情多，面上的事情少。比如对自己分管联系的单位去得多，了解情况相对也就多，而对自己不分管不联系的单位就很少主动去了解和掌握情况，钟情于了解局部就推知全部的工作方法。从这次调查研究的实际情况来看，这种工作方法真是太武断、太片面了，掩盖了客观真实情况，初看起来似乎是一叶知秋，实际上导致了一叶障目。三是关心基层不够。基层党组织在抓党建过程中还是有不少困难和问题，比如基层党组织开展活动存在场地、经费受限等问题，我们上一级党组织没有认真进行落实解决，导致党组织活动开展难，党组织凝心聚力难。党支部书记的作用发挥、考核评价、奖惩等问题也没有更有效的解决办法，导致部分党支部书记工作主动性不强、积极性不高，工作极为被动，出现“一推就动，不推就不动”的工作状况。

六、对待群众的感情和态度

对待群众的感情和态度决定着我们事业发展的高度。但在实际工作中，落实群众观点和群众路线还是有一些差距，特别是在行动落实上存在较大差距。习近平总书记强调：“人民是我们党执政的最大底气，是我们共和国的坚实根基，是我们强党兴国的根本所在。”① 这就要求我们在服务群众过程中，要充分尊重群众意见，认真汲取群众智慧，不断开阔工作视野、完善工作思路。而我们总以事务繁忙为由，与群众沟通交流少，即便交流谈心也是说教多、倾听少，公事多、感情少，对群众疾苦嘘寒问暖多、帮助解决少，对群众诉求听情况反映多、主动关心帮助少，在主动作为、积极服务师生员工上存在欠缺。

七、改进工作的思路和办法措施

基层是党的执政根基，越是情况复杂、基础薄弱的地方，越要把党的基层组织建强、把工作做实、把领导核心作用发挥好。提升高校党的基层组织力，应当从内涵上进行把握，对问题进行分析，继而提出有针对性的对策建议。具体而言，高校党的基层组织力的提升应当从以下四个方面发力：

一是在功能发挥方面，既要强化党建的“磁场效应”，又要深化业建的“鲶鱼效应”。兼顾党建与业建两个功能是提升党的基层组织力的基本举措，两者缺一不可，相互补充、相互促进。一方面，要强化党建的“磁场效应”。高校基层党组织应当充分意识到党建工作是党组织的中心工作，不能让业建挤压党建在党组织中的中心地位，要始终注重发挥党建的政治引领作用，其他重要工作要围绕如何更好地促进党建来开展。另一方面，要深化业建的“鲶鱼效应”。高校

① 习近平：《在“不忘初心、牢记使命”主题教育工作会议上的讲话》，《求是》2019 年第 13 期。

的主业是教书育人和科学研究，而立德树人则是业建的根本政治任务。作为教育者和受教育者的师生群体，对业建的重视是其工作与身份的本能反应，应当受到尊重，但同时也要让业建发挥“鲶鱼效应”，促进党组织不断提升党建工作实效性，激发党组织的工作活力。充分利用党建工作的新技术手段，推动“大数据 + 党建”“人工智能 + 党建”“互联网 + 党建”等模式的建立，提高党组织的工作效率，让科学技术为党组织所用。

二是在制度运行方面，既要党员对活动制度“入脑”，又要党员对党内法规“上心”。党内规章制度并非铁板一块，各级党组织可以根据实际情况对相关制度进行灵活执行，但所有调适性的改造都应当以崇尚党章的权威地位为基准，要以深化党组织生活的严肃性和纪律性为导向。其一，要促使党员对活动制度“入脑”。不论是“三会一课”，还是“主题党日”制度，都应当时常记在脑子里，做到“不能忘”和“不会忘”。其二，要促使党员对党内法规“上心”。党内法规对党员的行动有着较强的约束力，只有做到“内化于心”，才能做到“外化于行”。高校基层党组织可以通过开展知识竞赛、知识问答、辩论、演讲比赛等多种方式让师生党员对党内规章制度形成更深层次的理解，同时又要严格按照规章制度完成各项党建任务，提高党组织的制度执行力。

三是在队伍发展方面，既要抓党员干部的“领头雁”，又要抓党员队伍的“排头兵”。提升高校党的基层组织力关键是要在党员队伍的发展方面全力推进。高校基层党组织由党员干部和党员队伍两部分组成，因此建设好发展好党组织，既要选好党员干部中的“领头雁”，又要育好党员队伍中的“排头兵”。首先，在选优配强班子成员时，要在严格执行《党政领导干部选拔任用工作条例》的基础上，尽可能综合考虑各种因素，做到优中选优，让党组织的书记选用真正名副其实。其次，要在党员队伍中培育好积极分子，给予他们足够的才能施展平台，让有能者上，无能者下，形成党组织内部的良好政治生态。最后，高校基层党组织还应将党员发展的工作重点放在师德师风建设和学风品行建设上，从严要求，从严选拔，让优秀师生脱颖而出。尤其是在党员后期的管理中，要加大对党员干部的考核力度，健全党员行为表现评价体系，用好党内的惩戒机制和退出机制。

四是在理论学习方面，既要领悟经典理论的“精髓”，又要吃透现实议题的“内核”。提升高校党的基层组织力必然要求师生党员不断强化对经典理论的学习。然而，空洞的理论说教不利于理论的学习和传播，因此，要将现实议题与经典理论紧密结合起来，将解决思想问题与解决实际问题相结合。同时，高校基层党组织可以在党组织的活动阵地中增加红色文化要素，激活党员的“红色基因”。例如，购买红色家书，开展朗诵红色家书活动；开设宣传栏，宣传党组织历史上先进师生的光辉事迹，感染新发展的党员；增加仪式感较强的红色文化符号，营造良好的红色文化氛围。高校是理论人才的宝库，不论是领悟经典理论的“精髓”，还是吃透现实议题的“内核”，都可以借助理论专家和学者的力量。例如在党组织学习时，就可以将一些相关领域的专家学者邀请过来，将深邃的理论讲得通俗易懂，便于党员消化和吸收。还可以邀请一些实践型人才，在某些方面具有特殊才能的人现身说法，让理论学习更加生动而鲜活。

（本文系作者于2019年10月22日在江西师范大学“不忘初心、牢记使命”主题教育专题调研成果交流会上的发言。）

坚持党的民主集中制，加强党对高校的全面领导

根据《学校党委理论学习中心组关于加强党的政治建设专题学习实施方案》，学校党委决定从今天开始，集中四天的时间，采取专题学习与辅导报告相结合、个人自学与讨论发言相结合的形式，认真学习习近平新时代中国特色社会主义思想，特别是习近平总书记关于高校党的建设的一系列重要论述，按照党的民主集中制根本原则和要求，贯彻落实党委领导下的校长负责制，把党委班子按照党中央要求，建设成为从严治党、坚强有力、体现党对高校全面领导的好班子。根据黄书记的指示，现由我围绕坚持党的民主集中制这个专题，作主题发言。在发言中，我将对党的民主集中制的理论、原则和要求，做一个线索式梳理，便于同志们学习讨论；然后，就高校贯彻落实党的民主集中制、加强领导班子建设上存在的倾向性、苗头性问题，联系实际，谈点学习体会。我学得不深、不细，抛砖引玉，不对的地方请同志们批评指正！

民主集中制是伴随着无产阶级政党领导革命运动而产生的。从马克思、恩格斯在第一国际、第二国际确立民主制的组织原则到列宁提出民主集中制，从共产国际将民主集中制作为加入条件到中国共产党将其列入党章，从无产阶级政党的组织原则到社会主义国家政权的组织原则，民主集中制在革命斗争中不断成熟、完善。民主集中制原则庄严地写在共产党人的党旗上，由来已久。如果从 1906 年俄国社会民主工党首次把民主集中制原则载入党章算起，至今已有 110 多年的历史。从中国共产党诞生开始，党就把民主集中制原则作为党的根本组织原则、政治原则，写进党章，成为全党的思想、行动遵循。民主集中制在党领导新民主主义革命取得胜利、社会主义建设顺利推进，特别是领导中国特色社会主义事业取得伟大成就的过程中，显示出持久而强大的生命力。

一、马克思主义经典作家对民主集中制的表述

（一）马克思、恩格斯对民主集中制的历史贡献

马克思、恩格斯并没有直接提出民主集中制的概念，但是他们的建党实践和著作中已经体现了民主集中制以及作为两个独特概念的“民主”和“集中”的基本原则和思想内涵。马克思、恩格斯对民主集中制的贡献主要体现在“两个时期”和“两个章程”中。两个时期即创建共产主义者同盟时期和参与领导第一国际时期，两个章程就是《共产主义者同盟章程》和《国际工人协会章程》。由于马克思、恩格斯在组建政党时，“民主”已经成为通行的法则，被世界多数人所接受，所以马克思、恩格斯组建的政党偏向于“民主”，这也就是很多学者认为的：马克思、恩格斯组建的政党是民主型政党。所以，这两个章程多数强调的是“民主”的原则，主要体现在以下几个方面：一是规定了党内选举原则；二是明确党内平等原则；三是规定盟员有选举权和被选举权的原则；四是通过民主方式解决党内矛盾原则。1885 年 10 月，恩格斯在回顾共产主义者同盟的历史时说：“密谋时代遗留下来的一切旧的神秘名称都被取消了……章程第一条这样说。组织本身是完全民主的，它的各委员会由选举产生并随时可以罢免，仅这一点就已堵塞了任何要求独裁的密谋狂的道路。”① 同时，章程中也强调了“集中”：一是盟员要服从同盟决议；二是盟员要履行义务；三是盟员要严格遵守纪律；四是规定了从支部到中央的组织机构和组织体系。到后来，巴黎公社失败后，血淋淋的教训摆在眼前，马克思、恩格斯深刻地认识到了“集中”在战胜敌人过程中的重要作用。巴黎公社成立后，马克思在 4—5 月间写了《法兰西内战》，高度评价了巴黎公社，及时总结了巴黎公社的经验，既肯定了巴黎公社这个新型的国家政权是在民主的普遍选举的基础上产生的，又肯定了公社对国家权力的集中统一行使，实际上指出了民主集中制是无产阶级国家政权的组织形式（政体）。恩格斯在总结巴黎公社失败的教训时更是直接指出：“巴黎公社遭到灭亡，就是由于缺乏集中和权威。”② 此后，恩格斯针对以巴枯宁为代表的无政府主义者反对一切“权威”的观点，多次论述了“集中和权威”问题。

① 《马克思恩格斯选集》第四卷，人民出版社 2012 年版，第 206—207 页。

② 《马克思恩格斯选集》第四卷，人民出版社 2012 年版，第 500 页。

为此，恩格斯还专门写过一篇《论权威》的文章来强调权威和纪律的重要作用。1873 年 3 月，恩格斯在《论权威》一文中说："把权威原则说成是绝对坏的东西，而把自治原则说成是绝对好的东西，这是荒谬的。权威与自治是相对的东西，它们的应用范围是随着社会发展阶段的不同而改变的。"[①]1873 年夏，马克思和恩格斯在《社会主义民主同盟和国际工人协会》中指出："为了保证革命的成功，必须有思想和行动的统一。"[②] 由此可见，马克思、恩格斯的民主（制）思想与集中（制）思想对民主集中制的形成起到了思想奠基的作用。列宁把发明民主集中制的功劳归功于马克思、恩格斯不是没有道理的。[③] 值得说明的是，马克思、恩格斯在《共产党宣言》中就建党必要性的论述就十分强调了"集中"。欧洲三大工人运动在内的历次工人运动之所以会失败，就是在于群众运动的自发性、盲目性导致力量太过分散，无法强大到在紧要关头战胜敌人，所以才要建党，把力量集中起来。

（二）列宁对民主集中制的历史贡献

1. 党要有统一的组织和严格的纪律。

列宁认为统一有力的组织是保证革命胜利的首要条件。他在 1904 年《进一步，退两步》中指出："无产阶级在争取政权的斗争中，除了组织，没有别的武器。"[④] 组织要发挥其力量，就必须坚持统一的领导和严格纪律。列宁在 1921 年《共产主义运动中的"左派"幼稚病》中指出："如果我们党没有极严格的真正铁的纪律，如果我们党没有得到整个工人阶级全心全意的拥护，就是说，没有得到工人阶级中所有一切善于思考、正直、有自我牺牲精神、有威信并且能带领或吸引落后阶层的人的全心全意的拥护，那么布尔什维克别说把政权保持两年半，就是两个半月也保持不住""无产阶级实现无条件的集中和极严格的纪律，是战胜资产阶级的基本条件之一"。[⑤] 与党的组织和纪律相联系的是列宁关于党内派别活动的思想。列宁认为政党内部的派别就是思想一致的集团，因此他将派别定位在思想层面，是党内民主的一种表现。但是，一旦这些派别的活动超

① 《马克思恩格斯选集》第三卷，人民出版社 2012 年版，第 276—277 页。

② 《马克思恩格斯全集》第十八卷，人民出版社 1964 年版，第 385 页。

③ 参见《列宁选集》第三卷，人民出版社 2012 年版，第 175 页。

④ 《列宁选集》第一卷，人民出版社 2012 年版，第 526 页。

⑤ 《列宁选集》第四卷，人民出版社 2012 年版，第 134—135 页。

出思想范畴，成为可能造成党分裂的存在时，列宁是坚决不允许的，主张取消一切派别活动。

2. 充分实行党内民主。

一是党的最高机关是党的代表大会，代表大会作出的决定是最后决定。二是党内实行选举制。尽管十月革命后很长一段时间，适应当时环境需要，干部任命主要采用委任制。但列宁始终强调，群众不仅有权参与国家法律的讨论、参与法律的执行，而且也有权选择领导者，并且撤换他们，这是民主的重要内涵。1921 年，随着工作重心的转移，俄共以选举制取代了战争时期的委任制。三是对党内问题可以广泛地展开自由的讨论，对党内生活中各种现象可以展开自由的批评。四是保障少数的权利。

3. 实行集体领导。

列宁晚年，面对党内官僚主义集权倾向日趋严重，深刻意识到实行集体领导对防止权力过分集中、消除官僚主义和增强党内民主的重要意义，提出了一系列构想：一是俄共（布）八大设立中央政治局，组织聚合书记处三个领导机关以实行集体领导；二是将由少数职业革命家组成的中央委员会改组为工农优秀分子参加的民主机构，扩大中央委员会人数，改变其人员构成；三是将中央委员会变成党的最高代表会议，定期召开会议讨论和制定重要决策。

4. 加强党内监督。

列宁非常重视党内监督。布尔什维克党成立初期，基于当时的斗争环境，党内监督主要体现在党中央对各级党组织和党员的监督上。1905 年二月革命后，布尔什维克党从地下转到地上，因此，俄国社会民主工党第六次代表大会俄共通过的党章第一次提出在党内设立检查委员会，负责检查党的一切事务。俄共（布）第九次代表大会进一步提出成立一个与中央委员会平行的监察委员会，以与党内官僚主义和党员滥用职权行为作斗争。之后，列宁在其《我们怎样改组工农检察院》和《宁肯少些，但要好些》两篇文章中，又提出一些关于党内监督的先进思想，具体包括提高中央监察委员会的地位、扩大中央监察委员会的职权范围、重视党的舆论监督等。列宁认为，加强党内监督最重要的是形成一套以权力制约权力的监督机制。

从上述列宁民主集中制思想的主要内容看，只有第一点——党要有统一的组织和严格的纪律，反映了他的集中思想，其余几点都体现了他的民主思想。

列宁创立的俄国共产党与第二国际中各无产阶级政党在组织上的本质区别是：前者强调民主基础上的集中，民主是对集中的限定；后者则只强调民主，不讲集中，造成组织松散。也就是说，列宁民主集中制思想中的其余几点是为其第一点服务的，即创设一个集中统一、纪律严格的党是列宁民主集中制思想的最终目标。

二、民主集中制的中国化表达

民主集中制作为中国共产党最重要的组织纪律和政治纪律，其含义是民主基础上的集中和集中指导下的民主相结合的制度。民主集中制中的“民主”，就是党的各级领导要通过选举产生，党的上级组织要听取下级组织的意见，党的各级组织要让党员群众更多地参与党内事务；民主集中制中的“集中”，就是全党坚持少数服从多数、个人服从组织、下级服从上级、全党服从中央。中国共产党历来高度重视民主集中制建设问题，始终强调以健全民主集中制为重点加强党的建设，这符合马克思主义建党思想的基本原则，符合党对执政党建设规律和特点的深刻认识和科学把握。

（一）毛泽东对民主集中制的历史贡献

民主集中制是党的根本组织原则。1927 年 6 月通过的《中国共产党第三次修正章程决案》规定：我们党的“指导原则为民主集中制”[①]。这是民主集中制第一次载入党的章程，并一直保留下来。毛泽东把民主集中制作为国家的“政体”和“国体”来看待。毛泽东早在 1940 年写的《新民主主义论》中，就把民主集中制作为新民主主义共和国的政体。他说，“中国现在可以采取全国人民代表大会、省人民代表大会、县人民代表大会、区人民代表大会直到乡人民代表大会的系统，并由各级代表大会选举政府。但必须实行无男女、信仰、财产、教育等差别的真正普遍平等的选举制，才能适合于各革命阶级在国家中的地位，适合于表现民意和指挥革命斗争，适合于新民主主义的精神。这种制度即是民主集中制。……国体——各革命阶级联合专政。政体——民主集中制。这就是新民主主义的政治，这就是新民主主义的共和国”[②]。在 1945 年的《论联合政府》

① 中共中央文献研究室、中央档案馆编：《建党以来重要文献选编》第四册，中央文献出版社 2011 年版，第 268 页。

② 《毛泽东选集》第二卷，人民出版社 1991 年版，第 677 页。

中又指出,“新民主主义的政权组织,应该采取民主集中制”[①]。当中国建立了人民民主专政的社会主义国家后,1954年我国第一部《宪法》第二条规定:“全国人民代表大会、地方各级人民代表大会和其他国家机关,一律实行民主集中制。”[②]毛泽东进一步论述了民主集中制是“国体”的一部分。他说:“没有民主集中制,无产阶级专政不可能巩固。在人民内部实行民主,对人民的敌人实行专政,这两个方面是分不开的,把这两个方面结合起来,就是无产阶级专政,或者叫人民民主专政。”[③]很显然,毛泽东认为,作为社会主义国家国体的人民民主专政,一方面,工农阶级和劳动人民是国家的主人;另一方面,在人民群众内部实行民主,这就必然需要采取和运用民主集中制。这样,民主集中制也就是构成“国体”的重要方面。具体来说,毛泽东对民主集中制的贡献主要表现在以下几个方面:第一,首次把民主集中制应用于地方政权建设,并创造出“三三制”的政权形式。他从创建军队和探索中国革命道路的初始阶段就非常善于用民主集中制这个工具去处理错综复杂的党权关系、党政关系、党军关系、军民关系、官民关系,并在自身实践中有所创造和发挥。第二,首次把辩证法引入民主集中制,用矛盾分析法去分析和解释民主与集中的辩证关系。民主与集中的关系,是民主集中制的基本问题,这个问题不搞清楚,就搞不清楚民主集中制的基本内涵。毛泽东从马克思主义哲学的视角去分析两者的关系,给民主集中制增加了“哲学韵味”。第三,首次将群众路线与民主集中制结合起来,揭示民主与集中双向的互动过程。群众路线是我们党独创的路线,毛泽东从马克思主义认识论的角度去思考和总结群众路线与民主集中制的内在联系,将民主集中制作为一项方法纳入群众路线体系之中。第四,首次提出了民主集中制的目标。实行民主集中制的目的是什么?列宁的答案很明确,就是四个字:“行动一致”[④]。那么执政后,面对着新情况、新任务,民主集中制对党和国家应起到什么样的作用呢?列宁没说。毛泽东结合我国的实践状况提出了要达到“六有”

---

① 《毛泽东选集》第三卷,人民出版社1991年版,第1057页。

② 中共中央文献研究室编:《建国以来重要文献选编》第五册,中央文献出版社1993年版,第522页。

③ 《毛泽东著作选读》下册,人民出版社1986年版,第823页。

④ 《列宁全集》第十三卷,人民出版社1987年版,第129页。

政治局面[①]的目标。

（二）邓小平对民主集中制的历史贡献

邓小平的民主集中制思想应该分为两个时期来把握：1978 年之前和 1978 年之后。1978 年之前主要体现在三次讲话中：第一次是在抗日战争时期他做过一个《党与抗日民主政权》的讲话，论述了民主集中制与人民民主政权的关系，着重强调了民主对于政权建设的重要作用。第二次是在党的八大上做的《关于修改党章的报告》，把党放在执政地位上去考虑，着重强调了贯彻执行民主集中制对巩固执政地位的重要作用。第三次是在 1962 年七千人大会上的讲话，从总结经验的角度强调了贯彻民主集中制要正确地处理好民主与集中的关系，这个关系处理不好是无法形成真正的有战斗力的政党的，并提出了著名的“变质论”。邓小平认为：“民主集中制执行得不好，党是可以变质的，国家也是可以变质的，社会主义也是可以变质的。干部可以变质，个人也可以变质。”[②]民主集中制既与政党、国家有关，也与每个干部、每个人都有关。特别要注意一些身居重要职位的领导人，一旦他们不能很好地坚持这一制度，丢掉了民主集中制，就会带来整体性的破坏。“文化大革命”的教训就充分证明了这一点。

改革开放以后，为了使党能够担负社会主义现代化建设的新任务，把党建设好，邓小平对民主集中制作出了新的贡献：第一是明确了民主集中制作为党和国家最根本制度的制度定位。在社会主义制度的大系统中，民主集中制作为最根本的制度，不是一种孤立的、超然的状态，而是与其他制度紧密地结合在一起的，并且作为一条主线深深地贯穿于所有的制度之中。在中国这样的社会主义国家里，不仅执政党、人大、政府、政协要遵守民主集中制，民主党派和其他社会团体组织也都要遵守。第二是把民主集中制作为社会主义独特优势和显著特征。民主集中制作为党和国家最根本的制度，也还是需要不断完善的。在邓小平看来，不要以为一项制度形成了、建立了，就可以听之任之、万事大吉了。要真正贯彻落实好民主集中制，必须从对党和国家命运高度负责的精神出发，不断对制度本身下一番改进、巩固的功夫；否则，就无法发挥民主集中

---

① “六有”政治局面即上文提到的，努力在全党形成“又有集中又有民主，又有纪律又有自由，又有统一意志、又有个人心情舒畅、生动活泼”的政治局面。参见《毛泽东著作选读》下册，人民出版社 1986 年版，第 819 页。

② 《邓小平文选》第一卷，人民出版社 1994 年版，第 303 页。

制作为党和国家最根本制度的作用。第三是提出领导核心理论。为了实现领导人顺利交接，他把组成一个实行改革的有希望的领导集体作为自己的“政治交代”。邓小平强调，“任何一个领导集体都要有一个核心，没有核心的领导是靠不住的”，“关键在领导核心。我请你们把我的话带给将要在新的领导机构里面工作的每一个同志。这就算是我的政治交代”。[①] 第四是通过党章更加明确地规定了党委集体领导的含义。十二大的党章明确规定：“党的各级委员会实行集体领导和个人分工负责相结合的制度。凡属重大问题都要由党的委员会民主讨论，作出决定。”“党禁止任何形式的个人崇拜。”“党组织讨论决定问题，必须执行少数服从多数的原则。”“不允许任何领导人实行个人专断和把个人凌驾于组织之上。”[②]《关于党内政治生活的若干准则》规定：“集体领导是党的领导的最高原则之一。”“在任何情况下，都不许用其他形式的组织取代党委会及其常委会的领导。党委成立的研究处理任何专题的组织，必须在党委领导之下进行工作，不得代替党委，更不得凌驾于党委之上。”[③] 这些制度，明确并规范了什么是党委集体领导，如何实行集体领导，并且明确规定：在任何情况下，都不允许任何个人及其他形式的组织取代党委会及其常委会的领导，更不得凌驾于党委领导集体之上。

（三）江泽民对民主集中制的历史贡献

众所周知，自党的十三届四中全会以来，我们党面临的时代环境不同于前两代领导所面临的时代环境。在“一个主题，五大特征”的时代背景下，我们党面临的是空前激烈的国际竞争，面临的是思想和文化的激烈碰撞，面临的是人才的缺乏和科技的落后，面临的是西方的“西化、分化”策略。同时，国际共产主义运动处于低潮，世界和各国的政党格局不断变化，尤其是 20 世纪 80 年代以来，很多国家的共产党纷纷放弃民主集中制。而在国内，我国发展进入攻坚期和关键期，大量问题层出不穷。党内也出现了利益的分化与多元、执政基础的松动与削弱、党员干部的思想不纯与作风不正等一系列问题。在此情况下，民主集中制就遇到了新问题、新情况、新课题，比如两类原则关系模糊、

① 《邓小平文选》第三卷，人民出版社 1993 年版，第 310、301 页。

② 《中国共产党章程》，人民出版社 1987 年版，第 15、17—18 页。

③ 中共中央文献研究室编：《十一届三中全会以来重要文献选读》上册，人民出版社 1987 年版，第 166—167 页。

民主缺乏与集中不够、地方保护主义与个人主义行为增多、纪律松弛与党内监督淡化等问题。这些问题都严峻考验着党的民主集中制原则在新形势下的运用和发展。还有一个外部条件。在这种情况下，江泽民明确了我们党从革命党向执政党转变的历史方位，提出了新时期执政党建设的两大历史性任务，也对民主集中制做了新的阐发。首先，江泽民重申了坚持民主集中制的重要性。马克思主义的精神力量只有通过组织这个物质载体才能转化为巨大的物质力量，形成队伍步调一致。1997 年，江泽民同志在十五大报告中深刻阐述了在改革开放和发展社会主义市场经济的条件下坚持和健全民主集中制的必要性和重要性，提出了完善和发展民主集中制的四项要求，即“要进一步发扬民主，保障党员的民主权利，疏通和拓宽党内民主渠道，充分发挥全党的积极性和创造性；要维护中央权威，在思想上、政治上同中央保持一致，保证党的路线和中央的决策顺利贯彻执行；要完善党的代表大会制度，健全各级党委集体领导和个人分工负责相结合的制度，更好地发挥地方党委在同级各种组织中的领导核心作用。领导干部要带头遵守民主集中制的各项规定，维护大局，严守纪律，防止个人专断和各自为政，反对有令不行、有禁不止”①。其次，江泽民指出：“民主集中制是我们党的根本组织制度和领导制度。”② 民主集中制不仅建立了我们党完整的领导体系，而且也建立了我们党从中央到地方的组织机构和领导机构。并且，民主集中制的精神也就是民主和集中的精神实质和基本原则贯穿于党的领导的全部活动之中。再次，指出了民主集中制“三个保证”的重要作用，即增强党的战斗力的保证、坚持党的正确路线的保证、现代化建设的保证。

（四）胡锦涛对民主集中制的历史贡献

胡锦涛在任期间，为民主集中制具体制度的健全和完善做了很多工作。能根据时代发展要求和党的自身建设实际，不断对民主集中制的具体制度进行健全和完善，也算是把民主集中制往前推进了。胡锦涛在任期间特别肯定民主集中制的制度价值，为民主集中制的建设指明了未来发展方向和具体要求。比如十六届四中全会通过的《决定》和十六届中央政治局第十四次集体学习的讲话（即 2004 年 9 月 19 日党的十六届四中全会审议通过的《中共中央关于加强党的执政能力建设的决定》和 2004 年 6 月 29 日胡锦涛在十六届中央政治局第十四

① 《江泽民文选》第二卷，人民出版社 2006 年版，第 44 页。

② 《江泽民文选》第三卷，人民出版社 2006 年版，第 287 页。

次集体学习时的讲话）。这些都是对贯彻民主集中制、发展党内民主提出的具体要求，尤其对党内民主制度建设起到很大的指导作用。2007 年 10 月党的十七大通过的党章，在民主集中制问题上是对前十三个党章，特别是对七大、八大、十二大至十六大党章的继承和发展。在十七届四中全会专门作出的《中共中央加强改进新形势下党建若干重大问题的决定》中，对民主集中制问题的认识有了突破性的发展，其中较突出的有三条：一是把民主集中制的组织路线同党的认识路线、群众路线相结合，将“实践—认识—实践”“领导—群众—领导”“民主—集中—民主”三条路线、三个公式有机地统一了起来；二是提出党内民主是党的生命、集中统一是党的力量保证这一辩证命题，对党的民主集中原则的极端重要性进行了科学概括，从理论上发展了民主集中制；三是在坚持和完善民主集中制、积极发展党内民主问题上，明确确立了党员的主体地位，要求落实党员的知情权、参与权、选举权、监督权，充分发挥党员在党内生活中的主体地位和民主权利等。胡锦涛同志在十八大报告中强调：“要坚持民主集中制，健全党内民主制度体系，以党内民主带动人民民主。”[①] 加强民主集中制对增强党的活力和团结统一，提高党的执政水平，保持党的先进性和纯洁性，推进党的建设新的伟大工程，具有重要的理论意义和现实指导意义。胡锦涛对于民主集中制制度体系的健全和完善主要表现在以下几个方面：第一，进一步完善党内报告工作制度并以党内法规的形式制度化。第二，进一步加强党员权利保障制度。中央颁布《中国共产党党员权利保障条例》，对保障党员权利方面做了系统规定。第三，促进干部选拔任用制度科学化、民主化，先后颁布了“5+1”的选拔、任用干部的单项法规，又出台了五个有关管理干部单项法规，有力地完善了民主集中制。

三、十八大以来习近平总书记关于民主集中制的相关论述

党的十八大以来，习近平总书记站在党和国家全局高度，着眼于一段时期内党内存在的“管党治党松软散”“组织涣散”“纪律松弛”“个人专断作风”滋长“宗派山头主义严重”等突出问题，围绕着民主集中制，对党的建设发表了一系列重要论述。这些重要论述内涵丰富、思想深刻、要求明确，对于我们深

① 《胡锦涛文选》第三卷，人民出版社 2016 年版，第 655 页。

刻认识加强民主集中制建设的极端重要性，准确把握民主集中制建设的基本要求，牢固树立民主集中制意识，坚定不移推进全面从严治党，具有十分重要的理论意义和实践指导意义。

（一）民主集中制是中国共产党最大的制度优势

当前，如何认识中国特色社会主义制度的巨大优越性，已成为国内外理论界普遍关注和探讨的一个问题。对此，习近平总书记指出："民主集中制是我们党的根本组织制度和领导制度，它正确规范了党内政治生活、处理党内关系的基本准则，是反映、体现全党同志和全国人民利益与愿望，保证党的路线方针政策正确制定和执行的科学的合理的有效率的制度。因此，这是我们党最大的制度优势。"[①] 坚持马克思主义基本原理，最根本的是坚持中国共产党的领导，这是中国特色社会主义最本质的特征，是中国特色社会主义制度的最大优势。所以党的十九届四中全会审议通过的《决定》总结的十三条显著优势的第一条就是"坚持党的集中统一领导，坚持党的科学理论，保持政治稳定，确保国家始终沿着社会主义方向前进的显著优势"。[②] 民主集中制的这种制度优势主要体现在两个方面：一是在中国政治架构中，民主集中制一方面已经融入中国共产党的组织、领导、决策和监督等各项制度中，成为党的制度建设的核心原则；另一方面民主集中制也是国家政权组织与运行所遵循的基本原则，实现了党和国家制度建构的同质化，从而为党和国家的治理、事业的推进提供了根本保障。二是民主集中制是民主与集中的辩证统一，从而保证了党既能形成集中统一、坚强有力的领导集体，又能广泛凝聚党员集体智慧，实现了决策民主科学与执行一致有力的统一。

（二）将民主集中制建设纳入全面从严治党总体布局

党的十八大以来提出全面从严治党，将其作为实现全面建成小康社会的重要战略举措，并以民主集中制建设作为推进全面从严治党的重要抓手。特别是党的十九大通过的《中国共产党章程（修正案）》强调"坚持民主集中制"，指出："民主集中制是民主基础上的集中和集中指导下的民主相结合。它既是党的根本组织原则，也是群众路线在党的生活中的运用。必须充分发扬党内民主，

① 习近平：《始终坚持和充分发挥党的独特优势》，《求是》2012年第15期。

② 中共中央党史和文献研究院编：《十九大以来重要文献选编》中册，中央文献出版社2021年版，第270页。

尊重党员主体地位，保障党员民主权利，发挥各级党组织和广大党员的积极性创造性。……加强和规范党内政治生活，增强党内政治生活的政治性、时代性、原则性、战斗性，发展积极健康的党内政治文化，营造风清气正的良好政治生态。党在自己的政治生活中正确地开展批评和自我批评，在原则问题上进行思想斗争，坚持真理，修正错误。努力造成又有集中又有民主，又有纪律又有自由，又有统一意志又有个人心情舒畅生动活泼的政治局面。”①2019 年 1 月，《中共中央关于加强党的政治建设的意见》指出：“要坚持民主集中制这一根本领导制度，善于运用民主的办法汇集意见、科学决策，善于通过协商的方式增进共识、凝聚力量，同时善于集中、敢于担责，防止议而不决、决而不行。”② 具体来说：

一是认真贯彻请示报告制度。请示报告制度是中国共产党一直强调的政治规矩和纪律要求，是执行民主集中制的有效工作机制，是克服地方分散主义、保证党内政令畅通和政策施行的制度法宝。习近平总书记特别强调严格执行请示报告制度。习近平总书记在十八届中纪委三次全体会议上指出：“各级领导班子和领导干部都要严格执行请示报告制度。”③“作为干部特别是领导干部，在涉及重大问题、重要事项时按规定向组织请示报告，这是必须遵守的规矩，也是检验一名干部合格不合格的试金石。”④ 严格执行请示报告制度是防止在执行民主集中制过程中的“破窗效应”的有力抓手，是加强组织性纪律性的制度规范。2017 年 10 月 27 日十九届中共中央政治局审议了《中共中央政治局关于加强和维护党中央集中统一领导的若干规定》，强调：“中央政治局全体同志要主动将重大问题报请党中央研究，认真落实党中央决策部署并及时报告落实的重要进展……要坚持每年向党中央和总书记书面述职……中央书记处和中央纪律检查委员会、全国人大常委会党组、国务院党组、全国政协党组、最高人民法院党组、最高人民检察院党组每年向中央政治局常委会、中央政治局报告工作。”⑤ 这个规定的出台，可以说是新时代加强党的集中统一的纲领性文件。

二是要求开好民主生活会。民主生活会是党内开展批评与自我批评的重要

---

① 《中国共产党章程》，人民出版社 2017 年版，第 10 页。

② 《中共中央关于加强党的政治建设的意见》，人民出版社 2019 年版，第 11 页。

③ 《习近平在十八届中央纪委三次全会上发表重要讲话强调　强化反腐败体制机制创新和制度保障　深入推进党风廉政建设和反腐败斗争》，《人民日报》2014 年 1 月 15 日。

④ 习近平：《论坚持党对一切工作的领导》，中央文献出版社 2019 年版，第 49 页。

⑤ 中共中央组织部编：《中国共产党组织建设一百年》，党建读物出版社 2021 年版，第 478 页。

制度载体，是党内监督的一种有效形式。十八大以来党中央带头开展民主生活会，充分发挥其应有作用。习近平总书记上任伊始就非常重视民主生活会，并且在中央带头召开民主生活会。他不仅在党的群众路线教育实践活动中多次强调了“要开好民主生活会”的重要任务，而且在党的群众路线教育实践活动中，亲自参加并现场点评了河北省委常委和河南省兰考县委常委两个班子的专题民主生活会，并提出明确要求，为全党进一步严格党内生活，发扬批评和自我批评的优良传统，提供了重要指导。此外，习近平总书记不仅身体力行带头召开民主生活会，而且还非常重视制定党内文件对民主生活会的召开加以规范和引导。2016 年 12 月 23 日，党中央印发了《县以上党和国家机关党员领导干部民主生活会若干规定》，这既是党内法规制度建设的又一重要成果，也为新形势下开好党员领导干部民主生活会，加强各级领导班子思想政治建设，提供了重要遵循。民主生活会可以说是我党的一项老传统，也是我们党依靠领导班子自身力量解决矛盾和问题的重要方式之一。习近平总书记强调民主生活会的召开就是希望通过我们党的自我革命来增强党的凝聚力和战斗力。

三是严明党的纪律，自觉维护中央权威。党的纪律是民主集中制的重要内容，包括多个方面，其中最根本最关键的是政治纪律。遵守政治纪律的核心就是坚持党的领导，自觉维护党的集中统一，习近平总书记将其概括为四个意识，即政治意识、大局意识、核心意识和看齐意识。

1. 政治意识。政治意识是政党成员在政治交往和政治联系中形成的对客观政治现象的主观认识、见解和观念的总和。它是指见之于对政治思想、政治观点、政治现象的态度和评价中的思想倾向与意识状况。因此，根据政治意识的强弱，可以判断党员对政党的看法、立场和思想倾向，进而可以判断其政治价值观和政治觉悟性。党的十八大以来，习近平总书记非常重视党员的政治意识问题，在一系列讲话中逐渐形成了“政治意识、大局意识、看齐意识、核心意识”的政治意识体系。虽然“四个意识”中包含着政治意识，但从一定意义上讲，其他三个意识都属于政治意识的范畴。树立政治意识要求从政治上看待、分析和处理问题。我们党作为马克思主义政党，旗帜鲜明讲政治是突出的特点和优势。

2. 大局意识。大局意识，就是围绕党和国家的大事认识和把握大局，善于从全局高度和长远眼光观察形势（国内外、党内外）、分析问题、做好工作。习近平总书记强调，党员干部“必须牢固树立高度自觉的大局意识，自觉从大局看问题，把工作放到大局中去思考、定位、摆布，做到正确认识大局、自觉服从大局、坚决维护大局”[①]。因此，党员干部要以全局高度和长远眼光来处理中央与地方、部分与整体、目前与长远的关系，自觉从大局出发想问题、办事情、抓落实。

3. 核心意识。领导核心是我们党不断壮大的重要组织保证。党的十八大以来，我们党取得的新成就是在以习近平同志为核心的党中央的领导下取得的。核心意识要求在思想上认同核心、在政治上围绕核心、在组织上服从核心、在行动上维护核心。我认为最关键的在于三点：一是明确党是中国特色社会主义事业的领导核心，是社会主义现代化建设取得胜利的政治保证。正如习近平总书记所说：“中国共产党的领导，是中国革命、建设、改革不断取得胜利最根本的保证，是中国特色社会主义最本质的特征，也是中国特色社会主义的最大优势。”[②]党中央作出的决策部署，党的部门要贯彻落实，人大、政府、政协、法院、检察院包括企事业单位、人民团体等部门和单位的党组织也要坚决贯彻落实。二是明确加强党的领导的核心是加强党中央的集中统一领导。“事在四方，要在中央。”[③]在我们这样一个大国，只有加强党中央的集中统一领导，才能把全体党员和基层党组织牢固凝聚起来，进而把全国各族人民紧密团结起来，形成万众一心、无坚不摧的磅礴力量，不断取得新胜利；也只有加强党中央的集中统一领导，才能保证党充分发挥总揽全局、协调各方的领导核心作用，才能确保全党坚定正确方向、形成强大合力，才能彰显社会主义政治制度的巨大优越性。新的时代条件下，要在激烈的国际竞争中赢得主动、赢得优势、赢得未来，迫切需要坚定维护党中央权威和集中统一领导，形成思想和行动高度统一的整体。三是明确习近平同志党中央核心、全党核心的地位。首次明确习近平同志为党中央的核心、全党的核心并写入党的文件是在党的十八届六中全会上。在当前的新形势下，确立习近平同志的核心地位不仅是及时的，也是必要的，它符合人民的根本利益，具有重大的历史和现实意义。

4. 看齐意识。看齐意识，是中国共产党的优良传统和政治优势。在新的形势下，增强“看齐意识”就是要经常主动地向以习近平同志为核心的党中央看齐。习近平总书记在中央政治局“三严三实”专题民主生活会上强调：“我们中央政

---

① 习近平：《论坚持党对一切工作的领导》，中央文献出版社 2019 年版，第 64—65 页。

② 习近平：《论坚持党对一切工作的领导》，中央文献出版社 2019 年版，第 154 页。

③ 高华平、王齐洲、张三夕译注：《韩非子・扬权》，中华书局 2016 年版，第 26 页。

治局的同志必须有很强的看齐意识，必须经常看齐、主动看齐，这样才能真正看齐。这是最最紧要的政治。”[①] 这是对中央政治局的要求，也是对广大党员干部特别是领导干部的要求。十八届六中全会通过的《关于新形势下党内生活的若干准则》为各级党组织、全体党员干部特别是高级干部提出了“三个看齐”、“三个坚决”的政治要求和政治纪律。各级党组织和广大党员要树立看齐意识，经常和党中央决策部署“对表”，看看有无“时差”和“慢半拍”的问题，有没有“看不齐”的问题，主动进行调整、纠正、校准。

（三）强化民主集中制的制度保证

习近平总书记从国家治理这一根本问题出发，围绕党和国家两个层面提出强化民主集中制的制度构建：十八大以来，以习近平同志为核心的党中央在制度、机制层面采取全方位措施，先后制定和完善了多项党内制度建设。按照《中央党内法规制定工作五年规划纲要》的内容，要用 5 年的时间，基本形成涵盖党的建设和党的工作的主要领域、适应管党治党需要的党内法规制度体系框架，为建党 100 周年时全面建成党内法规制度体系打下坚实的基础。习近平总书记多次强调，要按照于法周延、于事简便的原则加强党内法规制度建设质量，要立体式、全方位、体系化地推进制度体系的建设，从而把权力牢牢地关进制度的笼子里。[②] 中央通过制定实施《纲要》，有计划有步骤地统筹推进党内法规制定工作，加强了党内法规制度体系建设，丰富和发展了民主集中制的具体制度。十八大以来中共中央制定的党内法规，主要包括：《中国共产党党组工作条例（试行）》《中国共产党地方委员会工作条例》《中国共产党廉洁自律准则》《中国共产党纪律处分条例》和《中国共产党巡视工作条例》等。在国家政权建设层面，强调要按照宪法确立的民主集中制原则，实行决策权、执行权、监督权既合理分工又相互协调的权力运行体制，保证各个国家机关都依照法定权限和程序行使职权，形成治理国家的强大合力。

四、高校党委必须坚持民主集中制，把班子建设好

新时代坚持民主集中制是高校党的建设的一项重要内容。《中共教育部党组

① 习近平：《论坚持党对一切工作的领导》，中央文献出版社 2019 年版，第 117 页。

② 参见《习近平在中共中央政治局第二十四次集体学习时强调 加强反腐倡廉法规制度建设 让法规制度的力量充分释放》，《人民日报》2015 年 6 月 28 日。

关于进一步加强直属高等学校领导班子建设的若干意见》(教党〔2013〕39号)指出，要贯彻执行民主集中制，增强凝聚力和战斗力。完善民主集中制建设对高校党建工作的顺利开展，以及新形势下落实全面从严治党的责任，加强与规范党内政治生活都有重要的意义。

(一)认真执行党委领导下的校长负责制，形成人人敢负责、事事有人负责的合力局面

民主集中制是党的重要组织原则和工作原则，在现代大学治理中起着灵魂性作用。依法落实党委、校长职权，正确处理党委与行政、集体领导与个人分工负责、党委书记和校长之间的关系，按照集体领导、民主集中、个别酝酿、会议决定的原则，完善并严格执行领导班子议事规则与决策程序，形成党委统一领导、党政分工合作、协调配合的工作机制。严格执行“三重一大”事项的决策程序，讨论决定干部任免实行票决制。《中国共产党普通高等学校基层组织工作条例》(中发〔2010〕15号)指出，高等学校实行党委领导下的校长负责制。高等学校党的委员会统一领导学校工作，支持校长按照《中华人民共和国高等教育法》的规定积极主动、独立负责地开展工作，保证教学、科研、行政管理等各项任务的完成。高等学校党的委员会实行民主集中制，健全集体领导和个人分工负责相结合的制度。凡属重大问题都要按照集体领导、民主集中、个别酝酿、会议决定的原则，由党的委员会集体讨论、做出决定；委员会成员要根据集体的决定和分工，切实履行自己的职责。贯彻落实《中共中央办公厅关于坚持和完善普通高等学校党委领导下的校长负责制的实施意见》(中办发〔2014〕55号)中的“坚持民主集中制”,“坚持科学决策、民主决策、依法决策，防止个人或少数人专断和议而不决、决而不行。讨论决定学校重大问题，应在调查研究基础上提出建议方案，经领导班子成员沟通酝酿且无重大分歧后提交会议讨论决定。……对专业性、技术性较强的重要事项，应经过专家评估及技术、政策、法律咨询。对事关师生员工切身利益的重要事项，应通过教职工代表大会或其他方式，广泛听取师生员工的意见建议”[①] 等规定。贯彻落实学校党委决定的事项，学校行政要贯彻执行，贯彻落实集体领导和个人分工负责

① 《中办印发〈关于坚持和完善普通高等学校党委领导下的校长负责制的实施意见〉》,《人民日报》2014年10月16日。

相结合，集体决定了的事情，领导班子成员要按照分工分头落实等要求。党委领导下的校长负责制，是体现党在高校执政和实现全面领导的根本形式。党的领导是政治领导、思想领导、组织领导，党领导改革发展，党管战略规划、党管干部、党管人才、党管思想政治工作。党的领导保证高校各项事业发展不偏向、不迷失、不走弯路，更不能走上邪路；体现党的领导，而不是事务性领导，更不能以党代政。党委领导是集体领导，不能简单地理解为党委书记个人领导，但党委书记是党委的第一责任人，是班长，对党委领导负总责和政治主体责任；校长负责是学校行政班子集体分工负责，不能简单地理解为校长个人负责，除了保障、支持校长按照规定履行权责外，要贯彻执行好分工负责、相互配合，下好一盘棋，走好发展路。集体领导有分工负责，分工负责形成管人管事合力；分工不分家，分工不分权，分工负责是为了有效体现责任制，使重点问题、关键环节有人负责，从分工负责上体现领导集体坚强有力。要把党的领导从学校党委层面向各级党组织推进强化，把党的领导和对具体工作负责结合起来。各级党组织要在贯彻党委领导下的校长负责制中，认真按照《党章》要求，加强政治建设、先进性和纯洁性建设，把党员意识挺在前面，讲党性、顾大局，将党的先进性与工作的积极性融为一体；不能在具体工作中淡化党员意识，更不能在事务中冲淡党的领导意识，在任何时候都要做到党有召唤，党组织能够组织落实，党员走在群众前面。

（二）健全民主管理制度，通过民主管理调动广大干部职工的积极性创造性

扩大党内民主，实行党代表大会代表任期制和提案制，试行党代表大会常任制。健全和规范党委常委会向全委会定期报告工作并接受监督制度。完善教代会及群众组织参与民主管理的工作机制，充分保障师生员工的民主权利。充分发挥学术委员会等学术组织在学科建设、学术评价、学风建设中的重要作用，党委书记和校长一般不担任校学术委员会主要职务。党委领导、学校管理要充分体现民主管理、师生参与，做到共建、共治和共享。在重大决策之前，在集中意志形成决议之前，要履行民主程序、拓展民主渠道，运用党的群众路线，使师生全员参与、全过程参与、全方位参与学校改革发展，充分吸收群众意见、建议。要下力气解决巡视整改中反映出来的在切关师生利益上、在决定学校改革发展重大决策上民主不充分、民主不深入、民主不平衡，甚至是在一定程度上的摆形式、走过场的问题。

（三）提高领导班子解决自身问题的能力，强化各级党组织敢于较真碰硬，加强执行落实的能力

坚持高标准、严要求，认真开好民主生活会。会前广泛征求师生员工意见，原原本本地向领导班子成员反馈；领导班子成员要围绕民主生活会基本要求，以党性分析及作风状况为重点，认真进行总结；领导班子成员之间要通过谈心谈话，充分交换意见。会上主要领导要带头查摆问题，带头开展批评与自我批评，其他领导班子成员也要认真开展批评和自我批评，深入分析问题成因，研究提出整改措施。会后要及时向干部群众通报民主生活会情况，接受监督。民主生活会原则上每年召开1次，必要时可以随时召开，会议记录要报上级干部主管部门。坚持谈心谈话制度。领导班子成员特别是党委书记和校长之间要经常交流思想，沟通情况，交换意见。党委书记、校长要定期同领导班子成员谈心，每年至少1次，尤其要注意与有不同意见的同志谈心；对领导班子成员在政治思想、工作作风、道德品质、勤政廉政等方面出现的苗头性问题，要及时进行谈话，早发现、早提醒、早纠正。要按照中央要求，把民主集中制原则用足用活用好。对于科学决策、民主决策、集体决策形成的决议、决定，要发挥领导班子、各级党组织的政治效能、执行效力，加强对执行情况的监督检查，力戒议而不决、决而不行、行而无果。校领导班子成员、各级党组织负责人做执行决议决定的模范和表率，遇事不躲不避、不抹不捂、不打折扣、不搞变通、不打擦边球、不搞绕道走，更不允许形成“肠梗阻”“顶门杠”和“绊脚石”，敢于较真碰硬、一抓到底，敢于反对歪风邪气、“怕、慢、假、庸、散”，坚决反对决议时“赞成”，执行时“反对”或者“磨洋工”式的“两面人”，坚决防止执行学校决议决定过程中“末梢消失”，要盯住、抓住、扭住基层执行最后五公里，防止集体无意识、集体无行动的消极现象。

（四）发扬“批评和自我批评”作风，增强领导班子团结，在团结谋事中促进学校发展

党的民主集中制最根本的问题意识是通过民主表达思想、意见、建议，达成共识和集体意志，消除杂音；最根本的目标导向是形成凝聚力、形成战斗力，不断激发活力，形成集中力量办大事、集中众人之力成就事业的政治优势。这就需要发扬“批评和自我批评”的优良传统和作风。按照《党章》和党性要求，敢于进行自我批评，不断地进行自我批评，经常地清除自己身上的政治杂

质，提高自身修养和人格魅力，提高政治免疫力和向上活力；敢于批评坏人坏事、歪风邪气，敢于同违反党的民主集中制的各种不良表现作斗争。通过批评和自我批评，形成有政治觉悟、政治认同、政治理想、政治同向的团结，克服和杜绝无原则的纠纷、庸俗的拉拉扯扯、跑风漏气，甚至是“三人一伙、五人一帮”“政令不出知行楼，凭空谣言满天飞”“好事不出校门，坏消息扬传千里”的分散主义、山头主义和消极自由主义。坚决克服“会上不讲、会后大讲”“人前不讲、人后大讲”“公开不讲、小圈子大讲”“正当渠道不讲，非组织渠道乱讲”的假团结、伪团结，坚决批评“当面一套、背后一套”“当面讨好、背后使坏”“千人百面、因人而异”的阴阳人、两面派。讲原则、讲团结，讲政治、讲团结，讲正气、讲团结。特别是各级领导干部要强化政治意识、大局意识和团结意识。党员领导干部要加强党性修养，按照党的组织原则和党内政治生活准则办事。党委书记和校长要以宽阔胸襟发扬民主，以科学方法正确集中，充分尊重领导班子成员意见，发挥每个成员的积极性和创造性，带头维护班子团结；领导班子成员要互相信任、互相支持、互相理解、互相补台，共同维护建立在党性原则基础上的坦诚相见、并肩奋斗的团结。“相互捧台，好戏连台；相互拆台，共同垮台”；“团结形成合力，团结就有战斗力，团结出生产力，团结出干部”。这是生活的哲理，值得我们记取。

五、警惕高校党委落实民主集中制不实的危害

（一）过于民主，集中不够，导致各自为政，党委领导能力弱化

一是议事规则不够明确，党委领导被边缘化。例如：某高校党委会议事规则不够明确，党委书记认为党委会只需要研究党委工作即可，其他工作全部放手交给校长办公会决议。很多重大事项未经过党委会研究，直接由校长办公会研究决议，党委领导逐渐被边缘化。2019 年 5 月，习近平总书记视察江西时作出了“建好景德镇国家陶瓷文化传承创新实验区，打造对外文化交流新平台”重要指示。7 月 26 日国务院正式批复了试验区实施方案。省委书记刘奇和省长易炼红 10 月 17 日指出，该校要充分发挥自身优势，把助推地方陶瓷文化、陶瓷产业发展作为己任。然而该校党委书记一直认为事不关己（认为是校长的事），没有召开党委会研究部署。直到 11 月初省委巡视组质问，才匆匆召开党委会学习研究相关精神。

二是党委书记软弱无为，党委领导名存实亡。例如：某高校党委书记魄力不足、担当不够，在议事决策上没有主见，奉行“好人主义”，能不管的事尽量不管，能由其他领导决定的事尽量交由其他领导决定，召开党委会时也全部放手，不作要求。长此以往，该校形成了校领导各自为政的局面，党委领导基本名存实亡。2016—2019 年之间，该校各项工作呈现明显下滑，科研课题数和高质量成果数逐年减少，省级以上科研奖励几乎为零，高层次人才流失近 40 人，本科教学质量严重下滑，毕业生就业率（74.8%）远低于全省平均就业率（87.6%）。

三是分管领导联合抵抗，党委领导成空中楼阁。例如：某高校党委书记刚由外地调任不久，大部分其他班子成员在校工作多年，形成了比较牢固的关系阵营。在党委会议事时，这些班子成员态度和意见非常一致，当党委书记提出疑问时，他们则联合一致、坚持态度，要求党委书记点头赞同（在多次中层干部选拔任用的问题上，几位领导均坚持提拔存有争议的干部，党委书记无奈都予同意）。在这种孤立无援的处境下，党委书记被架空，党委领导成为空中楼阁。

（二）过于集中，民主不够，导致“一言堂”，领导干部活力不足

一是党委书记权力过于集中，不分权、不放权。例如：某高校党委书记是从地方党政主管调任，管理能力强、有魄力，对学校党政各项工作都亲自抓、直接管，其他校领导基本没有话语权。在该校党委会讨论工作（尤其在涉及人事、干部、项目、资金等问题方面）时，一般都是党委书记一人表态或最先表态，其他领导不表态或附和表态，形成了“一言堂”的局面，其他领导干部工作积极性受到影响。

二是分管领导怕担责、不担责，大事小事推给党委会做决定。例如：某高校各领导在工作上互相推诿，对自己分管的工作也怕担责，不敢抓，大事小事不敢提方案、做决定，校长办公会走过场，所有议题全部重新提交党委会讨论，全部提请党委书记做决定（连聘请木工、迎新晚会节目单、考试加班订购盒饭等琐事都要上会），导致党委会议题太多、负担过重，党委书记压力大。

（三）私下变通，规避民主集中制，挑战党委领导的权威

一是利用制度空隙，变相规避党委领导。例如：某高校规定，金额超过 10 万元的项目需要经学校党委会研究决议，10 万元以下的项目可以由分管领导授权实施。某分管基建的副校长与基建处长合谋，将总价 40 余万元的教学楼维修项目拆分为多个 10 万元以下的小项目，分别授权给熟人承建。这样不仅脱离了

党委的领导，而且产生了权力腐败的空间。

二是利用手中职权，变相规避民主决策。例如：某高校校长在党委会上提出要整体提升校园景观的建设工程，耗资近300万元。由于耗资较大，而且属于形象工程，党委书记及多数领导表示质疑和反对，会上没有通过。该校长随即组织成立了“校园环境建设工作领导小组”，自己任组长，相关部门负责人任成员。在该领导小组召开的第一次会议上，决议通过了整体提升校园景观的建设工程，并且落实了资金来源。

六、把自己摆进去，带头践行党的民主集中制

结合主题教育、巡视整改和此次学习体会，我将自己摆进来，结合自己分管的工作，在这里郑重地表个态：

一是提高政治站位，强化担当，做讲政治、讲党性的表率。坚持党对高校工作的全面领导，坚持党管办学方向、党管改革发展，充分发挥党委领导的政治核心作用。发扬民主，融入集中，把分管工作和学校全局结合起来，把讲政治、顾大局消化体现到具体工作中，旗帜鲜明讲政治，尽心竭力谋发展。

二是立足岗位职责，主动作为，做抓工作讲奉献的表率。既当领导，敢于负责；又当职工，积极进取，以“种好责任田，守好一段渠”的工作责任感和“发展时不我待，落后就在瞬间”的忧患意识，以“校兴我荣、校衰我耻”的荣耻感，扎实推进分管领域各项工作有序有效开展，不懈怠，不计较，体现“师大人”应有的荣誉。

三是发挥示范引领，忠诚干净，做守纪律讲规矩的表率。“干部干部，就是自己先干一步，带领群众迈大步。”只有示范引领，才有工作上的主动和感召，职工才会跟随你。爱国荣校，忠诚担当，干净做事，才能赢得群众的拥护。特别是在干部管理上要做到公道正派、一把尺子量到底，不搞“千人百面、万人千尺”。坚持原则，待人和气，加强团结协作，遇事多沟通、多商量、多配合。严守政治纪律、工作纪律、组织纪律、群众纪律和生活纪律等各项纪律，做到清正廉洁。

（本文系作者于2020年5月13日在江西师范大学党委理论学习中心组学习会上的发言。）

“顶天立地”：理想信念教育的根本要求

——“中国特色社会主义理论与实践概论”教学体会

教育部拟定的“中国特色社会主义理论与实践概论”教学大纲中关于“建设中国特色社会主义文化”对研究生的理想信念教育提出了明确要求，是教育研究生树立正确的世界观、人生观和价值观的重要内容，是塑造研究生人格品德的重要环节，是高校思想政治理论课的一个重要知识点。虽然在各个高校中不乏一些教研探索，取得了一些重要成果，但普遍的感受是，要上好这堂课，实现“三进”，让大学生感兴趣并真心喜爱，还是有一定难度的。在多年的教研实践中，笔者的体会是，搞好研究生理想信念教育要做到“顶天立地”。

一、“顶天”：理想信念教育应立足于马克思主义理论

所谓“顶天”，就是要把“树立共产主义远大理想，坚定走建设有中国特色社会主义道路的信念”[①] 放置到马克思主义理论、中国特色社会主义理论体系、中央的文件要求中讲深讲透。

（1）运用马克思主义理论把“理想信念”讲深讲透。“讲深”指的是要用马克思主义唯物史观原理，从历史发展规律的角度讲清楚人类社会存在共产主义崇高目标；“讲透”就是不要留有理论的“死角”和含糊性，运用科学理论的透彻性观照讲课内容。马克思主义者是历史的规律论者，不是历史虚无论者，他们阐发的科学社会主义原理，把人类社会从原始社会向共产主义社会发展演进作了“至今为止最为科学”的分析。人类社会发展以原始社会为起点，不断由低级向高级社会演进，有的是经历人类社会发展的依次的各个阶段，如

① 《胡锦涛文选》第一卷，人民出版社 2016 年版，第 493 页。

奴隶社会、封建社会、资本主义社会；有的可能走着跳跃式发展道路，不经过某个发展阶段，但总的方向是向前的；有的可能走着变异式发展道路，发展的阶段性特征不如科学社会主义所揭示的社会形态特征那样明显，但也是向前发展的。总之，由人类社会历史发展的内在总规律所决定——生产关系一定要适应经济基础状况的规律，人类社会一定要实现共产主义，这是不以任何人的意志为转移的铁的历史规律。从原始社会历经若干时代的历史经验证明，马克思主义所揭示的社会历史规律和发展方向是完全正确的。当然，理想是有层次的，远大理想是未来的，还要经过若干历史时代的交替才能到达；现实理想是中国特色社会主义，中国经历五千年文明的演变，由蛮荒时代进入了当今中国社会主义初级阶段，这是历史发展的结果，是中国人民的选择。我们应当珍视这种文明成果，应当坚定中国特色社会主义的信念，推进中国特色社会主义事业。

（2）运用中国特色社会主义理论体系把“理想信念”讲深讲透。中国共产党领导中国人民取得了新民主主义革命和社会主义建设的伟大胜利，我们已经处在社会主义初级阶段。社会主义初级阶段是社会主义发展阶段的重要组成部分，直接通向社会主义高级阶段和共产主义。这就意味着，社会主义初级阶段的各项事业建设得越好，中国社会主义现代化事业发展越快，我们进入成熟的、高级的社会主义的基础就越雄厚，给予人们的精神力量也越强大；反之，就会影响中国社会主义前途和民族复兴命运。中国特色社会主义理论体系就是针对中国社会主义初级阶段的基本国情，把握世界发展大势和时代特征，科学回答了什么是社会主义、怎样建设社会主义，建设一个什么样的党和怎样建设党，实现什么样的发展、怎样发展等时代课题，形成了邓小平理论、“三个代表”重要思想、科学发展观等指导中国改革开放和社会主义现代化建设的重要理论。这一理论体系是确保中国特色社会主义伟大事业继往开来、立于不败的思想武器和精神力量。人的实践活动总是离不开理论指导的，有什么样的理论指导，社会就有什么样的实践结果。中国共产党团结带领人民群众在改革开放和社会主义现代化建设中探索形成的中国特色社会主义理论体系，是一个科学理论宝库，能够指引中国社会向着灿烂美好的前途发展。

（3）运用党中央文件精神把“理想信念”讲深讲透。党的十七大对理想信念教育提出了明确要求，指出：“要巩固马克思主义指导地位，坚持不懈地用马克思主义中国化最新成果武装全党、教育人民，用中国特色社会主义共同理想凝聚力量，用以爱国主义为核心的民族精神和以改革创新为核心的时代精神鼓舞斗志，用社会主义荣辱观引领风尚，巩固全党全国各族人民团结奋斗的共同思想基础。”[①] 党的十七届六中全会通过了《中共中央关于深化文化体制改革推动社会主义文化大发展大繁荣若干重大问题的决定》，对深入开展理想信念教育作出了部署，提出了要求。文件指出：“要深入开展理想信念教育，引导干部群众深刻认识中国共产党领导和中国特色社会主义制度的历史必然性和优越性，深刻认识中国特色社会主义道路既是实现社会主义现代化和中华民族伟大复兴的必由之路，也是创造人民美好生活的必由之路，自觉把个人理想融入中国特色社会主义共同理想之中，最大限度把广大人民团结和凝聚在中国特色社会主义伟大旗帜之下。”[②] 人是社会实践的主体，理想信念是人的精神支柱，如果没有共同理想和坚定信念，要推进中国特色社会主义事业，全面建设小康社会就不可能。因此，党中央高度重视包括大学生在内的人民群众的理想信念教育，并把党的领导、社会主义制度、中国特色社会主义道路、伟大民族复兴事业、人民幸福美好生活历史地必然地有机地联系在一起，使个人理想同中国特色社会主义共同理想一致起来。

二、“立地”：将理想信念教育与实际相结合

所谓“立地”，就是要把“树立共产主义远大理想，坚定中国特色社会主义信念”放置到社会主义初级阶段基本国情、放置到当代世界发展的国际环境、放置到改革开放带来的人们在生产生活各个方面所发生的深刻变化之中讲深讲透。

（1）立足于中国社会主义初级阶段的基本国情对当代大学生进行理想信念教育。虽然我们进入了社会主义社会，但是，我们还处在社会主义社会的初级阶段；虽然我们经过 30 多年的改革，取得了伟大历史进步，但是，我们还将长期处于社会主义初级阶段的基本国情没有变。在社会主义初级阶段，社会主要矛盾是人民日益增长的物质文化需要同落后的社会生产之间的矛盾这一基本状

① 《胡锦涛文选》第二卷，人民出版社 2016 年版，第 639 页。

② 《中共中央关于深化文化体制改革　推动社会主义文化大发展大繁荣若干重大问题的决定》，人民出版社 2011 年版，第 13 页。

况没有变，这是由社会主义初级阶段的基本国情决定的。当前我国发展出现了八个方面的阶段性特征，涉及发展方式、体制、机制、人口、环境、资源、政治发展、文化需求等方方面面。这些阶段性特征是社会主义初级阶段基本国情在新世纪新阶段的具体表现。大学生思维活跃、思想敏感，他们的思想活动总是与我国社会主义初级阶段的基本国情及其阶段性特征紧密结合在一起的。有些同学敏锐地观察到社会上一些消极腐败现象，对理想信念教育产生了怀疑。我们要从社会主义初级阶段的基本国情方面讲深讲透产生消极腐败现象的原因，讲深讲透理想信念教育对于当代大学生树立正确的世界观、人生观和价值观的极端重要性。

（2）要立足于当代世界发展的国际环境对当代大学生进行理想信念教育。当代世界是开放的世界，中国的发展离不开世界，世界的发展需要中国；和平、发展与合作，仍是当今世界的主题和主流。但是西方敌对势力“西化”“分化”图谋从来没有放松对我国的渗透，重点对象是当代大学生。从20世纪50年代以来，美国中央情报局就执行着专门对付中国的《十条诫命》(*Ten Commandment*)，其中第一条，当代中国青年首当其冲：“尽量用物质来引诱和败坏他们的青年，鼓励他们藐视、鄙视、进一步公开反对他们原来所受的思想教育，特别是共产主义教条。替他们制造对色情奔放的兴趣和机会，进而鼓励他们进行性的滥交。让他们不以肤浅、虚荣为羞耻。一定要毁掉他们强调过的刻苦耐劳精神。”西方敌对势力同中国共产党争夺青年，在理想信念上打响了一场无硝烟的战争。对此，我们要积极应对，一方面要揭露西方敌对势力争夺青年的险恶用心；另一方面要用改革开放的生动实践宣扬中国特色社会主义的生命力和吸引力，使青年坚定跟党走，使青年在理想信念上站稳脚跟、坚定立场，绝不动摇。

（3）要立足于改革开放带来的人们在生产生活各个方面所发生的深刻变化将“理想信念”讲深讲透。改革开放进入攻坚阶段，改革开放进入深水区，标志着我国正在经历着广泛而深刻的变革。这种社会变革的广泛性和深刻性，就体现在“四个深刻变化”上：经济体制深刻变革、社会结构深刻变动、利益格局深刻调整、思想观念深刻变化。[①] 其中思想观念深刻变化既表现出相对独立性，

① 参见《中国共产党第十六届中央委员会第六次全体会议文件汇编》，人民出版社2006年版，第19页。

又是其他三个深刻变化的结果。思想观念深刻变化也会反映到全社会的精神支柱“理想信念”上，尤其在当代青年身上表现明显。对于思想观念变化，只能采取疏通、引导的办法，思想问题只能用思想的方法解决，决不能采取简单粗暴的命令主义、行政主义的方式。因此，对于涉及理想信念教育的重大问题，一定要坚持原则，加强转化、转变工作，善于运用科学有效的方法，体现人文关怀和人文精神，帮助人，理解人，发展人；一定要分类处理，对于一般性思想问题，要着眼于疏导、引导，使之明辨是非，分清善恶，维护理想信念教育的感染力和感召力。

（本文原载《学校党建与思想教育》2012年第34期，收入本书时有文字改动。）

思想政治教育教学要在“新”“深”“活”上下功夫

在研究生思想政治理论课“中国特色社会主义理论与实践研究”课程与教材体系中，中国特色社会主义文化建设专题十分重要。要把这个内容讲出效果来，必须紧扣社会主义文化大发展大繁荣、掀起社会主义文化改革与建设新高潮的时代背景，在“新”“深”“活”上下功夫，用新知识吸引学生、用深度讲解打下思想烙印、用鲜活的语言和事例使学生感兴趣，达到教师乐教、学生乐学并受到教育的目的。我认为，做到“新”“深”“活”，适用于“中国特色社会主义理论与实践研究”课程教学全过程。

一、关于“新”

在中宣部、教育部联合发文公布教改“一〇方案”时，中国共产党十七届六中全会尚未召开，但是，在我们进行一轮课程改革和建设后，中央召开了十七届六中全会，通过并发表了《中共中央关于深化文化体制改革　推动社会主义文化大发展大繁荣若干重大问题的决定》。这既是当前全党全国人民政治生活中的一件大事，也是“中国特色社会主义理论与实践研究”课程改革与建设中的一件大事，文件中的新命题、新论断和新思想形成了当代中国社会主义文化建设的新知识，我们应该及时引入课程教育体系，及时输送给学生。

党的十七届六中全会作出了《中共中央关于深化文化体制改革　推动社会主义文化大发展大繁荣若干重大问题的决定》，这是党在新世纪正确把握重要战略机遇期、科学驾驭国内外复杂形势、推进文化改革、促进文化繁荣所作出的重大战略决策，不仅对于中国特色社会主义文化建设具有十分重要的意义，而且对于夺取全面建设小康社会新胜利、开创中国特色社会主义事业新局面、实现中华民族伟大复兴具有重大而深远的意义。任课教师必须首先深刻领会，使自己受到深刻教育，再通过教学渠道认真传输新知识，告诉研究生“抢抓机遇，促进社会主义文化大发展大繁荣”的新形势、新要求、新任务、新战略和新举措，增强学生的文化自觉，使他们的成长自觉融入社会主义文化大发展大繁荣的伟大事业当中。

一是要站在国际视野上深刻领会六中全会决议。当今世界，和平、发展与合作依然是世界的主流，但是，国际竞争与博弈的格局依然激烈存在，而且向着深度发展，文化软实力问题、民族文化安全问题、民族文化在世界合作与发展中的竞争力问题等显得越来越突出、越来越重要。文化是民族的血脉。我们要警惕并反击国际上敌对势力的“文化帝国主义”战略、策略和做法，坚定维护民族文化安全，做强做大文化软实力，提高“中华文化走出去”水平，不断提高民族文化在国际合作与交流中的竞争力。

二是要站在中国共产党执政地位上深刻领会六中全会决议。中国共产党领导中国人民经历二十八年的浴血奋战取得了新民主主义革命的胜利，取得了社会主义建设的成功，并探索出一条适合国情的中国特色社会主义康庄大道，其中一条重要的经验就是，党十分重视文化领域的领导权和执政权，用先进文化发动人民群众、引领人民群众，筑牢中国人民朝着共产主义奋斗的远大理想，坚定人民群众建设中国特色社会主义的共同理想，始终高扬中华民族精神和伟大时代精神。中国共产党在新时期还面临着长期执政的严峻考验，必须占领精神高地，掌握主流意识，宣扬主流价值，弘扬先进文化，不断提高中国共产党在文化领域的执政水平。

三是要站在建设社会主义和谐社会的工作大局上深刻领会六中全会决议。文化是人民的精神家园，是社会主义和谐社会建设的润滑剂和凝聚剂。根据中央的部署，改革进入了深水区，改革经历着攻坚战，改革处于矛盾凸显期和多发期，对社会主义和谐社会建设提出了更高要求。“人管人累死人，制度管人管死人，文化管人管灵魂。”先进文化、和谐文化和优秀传统文化促进社会主义和谐社会建设，我们要善于运用文化的方法缓和、疏导和化解社会矛盾乃至社会冲突，提升社会的认同度、包容度、满意度与和谐度，提升文化工作与社会工作的本领和水平。我们要在社会主义政治建设、经济建设、文化建设和社会建设的大局和总体格局上谋划社会主义文化大发展大繁荣，科学掌握文化与政治、文化与经济、文化与社会的辩证关系，站在“四个建设”多位一体的交汇点上，不断提升文化建设对政治建设、经济建设和社会建设的支撑作用，不断提升文化建设对社会主义和谐社会的贡献率。

走在学生前面学习中央决议，才能使学生明确党中央对文化建设有新的高度重视，对文化理论有新认识，对当代中国文化建设有新阐述，对当代中国文化发展现状有新判断，对文化大发展大繁荣有新举措，对文化理念有新创造，对当代文化发展有新关切。讲清楚这七个“新”，大体上就实现了把当代中国马克思主义最新文化理论成果及时引入课堂的目标。

二、关于“深”

就是要以若干知识点为载体，在中国特色社会主义文化改革与发展的深刻性上下功夫，在中国特色社会主义文化理论的形成与创新的深厚性上下功夫，在中国特色社会主义文化建设新形势新背景的深层次上下功夫。

一是要充分认识中国特色社会主义文化建设的社会深刻性。社会主义文化建设与经济建设、政治建设和社会建设一道，成为当代中国改革发展、社会主义和谐社会建设的“四位一体”格局，它们相互依存、相互支撑、相互促进，其中任何一个因素在“四位一体”格局中都占有举足轻重的地位。就文化改革发展来说，推动社会主义文化大发展大繁荣，掀起社会主义文化建设新高潮，具有社会层面的广泛性、社会要素的丰富性、社会变化的深刻性、文化发展的引领性。就广泛性讲，它要求全体社会成员积极参与，以高度的文化自觉和文化自信、以高度的文化责任感和历史使命感投身社会主义文化改革发展中，共同建设，共同享有。在一定意义上说，没有参与的广泛性，就没有建设的宏大性，也没有促进社会变革的深刻性。就丰富性讲，文化建设虽然具有相对独立性，但在社会领域，它总要渗透到相关的政治、经济和社会建设等各方面，同这些要素融合在一起。就文化建设本身的内涵要素来说，它也具有相当的丰富性。就深刻性讲，文化是管人灵魂的东西，文化变革首先表现在文化理论、文化理念、文化观念上，切关人的思想深处，切关民族文化心理底层。就引领性讲，文化是人的精气神，是民族的血脉，是人们的精神家园。“没有先进文化的积极引领，没有人民精神世界的极大丰富，没有民族精神力量的不断增强，一个国家、一个民族不可能屹立于世界民族之林。”①

① 习近平：《在文艺工作座谈会上的讲话》，《人民日报》2015 年 10 月 15 日。

二是要充分认识中国特色社会主义文化理论的形成与创新的深厚性。理论的深厚性，来源于实践的深厚性，中国特色社会主义文化理论的形成、发展和创新，与中国改革开放和社会主义现代化建设的伟大事业休戚相关、紧密相连，文化改革发展的实践推动文化理论创新，文化理论的发展推动文化实践的深化。理论来自实践，又引导实践、服务实践。在我国改革开放三十多年的历程中，党中央先后三次做出文化建设的重要决议，在文化实践与理论的结合上科学而准确地推动了文化理论创新，实现了当代中国马克思主义文化理论中国化的飞跃发展。尤其是十七届六中全会决议对文化理论所做的一系列深刻而精辟的阐述，充分显示了当代中国文化理论创新的时代高度和理论厚度，譬如说，关于“物质贫乏不是社会主义，精神空虚也不是社会主义”“没有社会主义文化繁荣发展，就没有社会主义现代化”“社会主义先进文化是马克思主义政党思想精神上的旗帜”[①]等重要论断。这些论断既针对文化建设，又是中国共产党执政的政治理念，因此，它们无不具有实践的厚度和理论的深度，无不具有启发人们思想的理论力度。

三是要在深层次上认识中国特色社会主义文化建设的新形势新背景。中国特色社会主义文化建设是在和平、发展与合作成为当今世界主题的国际背景下展开的，从总体上讲，国际环境有利于我国文化改革发展。各国政府都重视文化软实力建设、本土文化保护工作，在国际文化合作与交流中，形成了一个交流、竞争与发展的国际平台，这为我国文化发展实施“走出去”与“引进来”战略，推动文化体制机制改革，提升文化发展层次，提供了世界经验和国际参照系。特别是在世纪之交，全人类的文化反思与人文主义思潮勃兴，引起了人们对人类福祉、人类命运的关注，人们注重从文化的视角反思人类的发展道路，把文化的进步与文明水平的提升作为考量社会进步的重要标尺，由此促进了人文主义的复兴。全球文化的复兴，为中国文化的复兴创造了良好的世界环境。当然，我们还要看到挑战和不利的一面，对于西方敌对势力利用文化进行“西化”、分化的图谋，对于以美国为代表的“文化帝国主义”战略，一定要擦亮眼睛，保持高度警惕，沉着应对。另一方面，从国内来看，我国的文化建设新高

① 《中共中央关于深化文化体制改革　推动社会主义文化大发展大繁荣若干重大问题的决定》，人民出版社 2011 年版，第 6—7 页。

潮是在改革开放的背景下兴起的，为了促进社会可持续发展和全面协调发展，党和政府日益重视文化建设，提出了科学的文化发展战略；改革开放以来，积累了雄厚的物质基础条件，为文化建设提供可能的硬支撑；随着人民群众生活水平的提高，人们的文化兴趣与需求日益高涨，文化需求促进文化建设参与的积极性和创造性，全民参与的文化建设促进了全社会文化建设的水平与质量的大幅提升，这一良性互动的态势喜人，催人奋进。当然也要看到，人民群众文化需求的旺盛与文化建设的不平衡还存在着突出矛盾，文化改革的体制机制性制约越来越突出，这都需要以改革为动力，妥善及时解决。

三、关于“活”

理论是灰色的，实践之树是常青的。理论是枯燥的，社会生活是丰富多彩的。要善于运用文化改革发展的实践和实例把文化理论讲鲜活，用大众化语言把文化理论讲鲜活，用深刻的哲理把文化理论讲鲜活。只有做到了思想的鲜活性、事例的生活性、语言的通俗性，才能做到深入浅出，“入脑、入耳、入心”。

一是要用事实讲话，做到事例具有准确性、典型性和代表性。譬如，我在讲文化建设专题时，在选用经济增长与人民群众文化消费增长的数据资料时，特别留心使用国家统计局的资料，尽量使用官方资料、第一手资料，权威的资料、真实的事例才能使学生信服；我在讲西方文化对中国的渗透时，特别分析了以美国为代表的文化攻势战略和“文化帝国主义”，资料来源于美国当代著名学者汉斯·摩根索的名著《国际纵横策论———争强权，求和平》，西方人讲西方的事，采信度要高得多。

二是在讲课时注意做到语言的大众化。在做到深入浅出、形象生动时，不妨尽量使用调研资料，最好是在社会生活中收集的老百姓语言。譬如，在讲到我国文化发展不平衡，一些老、少、边、穷地区文化需求实现难时，我直接运用了老百姓自己总结的语言：“文化生活有三难：一是看电影难，二是看戏难，三是看书难”，“很多人的文化生活是一杯茶，一包烟，一副扑克搞一天”，“上山一把刀，下山一肩挑，天黑就睡觉，半夜听狗叫”。群众的语言进入课堂，对学生震撼很大，他们感到亲切，能够引发情感共鸣。在讲到国际影视对我国形成的竞争压力时，我使用了学生自己总结的话，“欧风美雨，日浪滔天，韩流阵阵”，这很能抓住学生文化心理；对国外影视作品进行评析时，与学生进行互动式教学拉近了心理距离，课堂气氛很热烈。

三是在讲事实、摆道理、进行文化传播的过程中，要有哲学的高度、深度和厚度，用哲理引导学生，用智慧启发学生，这样才能站得比学生高，看得比学生远，才能起到人师的作用，而不是仅仅只当一名“讲师”。我在设计课堂教学时，在最后环节从文化哲学的高度，重点阐述了当代中国文化建设与创新应该重视的八大关系：主流文化与非主流文化、文化继承与文化创新、文化事业与文化产业、文化开放与文化安全、文化发展与文化管理、文化形式与文化价值、文化载体与文化方法、文化成果与文化人等。这堂课调动了学生的好奇心和求知欲，不仅课堂有互动，而且课后还有不少学生余兴未了，主动找我交流讨论。实践证明，通过循序渐进的引导，以情感人的劝导，耐心说理的疏导，明辨是非的诱导，研究生还是有比较浓厚的理论兴趣的，他们还是喜欢进行深层次思考的。

（本文原载《江西师范大学学报（哲学社会科学版）》2012 年第 3 期，原标题为《教学要在“新”、“深”、“活”上下功夫》，收入本书时有文字改动。）

围绕“立德树人”积极推进研究生思想政治理论课改革和建设

研究生思想政治理论课是研究生思想政治教育的主渠道、主阵地。根据中宣部、教育部《关于高等学校研究生思想政治理论课课程设置调整的意见》(以下简称《意见》)精神，我校从2010年秋季开始，实施了两轮研究生“中国特色社会主义理论与实践研究”课程的教学改革与建设，受到研究生普遍欢迎和喜爱，得到国家教育主管部门肯定。2月13—17日，在教育部举办的全国研究生思想政治理论课“中国特色社会主义理论与实践研究”教学大纲示范培训会上，社科司分管领导对我校研究生思想政治理论课教学改革与建设工作予以充分肯定与高度评价。参加这次培训的包括全国所有“985”和“211”大学、其他高校的部分代表共197所高校，我校是唯一被教育部社科司领导点名表扬的学校。随后，我们将研究生思想政治理论课教学改革与建设工作书面报告省教育厅和省政府分管领导，受到高度肯定。4月23日，省领导在批示中指出：“江西师大思想政治理论课改革‘三进’、‘三优’的做法与经验很好。对于学生领会社会主义核心价值体系的内涵，增强对中国特色社会主义的理论认同、政治认同、思想认同、情感认同具有重要意义。请教育厅认真总结并适时推广。”这是对我校认真贯彻落实《意见》精神，抢抓机遇、敢闯敢试，全面推进研究生思想政治理论课程改革成效的充分肯定和极大鼓舞。

我校研究生“中国特色社会主义理论与实践研究”课程教学改革与建设的主要做法和经验，初步总结如下：

一是学校高度重视，高位推进。

《意见》发布后，学校党委、行政高度重视，及时召开专题会议，进行总体布置，并成立了研究生思想政治理论课程教学改革与建设领导小组，坚决贯彻落实《意见》文件精神，把握研究生思想政治理论课教学改革的正确方向，认真研究存在的若干问题，制定研究生思想政治理论课教学的相关政策，落实经费支持，全面推进我校研究生思想政治理论课的教学改革与建设。学校党政主要领导，从原党委书记、校长傅修延教授，到现任党委书记陈绵水教授、校长梅国平教授，多次听取情况汇报，多次到马克思主义学院召开现场办公会，了解思想政治理论课教学改革的具体情况，及时处理教学改革与建设中遇到的各种问题，并对贯彻落实《意见》精神，提出了明确的指导性意见，实施高位推动。学校分管学生工作的党委副书记何小平教授，分管研究生教育的副校长张艳国教授在一线具体指挥，统筹落实。他们先后主持召开了江西师范大学“中国特色社会主义理论与实践研究”课程教学改革论坛和“中国特色社会主义理论与实践研究”课程教学改革与建设研讨会。

二是明确教育目的，确立教学理念。

加强研究生的思想政治教育和政治理论学习，重要的是用马克思主义中国化最新理论成果武装时代青年，培养社会主义合格建设者和可靠接班人，使广大研究生确立中国特色社会主义理想信念，唱响“中国共产党好，社会主义好，改革开放好”的时代主题曲。我们认为，要使学生受教育，教师自己要先接受教育；要使学生被感动，教师自己要先被感动；要使学生有感悟，教师自己要先有所感悟。为此，学校研究生院和马克思主义学院组织任课教师认真学习，深刻领会《意见》精神，明确教学目的。通过学习，在任课教师中统一了思想，达成了共识，增强了任课教师的政治责任感和教书育人的历史使命感。

“中国特色社会主义理论与实践研究”是研究生思想政治理论课学习中的一门重要课程，主要是“在当代世界和当代中国背景下，分专题研究和介绍当前中国特色社会主义实践中的重大问题，深化和拓展本科阶段思想政治理论课的学习”①。因此，该课程的教学必须实现三个教学目的：一要帮助研究生系统掌握中国特色社会主义的基本理论，深刻认识社会主义的本质和发展规律，真正理解中国特色社会主义理论体系是当代中国马克思主义的最新理论成果，是党和人民实践经验和集体智慧的结晶；二要通过课程的学习，进一步树立对中国特色社会主义的坚定信念，坚定中国特色社会主义的共同理想；三要培养研究生

① 艾四林、吴潜涛主编：《深化新时代学校思想政治教育改革创新研究——第九届全国思想政治教育高端论坛论文集萃》，人民出版社 2022 年版，第 178 页。

有运用马克思主义的立场、观点和方法，分析和解决中国特色社会主义实践中重大问题的能力。

围绕教学目的，我们确立了“三进三化”的教学理念，以指导研究生“中国特色社会主义理论与实践研究”课程的教学改革与建设，提高研究生对思想政治理论课程的关注度、兴奋度和认同度。“三进”就是坚持将马克思主义中国化最新理论成果、中国特色社会主义实践最新成果、我校马克思主义理论学科建设和科学研究的最新成果“进教材、进课堂、进研究生头脑”；“三化”就是将抽象的理论生动化、深奥的道理通俗化、理论的问题生活化。

三是吃透文件精神，形成教改方案。

虽然中宣部和教育部发布了《关于高等学校研究生思想政治理论课课程设置调整的意见》，文件就研究生思想政治理论课课程设置调整问题提出了明确的指导性意见，做出了原则性规定。但是，对于研究生“中国特色社会主义理论与实践研究”课程的教学改革与建设到底如何实施、如何开展等具体问题，中宣部和教育部的文件并没有提出具体意见。为此，我校多次组织召开教学改革与建设研讨会，先行先试。通过认真分析中宣部、教育部提出研究生思想政治理论课课程设置调整的背景，我们认为，一方面随着中国特色社会主义事业的深入推进和我国高等教育改革的不断深入，对研究生思想政治理论课教学改革必须有新要求；另一方面，在解决本科生“05”方案实施后，研究生思想政治理论课课程设置出现了结构性矛盾的新问题，必须解决本科生、硕士研究生和博士生研究生思想政治理论课的知识与内容衔接问题。

在此基础上，通过深入的研讨，我们形成了“深化与拓展”“课堂与课外”有机统一的教学改革总体方案。“深化与拓展”就是坚持系统性与针对性相结合的原则，在本科生思想政治理论课学习的基础上进行深化和拓展，从而区分本科生与研究生在教学内容上的层次性，增强对研究生的马克思主义基本理论教育和研究问题能力的培养。为此，我们确定了12个专题，实施专题教学。其中涉及中国特色社会主义理论层面2个，实践层面涉及六大建设方面6个，国际视野方面2个，涉及社会热点2个。12个专题确立的主要依据是：第一，政策依据，包括党的十七大报告、中宣部和教育部《意见》精神、《国家中长期教育改革和发展规划纲要（2010—2020年）》《国民经济和社会发展第十二个五年规划纲要》《胡锦涛在中国共产党成立九十周年大会上的讲话》《中共中央关于深

化文化体制改革 推动社会主义文化大发展大繁荣若干重大问题的决定》等；第二，省内外专家指导意见；第三，我校任课教师会议研讨意见；第四，认真听取并合理吸收学生的意见和建议。

“课堂与课外”就是坚持理论性与实践性相结合的原则，实现课堂理论教学与课外实践教学的有机统一。为此，我校研究生院、马克思主义学院通过多种形式，组织任课教师和研究生到“小平楼”“小平小道”和农村、企业等地开展实地考察，使师生对中国特色社会主义的体会更具体、更实际、更深入，进一步坚定了学生的中国特色社会主义共同理想。

四是教学与管理各尽其责，通力合作。

研究生思想政治理论课的教学改革既涉及老师和学生，又涉及教学和管理，需要多层次、多部门的相互配合与合作。为此，我校建立了由学校、研究生院、马克思主义学院组成的“三级联动”有效运行机制。学校层面解决政策和决策，把握课改课建方向；研究生院主要负责协调落实、科学管理，具体任务包括课程教学班级的组建、教学场地和教学时间的安排、课程教学改革与考核管理办法的制定、研究生听课的考勤、教学运行的条件保障、实践教学的组织与实施、研究生课程学习答辩的组织等；马克思主义学院主要负责确定教改方案、组织实施，具体任务包括教师的选派、教学方案的论证与制定、教学备课与教学研讨、教学质量的监控等。三方各尽其责、通力合作，使整个研究生思想政治理论课教学改革与建设在“三级联动”形成的合力中得以高效、有序地运行。

五是以改促建，突出特色。

我们以中宣部和教育部文件精神为课改课建的指导，统一思想，紧紧围绕教学目的，以教学改革的总体方案为依据，坚定不移地进行“中国特色社会主义理论与实践研究”课程教学改革探索，以饱满的政治热情和工作激情“摸着石头过河”，以课改促课建，以课建成果检验课改方案，形成了鲜明的特色。

教学团队阵容强大。根据“中国特色社会主义理论与实践研究”课程的宏观性、综合性和跨学科性特点，我校组建了一支由12位教授构成的高职称、高学历（三分之二博士）、高水平、阵容强大的教学团队（即“十二名教授共讲一门课”）。这是一支政治素质高、责任意识强，学有专长、教学经验丰富的队伍。教学团队中有马克思主义理论博士生导师1人，有江西省首届“赣鄱555”人才1人、省中青年学科带头人7人、省百千万人才2人、省中青年骨干教师2人，还有全国优秀教师和全国思想政治理论课优秀教师1人，江西省思想政治理论课名师1人。

采取“12位教授同上一门课”的教学新模式。过去，研究生教学通常是一个老师承担一门课程的教学，一个学期一个老师从头至尾讲到底。我们在建设这门传统优势课程时，在教学模式上进行了颠覆性的创新探索，由12位教授通力合作，同上一门课。对教师而言，承担一个与他专业最接近、研究最深入的专题，可以最大限度地发挥自己的优势备好一个专题、上好一个专题。对学生而言，可以在一门课程的学习中领略到12位教授不同的教学风格和学术成果。

考核方式的立体化和课程论文与课程学习答辩制。考核方式的立体化是指改变单一考核方式，采取课堂考核、平时作业、课程论文、课程论文与课程学习答辩的组合考核形式，进行综合考核。实施答辩成绩一票否决制。研究生院在对学生进行平时作业、课程论文考核的基础上，随机抽10%—15%的研究生，分成若干小组进行课程论文与课程学习的答辩，参加答辩的名单在答辩前一晚通知学生。对面试答辩成绩不合格者，实行一票否决，以确保研究生独立完成课程论文，考查学生对所学课程基本知识和基础理论的把握，培养和提高学生科学研究的能力。

六是成效显著，反响很好，值得推广。

我校“中国特色社会主义理论与实践研究”课程教学改革与建设取得了明显的成效，“中国特色社会主义理论与实践研究”课程最近已被江西省人民政府学位办、江西省教育厅确立为省级研究生优质课程。在实施了两轮教学改革实践的基础上，由张艳国教授主编的《中国特色社会主义的理论与实践概论》教材已由华中师范大学出版社正式出版（2011年12月），并被省内外多家研究生培养单位选作研究生教材。

我校“中国特色社会主义理论与实践研究”课程教学改革的探索得到国家教育主管部门充分肯定的同时，也得到了省教育厅领导的充分肯定。3月20日，省教育工委副书记史蓉蓉教授来校调研高校公共政治理论课改革与建设，在听取我校详细汇报后，她表扬我校研究生思想政治理论课教学改革起步早、起点高、效果好，值得认真总结。她认为，江西师范大学教改的成功探索，得益于学校党政高度重视、得益于多部门的协调合作、得益于良好的教改思路和一支优秀的教学团队，江西师范大学的探索经验具有可操作性和推广价值，对我省高校研究生思想政治理论课的改革与建设工作具有启示和借鉴作用。3月12日，学校邀请了省内8所研究生培养单位的马克思主义学院负责人和部分专家学者，共同研讨研究生公共政治理论课改革与建设。在研讨中，大家对我校积极探索、创新“中国特色社会主义理论与实践研究”课程教育教学方式，狠抓教学质量和效果，表示高度认同和充分肯定，认为值得总结和推广。

我校研究生思想政治理论课教学改革受到广泛的社会关注，不少报刊与研究生教育网站纷纷撰文介绍我校课改的做法与经验。省内外同行专家也给予了充分肯定，他们一致认为，我校研究生思想政治理论课教学改革时机好、立意高，从培养品学兼优的时代青年的高度，对教学改革进行了顶层设计；教学专题设计好，很有特色，突出了时代热点，符合研究生的思想实际，充分体现了教学内容的层次性与时代性；形成了操作性强的有效运行机制、教学模式和管理形式，具有重要的推广价值。

研究生思想政治理论课程教学改革在研究生中引起了强烈反响，“中国特色社会主义理论与实践研究”成为最受研究生欢迎的课程之一。很多学生的政治理论热情被激活了，比如，2010级研究生李博说，该课程“打破了原有传统教学模式，采用专题讲座形式更符合我们学习的特点，还能领略到授课教授不同的学术特性和风采，专题内容与社会现实联系更加紧密，更容易激发我们的兴趣和热情”。研究生院的跟踪调查表明，学生对这一项教学改革普遍持欢迎和肯定态度。

当然，我校研究生公共政治理论课改革与建设的成功探索，也为本科生的同类课程改革与建设积累了经验，提供了借鉴。

（本文原载《内部论坛》2012年第9期，原标题为《立德树人：用马克思主义中国化最新理论成果武装时代青年》，获江西省副省长朱虹同志批示肯定，2012年4月23日。）

努力办大学生骨干真心喜爱、终生受益的红色培训班

——江西师范大学全国高校思政课教学科研团队创新红色文化教育的实践探索

习近平总书记在党的十九大报告中指出，要“继承革命文化”[①]；他在视察江西时指出，“江西是一片充满红色记忆的红土地”[②]。我们要把红色基因传承好、把红色文化宣传好、把红色传统发扬好。江西拥有丰富红色文化资源，是名副其实的红色资源文化大省，我们要以高度的文化自觉和文化自信，把红色资源转化为文化软实力，通过创新内容、形式、载体和方法，打造江西红色文化教育的亮丽名片，做红色文化传承的实践者、先行者和引领者。党的十九大以来，江西师范大学全国高校思想政治理论课教学科研团队一直以研究和传播江西红色文化为使命，以习近平新时代中国特色社会主义思想为指导，创新红色文化传承方法，通过搭建平台、专人负责、团队协同、教研结合、家校合作、师生互动等方式，积极挖掘红色文化资源，推广红色文化的现代意义，使红色文化教育成为铸魂育人、立德树人的优势项目，产生了广泛社会影响。其中，我们开展的“大学生骨干培训班”项目既是教育部委托的重要教研任务，也是新时代创新红色文化教育的有益尝试。

一、依托国家思政课程教育教学项目开办“大学生骨干培训班”

从2016年开始，我们开办“大学生骨干培训班”，依托我校中国近现代史

① 习近平：《决胜全面建成小康社会　夺取新时代中国特色社会主义伟大胜利——在中国共产党第十九次全国代表大会上的报告》，《人民日报》2017年10月28日。

② 《习近平在江西考察并主持召开推动中部地区崛起工作座谈会时强调　贯彻新发展理念推动高质量发展　奋力开创中部地区崛起新局面》，《人民日报》2019年5月23日。

国家级教学团队负责人、博士生导师张艳国教授领衔承担的“全国高校思想政治课教学科研团队择优支持计划”、“大学生马克思主义自主学习研究”项目，由马克思主义学院具体实施，以培养大学生骨干为重点，着眼于铸魂育人，创新新时代红色文化教育。其主要目的：首先是厚植红色基因，推送红色文化，弘扬红色传统，培养一批深受红色文化熏陶的大学生骨干，使之在思想上坚定理想信念、党的领导、中国特色社会主义和伟大中国梦的政治认同，在行动上成为传承红色文化的坚定践行者；其次是按照习近平总书记“办好思政课”的要求，探索大学生思想政治教育改革发展的有效路径，为提升新时代思想政治教育水平积累经验；再次是积极回应党中央关于“三全育人”的新要求，突出问题导向、加强目标引领，直面大学生的思想难点、疑点和痛点，办“有温度”的大学生骨干培训班。

从项目落实的总体情况看，从 2016 年至 2018 年，利用每年的暑假时间，共邀请全国 29 所高校（包括清华大学、上海交通大学、华东师范大学等知名高校在内）的 110 名大学生骨干，举办了 3 期大学生骨干培养强化班。培训班既有思政专业的国家级教学名师、马克思主义理论学科的长江学者、国务院津贴专家担任主讲教师授课，又有学生自学、讨论以及到井冈山红色文化基地展开“感知之旅”。

为确保大学生骨干培训班见实效、有收获，学校党委高度重视并支持这项工作。每一届大学生骨干培养强化班都在马克思主义学院马克思塑像前举行庄重的开班仪式，学校领导及学院负责人都到场与学生们一起宣誓，进行深入交流。学校各部门协同配合，在教学场地、实验设备、师资力量等方面，为该项目顺利实施提供保障。为确保生源质量，前来参与培训的大学生都经过各参训高校掌握政治标准严格选拔。每期大学生培训班都以学生党员为主体，辅以一部分积极要求入党的积极分子。他们的理论素养基础好，思想觉悟高，政治立场坚定，情绪饱满，性格阳光，既思想活跃，又脚踏实地，具有浓厚的家国情怀，是名副其实的“大学生骨干”。名家授课认真负责，师生互动好，课堂气氛好，课外交流好。通过培训班，大学生增添了校外知心人、暖心人。如受邀讲课的教育部高校思政课教学指导委员、中央财经大学马克思主义学院院长冯秀军教授说，江西师范大学举办的大学生骨干培训班，是一次全新的思政课堂、全新的红色文化洗礼，不仅对大学生骨干有学习挑战，而且对授课教师也能引发思想震撼，这样的探索对于坚定大学生积极向上的人生选择，一定终生有益。事实上，每期培训结束后学生提供的作业也表明，创新形式与内容的培训班，学生喜欢，印象深刻。通过科学合理地设置培训内容，改革教学方法，教学效果好。一是理论学习与案例分析相结合，通过小组讨论和辩论，产生思想碰撞，得到认识启发；二是结合实践考察，进行现场教学、情景教学和体验式教学，深度感悟名人故居、烈士陵园、八一起义纪念馆、井冈山革命纪念馆等红色文化教育基地的革命元素，引发学生学思践悟；三是要求学生结合培训内容，撰写格式规范的学术理论文章，邀请优秀论文作者参加江西省大学生习近平治国理政思想学习研讨会，提升学生思考研究能力和水平；四是在培训班结束后，要求参训学生返校后利用学校课堂、社区讲坛等进行一场以上的红色文化宣讲活动，并将宣讲稿、PPT、宣讲照片等反馈给我们，作为互动交流的资料保存，并进行点评、回复。我们的培训追求是：办成大学生骨干终生受益、永志不忘的“钢铁式红色培训班”。

二、聚焦大学生骨干真心喜爱和终生受益办好培训班

江西师范大学全国高校思想政治理论课教学科研团队用心、用情、用力，加强政治引导、思想疏导、人生指导，站在大学生骨干的思想实际、情感实际、认知实际方面思考办什么样的班、怎样办班问题，努力办大学生骨干真心喜爱、终生受益的培训班。

一是善用巧劲，依靠学生骨干做学生工作，增强思想政治工作的亲和力。在每期培训班中，我们都遵循抓主要矛盾和矛盾主要方面这个重要方法论，联系学生思想实际，分析重点难点，直面疑点痛点，打开思想的“扣子”。在培训中，我们紧紧抓住学生积极分子、先进分子和骨干分子，抓住思想教育工作中的主要矛盾，以先知带动后知，以自觉带动他觉，以骨干带动一般，发挥骨干分子和中坚力量的示范引领作用，形成以点带面、全面发展的良好态势，收到事半功倍的效果。

二是精心设置议题，以小组讨论的形式，让学生自己讲，互动交流，激发学生参与的主动性。在每期培训班中，我们精心设计了培训的各个环节，建立各种形式的平台让学生充分参与、深入体验、探究和感悟。第一，从学生关注的问题入手，收集、梳理、分类学生关注的现实问题和网络热点问题，为学生讨论备足资料，认真解答学生的思想困惑。第二，将学生分为若干小组，在老师的引导下由学生选择若干议题，以小组讨论和辩论的形式展开，最后由指导教师进行深度点评。第三，案例解剖与理论分析相结合，既避免就事论事，缺

少“理论味”，导致“不过瘾”，又突出思想针对性、引导性，避免将思政课变成“报告会”，导致“枯燥乏味”。总之，要了解学生口味，吊足学生胃口，对准学生口型，提供高品质精神食粮。

三是多项并举，通过有内容有形式的双重创新，做到“既好吃又好看”，引领红色教育拓新走实。当前，在大学红色文化教育中还存在内容陈旧、脱离实际、照本宣科、形式单一等缺陷，克服和解决这些问题是深化教育教学改革的重点难点。在教学实践中，必须强调针对性，做到“到什么山上唱什么歌”“量体裁衣”、不放空炮；必须强调互动性，做到“你离不开我，我离不开你”“你中有我，我中有你”；必须强调有效性，使之“学了还想学，走了还想来”“争当回头客”。根据大学生群体的特点和需求，将教育的需求侧与供给侧结合起来，不断加强红色文化教育的供给侧改革：第一，理论学习和案例分析相结合，克服思政课成为“板着脸说话”的“关公会”，或者是“摆龙门阵”的“故事会”的教育误区；第二，开展对话与理解的体验式教学，不先入为主，不强加于人，让事实说话，让真理放光芒，克服简单说教的传统路径依赖；第三，打通时空隧道，使历史与现实相结合，让红色文化的历史意义与时代价值胶着在一起，使深沉性与时代性感染人的思想和情操，避免就事论事，“只见树木，不见森林”的形而上学陷阱。

三、“大学生骨干培训班”取得的实际效果及产生的社会影响

经过几年的探索，我们开办的“大学生骨干培训班”不仅得到了学生和家长的广泛认可，而且得到了众多主流媒体的广泛关注。

一是学生有收获感和认同感。大学生骨干来自全国各地，有着不同的学科、专业背景和家庭影响，经过学习培训，必然引发头脑风暴，在思想认识上相互激荡、相互启发。不少学生表示，离开所在的学校和课堂，觉得“山外有山”，“甜头更甜”，眼界开阔了，认识深刻了，思想坚定了。红色文化教育使他们增添了正气、朝气和阳刚之气，使学生由外而内地焕发出满满的正能量，在政治认同、理论认同、制度认同、道路认同上，更加充满青春激情。如来自绍兴文理学院的祝海燕同学表示：“在多种教学方式下，大家的理论素养和实践能力得到进一步提升。通过参观革命先烈的旧居、跋涉挑梁小道、访谈红军后人等活动，磨练了我们的意志与毅力。大家都来自五湖四海，通过红色教育聚到一起，

结下了深厚珍贵的友谊，是人生的宝贵财富。”

二是社会反响好。该项目实施后，受到众多主流媒体广泛关注，如中央电视台“新闻联播”节目、中国教育报、江西日报、江西卫视、人民网、新华网等都积极肯定“流淌着红色基因、别出心裁的思政课”，许多网友纷纷留言点赞，使“大学生骨干培训班”提高了知名度，扩大了社会影响力。培训班还得到了学生家长的大力支持和鼓励，不少学生家长说，看到学生通过暑期培训后的积极变化，“真是激动不已，简直不相信世上还真有精神上的灵丹妙药”。这些家长还希望这样的培训班长期办下去，这样的好项目“不要让它垮掉了”。

三是对高校思政课教学改革具有积极的借鉴意义。让思政课受到学生喜爱，就要紧密联系大学生思想生活实际、紧跟时代步伐，创新思政课形式、内容和方法，焕发思政课内在的生命力和活力。我们通过理论学习、实践考察、名师授课、学生宣讲、小组讨论、案例分析等各个教学环节的精心设计和配合运用，特别是老师的精心指导和全程参与，有效实现了师生互动、教学相长、释疑解惑，在很大程度上解决了传统思政课存在的单调、死板、乏味、枯燥等问题，这些成果可以成为改进思政课教学形式与方法、提高教学质量的有益借鉴。

四、对新时代高校思政课教学改革的经验启示

开办大学生骨干培训班，传承红色文化，激活红色基因，弘扬红色传统，发挥大学生思想政治教育的有效性，关键是要解决教育的面向性、吸引力和持续性问题。教育要面向受教育者的思想实际，没有面向性就没有针对性；教育要以理服人、真情感人，没有亲和力就没有吸引力；教育要立足学生成长成才的长过程，精准发力，没有长远性就没有持续性。

一是红色文化教育引领思政课改革创新必须紧紧围绕学生需求，面向成长成才有效展开。青年学生正处于世界观、人生观和价值观形成的关键时期，习近平总书记将其形象地比喻为“拔节孕穗期”[①]，科学教育、正确引导、耐心细致工作和灵活多样的方法是促使学生由感性认识到理性认识、坚定“四个自信”的关键。在培训总结中，我们发现，一些原本对此认识不深或缺乏兴趣的同学，通过教育引导转为自学探究，逐步体会到红色文化的独特魅力，在思想认识上

① 《习近平主持召开学校思想政治理论课教师座谈会强调　用新时代中国特色社会主义思想铸魂育人　贯彻党的教育方针落实立德树人根本任务》，《人民日报》2019 年 3 月 19 日。

发生了很大变化。比如，我校软件学院2017级商软一班的封田同学，其学习背景本来是理工科，在老师的启发和指导下，自主地设定选题，查找资料，组织开展课堂讨论，前后相比有了很大转变和提高。这样的案例还有很多。这也让我们在教学活动中认识到，只要我们多花一些心思、多用一些时间、多投一些热情、多建一些平台，就能把各方主体组织起来，把各种资源有效利用起来，调动大学生的积极性自觉性，就能取得教育成果。

二是红色文化教育引领思政课改革创新必须立足于教育内容、方式方法改进，增强教育的亲和力、辐射力和影响力。内容是吸引力的原动力，鲜活的内容先天地具有亲和力。创新红色文化教育，发挥思想政治教育功能，必须坚持内容为王原则。教育内容要立足中国大地和中国特色，立足中国实践和当代主题，立足新鲜经验和鲜活创造，立足人民中心和家国情怀，坚持实事求是、与时俱进，将生动性、实践性与思想性、政治性有机结合起来。有效的方式方法能提高内容传导效率，适当形式和科学方法从来都是教学效果提升的必然依据。既要坚持那些行之有效的传统方式办法，也要善于运用新的方式方法，使红色文化教育保持应有的开放性和必要的教育，有效克服“老办法不管用，新办法不会用”[①]的教育窘境。

三是红色文化教育引领思政课改革创新必须登高望远、放眼未来，持之以恒、久久为功。十年树木，百年树人。立人之计，在于立德。红色文化教育引领思政课改革创新，是铸魂育人、立德树人的题中要义，是一件打基础、立长远的事业。切不可计一时之功，谋一时之利，更不可摇摇摆摆、不切实际，甚或是“打摆子，冷一阵热一阵”“反反复复，翻烧饼”，要保持定力谋划长远，立足实际从长计议，培育一代人，献出一世情。常态化的持续投入和接续努力是做好红色文化教育引领思政课改革创新的重要保障。我们深切地体会到，常态化培训和持续化教改，是抓好红色文化教育，办好思政课的关键一招。

（本文原载《中国社会科学报》2019年7月19日第7版，原标题为《铸魂育人　以培养大学生骨干为重点创新红色文化教育——江西师范大学全国高校思想政治理论课教学科研团队创新红色文化教育综述》，收入本书时有文字改动。）

① 王晓东：《提高化解矛盾的能力和实效》，《人民日报》2015年3月12日。

【师范教育办学方式新探索】

科学用好高等教育分类评价重要方法

党的二十大报告指出，要坚持以人民为中心发展教育，加快建设高质量教育体系。推动高等教育评价改革是建设高质量教育体系的重要组成部分，必须适应高等教育发展内在规律、教师和学生成长规律、社会选人用人规律，科学用好分类评价方法，以分类评价促进高校特色发展、专业内涵发展、人才个性发展，为全面建设社会主义现代化国家提供人才支撑。

一、认识分类评价改革的紧迫性

随着我国经济社会发展进入新时代新阶段，社会结构、产业结构发生重大变化，高等教育须顺势而为、主动作为，发挥好分类评价在教育供给侧中的积极作用，使人才培养适应经济社会发展的迫切需求。

教育评价改革是教育改革的深水区。目标决定方向，评价激活动向。教育评价是对教育目标达成度和社会满意度的价值判定，事关教育发展方向，对教育事业发展有着牵一发而动全身的重大影响。教育评价改革一直是教育改革领域难啃的骨头，被喻为“龙头一战”“最硬一仗”。针对教育评价中存在的过度指标化、一刀切，盲目追求排名、分数、论文等社会反映强烈的问题，为适应新时代国家高质量发展要求，教育评价改革势在必行[①]。

2018 年 9 月 10 日，习近平总书记在全国教育大会上提出，“要深化教育体制改革，健全立德树人落实机制，扭转不科学的教育评价导向，坚决克服唯分数、唯升学、唯文凭、唯论文、唯帽子的顽瘴痼疾，从根本上解决教育评价指

① 参见周洪宇：《指导深化新时代教育评价改革的纲领性文件——〈深化新时代教育评价改革总体方案〉解读》，《红旗文稿》2020 年第 22 期。

挥棒问题”。[①]这传递出党中央对教育评价改革的坚定决心，回应了社会对教育评价改革的殷切期待。2020 年 9 月 22 日，习近平总书记在教育文化卫生体育领域专家代表座谈会上强调，“要全面深化教育领域综合改革，增强教育改革的系统性、整体性、协同性。要抓好深化新时代教育评价改革总体方案出台和落实落地，构建符合中国实际、具有世界水平的评价体系”。[②]这展现出中国在教育改革评价上敢为人先的魄力和真抓实干的能力。

2020 年 10 月，中共中央、国务院印发《深化新时代教育评价改革总体方案》，这是一份指导深化教育评价改革的纲领性文件。方案从总体要求、重点任务、组织实施三个层面对国家教育评价改革进行了顶层设计和科学部署，向世界贡献出中国智慧、中国思路。

树立多样化的高等教育质量观和建立多元化的高等教育评价体系，已成为国际共识。早在 1998 年，联合国教科文组织召开首次世界高等教育大会，认为“几乎世界各地的高等教育都趋向多样化”[③]。经过 20 多年的发展，多样化发展已经成为世界高等教育发展的时代潮流和观察依据。目前，中国高等教育规模已经位居世界首位，如何建设世界一流、中国特色的高等教育分类评价体系，是中国由高等教育大国向高等教育强国转变过程中必须面对和解决的重点问题，它切关中国高等教育多样化发展、特色发展、高质量发展。

分类评价改革是高等教育评价改革的科学方法。有教无类，和而不同，因差异而精彩。分类评价是教育改革适应高等教育发展规律、学生和教师成长规律、社会选人用人规律的内在要求。高等教育是培养高级专门人才的地方，不同类型的大学有不同的办学定位，不同的专业体现不同的职业导向，这是高等教育的基本特征。如果没有分类评价，办学和人才培养就会同质化。个体差异性是人的身心成长的基本规律之一，是因材施教的基本遵循。大学生既存在普遍的个体差异性，也有区别于其他专业学生的群体差异性，这是学生分类评价的学理依据。高校教师的工作内容因专业、学科、岗位不同而存在差异，用好

① 《习近平在全国教育大会上强调　坚持中国特色社会主义教育发展道路　培养德智体美劳全面发展的社会主义建设者和接班人》，《人民日报》2018 年 9 月 11 日。

② 习近平：《在教育文化卫生体育领域专家代表座谈会上的讲话》，《人民日报》2020 年 9 月 23 日。

③ 转引自潘懋元、贺祖斌：《高等教育普及化背景下的大学治理——访著名教育家潘懋元先生》，《广西师范大学学报（哲学社会科学版）》2021 年第 5 期。

分类评价才能有效激励教师专业化发展，这是教师分类评价的现实依据。社会选人用人既有基本素质要求，更有差异化、职业化素质需求，实施专业分类评价促使学生在职业方向上分流，缓解激烈的就业竞争压力，这是高校分类评价的社会现实依据。

《深化新时代教育评价改革总体方案》明确提出，推进高校分类评价，引导不同类型高校科学定位，办出特色和水平；同时，根据不同学科、不同岗位特点，坚持教师分类评价，推行代表性成果评价①，这为分类评价改革提供了政策依据和思路指向。

分类评价重在“建”，用好“评”，目标是办好人民满意教育。“评”是标杆，是手段；“建”是要求，是措施；“好”是目标，是落脚点。办好人民满意教育，既要评，更要建，根本出路是以评促改，以评促建，评建结合，重点在围绕“好”做足做好“建设”这篇大文章。高校分类评价改革重在“建”，即建立科学合理的分类评价标准体系，从源头上保障丈量学校、学生、教师、人才的尺子可信、可靠，具有公信力和权威性，能够促进高校内涵式发展。用好“评”这把尺子，就是要规范合理地实施评价行动，发挥好评价的指挥棒作用，确保评价行为客观、公正。高校分类评价改革的出发点是人才培养质量，落脚点是办好人民满意教育。

二、突出分类评价改革的问题意识

我国现有高校3000多所，各级各类高校在办学区域、层次、类型等方面不尽相同，存在的问题也是千人百面，各有成因。实施高等教育分类评价改革，要找准问题，聚焦源头，对症下药，精准施治，克服教育评价各种顽疾，扭转不正确的评价导向。

一是要克服“胡子眉毛一把抓”。分类评价的根本方法是“量体裁衣”，根据评价客体的实际情况制定差异化、发展性质量标准体系，避免评价主体不看对象，用一把尺子量到底，避免评价对象根据统一的标准削足适履，不顾自身发展实际情况。例如，上海在全国率先形成分类规划、分类投入、分类评价的

① 《中共中央　国务院印发〈深化新时代教育评价改革总体方案〉》,《中华人民共和国国务院公报》2020年第30号。

高等教育治理新格局，从顶层设计开始，按照全市高等教育整体布局和发展实际，找准服务面向领域和行业，凸显高校办学特色和办学水平。各高校结合实际按照分类标准选择办学定位，办学特色逐步显现，特色发展已成为高校的自觉行动[①]。

二是要克服“一刀切”。教育系统的一个普遍特征是多样性，这一特征在高等教育领域表现得尤为突出。高校在学生、教师、课程、专业、学科、办学类型、办学层次等方面存在诸多差异，如果忽视差异性，评价结果就会失去效度。评价结果不能真实反映评价客体实际情况，就不能起到以评促建的目的。例如，上海在实施高校分类评价改革过程中结合国际分类经验、国内高校结构特点和地方实际，将全市62所高校分成“四型三类”，形成了“十二宫格”评价类型。高校在结合办学实际和与教育部门充分沟通的基础上，自主选择相应办学类型，办学更聚焦、更具特色，高校间“比学赶超”氛围越来越浓厚，“一招鲜”的学校迅速崛起[②]。

三是要做到全覆盖。高校分类评价的客观依据是，高校是分类建设、分类发展的。《国家中长期教育改革和发展规划纲要（2010—2020年）》曾明确提出，“建立高校分类体系，实行分类管理”，“引导高校合理定位，克服同质化倾向”。[③]由此可见，先有分类发展、后有分类评价，而不是事先预设一个统一的分类评价标准，再实施教育评价。因此，高等教育分类评价能够适应高校多层次多样性差异，兼顾各类各级学校办学实际、各学科专业培养人才实际，做到全覆盖。以上海海事大学为例，作为应用研究型高校，学校评价论文时更加关注研究成果能否支撑实际应用，学校结合自身办学定位和优势，将研究重点更多地放在解决航运物流关键问题上、高效能成果转化上，实现了有特色高水平发展。这就使上海海事大学与其他类型高校充分实现错位发展，不用盲目跟风，走综合性大学发展之路[④]。

四是要克服“五唯”顽疾。20世纪90年代以来，企业的目标责任制和绩

---

① 柯勤飞：《上海高校分类评价：作用与建议》，《上海教育评估研究》2021年第3期。

② 平辉：《以评价为牵引　催生更多不同类型好大学》，《光明日报》2021年10月19日。

③ 《国家中长期教育改革和发展规划纲要（2010—2020年）》，《人民日报》2010年7月30日。

④ 陈之腾：《分类评价多赛道，跑出高教新气象　上海高校分类管理评价三年显成效》，《上海教育》2021年第13期。

效管理被引入高等教育领域，对我国高等教育快速发展曾起到一定的积极作用。经过20多年演变，这种以结果为导向的评价方式所带来的一些消极影响，表现得越来越明显，特别是以高校排名论学校，以职称等级、论文数量、学术头衔论教师，以考试分数、证书数量、积分排名论学生等突出问题，“五唯”顽疾引发的负面影响越来越明显。分类评价以内涵发展为目标，回归教育本质，回归育人初心，避免教育不见“人”，评价不见“人”问题。以上海为例，为了克服“五唯”顽疾，上海高校分类评价指标体系不再将老师的学历作为指标，评价论文时采用分类评价，不再对学生、教师发论文总量进行考察，不再将论文作为应用技术型和应用技能型高校的重要观测点，不再将以论文为主要依据的大学排行和被引学者作为观测点，仅在研究型高校保留师均论文数指标等①。

五是要围绕教育高质量谋发展。提高教育质量，坚持走内涵式发展道路，这是科教兴国的必然选择、人才强国的应然要求、立德树人的本真要义。高质量发展关注内涵、聚焦质量，其目标是“高”，载点是专业、学科，关键是师资队伍，根本方法是协同育人。高校只有把分类评价纳入内涵式发展之中，才能促进高质量发展。高等教育分类评价是对高校实施精准评价、全面评价的重要依据，能够保障高校高质量内涵式发展。譬如，上海应用技术大学作为一所市属应用创新型本科院校，该校积极抓住上海高校分类评价改革机遇，科学分析评价指标内涵，把学校内涵建设与高校分类评价紧密结合，以评促改、以评促建，学校办学特色显现，发展成果显著，连续四年“应用技术型”高校排名第一，2021年成为博士学位授予单位，入选上海高水平地方大学重点建设单位。可见，实施分类评价对学校精准发力搞内涵建设，一心一意谋特色发展起到了重要促进作用②。

三、抓住分类评价改革的目标导向

高等教育发展规律表明，多样化、个性化、特色化发展，是高等教育发展到高级阶段的显著特征。抓实抓好高校分类评价改革，需要建立科学的分类评

① 陈之腾：《分类评价多赛道，跑出高教新气象　上海高校分类管理评价三年显成效》，《上海教育》2021年第13期。

② 上海应用技术大学发展规划处：《四连冠！上海应用技术大学在上海高校分类评价中再获应用技术型第一》，《应用技术学报》2021年第4期。

价标准和指标体系，促进高校分类发展、错位发展、高质量发展，形成千帆竞发、百舸争流的良好局面。

一是站稳立足点，引导高校分类发展，做到术业有专攻。高校分类发展是高校分类评价的基础。高校只有通过分类、多元、科学的育人模式，聚焦特色发展、差异发展，培养社会需求和个人需求相融合的高级专门人才，才能真正做到术业有专攻。目前，国际上并无普遍认可的统一分类方法；在我国，分类评价改革也还处于探索阶段。据统计，截至 2022 年 4 月，在国家政策引导下，全国共有 13 个省份制定了本地区高校分类管理和评估方法，对高校实行分类管理已经成为当下高等教育发展改革的趋势和潮流。

二是掌握平衡点，把握评价标准的共性与个性，标准值融通平衡。标准科学可行，是实施分类评价的灵魂。评价标准是评价主体对评价客体属性的价值选择，明确优劣的区隔。但是，由于价值及其选择是多元的，因此，评价标准具有一定的主观性，这也是造成评价标准之间存在差异的重要原因。从实践来看，我国现行价值标准主要存在四种范式：一是以知识为核心的学术价值取向；二是以社会需要为核心的社会价值取向；三是以人的全面发展为核心的人本价值取向；四是以人才培养为核心的育人价值取向。从目前评价实践来看，高校分类评价有必要以“育人为本”价值取向为核心，形成既能反映育人普遍规律，又能体现高校办学定位、学科专业差异的分类评价标准体系。目前，我国从中央层面尚未出台专门针对高校分类发展的政策性文件，已经出台高校分类评价办法的省份在评价标准和分类体系制定上存在较大差异，评价标准的科学性、融通性还有待提高①。

三是吃透关键点，制定科学的指标体系，搞好分类评价。制定科学的指标体系，是实施分类评价的参照依据。如果说评价标准是分类评价的灵魂，那么，指标体系就是分类评价的血肉，它把评价标准具化为客观可见、能够操作的观测点。相关研究表明，人才培养、学科建设、财力数量、财力资源配置、产学研和领导水平这六个二级指标是决定高等教育内涵式发展的重要因素，其中，人才培养是重中之重②。在制定分类评价指标体系时，既要重点围绕这几个指标

① 王利利：《省域高校分类评价的现状、问题及改革路径》，《内蒙古社会科学》2022 年第 5 期。

② 李靖、林玲、鲁圆圆：《高等教育内涵式发展评价指标体系研究》，《高教学刊》2021 年第 19 期。

展开，也要结合各类高校实际，做好指标体系分类编制工作。譬如，上海市在设计高校分类评价指标时，先把高等教育的本质属性具体化为高等教育五大职能，召开教育部门管理人员、不同类型高校专家代表相关会议计二十余次，请他们列出与高等教育职能相关、体现不同类型高校特征的指标，并经过多轮次意见征集、汇总和分析，将一些非本质、非关键、不具操作性的指标剔除，形成分类评价指标征求意见稿，经不断科学论证后，最终定稿[①]。

四是抓住核心点，围绕内涵式高质量发展，实现评优汰劣。促进高校内涵式高质量发展是分类评价的主要目的。内涵式发展必须坚持质量导向、特色导向，深入贯彻落实立德树人根本任务[②]，培养中国特色社会主义现代化建设所需的全面发展人才。分类评价是教育管理的有效手段，是促进高校自我完善、自我发展的改革杠杆，是社会参与的重要渠道。依据评价结果对高校实施评优汰劣，是强化分类评价指挥棒作用的科学方法。只有合理运用评价结果，才能更好发挥评价的导向、激励、调节等功能，把高校导入快速发展、良性发展快车道，从而形成人才辈出、人才济济的大好局面。譬如，上海市高度重视高校分类评价结果运用，评价结果与高校内涵建设经费分配、高水平地方大学建设遴选、教师绩效工资、高校党政班子考核等挂钩，充分发挥“以评促建、以评促改”作用，推动了上海高校内涵式高质量发展[③]。

五是关注聚焦点，满足社会合理诉求，做到公平公正。公平公正，是实施分类评价的重要原则。公平与公正互为条件，相辅相成。实施分类评价，既要对评价对象公平，也要对评价主体公正，还要对社会负责公信。教育评价结果，直接关系高校办学声誉和政府对办学资源的配置，千万马虎不得。在分类评价过程中，评价主体要充分倾听各方诉求，公开评价信息，严肃评价纪律，开展“阳光评价”，广泛接受学校、教师、学生和社会监督，确保评价工作公平有序、公正可信[④]。目前，我国尚未形成多元主体共同构建的评价体系，主要实施以政

① 张兴：《分类评价：指标设计、操作程式和结果应用——以上海高校分类评价为例》，《教育发展研究》2020 年第 19 期。

② 张荣：《以评价改革推动一流大学建设进入“快车道”》，《中国高等教育》2021 年第 8 期。

③ 张兴：《分类评价：指标设计、操作程式和结果应用——以上海高校分类评价为例》，《教育发展研究》2020 年第 19 期。

④ 《教育部关于印发〈普通高等学校本科教育教学审核评估实施方案（2021—2025 年）〉的通知》，《中华人民共和国教育部公报》2021 年第 4 号。

府等行政主体为主导的教育评价，高校内部评价积极性不高，第三方评价机构对政府的依赖也较大，未能很好地满足多方诉求，需要努力构建多元主体共同参与的教育评价体系。

四、实施高校分类评价改革的实践进路

2015 年以来，为落实国家关于高校分类管理和实施高校“双一流”建设等文件精神，全国各省市区陆续推出高校分类评价政策。截至 2020 年 11 月底，11 个省市发布了高校分类评价指导文件与实施办法[①]。其中，广东、上海、浙江、吉林等省市公布了较为细致的实施方案和评价指标体系，积累了较为丰富的高等教育评价改革经验。这些经验，为扎实有效地开展高等教育分类评价改革，提供了有益借鉴。

一是坚持高校分类评价原则，细化评价标准。

目前，国内外关于高校分类评价原则的研究成果不多，但关于高校排名评价的一般原则已经达成共识。国际上比较公认的高校排名评价原则，是国际排名专家组（IREG）于 2006 年 5 月在柏林召开的第二次会议上达成的《柏林高等教育机构排名原则》（The Berlin Principles on Ranking Higher Education Institutions，简称 BP）。该原则由“排名的目的与目标”“排名的指标设计与权重”“排名的数据收集与处理”和“排名的结果与公布”四个部分构成，涵盖 16 条具体原则（详见表 1）[②]。

高校分类评价作为一种评价方式，需要深入研究分类评价原则，细化评价标准，保障评价科学性。BP 原则既是制定高校评价指标体系的公认原则，也是改进、优化高校评价工作的重要操作规范，为我国高校评价提供了重要参考。我国实施高校分类评价可结合 BP 原则，聚焦中国高校办学实际和省域高等教育差异，使我国高校分类评价工作具有国际化、中国性特色。

---

① 沈其娟、徐梦婷、蔡三发：《管办评分离背景下我国 4 省市高校分类评价的实践》，《上海教育评估研究》2021 第 5 期。

② 周益斌：《遵循与超越：基于〈柏林原则〉的高校分类评价透视——以上海为例》，《教育发展研究》2020 年第 19 期。

表 1 《柏林高等教育机构排名原则》基本内容

评价要素	原则内容
目的与目标	1. 排名仅是评估高等教育的投入、过程、产出的方法之一
	2. 必须明确排名的目的以及排名的目标群体
	3. 认识到高等教育机构的多样性并考虑到它们不同的使命和目标
	4. 提供清晰的排名信息的决策范围与指标内涵
	5. 针对排名的高校，要考虑其不同语言、文化、经济和历史背景
指标设计与权重	6. 排名方法要公开、透明
	7. 指标选择要考虑相关性和有效性
	8. 优先考虑产出而不是投入
	9. 确保权重的显著性与尽可能的稳定性
数据收集与处理	10. 注意伦理标准并吸收好的做法
	11. 尽可能使用经过审核的、可验证的数据
	12. 数据收集经过合理程序
	13. 对排名过程采取质量保障措施
	14. 运用组织保障排名的可靠性
结果与公布	15. 让使用者清晰理解用于排名的所有信息，并让其选择排名的呈现方式
	16. 编制方式要能够消除或减少原始数据的误差，组织和公布方式能使错误可以被校正

二是区分高校分类评价类型，引导高校错位发展。

将高校按照一定标准划分为不同类型，是做好高校分类管理的基础环节。纵观我国教育分类评价改革实践，各地根据高等教育发展实际，多从学科构成（量的维度、横向维度）和办学类型（质的维度、纵向维度）两个基本维度把高校细化为不同类别，再按照以上两个维度两两组合的方式把高校划分为具体的类型。

各地高校在制定分类标准时，应充分考虑省域高等教育布局、高等教育总体水平、各高校办学规模（学科专业数量）、办学层次（人才培养层次、科研水平等）等因素，从高校发展质和量的两个方面进行细致区分，为实施分类评价、实现错位发展打好基础。

以上海为例，上海根据学科专业设置的横向维度将高校划分为综合性、多科性和特色性三种类型，根据人才培养主体功能和科学研究类型的纵向维度将高校划分为学术研究型、应用研究型、应用技术型和应用技能型四种类型，由此形成了“十二宫格”高校分类体系（详见表 2）[①]。

表 2　上海市高校“十二宫格”分类体系

分型 分类	综合性（学科门类或专业大类≥ 7 个）	多科性（学科门类或专业大类介于 3 至 6 个之间）	特色性（学科门类或专业大类介于 1 至 2 个之间）
学术研究型（培养学术人才；可授予博士、硕士和学士学位）	培养学术研究人才；拥有国际影响力的一流教研人员；A ≥ 0.7：1；B>25%；C ≥ 30%；D ≥ 30%	培养学术研究人才，拥有国际影响力的一流教研人员；A ≥ 0.7：1；B>25%；C ≥ 30%；D ≥ 30%	—
应用研究型（培养应用研究与开发人才；可授予博士、硕士和学士学位）	培养应用研究与开发人才；拥有海外学习研究经验的高水平教研人员；A ≥ 0.2：1；B>50%；C ≥ 0%；D ≥ 10%	培养应用研究与开发人才；拥有海外学习研究经验的高水平教研人员；A≥0.2：1；B>50%；C ≥0%；D ≥10%	培养应用研究与开发人才；拥有海外学习研究经验的高水平教研人员；A ≥0.2：1；B>50%；C ≥ 0%；D ≥ 10%
应用技术型（培养专门知识和技术应用人才；一般可授予硕士专业学位和学士学位）	—	培养专门知识和技术应用人才；拥有行业、产业实践经历的高水平“双师双能型”教师；A ≥ 0；B>75%；C>0%；D ≥ 0%	培养专门知识和技术应用人才；拥有行业、产业实践经历的高水平“双师双能型”教师；A ≥ 0；B>75%；C>0%；D ≥ 0%
应用技能型（培养专科层次的操作性专业技能人才；面向行业、职业）	—	培养专科层次的操作性专业技能人才；以符合“双师双能型”要求的教师为主体；A、B、C 均为 0	培养专科层次的操作性专业技能人才；以符合“双师双能型”要求的教师为主体；A、B、C 均为 0
备注：A 表示研究生在校生数 / 本科在校生数；B 表示应用型研究生数 / 研究生总数；C 表示博士学位点数 / 学校学位点总数；D 表示基础研究投入经费 / 当年科研经费投入。			

面对高校分类评价大势，各地高校应结合自身办学传统和优势，努力找准办学定位，在学科专业设置上有所为、有所不为，不要盲目追求学科专业规模大而全，步入高校综合化、同质化发展窄路。

① 李明磊、李艳艳：《上海市高校“十二宫格”分类政策及对北京市高校的启示》，《北京教育（高教）》2020 第 2 期。

以笔者所在的南昌师范学院为例，学校将自身办学目标定位为高水平强技能有特色的新建普通本科师范院校，始终坚守教师教育底色不脱帽，守牢育人育才本色不易帜，彰显服务基层特色不改道，聚焦师德师风亮色不变质，打造“四色”有机融合，铸就“金色”教师教育品牌，培养师范生具有“腿上有泥，身上有汗，心中有爱，师能有长”的气质品质。教师教育学科专业群是学校重点打造的学科专业群之一，师范类专业占比为55%，学前教育于2022年获得国家一流专业建设点。学校近年来取得的办学成绩，都离不开精准科学的办学定位、强烈的教师教育办学情怀和走内涵式发展的决心定力。

三是构建高校分类评价指标体系，走内涵式特色发展之路。

目前，高校分类评价指标体系主要围绕办学类型维度（质的维度）制定相应的3—4套指标体系，它既体现共性指标，又突出个性指标，有的地区还增加了自选替代性指标，以体现办学特色。各地在制定指标体系时，紧紧围绕立德树人根本任务，结合省域高校总体发展格局和水平，以人才培养为重点，统筹兼顾高校五大职能，以共性指标引导高校内涵式发展，以个性指标激励同类高校错位发展，以替代性指标鼓励高校自身特色发展[①]。

譬如，浙江省实施普通本科高校评价指标体系，分研究为主型、教学研究型、教学为主型三个系列。每套指标体系由一级指标、二级指标、观察点及评价标准和计分办法构成。其中，一级指标都是6个，各类一级指标相同。研究为主型设21个二级指标和39个观察点。教学研究型设21个二级指标和40个观察点。教学为主型设16个二级指标和31个观察点。每套指标体系总分为1000分，一级指标各类相同，但分值不同；二级指标各类依据内容来确定分值。三套指标体系均给出5个以内（含5个）替代性指标供学校自选。替代性指标仅限于二级指标下的观察点，且与同类院校同一指标有可比性，与被替代指标具有高关联性。替代性指标须经省教育厅认定后，按被替代观测点分值给分[②]。

① 张兴：《分类评价：指标设计、操作程式和结果应用——以上海高校分类评价为例》，《教育发展研究》2020年第19期。

② 《浙江省教育厅关于印发〈浙江省普通本科高校分类评价管理改革办法（试行）〉的通知》，2016年8月9日，http://jyt.zj.gov.cn/art/2016/8/9/art_1229106823_615062.html，2023年11月20日。

表 3　浙江省普通本科高校评价指标体系（试行）
（教学研究型简表）

一级指标	二级指标	观察点
1. 人才培养（340 分）	1.1 研究生教育（100 分）	1.1.1 一级学科硕士学位授予点（20 分）
		1.1.2 研究生一志愿报考率（10 分）
		1.1.3 研究生学术成果产出（25 分）
		1.1.4 学位论文抽检情况（25 分）
		1.1.5 毕业研究生平均薪酬水平（20 分）
	1.2 本科生教育（180 分）	1.2.1 毕业本科生读研率（20 分）
		1.2.2 毕业本科生创业率（20 分）
		1.2.3 毕业本科生 1 年后跟踪就业率（30 分）
		1.2.4 毕业本科生平均薪酬水平（20 分）
		1.2.5 用人单位满意度（50 分）
		1.2.6 本科生科研活动（40 分） （其中：发表论文 10 分；申请发明专利 10 分；学科竞赛 20 分）
	1.3 物质资源（60 分）	1.3.1 教学经费占学校定额拨款和学费收入总额的比重（30 分）
		1.3.2 生均图书经费投入（含电子图书资源）（10 分）
		1.3.3 生均实习实训经费（20 分）
2. 师资队伍（140 分）	2.1 师资质量（50 分）	2.1.1 省部级及以上人才数（50 分）
	2.2 师资结构（90 分）	2.2.1 专任教师博士学位占比（40 分）
		2.2.2 生师比（50 分）
3. 科学研究与社会服务水平（140 分）	3.1 科研平台（25 分）	3.1.1 省部级及以上科研创新平台数（25 分）
	3.2 成果奖励（25 分）	3.2.1 省部级及以上成果奖励（25 分）
	3.3 科研项目和经费（30 分）	3.3.1 主持省部级及以上重点重大科研项目数量（20 分）
		3.3.2 师均科研经费（10 分）
	3.4 社会服务（60 分）	3.4.1 主持重大横向课题数量（20 分）
		3.4.2 产学研合作（10 分）
		3.4.3 科技成果转化情况（30 分）

续表

<table>
<tr><th>一级指标</th><th>二级指标</th><th>观察点</th></tr>
<tr><td rowspan="6">4. 学科专业建设（180分）</td><td>4.1 学科排名（30 分）</td><td>4.1.1 学科排名进入前 30% 的学科数（30 分）</td></tr>
<tr><td>4.2 学科影响（20 分）</td><td>4.2.1ESI 进入前 1% 的学科领域数（20 分）</td></tr>
<tr><td rowspan="3">4.3 学科专业建设成效（100 分）</td><td>4.3.1 一流学科建设成效（50 分）</td></tr>
<tr><td>4.3.2 优势特色专业成效（30 分）</td></tr>
<tr><td>4.3.3 已认证专业数（20 分）</td></tr>
<tr><td>4.4 资源建设（30 分）</td><td>4.4.1 省级及以上教学资源（30 分）</td></tr>
<tr><td rowspan="6">5. 国际交流（100 分）</td><td rowspan="2">5.1 师资国际化（40 分）</td><td>5.1.1 专任教师国（境）外访学 6 个月及以上人员占比（30 分）</td></tr>
<tr><td>5.1.2 聘请外国文教专家（含外籍教师）3 个月以上数量（10 分）</td></tr>
<tr><td rowspan="2">5.2 人才培养国际化（40 分）</td><td>5.2.1 外国学历留学生占在校生比例（20 分）</td></tr>
<tr><td>5.2.2 交换生占在校生比例（20 分）</td></tr>
<tr><td>5.3 国际合作项目（10 分）</td><td>5.3.1 主持国际重大合作项目（10 分）</td></tr>
<tr><td>5.4 国际合作平台（10 分）</td><td>5.4.1 国际合作平台数（10 分）</td></tr>
<tr><td rowspan="4">6. 学校影响力（100 分）</td><td>6.1 社会捐赠（20 分）</td><td>6.1.1 社会捐赠金额（20 分）</td></tr>
<tr><td>6.2 毕业生对母校满意度（40 分）</td><td>6.2.1 毕业生对母校满意度（40 分）</td></tr>
<tr><td>6.3 学术声誉（20 分）</td><td>6.3.1 教师业内影响（20 分）</td></tr>
<tr><td>6.4 生源质量（20 分）</td><td>6.4.1 省内生源高考投档线（20 分）</td></tr>
</table>

高校走内涵式特色发展之路，紧盯核心指标、关键指标，将人才培养放在办学治校首位，这是首选。以学科为基础，打造人才培养航母；以专业为依托，建设人才培养车间；以教师为关键，启动人才培养发动机；以课程为载体，添加人才培养催化剂；以学生为归宿，为人才培养保驾护航。此外，高校要统筹兼顾五大职能，担负更多社会责任，为地方经济社会发展贡献力量。

以南昌师范学院为例，学校始终坚持以人为本办学理念，落实立德树人根本任务，使启智润心、培根铸魂的教育事业弦歌不辍、薪火相传。70 年来，学校深耕教师教育，在内涵发展、特色发展上下足功夫、做足文章，涌现出周文英、李才栋、李旷等一批卓有成就的好老师、“大先生”，培育了一大批全国优秀教师、全国模范教师、全国教育系统先进工作者、教授、博导、高级特级教师等名优教师，集中培训中小幼教师、校（园）长14万余人次，远程培训与集中面授中小学校长和教师400余万人次。学校培训过江西90%的中小学校长和80%的骨干教师，为江西中、小、幼教师专业化发展和终身学习作出重要贡献，成为江西省基础教育事业发展的工作母机。作为一所刚通过本科教学合格评估的高校，学校狠抓内涵质量建设，在2021年成为江西省“十四五”时期新增硕士学位授予立项重点建设单位。同年，首次申报并获批1个国家一流本科专业建设点（学前教育）、3个省级一流本科专业建设点（汉语言文学、商务英语、数学与应用数学）。总之，学校内涵式建设依靠教师教育特色取得突破性进展。

四是合理运用评价结果，激励高校开展良性竞争。

科学运用评价结果，是实现分类评价意义的关键[①]，也是考察分类评价改革是否落地见效的关键。纵观各地高校分类评价改革实践，运用分类评价结果主要有三种功能导向：一是考核与问责导向，将评价结果作为高校资源配置和高校领导干部绩效考核的重要参考依据。例如，吉林省将分类评价结果作为政府经费投入、基建规划、招生计划、人事编制、学科评审等资源分配管理的依据。上海在应用分类评价结果时，强调对高校领导班子的问责功能，对分类评价中表现优异的高校领导班子给予奖励，对表现不佳的党政班子进行问责，将评价结果作为干部考核与使用的重要依据。二是激励与选拔导向，将评价结果与高水平大学、学科建设等项目选拔与资助挂钩。例如，上海在高校分类评价中将结果排名作为入选地方高水平大学建设行列的前提和先决条件。三是诊断与改进导向，将评价结果作为自我诊断与改进的重要依据，引导高校在省内外同类高校中有序开展竞争，实现以评促建目的。吉林、广东、上海等省市建立发展建议动态反馈机制，根据分类评价结果，有针对性地为高校改革发展提供建议。其中，广东在实施分类评价时成立专家咨询委员会，为高校建设总体规划和策略调整提出改进建议[②]。

对高校进行排名，是实施高校分类评价的重要表现形式。它激发高校发展改革动力，促进同类高校展开办学竞争，助力高校内涵式高质量发展加速度。

---

① 贺武华:《高校如何在“宫格”中实现行政主导下的自主发展——兼析沪浙高校分类发展模式与经验》,《教育发展研究》2022年第1期。

② 沈其娟、徐梦婷、蔡三发:《管办评分离背景下我国4省市高校分类评价的实践》,《上海教育评估研究》2021第5期。

以南昌师范学院为例，为适应高等教育高质量发展和分类发展的新时代要求，学校在同类师范院校中选树学习标杆，坚持进位赶超，锚定建设一所有特色、高水平本科师范院校奋斗目标，打出发展改革“组合拳”。为促进思政课与课程思政融合，提高思政育人水平，学校构建由“青蓝讲堂、青风学堂、青雨润堂、青烛讲堂、青影艺堂”组成的“五青”思政工作体系，探索的思政育人模式获得省级教学成果二等奖。为提高教师教育质量，学校高度重视学科教学教师团队建设，《双轮驱动　融合发展——高师院校学科教学论教师团队建设的实践探索》获得省级教学成果一等奖。为激活人事人才管理，学校在教学、科研、管理服务等领域出台10余项的系列改革制度，初步形成“以职称评审、岗位聘用”为牵引、以“创新能力、质量、贡献”为导向的人才评价体系，成为省教育评价改革工作第一批试点单位。为聚焦内涵式特色化发展，学校以硕士点重点建设为契机，主动学习中部六省同类师范院校优秀办学经验，确立“一学两标杆”学习目标。

高等教育发展水平既是国家综合实力和发展潜力的重要体现，也是衡量一个国家文化软实力、核心竞争力的重要指标。目前，我国高等教育已由大众化迈向普及化发展阶段，但距离现代化教育强国目标还有差距。因此，在高等教育改革实践中，我们充分运用好分类评价这一科学方法，必定能够为办好人民满意的高等教育作出新贡献、书写新篇章。

（本文原载《中国大学教学》2023年第4期，收入本书时有文字改动。）

新时代高等教育改革发展的新任务新要求新部署

高等教育发展水平是一个国家发展水平和发展潜力的重要标志。办好高等教育，事关国家发展，事关民族未来。党的十九大报告指出“加快一流大学和一流学科建设，实现高等教育内涵式发展”[①]，这是党和国家在中国特色社会主义进入新时代的关键时期，对高等教育提出的新要求。今年政府工作报告又提出“发展公平而有质量的教育”，特别强调“以经济社会发展需要为导向，优化高等教育结构，加快‘双一流’建设，支持中西部建设有特色、高水平大学”。[②]这是新时代高等教育发展新的动员令，是高等教育最紧迫的战略任务。“双一流”战略的实施，标志着中国加快高水平大学重点建设和提升高等教育整体发展水平都站在了一个新的起点上。

但如何实施好“双一流”战略呢？这就引出了今天话题的重点：高等教育改革的新任务新要求新部署。10 月 8 日教育部颁布的《教育部关于加快建设高水平本科教育　全面提高人才培养能力的意见》（以下简称“新时代高等教育 40 条”）指出：“本科生是高素质专门人才培养的最大群体，本科阶段是学生世界观、人生观、价值观形成的关键阶段，本科教育是提高高等教育质量的最重要基础。办好我国高校，办出世界一流大学，人才培养是本，本科教育是根。建设高等教育强国必须坚持‘以本为本’，加快建设高水平本科教育，培养大批有理想、有本领、有担当的高素质专门人才，为全面建成小康社会、基本实现社会主义现代化、建成社会主义现代化强国提供强大的人才支撑和智力支持。”[③]

---

① 习近平：《决胜全面建成小康社会　夺取新时代中国特色社会主义伟大胜利——在中国共产党第十九次全国代表大会上的报告》，《人民日报》2017 年 10 月 28 日。

② 《李克强作的政府工作报告（摘登）》，《人民日报》2018 年 3 月 6 日。

③ 《教育部关于加快建设高水平本科教育　全面提高人才培养能力的意见》，《中华人民共和国国务院公报》2019 年第 3 号。

人才培养是本，本科教育是根。加快建设高水平本科教育，全面提高人才培养能力是新时代高等教育改革的新任务和新要求。坚持以本为本，推进四个回归是新时代高等教育改革的新部署。

一、背景

【背景一】2016 年 12 月 7 日，习近平总书记在全国高校思想政治工作会议上指出，我国高等教育肩负着培养德智体美全面发展的社会主义事业建设者和接班人的重大任务，必须坚持正确政治方向。高校立身之本在于立德树人。只有培养出一流人才的高校，才能够成为世界一流大学。

【背景二】2018 年 5 月 2 日，习近平总书记视察北京大学，在师生座谈会上就高校培养什么样的人、怎样培养人发表重要讲话。他指出，培养社会主义建设者和接班人，是我们党的教育方针，是我国各级各类学校的共同使命。高校只有抓住这个根本，才能扎根中国大地办好社会主义大学。

【背景三】2018 年 9 月 10 日，习近平在全国教育大会上强调，在党的坚强领导下，全面贯彻党的教育方针，坚持马克思主义指导地位，坚持中国特色社会主义教育发展道路，坚持社会主义办学方向，立足基本国情，遵循教育规律，坚持改革创新，以凝聚人心、完善人格、开发人力、培育人才、造福人民为工作目标，培养德智体美劳全面发展的社会主义建设者和接班人，加快推进教育现代化、建设教育强国、办好人民满意的教育。（注：把“劳”纳入全面发展要求，培养德智体美劳全面发展的社会主义建设者和接班人，丰富了新时代党的教育方针的内涵）

【背景四】2016 年 10 月，在武汉高等学校工作座谈会上，教育部部长陈宝生同志就学习贯彻习近平总书记关于高等教育重要论述，首次提出了高等教育“回归常识、回归本分、回归初心、回归梦想”的“四个回归”，立即在全国教育界产生了重要影响和广泛认同。

【背景五】2018 年 6 月 21 日，教育部召开了新时代全国高等学校本科教育工作会议（以下简称“成都会议”），这是改革开放 40 年来的第一次本科教育会议，陈宝生部长在会议上作了题为《坚持以本为本　推进四个回归　建设中国特色、世界水平的一流本科教育》的讲话，再次对“四个回归”进行了全面阐述，并把“四个回归”看作本科教育的两个基本点之一。陈宝生部长的讲话是对高等教育发展基本规律和基本逻辑的通俗表达，是对习近平总书记关于高等教育系列讲话和论述的高度概括，在我国高等教育推进综合改革的背景下具有十分重要的时代意义。教育部发布的《一流本科教育宣言》和“新时代高等教育40条”中，均把“四个回归”作为我国高等教育改革发展的基本遵循，为新时代的本科教育工作指明了方向。

【背景六】2018年10月8日，教育部颁布的“新高教40条”强调，高等学校必须主动适应国家战略发展新需求和世界高等教育发展新趋势，牢牢抓住全面提高人才培养能力这个核心点，把本科教育放在人才培养的核心地位、教育教学的基础地位、新时代教育发展的前沿地位，振兴本科教育，形成高水平人才培养体系，奋力开创高等教育新局面。

二、新时代高等教育面临新形势

我国已经建成了世界上规模最大的高等教育。2017年，全国各类高校2631所，高等教育在学总规模3779万人，高等教育毛入学率达45.7%，正在快速迈向高等教育普及化阶段。目前，全国本科教育共有92个专业类、630种专业、56818个专业点，开展本科教育的高校有1243所，在校本科生1648.6万，是中国高等教育最大的供给体系，专业齐全、类型多样、区域匹配。

新时代高等教育面临着新的形势，中国高等教育是不是强国，必须在国际视野下看我们有没有影响力、有没有感召力、有没有塑造力，是不是开始走近世界舞台中央，在世界高等教育发展中有没有中国声音、中国元素、中国方案。

（一）新时代高等教育的定位和使命

十九大报告提出了七个战略，即科教兴国战略、人才强国战略、创新驱动发展战略、乡村振兴战略、区域协调发展战略、可持续发展战略、军民融合发展战略。每一个战略都与高等教育密切相关。十九大报告还提出建设科技强国、质量强国、航天强国、网络强国、交通强国、数字中国、智慧社会等。如果没有高等教育的人才、科技和服务的支撑，这些“强国”建设也都难以完成。一句话，新时代的国家战略和目标需要高等教育的支持。这些战略发展的基础是中华民族伟大复兴的内容，而复兴需要教育作基础。正如十九大报告所指出的，建设教育强国是中华民族伟大复兴的基础工程。[①]所谓基础工程，首先它是基础平台，其次它必须率先实现。由此可见，十九大报告把高等教育的地位提高到了前所未有的新高度。

高等教育在新时代承担着新使命：

第一，目标更高了。十九大报告指出，建设教育强国是中华民族伟大复兴的基础工程。优先发展教育，才能面向新时代、赢得新时代、领跑新时代。因此，高等教育强国要在教育强国建设中先行实现，高等教育要赢得新时代，最重要的是要有领跑新时代的能力。

第二，任务更硬了。十九大报告讲教育的部分有327个字，内涵丰富，尤其是其中的动词的使用与以往不一样。比如，以前是“把立德树人当作高等教育的根本任务”，十九大报告是“落实立德树人”，“当作”是号召，“落实”是目标。以前说“实施素质教育”，十九大报告是“发展素质教育”。在我看来，大学生创新创业教育是新时代素质教育的新突破。原先素质教育更多地体现在知识层面，如增加人文素养知识，现在我们要把知识、能力、素质糅合在一起。我们要培养学生的家国情怀、团队精神，敢于冒险、不怕失败。所以，素质教育不是实施的问题，而是发展的问题。以前提“促进教育公平”，十九大报告提出“推进教育公平”。以前提“推进高等教育内涵式发展”，十九大报告则提出：加快一流大学和一流学科建设，实现高等教育内涵式发展。

第三，需求更迫切了。习近平总书记指出：“我们对高等教育的需要比以往任何时候都更加迫切，对科学知识和卓越人才的渴求比以往任何时候都更加强烈。”[②]这意味着，高等教育今后的使命神圣、任务艰巨、责任重大。高等教育只有真的把一流本科教学这件事情落实了，真的做好了，才能让“更迫切、更强烈”的事情梦想成真，否则就是空想。

（二）高等教育面临四大变化

从总体上看，中国高等教育面临着以下四个大的变化：

一是地位和作用有了变化。之前，我们更多强调的是高等教育的基础支撑作用，现在我们要强调高等教育支撑和引领作用并重，而且引领的分量要加大。

---

① 习近平：《决胜全面建成小康社会　夺取新时代中国特色社会主义伟大胜利——在中国共产党第十九次全国代表大会上的报告》，《人民日报》2017年10月28日。

② 《习近平谈治国理政》第二卷，外文出版社2017年版，第376页。

我国经济社会发展要想保持中高速、迈向中高端可持续发展，最大的红利、最重要的牵引力就是高等教育。高等教育要发挥好这种作用。

二是发展阶段有了变化。中国高等教育已经从后大众化阶段向普及化阶段迅速迈进。中国高等教育 2002 年进入大众化阶段，毛入学率达到 15%。15 年后的今天接近 45%，再过两到三年将超过 50%。毛入学率 50% 是世界高等教育发展进程的一个新阶段——普及化阶段。中国高等教育只用了十几年的时间就将完成从大众化向普及化的转变。一个国家的高等教育进入普及化阶段，意味着高等教育开始成为其国民的基本需求，高等教育开始成为国民职业生涯的“基础教育”。

三是类型结构有了变化。当一个国家的高等教育发展到高级阶段，引领国家发展的一定是多样化的高等教育，而不是单一的“同构化”高等教育。不同类型的学校都可以成为国家队，在人才培养方面尤其如此。

四是环境坐标格局有了变化。我们的舞台是世界舞台，我们的坐标是国际坐标，我们的格局是全球格局。因此我们不仅要参与国际竞争，还要参与国际高等教育治理，参与高等教育标准制定。

（三）一流大学必须有卓越的教学

关于如何建设一流大学，习近平总书记在全国高校思想政治工作会议上强调，“只有培养出一流人才的高校，才能够成为世界一流大学。办好我国高校，办出世界一流大学，必须牢牢抓住全面提高人才培养能力这个核心点，并以此来带动高校其他工作”。[①] 同年，在教育部直属高校工作咨询委员会第 26 次全体会议上，刘延东同志指出，要落实习近平总书记“扎根中国大地办大学”的指示。提高人才培养能力，要向课堂教学要质量，向社会要教学资源；要建设学校质量文化；要推广三大先进理念；工程教育质量标准要与国际实质等效。陈宝生部长也表示，立德树人要落实在提高本科教学水平上。提高教学水平，基础在本科，基础不牢，地动山摇；没有高质量的本科，就建不成世界一流大学；高校领导不抓教学，不是失职就是渎职，至少是不称职；抓质量就是抓责任、抓标准、抓激励、抓评估；要建设质量文化，引领质量发展。陈宝生部长还提

① 《习近平谈治国理政》第二卷，外文出版社 2017 年版，第 377 页。

出“四个回归”[①]，即回归常识、回归本分、回归初心、回归梦想。回归常识，教育的常识就是学生读书；回归本分，教师的本分就是教书育人；回归初心，教育工作者的初心就是培养人才；回归梦想，教育梦就是报国梦、强国梦。陈宝生部长说，教学决定生存，学校为教学而建；离开教学，校长就不是校长，教授就不是教授，大学就不是大学；质量决定兴衰。

一流大学必须有卓越的教学。事实上，近年来，世界一流大学都已经开始瞄准本科教学。

英国正在从国家层面上回归教学，发动一场围绕质量的教育大变革。2016年英国教育部发布《高等教育白皮书》指出，知识经济体的成功体现为教学卓越、社会流动和学生选择。白皮书的“教学卓越框架”提出：围绕以学生为中心提升教学质量，确保每一个学生得到良好的教学体验，鼓励原创思维，推动参与，为在全球范围内工作做准备。强调教学与研究具有平等地位，优秀教师与优秀研究人员享有同样的专业认可度、职业机会和薪酬待遇。根据近三年退学率、学生满意度和毕业生就业率等指标进行“金银铜”高校排名，以便学生了解哪些高校的教学水平高。只有参加“金银铜”排名的高校才可以提高学费。高校专业教学应激发每一个学生的潜能，增加毕业生就业，尤其是在高技术产业领域就业。

美国卡内基教学促进会1998年发布了《重塑本科教育：美国研究型大学发展蓝图》，2001年又发布《重塑本科教育：博耶报告三年回顾》。这两份报告引起了美国研究型大学对本科教育的强烈关注，对本科教育改革产生了广泛而深远的影响。哈佛、斯坦福、麻省理工等超一流大学纷纷回归本科教育，启动本科教学改革。

2006年，哈佛大学本科院院长哈瑞·刘易斯在《失去灵魂的卓越》一书中深刻反思哈佛大学一度忽视了本科教育，是失去了灵魂的卓越。可以说，没有一流本科的“一流大学”是失去了灵魂的卓越！没有一流本科的“一流学科”是忘记了根本的一流。

斯坦福大学2012年发布《本科教育报告（2012）》，2015年又发布《斯坦

① 《陈宝生在教育部召开的武汉高校工作座谈会上强调　高等教育要做到四个“回归”》，《中国教育报》2016年10月17日。

福大学 2025 计划》。约翰·亨尼斯校长在报告中说，斯坦福大学是一所伟大的教学与研究型大学，要像对待科研一样重视与支持教学，这不仅可能，而且很重要。以前关于本科教育的讨论都陷入了“把教育改革局限于如何重新安排船上的座椅，而不是对轮船的航向进行深思熟虑的讨论”[①] 的误区，新一轮本科教育改革的关注点不应仅仅指向大学应该教什么，也要关注大学应该怎么教，更要关注学生应该怎么学、学得怎么样。斯坦福大学提出如下 21 世纪本科教育目标——掌握知识，专业教育与通识教育融合，知识的深度与广度融合，包括自然科学、社会科学、文学艺术、分析哲学；磨炼能力，包括口头表达能力、写作能力、批判性阅读能力、美学与审美能力、形式和定量推理能力、历史思考能力、科学分析能力、创新创造能力；培养责任感，包括个人和社会责任感、伦理和道德、跨文化跨种族认同能力、团队协作能力、包容慷慨的品质以及富有同情心；自适应学习，掌握知识迁移能力，即运用所学知识能力去创建新的连接，解决新问题，应对各种外界挑战和机遇，逐步形成创新思维、创新意识、创新能力和创新习惯，成为创新型人才。

麻省理工学院 2014 年发布《麻省理工学院教育的未来》，2016 年发布《高等教育改革的催化剂》。拉斐尔·莱夫校长指出，高等教育到达了一个转折点，我们必须打造以学生为中心的教育，单个的变革主体是不够的，必须让全体教师、大学的高级管理层、学科和专业负责人、科研团队都参与进来。要让学生学会反思、讨论（与同伴和专家）、学科思维、自学和掌握学习。麻省理工学院正在推动教学方法改革，改革传统的课堂教师授课的被动学习，倡导主动学习、探究式学习、项目学习、从做中学、实践学习、问题导向学习、自我学习、同伴互学和团队学习。[②]

我们建设高等教育强国，要做好“四个一流”的统筹：

一流大学是目标。一流大学是中国硬实力、软实力、巧实力的象征，国家发展需要一流大学的支撑和引领。

一流学科是条件。但是，一流学科不等于一流大学，一流学科的总和也不等于一流大学。

---

① 周鑫燚、王慧主编：《大学智慧课堂》，四川教育出版社 2022 年版，第 9 页。

② 吴岩：《新时代高等教育面临新形势》，《光明日报》2017 年 12 月 19 日。

一流本科是根本。没有一流本科，建设一流大学是自娱自乐。

一流专业是基础。一流专业是一流人才培养的基本单元。只有真的把课程、教师、教学、学生及教学方法技术都在这个专业平台上整合好，把专业建扎实，把一流本科办好，培养一流人才的目标才可能实现。

三、建设一流本科的重要意义

（一）建设一流本科教育，是“双一流”建设的重要基础

人才培养是高等学校的根本任务，人才培养水平是衡量高校办学水平的根本标准。2015 年新修订的《高等教育法》再次明确，高等学校以人才培养为中心，开展教学、科研、社会服务。人才培养是中心、是根本，是大学的本质属性，是大学的存在价值。党中央、国务院高度重视高校人才培养工作，《中共中央关于制定国民经济和社会发展第十三个五年规划的建议》和《国民经济和社会发展第十三个五年规划纲要》都聚焦人才培养，对高等教育改革发展作出了全面部署，并明确提出“提高高校教学水平和创新能力，使若干高校和一批学科达到或接近世界一流水平”[①]，凸显了党和政府对加强高校人才培养工作、提高教学水平的高度重视和殷切希望，凸显了提高人才培养质量在“双一流”建设中的地位和作用。本科教育在人才培养工作中占据基础地位，是大学教育的主体组成部分。本科教育质量是大学办学声誉的重要载体。因此，一流的本科教育是一流大学的重要基础和基本特征，建设一流大学必须建设一流本科。坚持“本科为本”，是我国一流大学建设的必然选择。

纵观国外一流大学，普遍将本科人才培养和本科教育质量放在学校发展的重要战略地位，将培养一流本科生作为学校发展的坚定目标和不懈追求。世纪之交，美国有关机构发布了《本科教育重建——美国研究型大学发展蓝图》，提出“重建以学生为中心的研究型大学本科教育”，[②] 推动了美国研究型大学的教学改革。近年来，美国一些研究型大学持续深入推进本科教学改革，斯坦福大学 2012 年出台了《本科教育研究报告》，开启了新一轮大规模本科教学改革。国外高水平大学对本科教育的办学定位和做法，对我们推进中国特色、世界一流高

① 《中共中央关于制定国民经济和社会发展第十三个五年规划的建议》，人民出版社 2015 年版，第 34 页。

② 林蕙青：《一流大学要办好一流本科教育》，《光明日报》2016 年 5 月 17 日。

水平大学建设具有重要的启示和借鉴作用。

（二）建设一流本科教育，是适应新形势更好地服务国家经济社会发展的迫切需要

我国高等教育正面临着新形势、新要求。从世界形势看，世界多极化、经济全球化、文化多样化、社会信息化深入发展，世界科技革命和产业变革加速进行，综合国力竞争越发激烈。各国无一例外都将高等教育作为国家竞争力的核心要素，并为保障和提升高等教育质量做了大量探索和努力。从我国改革发展形势看，我国进入全面建成小康社会决胜阶段；中央提出了创新驱动发展战略、“一带一路”倡议以及一系列区域、产业发展战略举措；经济发展步入新常态，动力转换、结构调整、方式转变、产业升级任务紧迫。这些迫切需要高等教育发挥重要的人才支撑作用。从教育对象的特点看，90后大学生是互联网时代的“原住民”，他们的价值观念、思维方式、学习方式、交往方式与上一代学生相比有了很大变化，我们以往熟悉的教育理念、教学内容和方式、管理手段，迫切需要作出相应调整。

“985工程”“211工程”高校拥有最好的生源，担负着为国家和社会培养支撑和引领未来发展的领军人才和骨干人才的重要使命。这些高校要深入研究新形势新变化，主动适应经济社会发展和学生健康成长提出的新要求，遵循高等教育发展规律，加快改革创新，加快推动人才培养链与国家创新链、产业链有机衔接，大力提升为社会主义现代化建设服务、为人民服务的能力。

（三）建设一流本科教育，是解决我国高水平大学发展中突出问题的现实需要

改革开放以来，我国高等教育改革发展取得了历史性成就。但总体上看，我国还不是高等教育强国，“大而不强”的问题十分突出。特别是在人才培养方面，一些学校包括高水平大学还存在着较大差距，主要表现在办学理念、专业设置、人才培养机制等还不同程度地脱离社会实际、脱离时代发展；教学内容、教学方法和评价方式相对陈旧单一；实验、实习、实训环节相对薄弱；学生的社会责任感、创新精神、实践能力仍有待增强。

一些高校在办学中“重科研轻教学”的问题比较突出，领导对本科教学工作重视不到位、教师投入不到位、优质资源保障不到位。一些高校要特别注意防止三种情况：一是防止只重视学科建设而忽视专业建设。学科建设侧重于知

识体系的继承与创新；专业建设是社会需求与不同学科知识体系的结合，侧重于专门人才的培养。一流学科是一流专业建设、一流人才培养的有利条件，但不等同于一流教学。在“双一流”建设中，要把提高教学水平和提高科研创新能力相结合，使一流学科建设与一流专业建设成为有机统一体，相互融合、相互支撑、相互促进。二是防止只重视研究生教育而忽视本科生教育。研究生教育的特点决定了学生与教师以及科研项目有着直接、紧密的联系。一些高水平大学无论校方还是教师都十分关注研究生教育，对本科教育却不同，我们不能只重视研究生教育而忽视本科生教育。要看到，一流本科教育是高质量研究生教育的基础，没有一流本科，也难以实现一流的研究生教育。三是防止只重视培养少数拔尖人才而忽视全体学生的发展。面向全体与关注个体差异是十分重要的教育理念和策略，一些高校实施的面向少数学生的改革实验班，集中优质教学资源重点培养，努力使他们的成才率、成“大才”率高，这十分必要。但同时，要将实验班先行先试的教学改革成功经验进行推广，使教学改革的成果惠及全体学生。这也是高水平大学建设一流本科、深化教学改革的必然要求。

四、如何建设一流本科教育

习近平总书记在全国教育大会上指出，“教育是国之大计、党之大计”“教育必须把培养社会主义建设者和接班人作为根本任务”①。高校要坚持立德树人，形成更高水平的人才培养体系。本科教育在人才培养工作中占据基础地位。加快建设高水平本科教育，必须坚持“以本为本”，全面推进“四个回归”。

为深入学习贯彻全国教育大会精神，贯彻落实习近平总书记关于教育的重要论述，坚定不移走内涵式发展道路，加快形成高水平人才培养体系，教育部印发了“新时代高教 40 条”等文件，决定实施“六卓越一拔尖”计划 2.0。

通俗地讲，新时代高等教育改革的新部署就是要求全国各高校要全面贯彻落实“新时代高教 40 条”，实施“六卓越一拔尖”计划 2.0。

在这里简单介绍一下“新时代高教 40 条”和“六卓越一拔尖”计划 2.0。

① 《习近平在全国教育大会上强调　坚持中国特色社会主义教育发展道路　培养德智体美劳全面发展的社会主义建设者和接班人》，《人民日报》2018 年 9 月 11 日。

（一）主要内容

“新时代高教 40 条”包括 10 个方面 40 条，可分为四大部分：一是重要意义和形势要求，包括第 1、2 条。阐述了建设高水平本科教育的重要意义和新的形势要求。二是指导思想和目标原则，包括第 3、4、5 条。明确提出建设高水平本科教育的指导思想，确立了未来 5 年的阶段性目标和到 2035 年的总体目标，提出实施的五项基本原则。三是主要任务，包括第 6 至 35 条。分别从把思想政治教育工作贯穿高水平本科教育全过程、围绕激发学生学习兴趣和潜能深化教学改革、全面提高教师教书育人能力、大力推进一流专业建设、推进现代信息技术与教育教学深度融合、构建全方位全过程深度融合的协同育人新机制、加强大学质量文化建设等七个方面，明确了建设高水平本科教育人才培养体系的主要任务和重点举措。四是加强组织实施，包括第 36 至 40 条。从加强组织领导、强化主体责任、加强部门统筹、强化支持保障、注重总结宣传等五个方面明确了工作要求。

同时，一并印发的卓越工程师教育培养计划 2.0 等 7 个文件，是对文、理、工、农、医、教等领域提高人才培养质量做出的具体安排，明确了“六卓越一拔尖”计划 2.0 的总体思路、目标要求、改革任务和重点举措。“六卓越一拔尖”计划 2.0 旨在构建中国特色、世界一流的卓越拔尖人才培养体系，在系列卓越拔尖人才教育培养计划 1.0 的基础上，通过拓围、增量、提质、创新，扩大了各个计划的实施范围，增强了各项改革举措的力度，提升了改革发展的质量内涵，探索出一套人才培养的中国模式、中国方案和中国标准。

（二）主要举措

“新时代高教 40 条”针对高水平本科教育建设的重点难点问题，以实施“六卓越一拔尖”计划 2.0 为牵引，提出系列创新举措，打出改革“组合拳”，重点包括以下举措：一是加强课程思政建设；二是提高教师教学能力；三是打造一流本科专业；四是推进慕课建、用、学、管；五是深化协同育人机制；六是加强质量文化建设；七是强化主体责任。

（三）建设途径

一是建设一流本科教育，要坚持办学正确政治方向。习近平总书记在庆祝中国共产党成立 95 周年大会上向全党发出了不忘初心、继续前进的动员令，告诫全党“走得再远、走到再光辉的未来，也不能忘记走过的过去，不能忘记为什么出发”。[①] 中国共产党人在新中国成立初期就厘定了自己的教育方针。新中国成立以来，尽管在不同的历史时期党的教育方针在文字上有不同的表述，但教育方针的基本精神没有改变，培养德智体美全面发展的社会主义合格建设者和可靠接班人这一教育初心没有改变。我们办中国特色社会主义大学绝不能忘记培养什么样的人、怎样培养人、为谁培养人。

坚持党对教育事业的全面领导。习近平总书记在全国教育大会上的讲话中强调：“加强党对教育工作的全面领导，是办好教育的根本保证。”[②] 必须牢牢掌握党对教育工作的领导权，始终坚持马克思主义指导地位，把思想政治工作贯穿学校教育管理全过程，使教育领域成为坚持党的领导的坚强阵地。要全面加强党对教育工作的领导，发挥政府主导作用，鼓励全社会共同参与，形成重视教育、关心教育、支持教育的强大合力。

坚持把立德树人作为根本任务。习近平总书记在北京大学视察时指出，人才培养一定是育人和育才相统一的过程，而育人是本。人无德不立，育人的根本在于立德。这是人才培养的辩证法。办学就要尊重这个规律，否则就办不好学。要把立德树人的成效作为检验学校一切工作的根本标准，真正做到以文化人、以德育人，不断提高学生的思想水平、政治觉悟、道德品质、文化素养，做到明大德、守公德、严私德，把立德树人贯穿人才培养的各环节、各领域、各要素。[③]

坚持社会主义办学方向。习近平总书记在全国教育大会上的讲话表明，“我们办的是社会主义教育，必须坚持教育为人民服务、为中国共产党治国理政服务、为巩固和发展中国特色社会主义制度服务、为改革开放和社会主义现代化建设服务”[④]。我们要毫不动摇地坚持社会主义办学方向，办好高校马克思主义学院和思想政治理论课，加强面向全体学生的马克思主义理论教育，深化中国特色社会主义和中国梦宣传教育，大力推进习近平新时代中国特色社会主义思想进教材、进课堂、进头脑，不断增强学生的道路自信、理论自信、制度自信和

---

① 习近平：《在庆祝中国共产党成立 95 周年大会上的讲话》，《人民日报》2016 年 7 月 2 日。

② 《习近平在全国教育大会上强调 坚持中国特色社会主义教育发展道路 培养德智体美劳全面发展的社会主义建设者和接班人》，《人民日报》2018 年 9 月 11 日。

③ 参见习近平：《在北京大学师生座谈会上的讲话》，《人民日报》2018 年 5 月 3 日。

④ 本报评论员：《坚持党对教育事业的全面领导》，《人民日报》2018 年 9 月 18 日。

文化自信。

二是建设一流本科教育，要着力深化教学改革。当前和今后一个时期，高水平大学要认真贯彻落实党的十九大和国家“十三五”规划精神，紧紧围绕实现更高质量高等教育这一主题，全面贯彻党的教育方针，落实立德树人根本任务，以“创新、协调、绿色、开放、共享”五大发展理念为引领，以支撑创新驱动发展战略、服务经济社会发展为导向，深化教育教学改革，切实增强学生的社会责任感、创新精神和实践能力，全面提高教学水平和人才培养质量。深化教学改革是一项系统工程，涉及各个方面，需要解决的问题很多。各校的情况不同，改革的重点也各不相同，但有几项任务是共同的。

更新教育理念。大学的教育教学理念要体现国家社会需求，体现时代精神，体现不同学校办学定位，既有共性又各具特色。改革理念不仅是改革设计者的，更重要的是要成为广大师生的共同理念和实践探索。

深化创新创业教育改革。深化创新创业教育改革，是当前推进高等教育综合改革的重中之重和突破口。目前各高校积极行动，改革取得了重要的进展，但总体看，还在起步和推进阶段，一些高校重视程度不够、认识不到位、有偏差、与专业结合不紧密等问题仍然比较突出。

调整优化学科专业结构。高水平大学担负着为国家培养高质量急需人才的重任，要结合实际，主动适应国家和区域发展需要，培育新的专业增长点。对传统学科专业进行更新升级，努力适应新科技、新产业、新业态的发展，注重不同学科知识的交叉融合，寻求新的学科专业建设方向，不断提高传统学科专业的人才培养质量。

完善开放办学协同育人机制。学校与社会事务部门、科研院所、行业企业协同育人是优化人才培养机制的重要制度创新。我们要着力完善这个机制，把更多的优质社会资源聚集、转化为教学资源。

提升国际交流合作能力。一批世界高水平大学在建设一流本科教育方面进行了长期探索，取得了显著成效，我国高校要认真研究和科学借鉴，结合国情和校情探索这些国际经验的本土化实践。

推进信息技术与教育教学深度融合。高水平大学要主动适应，积极引领信息技术与教育教学深度融合的大趋势，推进教育信息化、教育现代化。

深入推进拔尖创新人才培养。各校都要积极创造条件，加强各类拔尖创新人才培养，充分利用国内外优质教育资源，促进拔尖创新人才茁壮成长。同时，也要充分发挥“拔尖计划”的示范引领作用，领跑学校整体教学改革，促进整体教学水平提升。

三是建设一流本科教育，要狠抓工作落实。陈宝生部长在今年6月的“成都会议”上提出了新时代高等教育的“三大纪律八项注意”，即“三个不合格”和“八个首先”：

“三个不合格”是指不抓本科教育的高校是不合格的高校，不重视本科教育的书记校长是不合格的书记校长，不参与本科教学的教授是不合格的教授。

“八个首先”是指高校领导的注意力要首先在本科聚焦，教师的精力要首先在本科集中，学校资源要首先在本科配置，教学条件要首先在本科使用，教学方法和激励机制要首先在本科创新，核心竞争力和教学质量要首先在本科显现，发展战略和办学理念要首先在本科实践，价值体系要首先在本科确立。

我们要以此为标准，狠抓以下方面的工作落实：

做好顶层整体设计。当前，高校除了实施本校的“十三五”规划、制订“双一流”建设方案外，还要制定符合自己校情的“一流本科建设实施方案或行动计划”，要把加强一流本科、深化教学改革作为重点内容纳入其中，提出明确的目标、政策和举措，整体推进，配套实施。

落实主体责任。要进一步明确，高校主要领导是本科教学工作的责任主体。学校党委常委会、校长办公会要定期研究部署本科教学工作，积极、务实、有效地解决教育教学中的重点难点问题。

加大政策和资金支持。高校要加大对本科教学工作和改革的政策、资金支持力度，形成系统化、高强度、可持续的支持保障机制。一是支持优秀教师将主要精力投入教学。教授必须为本科生上课是世界一流大学的共识和通则。必须非常明确，高校教师“老师”是第一身份、人才培养是第一要务、“上好课”是第一责任；要进一步改进完善教师评聘、奖励、考核、监督等机制，积极引导教师热爱教学、淡泊名利、潜心治学、追求卓越。特别要重视引导一流教师为本科生上课，两院院士、长江学者、国家杰青、千人计划等高端人才都要站上本科讲台，不但要开研讨课、举办讲座，还要为本科生完整讲授基础课和专业课。二是对于院系和教师开展教学改革要加大资金支持力度。大学的校领导们其实还是拥有大量可支配、可利用的资源的，关键看是否足够重视，是否以推进教学改革、提高教学质量为己任。三是一流资源要配置给本科教学，除了确保本科教育所需经费，还要努力聚集更多优质资源，使学校一流学科、一流科研、一流成果转化为一流的本科教学。

建立学校教学质量自我评估机制和质量文化。要努力建立、完善学生、教师、管理者和社会用人单位等多角度评价教学质量的制度；建立通过自我评估不断发现问题、解决问题并不断优化教学过程、提高教学质量的机制；建立教师、学生、管理者把促进质量提升作为共同价值追求和行动自觉的质量文化。

五、总结

在这里，我以教育部高教司吴岩司长在 10 月 17 日出席华中师大第四届教学节开幕式作的主题报告中的内容和 11 月 1 日“教指委”会议上的讲话内容做一个概述性总结。

1. 新时代全国高等学校本科教育工作会议是改革开放 40 年首次召开，14 个部委和 16 个教育部相关司局密切合作，形成了一个纲领性讲话，一个战略性意见和一组领跑计划，其阵势、成果、影响前所未有。

“一个纲领性讲话”即陈宝生部长代表部党组作的重要讲话，明确了以本为本、四个回归是高等教育改革发展的基本遵循。

“一个战略性意见”即《关于加快建设高水平本科教育　全面提高人才培养能力的意见》，简称“新时代高等教育 40 条”。要落实好这个文件，高校应从做好“八个一”着手：

落实一个根本任务，培养德智体美劳全面发展的社会主义建设者和接班人；

坚持一个根本标准，把立德树人的成效作为检验学校一切工作的根本标准；

突出一个基础地位，本科教育是具有战略地位的教育、是纲举目张的教育，要把本科教育放在人才培养体系的核心地位，放在教育教学的基础地位，放在新时代教育发展的前沿地位；

强化一个基本抓手，专业是人才培养的基本单元和基础平台，是建设一流本科、培养一流人才的“四梁八柱”；

打造一支育人队伍，政治素质过硬、业务能力精湛、育人水平高超、方法技术娴熟；

完善一套协同机制，加强理论教学与实践教学相结合，完善协同育人机制，加强实践平台建设，强化科教协同，深化国际交流合作；

下好一步“先手棋”，教育改变人生，网络改变教育，持续推进现代信息技术与教育教学深度融合；

培育一流质量文化，把人才培养水平和质量作为一流大学建设的首要指标，使之成为大学精神的核心。

“一组领跑计划”即“六卓越一拔尖计划”2.0，以“一流本科、一流专业、一流人才”为目标，形成覆盖全部学科门类的中国特色、世界水平的一流本科专业集群，全面服务于竞争力中国、健康中国、幸福中国、法治中国、形象中国、教育中国、科学中国建设，这是卓越拔尖人才培养的施工方案。目前已全部正式发布。

2. 学深悟透全国教育大会精神，做好高等教育改革发展，要把握住六个新：

一是新判断。高等教育事关国家发展、事关民族未来，是国之大计、党之大计。

二是新表述。把“劳”写入党的教育方针，用六个“下功夫”明晰了培养担当民族复兴大任时代新人的关键点。

三是新要求。教育工作是塑造灵魂、塑造生命、塑造新人的伟大事业，好老师要有大胸怀、大境界、大格局，好的书记、校长要有视办好学校为天大事业的使命感。

四是新措施。要扭转不科学的教育评价导向，激发教育事业发展的生机和活力，提升教育服务经济社会发展的能力，提高我国教育的世界影响力。

五是新加强。教育部门干部要钻研教育，认真学习教育基本理论，努力成为教育管理的行家里手。

六是新应对。面对办公平而有质量教育的“双重压力”，培养亿万有素质的普通劳动者、培养更多创新人才和高素质劳动者的“双重任务”，高等教育要担当起人才培养的摇篮、科技创新的重镇、人文精神的高地，充分发挥引领作用。

3. 新时代的中国高等教育必须抓住培养德智体美劳全面发展的社会主义建设者和接班人这一根本任务，把握立德树人的成效这一根本标准，坚持以本为本，推进四个回归，为国家创新发展提供源源不断的青春力量。

一是抓关键一招，抓实抓好“振兴本科”的各项举措，让本科教育严起来、实起来、强起来。抓住本科教育中的薄弱环节和突出问题，全面整顿教育秩序，形成振兴本科教育的压倒性态势。围绕一流专业建设，启动实施“六卓越一拔尖计划”2.0，推动实现新工科到新医科、新农科、新文科的全面拓展。探索建立新时代中国高等教育人才培养的基本制度。按照陈宝生同志提出的“道术、学术、技术、艺术、仁术”要求，大力加强师德师风和能力建设，建设一支政治素质过硬、业务能力精湛、育人水平高超、方法技术娴熟的师资队伍。

二是抓创新一招，办好中国“互联网+”大学生创新创业大赛，探索中国经验、贡献中国方案。要做好创新创业工作，为高校人才培养模式改革提供新探索，服务国家搭建新平台，为世界高等教育人才培养贡献新方案。

三是抓战略一招，开展新时代中国特色高等教育理论体系研究，构建学言学语。要汇聚高等教育战线四路大军，认真组织好“高等教育智库联盟”，加强高等教育战略思想、发展理念、重大政策、标准方法技术的系统研究，推动中国高等教育从跟跑、并跑走向领跑，进入世界高等教育第一方阵。

（本文系作者在江西省师资培训中心组织主办的新进青年教师培训班上的讲话。）

关于当代本科师范教育教学管理问题的思考

为更深刻地学习落实教育部新时代全国高等学校本科教育工作会议精神，学校党委在7月6日召开党委会，专门研究并布置本科人才培养相关工作。会议传达学习了新时代全国高等学校本科教育工作会议精神。会议坚持以习近平新时代中国特色社会主义思想为指导，深入贯彻落实习近平总书记关于教育的重要论述，认真总结了我国本科教育取得的成绩，就新时代加强本科教育进行了部署，强调要坚持“以本为本”，推进“四个回归”，加快建设高水平本科教育、全面提高人才培养能力，造就堪当民族复兴大任的时代新人。党委会指出，我校作为省内赴主会场参会的高校代表之一，充分体现了上级对于我校本科教育的充分肯定。会议强调，作为我省本科办学历史最为悠久的高校，进一步做好本科教学工作对于履行好学校历史使命、夯实办学基础具有重要的意义。会议要求，全校上下要认真学习贯彻新时代全国高等学校本科教育工作会议精神，进一步统一思想，凝聚合力，着力将落实会议精神与推进本科教学审核评估专家反馈意见整改落实工作紧密结合起来；教务部门要牵头组织赴主会场四川大学进行专题调研，主动学习和借鉴标杆学校的经验和做法，研究出台新时代学校加强本科教育的制度文件，精心筹备召开全校本科教学工作会议，切实把本科教学工作抓牢抓实，为提升学校人才培养质量、提升内涵发展水平奠定扎实的基础。

百年大计，教育为本；高等教育，以本为本；回归本源，培养一流！上至国家层面，下至各所高校，把本科教育提升到了前所未有的高度。无疑，新时代的教育发展形势对本科教学管理也提出了更高的要求！

一、加强教学管理队伍建设工作的必要性和总体要求

教学质量是一所高校的生命线，学校的各项活动必须围绕、服务于教学质

量的提高。教学管理主要包括教学活动的组织协调、教学秩序的构建维护、教学效果的监测评估等方面，这些职能决定了其在高校各项管理活动中的中心地位。面对创新型人才培养这一崇高使命，培养一支充满活力、富于创新精神的教学管理队伍成为高校的必然选择。建设一流本科教育，要着力深化教育教学改革。而改革的推动力是广大的教师和教学管理工作者，所以加强教学管理队伍建设尤其迫切。

（一）加强教学管理队伍建设工作的必要性

1. 高水平的教学管理工作是提高教学质量的必要条件。教学工作是学校的中心工作，教学管理是学校中联系各种管理职能的纽带，对教学质量的提高起着关键作用。从培养目标的确定到培养方案的制定，从组织教师教学、学生学习到教学质量监控，教学中的每个过程、每个环节都离不开教学管理。科学、规范、有序的高水平教学管理才能保证学校教学工作的正常运行，才能确保教学质量的稳步提高。

2. 教学管理改革的核心是抓教学管理队伍建设。教学管理工作是学校管理的中心工作，教学管理人员是教学管理工作的执行者。学校的教学管理水平直接决定着教学质量和办学水平，教学管理水平的高低在很大程度上取决于教学管理队伍的整体素质。教学管理改革的核心是抓教学管理队伍建设。学校高度重视教学管理队伍建设，充分认识到教学管理人员对于推动学校教学工作的重要作用。

（二）加强教学管理队伍建设工作的总体要求

1. 政治素质强。政治素质是教学管理人员的基本素质。教学管理人员，要不断以科学的理论武装头脑，时刻牢记党的教育方针，潜心研究高等教育培养什么人、怎样培养人、为谁培养人这一根本任务，勤奋工作，尽心尽责，全心全意为社会主义教育事业服务，为广大师生服务，义不容辞地担当起管理育人的重任。要具备高度的责任感和使命感，无私奉献，扎实工作，模范高效地服务于学校中心工作。

2. 管理理念新。教学管理是动态和发展的，教育改革的每一步进展，必然会在我们的教学管理工作中有所反映，教学理念是一切教学改革的思想基础，教学管理人员必须拥有本科以上学历，必须顺应时代的变迁，自觉地、经常地关注国内外经济、科技、教育等领域发展的最新成果，不断更新管理观念，树立以生为本、开拓创新、精益求精、热情服务的观念，服务广大师生，做好教学管理工作。

3. 业务能力强。教学管理人员要懂教育管理理论，要懂教学管理规律，要掌握管理方式、方法和艺术。教学一线管理人员特别是学院教学秘书必须拥有相同或相近的学科专业背景。教学管理人员要通过学习实践，树立现代管理理念，了解学校教学管理各个环节，掌握教学管理的客观规律和方式方法，模范遵守《江西师范大学本科教学工作规程》，增强创新意识和服务能力，积极自觉地开展教学管理研究，不断促进教学管理工作更加个性化、信息化和精细化。

4. 敬业精神好。教学管理工作任务繁重，学校要配齐建强专职教学管理队伍，管理人员更要耐得住寂寞，守得住清贫，要有无怨无悔、甘于奉献的精神，时刻保持清醒的头脑，随时掌握教学的各个环节和进度，精心策划、细心安排各项教学管理工作，才能保证教学管理工作的高效运转。

二、高校教学管理队伍现状分析

在长期的办学实践中，高校教学管理队伍不断发展壮大，管理科学化水平日益提升，对于教学秩序的稳定和教学质量的提高起到了积极的推动作用。从人员结构来讲，目前高校教学管理队伍主要由两部分组成，即基层管理人员和机关管理人员，具体来讲，是指学校分管教学工作的校领导、教务处全体成员、各院（系）分管教学的院长（主任）及各教学办公室工作人员（教学秘书）。从自身属性来讲，他们是高校教学管理工作的组织者和实施者，具有管理和服务的双重性质；从工作职责来讲，他们所从事的教学管理包括教学计划拟定、课表编排、教学质量评估等诸多方面。伴随着高等教育体制改革的不断深入，高校在办学模式、办学理念等方面都发生了深刻变化，高校规模日益扩大，教育管理对象日益多样化，管理内容、管理信息的多面化、多元化趋势表现得更加明显，对包括教学管理在内的各个领域各个环节带来了新的挑战、提出了新的要求。

“一流的教学必须依靠一流的管理。而一流的管理需要一支懂教育规律，懂管理科学，热爱本职工作的高素质的管理队伍，这是管理工作质量和水平提高的前提。"[①] 站在推进高校更好更快地实现创新发展这一角度看，目前高校的教育管理队伍在自身建设上仍存在诸多问题有待改进和加强，具体表现在以下四个方面：

一是教学管理队伍地位不高。目前，许多学校重视师资队伍建设，不惜用优厚的报酬、宽敞的住房、优越的环境吸引和稳定高水平教学科研人员，但对教学管理队伍则没有提到应有的重视高度。许多人认为教学管理只不过是排排课、巡巡考等常规性事务工作，没什么难度，没什么技术含量，在近几年我国学校教育快速发展的形势下，就是学生增加了一些，教学管理不过是增加一些工作量而已，增加一两个岗位就可以使问题得到解决。忽视了教学管理人员在教学改革、制度建设、教学研究等决定学校教学工作整体水平方面的关键作用。

二是管理队伍不稳。教学管理很多是重复性的工作，而且十分繁杂，任务又重又多，比干其他工作往往需要付出更多的努力。教学管理责任又十分重大，某一环节出了问题，就会影响教学秩序的正常运行。由于认识的原因，教学管理得不到应有的重视，很多人把教学管理看成是抄抄成绩、排排课表等事务性工作。学校的有关政策多是向辅导员、教师倾斜的，如分房、评优及培训等，这样往往会使教学管理人员心理失衡。况且学校缺少强有力的奖励机制，能者上、平者让、劣者下的机制没有形成，致使干得好的得不到表扬，干得差的没有受到批评，这样无形中挫伤了一批人的积极性和工作热情，影响了教学管理队伍的稳定。

三是素质有待提高。学校教学管理人员的素质主要表现在职业信念、专业知识、业务能力三个方面。职业信念淡薄、专业知识贫乏、业务能力较差可以说是目前不少学校教学管理人员素质基本状况的具体写照。究其根源，更多的应该还是体制方面的原因。由于长期得不到应有的重视，一些教学管理人员对职业前途失去了信心，丧失了不计较个人得失的观念，缺乏淡泊名利的修养。因为专业背景的不同，又缺乏岗位培训，再加上整天忙于处理烦琐的日常事务，没有机会也没有精力参加继续教育，造成教学管理人员的教育和管理专业知识严重不足，满足于按部就班地处理一些日常事务，不注重经验的积累和对教学管理课题的研究，缺乏综合协调能力、应变能力，专业技能低。教学管理人员

① 周莲芳:《高校创新型教学管理队伍建设初探》,《中国成人教育》2012 年第 16 期。

素质的这种状况，明显滞后于学校快速发展的需要。

四是创新意识不强。由于学校特殊环境和长期计划经济模式下形成的传统习惯和管理制度，国家惯于对学校人、财、物和教学计划，招生和学生毕业分配等实行计划管理。在这样的体制下，学校缺乏办学自主权，缺乏教学改革动力和活力。教学管理人员只能被动地执行国家政策，也不需要进行创新和进行资源分析、利用，无须进行教育科学调查研究，随波逐流，按部就班。只需服从领导意志就是称职的管理人员，从而，养成了教学管理人员的惰性，“磨钝”了创新意识和开拓进取精神。所以面对知识经济和教学改革的浪潮，部分人就感到茫然。若涉及利害关系就更不敢提出积极的创新建议了。

三、高校教学管理人员的素质要求

（一）思想道德素质

1. 应具有较高的思想政治素养。

长期以来，由于基层教学管理工作多为琐碎、具体的工作，使得不少人对教学管理工作心存偏见，认为这是些不足挂齿的简单劳动，尤其是基层教学管理人员就是“跑腿的”“听差的”。因此只有具备了较高的思想素质，才能树立正确的观念，做到以饱满的工作热情、强烈的事业心和严肃认真的工作态度，积极努力地投入到工作中去。也就是说首先要自愿、安心地做教学管理工作，才有可能成为合格的教学管理人员。

2. 应具有高尚的职业道德。

“管理就是服务”[①]，一切教学管理工作都是为教学服务、为师生服务的，教学管理人员的工作更是如此。由于教学管理工作的性质和特点，教学管理人员接触的事情多，涉及范围广，因而遇到的矛盾问题相对复杂。当系处之间、师生之间、领导教师之间因缺乏交流产生误解，或对政策文件理解不一致时，教学管理人员应耐心对待，努力促进沟通、消除误会。当领导、教师或学生需要查阅资料、统计数字、打印材料或通过教学管理人员互相传达信息时，也要做到耐心有序、认真对待，真正树立全心全意为教学服务、不计个人得失的思想。

作为最基层的教学管理工作者，每天面对的可能都是一些诸如教师调课、

① 谭向勇主编：《现代大学理念与实践》，首都师范大学出版社 2007 年版，第 282 页。

为学生安排考试、传达上级文件精神、整理教学档案等的“小事”，然而这每一件“小事”的完成情况可能直接影响到本系甚至全校的教学活动和教务管理工作。这每一件“小事”如果出现差错，将直接导致整个教学工作无法正常进行。因此合格的教学管理人员应该具有高度负责的工作态度，认真细致地对待每一件工作，养成一丝不苟的工作作风。

（二）专业知识素质，即业务素质

1. 要具备广博、扎实的基础知识。

教学管理人员应具有的基础知识概括地说可分为三类，一类是社会科学、自然科学的基础知识，包括语文、政治、外语、物理、数学等。另一类是作为教学管理人员都应具有的专业知识理论，如心理学、行政管理学、社会学、运筹学、人际关系学、高等学校管理学等，并能灵活运用于实践。第三类是教学管理人员所在教学单位的专业知识。作为教学管理人员必须了解本专业各学科的教学特点，熟悉课程设置规律，在安排各个教学环节、制定实施教学计划和教学活动时要保证其科学性、合理性，否则，盲目排课、不适宜地安排活动势必造成工作的混乱，甚至出现教学事故。

2. 掌握基础的计算机、网络、多媒体技术，并能广泛应用于教学管理工作。

随着“多媒体技术”“计算机网络”“网上通讯”“远程通讯”等先进技术广泛应用于高等教育，教育手段发生了根本性变革。以计算机及网络为核心的现代化管理手段在各高校的教学及教学管理工作中已逐渐普及，从基层的教学管理到全校的招生、分配、学籍管理等各类教学教务管理都逐步使用计算机。因此，教学管理人员应不断增强信息意识，加强自身素质条件建设，尽快掌握计算机操作基础知识，学习应用于管理的相关软件，才能适应当代教学管理工作。

（三）个人能力素质

较为全面的专业知识对教学管理人员是必需的，但不是最根本的，更为重要的素质应该是能否在最短时间内掌握新技术、新知识，能否将获取的知识灵活运用于实际工作当中，能否有序高效地协调好工作，是否具有良好的心理素质、情商素质等。打个比方，专业知识犹如金子，而良好的个人能力素质则是那点石成金的手指。

1. 自主学习能力。

在终身学习、学习化社会风潮扑面而来的同时，知识、科技、生活无时无刻不在变化，我们再也不可能仅依靠十几年的学校教育就能将终身需求的知识掌握。比如生活中各式各样新家电、现代生活用品的诞生就要求我们必须不断学习才能会应用、才能让它们为我们服务。工作中更是如此，办公软件的更新换代、网络技术的发展应用、现代化办公设备的日新月异，也要求我们必须不断学习，而且要具有很好的自主学习能力才能更好地完成本职工作。

2. 良好的协调能力。

它又包括：第一，自身工作的统筹、优化。由于教学管理人员的工作牵涉本教学部门、上级领导部门、教师和学生等方方面面，涵盖排课、通知、考试、组织各类教学活动等各个种类。因此工作任务和各种事情常常交织在一起，再加上有些工作要求完成时间快、质量高，这就要求教学管理人员要善于通过自己的管理行为使上下沟通、相互理解，使问题尽快得到妥善解决。此外，还应注意运用系统论、控制论等基本理论知识对复杂的工作和人事进行有机协调、合理安排，在有限的教学条件下最大限度地提高教学管理水平，保质保量地开展好各项工作。随着高校教学改革的不断深入，教学规模日益扩大，办学方式越来越多样化，教学管理人员的工作也日益复杂繁重，所以教学管理人员应在事无巨细的工作环境中充分发挥自己的协调能力，使工作能够紧张有序地顺利进行。

第二，与领导、教师、学生关系的协调。教学领导主管教学与科研，对教学规章制度、教学工作总结与规划、科研课题、教师考核等重大事件及改革举措进行决策。因此，教学管理人员首先要熟悉和了解领导的性格、习惯、工作特点，把领导的意图与实际工作结合起来，在不背离领导意图的前提下，形成自己清晰、独到的工作思想，并贯彻到实际工作中去；同时，要将上一级的文件精神、领导的决策及时准确地传达给教师、学生，并能将基层的意见反馈给上一级领导，起到上传下达的作用。

第三，与其他职能部门的协调。

在高校中，教学工作与校办、教务处、学生处、后勤部门及其他各系室的工作要有很好的衔接。能否顺利地开展工作，与其他职能部门是否支持、配合是分不开的。因此，教学管理人员要熟悉各部门的工作职责，及时准确地向各部门传达领导意见，协调好各职能部门工作。比如：在学生教育实习、工作实习及平时社会实地考察中，教学管理人员要根据教学计划的安排，妥善解决各处的联系工作，使学生顺利完成各项学习任务。

3. 创新思维能力。

教学管理工作和其他工作一样，也有创新问题。比如同样面对某个统计工作，创新能力强的教学管理人员会开动脑筋，灵活运用掌握的技能，找到快捷的、科学的方法，从而高效地完成工作。再比如在现代的教学管理工作中，随时可能接触一些新的管理模式或管理软件，如果个人素质好，创新能力强，则能在很快的时间内掌握这些科学的方法，从而大大提高工作效率。另外教学管理人员在日常工作中，随时可能遇到各种各样预想不到的困难，要想及时解决困难，以保证教学秩序的正常进行，就要求教学管理人员必须思维迅速，能创造性地做出正确处理。

（四）健康的心理素质

因为教学管理工作千头万绪、复杂烦琐，尤其基层教学管理人员常常被人们忽视工作成绩，因而教学管理人员应抱定公而忘私、全心全意为教学服务的精神，不计个人得失，培养积极向上的工作、生活态度。教学管理人员还应具备优良的性格，学会调整心态，保持良好的情绪和坚强的意志力，正确认识自己，悦纳他人，才能克服一切困难，愉快地完成教学管理工作。

附：江西师范大学教学管理队伍的现状及问题

在2015年，我针对学校教学管理队伍做过一个调查，主要包括年龄、学历、职称、职务和任职年限，同时对其任职感受和工作建议、意见作了了解和分析。

基本情况为：

①性别比例：男，12.5%；女，87.5%。

②平均年龄：38岁。

③学历结构：博士0人；硕士11人，占40.7%；本科15人，占55.6%；专科1人，占3.7%。

④平均任职年限：8年。

目前我校教务管理队伍存在一些问题，主要体现在以下几点：

1. 思想不稳固，队伍不稳定。

（1）教学管理工作繁杂、琐碎，并且关系到学生的切身利益，来不得半点粗心大意，因而责任重大，但工作成绩很难量化，工作做得再好也看不到具体成果。相对辅导员等学生管理人员，取得的荣誉少，得到晋升的机会也少，因此导致很多教务管理人员转岗到学生管理岗或者学院、校机关等其他比较清闲的部门。

（2）由于学校对教学管理人员的选拔、培训、使用、晋升等缺乏制度化的规定，也没有采取一些得力的激励措施来调动教学管理人员的工作积极性与主动性，致使相当部分教学管理人员尤其是具有一定知识层次或工作能力的在岗人员思想不稳定，不安心教学管理工作，从而制约了教学管理工作的开展和教学管理目标的实现。由于长期存在思想认识上的偏差，使得教学管理队伍在学校的地位不高，也影响了教学管理队伍的稳定性。

2.“先天不足”和“后天不良”。

（1）现在学校比较重视教学，但对教学管理相对轻视，也就是“重教学、轻管理”。学校十分重视教学、科研人员的引进，对高校教学管理工作的重要性认识不足。对管理人员，尤其是基层教务管理人员要求相对较低，且岗位设置和人员配备的随意性也较大，导致教学管理队伍存在成分复杂、文化程度低、能力差等诸多“先天不足”。

（2）学校对基层教学管理人员缺乏继续教育和培养的资金与机制，造成了基层教学管理队伍建设的“后天不良”，即缺乏新知识、新技能和现代教育管理理念，只能机械执行上级命令，成为“事务型”管理者。

3. 日常性事务繁多，创新改革无精力。

（1）由教学教务管理工作的特点所决定，学校和二级学院的大部分教学管理人员每天的工作就是疲于应付排课、订教材、选课、考试、成绩管理等各种常规性、阶段性的行政事务性工作，这些工作占用了教学管理人员大量的时间和精力。

（2）近年来，二级学院的教学管理工作量剧增，保证教学工作的正常进行成了日常教学管理工作的全部内容，从而没有太多的时间去考虑如何在教学管理工作方面创新和改革。

（3）外出交流和学习的机会几乎没有，缺乏科学管理知识，教育理论水平和教学管理调查研究意识低下。

（4）教学管理队伍缺乏服务意识、创新意识和开拓精神，多数工作人员习惯于被动执行教学管理规章制度和服从领导意志，陷于日常的教学管理事务之中，缺乏充裕的时间来学习和深造，以扩充自己的知识储备等。

4. 出路较窄，待遇偏低，职务晋升难。

学校的许多政策是向教师、科研以及政工人员倾斜的。在待遇方面，同届毕业从事专业技术岗位或政工的人员，在现职岗位上享受的待遇往往高于教学管理人员，比如“教师”可以通过晋升职称来实现自身价值，辅导员可以评职称。而在我们学校，行政教辅人员不能评职称。在干部提拔上，教学管理干部和同届参加工作的其他人员相比，也存在晋升缓慢的情况，与政工干部相比就更慢了。

（本文系作者关于本科师范教育教学管理问题的专题调研，2018 年。）

关于《江西师范大学“十二五”时期事业发展规划纲要》的编制说明

“十二五”时期是学校加强内涵建设、实施赶超战略的关键时期。编制学校“十二五”时期事业发展规划，明确“十二五”时期学校改革发展的目标和任务，不仅是教育部和省教育厅“层层编规划”的要求，也是学校全面总结办学经验、查找发展差距、科学谋划未来的必要举措。为切实做好学校“十二五”时期发展规划的编制工作，2010 年 3 月 29 日，学校发文成立了以学校主要领导为组长，其他校领导、校长助理、总会计师为副组长，党（校）办、组织部、宣传部、校工会、研究生院、教务处、教师教育处等 23 个部门和学院主要负责人为成员的规划编制工作领导小组。领导小组下设办公室，挂靠高等教育研究室，具体负责学校“十二五”时期发展规划的编制组织工作和学校总体发展规划（简称《规划纲要》）的起草工作。

一年多来，在学校党委、行政的高度重视和正确领导下，在全校各单位的大力支持和广大师生员工的积极参与下，办公室广泛征求师生员工意见，深入校内校外开展调查研究，以研究为基础，以数据为依据，编制形成了《规划纲要》。现将编制工作有关情况说明如下：

一、关于《规划纲要》的编制过程

编制过程大体分为三个阶段：

一是前期准备阶段（2010 年 3 月至 10 月）。这一阶段的主要工作是总结评估、求计问策和调查研究。办公室组建了一个精干的规划编制工作小组，制定了一份科学严谨的规划编制工作方案，建设开通了一个专题网站，向教育厅提交了一份学校“十一五”规划执行情况评估报告，开展了“我为发展献一策”大型求计问策活动，赴省内外同类高校开展了一次大规模的外调学习活动，赴校内相关单位进行了一次大规模的内调座谈活动，围绕规划编制举办了一次专题学术沙龙，面向全校教职员工进行了一次问卷调查，面向校内各单位组织了一次“十二五”时期工作设想摸底调查，设置并完成了一系列的专项课题研究等等。

二是编制起草阶段（2010 年 11 月至 2011 年 1 月）。这一阶段的主要工作是确定框架、形成初稿。在半年多的前期准备工作的基础上，经过反复研究、讨论和沟通，在学校七十周年校庆结束后，办公室基本确定了发展规划的总体框架思路。2010 年 12 月初，学校规划编制工作领导小组组织召开了全校规划编制工作动员大会，全面部署了规划编制的各项工作。以此为契机，学校总体事业规划文本的起草工作全面启动。工作小组分工协作，多次集中研讨，分赴有关部门收集数据，在对相关资料和数据进行科学分析、论证和充分吸收各方面意见后，2011 年 1 月底，基本完成了《规划纲要》初稿的撰写工作。

三是论证修改阶段（2011 年 2 月至 4 月）。这一阶段的主要工作是就《规划纲要》初稿广泛征求意见，进行论证和修改定稿。办公室前后组织开展了 3 轮征求意见活动，面向校内外不同群体发放文本 400 余份，召开了学院负责人、职能部门负责人、离退休老同志、党外人士和校内外高教研究专家等 5 场征求意见座谈会。学校主要领导亲自主持参加座谈会，广泛听取意见和建议。有关校领导组织分管、联系单位负责人进行座谈，就规划文本的词句仔细推敲。学校党委会 2 次审议《规划纲要》初稿，工作小组数次封闭修改，前后 7 易其稿。至 2011 年 4 月底，《规划纲要》基本定稿。

经过一年多的努力，《规划纲要》编制工作基本完成，各方面为此付出了很大努力。整个编制工作得以顺利进行，《规划纲要》得到了较积极的评价，主要得益于四个方面的因素：

一是校领导高度重视。党委书记傅修延同志、校长梅国平同志亲自担任规划编制工作领导小组组长，学校党委和行政多次专题听取办公室工作汇报，就学校办学定位、办学特色、发展目标等作出重要指示，为规划编制工作指明了方向。

傅修延同志专门撰文《聚师大人聪明才智，绘学校发展美好蓝图》，动员全体师大人为规划编制工作建言献策，在全校规划编制工作动员大会上做了《凝心聚力共谋发展，科学规划再创辉煌》的重要讲话，强力吹响了启动全校规划编制工作的号角。梅国平同志非常关心规划编制工作，新年到任伊始，即专门了解规划编制工作的进度和安排，并邀请校内外高等教育研究专家参与规划文本的论证、修改工作，放弃周末休息时间组织召开征求意见座谈会，认真听取专家意见，并对规划文本的修改提出了明确要求。其他校领导也对规划编制工作予以大力支持，出主意，提要求，献计策，为规划编制工作提神鼓劲。

二是全体师大人积极参与。在本次规划编制工作中，从最初的求计问策、调查研究到最后的征求意见，广大师生员工和校友积极关心规划，广泛参与规划，大大提高了规划编制工作的透明度和参与度，提高了《规划纲要》的科学性、前瞻性和可操作性。“我为发展献一策”大型求计问策活动得到了学校各个群体的广泛参与。截至 2010 年年底，该项活动共收集到各类意见和建议 800 余条，退休多年的老教授、毕业多年的校友、远在马达加斯加工作的教师、负笈求学的在读学生等各个群体贡献了大量智慧。在问卷调查、学术沙龙、征求意见等工作中，广大师生员工积极参与，献计献策，真正将规划编制工作变成了一次解放思想、凝聚人心、达成共识、共谋发展的过程。

三是各单位大力支持。根据规划编制工作的安排，学校各单位成立了专项规划和二级单位规划编制工作领导小组和工作小组，确定了联络员，与办公室积极沟通，提供资料，交流信息，为学校总体规划编制工作的完成提供了有力的组织保障。“我为发展献一策”活动也得到了校内各单位的广泛支持，博士联谊会专门组织号召广大博士会员专门撰写建言献策文章，党外知识分子联谊会专门向会员发出了《献智慧、创未来，向学校“十二五”规划建言献策》的倡议书，相关职能部门和学院还在各自管辖范围内下发专门文件，推动所属师生员工积极建言献策。教育学院、课程与教学研究所等单位还抽调了多位业务精干、责任心强的教育学、管理学博士、专家，参与规划调研和文本起草工作，为编制《规划纲要》提供了人力保障和智力支持。

四是编制工作过程力求科学严谨。为了保证规划编制工作顺利开展，工作小组制定了清晰的工作方案，严格确定了时间表、路线图，明确各项工作的责任人，确保编制工作有条不紊、保质保量地推进。工作小组把规划编制过程当作是一次大规模的校情研究过程，为此进行了大量的调查研究工作，通过实地调研、文献调研、网络调研、电话调研和问卷调查等各种渠道，全面掌握了全国地方师范大学和省内兄弟院校在内涵建设核心指标上的数据，并与我校当前发展现状进行了量化分析和同类比较，分析了学校当前赶超发展的形势，揭示了问题，提出了任务，明确了标杆，有力地保证了规划方向、目标的科学性和规划任务、措施的准确性。

二、关于《规划纲要》的编制原则

《规划纲要》的编制工作遵循“上下结合，内外结合”的总体要求，体现了“党委领导、部门牵头、全员参与、走群众路线”的编制思路，注意把握以下三项原则：

一是贯彻精神，落实要求。本次规划编制工作认真贯彻全国和全省教育工作会议精神，注重落实《国家中长期教育改革和发展规划纲要（2010—2020年）》和《江西省中长期教育改革和发展规划纲要（2010—2020年）》的要求，认真学习和贯彻胡锦涛总书记在清华大学百年校庆上的讲话精神，力求准确把握当前我国和我省经济社会发展形势和高等教育发展趋势。

二是解放思想，转变观念。本次规划编制工作坚持与时俱进，突出改革创新，坚持跳出师大看师大，站在全国看师大，全面分析了当前制约学校发展的因素、学校面临的机遇和挑战。在指导思想中明确提出“创新办学思路和发展战略，全力加强内涵建设，切实提高人才培养、科学研究和社会服务质量，在新的起点上实现赶超发展”。根据高等教育办学规律，结合同类高校成功的改革实践，《规划纲要》提出了一些有创见、有新意、有针对性的改革措施。

三是立足校情，实事求是。本次规划编制工作全面评估了学校“十一五”发展历程，客观分析了当前学校在全国教师教育和全省高等教育格局中的位置。在此基础上，提出符合学校实际情况的办学定位、发展目标。在办学定位上继承师范教育的传统和优势，坚持师范大学的发展方向。在目标上明确了地方一流的发展标杆，既不太快，也不太慢，既不太高，也不太低，用一个形象的说法，就是“跳起来摘桃子”，跳一跳，能达到，体现了求实、高效、好中求快的发展理念。

三、关于《规划纲要》的主要内容

《规划纲要》内容在总体安排上力求做到三个统一，即系统设计与突出重点相统一，战略谋划与工作任务相统一，理论指导与政策举措相统一。全文共分为6个部分、72个条目，约20000字。

一是序言部分。回顾了新世纪以来学校在全省率先开展的6个方面的工作，分析了“十二五”时期对我国高等教育、全省经济社会发展和学校改革发展的重要战略机遇期的意义，明确了学校改革发展的努力方向。

二是形势背景部分。从人才培养、科学研究、学科建设、师资队伍、学校管理、社会服务等8个方面总结了学校“十一五”时期的发展成就，从高等教育的发展机遇、高校分类分化的趋势、学校在全省高等教育格局中的地位、在地方经济社会发展中的作用和当前办学实力水平等5个方面分析了学校在“十二五”时期的发展形势。

三是总体部署部分。对学校“十二五”时期改革发展进行了总体部署，明确了指导思想、发展思路、办学定位和发展目标。

四是战略任务部分。根据总体部署，提出了学校“十一五”时期改革发展的四大战略任务。这四大任务是：提高质量、优化结构、彰显特色和推进开放。

五是主要举措部分。根据总体部署和战略任务，从学科建设、教学科研、人才队伍、改革开放和师德师风建设等5个方面提出了实现发展目标、完成战略任务的主要举措。

六是实施保障部分。从组织、工作和条件等3个方面提出了实施规划纲要的各项保障。

四、关于《规划纲要》的创新与特色

一是总体部署有新思路。如在办学定位上,《规划纲要》提出了“地方一流、特色鲜明的教学研究型师范大学”。20世纪末以来，适应教师教育改革形势的发展，国内师范院校纷纷转轨朝综合性大学方向发展。但是，我们通过广泛调研，结合学校近年来改革发展的现实情况，认为走综合性大学的道路总体上不但不能提高学校的办学水平，反而有可能弱化教师教育的传统优势和特色，因而明确提出了要坚持师范大学的发展方向。我们认为，教师教育是学校办学七十年来一以贯之、不断延续的“血脉”。新中国成立后，特别是改革开放30多年来，学校以教师教育为使命，以培养优质教师为己任，逐渐形成了优势和特色。根据国家中长期教育规划“优化结构办出特色”的要求和对高校分类定位的思想，我们认为应该坚持师范大学的发展定位，这不仅是根据学校实际情况做出的决定，也是根据我省高等教育布局和学校教师教育使命和责任做出的审慎决策。在彰显特色方面，《规划纲要》提出了以师德引领教师教育发展和以生态文明引领生态校园和绿色大学建设两个特色。就第一个特色来说，我们认为，师德是教师素质的灵魂和统领，培养有高尚师德的教师是师范大学的重大社会责任，是提高民族素质、引领社会文明风尚的重要途径。教师教育是学校的办学特色，但是与其他师范院校相比，学校的教师教育特色又是以师德来引领教师教育发展。通过建立具有良好师德师风的教师队伍，培养师德高尚、业务精湛的人民教师，培育浓厚的师德文化和教师教育文化氛围，努力将学校建成为全省全社会的道德高地、文化高地和精神高地，引领区域道德风尚、文化风尚和精神追求。第二个特色主要体现在培养具有生态意识的人才，建立生态学科专业群，注重学科生态发展，开展生态科技创新，服务生态经济建设，建设安全、绿色的生态校园，实行低碳、高效、节能的生态管理，培育浓郁的生态文化等等。我们认为，生态文明不仅是因为在党的“十七大”报告中被阐述才显得格外重要。从人类文明的发展来看，生态文明是当前最有前途、最符合经济社会发展要求的文明形态。所以，彰显生态特色不仅仅是贯彻中央精神、呼应鄱阳湖生态经济区国家战略、服务地方经济社会发展的需要，更是学校凝练比较优势、引领社会发展的战略选择。

二是发展目标有新标杆。《规划纲要》确定了学校“十二五”时期的发展目标是：“保持省内高校第二，进入全国地方师范大学第一方阵。”从省内高校来看，学校虽然目前仍然维持排名第二的位置，但是与排名第一的南昌大学的差距被不断拉大，与排名第三的江西财经大学和第四的江西农业大学的差距还在不断缩小，处于“腹背受敌”的困境之中。与后两所高校相比，学校的传统优势正在丧失，在高层次人才、博士点建设、国家级科研项目、本科质量工程项目等多项指标上先后被这 2 所学校逼平或超越，与其他高校的差距也在不断缩小，学校在省内高校排名第二的地位正在受到严峻挑战。“十二五”时期，学校的发展目标就是要稳居省内第二的位置，逐渐拉开与后面高校的距离。从师范大学来看，目前学校在全国 37 所师范大学中的排名大致处于 21—23 位之间，在地方师范大学中的排名在 16—18 位之间。标兵越来越远，追兵越来越近。因此，我们必须进行赶超发展，鼓足干劲，大步向前。学校“十二五”时期的目标就是要前进 6—7 位，在全国师范大学中排名 16—17 位左右，在地方师范大学中的排名前进到11—12位左右，进入地方师范大学总排名的前三分之一，即进入第一方阵。

三是战略任务有新安排。围绕内涵建设这个主题，《规划纲要》草案提出了四大任务，就是提高质量、优化结构、彰显特色和推进开放。这四大任务都直接服务于内涵建设，是内涵建设的具体体现。提高质量是内涵建设的终极目标，是改革发展的永恒主题，也是学校生存和发展的生命线。优化结构是内涵建设的根本方式。根据规模、质量、结构和效益统筹发展的原则，通过优化办学层次、类型、学科专业、人才队伍和内部治理结构，全面改善学校各方面的发展功能，有效提升学校内涵水平和办学实力。彰显特色是内涵建设的重要途径，通过彰显特色，形成比较优势，走特色发展、非均衡发展之路，全面提升学校的办学声誉和社会影响力。推进开放是内涵建设的时代要求。推进开放就是要坚持全球视野，立足本土行动，向世界高等教育开放，向国内和地方经济社会发展开放，从国际和全国高等教育的发展趋势来办好学校，置身于地方经济社会发展的总体格局中来发展学校。

四是规划体系有新设计。学校“十二五”时期发展规划分为总体规划纲要、专项规划和二级单位规划三个层次，是一个以总体规划纲要为统领，以专项规划为中坚，以二级单位规划为支撑的规划体系。总体规划纲要是学校事业发展的顶层设计，是编制各专项规划和各二级单位规划的依据，既与国家、地方高等教育发展思路衔接，又对各专项规划和二级单位规划进行指导。专项规划包括学科建设、人才队伍建设、教师教育发展、大学文化建设等4个规划，二级单位规划为各部门、各学院、各直附属单位发展规划。专项规划和二级单位规划是总体规划纲要的延伸和具体化，其编制工作要以总体规划纲要为依据，与总体规划纲要保持一致。总体规划纲要与专项规划、二级单位规划是上位与下位、宏观与微观、抽象与具体的关系。本次教代会审议的是学校总体事业发展规划纲要草案，涉及学校改革发展的总体部署和宏观设计，提出的战略任务和主要举措更多的是方向性和原则性的内容，具体细化的工作任务和操作性措施在专项规划、二级单位规划和办公室将要制定的规划推进实施方案中得到体现。专项规划、二级单位规划随后由学校规划编制工作领导小组审议通过。

五是规划推进实施有新举措。为了真正贯彻落实好规划，保证学校“十二五”时期改革发展目标的实现，今年4月11日，学校发文成立了规划实施推进工作领导小组，校长梅国平同志担任组长，分管校领导任副组长，相应成立了办事机构，负责规划实施推进的日常工作，努力保证规划实施的权威性和稳定性。《规划纲要》在本次教代会审议通过后，规划实施推进工作领导小组办公室将组织开展“十二五”规划的宣讲工作，积极营造人人关心规划、人人学习规划、人人实施规划的良好环境和氛围；制定规划纲要实施方案，层层分解目标任务，明确实施路线图、时间表和责任制；建立考核评估机制，通过建立一年一报告、一年一考核、一年一评估等制度，加强对规划实施推进情况的评估和对各单位及主要领导实施推进规划工作的考核，做到实施有步骤、推进有举措、落实有抓手、总结有考核、评估有奖励。总之，我们希望，通过组织过硬、推进有力、勤奋工作把规划实施过程变成一个凝心聚力、同心同德、共谋发展伟业的过程。

各位代表，同志们，学校要发展，规划是依据。《规划纲要》是学校未来5年改革发展的纲领性文献，是我们谋划发展、推进改革的路线图。以今天审议通过《规划纲要》为新的起点，我们要在全校上下努力形成一个学习规划、落实规划、推进规划实施的良好氛围，把规划装在心上、拿在手上、落实在工作上，而不是挂在嘴上、贴在墙上、停留在文件上、放在一边上，不因领导班子的变化而改变实施规划的坚定决心，不因主要领导注意力的变化而改变实施规划的坚定信心，也不因办学环境的变化而改变实施规划的坚定雄心，努力使《规划纲要》确定的学校发展目标成为美好的现实。

“长风破浪会有时，直挂云帆济沧海。”[①] 我们编制规划是务实奋进的，实施规划的举措也是扎实可行的。我们有理由展望，当我们在“十二五”收官之年进行回顾总结的时候，我们一定会因为扎实工作而倍感欣慰，一定会为实现规划目标而倍感骄傲，也一定会为成功实施“十二五”规划给学校发展的下一个五年打下雄厚基础而倍感欣喜！

（本文收入《江西师范大学“十二五”时期发展规划文件汇编》，2011年9月。）

① ［唐］李白：《行路难》。顾青编注：《唐诗三百首》，中华书局2009年版，第142页。

关于《江西师范大学“十三五”发展规划总体思路》的说明

“十三五”时期是国家全面建成小康社会的关键时期，各项改革事业步入“攻坚期”，经济发展和社会治理迈向“新常态”，科教兴国战略、人才强国战略、区域发展战略的贯彻实施驶上“快车道”，高等教育事业发展迎来了新形势、新机遇和新挑战。在这个以“转型升级”为趋势和特征的重要发展阶段，江西师范大学将以实现中华民族伟大复兴的中国梦为指引，以服务江西经济社会发展为要务，彰显大学精神，履行大学使命，在人才培养、科学研究、社会服务、文化传承与创新等方面努力做出更大贡献。

一、指导思想

高举中国特色社会主义伟大旗帜，认真贯彻落实党的十八大、十八届三中、四中全会和习近平总书记重要讲话精神，以《国家中长期教育改革和发展规划纲要（2010—2020）》《全面提高高等教育质量的若干意见》和《江西省中长期教育改革和发展规划纲要（2010—2020）》文件精神为依据，遵循高等教育发展规律，围绕立德树人根本任务，紧密结合国家和区域经济社会发展的需求，对学校“十三五”事业发展进行顶层设计和系统规划，全面提高高等教育质量，全面深化综合改革，全面推进依法治校，全面加强党的建设，增强以人才培养、科学研究、社会服务、文化传承与创新等为主要内涵和关键指标的大学核心竞争力，努力将学校办成学生满意、社会支持、声誉良好、特色鲜明的高等学府。

二、总体目标

依靠省部共建平台和综合改革创新，进一步提升办学质量与水平，扩大学科影响和办学声誉，赢得高校竞争的比较优势，牢固占据全国地方师范大学第一方阵的地位，在若干学科领域赶超国内一流大学水平，到“十三五”末建设成为特色鲜明的高水平师范大学，学校综合实力排名接近全国高校前100名。

——人才培养：保持在校学生规模基本稳定，实现博士研究生规模稳步增长和专业学位硕士研究生规模较大增长；教育教学模式改革和人才培养机制创新取得进展，学生的专业知识水平、创新创业素质和社会责任感继续提升；教师教育的专业建设走在国内师范大学前列，更多精品课程和品牌专业达到国家级水平或赢得就业单位高度认可；国际化人才培养规模和层次迈上新的台阶。

——科学研究：现有科学研究机构和协同创新中心建设取得实效，申报和组建新的国家级科研平台的实力增强，获批国家级重大、重点科研项目的能力提升，国家级、省部级科研奖励的数量增加，科研成果在江西乃至国内外产生重要影响。

——学科建设：博士、硕士等层次的学科点继续增加。扩大进入ESI前1%世界先进水平的优势学科数量，若干重点学科进入全国大学学科排名前列，多数学科保持省内领先水平，学科建设的特色更加鲜明，学科建设对于办学水平和学校声誉的提升作用更加明显。

——社会服务：紧密结合国家和区域经济社会发展的需要，提升国家大学科技园孵化能力，推进新型高校智库建设，进一步促进学校与企业、行业、政府之间的协同协作和深化合作，在人才培养、科技服务、城镇规划、环境保护、基层治理等方面开展服务对接，使学校对地方经济社会发展产生更大推动作用。

——师资队伍：人才评价与激励机制更加科学合理，人事聘用制度进一步完善，师资队伍结构进一步优化，领军人才引进和培育的关键指标实现新突破，人才队伍的建设层次和国际化水平得到较大提升，学校人才队伍建设的整体水平位居全国地方师范大学前列。

——制度建设：“党委领导、校长负责、教授治学、民主管理”的校内制度体系逐步完备，学校党委的核心领导作用得到更好发挥，自主办学、自我约束的大学治理体系日趋成熟，校院二级管理体制进一步落实和优化，依据章程依法治校的现代大学制度建设在全省高校中起到示范作用。

三、战略思路

秉持“错位发展、特色引领、人才支撑、内涵升级”的战略性发展思路，以综合改革为抓手，以制度创新为驱动，调整和优化教学科研资源配置，激发师生创新创业精神，增强学校发展后续动力，努力推动学校各项事业的发展升级，使学校真正成为优质高等教育资源的供应体、科技创新和知识创业的领跑人、江西经济社会发展的“智库群”、新时代大学文化和赣鄱文化的创造者。

“错位发展”是学校发展的总战略。根据合理定位、创新求变的原则，选准新的突破口，培育新的增长点，谋求更加符合学校发展基础和条件的方法路径，从而在激烈竞争中赢得自我发展的比较优势。注重打造传统文科优势的升级版和创新版，做好文科发展与应用对策研究相结合的大文章，在哲学社会科学领域重点培育3—5名以长江学者为代表的领军人才，构建我省引领地方经济社会发展的高水平“思想库”和“智囊团”，使学校文科优势更加明显。着力加强音乐、体育、美术、外语类学科的发展，进一步巩固和扩大在省内的领先地位，提升参与全国同类专业院校竞争的实力，形成学校在全省独一无二的强势品牌。

“特色引领”是学校发展的航向标。按照“科学有特色、专业有特点、教师有特技、学生有特长、文化有特点”的思路，对学校办学特色进行凝练和打造，优化学科结构，调整资源配置，增强发展优势。进一步突出师范特色，集中精力提升水平，形成有影响力的师范生教育和教师教育；进一步突出生态特色，围绕服务江西绿色崛起，构建省内具有强势地位的生态学科群落和人才培养综合基地；进一步突出创新创业特色，改革人才培养模式，强化与国家战略、区域战略和社会需求对接，形成创新为荣、创业为尚的校园文化氛围，大力提升创新创业人才培养质量；进一步突出国际化办学特色，深入推动与国际知名院校合作，大幅提升大学生双向流动比例，努力办出具有现代开放特色的师范大学；进一步突出文化特色，从深厚的办学历史积淀中，汲取并形成独特的师大文化标识，着力打造“师大红”文化品牌。

“人才支撑”是学校发展的核动力。学校改革创新的关键在于适应“领军人才＋创新团队”的学科发展与人才培养模式，全面激发师生群体的创造潜能。学校要利用发达地区高校人才相对饱和的形势，做好承接人才转移、引进领军人才的谋划和部署，壮大学校创新团队力量，增强学校科研与学科发展的核心动力；要激发中青年教职工的使命感和事业心，推进学科团队、创新团队和管理团队的建设，强化学校事业发展的中坚力量；要最大限度地开发学生人力资源，拓宽学生参与学校事业发展，尤其是科研创新的渠道，使学生素质在学校发展当中得到锻炼和提升，使学校发展在学生成长当中获得基础性支撑。学校将通过内部治理结构的改革和完善，注重以团队为形式，在学校重点发展方向上搭建和部署人才队伍，使其创新能力发生整体性的“核聚变”，全面激发学校事业发展的强大动力。

“内涵升级”是学校发展的生命线。“错位发展、特色引领、人才支撑”共同驱动，才能有效提升学校办学质量，推动学校内涵升级。内涵升级作为学校履行大学使命、完成核心任务的必然要求，应贯穿人才培养、科学研究、社会服务和文化传承创新等各个方面，融入办学治校的全过程。学校将以“江西师范大学‘十三五’事业发展主要指标”所列的“目标清单”为具体标准，衡量内涵升级的实施效果。

四、核心任务

“十三五”期间，学校发展规划的总体路线可以概括为“一条主线”“六大任务”。一条主线即“错位发展、特色引领、人才支撑、内涵升级”的战略思路，“六大任务”包括提高人才培养质量、优化师资队伍结构、完善校内治理结构、增强科学研究实力、提升学科建设水平、凸显社会贡献指数等六个主要方面的发展任务。

（一）提高人才培养质量

提高人才培养质量的前提是确保生源质量，要继续采取积极的招生政策与举措，保证本科生生源的优质化和研究生生源的稳定化；提高人才培养质量的基础是课程和教学，要继续抓好精品课程建设、教学名师评选和教学质量监督等工作，形成教学合力，提升教学效果；提高人才培养质量的关键是创新培养模式，要继续深化教师教育、创业教育和拔尖人才的培养体制改革，积极探索“慕课＋学分”的开放式人才培养新模式，使学校的人才培养模式改革走在全国师范院校前列；提高人才培养质量的直接标尺是教学成果获奖，间接标尺是学生求学氛围浓厚、学生荣誉奖项增多、就业率升高、考研命中率提高等，要想方设法使人才培养工作在这些指标上取得实效。

（二）优化师资队伍结构

优化师资队伍结构关键要解决好领军人才不足、团队聚合不紧、创新动力不足等迫切问题。优化路径，首先是要引进和培育领军人才，创造领军人才发挥作用和“人才特区”建设的良好环境，使其成为刺激学校创新团队成长的催化酶和黏合剂；其次是要完善学科团队和科研团队的激励机制，通过团队建设的方式，改变师资队伍的松散结构，激活学校教职工“协同创新”的巨大潜能；再次是实施首席教授、特聘教授、“青年英才”培育计划、教师国际化计划等人才计划，提升和发挥不同类型、不同层次人才的才能。

（三）完善校内治理结构

依据《江西师范大学章程》，深化学校干部制度、人事制度、机构调整、校院两级管理试点、精细化管理试点等方面的改革，建立科学、高效、完善的现代大学制度体系，使校内治理结构得到全面优化。

（四）增强科学研究实力

科学研究是高校竞争最激烈、最需要展示实力的领域。增强科学研究实力，一是“搭大平台、上大项目、出大成果”要有新思路、新机制和新支撑。要通过科研制度的改革创新，使学校科研工作摆脱过去经常依赖独狼式“突破”的状态，建立起依靠团队实力、更具稳定性和预期性的常态科研机制。二是学校与省市县政府部门和企业的合作，在扩大规模、互惠互利的同时，一定要强化科研导向，使其成为孕育科研增长点的重要纽带，对于确立选题、申报项目、成果应用与转化、科研奖励等项工作，产生重大促进作用。三是国际化的科研合作与交流，需要进一步拓宽渠道、搭建平台、产出成果，提升学校科学研究水平。

（五）提升学科建设水平

学科建设要与科研工作形成合力，共同围绕“特色”做谋划、下力气。要积极吸取国内外一流学科的成功经验，以重大问题或特殊领域为导向凝聚学科队伍，集中经费投入，完善考核机制，力争建成特色鲜明、实力雄厚的国家级学科平台。要充分利用现有的博士点和科研平台，鼓励学科交叉、合作与融合，探索学科的共生性发展道路。要在进一步发挥学院的学科建设主体作用的同时，强化各学院的学科排名意识，对照学科排名的各项指标，加强学科内涵建设，提升学科排名，扩大学科声誉。

（六）凸显社会贡献指数

一是通过提高人才培养质量，在学生就业市场树立良好的口碑，赢得社会的广泛认可；二是依托国家和省部级科研机构、国家大学科技园等平台，促进科研成果转化，对区域经济发展和社会就业产生推动作用；三是积极参与区域经济社会发展活动，推进高校新型智库建设，加强以问题为导向的应用对策研究，获得政府部门的认可和支持。

五、保障措施

依据《江西师范大学章程》，完善学校各项规章制度，进一步明晰学校管理体制、运行机制和治理体系，提升学校的治理能力，强化“十三五”发展规划编制和实施的各项保障措施。

（一）组织保障

加强党建和思想政治工作，充分发挥党委的领导作用、党支部的战斗堡垒作用和党员的先锋模范作用；坚持党管干部的原则，继续完善公开选拔、竞聘上岗等制度，建立健全干部综合考核评价办法，着力提高管理干部的执行力；加强党风廉政建设，严格执行党风廉政建设责任制，营造风气清正的良好政治生态环境；成立专门机构，加强对规划实施的组织领导和考核评估，保证各项规划任务的顺利实施。

（二）制度保障

坚持党委领导下的校长负责制，完善集体领导和个人分工负责相结合的制度；依据章程，对学校各项制度进行全面梳理，形成统一、协调、精简、高效、公正、廉洁的现代高水平大学管理制度体系；发挥校学术委员会对重大科研和学术问题的决策作用，提高学校科研与学术决策的科学性；理顺校、院两级管理体制，开展校院两级绩效评价体系建设，调动学院办学的积极性；充分听取专家学者和教职工代表对学校改革与发展的意见和建议，进一步完善学校重大决策的咨询与讨论制度；健全分配方案和薪酬体系，提升学校教职工的幸福指数。

（三）条件保障

多方筹措办学经费，改善办学条件，更新硬件设施；推进和完成学校实验大楼建设，大幅度改善教学实验条件；促进教学科研设施设备的资源共享与开放使用，提高设施设备的使用效率和综合效益；深化后勤社会化改革，构建新型、高效的后勤保障与服务体系；加强图书馆、信息化等方面的建设力度，提升其在学校教学科研中的重要作用，促进教育现代化的实现。

江西师范大学“十三五”事业发展主要指标

项目	指标	“十二五”完成指标	“十三五”发展指标	指标属性
人才培养	办学规模（人）[①]			约束性
	毕业生初次就业率（%）			约束性
	生师比[②]			约束性
	研本比[③]			约束性
	非全日制学生年招生数			约束性
	本科专业数（个）			约束性
	全国优秀博士学位论文（篇）			奖励性
	国家级教学名师（人）			奖励性
	国家级教学团队（个）			奖励性
	国家级教学成果奖（项）			奖励性
	国家级精品课程（门）			约束性
	国家级特色专业（个）			约束性
	研究生初次就业率（%）			约束性
	本科生初次就业率（%）			约束性
队伍建设	教职数（人）			约束性
	专任教师数（人）			约束性
	具有博士学位的教师比例（%）[④]			约束性
	高端领军人才（人）[⑤]			约束性
	赣鄱英才555工程入选者（人）			约束性
	境外研修半年以上教师比例（%）			约束性
	博士后流动站（个）			约束性
	博士后科研工作站（个）			约束性

续表

项目	指标	“十二五”完成指标	“十三五”发展指标	指标属性
学科建设	进入ESI前1%的学科数（个）			奖励性
	国家重点学科（个）			奖励性
	进入全国一级学科排名前10位的学科（个）			奖励性
	省级重点学科（个）			约束性
	省示范性硕士点（个）			约束性
	一级学科硕士点（个）			约束性
科学研究	年科研到账经费（亿元）			约束性
	国家重点实验室、工程技术研究中心（个）			奖励性
	教育部人文社会科学重点研究基地（个）			奖励性
	国家自然科学基金创新研究群体（个）			奖励性
	主持国家“973”重大项目（项）			奖励性
	国家自然科学基金重大项目（项）			奖励性
	国家哲学社会科学基金重大项目（项）			奖励性
	国家级科研项目（项）			约束性
	国家三大科技奖励（项）			奖励性
	省2011协同创新中心建设			约束性
	部省级科技成果奖励（项）			约束性
	三大科技检索、SSCI或A&HCI论文数（篇）			约束性
	Science发表论文（篇）			奖励性
国际交流合作	在校留学生人数			约束性
	孔子学院（课堂）（所）			约束性

注：

①指全日制学生规模。其中本科生__人，硕士生__人，博士生__人，分别按照本科生 4 年学制、硕士生 3 年学制、博士生 4 年学制的招生数进行统计。

②生师比 = 全日制标准学生数 ÷ 专任教师数。全日制标准学生数 = 本科生数 + 硕士研究生数 ×1.5+ 博士研究生数 ×2。

③不含非全日制专业学位硕士研究生。

④具有博士学位的教师比例 = 具有博士学位的教师数 ÷ 专任教师总数 ×100%。

⑤含两院院士、“长江学者奖励计划”特聘教授、“千人计划”入选者、“国家杰出青年科学基金”获得者、国家教学名师等。

（本文收入《江西师范大学“十三五”时期学校发展规划纲要》，2016 年 9 月。）

关于《江西师范大学综合改革方案》和《关于开展建设一流本科教育大讨论活动的工作方案》的说明与布置

党的十八届三中全会以来，我国进入一个全面深化改革的新阶段，党中央、国务院高度重视，各个领域、各个行业积极作为，改革工作不断深化推进。2013 年，教育部印发了《关于深化教育领域综合改革的意见》，之后，清华大学和北京大学主动请缨，在国家深化教育领域综合改革中先行探索。2014 年 7 月，国家教育体制改革领导小组第十一次会议同意了“两校一市”（清华大学、北京大学、上海市）的综合改革方案。

在教育改革的良好形势下，2014 年 6 月，省委省政府出台了《关于深化教育领域综合改革若干问题的意见》，南昌大学作为试点高校，于今年 1 月发布了《南昌大学综合改革试点实施方案》。

为了抓住用好教育综合改革的重大机遇，我校积极谋划推进改革工作。2014 年暑期，学校就专门组织各单位主要负责人开展了“深化高等教育综合改革”学习班，邀请了华中师范大学校长杨宗凯、浙江师范大学原校长吴锋民等教育专家为大家授课。同时，学校先行启动了机构改革、干部制度改革、岗位设置聘任考核改革、校院两级管理体制改革和精细化管理改革试点等相关专项改革工作，为综合改革探索经验。2014 年下半年，学校正式着手起草综合改革方案，并在 2014 年寒假的务虚会上进行了初步研讨。今年以来，为全面推进和统筹实施学校综合改革工作，学校专门成立江西师范大学综合改革领导小组及 4 个专项工作小组，分别到湖南师范大学、浙江师范大学等高校进行专题调研，各个小组召开多次会议进行深入研讨。

在广泛深入调研、全面把握教育改革发展的新形势新任务新要求、深刻剖析学校存在的瓶颈问题的基础上，学校广泛听取意见建议，经过几下几上、反复酝酿，方案起草组先后十易其稿，最终完成了综合改革方案，本月中旬经过校长办公会、党委会审定。可以说，学校综合改革方案凝聚了全体师大人的集体智慧，也体现了全体师大的共同目标追求和美好愿景。

学校综合改革方案主要包括“总体思路、任务举措、保障措施”三个板块，共 32 条内容。

第一个板块：总体思路，包括指导思想、改革思路、总体目标。

指导思想是：以中国特色社会主义理论体系为指导，深入贯彻党的十八大，十八届三中、四中、五中全会和习近平总书记重要讲话精神，把握国家全面深化改革和教育领域实施综合改革的重大机遇，顺应高等教育正在走向社会中心的发展态势，坚持“文化引领、改革驱动、发展升级、实干兴校”的方针，努力以开放带创新，以创新推改革，以改革促发展，通过扩大开放程度，创新发展理念，加大综合改革力度，坚决破除制约学校办学发展的体制机制弊端，进一步解放和增强师生员工的思想活力，奋力建设一所特色鲜明、全国一流的高水平师范大学。

改革思路是：凝聚全校共识，强化顶层设计，坚持目标引领，突出问题导向，聚焦关键领域，着力实施精品战略、创新发展战略、实体强院战略、激励赋能战略、开放办学战略等，重点围绕综合改革的核心区，寻找改革的突破口，抓住改革的着力点，在人才培养体系、分类评价体系和内部治理体系等方面创新，提出若干具有根本性、关联性作用的改革举措，推进重点领域和关键环节的改革创新，解决影响和制约学校事业科学发展的关键问题，协调带动其他领域改革，全面深化综合改革，加快转变发展方式，有效激发办学活力，让所有办学要素的活力竞相迸发，让全体师生员工的创造性充分涌流，切实提高办学质量，有效加快发展速度，不断增进师生福祉。

总体目标是：落实立德树人的根本任务，强化服务社会的职责使命，力争 2017 年底前重点领域和关键环节改革创新取得突破性成果，2020 年形成一整套体现世界通例、彰显地方特点和契合自身办学实际的现代大学制度，学校治理能力和办学活力取得显著提升，办学质量和发展水平得到明显提高，核心竞争力和综合实力获得重大突破，创新能力和品牌声誉赢得社会公认，学校综合排名接近全国百强，进入全国师范大学第一方阵，成为一所特色鲜明、全国一流的高水平师范大学。

第二个板块：任务举措。

一是通过深化人才培养体系改革，提高育人质量。主要包括实施专业分类发展、加强创新创业教育、强化教师教育特色、拓展丰富课程资源、优化学习指导服务、提升课堂教学质量、加强思想政治工作和师德学风建设、实施研究生教育综合改革、推进教育国际化等措施。

二是通过深化分类评价体系改革，激发办学活力。主要包括优化薪酬分配制度、创新教师岗位管理和考核评价制度、改革干部管理、使用和考评制度，完善学生评价体系、完善教学科研评价办法、改革学科建设机制、提升社会服务能力等措施。

三是通过深化内部治理体系改革，提升治理水平。主要包括优化学校内部治理结构、深化校院两级管理体制改革、构建科学民主的决策体系、实施精细化管理改革、打造开放办学体系、推进信息化建设、建设共建共享和谐校园等措施。

四是深化资产与后勤管理体系改革，增强保障能力。主要包括实施后勤管理体制改革、深化资产管理制度改革、提升资产管理产出等措施。

综合改革是一个系统文件，内容很多，其中一些重点内容另行制定了专项改革方案，一会儿，涂校长、项校长还会就部分专项改革方案作说明，还有一些专项改革方案会后另行发文。

第三个板块：保障措施。

一是加强综合改革组织领导。学校成立了由主要领导任组长、党政领导参与的综合改革工作领导小组，负责改革总体设计、统筹协调、整体推进、督促落实；明确一名校领导主抓综合协调工作；下设办公室，挂靠党委（校长）办公室，承担领导小组交办的日常事务，积极做好综合改革的协调推进和督促督办工作；成立 4 个专项领域改革工作小组进一步完善专项领域改革实施方案，各相关单位根据改革项目清单有序推进，积极抓好各项工作，确保学校综合改革工作取得实效。

二是营造良好外部环境。积极争取上级部门的指导支持，帮助协调解决制约学校加快发展的体制机制问题、政策障碍和深化综合改革进程中出现的新情况新问题，给予学校相应的专项经费支持，保障学校在法律法规范围内行使办学自主权，促进学校深化改革和创新发展。自觉接受政府监管，及时回应社会关切，积极争取社会各界支持，为学校综合改革营造良好的外部环境。

以上就是学校综合改革方案的起草过程和主要内容，下面就开展建设一流本科教育大讨论活动的工作方案进行说明。

建设一流本科教育、提升人才培养质量是学校综合改革的核心任务，也是学校“十三五”时期的主要目标。根据综合改革总体安排和学校“十三五”规划编制要求，为了贯彻落实上级关于高校人才培养工作的最新精神，紧密结合学校实际，集思广益，做好本科教育教学改革工作，经学校研究，决定于2015年12月1日至2016年6月30日期间在全校范围内深入开展建设一流本科教育大讨论活动。

活动主题是：深化创新创业教育改革，建设全国一流本科教育，培养社会中坚骨干人才。

目标有三个：

一是解放思想，扎实推进创新创业教育，修订完善2016年本科专业人才培养方案。

二是全面落实全省本科专业综合评价要求，进一步明确人才培养目标和规格，凝练专业特色，打造专业品牌。

三是编制学校“十三五”人才培养专项规划，建设全国一流本科教育。

活动分四个阶段推进：

一是学习动员阶段，自2015年12月1日至12月31日。今天的会议也是动员会，会后，各单位根据本单位本科人才培养工作的实际情况，结合学校“十三五”规划编制和经济社会发展对高校人才培养提出的新要求，认真组织学习相关文件材料，广泛动员师生员工特别是一线教师积极参与建设一流本科教育大讨论活动。

二是查摆问题阶段，自2016年1月1日至2月29日。主要内容是分类召开由教师代表、学生代表、校友代表和用人单位代表参加的座谈会，充分听取各方代表意见建议。深入开展基层调研，查摆学校人才培养中存在的问题，并分析其症结所在。各学院结合学院专业人才培养实际，自我查找人才培养中存在的目标定位、培养方案、课程设置、教育教学、指导服务、教学评价等各方面的问题。

三是研讨整改阶段，自 2016 年 3 月 1 日至 6 月 15 日。主要内容是围绕活动目标，结合存在的问题，集中研讨提出解决问题的思路办法和具体措施，制定学校《2016 年本科人才培养方案修订意见》，出台学校支持人才培养和创新创业教育工作的若干举措。根据全省本科专业综合评价情况，制定各个专业的建设方案，开展存在问题整改提高工作，以及编制学校“十三五”人才培养专项规划。

四是总结表彰阶段，自 2016 年 6 月 16 日至 6 月 30 日。主要内容是对大讨论活动进行总结，形成建设一流本科教育大讨论活动总结报告，对大讨论活动取得优异成果的单位给予表彰奖励。

详细安排请大家参照学校的发文。

实施综合改革，涉及学校工作的方方面面，需要全员参与、全过程跟进。在此，也真诚希望在实施过程中，各单位各部门认真履职，积极作为，务求实效。对实施过程中遇到的困难和问题，以及意见建议请及时向工作领导小组和各工作组牵头单位反馈，大家一起努力，为学校改革出力，为学校发展作贡献。

（本文系作者于 2015 年 11 月在江西师范大学相关专题会议上就落实《江西师范大学综合改革方案》和《关于开展建设一流本科教育大讨论活动的工作方案》文件精神所作的讲话。）

弘扬胡先骕精神，为学校改革发展积累正能量

在这“梅子留酸软齿牙，芭蕉分绿与窗纱”[①]的仲春时节，我们在美丽的江西师范大学瑶湖校区召开胡先骕教育思想研讨会，并纪念江西师范大学的人文始祖、国立中正大学首任校长胡先骕先生诞辰120周年。60多位省内外专家、学者和特邀嘉宾怀着无限缅怀之情在充满生机活力的江西师大校园相聚，纪念先贤，砥砺学术，探讨学校改革发展大计。胡先骕先生的亲属代表、台湾中正大学的代表、国立中正大学和江西师范大学的校友代表及胡先骕研究专家代表应邀参加了本次研讨会，其中10位代表作了大会发言。对于一天来各位的辛勤劳动和激情分享，我受学校委托，向大家表示衷心感谢！

借此机会，我对会议成果作一个简单总结。

一是学校高度重视，各方精心组织。我们这次研讨会是在成功举行了校庆70周年活动之后召开的，此次研讨会定位为“传承学校学统文脉，提振现代大学精神”，借此机会纪念胡先骕，研究胡先骕，弘扬胡先骕精神，推动江西师范大学改革创新，加快发展；这次会议是在贯彻落实中共中央关于教育领域综合改革精神的背景下召开的，办人民满意的师范大学，提高教育教学质量，任重道远，探讨新形势下的现代大学发展之道，意义重大。因此，从4月份开始，学校高度重视此次会议，学校主要领导亲自主持召开会议研究筹备工作，列支专项资金，成立了会议筹备小组，由学校分管副校长任组长、各相关部门负责人参与。筹备组多次召开协调会，部署协调各项事宜。学校党校办、教务处、校友办、宣传部、国教处、图书馆、文化研究院以及相关学院都积极投入此项工作，为会议圆满召开付出了辛勤劳动。会议邀请函在《光明日报》《中国教育报》发布后，引起社会强烈反响，得到社会各界的关心和支持。令人感动的是，

① 于北山选注：《杨万里诗文选注》，上海古籍出版社1988年版，第24页。

国立中正大学的校友们，把此次研讨会当成了寻根之会，省内外胡先骕研究专家把此次会议当成了思贤之会，社会上关心我校改革发展的热心人士把此次研讨会当成了聚力之会，这些都为我校筹办此次研讨会提供了极大的正能量。

二是会议硕果累累、亮点纷呈。胡先骕《古风》十四首中说道："知今不知古。是谓之聋瞽。知古不知今。是谓之陆沉。"[①] 要办地方一流师范大学，我们必须经常回顾走过的路，不忘我们的本，不失我们的根，不缺我们应有的大学精神。我们以文相会，相互切磋，纪念胡先骕，研究胡先骕，是为了更加清晰地认识江西师范大学的过去、现在和未来，是为了在胡先骕精神的感召下，把江西师范大学办得更好。胡先骕先生虽然离开我们近半个世纪了，但我们还要研究他，学习他，弘扬他的精神，因为他播撒了江西师范大学的文化种子，寄予了江西师范大学灿烂的未来。

胡先骕先生是世界著名的植物学家、教育家、文学家和诗人。他思想独立、思维严谨，学贯中西、功底深厚。面对新文化运动中各种思想激荡，他坚持"人格独立，思想自由"，不急功近利，不急切浮躁，更不趋炎附势，而是勇于担当，坚守责任，专注教育，专心学术，走着一条艰难的教育救国之路。这次研讨会，从胡先骕与国立中正大学、胡先骕与五四新文化运动、胡先骕与生物学、胡先骕与教育救国、胡先骕教育思想研究和"五四"以来中国高等教育发展研究等六个方面对胡先骕进行研究，收到学术论文 50 余篇。我们以前人的研究为基础，开拓了新选题，深化了老问题，得到了新观点、新启发和新认识。比如，专家们在研讨中把胡先骕放在"五四"以来中国高等教育的坐标中进行探讨，具有厚重的历史感；把胡先骕放在国立中正大学与江西师范大学 70 多年的历史长河中，探讨胡先骕与江西师范大学文化精神的内涵关系，具有浓厚的文化感；对胡先骕在生物学、教育学、文艺学等方面的成就进行多维度透视，予以互动性研究，具有浓烈的时代感和科学精神；把胡先骕对江西师范大学的精神滋养与当代高等教育改革发展的形势联系起来，探讨现代大学发展规律，具有强烈的现实感和责任感。这些都囊括了本次会议的精彩和亮点，必将为胡先骕研究、江西师范大学校史研究，乃至中国高等教育改革发展研究，留下厚重而珍贵的学术精神，为后人所珍视。

① 张大为、胡德熙、胡德焜合编：《胡先骕文存》（上卷），江西高校出版社 1995 年版，第 572 页。

三是通过此次研讨会，我们分享了胡先骕精神，从胡先骕先生身上获得了极大的精神滋养和文化力量。回顾我们的校史，展望我们的未来，我们更加觉得要有敝帚自珍的文化自信，要有开放办学的文化自觉，要有时不我待、加快发展的自强精神。

在办学理念上，我们要坚持“以生为本、以德为先”不动摇。江西师范大学是一所具有 70 多年历史的老校，文化底蕴深厚，国内曾有一大批精英学者在这里洒下智慧和汗水，姚名达、蔡方荫、杨惟义等先生，他们不仅学术精湛，而且人文功底深厚。特别是胡先骕先生本人，在新文化运动中高举中华文化大旗，弘扬中华传统道德文明，坚持把修身立德放在教育的首位。这是我们丝毫不能忘却的文化立校的源头。

坚持“立德树人”，在今天社会功利化、大学生厌学、学风浮躁的情况下显得尤为重要。办现代一流大学，离不开中华德育传统和人文精神。习近平总书记前不久在纪念五四运动 95 周年与北大师生座谈会上的讲话中，频频告诫当代青年，弘扬社会主义核心价值观要从古代格物致知、诚意正心、修身齐家治国平天下等传统文化中吸取精华，尤其要吸取其中的道德文明，比如“君子喻于义”“君子坦荡荡”“君子义以为质”等等。[①] 就目前我校现状来看，我们正面临着社会所广泛关注的道德难题，德育体系还不太完善，德育课程资源和德育实施也还不到位，存在重才不重德的倾向，不能把德育与学科专业学习有机结合起来，不能把教书与育人紧密结合起来。我们要以先贤为榜样，将中华传统道德文明切实贯彻到德育实施中去，用德育之光照亮学生进步的前程。

在培养目标上，我们要坚持以学为中心，促进学生的全面发展不动摇。胡先骕教育思想博大精深，就像会上研究专家所说的那样，我们要抓住教育的本质，把教育的目的放在学生的全面发展上。胡先骕倡导生活教育的思想，围绕人的生活需要进行培养。就当下而言，我们要提倡教育本质的回归，建立以学为中心的教学体系，制定分类分型培养方案和课程模块，完善学分制管理，为学生成长提供更多的选择空间。大学教育“既贵精专，尤贵宏通”。我们要加强通识教育，拓宽通识教育课程资源，强化学科基础。真正做到宽口径、强基础、

① 参见习近平：《青年要自觉践行社会主义核心价值观——在北京大学师生座谈会上的讲话》，《人民日报》2014 年 5 月 5 日。

长技能、有作为，真正实现本科阶段应用型通才基础上的专才教育。

在教师教育上，要坚持“术德兼修”不动摇。言传身教，率先垂范，学生要学得好，老师首先要能作出榜样。我校是一所地方性师范大学，一方面教学上要有自己的优秀老师，另一方面教育的重要任务是培养未来称职的老师。胡先骕先生说得好：“大学教授亦必须学术宏通品德高尚，可为青年表率者始得充任。”[①] 我们要坚持“学高为师、德高为范”的为师标准，加强师资培训，使老师敬业乐教，爱生爱教，专心治学，安心育人，用良好的师德、一流的学识，守稳三尺讲台，满足当前教育教学改革的要求，担当学生满意的人民教师责任；在师范教育上，通过教师的人格魅力和丰厚学养，薪火相传，不断培养合格的中小学教师。

总之，我们要弘扬胡先骕修身立德的道德精神，传承中华传统文明；弘扬胡先骕孜孜不倦的学术精神，“勤修道义”，攀登科学高峰；弘扬胡先骕爱国荣校精神，忧国忧民，爱生如子，爱校如家，把实现中华民族伟大复兴的中国梦深深根植于伟大教育实践之中！

四是要把纪念胡先骕、研究胡先骕、传承胡先骕精神的活动贯穿教书育人的全过程，在现代大学改革创新中不断光大胡先骕精神，并为胡先骕精神注入新的时代内涵。

会上宣布成立了胡先骕研究所，我们要办好胡先骕研究所。胡先骕先生的学问博大精深，光照后人。我们对他的研究还很不够，目前更多的是各自为政，呈现分散性、业余性和临时性等特点，不仅影响了研究质量，而且也难以产生应有的社会效能，这与胡先骕在中国教育史上的突出贡献和在江西师大校史上的重要地位是不相符的。我们成立胡先骕研究所，就是要聚合一支胡先骕研究的生力军，集中研究力量对胡先骕的思想文化进行有组织、有规模、有计划的研究，使之成为国内最有影响的胡先骕研究阵地。

我们还要建立健全弘扬胡先骕精神的长效机制。在这次会议中，专家学者付出了很多的智慧，论文质量很高，但有些文章是为了开研讨会才写的。如果不开会，就可能没有这些文章。这使胡先骕研究带有临时性和任务性。我们要建立长效机制，通过长效机制的作用，形成一种文化自觉和文化合力，带着感

---

① 张大为、胡德熙、胡德焜合编：《胡先骕文存》（上卷），江西高校出版社 1995 年版，第 423 页。

情和自觉性去研究胡先骕，真正使胡先骕精神成为无处不在的崇高文化符号和精神高地，使胡先骕精神成为鼓舞江西师范大学发展和进步的精神正能量。

我们还要定期开展相关学术研讨活动。我们要以胡先骕诞辰纪念、校庆等重要文化节点为载体，开展有文化主题的研讨会、纪念会、讲读会、歌咏会、文化沙龙等文化活动，借助现代教学技术和文化传播手段定期开展有品位、有内涵、有分量、有影响的文化活动，真正做到以文化为内核、以活动为载体、以育人为宗旨，为现代大学建设增添一抹文化亮色。

同志们、朋友们！春天是播种的季节，是生命复苏的季节。在今天这个文化春天里，我们重温了先哲的思想，追怀了学校的历史，研讨了学校的改革发展方向，成果令人鼓舞，友谊令人难忘。让我们珍藏胡先骕精神之光，牢记过去江西师范大学的文化之旅，向着文化春天大声呼唤：我们是文化的使者，我们一定会高举胡先骕爱国荣校的旗帜，把江西师范大学办得更加灿烂美好！

（本文系作者在胡先骕教育思想研讨会上的总结讲话，原收入《胡先骕教育思想与精神品格——纪念胡先骕教育思想研讨会论文集》，中国社会科学出版社2014年版，收入本书时有文字改动。）

人生最有意义的事情莫过于与时偕行

——《创新创业基础》序

有的人因与时代利好擦肩而过，丧失了谋事成事的外在条件而懊恼；有的人因没有时代的敏锐，错失良机而懊悔。我认为，最好的做法应该是：与时偕行，抢占先机。莫错过，莫蹉跎，莫彷徨，准确判断时代的势能，投身其中，敏捷地展示青春动能。就像俄国作家屠格涅夫所说的那样，一边做，一边将事业向前推动。

我们正处在社会转型、经济转轨和观念转变的时代。作为引领社会变迁的创新创业，已然成为我们这个时代最闪亮的符号和最富激情的时代精神。对于当代大学生来说，勇于站在时代的最前沿，尽情抒发青春力量，创新创业的召唤无疑就是行动的方向。“彼此当年少，莫负好时光。”[①] 这又是一个激励青年成长成才的时代，李克强总理率先倡导“大众创业、万众创新”，党和政府倾力支持青年创新创业。今年以来，鼓励、支持大学生创新创业的政策不断出台：2015 年 1 月，国务院常务会议研究确定支持发展众创空间推进大众创新创业政策措施；3 月，《国务院办公厅关于发展众创空间推进大众创新创业的指导意见》出台；5 月，《国务院办公厅关于深化高等学校创新创业教育改革的实施意见》推出；6 月，《国务院关于大力推进大众创业万众创新若干政策措施的意见》发布；7 月，李克强总理更是一周内三次谈到创新创业……“清歌一曲梁尘起，腰鼓百面春雷发。”[②] 随着创新创业时代的到来，生逢其时的大学生正好一展宏图，大显身手。

① 王启兴主编：《校编全唐诗》，湖北人民出版社 2001 年版，第 4343 页。

② 钱仲联、马亚中主编：《陆游全集校注》第五册，浙江教育出版社 2011 年版，第 206 页。

那么，我们该如何迎接这样一个“双创”的时代呢？

我的回答是：用创新的思想去融入时代，用创业的辛劳去回报社会。适应急剧变化的社会，需要有创新的思维、方法和行为；对社会有所贡献，需要不断地创造，立足于工作岗位的创造。创新伟大，劳动光荣。著名智库卡夫曼基金会认为：“任何一个社会的进入有两个基础性的工程，一个是教育，也就是开启年轻人的心智、培养年轻人成长的过程；另外一个是创业，通过创业将想法变成实际企业的过程。”将创新与创业结合起来，用创新的思维创业，用创业的方式推动创新，“苟日新，日日新，又日新”[①]，人的成长成才将充满取之不尽、用之不竭的时代动力和人生美妙。

当下，国家为青年成长成才营造了很好的社会环境，伟大中国梦事业召唤广大青年大学生贡献自己的聪明才智。古人说：“纸上得来终觉浅，绝知此事要躬行。”[②]在这个伟大的时代，青年大学生积极参与到大众创新、万众创业的社会大潮中，努力使自己成为创新创业的有识之士、有为之才，正是时代青年主动对接国家战略的新担当和新作为。只有这样，才不辜负这个伟大时代的培育和滋养，不辜负这个伟大时代所提供的历史性机遇。“好风频借力，送我上青云！”[③]时代条件就是“爬坡过坎”“直上云霄”最好的借力。

为此，我认为，在创新创业的时代大潮中，广大青年大学生要善于提升“两个自我”。

一个是以企业家的精神来不断塑造自我。

早在1800年，当法国经济学家理查德·坎蒂隆首次提出企业家这个概念时，企业家精神就被社会所认可并崇尚。企业家精神集中地有机地融合了创业与创新。要成为一个成功的企业家，基础是善于创业，方向是善于创新，并以创新引领自己的事业。因此，青年大学生要成为“双创”型人才，就应该以培养企业家精神为核心。由此，我认为要从以下五个方面去努力：

第一，思维创新。这是“双创”人才的实质和特征。创新是个人和企业实现创造性突破的智力基础。一个个体的活力、一个企业的发展都取决于思维的创新。大学生在课堂上保持创新的激情，在实践中大胆实践，奇迹就有可能随

① 胡平生、张萌译注：《礼记·大学》，中华书局2017年版，第1165页。

② 钱仲联、马亚中主编：《陆游全集校注》第五册，浙江教育出版社2011年版，第213页。

③［清］曹雪芹著、［清］无名氏续：《红楼梦》，人民文学出版社2008年版，第973页。

时随处出现。

第二，行动勇敢。在美国3M公司，有一个很有价值的口号："为了发现王子，你必须和无数个青蛙接吻。"无数成功的事例说明，在成长的过程中，每一次的冒险都意味着与成功又接近了一步。"自信人生二百年，会当水击三千里。"[①]大学生在探索未知世界的过程中，都会有不确定的未来和不明晰的环境，时刻需要我们去理性面对，唯有敢为人先，勇立潮头，积极而又勇敢地冒险，才有可能"第一个吃到螃蟹"，才能有新收获，开拓新局面。

第三，相互合作。古人说得好，"千人同心，则得千人力；万人异心，则无一人之用"[②]。合作是一种互动方式，也是一种显示集体意志的联合行动方式。在当今世界，人类因能源、资源、金融及安全等多方面问题，已经认识到相互合作、共同发展的意义。历览古今，创新创业型人才都有一种虚怀若谷、积极合作的态度。实际上，大千世界的恒理是：尺有所短，寸有所长，只有搭配合适，才能见尺寸之长短，有效实现各自价值。

第四，勤于学习。学习是成长的关键，勤学是企业家精神的内核。荀子说："学不可以已。"[③]美国麻省理工学院（MIT）斯隆管理学院资深教授、国际组织学习协会（SoL）创始人、学习型组织之父彼得·圣吉在其名著《第五项修炼》中说道："真正的学习会触及做人的意义这个核心问题。"[④]保持永无止境的学习精神，勤于学习，通过不断的学习丰富和提升自己，是创新、创业取得成功的必然途径。

第五，专注不移。苏东坡说："古之立大事者，不唯有超世之才，亦必有坚忍不拔之志。"[⑤]这就是说顽强的意志、坚定的品格对于成就一番事业的极端重要性。专注坚定是立业立人所必须具备的第一品格和重要法宝。创业、创新也是如此。只有坚持不懈、持续不断地创业、创新，以夸父追日般的执着坚毅，咬定青山不放松，才能成功。

另一个是以实干家的行动来不断实现自我。

---

① 《毛泽东文集》第七卷，人民出版社1999年版，第460页。

② 陈广忠译：《淮南子·兵略训》，中华书局2014年版，第875页。

③ 方勇、李波译注：《荀子·劝学》，中华书局2011年版，第1页。

④ ［美］圣吉著、张成林译：《第五项修炼：学习型组织的艺术与实践》，中信出版社2009年版，第15页。

⑤ 钟基、李先银、王身钢译注：《古文观止》，中华书局2011年版，第822页。

理想要大，目标要高，步子要实。创新创业的理想、目标，不论有多高远，都离不开这个“实”字。一个经久传诵的“龟兔赛跑”的故事，说尽了实实在在、脚踏实地、赢在实干的智慧。世界上任何一件事，无不因实干而成功；任何一个心灵手巧的人，离开了实干，也会一事无成。实干是成功之母，实干者赢在起点；不实干，就会浮在表面，成为没有根基的“浮萍”，随波逐流，漂到哪算哪，更不能久久为功、久久发力，行稳致远。成功是一步一个脚印干出来的，是一滴一滴汗水浇灌出来的，可谓“事有证验，以效实然”①。我们正在建设创新型社会和创新型国家。在创业型经济中，市场的灵活性、创新性、应变性特征随时随处可见。要实现创业的梦想，必须迈出实干的第一步。法国管理学家亨利·法约尔说：由机智和经验合成的掌握尺度的能力是一个成功管理者的主要才能之一。在创新创业的道路上，单纯机智是不够的，更多的是需要践行。“男儿不展风云志，空负天生八尺躯。”② 自古成功在尝试，不尝试永远都不会成功；而勇敢的尝试恰恰是成功的一半。

从 2016 年开始，我校全面开展“创新创业基础”必修课，让每个在校大学生都接受系统而严格的创新创业教育。这既是一门课程，更是张扬一种时代精神，也是一种人生观教育。学校特意选派了 13 位工作在创新创业一线的专家和老师组成教材编写小组，经过多次论证，最后确定了编写大纲；经过半年多的分工撰稿，并三易其稿，首次编写出这本教材。在此基础上，学校创新创业教育中心积极开发慕课，延伸开发校本电子课件、教学资源库，以教材编写为契机，打造了一支研究型教学队伍，优化了学校人才培养保障体系。

在本书出版之际，作者诚邀我说几句话，受到他们努力开拓进取、积极谋事成事的影响，一时欣然命笔，热言切语，滚滚而来，权为“序言”之用。个中勉励，感时而发，更多的是为了寄语广大青年学子，积极与时偕行，莫误了好年华，莫负了好时代，空将志趣付水流，在创新创业的时代大潮中努力展示自我、积极实现自我！

（本文作为“序言”收入陈文华主编的《创新创业基础》，四川大学出版社，2016 年。）

---

① ［汉］王充著、陈蒲清点校：《论衡》，岳麓书社 1991 年版，第 406 页。

② ［明］冯梦龙编撰：《警世通言》，中华书局 2009 年版，第 428 页。

抓质量正校风，办好人民满意的南昌师范学院

春华秋实，盛世相约。乘着党的二十大胜利闭幕的东风，南昌师范学院迎来了建校70周年华诞。今天，我们欢聚一堂，隆重庆祝学校建校70周年，共忆往昔峥嵘岁月，共谋师院美好未来，共叙桃李浓厚情谊。首先，我谨代表学校，对相邀而至的各位领导、各位嘉宾表示最热烈的欢迎和最诚挚的谢意！向海内外校友和全体师生员工表示最亲切的问候！向关心支持学校事业发展的各级领导、兄弟高校和各界朋友表示最衷心的感谢！

悠悠七十载，迢迢奋进路。回顾学校办学历程，建校之初，其辛也艰；改革发展，其果也实。70年前，200余名师生从豫章中学的小礼堂出发，在500平方米的小天地撬动江西省中等师资培训的大乾坤。70年后，万余名师生落户梅岭脚下的瑞香路，在800余亩校园内续写教育强国的豪情壮志。这70年，写满了师院人坚守教师教育的师范初心，见证了师院人扎根基础教育的师范情怀，孕育出师院人坚守“师德师风铸魂、创新创业育人、服务人民培根、报效国家圆梦”的师范教育理念和执着追求。学校扎根红土地，高举师范旗，教师教育之花迎风绽放，办学治校硕果累累，教育影响力极大提升。

七十载薪火相传，师院人传承的“师范红”愈发鲜亮夺目。热烈奔放的师范红源自纯正强大、一脉相承的红色基因。1952年建校之初，学校积极参与破解全省师资紧缺难题，举办了名为“中等学校教师思想改造骨干培训班”的第一期师资培训，全省中学、中师208名校长及骨干教师意气风发、纷至沓来，齐聚学校，武装头脑，改造思想，提升能力，献身教育。学成之后，他们成为当地办学治校或教育教学领域的行家里手。红色基因融入教师教育血脉，从建校之初就成为流淌在师院人身上生生不息的强大基因。学校虽六易其名，经过江西省中等师资进修学校、南昌师范专科学校、江西教育学院、南昌师范学院等不同办学阶段；十迁其址，辗转南昌、庐山、井冈山等多地，但世代师院人

矢志追求、克难奋进，在教师教育的沃土上追逐“兴师兴教”的报国梦想。对于这份坚守，我们从来就没有停止过；对于这份信念，我们从来都没有动摇过！1981 年，全国教育学院、教师进修学院工作会议在江西教育学院召开，形成了产生深远影响的国发 130 号文件，“国务院批转教育部关于《加强教育学院建设若干问题的暂行规定》的通知”。该文件成为那时全国教育学院办学的指导方针，标志着教师教育进入改革发展的新阶段。原国家教委师范司司长金长泽指出，“无论是学校建设，还是师资培训，你们在全国都是跑在前列的，在我们心中是挂了号的，是提供了很多经验的；你们的思想政治教育深入开展，在基础教育服务方面做得很好”①。这是当时学校传承“师范红”的一项重大成果，也为“师范红”增添了时代内容。

近年来，学校赓续红色血脉，先后获得全国党建工作样板支部培育创建单位、全国“五四”红旗团支部、全国高校“礼敬中华优秀传统文化”特色展示项目、第七届中国国际“互联网 +”大学生创新创业大赛金奖、教育部高校思想政治工作精品项目、江西省“三全育人”综合改革试点高校、江西省高校基层党建“三化”建设标杆单位、江西省红色文化宣讲基地等荣誉和平台，由“青蓝讲坛、青风学堂、青雨润堂、青烛讲堂、青影艺堂”构成的“五青”思想政治工作品牌在省内外产生了广泛的社会影响。同时，学校坚持以习近平总书记关于加强高校教师队伍建设重要论述为指导，落实新时代师德教育新要求，秉持“育师先育德”理念，将德育元素融入师范生培养全过程，使师德教育“如盐在水”，达到“润物无声”效果。红色养分滋养师院人，师院人都是这么红！这是当前社会对学校育人事业的高度肯定和评价。

七十载春风化雨，师院人积蓄的“师范力”愈发强劲有力。蓬勃强劲的师范力源于自强不息、奔涌活脱的教师力。1956 年，省政府批准建立南昌师范专科学校。1958 年，学校升格为江西教育学院，逐步开展本科教育，成为江西八所本科高校之一。2013 年，经教育部批准，学校改制更名为南昌师范学院。2016 年，学校与闽南师范大学联合培养研究生。2019 年，学校通过教育部本科教学工作合格评估。2021 年，学校学前教育等三个师范专业顺利通过教育部师

① 金长泽：《在江西教育学院复查验收小结会上的发言（摘选）》，《南昌师范学院建校 65 周年校史展览专刊》，第 14 页。南昌师范学院，2017 年 10 月。

范类专业认证。2022年，学校进入省“十四五”新增硕士学位授予立项重点建设单位，学前教育专业获批国家一流本科专业建设点。教育部师范类专业认证专家组指出，学校坚守教师教育底色，守牢育人育才本色，彰显服务基层特色，聚焦师德师风亮色，“四色”有机融合，打造“金色”教师教育，成为一所有情怀、有担当、有质量、有特色、有作为的本科师范院校。[①]专家组的总结，是对我校教师教育质量的高度赞赏。建校之初，学校从短期的师训、干训起家，到如今，形成了职前职后一体化培养的教师教育体系，实现了“师范力”质的飞跃。

70年来，学校涌现出周文英、李才栋、李旷、吕小薇、邓志瑗、吴东兴、袁牧等一批卓有成就的好老师、“大先生”，其中，周文英先生所著的《中国逻辑思想史稿》填补了我国逻辑史研究领域的空白，李才栋先生所著的《江西古代书院研究》成为江西古代书院研究的开山之作。在建校70周年校庆之际，学校结集出版校史上名家学术名作，为的是“固守大学文化的根，守牢大学精神的魂，不忘我们从起点出发走向未来的本，用现代大学文化、大学精神培养我们的下一代和接班人”[②]；同时，以教育文化样本形态，厘清学校发展的大楼与大师之间的关系，彰显深蕴学校发展史中的学术文化，揭示学校倡导的学术标识，弘扬大学文化、大学精神，让师生从中受到教育和启示，激励后人，传承学术，滋养学脉，培养涌现出更多的学术名家大师！

七十载杏坛花开，师院人坚守的“师范情”愈发深沉炽热。纯厚浓烈的师范情来自纯真质朴、火热滚烫的育人情。学校从建校之初就坚持面向中学、服务中学的办学宗旨。学子来自基层，教师扎根基层，学成奉献基层，成为我校人才培养最鲜明的标识和特色。1990年，江西省教委和江西教育学院组成联合调查团，奔赴全省50多个县市、500多所中学进行调查研究，这是江西省历史上最大的一次教育调查活动，在全省基础教育界引起热烈反响。这一重大活动成为我校扎根基层、服务社会的生动写照。2019年，学校还将浓浓的师范情传播至国外，在印度尼西亚乌达雅纳大学合作创办孔子学院，服务海外汉语和中

① 参见张艳国等：《聚焦“四色”有机融合　打造“金色”教师教育——南昌师范学院聚焦教师教育特色的实践与经验》，《中国教育报》2022年2月16日。

② 张艳国：《积累学术文化，创新大学文化——南昌师范学院七十周年校庆“学者文丛”总序》，《南昌师范学院学报》2022年第5期。

国文化爱好者。自建校以来，学校累计培养本、专科学生14.8万余人，集中培训中小幼教师、校（园）长14万余人次，远程培训与集中面授中小学校长和教师400余万人次，成为全省基础教育事业的工作母机。学子当中涌现出一大批在基础教育、企（事）业单位、党政机关工作的知名校友，他们中间有全国优秀教师、全国模范教师、全国教育系统先进工作者180余人，教授、博导、硕导，高级、特级教师等名优教师万余人。回望70年，虽然学校发展历程曲曲折折，办学目标、功能因时而化，但学校及其学子扎根基层、奉献基层的这份浓浓教育情怀不仅从未改变，而且与时偕行，不断得到升华。

70年来，学校坚持服务基础教育的办学定位，逐渐形成职前职后相贯通、研究与实践双向互动、高校与中小学协同发展，培养、培训、研究、服务“四位一体”的教师教育体系。教师教育办学成效受到省委教育工作领导小组肯定，并以简报形式报送中央教育工作领导小组转发。学校坚持基础教育研究与社会服务相结合，连续多年编撰发布《教育蓝皮书——江西省基础教育发展报告》；开展江西省、南昌市义务教育质量监测及增值评价；举办师范教育与基础教育党建工作论坛；连续7年编印《江西基础教育参考》，连续5年举办江西省基础教育四十人论坛，连续4年举办江西省学前教育高峰论坛。江西省教育学会教育管理专业委员会、中学校长研究会、小学校长研究会、幼儿园园长研究会等一大批基础教育研究平台先后落户我校；搭建中小学（幼儿园）教育管理干部与大学师生研讨、交流、对话平台，参与学校多达500余所，形成中小学教师与大学教师学习、成长的教育共同体。回望70年，学校的发展史既是一部深情扎根红土地办学的个案史，又是一部滋养区域社会发展的教育史，更是一部生动反哺社会、造福人民、构筑社会精神文化高地的文化史。

70年来，师院人秉承“厚德修身、博学育人”的校训精神，在艰难的办学历程中不断丰富“教育报国、兴师兴教”的办学精神谱系内涵，使南昌师院人独具魅力的师范红、师范力、师范情代代相传，永续不辍。正是有了精神文化的传承弘扬和社会校友的支持厚爱，南昌师院人才能走到今天，并取得一些受到社会关注的办学成绩。但是，我们无论走得再远，都不会忘记我们从哪里来，我们为什么出发，我们为何办学，我们为谁育人。七十载岁月如歌，每一位师院人的名字都值得铭记，每一份温暖点赞都值得感恩。历代师院人团结奋进，各界友人守望相助，共同点亮了学校发展前行的路。让我们把热烈的掌声献给每一位努力拼搏的师院人，献给每一位关心支持学校发展的师院之友！

回望过去，总结校史，方能更好地面向未来，走稳前行的路。站在“两个一百年”的历史交汇期，南昌师院人迎来了学校发展的黄金期，深情回望我们走过的路，有助于我们更好把握当代师院人的职责与使命，又好又快走实学校内涵式高质量发展之路。在今年的“双代会”上，学校党委行政审时度势，做出“申硕更大”的战略部署，提出争取在“十四五”时期成为硕士学位授予单位，在“十五五”时期更名为南昌师范大学的奋斗目标。今年年初，学校申硕之战首战告捷，顺利进入江西省“十四五”新增硕士学位授予立项重点建设单位，成为南昌师范学院发展史上具有里程碑意义的大事要事。在学校七十华诞之际，我们需要凝聚全体师生、各界朋友、各位校友的智慧与力量，牢牢抓住“申硕更大”这个战略机遇期，提质增效，努力把学校建设成为一所特色鲜明的高水平师范院校。

面向未来，我们要把握高质量发展要求，回答好办学治校的时代之问。为党育人，为国育才。教育是国之大计、党之大计。高质量发展是高等教育发展的时代要求。如何建设一所社会满意、家长好评、学生好学的高质量本科师范院校，首先要心怀“国之大者”，明确何为大学之“大”、高校之“高”。教育家马相伯说，所谓大学之“大”，并非指校舍之大、学生年龄之大、教员薪水之高，而是指道德高尚、学问渊深。① 无独有偶，我的博士研究生导师、华中师范大学前校长，著名历史学家、教育家章开沅先生多次在演讲中说，所谓高校之“高”，是指学历高、文凭高、学问高、道德高、文化高、素质高。由此看来，大学之“大”和高校之“高”首先体现在人的志向远大、人的品格高尚上，高校高质量发展的关键处、着力点是人的高质量发展，要靠高素质的“人”驱动学校各项事业高质量发展，从而打造一流的教育教学质量、一流的学科专业建设、一流的科学研究水平、一流的社会服务等等。作为一所具有 70 年办学历史的高校，我们要勇立新时代高等教育潮头，勇谋师范院校办学之“大”、治校之“高”，好字当头，又好又快，以新发展理念、新时代要求推进现代教师教育体系建设，促进高等教育评价改革的人本导向、成果导向、激励导向和目标导向，探索构建高水平有特色的教师教育之路。

① 参见《马校长就任之演说》,《大公报》1912 年 10 月 26 日。

面向未来，我们要落实立德树人根本任务，回答好新时代教育之问。千秋基业，人才为本。“培养什么人、怎样培养人、为谁培养人”是办好高等教育要思考的根本问题，立德树人、铸魂育人则是回答高等教育之问的根本要求。习近平总书记指出：“高校立身之本在于立德树人。只有培养出一流人才的高校，才能够成为世界一流大学。”① 培养人不仅要助人成才，促进学生全面发展，更重要的是成人立人，使他们有益于社会、有益于人民。伟大的人民教育家陶行知曾说，教育的根本目的不是教人识字、读书，而是通过培养人，改造生活、改造社会。② 新时代人民教育家于漪说过，中国的教育本质是培养有中国心的时代新人，培养有仁爱之心、悲悯之心、为人民造福的人。③ 作为一所师范院校，我们将以培养“四有”好老师为目标，赓续红色血脉，强化师德师风建设，推进课程思政和思政课程深度融合，做到以立德为根本、以育人为核心，培养具有深厚教育情怀的智慧型教师、创新型教师和引领型教师。同时，我们要坚持正确的办学方向，坚持为国家培养社会主义建设者和接班人，做到“培养一个人才，振兴一个家庭，造福一方社会”④，努力培养学生做有责任的中国人，做有义务的社会公民，做有家国情怀、有使命担当、有人文精神的人类一分子。

面向未来，我们要办人民满意的高等教育，回答好社会关切的人民之问。教育是民生之基。中国高等教育已经进入普及化发展新阶段，希望子女能够上好大学成为社会和家长的热切期盼。习近平总书记在论述什么样的大学才是好大学时指出，金杯银杯不如百姓口碑，百姓心目中认定的才是最好的。⑤ 大学是培养人才的地方，也是积累和创新文化的地方，一所大学最本质、最有力的标志不是大楼，而是大师，是教师通过辛勤育人、亲情育人，培养一代又一代的优秀人才。中国科学院院士、上海交通大学原校长张杰认为，打造一支高水

① 《习近平在全国高校思想政治工作会议上强调　把思想政治工作贯穿教育教学全过程　开创我国高等教育事业发展新局面》，《人民日报》2016 年 12 月 9 日。

② 参见《陶行知全集》第一卷，四川教育出版社 1991 年版，第 221 页。

③ 参见央视《朝闻天下》，https://tv.cctv.com/2021/09/09/VIDEjRybNeKEmuHlGBAK6dlD210909.shtml?spm=C45404.PlcSaTuIQb0E.ENSvHePEGND5.42，2021 年 9 月 9 日。

④ 张艳国：《家长委员会在高校人才培养中的地位和作用》，《中国大学教学》2016 年第 11 期。

⑤ 参见王钟的：《好大学的标准不是排行榜而是好口碑》，中青在线，http://news.cyol.com/content/2017-03/06/content_15708720.htm，2017 年 3 月 6 日。

平的师资队伍是建设世界一流大学的关键，需要推进以制度激励为核心的师资队伍系列改革。[①]美国密歇根大学前校长柯尔曼（Mary Sue Coleman）指出，大学的制度文化是促使本校成为美国一流的研究型大学的核心要素，大学的发展表面是制度，背后是文化。[②]英国剑桥大学前副校长、著名高等教育学家阿什比（Eric Ashby）指出，大学是遗传与环境的产物。[③]环境造就人，环境改变人。家长送学生进入大学接受教育，不是为了享受最现代的物质条件，而是为了接受大学厚重的文化熏陶，转化身心气质；国家和社会所期盼的大学教育，是源源不断输送有责任、有担当的有用之才。人才培养，人格塑造，人文培育，说到底，要靠大学文化。这诚如古人的教诲，高大的乔木虽然古老，但不足以标示故国悠久的历史文化，而要靠累世修德立功的世臣彰显其历史，传承其文化，修明法度，治国安天下。[④]对于一所高校来说，大学文化是其灵魂所在，办学越是久远，越要积累更加厚重深沉的大学文化。其中，制度文化是人才成长的重要环境。公平公正、竞争择优的制度在激励人才、培养人才方面能够起到根本性、全局性、长远性的重要作用。目前，学校发展正处于提质增效的关键时期，作为江西省教育评价改革首批试点单位，学校将在教育教学、学科科研、人事人才等制度改革方面先行先试，创新制度文化、积累大学文化，围绕培养造就更多高水平教师、立足于培育更多堪当时代大任的新人，着力办好人民满意的南昌师范学院！

各位领导、各位嘉宾、各位校友，老师们，同学们，朋友们！

“为山者基于一篑之土，以成千丈之峭；凿井者起于三寸之坎，以就万仞之深。”[⑤]70年师院人笃行不怠，70年师院人顽强拼搏。在建校70周年之际，砥砺奋进的师院人将继续坚持以习近平新时代中国特色社会主义思想为指导，守正创新，行稳致远，意气风发，坚定地前行在党的二十大描绘的中国式教育现

---

① 参见曹继军等：《“高水平师资队伍是建设世界一流大学的关键”》，《光明日报》2014年10月17日。

② 参见邬大光：《什么是“好”大学》，《北京大学教育评论》2018年第4期。

③ 参见王正青、董小平：《“求真”与“求善”的统一：阿什比科技人文主义教育思想评析》，《现代大学教育》2008年第2期。

④ 原文为“所谓故国者，非谓有乔木之谓也，有世臣之谓也。”参见方勇译注：《孟子·梁惠王下》，中华书局2010年版，第32页。

⑤ ［北齐］刘昼著、傅亚庶校释：《刘子校释》，中华书局1998年版，第37页。

代化康庄大道上，凝聚社会各界力量，在内涵式特色发展之路上敢闯新路，勇建新功；围绕特色和优势学科专业，努力打造高水平师资队伍和一流本科教学，不断提高科学研究水平和社会服务能力，培养更多扎根基础教育、服务地方经济社会发展的优秀人才，朝着建设一所新型的高质量有特色的南昌师范大学接续奋斗、再创辉煌！

（本文系作者于2022年10月29日在庆祝南昌师范学院建校70周年暨教师教育研讨大会上的讲话，原载《南昌师范学院学报》2023年第1期。）

学风是学习进步的催化剂

唐代大诗人白居易在《观刈麦》中写道："田家少闲月，五月人倍忙。"[①] 他说仲春五月为一年之中最舒适的时节，也是一年之中最忙碌的时节。春来好读书，学习需发奋。当然，有效的学习离不开优良的学风。学风，是学习进步的催化剂。为了推进学风建设，营造良好的学习氛围，近些年来，历史文化与旅游学院创新思路、主动作为，每年都开展"学风建设月"活动，取得了较好的成效。今天，很高兴应邀参加文旅学院2019年度"学风建设月"活动启动仪式。首先，我谨代表学校对本次活动的启动表示热烈祝贺！向各位老师和同学致以诚挚的问候！

刚才，学院党委书记查红伶同志结合学校刚刚出台的关于促进学生学风建设的文件，介绍了《历史文化与旅游学院学风建设月活动实施方案》。这个方案突出以抓好学风建设的"主阵地"为主线，提出了具体要求，具有较强的针对性和可操作性；陈金凤老师、唐秀兰同学也从自身出发，站在不同角度阐述了对学风建设的认识，都讲得很好，让人很受启发和教育。希望学院全体师生进一步提高认识，像对待我们的眼睛那样珍惜良好的学风，把实施方案的各项任务贯彻落实好，并在工作中抓紧抓牢、抓出成效。

学风体现作风、作风体现校风，而以工作作风、师德师风和学生学风为主要内容的"三风"是学校整体精神风貌的集中表现，其本质上来说是整体精气神的问题。因此，学校高度重视此项工作并作出了一系列部署和要求。昨天，学校党委会通过了关于在全校开展进一步加强学生学风建设的文稿；接下来，还将在全校开展包括学生学风建设在内的"三风"建设活动，学校即将召开会议和部署相关工作。从这点看，文旅学院能够较早地狠抓学风建设，具有很强

① 傅东华选注、梁浩校订：《白居易诗》，商务印书馆2020年版，第17页。

的自觉性和主动性，学风建设工作已经走在了其他学院的前面，这一点，我要为你们点赞！

老师们、同学们，《诗经》有云："靡不有初，鲜克有终。"[①]意思就是告诫人们为人做事要善始善终、善作善成。推进学风建设也是如此，就是要围绕确定的工作目标，以"咬定青山不放松"的坚定信仰和"任尔东西南北风"的坚韧品格[②]，把各项工作谋一件干一件，干一件成一件，不断推进学风建设，进而提升学院整体的精神风貌、提振全院师生员工干事创业的精气神。

推进学风建设是一个整体性的工程，既要协调解决好思想观念、制度机制、组织管理和文化建设等方面的关系，也要充分调动好学生、教师、管理服务人员等参与者的积极性、主动性。因此，推进作风建设既要遵循其本身发展的规律，也要做到有所为、有所不为。今天，我就这个问题谈三点意见，与大家交流。

第一个问题：如何看待学风的重要作用？

学习活动是一项特殊的实践活动，既需要自身的努力，也需要良好的外在氛围，古人所说的"近朱者赤，近墨者黑"[③]，就是突出了外在因素的影响；"孟母三迁""择邻而居"的经典故事，也是强调了外在环境对于自身学习成长的影响。因此，应该看到，学风对于个人、集体都产生着重要的影响。

首先，学风是个人气质和学习习惯最直观的体现。一个人的气质是由内在修养和精神状态向外的展现，范仲淹的"居庙堂之高，则忧其民；处江湖之远，则忧其君"[④]、陆游的"位卑未敢忘忧国"[⑤]等不仅是其文艺作品的风格，更是其个人气质的外化；而学风是气质中的关键部分，不仅决定了求知上进的高度，也体现了人生奋斗的韧度。所以，拥有良好的学风能够充分体现一个人的精神气质和学习态度，体现一个人的学习习惯；拥有优良的学风，能够保持人的较高学习激情，能够端正人的学习态度，能够保持人的良好学习习惯。长此

① 刘毓庆、李蹊译注：《诗经·大雅·荡》，中华书局2011年版，第741页。

② 吴泽顺编注：《郑板桥集》，岳麓书社2002年版，第111页。

③ 赵光勇、王建域：《〈傅子〉〈傅玄集〉辑注》，陕西师范大学出版总社有限公司2014年版，第490页。

④ 钟基、李先银、王身钢译注：《古文观止》，中华书局2011年版，第708页。

⑤ 钱仲联、马亚中主编：《陆游全集校注》第二册，浙江教育出版社2011年版，第28页。

以往，人们不仅能够因此积累知识，还能通过知识养分的有效集聚，不断提升外在气质和风貌，正所谓“腹有诗书气自华”[①]，富有“书卷气”“书香气”等，都是如此。

其次，学风是展现一个班级、一个学院精神面貌最重要的内容。近代教育家梅贻琦说，“所谓大学者，非谓有大楼之谓也，有大师之谓也”[②]。大学是交流思想、培养人才的地方，其最根本的任务就是教育引导学生投入学习、提升文化素养，不断提高综合能力。而作为大学生，学习是最重要的任务，学生不学，就不能称之为学生；学生学习，离不开学风的保障。学风是众多成员整体精神风貌的集中体现，展现了群体性的思想觉悟和精神层次。有什么样的学风就会产生什么样的氛围，什么样的氛围会形成一个班级、一个学院的整体精神风貌，也是外人对一个班级和学院最直观、最现实的印象，这也就形成了班风和院风。因此，学风既是班风和院风的重要来源，也是班风院风的重要表现，它们相互影响、相互促进，形成了内在的统一。

最后，学风是大学精神的集中体现，是教书育人的本质要求，是学校的立校之本、发展之魂。每所大学都有着自己的传统、有着与众不同的气质和精神，如提起北京大学，我们更多想到的是兼容并蓄、开放包容，它是中国近代科学、民主精神的发源地；提到清华大学，我们更多想到的是“独立之精神，自由之思想”，它具有崇尚“自强不息、厚德载物”的责任担当与自强自立精神。而江西师范大学也有着自身独特的精神，那就是“静思笃行、持中秉正”的校训，突出师大人“博学之，审问之，慎思之，明辨之，笃行之”[③]的坚定坚守和正直务实的精神品质。学风是校风的基础，是一所大学整体气质和精神的体现，也是提高教育教学质量的根本保证，更是提升人才培养质量和立德树人水平的根本保障。因此，抓好学风建设是落实立德树人根本任务的重要抓手和有效路径，是贯彻落实全国教育大会精神的重要举措和有力体现。抓学风，不能一阵风，而要常态抓，抓常态。

第二个问题：如何认识当前学风现状？

诚如把脉开药方一样，只有准确找到病因才能做到对症下药，只有把问题

① ［宋］苏轼著，汪超导读、注译：《苏轼集》，岳麓书社 2019 年版，第 6 页。

② 刘述礼、黄延复编：《梅贻琦教育论著选》，人民教育出版社 1993 年版，第 10 页。

③ 胡平生、张萌译注：《礼记 · 中庸》，中华书局 2017 年版，第 1026 页。

现状搞清楚，才能明白差距、找准方向。因此，推进学风建设，有必要先把我们学院的学风现状做一个把握和分析。

文旅学院作为学校的老牌学院，在近八十年的发展中，经过一代一代先辈的辛勤努力和亲身实践，形成了良好的学风和学习氛围，积淀了深厚的文化底蕴，激发了一代又一代师生在此努力学习、艰苦奋斗，为学院建设、发展奠定了扎实基础。正是在优良学风的保障下，学院“大师名师交相辉映，大事喜事捷报频传”。学院先后涌现出姚名达、谷霁光、黄今言、方志远等在全国史学界有影响的一批著名学者，也正是在这些前人先辈的学风师风熏陶下，文旅学院才能继往开来、不懈奋斗，学院办学成果和办学影响力不断迈上新台阶。近年来，学院中国史获批一级学科博士点，中国近代史教学团队获批国家级教学团队；历史学获批首批省一流专业，并与文博专业在首批省专业综合评价中位居全省第一；旅游管理专业获批国家级专业综合改革试点项目，金牌讲解班人才培养试点得到省领导和社会各界的高度评价，被称为培养江西高端讲解人才的“黄埔军校”。这些成绩的取得，都离不开优良学风的培育和保障。

在看到成绩的同时，我们也要清醒地看到，目前学院的学风还存在一些突出的问题：有的同学学习目标不明，学习热情不高，学习动力不强，学习效率不高；有的同学自制能力薄弱，纪律意识松懈，课堂效果不明显，经常出现逃课现象；有的同学课外学习不够，大量的课外时间用来兼职、玩游戏、谈恋爱等，没有把主要精力放在学习上；有的同学在学习上存在急功近利的思想，只学习自认为有用的知识，在全面学习方面做得不够；有的同学在学习上囫囵吞枣，不求甚解，不注重自己思考，在“内化”方面还有欠缺；有的同学法律和规则意识淡薄，作业、论文从网上剽窃、抄袭等现象依然存在，学术不端的行为还偶有发生，学术研究的投入不足、产出不高等等。前两天，我邀请《清华大学学报（哲学社会科学版）》常务副主编仲伟民教授来院担任中国近现代史2019届硕士毕业生答辩主席和论文评审专家，他对这一批学位论文总体评价不高，认为毕业生追求不高、认真不够、钻研不深。这些问题的产生，都有学风方面的深刻原因，值得我们警醒。以上问题，都需要我们在今后的工作中持之以恒地认真加以解决，力求整改到位。

第三个问题：如何进一步加强学风建设？

推进学风建设，绝不是一朝一夕的事情，也绝不是可以通过“单刀直入”

而得以实现的，而是需要发挥各方面的力量，综合协调推进。

一是要发挥学生在学风建设中的主体作用。学生是学校的主人，也是学习活动的主人，在推进学风建设中起着最基础、最关键的作用。因此，我们要进一步创新思路和方法，通过入学教育、班会、思政课等方式，向广大学生讲清楚为什么要学习、如何学习等内容，不断激发他们的学习兴趣，真正让学生热爱学习，培养积极的学习态度，养成科学的学习习惯，进一步体会到学习的乐趣和收获。通过学生间的相互帮扶激励和先进示范带动，让想学习的人更加自觉、不想学的人转变态度，进而形成人人都爱学、乐学、善学的良好氛围，努力让学习在校内、院内蔚然成风，成为一种浓郁的风气、一种令人歆羡的时尚！

二是要充分发挥教师在学风建设中的示范作用。古人言“师者，所以传道、受业、解惑也。”[①] 其实，教师不仅能传道、授业和解惑，也是学生学习的引领者、组织者，更是良好学习习惯的引领者、示范者。我们院里的先辈史学家黄今言老师常说，给谷（霁光）老师当助手的那几年，是最有收获的时期，不仅学到了知识，更受到了谷老师学习要求和习惯潜移默化的影响。因此，我们要进一步激励广大教师不断提升专业素养和道德修养，按照习近平总书记在全国思想政治理论课教师座谈会上要求的“八个相统一”，做学生敬仰、敬佩和敬爱的好教师，积极成为热爱学习的楷模，为学生树立良好榜样[②]。在楷模、榜样塑造上，首先重要的是师德帅风，要求老师严谨治学、严谨治教、严谨育人，自律严、人格正，言传身教，把人生的正能量传导给学生。同时，要不断推进教学改革，通过采取翻转课堂、讨论式、开放式教学等方式，创新教学模式，改进教学内容，活跃课堂气氛，提升课堂效果，探索构建相互尊重、平等和谐的新型师生关系。总之，要在春风化雨、润物无声中让学生有所学、有所得、有所悟，引领学生真正把学习当成一种生活态度和生活方式，共同在学习的旅途中收获春华与秋实。

三是要认真做好各项管理服务和保障工作。良好学风的营造，离不开学院和老师严格的管理和良好的条件保障。因此，学院在推进学风建设过程中要严

① 钟基、李先银、王身钢译注：《古文观止》，中华书局 2011 年版，第 553 页。

② 参见《习近平主持召开学校思想政治理论课教师座谈会强调 用新时代中国特色社会主义思想铸魂育人 贯彻党的教育方针落实立德树人根本任务》，《人民日报》2019 年 3 月 19 日。

格落实有关文件和制度规定，建立健全管理机制，真正做到敢管、真管、严管，把环境育人、管理育人和服务育人结合起来，寓教于管理服务之中，严格约束和督促学生完成好课堂学习、早读、晚自习、课外学习、图书借阅、网上学习、实践活动等方面的基本任务，确保学习活动不走过场、取得实效；但也要把严管与厚爱相结合，充分保障学生个性化发展和足够的自由学习时间。同时，要积极为学生学习创造良好的条件，提供优质的服务，充分保障学习的场所和资源，如必要的自习室、学习室和图书资料、报纸杂志、电子资源、学习设备等等。更要做好服务，特别是要加强对学生考试、就业、创业、考研、考公、出国、出境等方面的指导和服务，进一步促进学风建设工作的进步。为学生服务，要有情怀，积极主动，无怨无悔。人们将教师比作“园丁”，将教师的付出比作“红烛”精神、“人梯”精神，就是一种立足于人格魅力的褒奖和赞誉。但有的职工敷衍了事，有的职工能推就推，有的职工被动应付，甚至缺位误事。这些都需要学院予以重视，严肃整改。

老师们、同学们，“好风凭借力，扬帆正当时”。当前正是历史文化与旅游学院发展的黄金机遇期，也是我们奋力赶超、爬坡过坎的关键时期，我们面临着建设一流本科、建设一流专业、建设中国史一级学科博士点、进一步发挥历史学社会功能等四大攻坚任务，而这些工作的开展都离不开以良好的学风作为保障。因此，我们要在推进学风建设上狠下功夫，积极为全院师生学习营造良好氛围和环境，不断提振大家干事创业的激情和勇气，以更加昂扬的斗志、更加扎实的举措，助推文旅学院各项事业迈上新台阶！真正做到不负历史、不负时代、不负青春、不负自己！

最后，预祝本次“学风建设月”活动取得圆满成功！祝愿大家学习进步、工作顺利、身体健康、万事如意！

（本文系作者于2019年5月21日在江西师范大学历史文化与旅游学院“学风建设月”活动启动仪式上的讲话。）

提质增效，再开新局，奋力谱写“申硕更大”内涵式高质量发展新篇章

一、2021年工作的简要回顾

2021年是中国共产党成立100周年的庆典之年，是“十四五”时期的开局之年，也是学校接受教育部师范类专业认证和启动申硕工作的大考之年，是学校爬坡过坎、闯关夺隘的奋进之年，更是学校事业蓬勃发展的收获之年。一年来，学校坚持以习近平新时代中国特色社会主义思想为指导，深入学习贯彻党的十九大和历次全会精神，学习贯彻习近平总书记视察江西重要讲话精神，落实党中央国务院和省委省政府决策部署，凝心聚力，攻坚克难，以党建思政为引领，在党史学习教育、教育教学改革、学科专业建设、人才队伍建设、内部治理提升等方面都取得了明显成效。总体来说，呈现以下五个方面的亮点。

这一年，学校坚持党的全面领导，坚持立德树人，推进全面从严治党，强化师德师风建设，筑牢意识形态阵地，取得明显成效，成为全国党建工作样板支部培育创建单位，先后在全省教育工作会议、全省高校党的建设工作会议、全省师德师风建设经验交流暨重点工作推进视频会、全省高校统战工作会议上作经验交流发言。

这一年，学校党史学习教育开展得扎实有效，得到中央党史学习教育第六巡回指导组高度肯定和一致好评。“我为师生办实事”实践活动解决了师生急难愁盼的一系列问题，创造力、凝聚力、战斗力得到提升，为学校加强党的建设积累了宝贵经验。

这一年，学校以抓内涵式高质量发展为核心，以改革创新为动力，充分发挥教育教学、学科科研、人才队伍、内部治理在学校改革发展中的重要作用，出台系列改革制度10余项，持续释放改革红利。持续加大资源保障力度，提高

办学层次，学校于今年获批硕士学位授予重点立项建设单位，为“十四五”时期学校起好步、开好局奠定了坚实的基础。

这一年，学校坚守教师教育底色，守牢育人育才本色，彰显服务基层特色，聚焦师德师风亮色，形成了“四色有机融合，铸就金色教师教育”的过硬品牌。学校于当年首次成功接受教育部师范类专业认证，专家组对学校围绕教师教育进行的改革给予了充分肯定，对学校在教育教学方面所做的深刻总结表示赞赏，认为我校是一所有情怀、有担当、有质量、有特色、有作为的本科师范院校。

这一年，学校社会影响力不断扩大，先后荣获第七届中国国际“互联网 +”大学生创新创业大赛金奖、全国五四红旗团支部、第二届江西省文明校园等荣誉，承办第 24 届全国推广普通话宣传周重点活动、全省首届师范教育与基础教育党建工作论坛、2021 年度全省大中小学红色文化课程教学比赛等系列活动，与南昌大学、印度尼西亚乌达雅纳大学共同建设孔子学院，发起成立江西省食育学会，充分彰显全国食育工作的江西探索。

具体来说，学校取得了以下成绩。

（一）坚持传承红色基因，高质量开展党史学习教育

1. 学好百年党史。在省委党史学习教育第八巡回指导组严督实导下，党史学习教育成效明显，全年开展党委理论学习中心组专题学习会 21 次、党史大讲堂 13 讲、宣讲报告会 180 余场和学生宣讲 90 余场次，编印学习资料、简报 107 期，被《人民日报》、“学习强国”等主流媒体报道 530 余篇次。

2. 用好红色资源。组织师生到方志敏烈士陵园、省档案馆等红色革命场馆参观学习，举办中层干部党史学习教育专题研修班，创演《十七棵信念树》《赤霞》《红军班长——马奕夫》等原创党史故事，荣获全省高校“红色走读”活动奖项 23 项，入选“云游”作品展播优秀作品 12 件，一等奖数量位居全省高校前列。

3. 讲好党的故事。举办“‘走向胜利’——改革开放从这里走来”专题展览等庆祝建党 100 周年系列活动，编创“跨越时空的信仰——‘诵读红色家书，讲好党的故事’”主题党课。其中，青风学堂成立 33 个分队，以“大手牵小手”等形式，将“红色江西”党史课送到全省 140 所中小幼学校，面向社会宣讲 400 余场，线上线下受众达 8000 万人次。

（二）坚持党的全面领导，高水平提升党建思政工作质量

1. 加强党的政治建设。坚持把政治建设摆在首位，把党的全面领导贯穿办学治校全过程各方面，履行党委领导下的校长负责制，坚持民主集中制，落实党建思政、全面从严治党、意识形态等责任，持续推进习近平新时代中国特色社会主义思想“三进”工作。推进监察专员试点工作，建立廉政档案，做实政治谈话，政治谈话经验做法被省纪委省监委内网采用。

2. 夯实组织和干部队伍建设。深入推进基层党建“三化”建设，荣获“全省教育系统先进基层党组织”等荣誉称号；加大优秀年轻干部培养选拔力度，平稳推行处级干部到龄退出机制，选派 3 名年轻干部分别到教育部、省委教育工委跟岗学习，多名干部荣获全省“优秀共产党员”“新时代赣鄱先锋”等荣誉称号；助力乡村振兴，连续 3 年驻村扶贫工作被省委组织部和省扶贫办公室评为“好”的等级，驻村第一书记兼工作队长被评为“优秀”。

3. 创新思想政治工作。充分发挥“五青”思政工作体系育人功能，强化红色文化教育。加强马克思主义学院建设，选优配强思政管理队伍，创新思政课实践教学活动，选派 1 名学生到团省委挂职锻炼。加强党外知识分子思想政治引领，“一心四性”党外知识分子思想引导模式成为全省高校统战“共识”品牌，1 名民进成员的建言献策被全国政协采用，获得“民盟思想政治建设和宣传工作先进集体”荣誉称号，得到民盟中央表扬。

（三）坚持改革创新，高标准提升核心竞争力

1. 教育教学水平大步提升。强化师范专业建设，3 个师范类专业首次顺利接受教育部师范类专业认证专家组进校考查并得到专家组一致赞赏。加强一流专业和一流课程建设，14 个本科专业参评全省专业综合评价，学前教育专业获得好成绩，推荐 4 个专业申报国家级一流本科专业。课程建设成效明显。学校 14 门课程获江西省 2021 年一流本科课程，立项数占学校专业数的比率在江西省本科师范院校中排名第二、在江西省“十四五”新增硕士学位授予重点建设单位中排名第一。打造教学名师，强化教研工作。3 名教师参评省级金牌教授和金牌教师，获批江西省高水平本科教学团队，荣获全省首届教师教学创新大赛、省级教学成果奖等奖项多项。

2. 科研水平与学科建设质量显著提高。科研业绩节节攀升，获批省级以上项目 110 余项，其中，国家级 5 项，获批省级社会科学优秀成果奖 5 项。学科

建设取得突破性进展，被列为江西省“十四五”新增硕士学位授予重点立项建设单位，六个重点建设的硕士学位点充满活力，人才队伍进一步优化，学科方向进一步凝练，科研平台和项目建设步伐加快，科研成果产出质量提高，总体发展态势良好。食育研究特色和成效彰显，编撰《学校食品安全与管理指南》和全国第一本师范生食育教材《食育概论》，积极与省市场监管局合作开展食育标准化建设。

3. 人事人才工作释放活力。人事管理效能进一步增强，出台师德师风相关制度 2 项，出台激活管理服务相关制度 1 项，初步形成了以“职称评审、岗位聘用”为牵引、以“创新能力、质量、贡献”为导向的人才评价体系，成为江西省教育评价改革工作第一批试点单位。进一步完善博士人才和拔尖人才管理制度，柔性引进学科高端人才 1 人，引进博士 11 人。实行校领导联系高层次人才制度，充分发挥“人才之家”的桥梁纽带作用，鼓励青年教师提高学位层次和教育科研水平。

4. 学生工作成效明显。加强辅导员队伍专业化专家化职业化建设，设立辅导员工作室。提高思政育人水平，学生荣获“中国大学生自强之星”、全省“最美大学生”提名称号等荣誉称号。抓实学生资助工作，加快推进青苗益站资助育人平台建设。招生工作取得进展，第一志愿录取人数比率有明显提高，本科招生最低录取分数线比上年明显提高，本科招生专业新增至 27 个，完成计划数 4081 人。加大就业帮扶力度，引导毕业生服务基层，毕业生就业率 88.4%，留赣率 71.03%，多名学生赴新疆、西藏基层就业。

5. 办学条件明显改善。坚持开源节流，争取专项经费 2400 余万元，实现审计效益 1769.7 万元。加快推进昌北校区规划和加大青山湖校区改造力度，持续推进昌北校区新增 120 余亩地块的规划设计等工作，加大力度推进昌北校区第 11 栋、12 栋学生宿舍，食育楼、综合实训楼建设。后勤保障服务水平稳步提升，持续改善食堂就餐环境，加大校园维修改造力度。大力推进集团化办学，附属中学办学条件持续改善。加强校地合作，与经开区合办附属鹤琴之声幼儿园。

（四）坚持依法治校，高效能提升综合治理水平

1. 大力维护校园安全稳定。坚持常态化疫情防控，切实把师生员工的生命安全和身体健康放在第一位，严格落实防疫措施，强化日报告和零报告制度，实现师生核酸检测和疫苗接种全覆盖，师生零感染。落实安全稳定工作责任制，

强化食品安全监管，连续七年被省综治委评为“社会治安综合治理先进单位”。

2. 内部治理不断优化。进一步健全完善学校规章制度，依法依章依规办学治校、管理服务。进一步理顺教学、科研、学生管理、招投标等管理体制机制，坚持法律顾问制度。强化内部审计监督，推行经济责任审计分类管理，完成审计项目 93 项；加强校产管理，按政策推进校属企业改革；加快推进信息化建设，完成网络安全升级改造，历史性解决图书馆消防难题，全面启动 70 周年校庆筹备工作。

3. 社会服务能力持续增强。基础教育服务能力增强，举办国培、省培、委培班 62 期，培训学员 7000 余人，远程培训中小幼教师 39 万余人，合作创办鹤琴之声幼儿园，成功出版《教育蓝皮书（2020）》、《江西基础教育参考》6 期。智库作用充分彰显，7 人入选全省第三届省情研究特聘专家，其中首席专家 3 人。

推进校企、校地合作项目落地开展，与省内外 20 余家政府、企事业单位签订合作协议。

各位代表，同志们！总体来看，2021 年学校交出了一份令人满意的办学成绩单，可以说，经得起晒，经得起评，不仅得分项多，而且聚焦了中心工作和重点工作，在难题、压轴题上成绩优异，特别是在硕士点建设这一场“龙头之战”中首战告捷，极大提振了学校师生的精、气、神。

人心齐，泰山移。学校教育事业发展离不开学校党委、行政的坚强领导，离不开每一位师生携手并进，离不开各界友人鼎力支持，离不开广大校友守望相助。在此，我代表学校向关心和支持学校事业发展的各级领导、各界朋友以及广大校友致以诚挚的谢意；向为学校改革发展奉献了心血和才智、打下良好基础的历届老领导、老同志致以崇高的敬意；向辛勤工作的全体教职员工表示衷心的感谢！

二、2022 年工作的总体思路

2022 年是党的二十大召开的政治大年，是学校“十四五”时期扎实推进内涵式高质量发展的重要之年，是对标硕士学位授予立项重点建设单位的关键之年，是建校 70 周年的喜庆之年。

（一）发展形势分析

观澜识势，顺势谋事。习近平总书记指出，与时俱进不要当口号，要真正落实到思想和行动上，不能做“不知有汉，无论魏、晋”①的桃花源中人。站在新起点，我们必须认真分析学校发展所面临的新形势，远离发展舒适区，自我加压，闯出一条学校发展的新路子。

面对国家高等教育发展大势，学校促进内涵式高质量发展的形势日益严峻；作为一所刚刚通过本科教学工作合格评估的高校，学校发展底子薄、规模小、资源少，与高水平师范大学相比，在关键领域、核心指标上还存在一定的差距，这是我们推进学校教育事业发展需要面对的短板弱项。

作为一所以省城命名的普通本科师范院校，我校与中部六省其他同类师范院校（太原师范学院、合肥师范学院、郑州师范学院、湖北第二师范学院、长沙师范学院）相比，学校办学实力总体排名靠后，是六所师范院校中占地面积和在校生规模最小的高校，办学层次低于总体实力居于第一、二位的太原师范学院（博士学位授予立项建设单位）和合肥师范学院（拥有教育硕士点）。湖北第二师范学院虽然不是硕士学位授予单位，但在办学规模和学科专业建设方面优势比较明显。郑州师范学院与我校一样，正在奋力推进申硕工作，发展势头强劲。长沙师范学院虽然在去年底才接受本科教学工作合格评估，但在“十四五”发展规划中也确立了硕士学位授予建设单位的目标，而且把博士点建设确定为长期发展目标，发展势头不可小觑。纵观江西省内师范院校，前有江西师大、赣南师大、科师大等标兵，后还有上饶师院、豫章师院等追兵，学校发展面临着“前有标兵，标兵越来越远；后有追兵，追兵越来越近”的处境，顺势而为则成，逆势而行则败。

基于以上考虑，学校党委、行政审时度势，决定以大踏步发展的态势破解现实难题，我们深知：小发展大困难，大发展小困难，不发展尽是困难。因此，我们做出了“申硕更大”这一战略部署，并明晰了南昌师范学院发展“三步走”战略。第一步是通过本科教学合格评估。这一步我们已经顺利完成。第二步是“十四五”时期通过本科审核评估并争取成为硕士学位授予单位，简称“申硕”。第三步是在“十五五”时期建成有特色的、高水平普通本科师范大学，简称“更大”。

① 钟基、李先银、王身钢译注：《古文观止》，中华书局2011年版，第477页。

古人说，两军交战，勇者胜；兵无常势，水无常形，出奇兵者胜。[①]学校发展“三步走”总体战略看起来很艰难，但是只要我们瞄准目标，以“咬定青山不放松”[②]的韧劲、“不破楼兰终不还”[③]的拼劲，解放思想，奋勇直前，定能走出一条发展的康庄大道。在这里我想引用1992年邓小平同志南方谈话中的经典名言给大家鼓鼓劲，“改革开放胆子要大一些，敢于试验，不能像小脚女人一样。看准了的，就大胆地试，大胆地闯。……没有一点闯的精神，没有一点‘冒’的精神，没有一股气呀、劲呀，就走不出一条好路，走不出一条新路，就干不出新的事业”[④]。目前，学校发展正需要这股闯劲、这股冒劲、这股拼劲，敢于走出一条高质量发展新路。同志们，大家可以看到，第二步是承上启下的一步，也是关键的一步，对于学校的发展至关重要。在未来的五年，我们要咬紧牙关，准备过几年克难奋进、团结奋进的日子。如果这一步我们顺利成功，南昌师范学院才能在滚滚时代洪流中立于不败之地，才能在竞争激烈的高等教育领域找到自己的一席之地。如果“十四五”时期内还拿不下硕士点来，南昌师范学院将处于被动拼搏的境地，终将淹没在高等教育发展的滚滚大潮中。

有比较方显差距，树标杆更添动力。为了实现学校“十四五”发展目标，打赢“申硕”战，迫切需要开门办学，协同创新，找准力所能及的对象，锁定追有动力的目标，树立超有勇气的标杆。纵观中部六省同类师范院校，目前雄居第一位的是太原师范学院，从获批硕士学位授予立项建设单位到成为硕士学位授予单位，太原师范学院用了5年时间，再到获批博士学位授予立项建设单位，太原师范学院又用了5年。太原师范学院就是我校确定的长期学习标杆。居于中部六省同类师范院校第二位的合肥师范学院目前已经是教育硕士培养单位，而且正在全力奋战硕士学位授予单位，是我校比、学、赶、超的重要标杆。学校有追赶的标杆，每个二级学院也要有专业追赶的标杆。我们概括为“一学两标杆”，这就是我们奋力追赶、提质增效的总纲领、总目标、总要求。我们必须紧紧抓住“十四五”这个黄金五年，破釜沉舟，乘势而上，奋勇直追，紧盯

---

① 参见陈曦译注：《孙子兵法》，中华书局2011年版，第111页

② 吴泽顺编注：《郑板桥集》，岳麓书社2002年版，第111页。

③ 李云逸注：《王昌龄诗集》，中华书局2020年版，第146页。

④ 《邓小平文选》第三卷，人民出版社1993年版，第372页。

“申硕更大”目标，初心不改，坚定“申硕更大”信心，开足马力，久久为功，在南昌师范学院发展史上写下浓墨重彩的一笔。

（二）发展总体思路

坚持以习近平新时代中国特色社会主义思想为指导，全面贯彻党的十九大和十九届历次全会以及江西省第十五次党代会精神，深入贯彻习近平总书记关于教育的重要论述和视察江西重要讲话精神，增强“四个意识”、坚定“四个自信”、拥护“两个确立”、做到“两个维护”，立足新发展阶段，贯彻新发展理念，服务新发展格局，锚定“申硕更大”目标，以推动内涵式高质量发展为主题，以改革创新为根本动力，落实好立德树人根本任务，不断推进学校治理体系和治理能力现代化，为建成有特色、高水平的普通本科师范院校而接续奋斗，为奋力谱写全面建设社会主义现代化国家江西篇章、描绘好新时代江西改革发展新画卷提供人才保障和智力支撑，以优异成绩迎接党的二十大胜利召开。

（三）重点工作任务

关于2022年的工作安排，学校开学初已经印发了《2022年工作要点》，在这里我不再一一重复。现在，我就几项重点工作任务进行强调和部署。

1. 坚持党的领导，发挥思政引领作用。坚持党对思政工作的领导，深化“五青”思政工作品牌建设，促进其与本科教育教学有机融合，发挥其在思政教育中的引领示范作用。持续加强大中小幼学校思政工作一体化建设，扩大思政育人的社会影响力。建强全省红色文化宣讲基地，传承红色基因，讲好中国故事。进一步深化课程思政与思政课程改革，靠思政育人、用思政培根、以思政铸魂。以硕士点建设为契机，建强马克思主义学院，重点打造马克思主义理论一级学科，建优思想政治教育等相关专业。

2. 提高教育教学质量，打造教育教学文化。打造国家级、省级一流专业，争取建设国家级一流专业1个，省级一流专业3个。继续做好师范类专业认证和本科专业综合评价工作，凝练和推广师范教育经验，彰显“融合四色、铸就金色”的教师教育特色。组建教学名师团队，打造金课，淘汰水课，力争孵化国家一流课程3门，省级一流课程12门。抓好思政课程改革创新和课程思政建设，继续出版《课程思政案例选编》。建设一批精品食育课程，打造一系列优质食育活动。积极培育国家级创新创业项目，出版学校《创新创业教育案例选编》。举办第十届“教学月”活动，做好首届“红五月”师范专业教育活动，打造教育教学文化。强化教学研究，积极培育国家级、省级教学成果奖，力争国家级教学成果奖取得突破。提早布局本科教育教学工作审核评估的前期准备工作，推动本科教育迈入 2.0 时代。

3. 聚焦学科质量建设，提高学校核心竞争力。要把申硕工作作为学校“十四五”时期事业发展的头等大事，把落实申硕各项指标任务作为“一号工程”，以学科建设为龙头，对标硕士学位授予立项重点建设单位核心指标，排好时间表、绘好路线图，按照“集群发展、分层建设、重点突破”的学科建设思路和“1+3+2”申硕战略部署，重点建设马克思主义理论硕士学位授权一级学科和教育、艺术、生物与医药专业学位授权点，培育中国语言学硕士学位授权一级学科和旅游管理专业学位授权点，选好带头人，建强学科点，定岗、定责、定人。促使学科特色进一步凸显，学科团队结构进一步优化，科学研究水平进一步提升，人才培养质量进一步提高，硕士研究生培养质量保障体系进一步健全，2022 年底各项指标均达到新增硕士学位授予单位和新增硕士学位授权点基本条件。扎实推进国家社科基金等项目申报，孵化更多国家级科研项目和成果，争取新增国家级项目 5 项、省部级以上科研奖励 5 项。强化省级科研平台建设，为科研工作提供优质载体。强化优化学报建设，坚定不移打造双 C 刊，提高办刊品质。

4. 深化人事管理改革，释放人才干事创业活力。深化制度改革，优化评优评先制度和职称评审制度，做到分类评价，突出工作业绩，建立淘汰机制，激活绩效管理。补齐人才短板，锁定“硕士学位授予重点建设单位”目标，打造高水平教学团队、科研团队、学科团队、管理服务团队，激发人才活力。校领导牵头，挂单推动，联系所在学院，每人引进 4 至 5 名博士。学科带头人挂帅出征，落实责任，推进硕士点建设。争取学校 2022 年博士人数占教师总人数的比例达 27%、高级职称教师占教师总人数的比例达 42.2%，获批国家级人才工程称号 10 人次、省级人才工程称号 76 人次。

5. 强化学生教育与服务，提升学生和社会满意度。树立铸魂育人理念，围绕学生，关照学生，服务学生，做学生成长的知心人、热心人、引路人，落实立德树人根本任务。深化“一站式”学生社区服务中心建设，提高服务质量。建强辅导员工作室，促进学工队伍职业化、专业化、专家化发展。继续打造

“青雨润堂”“青苗益站”等学工品牌，强化组织育人作用。改进心理健康教育与咨询工作，关爱学生健康成长。加强职业生涯规划教育，强化就业指导服务。探索拓宽学校家庭社会协同育人新机制、新方式、新方法，扩大社会影响。

6. 完善综合治理体系，提高内部治理水平。做好标杆学校、学院、学科、专业、课程、办学核心指标论证、选取和追赶工作，做到赶有目标、追有动力、行有结果。用好“我为学校发展献一策”活动成果，积极开展发展项目研究并转化为办学措施，提高学校办学社会影响力。加快基建工程进度，推进第11栋、12栋学生宿舍建设，积极为食育楼、综合实训楼建设打下基础。继续推进平安校园建设。严格落实疫情防控要求，管好门、盯准人、跟进事。加强校园环境综合整治和安全隐患排查，建立责任追究制度。安全管理要网格化，安全责任要订单化，安全落实要系统化，管理范围要全覆盖，做到人人参与、人人有责、人人尽责，确保师生安全、实验室安全、网络信息安全、消防安全、考试安全等。持续推进智慧校园建设，推进OA办公系统升级，加强教学、科研管理信息平台建设，扎实推进人事、教务、学工、后勤保障等信息平台工作，为建设学校信息一网通、一卡通打下坚实基础。

7. 高质量做好70周年校庆工作。各部门协同发力，做实、做细、做优校友工作，完善和更新校友信息，充实校史馆展品陈列，成立教育发展基金会，做好校友捐赠和校友会换届工作，积极联络校友感情。为70周年校庆做好充分准备，制作高质量的校庆宣传片，积极营造良好宣传氛围，高质量办好校庆主题晚会、校庆主题论坛、校庆主题展览，举办一系列高水平校庆活动，出版一批支持学校内涵建设的学术论著，特别是70周年校庆学者学术文丛，在省级以上主流媒体宣传学校改革发展等一系列活动。全校师生要以主人翁的姿态自觉参与、大力支持各项校庆活动，及时完成校庆办安排的各项任务，把校庆活动作为校园文化建设、校友工作的重要组成部分抓紧抓好抓实，把校庆办成凝聚人心、提升办学水平和扩大社会影响力的大事、好事、喜事。

各位代表，同志们！为了奋战“申硕”目标，做到打基础、利长远，我刚刚对2022年的重点工作任务做了强调和部署，希望大家越是在这种攻坚克难、爬坡过坎的关键时刻，越是方向不能偏，越要鼓足精气神，坚持用发展的眼光看问题，用发展的办法解决问题，在发展中超越自我，在发展中建立新功。当前，虽然学校干事创业的总体是好的，但在一些同志中间还存在不少顽瘴痼疾，影响了我校跑步前进的速度，增加了跳高跨越的难度。在学校发展的大好形势下，还存在一些影响学校进步的杂音乱象，比如说，自己不干，专门议论别人干，躲着玩、偷着乐，喜欢站在旁边说风凉话者有之；做一天和尚撞一天钟，撞完钟点早收工，点卯上班、上班混日子“躺平”者有之；看起来人很忙，要紧事人不忙，工作不聚焦、重点不突出，无的放矢者有之；“谁能干谁干，我不会就不干”，我弱我有理、装哭推诿者有之；“不是我的事，不归我管”，人人有责落实，人人见事不管者有之；邀功想自己、找错揪别人，趋利避害、动辄“甩锅”者有之；揣着明白装糊涂，做好人不分场合，看透不点透、不敢得罪人，不较真碰硬，做“老好人”者有之；该知道的一概不知道，不知道的乱说一气，信息滞后，两耳塞豆、不闻雷霆，“一问三不知”者有之；不该知道的拼命打听也要知道，到处接天线，游手好闲、闲谈扯淡，当“无业游民”者有之；只讲待遇，不讲职责，只比资历，不比贡献，满腹牢骚、怨天尤人者有之。

这“十个有之”是学校改革发展的拦路虎，是发展路上的绊脚石，是健康肌体上的恶疾隐患，我们必须以高度的党性、高度的革命自觉进行严肃的斗争，为发展加力、为进步助力、为成功给力。

各位代表，同志们！“不要人夸好颜色，只留清气满乾坤。”[①] 大学之大在人大，大学之学在勤学。人大为先，勤学为要。办大学，就要办一所风清气正、刚健有为的大学，就要办一所团结奋进、底蕴深厚的大学。我希望学校的各位同志都要做一个内心敞亮的人，人格透亮的人，精神闪亮的人，做一个成功路上必不可少的人。大家为学校改革发展走到一起，同事不只是在一起共同工作，更有战友情、同志责、提携谊。大家要相互鼓气、相互补台，锁定“申硕更大”目标不松动，思想继续紧张起来，工作继续忙碌起来，脑筋继续开动起来，一心一意办学校，聚精会神谋进步；要想作为、敢作为，善作为，聚焦工作重点，解决工作难点，疏通工作堵点，化解工作焦点，你追我赶比业绩、拼命工作比担当、辛勤付出比贡献；要树立“功成不必在我，功成必定有我”的信念，强志气、增底气、正骨气，做到人人有责、人人负责、人人尽责；要把个人和学校的事业汇聚起来，勇攀高峰，用事业的高度彰显人格的高度。让

① ［元］王冕著、寿勤泽点校：《王冕集》，浙江古籍出版社 2012 年版，第 259 页。

我们把个人和集体荣誉感汇聚在一起，用集体的成就彰显个人价值；让我们形成靠责任约束人、靠制度要求人、靠发展提升人、靠业绩成就人、靠文化感染人的办学环境；让我们团结在一起，抢抓机遇，提质增效，再开新局，以排山倒海之力，成攻坚克难之事，奋力谱写南昌师范学院“申硕更大”内涵式高质量发展新篇章！

（本文系作者于2020年5月26日在南昌师范学院第三届教代会、工代会第二次会议上所作的工作报告，收入时有文字删节。）

【师范教育内涵建设新实践】

加大力度，整合资源，倾力打造江西师范大学“本科教学工程”

人才培养是学校的核心职能，人才培养质量是区分学校办学质量和办学水平的重要标尺。近年来，江西师范大学聚焦人才培养，强化顶层设计、优化资源配置，落实国家和省委、省政府办学要求，为教育教学改革提供坚强保障，不断推动“高等学校教学质量与教学改革工程”向纵深发展。

一、学校一期“质量工程”建设的基本情况

“高等学校教学质量与教学改革工程”（简称“质量工程”）是教育部、财政部全面贯彻党中央、国务院关于“把高等教育的工作重点放在提高质量上”的战略部署，经国务院批准实施的重大高校教学改革项目，是继“211 工程”“985 工程”后，我国在高等教育领域实施的又一项重要工程。国家“质量工程”项目已作为高校深化教学改革、提高教育教学质量的重要战略抓手，成为高校标志性的工作业绩。

在“质量工程”项目建设中，学校通过分层培育等多种有效措施，确保工作不断推进，已获批国家级特色专业 6 个，精品课程 1 门，教学团队 2 个，教学名师 1 位，万种新教材 5 种；省级特色专业 10 个，精品课程 34 门，教学团队 7 个，教学名师 24 位，人才培养模式创新实验区 4 个，双语教学示范课程 5 门，实验教学示范中心 8 个。

学校在一期“质量工程”建设中虽然取得了一定的成绩，但与兄弟院校相比还有很大差距。在国家“质量工程”核心的八大项目中，我校只获批 5 项，实验教学示范中心、大学生创新实验计划、人才培养模式创新实验区、双语教学示范课程等四大项目未能突破。学校在全国 38 所师范大学中，与上海师范大

学、哈尔滨师范大学和辽宁师范大学并列第21名；在江西省20所本科高校中，排在江西财经大学（21项）、南昌大学（11项）、南昌航空大学（6项）之后，与江西中医学院并列第4位。具体情况见表1和表2：

表1　全国38所师范大学获国家一期质量工程项目数量统计一览表

编号	省市－学校名称	1特色专业二类	2精品课程	3实验教学示范中心	4大学生创新实验计划	5人才培养模式创新实验区	6教学团队	7双语教学示范课程	8教学名师	合计数量	排序
1	北京－北京师范大学	4	45	2	1	5	9	7	7	80	1
2	上海－华东师范大学	4	23	1	1	2	5	5	2	43	2
3	湖北－华中师范大学	2	24	2	1	1	7	4	2	43	2
4	江苏－南京师范大学	2	13	1	0	3	4	7	4	34	4
5	北京－首都师范大学	3	12	1	1	3	6	1	0	27	5
6	湖南－湖南师范大学	1	10	1	1	4	4	3	3	27	5
7	广东－华南师范大学	1	11	3	1	1	3	4	2	26	7
8	吉林－东北师范大学	3	9	3	1	3	3	0	3	25	8
9	陕西－陕西师范大学	2	9	2	1	2	3	3	2	24	9
10	福建－福建师范大学	1	9	2	0	4	3	1	2	22	10
11	安徽－安徽师范大学	1	8	1	0	0	3	1	1	15	11
12	山东－山东师范大学	2	4	1	0	1	2	1	4	15	11
13	河南－河南师范大学	1	4	2	1	0	2	2	1	13	13

续表

编号	省市－学校名称	1特色专业二类	2精品课程	3实验教学示范中心	4大学生创新实验计划	5人才培养模式创新实验区	6教学团队	7双语教学示范课程	8教学名师	合计数量	排序
14	天津－天津师范大学	2	6	1	0	0	1	0	0	10	14
15	浙江－浙江师范大学	1	3	2	0	0	2	1	0	9	15
16	四川－四川师范大学	1	3	1	0	1	1	2	0	9	15
17	云南－云南师范大学	1	3	1	0	1	2	1	0	9	15
18	河北－河北师范大学	1	3	2	0	1	1	0	1	9	15
19	广西－广西师范大学	1	2	1	0	0	2	1	1	8	19
20	甘肃－西北师范大学	1	2	0	0	0	2	0	1	6	20
21	上海－上海师范大学	1	1	0	0	0	0	1	2	5	21
22	江西－江西师范大学	1	1	0	0	0	2	0	1	5	21
23	黑龙江－哈尔滨师范大学	1	0	1	0	1	1	0	1	5	21
24	辽宁－辽宁师范大学	1	1	0	0	0	2	0	1	5	21
25	内蒙古－内蒙古师范大学	1	1	0	0	0	2	0	0	4	25
26	青海－青海师范大学	1	1	1	0	0	1	0	0	4	25

续表

编号	省市－学校名称	1特色专业二类	2精品课程	3实验教学示范中心	4大学生创新实验计划	5人才培养模式创新实验区	6教学团队	7双语教学示范课程	8教学名师	合计数量	排序
27	山西－山西师范大学	1	0	0	0	1	1	0	0	3	27
28	贵州－贵州师范大学	1	0	0	0	0	1	0	1	3	27
29	海南－海南师范大学	1	0	0	1	1	0	0	0	3	27
30	新疆－新疆师范大学	1	1	0	0	0	1	0	0	3	27
31	江苏－徐州师范大学	1	1	0	0	0	1	0	0	3	27
32	四川－西华师范大学	0	1	0	0	0	1	0	0	2	32
33	吉林－吉林师范大学	1	0	0	0	0	0	0	0	1	33
34	重庆－重庆师范大学	1	0	0	0	0	0	0	0	1	33
35	浙江－杭州师范大学	0	1	0	0	0	0	0	0	1	33
36	山东－曲阜师范大学	1	0	0	0	0	0	0	0	1	33
37	辽宁－沈阳师范大学	0	0	0	0	0	0	0	0	0	37
38	安徽－淮北师范大学	0	0	0	0	0	0	0	0	0	37
合计		49	212	32	10	35	78	45	42	503	

表 2　江西省 20 所本科高校获国家一期质量工程项目数量统计一览表

编号	学校名称	1 特色专业二类	2 精品课程	3 实验教学示范中心	4 大学生创新实验计划	5 人才培养模式创新实验区	6 教学团队	7 双语教学示范课程	8 教学名师	合计数量	排序
1	江西财经大学	1	8	1	1	2	3	3	2	21	1
2	南昌大学	1	2	3	1	0	1	1	1	10	2
3	南昌航空大学	0	1	2	0	1	1	1	0	6	3
4	江西中医学院	0	2	0	0	1	1	1	0	5	4
5	江西师范大学	1	1	0	0	0	2	0	1	5	4
6	江西农业大学	1	0	1	0	0	1	0	1	4	6
7	景德镇陶瓷学院	0	0	0	0	1	1	0	0	2	7
8	江西理工大学	0	0	0	0	1	0	1	0	2	7
9	东华理工大学	0	0	1	0	0	0	0	0	1	9
10	华东交通大学	0	0	0	0	1	0	0	0	1	9
11	井冈山大学	1	0	0	0	0	0	0	0	1	9
12	南昌工程学院	0	0	0	0	0	0	0	0	0	12
13	赣南师范学院	0	0	0	0	0	0	0	0	0	12
14	赣南医学院	0	0	0	0	0	0	0	0	0	12
15	江西科技师范学院	0	0	0	0	0	0	0	0	0	12
16	江西蓝天学院	0	0	0	0	0	0	0	0	0	12

续表

编号	学校名称	1特色专业二类	2精品课程	3实验教学示范中心	4大学生创新实验计划	5人才培养模式创新实验区	6教学团队	7双语教学示范课程	8教学名师	合计数量	排序
17	九江学院	0	0	0	0	0	0	0	0	0	12
18	南昌理工学院	0	0	0	0	0	0	0	0	0	12
19	上饶师范学院	0	0	0	0	0	0	0	0	0	12
20	宜春学院	0	0	0	0	0	0	0	0	0	12
合计		5	14	8	2	7	10	7	5	58	

二、国家“本科教学工程”建设内容及进展情况

根据教育部、财政部《关于“十二五”期间实施“高等学校本科教学质量与教学改革工程”的意见》，“十二五”期间将继续实施“高等学校本科教学质量与教学改革工程”（简称“本科教学工程”），提出了五个方面的建设内容。根据教育部发布的2011年和2012年建设项目，有关情况统计如表3所示：

表3 国家“十二五”本科教学工程立项项目情况统计一览表

（截至2012年2月）

（经费：万元）

内容	项目名称	“十二五”	2011年立项			2012年立项			剩下项目
		总数	数量	单项经费	项目经费	数量	单项经费	项目经费	数量
（一）质量标准建设	组织研究制定本科专业类教学质量国家标准	100	—	—	—	—	—	—	100
（二）专业综合改革	专业综合改革试点	1500	—	—	—	180	150	27000	1320
	工程、医学领域本科专业认证试点－高等教育教学评估中心	560	180	15	2700	—	—	—	380

续表

<table>
<tr><th rowspan="2">内容</th><th rowspan="2">项目名称</th><th>“十二五”</th><th colspan="3">2011 年立项</th><th colspan="3">2012 年立项</th><th>剩下项目</th></tr>
<tr><th>总数</th><th>数量</th><th>单项经费</th><th>项目经费</th><th>数量</th><th>单项经费</th><th>项目经费</th><th>数量</th></tr>
<tr><td rowspan="4">（三）国家精品开放课程建设与共享</td><td>国家精品开放课程－精品视频公开课－高等教育出版社</td><td>1000</td><td>100</td><td>20</td><td>2000</td><td>350</td><td>20</td><td>7000</td><td>550</td></tr>
<tr><td>国家精品开放课程－精品资源共享课－高等教育出版社</td><td>5000</td><td>700</td><td>10</td><td>7000</td><td>1100</td><td>10</td><td>11000</td><td>3200</td></tr>
<tr><td>精品开放课程共享平台建设－课程共享系统建设－高等教育出版社</td><td>—</td><td>—</td><td>1600</td><td>1600</td><td>—</td><td>400</td><td>400</td><td>0</td></tr>
<tr><td>精品开放课程共享平台建设－高校教师网络培训系统建设－高等教育出版社</td><td>—</td><td>—</td><td>1000</td><td>1000</td><td>—</td><td>200</td><td>200</td><td>0</td></tr>
<tr><td rowspan="6">（四）实践创新能力培养</td><td>实验教学示范中心</td><td>100</td><td>—</td><td>—</td><td>—</td><td>—</td><td>—</td><td>—</td><td>100</td></tr>
<tr><td>校外实践教育基地－临床技能综合培训中心</td><td>1000</td><td>10</td><td>200</td><td>2000</td><td>10</td><td>200</td><td>2000</td><td>980</td></tr>
<tr><td>校外实践教育基地－工程实践教育中心</td><td>—</td><td>105</td><td>200</td><td>21000</td><td>59</td><td>200</td><td>11800</td><td>—</td></tr>
<tr><td>校外实践教育基地－法学教育实践基地</td><td>—</td><td>10</td><td>200</td><td>2000</td><td>10</td><td>200</td><td>2000</td><td>—</td></tr>
<tr><td>校外实践教育基地－农科教合作人才培养基地</td><td>—</td><td>—</td><td>—</td><td>—</td><td>11</td><td>200</td><td>2200</td><td>—</td></tr>
<tr><td>大学生创新创业训练计划</td><td>50000</td><td>—</td><td>—</td><td>—</td><td>16300</td><td>1</td><td>16300</td><td>33700</td></tr>
</table>

续表

<table>
<tr><td rowspan="2">内容</td><td rowspan="2">项目名称</td><td>“十二五”</td><td colspan="3">2011 年立项</td><td colspan="3">2012 年立项</td><td>剩下项目</td></tr>
<tr><td>总数</td><td>数量</td><td>单项经费</td><td>项目经费</td><td>数量</td><td>单项经费</td><td>项目经费</td><td>数量</td></tr>
<tr><td rowspan="2">（五）教师教学能力提升</td><td>高等学校教师教学发展示范中心</td><td>30</td><td>—</td><td>—</td><td>—</td><td>—</td><td>—</td><td>—</td><td>30</td></tr>
<tr><td>西部受援高校教师和管理干部进修锻炼</td><td>5000 名</td><td>53</td><td>每人≤ 3 万</td><td>5700</td><td>—</td><td>—</td><td>—</td><td>3100</td></tr>
<tr><td>项目管理</td><td>项目管理费 - 高等教育司</td><td>—</td><td>—</td><td>—</td><td>—</td><td>—</td><td>—</td><td>100</td><td>—</td></tr>
<tr><td colspan="2">合计</td><td>—</td><td>1158</td><td>—</td><td>45000</td><td>18020</td><td>—</td><td>80000</td><td>—</td></tr>
</table>

另外，按照《教育部关于实施卓越工程师教育培养计划的若干意见》(教高〔2011〕1 号)，2011 年和 2012 年，教育部开展了两批“卓越工程师教育培养计划”，第一批批准了 61 所高校 462 个本科专业，第二批批准了 133 所高校 362 个本科专业加入卓越计划；2011 年，教育部组织开展了第六届高等学校教学名师奖评选工作，评出 100 名教学名师。

三、我校实施“本科教学工程”的总体思路

（一）国家“本科教学工程”的基本思路与建设内容

1. 质量标准建设。

教育部将组织研究制定 100 个本科专业类教学质量国家标准，推动省级教育行政部门、行业组织和高校联合制定相应的专业教学质量标准，形成我国高等教育教学质量标准体系。

2. 专业综合改革。

以“卓越教育培养计划”试点专业为重点，以专业综合改革为龙头，引导我校专业主动适应国家战略和地方经济社会发展需求，加强专业内涵建设，在人才培养模式、教师队伍、课程教材、教学方式、教学管理等影响专业发展的关键环节进行综合改革。在这些专业中探索建立产学研联合培养人才的新机制、

新模式与新办法，推动校企合作办学、合作育人、合作就业、合作发展，提高专业人才培养的质量、效益和在国内外的竞争力，体现学校的办学特色，形成专业建设的示范作用，并带动我校其他专业的建设和发展，促进我校各专业建设整体水平的提高。学校每年遴选2—3个综合改革试点专业，给予每个专业10万元建设经费，优先推荐申报省级和国家“本科教学工程”专业综合改革试点项目。争取“十二五”期间我校能有2—5个专业成为国家专业综合改革试点，5—10个国家和省级“卓越教育培养计划”专业。

3. 国家精品开放课程建设与共享。

精品视频公开课应以影响力大、受众面广的大学生文化素质教育课程为主，重点建设中国传统文化类、科学技术类和社会热点类素质教育课程，兼顾其他公共课、基础课、专业基础课；精品资源共享课以原国家和省级精品课为基础，并适当补充新课程，以课程资源系统性、完整性为基本要求，以基本覆盖各专业的核心课程为目标，通过共享系统向高校师生和社会学习者提供优质教育资源服务，促进现代信息技术在教学中的应用，实现优质教学资源充分共享。争取“十二五”期间能有1—3门课程成为国家精品视频公开课，2—5门课程成为国家精品资源共享课，并在校内建设一批精品视频公开课和精品资源共享课。

4. 实践创新能力培养。

整合各类实验实践教学资源，加强实验教学示范中心内涵建设，建设开放共享的大学生实验实践教学平台；加强大学生创新创业训练、大学生学科竞赛等项目建设，建立集本科生创新性实验、科研训练、学科竞赛和创业实践为一体的本科生创新实践基地，为大学生开展自主学习、实施各类创新实践活动提供良好实践平台；实施大学生实习基地建设项目，以产学研合作为载体，积极加强与校外单位的合作，推行“预就业”人才培养模式，不断拓展校外实习基地，建立稳固的高质量校外实习基地。力争“十二五”期间这类项目均有零的突破。

5. 教师教学能力提升。

积极开展教师培训、研究交流、咨询服务等各项工作，提高学校中青年教师教学能力，满足教师个性化专业化发展和人才培养特色的需要。重点建设学校教师教学发展示范中心，承担教师教学发展中心建设实践研究，开展有关基础课程、教材、教学方法、教学评价等教学改革热点与难点问题研究，开展学校基础课程教师教学能力培训。大力表彰在教学和人才培养领域做出突出贡献的教师，激励和引导高水平教师上本、专科学生课程，力争新增国家教学名师1名。

项目的预期成果及责任分解情况见表4：

表4　实施“本科教学工程”项目的预期成果及责任分解情况一览表

内容	项目名称	预期成果	责任单位
（一）质量标准建设	—	—	—
（二）专业综合改革	专业综合改革试点	2—5个	教务处 教师教育处
	卓越计划（含卓越工程师、卓越教师、卓越法律人才和卓越文科人才）	5—10个（含省级）	
（三）国家精品开放课程建设与共享	精品视频公开课	1—3门	教务处
	精品资源共享课	2—5门	
（四）实践创新能力培养	实验教学示范中心	1个	资产管理处
	校外实践教育基地	2个	教师教育处 教务处
	大学生创新创业训练计划	50个	团委、大学生文化素质教育基地管理办
（五）教师教学能力提升	高等学校教师教学发展示范中心	1个	师资培训中心
	教学名师	1名	人事处

（二）学校实施“本科教学工程”的战略构想

1. 领导重视。重组并更名原“本科教学质量与教学改革工程领导小组”和“教学质量工程推进办公室”，成立“本科教学工程建设领导小组”，由校长任组长，分管教学的副校长任副组长，团委、大学生文化素质教育基地管理办、教务处、现代教育技术应用中心、教师教育处、人事处、资产管理处、师资培训中心等部门主要负责人为成员，负责制定“本科教学工程”的重大方针政策和总体规划。领导小组下设“本科教学工程建设办公室”，挂靠教务处，负责全校“本科教学工程”的总体组织实施和管理协调工作。各学院成立由院长任组长、教学副院长任副组长的“本科教学工程”推进小组，负责制定本单位“本科教学工程”工作实施方案以及具体实施工作。

2. 全面铺开。“本科教学工程”不仅是扶优工程，更是示范工程、助推工程，其出发点和归宿都是提高人才培养质量，所以建设本科教学工程的根本目的是通过它的引领，全面带动学校教学质量建设与改革的深入发展。其次，“本科教学工程”项目不是孤立的项目，而是一项系统化的建设工程，各子项目互为建设条件和基础，只有全面实施“本科教学工程”项目，将各项目建设和人才培养很好地结合起来，才能培养出国家所需的高质量、创新型人才。在“十二五”期间，我校将努力在质量标准建设、专业综合改革、国家精品开放课程建设与共享、实践创新能力培养、教师教学能力提升等五个方面取得较大进展或突破，增强建设成果之间的相互支撑作用，培养出一流的本科人才。

3. 找准项目。由于受学术地位、经费投入、科研实力、教师及生源质量等因素的影响，与重点大学相比，我们在竞争中总体上处于劣势。因此，在申报过程中，需找寻“相对优势”、扬长避短，找准突破口。学校应鼓励各单位根据当前教育教学最新发展态势及经济社会发展对人才培养的新需求，结合学校教学改革的重点和难点以及学院办学特色，确定每年“本科教学工程”建设培育项目，拟好项目的类别、等级和数量等，并做好项目的建设、管理工作，为国家级、省级“本科教学工程”项目申报培育后备梯队，充分调动各级教学管理人员及教师参与本科教学的积极性。

4. 落实责任。大力推进和建设“本科教学工程”，是学校的重点工作之一，全校上下要共同努力，进一步明确工作内容、落实责任主体。虽然“本科教学工程”的主要承担主体是本科教学单位，但是相关职能部门、项目负责人也发挥着重要作用，各责任部门要统一思想、积极配合、勇于承担，落实好“本科教学工程”各项任务。

5. 突破路径。从以往成功申报的经验看，其路径依赖是明显的，要重视项目的建设路径和申报路径选择。在项目建设上，关键是找准建设单位、责任人和项目的突破口与特色点。在申报过程中，要充分发挥专家的作用，通过专家咨询、走访、研讨等途径，集中智慧，查遗补漏，攻坚克难；要学会借力，学会“有情”，学会“统战”，学会“跑步”，情之所至，金石为开。

6. 加大奖励。学校设立专项资金，用于各级“本科教学工程”各项目的建设，对建设改革力度较大、创新性强，预期效益好的项目将加大支持力度。对获批省级和国家级“本科教学工程”项目的学院，学校将给予奖励并在年度单位考核中每项分别加 2 分和 5 分。

7. 总结推广。要注重建设成果的示范、推广和资源共享，发挥省级和国家级项目在推动教学理念改革、优质资源共享、现代信息技术运用、团队教学、教学科研相互促进、教学管理机制创新等方面的示范作用，充分发挥“本科教学工程”对本科人才培养和教育教学改革的引导、辐射作用。

（本文系作者于 2012 年 9 月在江西师范大学起草的研究报告。）

紧紧抓住本科师范教育教学质量这个关键

为深入贯彻落实2009—2010学年第一次教学工作会议精神，学校于11月11—13日对全校21个学院进行了教学中期检查并有针对性地开展了教学工作调研。本次检查与调研主要采取专家组（由教务处、教育教学评估中心副处以上干部和教育教学评估全体专家组成）深入学院现场调研的方式进行，主要涉及以下六个方面：（1）学分制改革落实情况，尤其是2009级培养方案调整、专业分流和课程教学情况。（2）教学质量与改革工程实施情况。（3）2006级非师范专业的实习工作。（4）2006级毕业设计（论文）工作安排。（5）2007年以来教学文档归档情况，主要包括课程大纲、试卷和毕业设计（论文）归档情况。（6）听取对学校教学工作的意见和建议。

各学院对此次检查和调研很重视，做了充分的准备，不少学院主要领导亲自参加汇报。从检查和调研的情况看，各学院认真贯彻落实学校2009年第一次教学工作会议精神，办学自主性明显增强，教风学风进一步好转，对各自教学工作、教学建设、教学改革、学院发展的现状和存在的主要问题都有比较清醒的认识，并开始思考改进办法，确定下一步发展目标。调研情况表明，在学校新一届党委、行政领导下，学分制、教师教育改革的调整完善和强化教学管理工作取得了明显成效，教学中心地位得到了进一步落实，教学秩序明显好转，师德师风发生可喜变化，“抓教风、促学风、树校风”成为广大师生的共识。

一、当前学校教学基本情况

学校新一届党委、行政高度重视教学工作，傅修延书记、校长多次深入教学一线，亲临惟义楼检查、指导教学工作，看望一线教师；张艳国副校长坚持每周带领教务处科以上干部在惟义楼检查、服务教学工作；教育教学评估中心专家深入课堂，检查、督导教学工作。在多方面的支持下，全校正在形成关心教学、重视教学、服务教学的良好氛围，学校教学工作运行良好，秩序稳定。

从总的情况来看，各学院积极落实学校关于调整和完善学分制的精神，根据学校有关要求，对2009级本科学生培养方案进行了修改完善，顺利完成了2009级新生的专业分流工作。各学院重视教学质量工程建设，认真部署毕业设计（论文）和非师范专业实习工作，教学文档的整理归档及时、规范。

（一）学分制改革落实情况

学校实行学分制改革以来，人才培养方案历经多次修订，总体框架趋于完善。因此，在本次培养方案的修订过程中，各学院保持了原方案的框架，根据学分制调整要求，进行了必要调整，适当增加了专业核心课的学分，调整了必修课和选修课学分比例。如政法学院在修订时结合了多学科、多专业的具体院情，在各专业间实行“文文渗透”，同时增加一些学院特色课程，在哲学专业增加一些应用型的课程以利于学生就业。文学院针对学生“文气”不足的状况，增加了“经典导读”选修课程，并开辟了“经典阅览室”予以辅助，为帮助学分制学生更有效地选课，学院提供了“选课指南”。商学院针对专业实践性强的特点，增加了市场营销专业的专业主干课学分和实践环节。外国语学院则从抓好学生基础入手，增加了写作等课程的课时，同时坚持对学生进行选课指导和口语班学生的选拔。理电学院增加了“力学”“高等数学”“大学物理”“电路分析”的课时；调整规范了“近代物理实验”的教学安排，由一学年改为 学期；为提高学生就业竞争力，将“力学研究专题”与“电学研究专题”正式列入培养方案，将“嵌入式原理与应用”与“传感器与信号检测技术”列入专业主干课。传播学院、地理学院2009级培养方案增加了专业主干课的学分，同时加强了实践性教学环节。

各学院10月底按期完成2009级学生专业分流工作，总体情况良好。地理学院专业分流今年比较顺利，地理教育与地理信息系统两个专业学生更均衡，往年地理信息系统专业学生选得少，今年经过学院做工作，学生选得较多。城建学院学生选建筑学专业的人较多，选城市规划专业的人少，学院对跨学科专业分流进行了选拔考试。文学院加大了对外汉语专业学生的选拔力度。商学院针对学生选择电子商务专业人数比较少的情况，通过专业介绍等动员工作，引导学生合理选择专业。

学院专业分流工作中存在的主要问题是在分流时个别专业出现不均衡，其中历史文化与旅游学院的博物馆学只有 4 人选择，无法开班；财政金融学院的经济学类在分流时，学院虽然做了大量工作，但最终选择金融学专业的学生仍然有 180 多人，而同一学科类的经济学专业只有 41 人选择，所占比例较小。政法学院的哲学专业只有 29 人，人数偏少。学院普遍希望配合学校的学分制调整，在 2010 年实行按专业招生，从根本上扭转一些专业分流时人数过少的被动局面。

学院一致认为，今年以来，尤其是傅修延书记回校工作以后，学校及教务处采取了许多积极措施，教学面貌明显改进，教学秩序明显好转，教学质量明显提升。教务部门和各学院积极落实领导干部听课制度，深入教学一线了解教学运行实际情况，帮助查找并解决年轻教师尤其是新老师在课堂教学中存在的问题。财政金融学院、传播学院、历史文化与旅游学院、数信学院、城建学院、教育学院、理电学院、计算机学院等均组织了全院教师参与青年教师课堂教学竞赛活动，有效提高了教师教书育人的积极性，提升了教师课堂教学水平。文学院、教育学院注重教学团队的组建与培育，重视专业学术梯队的建设，通过传、帮、带，努力提升教师的学术水平和教学能力。

（二）教学质量与改革工程实施情况

2007 年以来，学校的教学质量与改革工程（以下简称“教学质量工程”）取得了一定成效。截至目前，我校共立项建设精品课程 135 门（含双语教学示范课程 5 门），通过中期检查和评估验收，先后有 85 门课程获得了校级精品课程荣誉称号，其中 30 门被评为省级精品课程；我校共立项建设 14 个特色专业，其中有 6 个被评为国家级特色专业；共立项建设教学团队 11 个，其中有 1 个被评为国家级教学团队，4 个被评为省级教学团队；共立项建设人才培养模式创新实验区项目 12 个，其中 2 个被评为省级人才培养模式创新实验区，另有国家级教学名师 1 位、5 种教材入选“国家万种精品教材”（国家“十一五”规划教材）等。

各学院都在着手进行教学质量工程建设，均有不同层面的立项项目。文学院目前有两个国家级质量工程项目，正在依托国家及省级项目重点加强专业、教材、教学团队等方面的建设。理电学院现有四门省级精品课程，五门校级精品课程，一个校级特色建设专业，一个校级教学团队。地理学院有一个省级特色建设专业，四门校级精品课程，学院正在重点加强课程建设。如钟业喜教授的精品课程“环境科学导论”开发了教学环境平台，完成了两个省级教学改革课题研究。“中国地理”课程完成了教学大纲、习题库、教学录像等材料的上传，资源与北京师范大学的课程共享。

对于下一步的质量工程建设，各学院都认为要进一步加强对现有质量工程项目的建设和管理，按照质量标准，加强检查及评估，确保取得实效。质量工程建设的重点要放在培育国家级项目上，力争更多的项目进入国家级项目，特别是要在精品课程、人才培养模式创新实验区等项目上取得突破，不断提升我校质量工程建设的竞争力和实力。

（三）师德师风建设情况

学校在长期的办学过程中，积累了许多优良的师德传统，也涌现了一大批以全国、全省教学名师，全国、全省优秀教师为代表的师德高尚、师风严谨的教师。师范院校是教师的摇篮，造就的应是堪称人师的教育家，学为人师，行为世范，因而学校应把“尊师重教”这一传统发扬光大。学院普遍认为，自新领导班子成立以来，学校特别重视师德师风的建设，教师的精神面貌正在发生可喜的变化，越来越多的教师坚持早到教室十分钟，越来越多的教师坚持佩戴校徽，教学的积极性提高了，教学也更加认真了。学院一致反映，本学期开展的青年教师课堂教学竞赛，受到广大师生的热烈欢迎。竞赛不仅检验了青年教师的教学水平、交流了经验，同时对师德师风建设也起到了积极的促进作用。通过竞赛，学院涌现了一批优秀的青年教师，他们治学严谨，为人师表，教书育人。

同时，大家也清醒地看到，近几年学校优良的师德传统没有得到很好的继承和发扬，学校在师德师风上仍存在一些不容忽视的问题。

（四）2006 级非师范专业的实习工作

各学院能够坚持理论与实践相结合的教学传统，加强实习和实训。从走访的情况来看，非师范专业实习均通过各种方式做出了安排。如历史文化与旅游学院的旅游管理专业学生的实习从 05 级起全部实行集中实习，主要通过中介安排到北京、上海、宁波等发达城市的四星级以上酒店实习，学院非常重视这项工作，对每个实习点的学生实习工作都作了细致安排。理电学院原则上统一安排，现建有 4 个实习点。传播学院上学期 6 月底部署，本学期 11 月 27 日结束，全院 85% 的学生实行自主实习，且大部分都是在外省，每个学生都有一本实习考核指标，学院对学生实习实行量化考核，15% 的学生由学院安排在江南都市报、大江网、江西教育电视台、江西期刊社、南昌晚报等实习基地，进行统一实习。地理学院只有地理信息系统一个非师范专业，去年是第一届毕业生，实习基地建设处于起步阶段。今年的毕业生有一些在环保、测绘部门实习，部分学生的实习与就业相结合，还有一些学生则跟着教师做课题。商学院、城建学院全是非师范专业，因为专业的特殊性，基本上是由学生自己联系实习单位，这不仅是考虑到与就业相结合，而且学生自己联系单位还能在实习期间获得一定的报酬，而原来学校建设的实践基地则两方面都难以满足学生的需求。

通过走访发现，目前非师范专业实习存在不少问题，非师范类专业实习安排困难，大部分学生处于“散兵游勇”的状态，主要原因是专业对口的实习单位较少，不容易找，比如对外汉语专业，学生实习较为分散，只有一部分学生参加了教育实习。

（五）2006 级毕业设计（论文）工作安排

各学院重视毕业设计（论文）质量的过程管理，都成立了毕业设计（论文）领导小组，对毕业设计（论文）工作实施全过程管理，不断完善质量监控体系。大部分学院按照学校的布置，已经完成毕业设计（论文）的前期准备工作，有些学院提前进行了安排。如外国语学院将毕业设计（论文）写作课程纳入培养方案，并发放写作规范手册等，帮助毕业班学生做好毕业设计（论文）。理电学院提前安排毕业设计（论文）工作，6 月份请专业教师做了专题培训报告，10 月份完成了开题报告。传播学院、城建学院对今年的毕业设计（论文）工作做了详细的工作计划，并有效实施，进展良好。但今年的毕业设计（论文）工作也存在一些问题，主要表现是指导教师力量不足，一些学院甚至存在教师指导毕业设计（论文）超过 20 篇的情况。

（六）2006 年以来教学文档归档情况

各学院基本上都能按照评估时的要求进行文档建设，其中文学院的文档保存完善，国际教育学院的文档保存完善、清晰、工整，理电学院、传播学院、城建学院试卷与毕业论文已全部归档，存放在学院资料室。外国语学院专业类学生的文档保存完善，但公共课程类文档保存有些欠缺。商学院涉及考试改革的试卷暂时未要求老师交学院归档。个别学院的试卷没有装订。

二、当前学校教学工作中存在的主要问题和不足

从检查和调研的情况看，当前学校教学工作中也存在不少不容忽视的问题和不足，有些问题随着学校办学规模的不断扩大有愈来愈严重的趋势，主要表现在：

（1）重视教学、重视质量的良好环境与管理机制还没有真正形成，教学中心地位在实际工作中没有得到切实落实，教书育人的浓厚氛围还没有营造起来。学校的人事分配制度存在缺陷，教学课时费较低，教学在评职称、评优评奖中偏“软”、比重偏“弱”。不少领导和教师对教学的中心地位认识不到位，落实不到位，对本科教学工作投入时间和精力不足，教学很容易受到其他工作和活动的冲击。教师教学积极性不高，对课堂纪律缺乏必要的管理；职能部门服务教学不到位，不能很好地保障教学；学生学习动力不足，到课率偏低。学院普遍认为，学校的人事分配制度需进一步改革，对教师的切实利益，学校要有制度上的保障，不能光停留在口头上，要将每个教师的教学及其成果“物化”。

（2）学校的师德师风建设有待进一步加强。个别职能部门负责人和学院领导执行教师规则和学校的规章制度时，存在不到位的情况，在师生中造成不好的影响。一些教师不能很好地遵守学校的有关教学管理规定，教师职业行为失范，上课迟到、早退，随意接打手机、随地吐痰、穿着不当的现象时有发生；部分任课教师教学积极性不高，责任心不强，甚至严重不负责任，随意调课、停课、更换主讲教师甚至让研究生来上课，或不按教学大纲授课、不认真批改作业，或教学内容陈旧、教学方法呆板，多媒体课件仅是简单的 PowerPoint 文件，“书本搬家”“黑板搬家”，等等；部分教师对考试要求不严，为迁就学生降低考试要求。

（3）学风、考风建设亟待加强。不少学生学习积极性不高、主动性不强，部分学生自律能力较弱，沉迷于电脑游戏，旷课问题较严重。学生考试作弊现象仍时常发生，严重影响了学习风气。

（4）学校教学投入严重不足，教学资源方面缺口大，不能满足教学的需要，严重影响学生实践能力的培养。理工科学院实验设备缺口大，理工科虽然有较多大型仪器设备，但真正能够用于教学的实验仪器严重不足。理电学院、生命学院、地理学院、城建学院都反映学院实验条件不足，严重影响学生实践能力

的培养。文旅学院旅游管理专业缺乏专业教学所需要的实践教学场所。财政金融学院的模拟实验室设备陈旧落后，数量不足，目前招生规模很大，早已不能满足专业教学的需求。学院已经多次向设备处等有关部门提出购置申请，但一直得不到解决，严重影响教学质量。教育学院反映学前教育专业近 200 名学生，只有几台钢琴，没有专用的舞蹈房，开展专业教学非常困难。2005 年“迎评”后，学校新增非师范专业 10 多个，增加了 7100 多名学生，但教学设备的经费投入没有增长。另外，学校大部分教学用的计算机都是 2004 年和 2005 年购置的，有些是老校区搬迁过来的，严重落后于形势发展的需要，有些根本不能用。学校网络的不完善，以及多媒体、视听等教室硬件维护不到位等情况，不仅影响了教学，也影响了课程建设。

（4）办学空间及场地问题。美术学院已经感到有危机，今年南大美术专业录取线已经超过师大，制约学院发展的一个主要因素是办学空间太小。服装设计专业方向的开设需要大量的空间，别的学校都是车间式、流水线的操作，美术学院差距很大。公共体育课教学新校区有足够的场地，但满足不了体育专业的教学，目前的场地华而不实，不符合专业教学、训练的要求，需要进行改造，以更好地符合专业教学的要求。

（5）非师范专业实习基地建设亟待加强。非师范专业实习基地较少，导致非师范专业实习普遍存在组织难、接纳难、指导难的现象，大部分学生自主实习，效果不好。学校实习经费投入不足、使用困难，客观上影响了实习工作的开展。

（6）师资队伍建设难以跟上学校规模的迅速增长，数量不足、结构失衡、水平不高的问题还没有得到根本解决，这成为制约教学质量提高的关键因素。对外汉语、电子商务等专业的师资队伍数量不足、结构不合理，直接影响到人才培养质量。教师的师德素养和教学水平与学校人才培养的目标要求仍然存在较大差距，课程教学质量，尤其是一些青年教师的课堂教学质量不高。另外，特殊专业的人才培养需要教师亲自陪学生练习，直接指导，而新进的具有博士学位的教师不愿意做或做不了这方面的工作，直接影响教学。

（7）教学管理队伍不稳定。教学管理工作是一项辛苦而细致的工作，现在很多教学干事（秘书）都担忧自己以后的发展问题，与学工口的辅导员相比，不仅提拔难，而且待遇低。教学管理人员在职称评定方面也受到一定限制。一些具有硕士学位的教学管理人员，担忧自己没有什么前途，所以纷纷要求转岗，导致管理队伍不稳定，有的学院一年之内就换了三个教学干事（秘书），严重影响了教学工作的正常开展。

（8）教研室活动难以开展。学院普遍反映以前大部分教研活动都是在教研室进行的，现在的教研室名存实亡，很少开展活动。事实上，教研室就是一个教学团队，在教学中起着关键作用，而现在很多教研室主任职责不明、待遇不清，没有激励措施，不能充分发挥他们的积极性。加之现在工作与生活空间的分离，很多教研活动难以进行。

以上这些问题和不足严重影响着学校人才培养的质量和学校的可持续发展，我们务必高度重视，并认真加以解决。

三、进一步改进和加强学校教学工作的建议

明年学校将迎来70周年校庆，做好今明两年的教学工作，对进一步彰显学校的办学特色，增强办学实力，提高人才培养质量，实现建设“综合性、有特色、高水平的教学研究型大学”的目标具有非常重要的意义。育人为本、德育为先。我们必须始终坚持科学发展观，牢固树立人才培养是学校的根本任务、质量是学校的生命线、教学是学校的中心工作的理念，大力推进师德师风建设，把学校发展与改革的重点放在提高教学质量上，努力实现学校高等教育规模、结构、质量和效益协调发展和学校的可持续发展。

针对目前学校教学中存在的问题和不足，各学院就进一步改进和加强教学工作提出了许多建议，主要包括：

（1）真正落实教学中心地位，积极培育和建立重视教学、重视质量的良好环境和管理机制，努力在全校形成关心教学、重视教学、支持教学、保障教学、服务教学的浓厚氛围和教书育人、管理育人、服务育人、环境育人的良好局面，为人才培养提供一个优良环境。学校领导、各部门和学院的负责人要关心教学、重视教学、熟悉教学、服务教学，认真落实《江西师范大学干部听课制度》，经常深入教学一线听课、检查、督导，了解教学工作实际。教务处应认真检查落实领导干部听课制度，每年对领导干部听课情况进行通报。领导干部应通过听课，关心教室设施状况，关注教师的教学态度、教学内容及方法与手段改革、教学效果、学生课堂纪律和学习状况，了解教学方面存在的问题，认真倾听教

师和学生对学校教学工作的意见和建议。建立学校教学工作例会制度，及时了解和研究解决教学工作中出现的新情况和存在的问题，确保教学秩序良好运行。

（2）加大教学投入，确保人才培养需要。科学调整经费支出结构，切实把教学工作作为经费投入的重点，确保必要的经费投入，为教学提供条件保障，尤其要保障实验设备、实践教学经费，努力解决专业实验设备不足、实验教学滞后的问题。持续加大对信息化基础设施的投入，扩充多媒体教室，并开通网络，完善校园网建设。科学制订学校实验室建设的总体规划，分步骤进行各实验室的建设，推动学校实验室建设均衡、全面发展。同时，要加大对教学设备和设施的维护、保障力度，确保教学需要。

（3）加强师德师风建设，强化教书育人作用。师德是师范大学的立校之本，良好的师德就是爱岗敬业，为人师表，教书育人。要大力弘扬学校在长期办学过程中积累的优良师德传统，积极采取措施把师德师风建设深入贯彻落实到学校的各项工作中去，以良好师德师风为引领，抓教风、促学风、树校风，努力形成良好风气。以 70 周年校庆为契机，明年要在广大教师中积极开展以师德师风建设为核心的“爱师大、爱讲台”活动。通过开展一系列富有成效的活动，使广大教师热爱教学，站好三尺讲台，认真履行职责，模范执行学校的教学规定和规章制度，为人师表，教书育人。

（4）要把师德师风建设和学风建设有机结合起来，使教风和学风相互促进，共同形成优良的校风，营造教学育人的良好氛围。教务、学工、后勤等部门通力合作、齐抓共管，努力形成教风、学风和校风建设合力。进一步加大教学督察、督导力度，将教学督察作为一项常规工作。教务部门和教育教学评估中心要将工作的重点放在对课堂教学的督察和督导上，促进提高课堂教学质量；学工部门要建立必要的学生督学检查制度，努力提高学生到课率和降低学生迟到率；后勤部门要加强对教学场所的管理与服务，努力为教学提供良好条件和环境。建立学院教学督察和督导制度，健全校院两级教学督察和督导机制。进一步加强学风建设，激发学生学习热情。要针对大学生的思想特点和成长特性，加强对学生的教育和管理，积极开展形式多样的思想教育活动和健康向上的校园文化活动，积极引导学生树立正确的价值观、人生观和学习目标，培养学生自强不息、勇于创新的精神和诚实守信的品格，养成良好的学习态度，形成良好的学习习惯，不断增强学习能力。要通过学风建设月活动，努力形成良好的学风，基本消除学生上课迟到、早退现象，有效遏制学生旷课、缺课行为，坚决杜绝上课吃东西、使用手机等不良现象。

（5）加强考试管理，树立优良考风。积极采取措施，强化考试各环节的管理和质量监控，严格考试管理，严肃考场纪律，严格评分标准，预防和制止考试作弊行为，按学校有关规定严肃处理考试作弊者。加大考试改革和教考分离的力度，建立更加科学的教学评价体系，进一步完善学生综合素质测评方法及指标体系，坚持知识、能力、素质协调发展，注重创新精神、实践能力和综合素质的培养，促进学生的全面发展和个性发展。加快完成公共必修课、学科基础课和专业主干课的试题库建设，建立试卷评价制度。学工部门和各学院要积极开展以学风和考风建设为主题的教育活动，进一步加强对学生的道德和诚信教育，培养学生求真务实的科学精神，努力减少考试作弊和考试违纪行为，培育良好考风。要充分发挥学生党员、学生先进的示范作用和学生会等学生组织的自我监督、自我管理、自我教育作用，进一步加强对学生学习行为规范的引导，养成文明举止，形成“比、学、赶、帮”的良好风气。

（6）深化人事分配制度改革，在津贴发放、职称评聘、评奖评优等方面向教学及一线教师倾斜，改革现有的岗位津贴、业绩津贴发放办法和工作量计算办法，真正体现和落实教学中心地位和按劳分配、优劳优酬的原则，充分调动教师教书育人的积极性，在全校形成教书育人的浓厚氛围。继续实施本科教学名师制度，大力表彰在教学和人才培养方面做出突出贡献的教师。

（7）加强师资队伍建设，培养高水平教师队伍。进一步加大教师队伍建设力度，不断优化教师队伍结构，注重提高教师队伍的整体素质和教学水平，着力建设一支数量适宜、结构合理、素质优良的师资队伍，为教学质量的不断提高提供重要的保证。高度重视新办专业的教师队伍建设，对师资缺口较大的学院如音乐、体育、美术学院，结合学科专业的特点，采取灵活措施加快师资队伍建设。

（8）大力加强教学质量和教学改革工程建设，要像抓博士点建设一样抓教学质量工程建设，集中力量抓一批重点项目的建设，力争更多的项目入选国家级项目。按照重在改革、注重特色、突出优势的原则，以课程体系、教学内容、教学方法与手段、实践教学改革创新为核心，全面推动教育教学改革与创新，重点加强在人才培养模式、专业、课程、教材、实践教学、教学团队与教师队伍、教学质量评价与监督、教学管理等方面的改革与建设。通过实施教学质量和教学改革工程，基本形成人才培养主动适应经济社会发展和科学技术进步的机制，使本科人才培养质量进一步提高，学生的创新精神和实践能力明显增强；教师队伍整体水平进一步提高，科技创新能力明显增强，与人才培养的结合更加紧密；学校的办学特色进一步彰显，办学实力明显增强，在建设创新型国家，构建社会主义和谐社会，实现江西在中部地区崛起中的作用得到更好发挥，基本适应江西经济社会发展的需要。

（9）配合学校本次学分制改革，从 2010 年开始实行按专业招生。科学制定招生计划，要求我们以社会需求为导向，充分利用教学资源，综合考虑学生的需求、专业办学条件（尤其是师资和教学设施条件）、学科专业发展和人才培养需要。为配合本次学分制改革的顺利实施，更好地满足人才培养的需要，从 2010 年开始实行按专业招生。同时，为确保人才培养质量，适当控制招生规模和稳定在校生规模。改革特殊专业的招生，提高体育专业的文化分数线，以利于学生的培养和就业。

（10）进一步加强实践教学，切实提高学生的实践能力。大力加强师范生教育教学实践能力的培养，强化“三字一话”、现代教育技术、课堂教学技能等教师基本功训练。进一步加强实验、实训、实习、社会实践和毕业设计（论文）工作，不断改革、丰富和创新实践教学内容、方式、手段、方法和途径，培养学生的实践能力，锻炼学生的社会适应能力，增强学生的社会责任感。大力加强实验、实践教学改革，推进实验教学内容、方法、手段、队伍、管理及实验教学模式的改革与创新，努力增加综合性、设计性、创新性实验，切实提高实验教学质量。积极探索基于行业或企业的大学生实践基地建设，拓宽学生的校外实践渠道，推进产、学、研相结合。

（11）强化教学管理，确保教学工作良好运行。进一步规范教师社会兼职和校外活动，促使教师把主要精力投入教学工作；规范教学管理人员的岗位职责，促使管理人员把主要精力投入管理和服务工作；规范学生行为，促使学生把主要精力投入学习活动。提高规章制度的执行力，确保各项规章制度严格执行。坚持教授、副教授为本科生上课的教学基本制度，教授、副教授每学年至少要为本科学生讲授一门课程，连续两年不讲授本科课程的，学校不再聘任其担任教授、副教授职务。要把教师承担教学工作的业绩和成果作为聘任（晋升）教师、确定津贴的必要条件，在教师职务评聘、考核和评优中，严格实行教学考核一票否决制，凡不主讲本科课程，或达不到本科教学基本工作量和质量要求的教师，不能晋升高一级教师职务，不能参加教师类的评优。在教学中，教师不得随意调课、停课。积极采取措施，尽快恢复教研室活动，明确教研室主任的职责和待遇。

（12）进一步落实校院两级管理制度，加强部门与部门之间、部门与学院之间的联系，在教学管理上赋予学院更多自主权。教务处与教师教育处要加强协调，统一下达相关教学任务。进一步加强教学管理队伍建设，积极采取措施，支持和鼓励教学管理人员不断提高业务素质、管理水平和服务质量，积极采取措施提高教学管理人员的待遇，努力建设一支结构合理、素质优良、相对稳定的教学管理队伍。教学管理人员要坚持管理育人、服务育人，以教师和学生为本，把教学管理重点向引导和服务转变，把激发和调动师生教与学的积极性作为管理目标，努力为全校师生提供优质的教学服务。加强教学管理信息化建设，充分利用计算机网络技术，不断提高教学管理信息化水平。

（13）加强教学质量监控与评估，形成保证教学质量不断提高的长效机制。坚持“评教、评学、评管”相结合，进一步完善教学质量监控与评价体系，实施学院教学工作评估制度。建立课堂教学教师第一责任人制度，重点加强对课程教学、实践教学、教学实习和毕业设计（论文）等主要环节教学质量的评价与监控，充分发挥教学质量评价体系所特有的监督、调控、导向和激励功能。进一步完善课堂教学评价制度、实践教学评价制度、领导和教师听课制度、同行评议制度、教学督导制度和学生教学信息反馈制度，建立健全教师、学院、学校三级质量保障机制，努力形成保证教学质量不断提高的长效机制。

（本文系作者起草的江西师范大学2009—2010学年第一学期教学中期检查调研报告。）

振奋精神，扎实工作，全面提高人才培养质量

又是一年花落去，又是一年好运来，我们今天在这里召开2014年本科教学工作会议。此次会议的主题是：振奋精神，扎实工作，全面提高人才培养质量！

人才培养是高等教育的根本使命，教育质量是大学的立校之本。一直以来，学校始终坚持人才培养的中心地位，坚持“以生为本、以德为先”的办学理念，积极推动本科教学内涵式发展，确保教育教学质量的不断提高。去年，学校紧紧围绕教学工作会议上提出的“五个着力解决”，大力推进教育教学改革，积极创新人才培养机制，推进了“以学为中心”的教学体系建设；创新教学管理评价模式，充分调动了学院主观能动性；创新教师评价激励机制，提高了教师教学质量；创新管理服务模式，改善了学生的学习环境。

根据会议安排，我先就2014年本科教学工作取得的成绩作简要总结，并对今后本科教育教学工作谈点意见，供大家参考。校党委书记田延光同志和校长梅国平同志将对如何开展明年本科教学工作作重要讲话，希望会后各单位认真学习贯彻执行。

一、2014年本科教学工作回顾

2014年，学校的本科教学工作严格按照“目标管理・改革攻坚年”主题活动要求，积极采取多种措施，按照“厚专业基础、宽学科口径、高品德素质、强实践能力”的人才培养目标，切实加强本科教学工作，着力提高教育教学水平，人才培养质量得到了稳步提升。

（一）国家教学成果奖喜获突破，振奋了人心

今年9月，教育部公布了《关于批准2014年国家级教学成果奖获奖项目的决定》，我校梅国平教授领衔申报的《基于校－校、校－政合作的“三层五段七

化”师范生教学实践能力培养模式探索》获国家教学成果奖二等奖，该项教学成果是学校十年积极探索的智慧结晶，它凸显了学校的办学特色，主要针对师范生教学实践能力培养中存在的“五重五轻”问题，以实践哲学、情境化学习理论、资源依赖理论为指导，创造性地构建了加强师范生教学实践能力培养的实践范式，有效破解了师范生教学实践能力培养不足的传统问题。

为做好第七届国家教学成果奖的申报工作，学校领导高度重视，各部门积极准备，互相配合，积极联动，确保了任务到位、责任到位、经费到位、进度到位，实现了学校在国家教学成果奖上的突破。

（二）“本科教学工程”成绩斐然，鼓舞了士气

“本科教学工程”是衡量学校办学水平的重要指标。2011 年 7 月 1 日，教育部、财政部共同印发了“本科教学工程”实施意见，正式启动了“本科教学工程”，今年是实施的第四年。前三年，我校实现了“本科教学工程”国家面向地方院校启动项目的全部覆盖。今年，按照“突出重点、改革创新、继承发展、引领示范”的原则，学校积极开展了国家级、省级项目的培育和申报，经过大家的共同努力，成绩斐然。我校推出的由傅修延教授主讲的“赣鄱文化的生态智慧”视频课在“爱课程”网、中国网络电视台和网易等 3 个网站以“中国大学视频公开课”形式免费向社会开放，产生了良好的社会反响，获得“第六批国家精品视频公开课”称号。同时，在省级“本科教学工程”项目评选中，我校电子信息工程、软件工程、新闻学等 3 个项目获评“卓越人才培养计划”，学前教育、软件工程、视觉传达设计等 3 个专业获评专业综合改革试点项目，“中国古代史”“管理学”“中国古代文学”“教育研究方法”“政治学原理”“心理学”“植物生物学”“网球运动教程”等 8 门课程被评为精品资源共享课，总共立项数达 14 个，位居全省第二。

（三）开展课程教学“十佳百优”评选，强化了教风

今年 6 月，学校开展了第三届课程教学“十佳百优”评选，共评选出毛加农等 9 名课程教学“十佳”教师、王健等 23 位课程教学“百优”教师。此届评选，学校领导高度重视，梅国平等校领导亲临现场观摩了此次教学活动，并指导评选工作；学院也积极参与，各学院都进行了初赛选拔，选手历经实战考验；决赛评委由专家、教师和学生组成，专家评委由南昌大学、江西财经大学、江西农业大学和江西中医药大学的教授组成，教师评委和学生评委均由各学院的

优秀教师代表和学生代表组成，全程纪委监督，现场打分，即时公布，确保整个评选过程的公平、公正、公开。此次活动的开展，激发了广大教师爱教乐教、教书育人的热情，提高了教育教学能力，营造了全校上下关注教学、关注教师发展的良好氛围，推进了课程建设。

（四）开展第七届“教学月”活动，提升了学风

每年开展“教学月”活动是学校促进本科教学工作的传统项目之一。今年的“教学月”活动时间是 11 月 10 日至 12 月 10 日，主题是聚焦课前，突出强调教师备课、学生预习。活动刚刚结束，虽只月余，但各学院在短短的一个月内，把各项活动开展得如火如荼，如：数信学院的教研室研讨，国际教育学院、软件学院的教学观摩，化工学院的教师备课本、学生作业本检查，政法学院、初等教育学院的师生恳谈会、教学经验交流会，生命科学学院的评课、集体备课活动，商学院的“我为教学献一策”，传播学院、心理学院的“教学月”主题班会，外国语学院的英语演讲培训，音乐学院开展的一系列教学演出，等等。今年的“教学月”活动，健全了老中青教师传帮带机制，提高了教师业务水平和教学能力，完善了教研室、教学团队、课程组等基层教学组织建设，并为坚持集体备课、深化教学重点难点问题研究打下了扎实基础。

（五）创新人才培养机制，推进“以学为中心”教学体系建设

“一枝独秀不是春，百花齐放春满园”，这是我校本科人才培养工作的根本目标。学校积极创新人才培养机制，深入推进“正大学子”创新人才培育计划，积极研制“人人成才”计划，实现教学从以教师为中心向以学生为中心的转变，努力推进“以学为中心”的教学体系建设，着力解决好本科教学与社会、学生需求不相适应的问题。

（1）推进“正大学子”创新人才培育计划。2012 年，学校开始实施“正大学子”创新人才培育计划，今年 5 月，学校组织了专家对各实验班人才培养情况进行跟踪考察与评估。从评估的情况来看，成效明显。三年来，为努力推进该计划，学校选拔最优秀的学生，配备最优秀的师资，创设最优质的课程，提供最优良的学习条件，积极借鉴国内外知名大学拔尖创新人才培养理念、模式和方法，对学生进行了个性化培养，“正大学子”培养计划已结出丰硕之果，比如“金牌讲解班”这样的拔尖创新人才培养的成功探索，就是在“打造江西旅游界的‘黄埔军校’”，对江西旅游业的发展将起到重要作用。在第六届全国旅

游院校服务技能（导游服务）大赛中，该班学生力挫群雄，喜获佳绩，荣获英文组一等奖和三等奖各1项，中文组二等奖和三等奖各1项，2名指导老师获优秀指导教师奖。其所获奖项覆盖大赛所有项目，比赛成绩名列参赛高校前列，并受到国家旅游局副局长杜江等领导的充分肯定和亲切接见。

下一阶段，我们将在培养模式、高水平教师参与、国际化合作、拔尖学生的后续培养等方面，进行深入探索。

（2）成立学生学习指导中心。9月，学生学习指导中心在惟义楼举行了揭牌仪式。它搭建了师生之间、同学之间、校友之间互动交流的平台，通过开展专题研讨、学习沙龙等形式多样的活动，积极构建以学为中心的教学体系。中心聘请了40名在教学一线具有丰富教书育人经验的优秀教师、30名品学兼优热心公益的学生承担中心的指导、服务和管理工作。本学期，中心共组织了58场多主题的文化专题讲座，1场校外专家讲座，2场学术沙龙活动，开展了39次辅导、答疑课，解决学生在学习中出现的问题与困难，提升学习自信心和学习能力。

（3）加强网络教学资源建设。2014年，学校着力加强数字化优质教学资源建设，购买了全国普通高等学校公共教学素材资源库，创建了江西师范大学精品课程平台和正大微课平台，网罗了一批名师名课，加强了优质教学资源的共享。比如，我校首门中国大学视频公开课“赣鄱文化的生态智慧”，学生就可以通过注册登录平台进行在线学习和在线考试。同时，针对“慕课”全球化带来的冲击浪潮，学校积极应对，2014年以邀请国内外著名专家来校讲学及派遣教师赴外学习等形式了解、探索“慕课”的改革，并鼓励学生通过“慕课”平台加强学习，对选修“慕课”进行学分认定。目前，通过卓越“智慧树”平台，我校共有200余名学生选修了“思想道德修养与法律基础”的“慕课”。除此之外，学校还通过“教务在线”，开设“课程讨论区”，积极搭建师生学习互动交流的平台。

（六）教学管理服务精细化，加强学生学习效能

只有有一流的管理服务、一流的工作状态，才能有一流的学习效率、一流的培养质量。这就要求我们要有先进的管理理念和脚踏实地为本科教学办实事的精细化作为。

（1）实施课时“瘦身”策略。经过充分调研，从上半年开始，学校将一节课时间由50分钟缩短为40分钟。课时“瘦身”着眼于课堂教学的实际，遵循

了教学规律，顺应了师生的需求和社会的呼声，体现了以生为本，做到了质量不减，师生共赢。

（2）开辟家长园地。上半年开学初，学校通过“教务在线”网站进行了一项重大尝试性改革——开设家长登录窗口。家长在征得子女同意后可以以家长身份登录教务在线，参与学校管理。通过“家长”窗口，家长们在关注自己孩子在校学习情况的同时，更多关注的是学校的动态、规章制度，并通过它建立与学校教师、其他家长和同学的联系等。“家长园地”不仅成了家长与孩子交心、帮助孩子成长的精神纽带，而且也成为家校情感互动的桥梁。

（3）开通电子显示屏及电子触摸屏。今年上半年，学校在惟义楼东面和西面的入口处各安装了一个巨大的LED电子显示屏，在学生学习指导中心安装了一台电子触摸屏。大型电子显示屏方便师生每天及时了解学校教学新闻与动态、各类专题讲座、学习沙龙、教室使用、天气预报等信息。电子触摸屏更能让学生详细掌握与自己专业学习、课程学习、学籍管理等相关的教与学信息，更好地实现本科教学信息及管理的公开化、透明化。

（4）加大人文关怀力度。学校管理无小事，要“大事做细，细事做精”，为广大师生提供优质的教学服务保障。在惟义楼二区与三区走廊之间为学生学习指导中心打造了10间清新的辅导答疑坊，环境优雅，设施良好，管理有序，有利于师生交流互动；六区一楼，学校专门设置了男女教师休息室各两间，床铺近百张，室内配有空调、热水，供老师们课间临时休息或午休时使用。今年新学期伊始，后勤公共教学服务中心惟义楼服务部组织保洁员为教师休息室更换了全新的床单、被罩、枕头，并每周进行一次更换清洗，整齐干净的休息室为在讲坛上辛勤耕耘的老师们提供了一个温馨的休息“港湾”。同时，设有宽敞明亮的“教师备课室”，桌上摆有鲜花，设有空调风扇，备有热水，Wi-Fi覆盖，安静方便的环境吸引了众多老师在课余时间到此备课。除此之外，为落实惟义楼的星级服务，后勤公司、教务处以及现代教育技术应用中心每天各派一名处级干部具体负责惟义楼的管理服务，并且在实地调研、合理布局的前提下，后勤集团将惟义楼部分男卫生间改女用，保证了女生的需求。

（七）加强专业和课程建设，努力打造学院特色

一是突出专业特色建设，打造“一院一品、一专一特”。2011年底，学校确定了15个第一批学院教育教学改革创新特色项目，成效初显。今年学校第二批

专题立项工作已经完成，确定了14个项目为特色项目。“一院一品、一专一特”是以学院为单位的一种教育教学改革的新尝试，采取以项目为抓手，突出学院领导的作用，对加强专业特色建设，深化本科教育教学改革，提升学校人才培养水平起着重要作用。

二是实施本科专业试评估。今年11月，文学院的汉语言文学专业、数学与信息科学学院的数学与应用数学专业、生命科学学院的生物工程专业申请参加专业试评估，学校本科专业评估正式启动。本科专业评估结果将与专业建设经费投入、专业负责人年度考核相挂钩，并作为学院教学工作考核的重要依据。对评估结果“不合格”的专业，学校将再次组织评估专家组进行复评；对复评仍“不合格”的专业，将限制或者停止招生。

三是加强课程建设。今年我校组织申报的“赣鄱文化的生态智慧”入选教育部第六批“精品视频公开课”名单，“中国古代史”等8门课程获评省级精品资源共享课；同时，开设“正大微课”，参与“慕课”建设。除此之外，高度重视教材建设，把教材建设放在人才培养工作的重要位置，积极鼓励教师参与编写和使用高水平教材。在学校的支持引导下，教师编写教材的积极性明显提高，教材编写的数量和水平有了显著增长和改进。第二批“十二五”普通高等教育本科国家级规划教材书目评选，学校有5种教材顺利入选，入选数量位居全省高校第一位（与南昌大学并列），开创了学校教材建设的新局面。

（八）深化实践育人要求，提高学生创新实践能力

“高教三十条”明确指出，高校要强化实践育人环节。强化实践创新能力是学校提高人才培养质量的必然要求，2014年，学校把生均实习经费从原来的300元提高到500元，并加强实验室、实习实训基地、大学生校外实践教育基地建设，加强实践教学管理，积极支持广大师生参加各级各类学习和国家级课外学术竞赛活动。一年来，学校依托第二届“正大学子”——团队高原计划，积极构建校内外立体实践教学平台，今年共申报155个团队高原计划项目，确定重点项目5个，一般项目25个，支持项目70个。同时，积极开拓课外学术竞赛的广度与深度，送出了数批教师参加学术竞赛指导教师培训活动，并广泛调动广大师生参加课外学术竞赛的积极性。截至目前，学校共获得了国家级奖项48项、省级奖项77项的成绩，其中全国大学生广告艺术大赛获得金奖，这是我校学生继2009年以后再次获得该赛影视类金奖。

这些成绩的取得，是全校师生共同努力的结果，在此，我谨代表教务部门向大家表示衷心的感谢和崇高的敬意！

在肯定成绩的同时，我们也应清醒地看到，我校的教学工作还存在着一些亟待改进的地方，主要表现在以下几个方面：

一是学院的品牌意识、特色意识、质量意识有待进一步提升。部分教师对转变教育思想、更新教育观念的紧迫性认识不足，全员育人、全方位育人的教育理念，以学为中心、视质量为根本的责任意识有待强化。

二是教学管理体制和机制有待进一步创新。要进一步简政放权，积极发挥学院在教育教学改革中的主体作用；要完善好教学管理制度，进一步规范本科教学行为。

三是教风学风建设有待进一步加强，“教师乐教、学生乐学”的良好风气有待进一步培育和营造。

四是数字化优质教学资源建设亟须加强，建设思路还不够宽广，投入力度有待进一步加大。

针对这些问题，我们必须高度重视，认真研究分析，切实加以解决。

二、2015 年教学工作重点

2015 年是国家实施“十二五”规划的最后一年，也是学校“十二五”时期事业发展规划的收官之年。对照学校“十二五”规划，要认真检查，我们本科教学的人才培养目标是否有所突破；要善于总结，我们本科教学的优势在哪里，特色有哪些，劣势如何去克服；要敢于创新，教育教学改革永远是个新命题。如何抓好下一阶段的教育教学改革工作，维护良好的教学秩序，保证并不断提高本科教育教学质量，已成为当前和今后几年需要不断思考和重点抓好的工作。同时，按照省教育厅的工作部署，我校即将迎来新一轮本科教学专业评估。我们必须牢固树立人才培养的中心地位，紧紧围绕提高质量的目标要求，深化教育教学改革，加强内涵建设，努力开创本科教学工作的新局面。

（一）立德树人，做党和人民满意的好老师

立德树人是教育的根本任务，这是高等学校坚持和发展中国特色社会主义的核心所在。我们要培养德智体美劳全面发展的社会主义事业建设者和可靠接班人，就必须把德育教育放在首位，做到“以德为先”。今年 9 月 9 日，习近平总书记到北京师范大学看望教师学生并发表重要讲话，号召全国广大教师做党和人民满意的好老师，要有理想信念、有道德情操、有扎实学识、有仁爱之心。[①] 9月29日，教育部发布《关于建立健全高校师德建设长效机制的意见》，要求高校要大力加强和改进师德建设，努力培养造就一支师德高尚、业务精湛、结构合理、充满活力的高素质专业化高校教师队伍。“师者，人之模范也。”[②] 教师的职业特性决定了教师必须是道德高尚的人群，好老师首先应该是以德施教、以德立身的楷模。

作为一所省部共建的省属重点师范大学，师德师风是学校的立校之本。树人先立德，要大力推进师德师风建设。我们是师范大学，是培养未来教师、教育工作者的高等学府，“学高为师，德高为范”，我们不但自己要做党和人民满意的好老师，还要为党和国家培养人民满意的好老师，所以，师范大学应该对立德提出更高的要求。我们不能否认，学校师德师风建设仍面临许多新情况、新问题和新挑战，还存在一些不容忽视的突出问题。比如有的教师对教学工作投入的精力不足，有的教师责任心不强，缺乏进取精神；甚至有的教师道德品质有问题，触及一票否决的红线；等等。面对这一系列问题，学校在今年9月已制订《关于加强新形势下师德师风建设的实施办法》。教务部门将进一步建立健全激励与惩罚机制，继续开展课程教学“十佳百优”评选，同时开展十大“学生最喜爱的教师”评选活动，努力营造“教师乐教、学生乐学”的和谐氛围；健全师德考核，积极推进教师教学评价和职称评聘制度改革，落实好《江西师范大学教师职称评审本科课堂教学质量评价办法》，并试行教师自己、领导、同行、学生、专家共同参与的教学“五评”制度；强化师德监督，完善《江西师范大学本科教学工作常态监控实施方案》，加大对师德师风检查的力度，坚持每周发布检查情况通报，及时表扬先进、鞭策后进；等等。

（二）对接社会需求，进行专业课程体系改革

服务社会是大学的重要功能之一，我校要坚持以生为本，以德为先，以学为中心，从解决学生学习问题出发，作谋划，促改革，求发展，力争人才培养质量上一个新的台阶，为社会经济发展作出更大贡献。金牌讲解班的成功经验

① 参见习近平：《做党和人民满意的好老师——同北京师范大学师生代表座谈时的讲话》，《人民日报》2014年9月10日。

② 韩敬译注：《法言》，中华书局2012年版，第10页。

说明只要专业对口，特色鲜明，培养到位，我们的学生就能走出去，我们的品牌就能打出去。从我校目前情况来看，专业结构不合理，部分专业已不适应市场需求，招不到生，学生找不到工作，就业率低；部分课程已经过时，或者不能达到培养目标，没有学生选却依然存在，成为注水课程；部分专业和学生兴趣不相符，培养方式和学生兴趣不相符。经过学校教务处调研，部分学生学习情绪低落甚至忧虑的原因是担心专业学了没有用，找不到工作，他们看不到希望。

因此，从专业建设上来说，我们要结合两个“实际”即社会的实际需求和我校的办学实际，不要一味地跟踪社会的热点，而要依据我校办学条件、学科优势，认真把握“人无我有，人有我特”的内涵，在“人无”时，我校是否应该有，有了还要看我校有没有实际能力做到“特”。今年教育部挂牌 15 个红牌专业，其中有许多专业都为近几年热门专业，面对社会热门，各大高校一哄而上，但一届学生毕业后马上出现人才富余危机或者该专业本身已经落后于时代。今年浙江省 3+3 高考改革已经开始，你的专业打算采取什么样的招生方式由学院自己决定，后果自己负责。这样很可能有的专业就招不到学生，或者生源质量急速下降，专业生存危机就将发生。如何做好专业建设？进入后工业社会，技术和观念革新日新月异，一味跟着跑是跟不住的。要时刻把握社会形势，从高等教育发展规律出发，慎重做专业加法。

在专业课程体系建设上，首先，我们要将“以学为中心”作为指导思想，满足学生和社会两个需求，把握课程设置和课程实施两个环节。打破专业课程体系的固化模式，在专业学位课程的基础上，减少专业必修课程，加大专业选修课程的比重，提高学生学习选择的自由度，满足学生多样化的发展路径。打破校园和社会之墙，邀请相关行业人士参与课程体系制作，提供课程设置和课程内容意见，参与人才培养，确保人才培养和社会需求零距离对接。根据调研，部分学生认为自己所学的东西对今后事业没有用，或者不确定是否有用，学习意志就放松了。其次，在教学方式上，要注重教学范式改革，充分利用数字化技术手段，采取翻转式课堂，做到体验式教学。工科专业可以考虑采取校企合作的培养模式。再次，在考核方式上，注重实际能力考核、过程考核，不仅考核学生知识记忆的程度，更要考核知识转化的程度，让我们培养的学生经得起社会的检验。

（三）积累教育教学改革，及时总结改革经验

我校是具有近 75 年历史的老校，在全省高校中具有很高的地位，这都是多年来人才培养贡献影响力的结果，同时也是办学积累的结果。尽管如此，我们师大人并没有故步自封，躺在历史光环里，而是深明改革的要害，十多年来，从未停止过教育教学改革，而且许多改革都走在全国的前面，20 世纪 90 年代初就开始探索完全学分制，21 世纪初就开始试行大类招生，但从未对我校教育教学改革历史进行一个系统性的总结。

“十二五”规划建设马上就将结束，它给我们留下了些什么？这是值得我们反思和总结的。我们不仅要梳理我们这些年取得了哪些成绩和荣誉，我们在全国的排名前进了多少位，更要重视这些成绩背后的原因，这是办学的精华，是迈向新的台阶的奠基石。宏观来说，改革的成功是因为光大了传统，秉承了胡先骕先生“术德兼修”的理念，坚持“以德为先，以生为本”；另外就是坚持改革，将改革作为前进的动力，并且注重改革模式探索，采取问题倒逼式的自下而上式改革，以师生反映的问题作为改革的目标，以师生和社会的满意度作为衡量改革成功的标准。从微观来讲，成功之处都有闪光点。请教务处和各教学单位认真梳理分析，拿出一个“十二五”教育教学改革的经验总结来。这些经验是时间换来的，也是全校师生付出心血换来的，不能让它流失。

（四）坚持学院主体，加强教学特色建设

深化教育教学改革，加强教学特色建设，是坚持学校特色发展战略，走内涵建设之路的重要抓手。各学院作为学校教学工作的主体，更要牢固树立人才培养的质量意识，在教学管理过程中，抓好课堂、抓好教材、抓好实习、抓好考试、抓好毕业设计等重点环节，要找准发力点，利用优势特色学科带动专业发展和课程建设，积极探索符合学院生源特点的人才培养模式，以质量求生存，以特色求发展，形成学院教学质量品牌。“一院一特”正是以学院为单位的一种教育教学改革的新尝试，作为一项具有探索性的试验工程，它十分注重其项目的特殊性、可行性、实效性和推广性。我们是省属师范类院校，传统在于师范教育，优势在于师范教育，特色在于师范教育，后劲也在师范教育，所以我们要发挥师范特色，重点支持师范专业的发展。我们的音乐、美术、体育、外语等学科，既是本校最为古老、生命力最强的传统特殊专业，又是在省内具有相对优势的品牌专业，江西至今没有独立设置的音乐学院、美术学院、体育学院

和外国语学院，这些学科的优势主要集中在师大。我们要充分发挥它们的专业特色，起到引领作用。学院要依托“正大学子”拔尖创新人才培育计划，积极开动脑筋，拓宽视野，迎难而上，有所作为，在人才培养问题上，坚持教育教学改革的求新、求特。比如文旅学院的金牌讲解班、国教学院的“家长委员会”支学助学、传播学院的卓越传媒人才培养、计算机信息工程学院的网络工程专业人才培养、政法学院的卓越法律人才培养等，就凸显了学院的办学特色。当然，“一院一特”的建设，需要全校上下的共同努力，尤其是需要各学院不断开拓新视野，开辟新途径，找到新方法，发掘新亮点，做出特色，提升质量。

（五）未雨绸缪，全力准备本科教学专业评估

根据教育厅相关会议精神，明年将正式启动普通高校本科教学专业评估工作。本次评估的核心是对高校本科人才培养目标与培养效果的实现状况进行评价。按照今年学校工作安排，坚持“以评促建、以评促改、以评促管、评建结合、提高质量”的原则，用三年时间对所有本科专业进行一次全面评估。同时要注意把学校的专业评估与省专业评估有机结合起来，当前，我们要切实做好专业评估的各项准备工作。

一是要提高认识，高度重视。本科教学专业评估对我校提高人才培养质量、推动内涵式发展具有重要意义。全校师生要从思想上高度重视，认真学习领会江西省关于专业评估工作的有关精神，把握评估的重要意义和方式方法，理解评估指标体系的要求和内涵，进一步强化人才培养中心地位，牢固树立全员育人、全方位育人的工作理念，切实增强教书育人、管理育人、服务育人的责任意识。

二是要尽快制定学校专业评估工作方案。我们要根据省本科教学工作专业评估方案的有关精神和要求，尽快制定学校的迎评工作方案，明确指导思想、基本原则、工作内容与目标、工作流程与程序、组织机构与人员，及时安排部署自查自评工作，筹划撰写自评报告。要分解任务，落实责任，制定详细的进度安排，确保专业评估各项工作稳步推进。

三是广泛动员，积极行动。本次评估任务繁重、工作量大，全校各单位要按照学校的工作部署，配合做好相关工作、责任到人，确保各项工作有序开展。教务处和各院系要严格按照评估的内容要求和主要方式，进一步深化专业建设，加强课程管理，要重点抓好课堂教学、实践教学，抓好教风学风建设，不断完

善教学质量保障体系，全面提升育人水平。

（六）全员参与，加强教风、学风建设

教风建设是形成良好校风的关键。教风是教师教学工作的作风，是高校教师精神风貌、行为风尚、职业道德、专业知识水平、教学方法、教学技能等要素的综合体现。优良的教风主要表现为教师热爱学校、乐于奉献、忠于职守、爱护学生、严谨治学、精心施教、为人师表等一系列的思想趋势和行为规范。教风建设是学风建设的关键。广大教师应树立育人为本的思想，自觉加强师德修养，遵守教学行为规范；坚持科学精神，潜心钻研，打牢基本知识，强化专业知识，具备广博的人文知识和社会知识，不断提高教学水平；明确教学规范条例，自觉遵守教学规程，杜绝教学事故，以高度的责任心严肃认真履行每一个教学环节的教学任务。

学风建设是形成良好学风的核心。高校的学风，通俗地讲就是学习的风气，是大学生的学习目的、学习态度、学习方法、学习精神等内在品格在学习上的外在表现和反映。抓好学风建设，要加强学习方法引导，激发学生的主体意识，引导他们自主学习、自主实践。要重视入学教育和专业教育，帮助学生明确专业目标、立志成才；要加强学习方法指导，逐步提高小班化教学的比例，提高学习效果；进行学生学业评价改革，发挥学业评价对学风建设的导向作用。强化过程考核，对学生的学业评价应贯穿于整个学习过程，原则上每门课程每个学期的平时考核测评次数应不少于三次。加大平时考核成绩比重并及时记录、纳入总评。加大教考分离力度，杜绝少部分教师给学生圈重点考试的现象。对于公共必修课和部分专业学位课程，争取建立高质量的试题库、试卷库，实行教考分离、统一阅卷。

（七）加强数字化优质教学资源建设，实现教学资源共享

坚持把教育信息化作为提高教育质量的新手段，以提高教学效率、激发学习兴趣、提升课堂教学效果为目标，加快瑶湖校区教学大楼智能化改造的进程，构建现代化的教学环境。进一步加强数字化优质教学资源建设，促进信息技术与高等教育的深度融合，推动教育教学方式的转变。积极构建网络教学与管理平台，大力开发网络教学和网络课程资源。以专业学位课程为重点，建设“正大微课”；以公共选修课、专业导论课为主，以名师、名课为基础，建设“精品视频公开课”；以现有各级精品课程为龙头，以专业必修课为重点，建设“精品

资源共享课”；以公共必修课、学科基础课为主，建设“MOOC”（慕课）。数字化优质教学资源建设采用课程团队项目申报制，每学期组织申报一次，项目建设周期原则上为1—3年。数字化优质教学资源建设制作将严格执行国家有关法律法规以及有关媒体制作、传播标准和规范。对立项建设课程，学校将根据建设基础、应用前景、立项级别等给予重点支持。我们希望以此实现教学资源的共享，一方面弥补我校优质师资不足的问题，另一方面，为学生灵活地进行自主学习提供平台。

（八）以赛促学，努力提高学生的实践能力

实践教学是培养学生创新实践能力的重要手段，是提高学生综合素质的关键环节。要加强实验室建设，充分利用新校区空间优势，利用新实验大楼即将建设的契机，制订科学合理的实验室建设规划，突破本科实验教学“瓶颈”，大幅度改善实验教学条件。同时，加大投入，突出重点，加快实验教学示范中心及各级重点实验室的建设。对新建专业的实验室给予重点支持，对原有实验室的老化设备予以更新。要完善实习实训基地建设，积极探索学校自建、校企共建、校校合建、学校与行业协会共建等多种建设方式，建设多种类型并存、数量够用、功能互补的实践基地体系，推动每个专业至少建设1—2个相对固定的校外实习实训基地，强化学生实践能力培养，增强职业素质。

与此同时，各类学生课外学术及专业竞赛为实践教学提供了一个良好的平台。近几年，我校学生在挑战杯、数学建模、广告设计、电子商务、机器人设计大赛及英语、音乐、体育等专业竞赛上成果丰硕，以赛促学，成效显著。以赛促学，增加了高校专业之间相互学习交流的机会，密切联系了社会、企业以及高校人才培养之间的需求目标，为高校实践教学提供了强大动力。以赛促学，要建设一支高水平的专业指导教师队伍，尤其是要加强双师型教师队伍的建设；以赛促学，要建立教师科研反哺教学的机制，鼓励科研资源条件服务于本科教学；以赛促学，要建设一批实践教学与理论教学互通，教学、科研、技术兼容，核心骨干相对稳定、结构合理的教学团队；以赛促学，要有优质的组织保障，建立灵活高效的激励机制，完善考核体系。

（九）修订《本科教学工作规程》，进一步规范本科教学管理

教学规范是教学管理工作的重要基础，是组织教学的前提，是确保人才培养质量的根本保障。而《江西师范大学本科教学工作规程》作为学校本科教学

的纲领性文件，自2008年全面修订实施以来，虽经2010年重新修订，到现今已落后于学校教育教学改革的步伐，不能满足教学管理的需要。明年，学校将把修订《本科教学工作规程》作为重点工作之一。新规程的修订不仅涉及学校的办学理念和思路，还具体到学籍的管理、课程的建设和专业的调整。同时，还将把本科教学常态监控、自主转专业、双专业双学位、本科教学突出业绩奖励、正大学子计划等一系列改革文件统一纳入。修订后的教学工作规程更具有系统性、创新性、操作性和实效性，为今后教学工作实现“科学、民主、规范、优质、高效、透明”的建设目标打下坚实的基础。教务处一定要以此次修订规程为契机，进一步完善校级教学基本文件，规范本科教学的主要要素、主要环节，做到有规可依、有序可循、有纲可遵。

同志们、同学们，教学工作是学校的中心工作，立德树人是学校的根本任务，教学质量是教学工作的生命线。高水平大学一定要有高水平的本科教育。因此，我们要牢固树立以提高教育教学质量为核心的教育发展观，坚持提升“师德”和“生态”特色，注重教育内涵发展。明年是“十二五”的最后一年，让我们进一步振奋精神，扎实工作，全面提高人才培养质量，全力以赴推动我校教育教学工作再上新台阶，为实现特色鲜明的高水平教学研究型师范大学的建设目标而不懈奋斗！

（本文系作者在江西师范大学2014年本科教学工作会议上的讲话。）

围绕本科师范研究生教育质量保障体系与机制狠下功夫

研究生教育是培养高素质、创新型人才的重要途径，是衡量高校办学水平、办学层次的重要指标。为建立健全江西省研究生培养质量保障体系与机制，提高研究生培养质量，本人组织课题组成员对相关问题进行了深入研究，形成了如下研究报告。

一、江西省研究生教育质量保障体系和机制的现状

（一）我国研究生教育质量保障体系和机制的探索

1980年《中华人民共和国学位条例》颁布后，我国研究生教育开始得到规范并且大规模地发展起来。随着研究生教育的发展，保障和提高研究生教育质量，逐渐成为一项重要的工作。1985年2月，国务院学位委员会第六次会议决定，从1985年起逐步建立起各级学位授予质量的检查和评价制度。随后，教育行政部门开展了一系列的研究生教育评价活动，逐渐形成了一个较为规范，涉及范围广泛，评价类型多样，学术性和政策性都相当强，相对成熟且有效的评价体系。到1993年[①]，在政府的组织和推动下，我国研究生教育初步建立了由中央政府统一领导、各级政府部门及有关部委直接组织发起并具体实施的，以鉴定和监督控制为主要目标的研究生教育质量保障体系。自1994年起，我国研究生教育质量保障体系和机制进入了一个新的探索和发展时期，以政府部门为单

① 1993年，中共中央、国务院颁布《中国教育改革与发展纲要》，提出我国高等教育体制改革的目标和模式是“逐步建立政府宏观管理，学校面向社会自主办学的体制”，高等学校要“建立主动适应经济建设和社会发展需要的自我发展、自我约束的运行机制”。这使得政府把开展教育评价作为转变职能、建立新的高等教育运行机制的重大措施放在更加突出的位置，同时给予了高等学校较大的办学自主权，在这一思想的指导下，研究生教育评价进入了一个新的发展阶段。

一研究生教育质量评价具体组织者、实施者、协调者，统包统揽研究生教育质量评价的全方面和全过程的格局逐渐被打破，从形式上出现了具有中介性质的社会评价机构的参与。此外，民间组织和个人的研究生教育质量排行等也开始出现。但是目前看来，相对于国外来讲，我国研究生教育质量保障体系与机制方面的探索，无论是理论上还是实践上都还有较大空间。

（二）江西省研究生教育质量保障体系和机制的现状

改革开放以来，特别是新世纪以来，江西省研究生教育取得了长足发展，研究生办学规模明显增大，人才培养质量、教学研究能力和社会服务水平明显提升，取得了一大批成果，这为江西省学位与研究生教育进一步发展提供了良好的平台基础。江西省在研究生教育质量保障体系与机制的探索与实践中，也取得了一些突破性进展，初步形成了具有全过程性、全员性、全面性、周期性和进步性等特征的研究生教育质量保障体系与机制。为确保研究生教育质量和办学效益的可持续提高，江西省面临转规模发展为质量发展、变外延发展为内涵发展的任务也日趋紧迫，目前江西省研究生质量保障的现状与质量发展模式转变的要求还存在着不适应、不协调的现象。

一是学科建设支撑力度加大，但软环境建设亟待加强。学科建设是提高研究生培养水平的重要支撑，是建立健全研究生教育质量保障体系与机制的关键。学科建设对江西省研究生教育质量提升的支撑力度进一步加大。改革开放以来，特别是进入新世纪以来，江西高等教育在学科建设方面取得重大进展，重点学科、国家级实验室、重点研究基地和科技创新平台等建设步伐明显加快，课题申报数量和质量进一步得到提升，对经济社会的支撑作用持续增强。与此同时，江西省博士学位授予单位和博士学位点进一步取得新突破，硕士研究生培养规模进一步扩大，等等。当前，江西具有博士学位授予资格的有南昌大学、江西师范大学等 4 所高校，有硕士学位授予资格的单位 11 家，以“211 工程”和特色优势重点学科建设为龙头，以特色高等学校建设为支撑，初步形成了一批学科优势明显、办学特色鲜明、国内有一定影响的高校，研究生培养水平得到了提升，研究生教育质量得到了进一步提高。各高校积极主动地与国家相关政策对接，持续加大学科建设的资金投入，初步建立起学术型、专业型研究生教育创新体系。但是，与周围省份相比，江西省高校科研能力相对落后，研究生层次教育规模相对较小，研究生教育质量保障的软环境建设亟待加强。以国家社科基金重大招标课题为例，全省仅有 3 项，其中江西财大 2 项，江西师大 1 项；以博士学位点来看，总量相对较少；优质教育资源总量不足，配置有待进一步优化；等等。这些都严重制约了江西省研究生教育质量的提高。

二是研究生招生规模迅速扩大，但生源质量亟待提高。近年来，国家积极推动研究生教育结构调整和培养模式改革，持续扩大全日制专业学位硕士研究生招生规模。在这一背景下，江西省研究生教育也跨入了快速发展的历史时期，在同国家相关政策对接中，各高校研究生教育规模进一步扩大，全省具有研究生培养资质的单位 13 家，在校研究生数从 2000 年的 2118 人增加到 2009 年的 17990 人。但是，与此同时，由于江西省高等教育相对落后的现实，特别是受到研究生教育水平不均衡的影响，使得报考江西省研究生的学生相对较少，导致生源存在着数量相对不足、质量相对较低、分布不平衡等问题。以 2011 年硕士研究生的报考为例，全国报考江西省高校研究生的考生总数仅为 18570 人。而周边省份则明显较多，如报考湖北省高校研究生人数为 103692 人，报考江苏省高校研究生人数为 102779 人。此外，在江西各高校间生源存在着明显的不平衡。其中报考南昌大学的 6711 人，江西财经大学的 4331 人，江西师范大学的 2493 人，三所高校的考生人数为 13535 人，几乎占全省考生人数的 3/4。其余大部分具有研究生招生资格的单位报考人数非常少。如南昌航空大学 763 人、华东交通大学 751 人、景德镇陶瓷学院 711 人、江西中医学院 495 人、赣南师范学院 463 人、东华理工大学 379 人、江西农业大学 351 人、江西科技师范学院 179 人、中国航空研究院 602 所 21 人。由此可见，大部分研究生招生单位存在生源数量严重匮乏的问题。而且即使南昌大学、江西财大、江西师大等省内研究生招生“大户”，与省外生源质量好的院校相比也存在着明显差距，生源质量亟待提高。

三是质量保障体系机制不断健全，但长效机制仍然亟待构建。质量是研究生教育的生命线，建立健全研究生教育质量保障体系和机制是根本举措。研究生教育质量保障体系和机制是指参与研究生教育质量保障活动的各要素相互联系、相互制约，从而发挥研究生教育质量保障功能的一个多层次、多结构的运行系统。从江西省研究生教育实践来看，已经初步建立起了一套行之有效、符合实际、具有特色的质量保障体系机制。例如，江西财大以提高研究生培养质量为核心，坚持先进性、科学性、开放性和经济性的统一，扎实推进“质量工程”，建立健全淘汰机制。但是我们要看到，与此同时，江西省研究生教育质量保障在长效机制构建上还存在着这样那样的问题，亟待改进和完善。研究生教育质量保障的长效机制有其自身的内涵和特点，既不能以人才培养目标责任制代替长效机制，也不能用行政管理制度代替长效机制，当然也不能用整改措施代替长效机制。因此，省教育主管部门、各高校研究生教育培养部门仍然要继续抓住培养的关键点，科学规划，精心实施，探索建立一套行之有效的科学的制度体系和机制，保障研究生教育质量的提高。

四是师资队伍整体水平提升，但高水平师资严重缺乏。教师是教育事业的第一资源和核心要素。师资队伍整体水平直接决定着研究生教育质量水平。为此，江西省委、省政府以及相关主管部门高度重视人才引进工作，不断加大人才培养力度，实施了一系列有助于师资队伍整体水平提升的政策，在人才观念、运行机制、管理模式等方面进行了全方位革新，研究生教育导师队伍建设取得明显成效，师资队伍整体水平得到显著提升。特别是已基本形成了与江西基础产业、支柱产业紧密相关的学科专业群及高水平人才，对鄱阳湖生态经济区建设起重要支撑作用的高层次人才明显增多，等等。更为重要的是，形成了吸引人才、留住人才、用好人才的制度优势。各高校不断加大高层次人才尤其是两院院士、长江特聘学者以及在国内有影响力的学科带头人的引进力度。但是我们要看到，全省高水平人才队伍建设仍然相对滞后，一些对经济社会发展有重大带动作用的学科带头人、著名学者以及两院院士等高水平师资严重缺乏，仍然不能满足江西省经济社会发展和研究生教育发展的需要。

五是课程教学改革成绩明显，但特色不鲜明。根据国家研究生教学改革的有关要求，江西省教育主管部门加大了课程教学改革的力度，下发了《关于开展江西省研究生精品建设课程申报工作的通知》，提出建设一批与培养创新精神和实践能力相适应、富有创新特色的研究生课程。通过一系列措施的制定和实施，进一步促进了研究生教育教学观念的转变与更新，进一步深化了研究生教学内容、方法和课程体系的改革，推进教学模式和教学手段的改革与创新，进一步改革了教学制度，推进优质教学资源共享，构建了江西省研究生教育教学的交流与合作平台，全省研究生课程教学的质量与水平得到显著提升。如江西师大在科学论证的基础上进行了公共政治理论课教学改革，通过对硕士研究生班级和任课教师的整合、对课程内容和讲授方式的改革，将按单一教材讲授变为按专题讲授。每学期开设 14—16 讲，本校教师开设 12 讲，由政法学院教学经验丰富、教学水平高的教师主讲；外请教师开设2—4讲，聘请国内名师名家到学校讲课。课程考核方式也进行了改革，由原来的笔试改为以课堂考勤、平时作业、课程论文、课程论文答辩的组合形式进行考核。这一改革措施在培养人才、塑造人格、提高修养、历练品质等方面发挥了更大的作用。但是与此同时，我们还必须承认，由于受到种种因素限制和影响，江西省研究生教育课程教学改革存在多校一面的问题，还缺乏特色鲜明的改革举措。其主要表现为：第一，课程设置内容陈旧，不能够有效地追踪学科发展的前沿；第二，课程讲授缺乏让学生参与的机会，教学目标、教学要求和教学方法与现代社会的需求和创新人才的培养不一致；第三，对学生研究能力的培养不够，缺乏必要的措施。

六是研究生创新能力增强，但实践能力不足。研究生是未来国家和江西创新的中坚力量。近年来，全省研究生培养过程中，更加注重创新意识和创新能力的培养，扎实开展了创新计划和创业教育等，广大研究生的创新能力得到明显增强，高质量、高层次学术成果逐年增多，对地方经济社会发展支撑力也在不断增强。但是与此同时，由于创新教育仍处于探索发展的关键时期，一些好的做法、经验尚未成熟，制度性建设和机制性建设相对滞后，特别是为研究生提供的科研机会、实践机会、学术交流机会等相对不足，加之教学和管理环节存在着一定程度上轻视实践教学的现象，从而导致研究生实践能力仍在一定程度上欠缺，制约了研究生创新能力的提高。

二、江西省研究生质量保障体系与机制的探索与实践的主要做法

近年来，江西省高校在研究生教育质量建设方面，从多渠道吸纳生源、培育并稳定优秀导师团队、加强研究生课程建设和管理、开拓研究生教育经费、加强论文质量的全过程管理等方面着手，初步实现了江西研究生教育从外延发展向内涵建设、从规模扩张向质量提升的转移，在加强研究生教育质量保障体系和机制的探索与实践方面积累了诸多宝贵经验和重要做法。

（一）以课程教学改革为重点，大力提升研究生教学质量

课程教学是决定研究生质量高下的关键性环节。江西省教育主管部门和各高校研究生教育培养单位不断研究新情况，根据新形势，准确判断，科学规划，扎实推进符合研究生特点和社会需求的课程教学改革：一是紧密联系学科前沿，

改革研究生课程体系。如制定科学合理、符合学科专业发展特点和规律的课程体系，增强知识结构的合理性、知识体系的完整性，加大精品课程和双语课程建设力度，形成有利于学科交叉融合的课程体系，充分利用江西红色文化资源，深入推进研究生文化素质教育工作。二是更新教学方法，提升教学的探究性、科学性。教师对课程内容进行深入系统的研究，及时把学科前沿和最新技术、最先进的实验方法补充进去，把新技术、新工艺、新知识等重大科技成果引入教学。三是建立健全考核机制。初步形成了基础课、专业课考核方式既相联系又有区别的格局：1. 对于基础课的考查注重知识的系统性和广度，侧重笔试的考核方式，注重对学生基础知识的系统性、知识的广度的考查。2. 对于专业课的考查注重综合性。对于文科类的学生而言，把课堂讨论、学生的专题演讲纳入考核体系；对于理工科类的学生而言，不仅要把上课时的表现，做专题的情况，还要把他们的实验设计、做实验的情况等也纳入考查体系，这样有利于创新型人才的培养。3. 对于课程论文的考查注重学术规范性和学术严谨性。

（二）以人才培养和引进为载体，努力提高导师队伍水平

导师队伍水平的高低直接决定着研究生教育质量的优劣。以人才培养和人才引进为载体提高导师队伍水平，是提高研究生教育质量的有效举措。如大力实施人才强省战略，扎实开展“赣鄱英才 555 工程”等一系列重大人才引进和培养措施，极大地提高了研究生导师队伍水平。这方面的做法主要有：一是引进高水平导师。由于学科水平、资源、待遇等原因，江西省高校在引进人才方面相对来说处于劣势。为此，江西省委、省政府制定了一系列政策，为引进人才提供政策支撑；省教育厅和各高校也主动搭建优秀人才发展平台，为“筑巢引凤”提供载体。二是培育优秀的学术团队。通过加强高校重点科研创新基地和科技创新平台建设，扶持优秀创新人才和学术创新团队，增强了高等学校承担重大科研任务的能力，提升了研究生导师的科研能力和综合水平。三是不断加强对优秀高层次人才的选拔培养。围绕江西省实施科技创新“六个一”工程和十大战略性新兴产业发展的需要，加快江西省优秀中青年学术和技术带头人的培养，大力培养科研创新领军人才，积极培育院士后备人选，建设若干个引领作用显著、团队效应突出的优质科技创新团队。

（三）以制度建设为基础，着力构建研究生教育质量保障机制

制度建设是一个制定制度、执行制度并在实践中检验和完善制度的理论上

没有终点的动态过程，是抓好研究生质量保障的根本。制度问题带有根本性、全局性、稳定性和长期性，全省高校紧紧围绕提高研究生教育质量这一中心任务，从招生、培养、管理等环节完善质量保障体系，规范质量保障制度，形成了集管理、教育、实践三位一体的制度保障体系：一是实行导师资助制度，普遍建立起以科学研究为主导的导师负责制，实行与科学研究紧密联系的导师资助制；二是进一步完善培养管理制度，注重实践应用能力的培养；三是健全研究生学术实践保障制度，确保研究生培养质量；等等。这些制度建设为资源共享机制、学科建设机制、导师队伍建设机制、个性化培养机制、信息与反馈机制等的构建提供了重要保障，形成了一整套行之有效的研究生教育质量保障机制。

（四）以学术文化活动为载体，极力增强研究生综合素质

浓郁的校园学术氛围，是增强研究生综合素质的重要载体。这方面的主要做法有：各高校树立“文化育人、实践育人”的理念，紧扣“研究生教育创新计划”的主旨要求，结合学科设置特色和学术发展方向，举办了内容丰富、形式多样的研究生科技文化艺术节；扎实开展具有理论内涵的社会实践活动，积极组织“挑战杯”和数学建模等学术文化活动，不断营造浓郁的学术氛围，繁荣校园文化；开展研究生“学术沙龙”、社会调查等；设立省、校两级研究生创新基金，对研究生高水平学术论文或科技著作、发明专利等科研成果进行资助，进一步培养了研究生的创新意识和创新能力。

（五）以学位论文质量为关键，全力提升研究生学术能力

学位论文工作是综合训练研究生独立工作能力，培养理论联系实际和从事科学研究能力的重要手段。江西省研究生教育以学位论文质量为关键，在学位论文管理中逐步形成了一整套科学的管理模式：一是培养研究生的学科前沿意识，做好选题工作的指导。二是注重开题报告及报告程序的规范性，并建立相关制度来保障。三是注重论文撰写过程中的质量管理。内容上，注意论文选题的前沿性、创新性、实践性；写作上，导师加强对学生论文写作的指导，同时加强中期检查；要求上，强化研究生的学术道德意识，不断增强广大研究生的学术自律。四是实行导师组预审和预答辩制度，找出存在的问题和不足，对学位论文作进一步的修改和完善，提高学位论文质量。五是实行论文成绩分等级制度。通过严把学位论文质量关，研究生学术能力得到了显著提升。

三、江西省研究生质量保障体系与机制建设的主要经验

（一）坚持理念创新是研究生培养质量提升的不竭动力

坚持以理念创新为先导，增强研究生培养质量提升的自觉性主动性。思想是实践的指南，理念是行动的先导，必须用理念创新来保障研究生培养质量，将理念创新贯穿到研究生培养质量的全过程。没有理念创新的先行，就没有体制、机制和培养环节创新的实践。在研究生教育实践中创新理念，以理念创新推动体制、机制和培养环节等方面创新，是江西省提升研究生培养质量的重要经验。在科学发展观的指导下，牢牢树立以生为本、德育为先、开放式教育的培养理念，一切围绕研究生的全面发展，一切为了研究生的全面发展，为研究生全面发展打牢基础，为研究生培养质量的提升提供源源不断的动力。

（二）始终围绕研究生综合素质拓展下功夫是研究生质量保障的有效途径

当今时代，人才竞争是综合实力、综合素质的竞争。素质拓展是研究生培养质量的题中应有之义。研究生教育不单单是教学科研，还是思想道德、学术科研、社会实践、心理素质等多方面素质的提高。重视校园文化建设是提高研究生综合素质的重要载体和有效途径。这就要求必须高度重视具有地方特色、学校特色的校园文化建设。在校园文化建设过程中，学生社团、社会实践（含志愿者服务）以及学术科技竞赛活动等都是有效载体，是拓展研究生素质、提升研究生质量必须加以重视的校园文化活动。

（三）积极开展课程教学改革是研究生质量保障体系建设的强力抓手

课程教学改革是培养具有时代特色和地方特色人才的关键。在研究生教育中积极开展课程教学改革，以教学研究推动教学改革，以教学改革促进教学实践，实现变学科本位为能力本位、变学生被动接受为主动自主学习的教学思路，使课程内容的体系性和开放性、理论性和实践性、知识性和思想性紧密结合起来，促使学生自主学习，激发学生学习兴趣，培养学生思考习惯，养成学生参与意识，启发学生社会责任，全面促进创新人才的培养和教学质量的稳步提高。

（四）大力构建良性互动的长效机制是研究生教育可持续发展的重要保障

研究生质量保障长效机制是研究生培养制度能够正常运行并发挥预期功能的配套制度。大力构建良性互动的长效机制是研究生教育质量保障体系建设的

内在要求，也是研究生教育可持续发展的重要保障。南昌大学、江西师大等高校始终紧跟时代步伐，结合研究生教育不断变化的实际，不断加强和改进研究生培养质量的体制机制，丰富、发展和完善有利于研究生教育可持续发展的长效机制。

四、构建合理的研究生内部培养质量保障体系

通过分析江西省研究生培养质量保障的现状，总结其中的主要做法和经验，可以看到江西省研究生培养质量保障体系与机制建设任重而道远。研究生培养质量的保障，外在支持是必要的，但内部建设才是关键。因此，要建立保障江西省研究生培养质量的长效机制，必须构建合理的研究生内部培养质量保障体系与机制。所谓内部保障体系和机制指的是高校内部建立起的保障研究生培养质量的运行系统，它不仅是保障研究生培养质量的有效系统，也是研究生教育理念的外在表现，更是实现研究生教育目标、培养所需人才的有效保证。

研究生培养质量保障体系和机制的构建，涉及研究生培养过程的方方面面，需要严格按照研究生教育要适应社会、经济、学科和个人发展的规律来制定。因此，有必要把研究生培养质量保障体系和机制分为几个模块来构建，以保证培养过程的完整性和适切性，即指导思想、输入保障、过程保障、输出保障和反馈保障。这些模块的关系表现为：指导思想是整个研究生培养的指导思想，即培养理念和培养目标，它贯穿于整个保障体系之中，其他所有的保障措施都是在指导思想的指导下制定的。输入保障、过程保障和输出保障是整个研究生培养过程的保障环节，它们是保障体系中的实体部分，是最直接的保障措施，也是能够直接对研究生培养体系产生作用的一部分。因此，这三个保障环节是研究生培养质量保障体系的核心部分，所有计划的制定和实施，所有方案的安排和修改都是围绕这三个方面进行的。反馈保障是整个研究生培养质量保障体系的保障环节，它不仅是对培养结果的反馈保障，还渗透在所有的保障环节中，对每一个保障环节都进行及时的反馈，并在指导思想的指导下对保障过程进行调整。整个研究生培养质量保障体系是一个紧密联系的循环系统，各个环节在具体的实施过程中根据反馈信息不断进行调整，以求实现对培养过程的最佳保障。

（一）指导思想

研究生培养质量保障体系和机制的指导思想是指在研究生培养方案的设计、

实施以及检验的过程中，对整个培养方案起方向性指导作用的思路、目标以及理念等指挥棒式的精神思想。因此，一定要本着“突出创新能力、推进素质教育、保证培养质量”的原则，坚持理念创新，着力培育研究生综合素质，大力构建良性互动的长效机制。指导思想可以分为研究生培养定位和培养思路两个方面。

1. 研究生培养定位。这是指确定研究生培养活动所要达到的目标和方向。由于研究生可根据目标、层次和学科等划分为不同培养类型，而不同类型的研究生有其自身的特色和情况，需要进行不同的培养定位。因此，研究生培养定位又可以分别从类型、层次、学科等三个方面来进行进一步的分析定位。

当前人们普遍将研究生培养类型分为学术型和应用型两类，但是在具体的培养过程中却将两类研究生放在一起，用同样的规格来要求和管理，显然有许多不合理的地方，因此可以将学术研究型研究生和专业应用型研究生分规格培养，根据学科性质、学科建设水平、经济社会发展对人才需求状况等因素选择不同的培养模式。将应用型专业从传统学术型培养模式中分离出来，纳入应用型人才培养模式中去。这要求学校要根据分类培养的原则制定不同的培养方案和培养计划，使两种类型的研究生都能得到所需求的培养条件。

根据层次分类，研究生可以分为博士研究生和硕士研究生两类。硕士生刚刚进入研究领域，处于调整适应和学习的阶段，而博士研究生则能独立进行科学研究，无论在知识积累还是学术水平上都比硕士生高一个层次，因此必须对两种类型的研究生分类培养。

学科是研究生培养中分类最明确的标准。不同学科的研究生在培养过程中的培养要求也是不一样的，有的学科注重实践，有的学科注重实验，而有的学科注重思辨，有的则混之。因此各学科要能够就目前的学科建设水平、师资力量、经济发展和就业等情况制定符合自己的培养目标，这样才能在学术和应用两个大的分类下进一步突出自己的特色，制定符合自己的培养方案，不至于将所有学科用统一的标准来衡量。

2. 研究生培养思路。这就是指如何将研究生培养计划付诸实施。培养思路的确立基本保证了研究生培养的方向，因此培养思路一定要结合培养定位来制定，有了合理的定位就能保证思路的方向性，而正确的思路正是实现科学定位的必要条件，两者相辅相成，缺一不可。培养思路也要按照不同的学科、类型和层次进行制定，只有这样才能保证符合各学科特点，保留学科特色，培养符合学科发展、社会需要的人才。因此，学校不仅要制定学术型研究生和应用型研究生两个大方向的培养思路，而且各学科要制定出符合自身实际的更具体的培养思路，充分考虑自身特色和实际情况。这样在“大思路”的带领下，在“小思路”的引导下，培养过程就能清晰明了了。

（二）输入保障

输入保障即研究生培养过程中的投入保障，要保证研究生教育质量，首先必须保证投入所有能够满足研究生教育的必需条件。从研究生投入需求来说，大概可以归纳为以下几种：领导的重视与精力投入、基本硬件设施的投入、师资投入、招生制度建设、学科专业建设、课程设计、教材选择、教学管理制度建设等。从江西省研究生培养现状中可以看到，各高校都非常重视对研究生学科建设等方面的投入，在实际行动中也加大了投入力度。但是，软环境投入和建设亟待加强。在软环境建设中，领导的重视与精力投入、师资投入又是其中的重中之重。

1. 领导的重视与精力投入。学校领导是研究生教育的领导者和规划者。学校领导对研究生培养质量的重视与否直接关系到培养过程中研究生教育工作者对实现教育目标的决心和精力投入，也直接关系到其他方面投入是否能够保质保量地跟进。可以说学校领导的关心既是一种促进研究生培养质量正常完成的正面压力，也是整个研究生教育改革创新的动力，对研究生培养起着不可替代的作用。

因此，学校领导要能够认识到研究生培养质量的重要性，认识到目前本校研究生教育的现状。当前我国高等教育虽然进入了大众化阶段，研究生教育也面临着扩招带来的种种问题，但是在任何时候质量问题都是不能忽视的，决不能因为追求数量而放松对质量的监管。目前各高校研究生数量也在随着研究生的扩招而不断增大，而师资队伍的缺乏，硬件设备的紧缺，以及伴随着研究生教育一直以来都没有得到解决的很多问题都会成为新的问题出现在研究生培养过程中。面对这些问题，学校领导首先一定要能够明确学校研究生教育的目标和使命，在研究生规模扩张的同时高度重视质量保障。其次要明确本校当前所处的地位和面临的问题，制定并能够保证实施真正可以保障研究生培养质量的措施。对于有能力、有条件建设重点学科，申报国家课题的教师、学位点，学校领导要积极主动帮助支持，用学校的支持换取学科的成长。

根据我们的调查，在研究生教育的实际工作中，学校领导的推动和监督是整个研究生培养质量监督体系中最有力的保障之一。在具体的实施过程中，很多问题的解决都需要学校领导的重视和支持，有了这样的重视和支持，教育活动的实施者就能有底气、有动力完成自己的任务并能够进行自我改革和创新，从而有力地保证培养过程的质量。

2. 基本硬件设施的投入。硬件设施的投入是整个研究生培养体系中能直接看得见，直接保障研究生培养质量的一系列物质投入。这些投入与研究生教育教学有着直接的关系，是保障研究生学习环境，教师教学、生活等方面的物质基础。由于高校研究生教育教学经费有限，不可能大量投入培养过程的每个环节中，因此必须对教学经费进行统筹安排，合理使用，以求达到使用效率的最大化。首先要保证全面统筹、重点投入，在考虑到教育过程全面保障的同时，确定保障教育质量的关键环节，有重点地投入，以保证经费的使用效率；以教学为中心，优先安排教学经费。其次要突出特色，发展优势专业。在经费的分配上尽量支持优势学科，发展优势专业，在科研、人才培养等方面打造品牌专业。在设备投入方面，除了日常的教学设备外，网络、图书和学习场所都是保障研究生教育质量的重要因素。在今天这个信息时代，学生需要通过网络与外界进行沟通，了解学界动态、获取所需资料，方便的网络资源不仅包括研究生在寝室、图书馆上网方便，还要求网上图书馆有大量可用的资源供研究生下载学习。其次，研究生教育的特点要求学生查阅大量的图书，充足的图书资源有助于研究生获取资料，开展研究。最后研究生需要有一定的场所进行讨论、学习，还要邀请校内外专家来举办讲座等。因此，加强这些方面的投入也有利于保障研究生培养质量。

3. 师资投入。当前江西省高校面临的一个很大的问题就是高水平师资的严重缺乏。因此，高校一方面需要调动各方面力量，积极聘请在有关学科专业建设上有杰出成就，对经济社会发展有重大带动作用的学科带头人、著名学者以及两院院士等高水平师资；另一方面要培养杰出青年教师和学科带头人，大力培养科研创新领军人才，积极培育院士后备人选；另外还要积极培育优秀的学术团队，为研究生教学、科研提供优秀的师资力量。

从教师与学生的关系来看，师资可以分为任课教师和导师。教师之于学生的作用从来都是巨大的，好的任课老师可以将知识更好地传授给学生，并能激发学生学习探究的兴趣，而教师的授课方式也对学生的专业成长有着非常大的影响。因此，授课教师对研究生培养来说有着极其重要的作用。导师在研究生的培养过程中发挥着无可替代的作用，关系到研究生能否步入研究领域并开展专业研究，关系到研究生今后的发展方向和学术进步，可以说，导师的作用在研究生培养过程中占据了很大的比重。因此，教师队伍的建设是研究生培养质量保障体系中的重中之重。

（1）任课教师。研究生任课教师的资格要求。为了保证任课教师有坚实的理论基础和系统深入的专业知识，一般要求任课老师应具有副教授以上（或相当）职称，任研究生专业课的教师要熟悉本学科前沿动态，具有一定的科研能力和水平。这些是任课教师的准入资格，但是不排除优秀教师的特例，可以通过专家或优秀导师推荐的方式破例准入。除去外在的学历职称资格，对教师的授课内容、方式等方面也要进行系统的考察，由教授专家组成专门的任课教师资格评定小组，组织任课教师进行说课，观察其是否达到了学科发展的时代要求、能否带动学生的科研兴趣，并了解任课教师在传授知识的同时，能否着重培养研究生的自学能力和创新能力，是否能组织专题性的课堂研讨，不断探索适应研究生的教学方法。

研究生任课教师的管理和评价。除了学校规定的对研究生任课教师的一些日常管理细则外，应侧重于评价制度对任课教师授课的监督检查作用。如安排定期的教师教学竞赛，鼓励同专业教师竞争。又如实行每学年一次的评师制度，由学生以无记名方式对任课教师进行点评，点评结果由专门评定小组讨论并保密，根据学生意见对差评的教师进行考察，考察不通过的取消任课资格；另外有四分之三（根据实际情况确定百分比）以上的学生对该教师不满意，则取消该教师任教资格。再如任课教师资格复核工作每两年进行一次，各学院对研究生教学质量欠佳者要及时提出整改意见，对不符合条件的任课教师要取消其教学资格。

（2）导师。导师是研究生学习生活中最关键的要素之一，对导师的要求一定要严格谨慎。保障导师质量在一定程度上就保障了研究生的培养质量，因此，努力提高导师队伍水平是保障研究生培养质量的一大法宝。

导师的遴选。一直以来我国普遍实行的导师任用制度是终身制，虽然这保障了导师的权益，但是也有可能在无形中滋长导师的懈怠心理，甚至会影响到导师的责任感和进取心。因此，有必要打破这种导师终身制，让高层次人才培养更具活力。不但对新的导师要进行遴选，对已经担任过导师的也要定期考核。目前我们常用的遴选办法是审核，即通过对有硬件资格担任研究生导师的教师进行学历、职称、教学和科研能力、人品等方面的审核来确定其是否能最终担任研究生导师。还有一种最近比较流行的遴选办法是课题制。在这种制度下，只要教师申请到课题就可以带研究生，这是目前欧美一些发达国家的主要做法。审核制要求比较严格，侧重于导师的资历和经验；而课题制注重课题对研究生的培养，意在保障研究生科研的权利。因此，将两种方式加以结合，在对导师资格进行审核的同时，要确保导师有课题给学生做，这样就能从两方面保障研究生教育的质量。这样的导师资格审查工作应该每两年进行一次，尤其要从对导师评价和研究生毕业论文质量及导师课题方面来考察，确保每年的导师质量都是合格的。另外还要形成竞争机制，良好的竞争氛围可以促使导师更加重视研究生培养，例如江西师大实行的师生互选制，将竞争引入研究生培养工作，提高了导师培养研究生的效率。

导师的指导能力和沟通能力不是从来就有的，是在大量的实践中总结和锻炼而来的。新任导师往往在这方面非常缺乏，如果直接带研究生，往往不只是导师，很多研究生都会走很多弯路。因此，导师的岗前培训也是必要的。这样的培训主要是让新任导师对指导研究生工作的流程、管理规范，以及导师的职责义务、研究生的义务和权利等有比较全面、明确的认识。在培训的时候可以邀请经验丰富、普遍受学生欢迎的优秀导师来指导，让新导师了解如何与研究生沟通、应抓住哪些重要的环节、如何避免可能出现的问题等。对在任导师也要定期组织导师心得体会交流活动，相互交流经验，讨论研究生学习中出现的问题等。这些都可以提高导师指导的质量，增强导师的责任感。

导师的职责。研究生导师的职责主要表现在指导研究生做人、学习、科研和就业四个方面。首先指导研究生做人是导师的一项重要职责，有助于研究生树立良好的科学观和价值观，能够帮助研究生无论是在做人还是做学问上都树立明确而又正确的奋斗目标。然而正是这项重要的职责往往却是导师最为疏忽的，如果导师只是一门心思地传授知识给研究生而忽视了道德培养，很容易导致研究生在学术方面的抄袭、欺诈，造成学术不端等问题。其次是导师指导研究生学习。导师的工作并不只是教给研究生某一种知识，还是教会他如何学习知识，如何根据自己当前的知识储备、学习兴趣、研究经验等确定适合自己的学习方向，制定学习规划。再次研究生导师还要指导研究生开展科研。培养研究生科研的习惯、能力和职业素养是导师的主要任务，在科研的过程中教会研究生如何选择方法、如何运用，明了科研的意义。负责任的导师能够将自己的有关课题分给研究生一起承担，在这个过程中锻炼他们的思维能力和科学研究能力，并能指导他们如何构思、如何实践。另外，毕业论文的写作也是导师通过指导帮助研究生进行科研训练的一次很好的机会，无论是论文的选题范围、文献综述，还是研究方法、研究视角，以及理论引用、实证调查，都需要导师的指点，而在这一过程中研究生的研究能力和创新能力也在不断提升。最后在这三方面的指导过程中，导师还应对研究生有就业方面的指导。导师从一开始接收研究生的时候就应帮助他们做一次职业生涯规划，确立他们的学习目标和兴趣方向，然后在科研实践中从研究生感兴趣的方面引导他们，培养科学的择业观，为以后找工作做准备。

导师的约束机制。目前高校的导师制普遍存在很多问题，导师资质的问题在遴选的过程中就应该得到解决。而在遴选过程中看不到的问题，如导师的责任心及沟通能力等，则需要在导师指导研究生过程中加以监督考察，帮助导师解决这些方面的难题。针对研究生得不到导师指导，导师没有为研究生提供课题进行科研训练等这样的难题，不一定都是责任心的问题，从责任心方面来要求、批评导师也不一定能得到好的效果，应该明确导师的约束机制，从制度方面来约束导师的行为。有必要建立导师约束机制，要求导师每周或每两周对研究生进行一次指导（不同学科不同专业情况不同），每学年至少有一个课题供研究生进行科研训练；导师每学期末对研究生进行评价和成长总结，并协助研究生制定第二年的成长计划；等等。有了这样的约束机制，就能从一定程度上保障导师对研究生的培养，保障研究生科研能力的锻炼。

导师的评价制度。对导师的评价既可以反映导师的指导能力和自身水平，也可以发现导师的问题和长处。因此，评价制度是对导师队伍进行管理的重要制度。对导师的评价可以从成绩评价和学生评价两个方面进行。成绩方面，从导师在这一周期内发表的论文数量、质量，以及申报的课题数、得到的课题数等方面都可以看出导师在专业领域的水平如何。另外，导师所带研究生毕业论文质量，在这一学年发表论文情况，参与课题情况以及课业表现、考试成绩等都可以作为指标来衡量导师的指导能力。学生评价是导师评价制度的主体，从学生的评价中可以看出学生对导师的满意度如何，进而反映出导师的指导力度和能力。学生评价应该在学校网站上建立评师网，每年举行一次，由全体研究生共同参与评价。内容包括导师的专业水平、沟通能力、对研究生课业的负责程度、课题经费使用情况等等。与此相对应的应该有一个导师所带研究生对导师的评价。这个评价应该更加有针对性，对导师的指导频率，允许研究生参与课题机会，为研究生提供对外交流机会，指导研究生科研能力等多方面进行考察。两个评价项目相互结合对导师作出最终评价。导师所带研究生的评价是最能反映真实情况的考察，应该作为主要指标。对于评价较差的导师应警告或是取消资格，实行导师队伍动态管理。那些没有达到取消底线的导师也应该针对自己的不足做出调整，设计更为适合自己研究生的培养方案。如果第二年考评中导师在某个方面的问题仍没有得到很好的解决，就应该让其参加新任导师培训，锻炼这方面的能力，情节严重的也要取消导师资格。

副导师制与双导师制的试行。设立这两种导师制主要还是为了提高研究生的实践能力，拓宽研究生的研究视野，了解跨学科知识。副导师是相对于导师而言，在研究和工作中协助导师对他人进行帮助和指导的人。从当前社会的发展和知识间的交叉融合趋势来看，副导师的人员配备应该为相近专业的具有相当能力的讲师、副教授、博士生或相当职称的人员，这样便于开阔学生的视野。副导师的职责是在导师没有时间或是课题比较忙时协助导师对研究生进行指导；与研究生开展自己所在领域的课题，帮助研究生增强跨学科解决问题的能力，增加其他领域的知识，开阔视野。相对于副导师，双导师制中的另一位导师则是“实践导师”，是针对那些对实践要求很高的专业的研究生设置的帮助其增强实践能力的导师。这些导师一般从企业或者事业单位聘任，负责帮助研究生解决在实习、理论结合实际、毕业设计等方面的实际问题。“实践导师”可以帮助研究生提前适应工作环境，了解专业当前的走势，为研究生以后找工作、适应工作打好基础。这两种导师制都是对原有的一个导师的补充，因其侧重点不同，副导师制适宜那些理论研究较强的专业，比如高等教育学、马克思政治经济学等专业。而像法学、工科这样未来工作要求实践性较强的专业则适宜双导师制。因此，有效地将副导师制和双导师制纳入研究生培养制度中，有助于拓展研究生能力，提高研究生培养质量。

4. 招生和生源质量。江西省研究生在招生规模和生源质量上与其他省市还有不小的差距。因此，扩大考生规模和提高生源质量，从入口上保障研究生招生质量是提高研究生培养质量的重要环节。但两者的关系一定要弄清，绝不能靠牺牲质量提升规模，规模的扩大必须以质量的保障为基础。

目前研究生入学考试的形式主要有全国统考和推荐免试这两种，而考试试卷形式又可分为国家命题、学校命题和推荐免试三种。对于初试来说，高校进行招生制度改革主要是针对学校命题和推荐免试这两种考试。这两种形式的考试都由学校设计一定的题目考察报考者的知识储备和基本能力，因此首先应该在保证试卷保密性的基础上提高试卷的质量。试卷的出题者基本是所在专业的任课教授或者管理人员，这些出题者往往承担了所有的命题任务，试题的风格和难易程度难免形成一定的规律。另外缺乏相应的检测机构或专业人员对试题的科学性、合理性进行检查，试题往往不一定能考查学生的真实水平，从而达不到对学生进行考查的目的。因此，有必要在每个学院成立试题审查小组，对给出的试题进行二次审查，注重试题的科学性和时代性。为了保证培养质量，跨专业入学和以同等学力入学的硕士研究生需补修与本专业相关的大学本科课程。其次是命题要紧跟时代形势。当前的时代是一个知识经济时代，这个时代的核心特征是创新。因此命题要紧跟时代特征，突出创新性、时代性，努力挖掘考生的个性，不再拘泥于书本上的知识，毕竟书本上的知识多数靠死记硬背就能解决。

要注重复试考核。研究生入学考试的初试主要包括外语、政治和专业知识，测试的重点是基础知识，这种形式过于注重对理论知识的考查，而忽视了对学生综合素质能力的考核，因此一定要重视复试考核，并以测试研究生综合素质能力为主。第一，必须从思想上重视复试考核，避免复试走过场。当前许多高校的复试更注重形式而不注重考核，初试的多客观题形式本身已经凸显出考察不全面的问题，在复试时如果还是以客观题为主的话，不可能挑选出适合本校的学生。一个研究生能否在科研的道路上前进，是否具有创造力和创新性才是最重要的，因此，必须重视复试的作用，坚决淘汰那种学习呆板、缺乏创造力的高分生，着力发掘有潜力的学生。第二，保证考生质量，“宁缺毋滥”。高校的许多专业，在招收研究生的时候为了完成招生计划，根本无暇顾及考生是否具有创新能力，只要达到国家的复试分数线，就抢着录取了。究竟是数量重要还是质量重要？如果确实想提高研究生教育质量，就必须以提高质量为第一要务。第三，完善复试制度，制定合理有效的复试流程。由于复试时间有限，复试的内容和方式过于陈旧、缺乏创新，专业笔试和匆匆的面试无法体现复试的作用，高校和导师为了完成本单位的招生任务，对考生的综合素质和创新能力的考查十分有限。因此，有必要突出复试考查能力的作用，笔试结合当前时事或专业热点问题考查学生的创造性思维，面试侧重对学生表达能力和应对能力的考查。这方面可以借鉴企业面试的有关测试，全面考查学生能力。

5. 课程和教材质量。课程体系是研究生教育质量保障体系的一个重要组成部分。这里的课程可以分为两类，即公共课课程和专业课课程。

首先是公共课课程。公共课课程的开设一定要以培养学生能力为目的。当前高校研究生公共课大致可分为英语、政治和计算机三类，这是提高一个研究生基本素质的三门最重要的课程。课程的建设一定要以学生的需求为初始点，讲授的知识不仅要新，更要有用，贴近生活，贴近现实。公共课的教学可以逐步实行专题制改革，改变过去由一名教师讲完一门课程的做法，而由多名教师分专题讲授，这样不但能提高每个专题的讲授质量，而且也能极大地提高学生的学习兴趣。

其次是专业课课程。课程体系的建设必须从学科专业角度入手，针对不同学科专业的特点分析本校该学科专业建设的基本情况，掌握当前的发展趋势，结合本地区经济社会发展需求，自我定位并确定发展方向，在此基础上制定课程体系。另外，重视研究生综合能力的培养，合理处理一级学科课程和二级学科课程的关系。例如江西师大增加跨专业选修与跨学科选修的要求，以扩大研究生的知识面，形成开放式的培养体系的方式就值得推荐。

在课程结构的设计上要按照研究生专业成长的特点，从入门到专业，从适应到熟练，从被动学习到主动学习，科学合理地安排课程。课程结构设计合理了，还要保障课程的开展，有些重要的课程如果师资力量不够、教学设备不全，可以通过聘请校外专家、与企业合作等形式进行开展，确保学生能在这些重要课程上不落伍。

研究生的学习大多以自学为主，教材的选择就显得非常重要。因此必须按照人才培养目标的要求，根据研究生专业成长特点有针对性地进行选择，而不能盲目模仿外校的教材选择。研究生公共课程的教材一般为指定教材，这些教材在选用的时候一定要考虑到研究生的整体水平，考虑到大多数同学能够接受：过难，会挫败学生学习的积极性；过易，达不到训练的效果。另外教材的质量一定要高，要结合研究生的特点有针对性地训练。研究生专业课很少有指定的教材，但是会有很多的参考书目。参考书目的选择不能单靠学生的自我查找，而要导师给予一定的帮助，有目的、有针对性地指定部分参考书目，而指定的参考书目要符合前沿性、科学性、综合性、全面性的特点。

总之，研究生课程的设计，一定要合情合理：既合乎本校的校情，又合乎本省的省情，还要合乎本学科和研究生自身发展的规律。

（三）过程保障

研究生培养活动本身就是一个过程，前期的一系列投入保障措施都是为这一过程来准备的，只有把培养过程做好，才能保障研究生培养的质量。

1. 教学常规管理工作。

研究生教学常规管理工作应该包括教学计划管理、教学过程管理、教学评价管理。教学管理工作要充分考虑到研究生教育的特点，做到有针对性、有适合性。

首先是教学计划管理。良好的教学一定要有完整的人才培养方案。人才培养方案的制定一定要符合研究生教育教学的基本规律，还要考虑到社会经济文化的发展、本学科的发展方向，以及学校自身的情况。因此，人才培养方案的制定必须经过反复调研、讨论和论证，使其最大限度地适应研究生教育规律和社会经济发展及科技进步对人才培养的要求。学科建设、社会经济等都是在不断发展的，因此人才培养方案应该定期更新，以保证教育教学的与时俱进。

其次是教学过程管理。教学过程管理指的是人才培养方案实施过程中的管理，这是整个教学常规管理活动中最核心的部分。教学过程的管理要求从校到院到班级的统一协调管理。学校要对教学过程提出总的教学要求，提出针对教学过程的一些指导性建议；院系主要针对本学科的情况对课程的组织形式、教师授课方式、课堂管理等提出要求；班级则针对具体的课堂教学、实习教学、毕业论文写作等事项展开详细的要求管理。这里的管理不一定是细则，不一定是文字的规定，而是一种要求，以形成自觉自律的教学过程为目标的要求。

再次是教学评价管理。教学活动的最终结果通过教学质量表现出来，因此教学质量的评价很大程度上反映了教学过程管理的成功与否。教学质量是教学过程中教师和学生共同努力的结果，是通过教师的教和学生的学，最终体现为学生学习的优劣程度。教学质量主要有四方面的因素制约，即学生的自身素质和条件、师资水平、教材质量和实验室条件及教学管理水平，教学质量管理也要从这四方面来实施。教学质量管理既要着眼于教师教的质量与学生学的质量，也要着眼于提高教学过程中各个环节教与学的效率，因此教学质量管理是一种全员参加的全过程全面管理。在这个管理过程中，教师是管理主体，因为教师是人才培养方案、教学大纲的执行者，是教学活动过程的直接指挥者，具有教学管理人员所不能替代的职责。因此必须保障教师在教学活动中的权利，注意创造条件培养教师管理教学的才能。

2. 教师教学过程控制。

相对于本科教育而言，研究生教学更注重培养学生思维的逻辑性、严密性和对科研的兴趣，在给学生传授知识的同时增强学生自我思考和解决问题的能力，帮助学生更好地自学。

对教学计划的控制主要是从教师备课情况、授课质量和考查方式来看的。首先要求研究生教师必须备课。好的教学是有准备的教学，有准备的教学首先应该从备课开始。教师不仅要把下节课内容准备好，还需要充分预想到课堂上会发生的任何情况并能找到应对措施，积极引导学生向自己的思路靠近，做好课堂的指挥官。其次要保障课堂授课质量。一要维护良好的课堂秩序。研究生教育的特点决定了研究生教育教学秩序绝不仅仅是维持课堂公共秩序，还应该包括教师引导学生有方向性地独立思考、组织讨论的思想秩序，而后者才是最主要的。例如在课堂中，教师在讲授某一门知识的时候，有意识地请同学们进行思考，然后让他们发表自己的看法，并能鼓励同学对自己的看法开展可行性说明，以此来使学生深入到教学情境中。当现场出现激烈争辩时，教师要做合理引导，并随时准备补充相关的知识，使教学在探讨中有序进行。二要进行认真点评。教师不宜作出“一刀切”式的论断，而必须针对每一个发言者的特点，有理有据进行点评，既要有批评，还要有表扬，以保护学生的主动性、积极性。认真的点评有利于学生保持自信，加深对所讨论问题的理解与把握，同时也有利于提高学生发现问题、分析问题和解决问题的能力，促进学生更好地把理论和实际结合起来。三要鼓励教学方法创新。目前的研究生教育中有不少还是采用灌输式教学，有的课程虽然采取了课题式教学或讨论式教学，但只是流于形式，避免不了老师讲授、学生做笔记的传统做法。因此，鼓励教师创新教学方法，采用研讨式、参与式教学方式极为必要。在讲授某一门课程的时候，教师可以采取与学生合作的方式，由师生共同参与完成某个章节内容的授课，让学生真正参与到问题的讨论中，启发学生的思考，并及时帮助学生查缺补漏、完善内容，这样会取得更好的效果。最后是对课业的考察。研究生课程的考查方式应该和其授课方式一样，具有多样性。目前很多高校研究生考试要求必须以试卷的形式进行考核，一定程度上不利于教师观察学生对本学科的掌握程度。像教育类、文学类课程，有时写论文、做总结报告等形式反而更能体现学生的能力；而对于工科类、经济类课程，做实验、做调研的方式更为合理。因此，允许教师按照自己的课程特点有目的、有针对性地对学生进行考核，不仅能对学生做出客观公正的评价，也可为今后课程的开展提供参考。

3. 学生发展过程控制。

研究生学习注重思辨、注重实践的特点决定了研究生教育一定不能只是单纯地传授知识，更要锻炼研究生自我学习、科研探索的能力。因此，研究生发展过程的控制就是要在保障研究生得到良好的授课教育的基础上，提供个人发展的空间，提供一系列的培养保障措施。

第一，提供充足的学术交流机会。研究生学习的一大特点就是需要通过交流沟通促进其思想进步、开阔视野、跟上学科发展的趋势等。因此，为研究生提供充足的机会进行学术交流，有助于研究生培养质量的保证。学术交流沟通有很多种形式：其一，本专业学生间的交流沟通。这样的交流最重要，最容易实现，但是往往也是最容易被忽略的。通过开展定期的学术沙龙活动，由研究生自己主持，自己选择题目，自己讨论，可以帮助他们充分发挥自己的才能，开拓思路，认识到差距，激励学习钻研的兴趣；开展新老生交流会，由新生向老生咨询自己心中的疑惑，老生向新生传授自己的经验，可以帮助新生少走弯路，更快更好地适应研究生生活，更快地走上正轨。其二，参加学术会议。带领研究生参加学术会议可以帮助他们了解学科的发展现状和趋势，开阔视野，丰富思路，接触到好的专家和教授，并有机会向他们请教问题、求解疑惑，增强学习的信心。其三，为研究生提供校际交流的机会。通过送研究生到本专业发展前沿的高校去学习参观，感受名校的学习氛围，聆听大师的讲课，与名校的学生进行交流沟通，可以学习到好的学习方法，获得更多的学习资料，并带动本校学生的学习。其四，为研究生提供国际交流的机会。学校通过与国外友好学校的联系，以交换生或游学等形式帮助研究生出国学习，增长见识，学习国外的先进经验，提高研究生的素质。

第二，提供足够的专家讲座。邀请校内外专家教授或企业人员来校对研究生进行讲座教育有助于开阔研究生视野，帮助研究生将所学知识更好地联系实际。各学院可组织定期的学术活动，根据研究生学习状态、学习内容，以及研究生自己的兴趣要求，由学院或学校邀请专家学者来为研究生做讲座。要充分利用本校的专家，不能因为专业的隔阂就放弃了好的学习资源，相近专业间知识的沟通有助于培养学生的发散性思维，增强跨学科能力；要充分并有效地利用研究生培养经费，舍得从校外邀请专家为研究生作报告，这也有助于增强研究生理论联系实际的能力。

第三，为研究生提供合适的实践机会。研究生的学习不仅仅是对书本知识的学习，更多的是在科研实践中的学习，为研究生提供合适的实践机会，让研究生有机会去将自己的理念和想法付诸实践，有助于研究生对自己进行自我检验和自我认识，从而帮助研究生认清自我，不断调整学习方向，对知识的认识更加深化。对于学术型研究生，为其提供帮助导师、学院进行日常管理、科研辅助等的机会，可以帮助其加深对知识的认识，更好地锻炼能力；对于应用型研究生，为其提供实习场所，尽早地将自己的所学与实践相联系，可以使其在做中学，从学中得到更多为实践服务的知识。

（四）输出保障

从输出看投入和过程控制是否合理，可以得到最直接的答案，发现最直观的问题。针对当前江西省高校研究生考试中考核方式、力度等方面的欠缺，改革考核方式、加大考察力度成为必然的趋势。各高校应充分考虑自身特点，制定适合本校研究生的考核方式。例如江西师范大学出台了《江西师范大学研究生中期考核与筛选暂行规定》，在研究生培养期间（一般在第四学期），由各学院对研究生的培养计划执行情况进行检查，对研究生思想品德和业务水平及论文准备情况进行全面审查。研究生培养质量合格与否，是通过研究生教育取得的成绩来反映的。研究生教育取得的成绩主要包括学生成绩、毕业论文、学生就业率、继续深造比率四个方面，通过加强对这几方面的保障，不仅可以直接提高研究生教育质量，还可以将研究生教育中存在的问题及时反馈。

1. 学生成绩。

研究生在学习阶段取得的成绩主要分为课程成绩、发表论文情况两方面。第一要大力加强课程成绩管理。研究生的课程成绩一般分为平时成绩和考试成绩两部分，平时成绩反映的是研究生的平时表现和活跃程度。为了维护良好的学习气氛，使学生能深入课堂，就必须加强平时成绩的监督作用。教师应合理制定分配原则，使平时成绩的设置成为督促学生学习的手段。例如，有的理工科教师将平时成绩分为到课成绩、回答问题成绩、实验成绩、课堂投入等几部分，通过将平时成绩合理分配，要求学生从不同方面约束自己的课堂学习。对于考试成绩，教师应科学设置考试，考试的形式要尽量适合学科的性质和课程的特点，要能最大限度地考查学生的能力，根据本学科的特点和课程的特点灵活设置考察方式，要能够真实反映研究生的学习和科研水平，而不是拘泥于形式，为了考试而考试。考试的内容应贴近现实，突出研究生分析解决现实问题的能力，要求研究生能够做到创新和严谨，这样才能体现研究生的学习水平。第二要鼓励研究生发表论文。应鼓励研究生通过学习、研究完成高水平的学术论文，在条件成熟的情况下予以发表。从某种意义上讲，研究生学习、科研的成果大多是通过论文的形式来实现的。因此，各专业教师、研究生导师都要向研究生传授一定的写作技巧、论文发表原则等等，使研究生能够在写作时严格按照合理的程序进行，尽量减少发表的难度。对于文科类研究生来说，发表论文更为重要，因此有必要开设诸如研究方法、写作方法一类的课程，帮助研究生系统地掌握研究技巧和方法。

从另一方面来说，学生成绩还具有反馈作用，能够帮助教师发现教学中学生的兴趣点、学习状况等，帮助教师进一步改进教学，提高培养质量。例如平时成绩的高低就可以反映一个研究生对待课业的态度，如果从总体来说研究生平时成绩偏低，说明学生普遍对这门课不感兴趣，要从课程设置和教学方法等方面找原因。

2. 毕业论文。

毕业论文是研究生获得毕业资格的凭证，它的质量关乎研究生毕业甚至以后的前途问题，每个研究生都会尽自己最大的努力来完成这一任务，它是研究生创造性成果的具体体现，是衡量研究生质量高低最为重要的依据。

对毕业论文的把关一定要细，要从制度上对毕业论文进行规范。首先是导师指导制度化，将研究生学位论文质量作为评价导师工作的重要指标，通过奖惩措施调动导师的积极性，以此来保障研究生学位论文的质量。其次是论文写作过程制度化。从研究生准备毕业论文开始，研究生导师就要指导研究生选择适合的题目，保证论文的可行性和创造性。要重视开题报告的作用，对创新性不强、应用价值不高、可行性不强的选题，不允许进入论文撰写阶段，由本专业导师组成论文评定委员会单独组织重新开题。加强论文中期考核。研究生在论文写作中的思路和方法都是决定论文质量的重要因素，要求研究生完成中期研究报告，可以帮助研究生少走弯路、避免失误，也可以使导师对论文的完成情况做到心中有数，从而对论文的指导更加有针对性。实行论文预答辩制度。由本专业导师按照正式答辩的形式进行模拟答辩，帮助研究生熟悉答辩流程，并发现论文中存在的问题以便提前解决和进一步完善论文。实行匿名评审制度。对 60% 的硕士学位论文和所有的博士学位论文进行匿名评审，规定中期研究报告考核成绩排名后 10% 的硕士研究生，必须参加学位论文匿名评审。严把答辩关。聘请熟悉本学科专业领域及研究方向的外单位知名专家教授参加答辩小组，同时设立监督小组，力求做到公正公平。另外由学校组织学位评定委员会对通过答辩的论文按一定的比例进行抽查复审，复审答辩不合格的暂缓授予学位。

3. 就业率。

研究生就业率是体现研究生质量的显性指标之一。就业是大多数研究生毕业后的直接选择，小部分会选择继续深造，但是最终的落脚点还是归于就业。在培养过程中，提升研究生核心就业竞争力是关键和核心。这就需要研究生主管部门根据时代条件的变化和劳动力市场的新情况，帮助研究生更新就业观念，树立正确的择业观、就业观；加强研究生职业生涯规划和就业指导工作，帮助研究生提升综合竞争力，提高就业能力；根据市场经济要求，进一步优化课程设置，加强应用型课程设置，积极开拓社会实践和专业实践领域，提升研究生适应劳动力市场的能力。

4. 继续深造的比率。

研究生培养的另一项重要任务即为研究生继续深造提供更多帮助和机会。在培养过程中，要进一步优化基础理论课程，不断更新专业理论教学，强化研究生创新能力培养和综合素养的提升，为研究生继续深造搭建信息交流平台，并提供专业辅导和相关专题培训。针对硕士研究生攻读博士学位搭建信息交流、学术交流等方面的平台，邀请各领域有重大科研贡献的专家学者来校做学术报告，为研究生攻读博士学位提供更多便利。

（五）反馈保障

研究生培养质量保障体系必须具有长效机制，要能够保障研究生培养有条不紊地运行下去并不断提高。因此，反馈保障是关键。反馈保障不仅仅是将问题进行反馈，更是促进研究生培养质量保障体系不断完善的重要推动器。研究生培养质量保障体系是一个系统，每个环节和步骤都是相互制约、紧密联系、环环相扣的，任何一个步骤出了问题都可能导致研究生教育质量的下降。因此，在整个保障体系中，反馈环节应该落实在每一个步骤里。在反馈机制中，指导思想始终是准线，不仅决定了各个环节步骤是否正确、方向是否偏离，也决定了改革的方向和路线。

对于反馈环节的设置，从学校方面来说，学校应该成立专门的研究生教育质量保障小组，专门负责定期对研究生质量保障体系的各个环节进行检查和评审，对出现问题的环节实行即时反馈，保证教学的顺利进行和教育质量。研究生教育质量保障小组还必须定期收取研究生的反馈意见，并积极主动了解研究生学习生活中需要解决的问题，形成可行性方案并加进保障体系中去，通过保障体系的良性循环保障研究生教育质量。从各学院来说，由于学科性质的不同，对研究生教育保障的需求也不同，应根据自身特点做出相应的改进，使自身特点能很好地融入保障体系中，形成符合学科特色的保障体系。从学生方面来说，学生是保障体系的直接受益人，他们的反馈体现了保障体系的质量。因此，学校要为学生提供可以直接反馈教学、学习中存在问题的机构，这一机构或者直接就是研究生教育质量保障小组，或者是能直接反馈到研究生教育质量保障小组的其他机构，能够以最快的速度将学生反映的问题进行处理并改进保障方案。从校外用人单位方面来说，用人单位对学生的要求和评价代表了教育教学过程中需要注意和解决的就业问题，学校一定要给予重视。学校要根据毕业生的就业信息与用人单位建立合作关系，主动向用人单位了解信息，并将用人单位对人才的要求融入教育教学的各个环节中。以上各方面代表了不同群体对保障体系的作用，确立了各方面的作用后，要能够保证信息的收集。信息的收集可以采取学生问卷、学校企业座谈会、学院会议等各种形式进行，在维护研究生教育质量保障体系的过程中一定要保证这些反馈途径的正常开放，这也是良好的保障体系运行的必要条件。

以上是研究生培养内部保障体系的全部过程，这是一个开放循环的过程，必须在实践中不断完善、不断修正，这样才能保障研究生培养的高质量。

五、引入研究生教育质量保障的良性机制

研究生教育质量的提高和保障机制建设不可能一蹴而就，需要持之以恒，作为一项系统工程推进。引入激励竞争机制、淘汰机制、创新机制等作为重要的保障和补充是有着重要意义的。

（一）激励竞争机制

激励是促进竞争的最有效的办法，通过设置各种激励机制可以有效地促进研究生学习和教师教学的积极性，促进培养计划的实现。在这一激励机制中，有必要设置包括奖学金、论文发表奖励、科研成果奖励等一系列奖励制度。这些奖励制度不仅仅是针对研究生的奖励，而且还面向教师，通过研究生的成绩来反映教师的教学，以此来实现对两方面积极性的调动。另外，逐步取消研究生公费制度，建立奖学金制度已经成为一种趋势。巨额的学费也是一把双刃剑，有的学生在获得公费资格后只是为了获取一张毕业文凭，因而不思进取、缺乏动力；而有的研究生为了交齐学费而放弃学习时间去做兼职。这些都是研究生培养中存在的问题，实行优秀学生奖学金制度可以促使学生有更多的动力去学习，有更多的时间去学习，这样的研究生培养就充满了竞争的活力。

（二）淘汰机制

当前我们的研究生培养中一些要求并不是很严格，对于没有完成学业任务的研究生并没有采取严格的惩罚措施，致使许多研究生得以“混”到毕业，这也影响了整个研究生培养的质量。因此，有必要对研究生培养实行淘汰机制，在入学考察、中期测试、论文开题资格考试、论文答辩等一系列学习过程中设置考核，对严重不达标的学生坚决予以淘汰，要求其进行补课学习，直至达到要求为止。紧张的淘汰机制可以带动研究生的学习，有助于研究生培养质量的提高，但是考核方式一定要科学、合理。

（三）创新机制

创新已经成为这个时代的主题，良好的创新机制对于培养创新型人才具有很大的帮助作用。因此，学校应该提供更多的机会帮助研究生创新，例如增加研究生创新课题的申报、鼓励研究生进行科研探索、组织研究生进行创新比赛、鼓励跨学科专业合作开发课题、鼓励副导师制等措施。创新不是一句口号，而是需要给予一定的条件让研究生进行自由的探索。只有有了创新的环境，才能有创新的成果。因此学校的主要目的就是造就这样一种环境，为研究生提供更多展现自我的机会。

（本文系江西省2009年度学位与研究生教育教学改革研究重点项目——《研究生培养质量保障体系与机制的探索与实践》结项报告的一部分，2011年11月。）

使教学更加规范，让质量更有保障

今天，我们在此隆重举行第九届“教学月”活动开幕式暨动员大会，今年的活动主题是“教学更规范，质量更保障”。长期以来，各位老师在教育教学工作一线辛勤耕耘，为我校教育教学改革事业做出了重要贡献。首先，我代表学校党委、行政向奋战在教育教学一线的全体教师致以由衷的谢意和敬意！

开展本次“教学月”活动是我校进一步贯彻落实习近平总书记关于高等教育改革发展的重要论述、全国教育大会等系列会议精神的重要举措，也是在“十四五”开局之年，我校为奋战有特色、高水平的普通本科师范院校目标所做的一次师生总动员，对学校创建规范化、高质量的教学文化有着重要意义。

教学工作是学校的中心工作，是人才培养的基础工程，历来被称作学校工作的生命线。抓好教学工作是高校办学治校的看家本领，是创建高质量教育体系、实现教育强国梦的基础一环。2020 年，习近平总书记在教师节寄语中指出：“希望广大教师不忘立德树人初心，牢记为党育人、为国育才使命，积极探索新时代教育教学方法，不断提升教书育人本领，为培养德智体美劳全面发展的社会主义建设者和接班人作出新的更大贡献。”[①] 习近平总书记的寄语为广大教师聚焦教育教学主业，提高教书育人本领提供了根本遵循。

根据“教学月”活动的总体安排，现在由我作一个动员讲话，我主要讲三点意见。

一、以活动促发展，检阅教学成果

自 2013 年学校改制更名以来，全校师生齐心协力、励精图治、克难奋进，

① 《在教师节到来之际　习近平向全国广大教师和教育工作者致以节日祝贺和诚挚慰问》，《人民日报》2020 年 9 月 10 日。

使我校在办学条件、办学规模、人才培养质量、科学研究水平、服务社会能力等方面不断取得进步，其中教学工作也得到质的提升，为学校 2019 年底顺利通过本科教学工作合格评估奠定了坚实的基础。

“教学月”活动作为学校教育教学质量和办学成果的一次大检阅、大展示，经过 9 年的积淀，我校教学工作的中心地位进一步巩固，人才培养质量进一步提高。“教学月”活动已经成为我校教学工作的一张亮丽名片，成为我校“以赛促学”“以项目促学”“以主题促学”“以活动促学”教育教学理念的生动阐释。

回顾历年“教学月”活动主题关键词，可以看出我校紧跟高等教育时代潮流和学校办学实际，在提高教学质量上做出了不懈努力。第一届“教学月”注重转变观念和规范管理，第二届注重人才培养模式修订，第三届注重创新创业教育，第四届注重质量保障体系，第五届注重实践教学改革，第六届注重课堂教学改革，第七届注重金课建设，第八届注重课程思政建设。今年，第九届注重教学规范与教学质量建设，提出了“教学更规范，质量更保障”的口号。九年来，我校教学工作开展得扎扎实实，一步一个脚印，步子实、步伐稳，落脚点准，扣准了“强化内涵建设，提高人才培养质量”这根主弦。

从第一届“教学月”主题，“转变教育教学观念，规范教学常规管理”，到第九届“教学更规范，质量更保障”，我们回归了教育初心、守住了育人使命，始终坚守教育教学规范，尊重教育教学规律，在规范中强化管理机制，在规范中追求卓越质量。

这几届“教学月”活动中，学校开展了一系列教学活动，如青年教师教学技能竞赛、教学设计大赛、师范生教学技能竞赛、创新创业大赛、校级质量工程项目立项等，有效地开展这些活动成为我校深化教学改革、提高人才培养质量的重要途径。希望各位教师继续以本次“教学月”活动为契机，进一步展示教育教学成果，激发教育教学改革动力，在坚守教学规范上下足功夫，在创新大学文化上做好文章，推动我校教育教学工作再上新台阶。

二、树立教学规范意识，培育教学文化

同志们！我国高等教育已进入普及化阶段，如何提高办学质量和形成办学特色已成为高校发展的时代命题。我想回答好这个时代命题必须回归教育原点，

即在鲜活的教育教学实践中抓好人才培养这个牛鼻子，以规范教育教学各环节为起点，尊重规律，追求卓越质量，积淀优秀教学文化。

教学规范是人才培养的基础。无规矩不成方圆，办学治校抓好教学规范显得尤为重要。教育部高教司原司长张大良曾指出：“要进一步完善教学事故认定及处理办法，对于言行失范者加强教育、限期整改，对于情节严重者调离教学岗位、撤销教师资格。”[①] 作为一名教师，做到言行合乎规范是教师职业道德的基本要求，然而，在教学管理日常检查中，我们发现极个别教师忽视教学行为规范的现象还比较严重，连最起码的教学材料都没有做到规范，“五有”材料（教材、大纲、备课本、教学进度表、学生花名册）缺东少西，我们必须给这种自由散漫之风来个急刹车，否则提高教学质量就成为一句空话，完成人才培养目标任务就无法兑现。

同志们！我们必须明确教学规范对于我们这所通过合格评估不久的新建普通本科院校来说意义重大，也与我校正在推进的师范类专业认证、本科专业评价、硕士学位授予单位立项建设等工作休戚相关。抓好教学规范是遵循教育规律、实事求是的重要体现。没有规范，教学评价就没有标准，办学质量就没有保障。

“规范”是学校教学的基本要求，从管理学的角度来讲，有三种管理层次：最差的管理是“人管人，累死人”，其次是“制度管人，烦死人”，最好的管理是“文化管人，管灵魂”。我们需要从规范教学行为中培育严谨的教风、学风，从而培育我校求真务实的治学之风，打造堪为人师的师范文化。

教学文化是学校发展的重要力量。习近平总书记指出：“文化自信是一个国家、一个民族发展中更基本、更深沉、更持久的力量。”[②] 大学精神也是一所大学最鲜明、最本质的标识，是大学文化最深层的内核。[③] 中国教育学会原会长钟秉林指出：“文化是大学的灵魂，在大学留给后世的财富中，文化无疑流传最为久远，影响最深刻。”[④] 他认为大学文化包括四个方面：一是大学物质文化，二是大学制度文化，三是大学行为文化，四是大学精神文化。教学活动作为学校育人

① 张大良：《严明教学纪律　提高教学质量》，《中国教育报》2016年1月27日。

② 习近平：《决胜全面建成小康社会　夺取新时代中国特色社会主义伟大胜利——在中国共产党第十九次全国代表大会上的报告》，《人民日报》2017年10月28日。

③ 参见严圣禾：《以大学文化建设推进特区高校内涵式发展》，《光明日报》2019年4月8日。

④ 钟秉林：《学术自由是大学文化的精髓》，《人民政协报》2010年5月12日。

的载体，可以说在这四个方面都有可以值得传承的东西，是大学文化集中展示的窗口。

同志们！教学神圣，教师光荣，教育伟大。我们需要在教师职业中坚守师德，在教育事业中传承师道，在教学活动中彰显师能，共同守护南师院人的精神家园，传承“厚德修身、博学育人”校训精神，以扎实、规范的教学打造卓越、一流的教学质量，用深厚、广博的育人情怀滋养精彩、绚丽的教学文化，培养最有家国情怀的师院人，塑造最有师者风范的师院魂。

三、多措并举，强规范，求质量，育文化

下面，我从具体层面谈谈如何抓好规范教学，提高教学质量，打造优秀教学文化。

在抓好规范教学方面，首先，我们要明确教学规范“抓什么”的问题。以教师课堂教学规范为例，浅层的教学规范包括教学材料规范、教学环节规范、教学用语规范、行为规范等，深层的规范指的是教学目标符合大纲要求、教学内容正确、教学方法科学等。由此可见，教学活动处处有规范、时时须规范，教师教学不能脚踩西瓜皮，滑到哪里算哪里；不能毫不讲规矩，说到哪里算哪里。广大教师要把规范意识牢记心中，在遵守规范中砥砺严谨治学精神，在敬畏规范中彰显师道尊严，把规范当作教学的基本规约，当作不容逾越的底线、不可践踏的红线。

其次，我们要明确“靠什么抓”的问题。规范从本质上来说是规则，要靠建章立制赋予“规范”效力，靠日常管理检阅“规范”的执行力，靠教师认同激发“规范”的生命力。相关部门要根据国家相关政策文件精神，结合学校实际，进一步修订我校教师教学行为规范，把规矩讲明，理由讲透，经过几代师生的努力，逐步积淀我校厚重的教学文化。

最后，我们要明确“怎么抓”的问题。教学团队及专业负责人（专业人做专业事）、教学督导（第三方）、各学院和教务处要形成教学规范检查的三级管理机制，注重对教师五有材料规范性的检查，强调开学、期中、期末三个关键节点的教学检查，要形成检查、反馈及整改的闭环系统，形成教学规范检查的常态化、制度化机制。

在追求卓越教学质量方面，一要打造高水平师资队伍。习近平总书记指

出："百年大计，教育为本。教育大计，教师为本"[①]，"教师是兴教之本，立教之源"[②]。优秀的师资队伍是提高教学质量的关键。然而，从我校师资队伍总体情况来看，学校存在师资队伍结构不够优化、正高职称比例偏低、具有博士学位的教师的比例偏低，教师实践教学能力不强，高层次领军人才和团队缺乏等问题。相关职能部门和学院要严格按照"十四五"师资队伍建设专项规划要求，进一步强化师资队伍建设，打造一支师德高尚、业务精湛、结构合理、充满活力的师资队伍，造就一批有理想信念、有道德情操、有扎实学识、有仁爱之心的"四有"好老师。同时，各位老师要进一步锤炼师德师风，提升专业素质，强化教学本领，以更高的职业要求培养未来的教师。

二要抓好课堂教学改革。教育部原部长陈宝生强调，课堂是教育的主战场，课堂一端连接学生，一端连接着民族的未来，教育改革只有进入到课堂的层面，才真正进入了深水区，课堂不变，教育就不变，教育不变，学生就不变，课堂是教育发展的核心地带。[③]培养拔尖创新人才离不开教学方法的改革与创新。广大教师要改变传统的以讲授式为主的教学方法，探索适合学科规律和学生身心成长规律的教学方法，开展研究性教学、互动式教学、实践性教学，在研究中启迪智慧，在思辨中碰撞火花，不断提升学业挑战度、增加课程难度、拓展课程深度，切实提高课程教学质量。

三要打造金课，淘汰水课。教育部高教司司长吴岩表示，课程是人才培养的核心要素，是教育的微观问题，解决的却是战略大问题。他指出金课标准是"两性一度"，即高阶性、创新性、挑战度，并结合高校课程设置，提出了"五大金课"种类，具体包括线下"金课"、线上"金课"、线上线下混合式"金课"、虚拟仿真"金课"和社会实践"金课"。[④]"十四五"时期，我校在课程建设上树立了争取建成60门省级一流课程、力争在国家级一流课程上有所突破的目标。广大教师要以推进师范类专业认证和本科专业综合评价工作为契机，树

① 习近平：《做党和人民满意的好老师——同北京师范大学师生代表座谈时的讲话》，《人民日报》2014年9月10日。

② 《习近平向全国广大教师致慰问信》，《人民日报》2013年9月10日。

③ 参见陈宝生：《努力办好人民满意的教育》，《人民日报》2017年9月8日。

④ 参见《教育部高等教育司司长吴岩：打造"金专""金课"，锻造中国"金师"》，《中国青年报》2022年8月8日。

立“金课”理念，结合学科专业实际，打造自己的优质课、学校的精品课、省级甚至国家级一流课程。

在培育精彩的教学文化方面，要以教学为中心，以育人为根本，以质量为导向，以改革为动力，加强制度、管理、环境联动，通过狠抓质量文化、制度文化、教师文化、环境文化，构建丰富的教学文化体系，形成学校的办学文化特色。

著名教育学者顾秉林指出：“大学文化不仅是社会文化的晴雨表，也是先进文化的风向标。大学要培养的不仅是善于接受已有知识的人类历史文化成果的继承者，而且是善于发现和运用新规律来改造自然界、社会和人类自身的未来社会的创造者。”① 教学文化是大学文化的重要组成部分，它承载着师生的集体记忆，赓续着大学的精神血脉，集中展示着人们的价值追求。教学文化不仅要注重知识的传承，更要注重价值的创造，为社会培养活泼泼的人才，给社会带来活跃跃的创造。

高校的五大职能之一就是文化的传承与创新，可以说“创新创造”是大学文化鲜明的标识。教学文化也继承了大学文化“价值创造”的基因。教学文化的价值创造属性正是在教学活动中生成的、在育人实践中实现的、在教学质量中体现的、在教学改革中激发的。各教学单位要坚决巩固教学中心地位，落实立德树人根本任务，在教学活动这个主阵地上引导教师热爱教学、投入教学、研究教学、改革教学、提升质量，从而培育厚重的教学文化。各职能部门要充分树牢“处处是育人环境”的理念，把教学文化印刻在学校红砖白墙之上、林湖山石之间、制度管理之中，让整个学校浸润在教学文化的芬芳中，孕育一代又一代南昌师院学子。

同志们，教学规范和教学文化建设是教学中永恒的主题，是一项长期的系统工程。虽然这次“教学月”活动为期只有一个月，但是这项工作不但要“抓一月”，还要“抓全年”“全年抓”“长期抓”，让教学规范和教学文化建设与日常教育教学相伴而行、贯穿始终。希望全校上下以本届“教学月”活动为契机，落实好各项工作任务，努力形成具有我校特色的教学文化，早日把学校建设成为一所特色鲜明的高水平本科师范院校！

（本文系作者于 2021 年 11 月 2 日在南昌师范学院第九届“教学月”活动动员会上的讲话。）

① 顾秉林、曹红涛、徐鹏飞：《大学文化应包容个性》，《人民日报》2007 年 8 月 24 日。

让专业更特色，质量更出彩

在全国上下深入学习宣传贯彻党的二十大精神的热潮中，在全校师生喜庆建校 70 周年的浓厚氛围中，我们迎来了一年一度的“教学月”活动，今年的主题是“让专业更特色，质量更出彩”。今天，我们在此隆重举行第十届“教学月”活动开幕式暨动员大会。长期以来，各位老师辛勤耕耘在教育教学工作一线，用爱心与智慧启智润心、用德行与学识培根铸魂，为学校教育教学工作做出了重要贡献。在此，我代表学校向全体教师致以由衷的谢意和崇高的敬意！

党的二十大报告指出：“高质量发展是全面建设社会主义现代化国家的首要任务。”[①]“教育、科技、人才是全面建设社会主义现代化国家的基础性、战略性支撑。”[②]开展本次“教学月”活动是学校进一步贯彻落实党的二十大精神及习近平总书记关于教育的重要论述的重要举措，也是落实学校“申硕更大”战略部署、为奋战建设一所新型的高质量的有特色的南昌师范大学目标做的一次师生总动员，对学校创建一流的本科专业、打造一流的教育教学质量有着重要意义。

教育教学工作是学校的中心工作，是人才培养的主渠道、主阵地，学校办得好不好，首先看教育水平、看教学质量。自 2013 年学校改制更名以来，全校师生齐心协力，克难奋进，走稳走快走实内涵式高质量发展之路，学校办学条件、办学规模、人才培养质量、科学研究水平、服务社会能力等取得长足进步；学校打响打准打好教育教学质量提质增效的系列组合拳，在课程思政建设、食育课程建设、合格评估、师范类专业认证、国家一流专业建设、硕士点建设等系列工作中打出了特色、打响了品牌，学校教育教学质量更高了、特色更亮了、

① 习近平：《高举中国特色社会主义伟大旗帜　为全面建设社会主义现代化国家而团结奋斗——在中国共产党第二十次全国代表大会上的报告》，《人民日报》2022 年 10 月 26 日。

② 习近平：《高举中国特色社会主义伟大旗帜　为全面建设社会主义现代化国家而团结奋斗——在中国共产党第二十次全国代表大会上的报告》，《人民日报》2022 年 10 月 26 日。

成果更多了、声誉更美了，教育教学工作实现跨越式发展。学校始终抓牢教学中心这根生命线，十年磨一剑，打造教学月活动品牌。自2013年举办以来，“教学月”活动始终与学校发展相伴而行、与学校改革同频共振，与办学成就交相辉映。“教学月”活动已经成为学校教育教学工作的一张亮丽名片和学校“以活动促工作”的教育教学理念的生动阐释。

根据“教学月”活动的总体安排，现在由我作一个动员讲话，我主要讲以下三个方面的内容。

一、提高认识，夯实人才培养的“四梁八柱”

专业是人才培养的基本单元，是打造高水平本科教育、培养一流人才的“四梁八柱”。专业建设对学校发展至关重要，建设好一流本科专业是落实学校“十四五”事业发展规划、加快学校高水平本科教育建设的基础工程，是推动学校高质量内涵式发展、全面提高人才培养水平的看家本领，其建设水平直接影响到学校整体办学质量。

自学校顺利通过合格评估以来，学校贯彻落实全国教育大会精神和新时代高等学校本科教育工作会议精神，坚持“以本为本”，落实“四个回归”，以建设面向未来、适应需求、引领发展、理念先进、保障有力的一流专业为目标，着力加强人才培养体系和核心课程建设，以“产出导向教育”为核心，推动专业规范建设，有力促进了一流人才培养体系建设，全力书写了新时代人才培养的“奋进之笔”。2021年，学校学前教育等3个专业顺利通过教育部师范类专业认证，今年，学校学前教育专业获批国家一流本科专业建设点，汉语言文学等3个专业获批江西省一流本科专业建设点。学校专业建设取得突破性进展，教育发展的“基础工程”“质量工程”站在了新的起跑线上。

学校把今年教学月主题定为“专业更特色、质量更出彩”，目的就是要围绕打造专业特色，聚焦专业质量，为师范类专业认证、审核评估等工作筑牢坚实基础，为优化专业结构调整、改革人才培养模式、深化创新创业教育做好积极准备。各单位、各部门要统一思想，强化认识，要切实把专业建设工作摆在基础位置，与其他各项工作紧密结合起来，以加强专业建设为引领，以点带面，统筹推进各项工作。

二、聚焦关键，画好专业建设的“点睛之笔”

2018 年 1 月，教育部高教司组织高等学校教学指导委员会制定了《普通高等学校本科专业类教学质量国家标准》(上、下册)，成为设置本科专业、指导专业建设、评价专业教学质量的基本依据。专业建设工作关键就是要科学务实、精益求精地做好顶层设计，学校将在充分调查研究、论证、试点的基础上分步推进，精准施策，强化专业内涵建设，聚焦问题、聚焦质量、聚焦特色，打赢打响专业建设的生存之战、发展之战。各学院要结合学院实际情况，加强调研，积极借鉴外校好经验好做法，制定出本学院的专业建设工作计划，并科学谋划、统筹安排，力求思路清晰、目标明确、有条不紊地开展好各项工作。

一是要坚持问题导向，找准专业短板。经过充分论证，学校确定了学科专业建设的基本思路，重点建设教师教育类学科专业群，积极发展与江西经济社会发展相适应的文旅融合类、信息技术类、生化食育类学科专业群，构建教育、艺术、管理、理、文、工、法等多学科交叉融合、协同发展的学科专业体系。这个学科专业定位是符合我校实际的，是未来学校学科专业建设的关键处、着力点。

对标专业建设标准，学校还存在部分专业“老化”、人才培养与经济社会需求符合度低、专任教师配置不足、高水平师资流失严重、专业交叉融合度低等问题。各部门、学院要高度重视，要客观看待我校专业建设水平，客观分析原因并制定措施，找到我们的短板，进而精准发力、固本培元。

目前最急迫就是各学院要按照师范专业认证和专业综合评价、高校综合考核相关要求，摸清自己的专业家底，在招生、培养目标、培养质量、生师比、就业去向、就业率等方面找出差距、找准定位，布局专业发展、规范专业建设，做到“兜底线、保合格、促引领”，建立自省、自律、自查、自纠的质量意识，并付诸行动，力争尽早摸清底数，确定专业建设方向，为下一步工作打好基础。

二是要顺应时代需要，强化动态管理。实现高等教育内涵式发展是指导高校学科、专业建设的总方针。高校的专业设置与调整要以国家经济社会发展的总体布局和总体要求为出发点，要以培养社会需求的高素质人才为落脚点，专业建设的规模数量、内涵质量、专业规划与发展态势应是一个适应社会发展需要，不断动态调整的过程。

从教育部对高校专业建设规范管理来看，每年公布的普通高等学校新增备案、新增审批、调整和撤销的本科专业，始终处于变化之中。江西省今年出台了《普通高等学校本科专业结构优化调整指导办法（试行）》（赣教高字〔2022〕15号），开展了普通高校本科专业结构优化调整专项行动。相关部门、各学院既要接好天线，对接专业建设发展的形势政策、目标要求，视野开阔起来、信息灵通起来、定位精准起来，也要接牢地线，立足实际条件和自身优势，思想紧张起来、工作忙起来、脑筋开动起来。

学校会进一步加强顶层设计，紧跟高等教育发展形势，紧跟时代步伐，以需求为导向，对专业进行科学动态调整。学校将启动专业设置调整工作，打破因人设课、因人或因课程设专业的情况，为培养更多更好的人才，整合学校本科专业资源，优化本科专业结构与布局，使专业设置和人才培养更加符合国家及地方经济社会发展需要和学校办学实际，使专业动态调整成为常态。

各部门、各学院不能目光短浅，也不能故步自封、因循守旧，要利用此次本科专业结构优化调整专项行动的契机，实施本科专业准入、预警与退出机制；同时要充分酝酿新上专业的论证和准备工作，在顺应时代需要、专业的淘汰与更新中，实现专业建设水平的整体提升。要强化学院办专业，全校资源应共享，不重复设置课程和教研室，打通同一门课程公共课与专业课的壁垒；同时，各学院专业规模要适当，也要注重办学效益。

三是要聚焦优势专业，大力打造特色品牌专业。根据教育部“六卓越一拔尖”计划2.0版要求，各高校要围绕“扩围、拓新、提质”，大力建设一批“一流本科、一流专业、一流人才”示范引领基地，努力培养一大批具有引领未来发展能力的各类卓越人才；要深入实施“双万计划”和服务“六个江西”战略，向高等教育发展要求对标看齐。今后的专业建设，我们要打破平均主义思想，要聚焦优势专业，集中资源进行重点投入、重点扶持和重点建设，握紧拳头形成合力，力争早日形成“品牌效应”，并带动相关专业共同提高。希望各学院积极培育本单位品牌专业，积极争创学校品牌特色专业。综合现有国家级、省级、校级重点专业，学校应遴选校级重点建设专业，大力打造特色品牌专业。

三、协同发力，放眼专业发展的“未来之路”

专业建设是一项长期工程、系统工程，我们要摒弃单打独斗局面，克服目光短浅毛病，高瞻远瞩，协同发力，共同推进专业建设取得新成果。

一是要坚决避免各自为政，弘扬团队精神。专业建设不是一个学院、一个系、一个教研室、一个部门就能完成的工作，更不是一个专业负责人就能做好的工作，专业建设工作需要全校多部门、各学院互相配合、相互支持、团结协作。专业建设主体在学院，各学院要把专业建设作为一把手工程来抓，绝不能层层转传文件，最后到教研室或专业负责人手中成了几个人的工作。要树立主人翁意识和危机意识，加强团队合作，加强合力攻坚，同心同德，同向同行，共同推进专业建设取得新进展。

二是要坚决避免急功近利，谋求长远发展。专业建设不能一蹴而就，一劳永逸。虽然这次“教学月”活动为期一个月，“教学月”强调的是集中时间、集中精力启动部署我校专业建设工作，绝不是只用一个月时间就把我们所有专业建设方面的问题都解决，而是在立足现实情况的基础上，真正把专业建设水平提升到一个新高度，为以后的专业发展建设奠定良好的基础，促进学校整体办学水平的提升。“教学月”更不是搞什么“一阵风”运动式的活动，而是要以专业认证为契机，全面开启我校专业建设改革工作，为落实“十四五”发展规划，按照“一年有起色，两年见成效，三年有突破”的“三年行动计划”目标进行谋划部署，持续推进我校专业建设及其相关工作取得更加丰硕的成果。各级领导，要认真肩负起责任，按照要求，要长期坚持、一以贯之，切实把各项工作层层压实、逐级传导，抓实抓细，确保取得实效。各学院、各部门要统一思想，认识到专业建设工作的长期性和艰巨性，要有长远考虑，把专业建设作为常态化、规范化工作，避免短期效应、急功近利、好大喜功，要脚踏实地、精益求精，稳步推进、逐步提升。

“合抱之木，生于毫末；九层之台，起于累土。”[①] 全校上下要以习近平新时代中国特色社会主义思想为引领，落实立德树人根本任务，以本届“教学月”活动为契机，力争学校教育教学工作再上台阶、再上水平，为把我校建设成为有特色、高水平的普通本科师范院校作出新的更大贡献！

最后，预祝本次“教学月”活动取得圆满成功。

（本文系作者于2022年11月11日在南昌师范学院第十届“教学月”活动动员会上的讲话。）

① 饶尚宽译注：《老子》，中华书局2007年版，第155页。

让人才培养目标更聚焦，人才培养内涵更厚实

在全国上下深入开展学习贯彻习近平新时代中国特色社会主义思想主题教育的热潮中，在全校师生学习贯彻习近平总书记考察江西重要讲话精神之际和推进审核评估工作的浓厚氛围中，我们迎来了一年一度的“教学月”活动。今天，我们在此隆重举行第十一届“教学月”活动开幕式暨动员大会。首先，我代表学校向奋战在教育教学一线的各位教师致以诚挚的谢意和由衷的敬意！

今年秋季开学的时候，学校校领导深入学院调研指导审核评估准备工作。我重点检查并点评十二个学院“两史一训”文化建设情况，并抽查部分学院试卷和论文整改情况。“两史一训”梳理工作是学校积累校园文化、传承学术文化、创新大学文化、彰显办学历史厚重感的重要体现，是学校对接审核评估要求，落实人才培养规格的具体体现，也是建设一所有思想高度、文化厚度、服务准度的新型高水平师范大学的文化载点。从调研情况来看，各学院能够按照学校部署，组织人员，系统梳理各自的“两训一史”，强化大学文化建设。例如，文学院院训“乾乾进德　孜孜求知”、生命科学学院院训“探索生命奥秘　铸就科学精神”、美术学院院训“崇德尚艺　成人之美”都很好地贴合了学校人才培养方案，彰显了各自学院的办学特色。但是，我也看到大家在迎评工作中存在的不足，比如，有的学院在试卷和论文整改方面还存在不少问题，工作做得还不够细致，试卷的命题、阅卷、分析等还经不起推敲，毕业论文质量对专业人才培养的支撑还不够有力。试卷和论文完成情况是各学院落实专业人才培养方案的最显性的两个观测点，也是审核评估专家必考查的两个观测点，希望各教学单位引起高度重视。

本次教学月活动的主题是“让人才培养目标更聚焦，人才培养内涵更厚实”。我认为这个主题选得非常好，非常贴合当今高等教育分型分类发展的热点问题。今年，教育部等5部门印发的《普通高等教育学科专业设置调整优化

改革方案》中指出："以新工科、新医科、新农科、新文科建设为引领，做强优势学科专业，形成人才培养高地；做优特色学科专业，实现分类发展、特色发展。"[①] 本次教学月活动选择这个主题既是对国家高等教育改革新要求的一个呼应，也是为了促使大家把目光聚焦到学校人才培养目标上来，以人才培养目标为总纲开展教育教学工作。习近平总书记在全国教育大会上指出，"培养什么人，是教育的首要问题"，要"培养一代又一代拥护中国共产党领导和我国社会主义制度、立志为中国特色社会主义奋斗终身的有用人才"[②]。这为我们培养人才提供了基本遵循，为学校精细人才培养目标指明了方向。根据办学传承、办学规模、办学层次、办学内涵和社会影响力，经过充分研讨，学校将人才培养目标定位为培养有科学精神、有人文情怀、有艺术品质、有过硬本领、能够满足地方需求的本科有用人才（简称"四有一满足"）。这一人才培养目标定位突出时代对科学精神与人文情怀的需求；彰显师范院校学生艺术气质独特魅力；强调学生能力培养；体现地方师范院校服务基层办学特色；要求师范生既具备职业操守和育人能力，又能满足基层社会用人需求，非师范生既具备科学精神、人文情怀共性素养，又兼有师范生艺术气质和基本教学技能；凸显人才培养的时代性、地方性、师范性；实现"有用人才"培养与办学层次、办学质量等条件相匹配；与"杰出人才""精英人才""骨干人才""实用人才"培养相比，既具有鲜明的区隔，又具有自己鲜明的个性内涵；符合教育分类、分型、分层的规律性要求，也顺应了教育教学审核评估关于培养目标要符合学校定位、适应社会经济发展需要等相关要求。[③] 希望各部门会后围绕学校人才培养目标进一步开展思想大讨论，凝聚思想，达成共识，深化教育教学改革，培养具有南昌师范学院鲜明标识的有用人才。

回顾我到南昌师范学院工作以来主持的三次教学月活动开幕式，2021 年的活动主题是"使教学更加规范，让质量更有保障"，2022 年的活动主题是"让

---

① 《教育部等五部门关于印发〈普通高等教育学科专业设置调整优化改革方案〉的通知》，http://www.moe.gov.cn/srcsite/A08/s7056/202304/t20230404_1054230.html，2023 年 3 月 29 日。

② 《习近平在全国教育大会上强调　坚持中国特色社会主义教育发展道路　培养德智体美劳全面发展的社会主义建设者和接班人》，《人民日报》2018 年 9 月 11 日。

③ 参见张艳国等：《打造新时代金色教师教育的江西样本——南昌师范学院金色教师教育探索与实践》，《中国社会科学报》2023 年 10 月 27 日。

专业更特色，质量更出彩”，今年的活动主题是“让人才培养目标更聚焦，人才培养内涵更厚实”。可以说，这三次主题是一个系列，层层深化。对比三次教学月活动主题，我们可以看出，学校从注重抓教学规范到抓专业特色，再到抓人才培养目标和内涵，变化的是学校“对症开方”的侧重点，不变的是学校对人才培养质量的卓越追求和对教育教学工作规律的准确把握。近几年，学校在教育教学改革方面硕果累累，振奋人心。学前教育专业获批国家一流专业建设点，国家一流专业取得突破性进展；九个师范类专业通过教育部师范类专业二级认证，师范类专业认证通过率100%；“‘四有’亮‘四色’‘五师’融‘五范’”教师教育范式打造新时代金色教师教育的江西样本[①]；学校教改经验获得中央教育工作领导小组、教育部师范类专业认证专家、省委教育工作领导小组的肯定；省级教学成果奖获得历史最好成绩，实现省级教学成果奖特等奖零突破。对照三次教学月活动主题和学校教育教学改革取得的成绩，我们明显感受到学校教育教学工作越抓越实、内涵越抓越深、质量越抓越高，这些成绩的取得为即将迎来的审核评估工作奠定了坚实基础。

现在，我围绕本次教学月活动主题，就抓好教育教学与审核评估工作，谈四点建议。

一、以立德树人为统领，全力构建“五育并举”育人体系

审核评估指标体系指出，要坚持社会主义办学方向，贯彻落实立德树人根本任务。大家要紧紧围绕“培养什么人、怎样培养人、为谁培养人”这一根本问题抓住关键事项和环节，构建“德育铸魂、智育提质、体教融合、美育熏陶、劳动促进”的“五育并举”育人体系，着力培育德智体美劳全面发展的社会主义建设者和接班人。

一是落实立德树人根本任务。“德者本也。”[②]党的十八大以来，习近平总书记高度重视立德树人在教育中的地位和作用，强调在立德树人的根本问题上，必须旗帜鲜明、毫不含糊。立德树人既是高校的立身之本，也是教育的根本任务，更是师范人才培养的首要职责。高等师范院校要从全面贯彻党和国家教育

① 参见张艳国等：《“四有”亮“四色”“五师”融“五范”——南昌师范学院彰显新时代“金色”教师教育本质特征和精神品格》，《中国社会科学报》2023年3月17日。

② 胡平生、张萌译注：《礼记·大学》，中华书局2017年版，第1172页。

战略方针的高度，牢牢把握为党育人、为国育才的社会主义办学方向，深刻回答培养什么样的教师、怎样培养教师、为谁培养教师这一根本性问题。坚持德育为先，通过正确教育引导人、感化人、激励人；坚持以人为本，通过科学教育塑造人、改变人、发展人。特别是要切实加强和改进大学生思想政治教育，明确目标，优化资源，遵循规律，完善机制，因事而化，因时而进，因势而新，形成全员、全过程、全方位“三全育人”格局，着力培养德智体美劳全面发展的未来人民教师。

二是构建“五育并举”育人体系。贯彻落实培养德智体美劳全面发展的社会主义建设者和接班人的教育方针，完善服务“五育”并举和融合的师范教育体系，加大师资培养力度，提高育人质量。要将课程思政建设示范中心、省校级课程思政示范课程等项目建设成为德育教育示范项目，逐步形成“课程门门有德育，教师人人讲育人”的生动德育画面。聚焦人才培养各环节，强化教学管理制度和质量标准建设，加强一流课程建设，强化过程性考核，实行课堂教学督导巡视、网络实时监控与教学状态周报制度，有效组织教学检查，让教学质量得到有效提升。树立“健康第一”的理念，开足开齐公体课，逐步实行“俱乐部制”体育教学改革，逐渐形成以竞赛活动为载体，以运动会为高潮的校园体育文化品牌。围绕普及艺术教育、专业艺术教育和艺术师范教育三个重点领域，构建课程教学、艺术实践、校园文化活动、艺术展演等分层次、多角度的美育育人体系。将劳动教育纳入人才培养全过程，在通识教育选修和必修课中开设劳动教育课，依托校内实验室、大学生活动中心等校内劳动教育实践场所，开展形式多样的劳动教育实践活动。

二、以经济社会需求为导向，贯彻落实人才培养目标和毕业要求

当今世界，随着科技革命、产业变革和社会数字化进程加快，经济发展的主导要素加快从土地、劳动和资本向知识、数据和人才转变。高质量发展对人才质量、结构与竞争力提出了更高要求。围绕未来人才培养需求，高等教育的育人方式不断进行着课程体系、教学模式、活动体系等多方面的协同创新。面向未来，广大教师要进一步转变育人理念，以经济社会需求为导向，关注社会变化趋势，回应时代要求，聚焦人才培养目标，注重学生必备品格和关键能力的培养。

为实现我们既定的“四有一满足”人才培养目标，希望大家从以下三个方面聚焦人才培养。

一是知识结构更全面。在知识爆炸的年代，面对信息技术的突飞猛进，社会对大学生知识结构要求越来越高，大学生需要掌握的知识越来越多，因此，人才培养必须适应社会需求，大学生必须要构建更全面的知识结构。夯实学识根基应该是摆在人才培养首位的，必须塑造学生面向未来的知识和能力结构。这种知识结构包括科学精神、人文情怀、艺术品质，培养的学生既夯实科学基础、涵养人文情怀，又兼具艺术品质。

二是职业能力更突出。在高等教育普及化时代，为提高人才培养的社会契合度，地方普通本科高校要更加突出职业能力训练，培养熟悉现代科学技术和专业知识，掌握工作岗位所需应用能力的高级专业人员。因此，各位教师必须突出实践导向，培养职业能力更突出的学生。突出的工作能力首先表现在“有用”，即能快速在行业中成长为独当一面的专业能手。“有用人才”是人才层次规格中的一种，有别于杰出人才、精英人才、骨干人才和适用人才，它表现为基础扎实、学识深厚、能力突出，在工作岗位上有知识、有技能，能够全面胜任，做到建功立业。

三是综合素质更过硬。在高等教育竞争激烈的时代，综合素质是检验人才培养质量的核心指标。综合素质是一个非常宽泛的概念，既包括知识水平、思维能力、情感态度等，也包括行为习惯、交往能力、创新能力等多方面的素质和能力。高校的根本目标就是培养综合素质高的人才。而人才培养更厚实的体现之一就是综合素质更过硬。作为师范院校，要坚守教师教育主责，培养师范生“腿上有泥、身上有汗、心中有爱、师能有长”的品质气质，传承学校独具魅力的师范红、师范味、师范情、师范力、师范美，努力展示教师教育时代品格和时代精神。

三、以行业企业需求为导向，重构课程体系，强化产教融合

学校要主动应对新一轮科技革命、“一带一路”建设、新旧动能转换等国家和地区战略，以行业企业需求为导向，尤其是基础教育改革需要，重构课程体系，强化产教融合，促进教育链、人才链、产业链、创新链有机衔接，全面提高学校人才培养质量和服务江西经济社会发展能力。

一是构建基于核心素养的课程体系。一要创新课程设置目标理念，坚持“学生中心、产出导向、持续改进”，聚焦社会需求，以能力养成为核心目标，一体推进、引领打造通识教育课程、学科专业课程、教师教育课程、实习实践课程四大课程体系。二要强化课程设置内涵质量，遵循学生身心发展规律和认知特点，坚持“三学”（学术品质、学科水平、学业成就）导向，以学术品质彰显课程底蕴，以学科水平彰显课程开发能力、学业成就检验课程质量，理顺专业课程的外在逻辑、内在结构和本质追求，整体打造高水平、高质量课程体系。三要优化课程设置评价方法，聚焦核心能力养成，关注学生学习成长，建立基于产出的课程目标达成评价机制，关注学生过程发展，即时、短时、长时评价学生课程学习效果，全方位保障人才培养目标的高度达成。

二是搭建基于能力培养的课程结构。以“五爱”（爱党、爱国、爱岗、爱教、爱生）为价值引领，以“四有”（有科学精神、有人文情怀、有艺术品质、有过硬本领）为能力导向，以“三融通”（融通课内课外、融通线上线下、融通职前职后）为主要手段，构建“五爱四有三融通”教师教育课程体系，为学生搭建通识教育、专业学习、个性发展“三位一体”同向发展的知识体系。

三是强化产教融合协同育人机制。学校一直以来紧密结合学校应用型办学定位和转型发展战略，持续深化产教融合，努力构建人才培养共同体。下一步，学校要积极探索与地方政府和企业资源共享、优势互补、协同创新、发展共赢的合作模式，充分释放学校的人才、科研、智力等创新资源优势，促进科技成果转化和服务地方经济社会发展，推动地方教育发展和增强自主创新能力，促进与地方政府和企业的友好合作、共同发展，实现共赢；积极与地方政府和企业探讨具体合作内容，通过项目申报、项目合作的方式进行合作，将校地、校企合作做得更深、更实；下大力气建设好数字影像产业学院、文化旅游产业学院，为江西数字影像产业、文化旅游产业提供强有力的人才支撑。

四、以学生发展需求为导向，创新培养模式，推进教育教学改革

建校 71 年来，我们牢牢守住人才培养质量的生命线，为社会输送了一批又一批优秀人才。近几年，学校生源质量持续提升，吸纳了相当一部分优质生源，我们的录取分数线仍在逐年提高。这既是学校办学实力、办学声誉不断提升的体现，也充分表明了社会各界特别是广大学生和家长对学校的认可。一份信任

意味着一份责任。这样一批优秀的学生进入南昌师范学院，我们能够给予他们什么？我们的责任在哪里？这些问题需要我们好好思考，时刻以学生发展需求为导向，不断创新人才培养模式，推进教育教学向深处改革。

一是创新本科人才培养模式。学校高举师范大旗，聚焦“四有一满足”的人才培养目标，不断推进人才培养模式改革创新。积极构建全员育人、全过程育人、全方位育人的“三全育人”机制，把满足学生发展需求作为本科教育教学工作的基本立足点，提高学生参与意识，助推学生全面发展，促进学生成长成才。深化学分制改革，逐步放开学生自主选择专业的权利，扩大学生学习自主权、选择权。充分发挥师范生技能实训中心作用，建设师范技能训练考核机制，制定师范生教学能力考核与技能测试标准体系，开展师范生教学能力考评与技能测试，严格推行“不过关、不实习、不毕业”新规，多措并举，扭转当今师范生教学设计、说课评课、“三字一画”与现代教育技术应用等教学基本功总体薄弱的局面。通过开展丰富多彩的第二课堂活动，如“每日练功一小时”等，引导师范生增强自我训练的积极性和主动性。每一名教职工要珍惜学校的办学声誉，坚持以提高质量为核心，守好一段渠，种好责任田，以过硬的人才培养质量，打造一流本科教育，办好让学生满意、家长满意、社会满意的南昌师范学院。

二是推进教育教学改革。作为高校教师，要多花时间去研究当前大学生的特点和需要，尊重学生的个性，采用适当的教育教学方法和手段，提升教学的吸引力和实效性。老师认真讲，学生才能好好听，两者是相辅相成的。老师要教好书，就要让课堂有感染力、吸引力。老师要重视每一堂课，认真备好每一节课，决不能一本教案用好几年，要及时更新、充实、完善授课内容和方式。这就是常说的，老师要给学生一杯水，首先要有一桶水。就现在来看，一桶水恐怕也不够了。这几年，我们持续加大博士引进力度，为学校师资队伍建设注入了新的生机与活力。但也要看到，有些新聘教师没有经过师范教育的训练，不会讲课。有关部门、各学院要加大对新聘教师的培训力度，充分发挥教学水平高的老教师的传帮带作用，让青年教师尽快适应角色转换，会讲课、讲好课，让学生欢迎的“金课”越来越多，不受欢迎的“水课”越来越少，甚至消除。要创新教学形式和教育方式，根据课堂实际，综合运用互动式、案例式、研讨式、启发式、嵌入式等形式，或者采用现场教学、体验教学、实践教学等，调动学生学习的主动性、积极性，切实增强课堂教学亲和力、吸引力。

同志们，建设一流本科教育，提升人才培养质量，使命光荣、任务艰巨。广大教师要以习近平新时代中国特色社会主义思想为引领，落实立德树人根本任务，不忘从教初心，牢记育人使命，以时不我待、只争朝夕的紧迫感、责任感、使命感，锐意进取，真抓实干，聚焦人才培养目标与人才培养内涵，不断深化本科教育教学改革，为把我校建设成为特色鲜明的高水平普通本科师范院校作出新的更大贡献！

（本文系作者于2023年11月7日在南昌师范学院在第十一届“教学月”活动动员会上的讲话。）

没有人才就办不好现代大学

为了提高学校人才工作质量，根据总体安排，分管校领导需要与联系学院的高层次人才开展一次谈心谈话活动，与大家进行互动，先由校方、活动组织方谈谈学校关于人才队伍建设的看法、想法及办法，再倾听大家对学校发展的意见、建议与批评。本次活动是呼应省委巡视组进校，支持学校工作，检视党委工作的一项重要举措。

我也提议了相关工作安排，所以我很重视本次活动。学校应该常态化持续性地开展高层次人才服务工作。心理服务是重要的人才服务形式。谈心谈话，谈思想、谈职业、谈发展，不是浅层次地谈，不是碎片化地谈，更不是流于形式地应付工作，它是落实落细党管人才、服务人才、培养人才、提升人才，使人才有用武之地等相关政策要求的具体体现，目的是提升大家的思想高度，用思想的力量助推人才在工作岗位上健康幸福成长，更好地服务国家发展。

党的十八大以来，中国特色社会主义进入新时代，习近平总书记亲自抓、亲自管人才队伍建设，特别是聚焦高层次人才队伍建设，作出了系列重要指示，强调："中国特色社会主义进入新时代，即将在决胜全面建成小康社会、决战脱贫攻坚的基础上迈向建设社会主义现代化国家新征程，党和国家事业发展迫切需要培养造就大批德才兼备的高层次人才。"[①] 中央政治局开展的集中学习也把人才工作、高层次人才的培养工作纳入学习内容。习近平总书记在学习过程中做了非常精辟、非常重要的讲话，这些重要讲话涉及人才工作的方方面面。各级党委，特别是中央各职能部门、中央人才工作领导小组办公室、中组部、中宣部、科技部、教育部、人社部、中国科学院、中国社会科学院、中国工程院等

① 《习近平对研究生教育工作作出重要指示强调　适应党和国家事业发展需要　培养造就大批德才兼备的高层次人才》，《人民日报》2020 年 7 月 30 日。

都出台了人才培养、招才引才文件。其中，《中共中央 国务院关于全面深化新时代教师队伍建设改革的意见》，作为新时代教师队伍建设改革的纲领性文件，提出高层次人才培养的一些战略举措，指出高等教育要“服务创新型国家和人才强国建设、世界一流大学和一流学科建设，实施好千人计划、万人计划、长江学者奖励计划等重大人才项目，着力打造创新团队，培养引进一批具有国际影响力的学科领军人才和青年学术英才”。现在，我想结合学校“十四五”发展规划、学校近期重点工作，对学校培育和引进高层次人才工作，谈谈自己的体会，与大家一起分享交流。

参加本次谈心谈话活动的两个学院分别是我联系的文学院与教育学院。两位学院的院长本身就是人才，是可爱的人，是值得尊敬的人，是学校的顶梁柱。参会的同志共有 17 人，其中，有 4 位是省级人才。他们是从全省打擂台中打出来的，是凭借过硬的业绩，和南昌大学、江西师范大学的老师同台竞技，被层层选拔出来的。在座的各位老师当中，有不少是从海外高校或全国各地名校毕业后被引进到学校工作的。比如说，有的老师毕业于俄罗斯、韩国等海外高校；有的老师毕业于厦门大学等部属高校；有的老师和我还是校友，都毕业于华东师范大学或华中师范大学。大家毕业后愿意融入南昌师范学院这个教育大家庭，为学校发展服务，把所学到的专业知识、产出的创新成果带到学校，带到自己的学科中来，带到学校的专业建设中来，你们身上展现出来的这种爱校精神是可贵的，值得全校师生肯定、尊敬、赞美和支持！相关职能部门和学院要为他们解决工作和生活上的具体问题，使他们能安心从教、乐心从教、尽心爱教，共同建设以教师教育为底色、育人育才为本色、服务基层为特色、师德师风为亮色的南昌师范学院，在奋战学校“十四五”发展目标、办一所新型的高质量、有特色的南昌师范大学过程中，实现人生理想和抱负。

一个人能否干出一番事业，不仅要看他有多大的才干，还要看他有多高远的志向、多坚定的意志力。所以，北宋文豪苏轼讲得好：“古之立大事者，不唯有超世之才，亦必有坚忍不拔之志。”[①] 学校目前干的伟大事业就是要实现“申硕更大”目标，这是全体师生共同的事业，但主要力量的来源、载点、承受部是人才，特别是高层次人才。这一点特别需要明确。

① 钟基、李先银、王身刚译注：《古文观止》，中华书局 2011 年版，第 822 页。

今天，我想和同志们一起交流三个问题。

一、如何看待人才，尤其是高层次人才

党的二十大报告指出："从现在起，中国共产党的中心任务就是团结带领全国各族人民全面建成社会主义现代化强国、实现第二个百年奋斗目标，以中国式现代化全面推进中华民族伟大复兴。"[①] 这是中国共产党肩负的历史使命。中国共产党担负的新时代新的文化使命是以中国式现代化向人类展示和贡献人类文明新形态，建设中华民族现代文明。它要靠党的领导，要靠全国各族人民团结奋斗，特别是要靠爱中国、知中国、懂中国、看世界、掌握世界高科技和人类知识创新成果的高层次人才。只有牢牢地站立在人类科学技术的顶端，实现中华民族伟大复兴的事业才能够实现。"人才兴则民族兴，人才强则国家强。"这对于学校的高层次人才队伍建设来说，具有思想引领和科学方法的指导作用。

我们要更加充分、更加精准地认识到人才，特别是高层次人才在学校发展中的地位和作用。以唱戏角色来打比方，高层次人才在学校教育教学改革、学科建设、高水平科研成果产出、社会服务中发挥着不可替代的主角作用，他们是主角，不是配角，他们的地位不可替代。著名表演艺术家常香玉是豫剧界的领军人物，她的座右铭是"戏比天大"。艺术家的角色是承载艺术之天，在艺术天地里造就人生不朽丰碑。对于老师来说，站上讲台之后，就是"立德树人"大于天。教师要努力成长为教育家，在春风化雨的事业中培育国之栋梁。首届"人民教育家"国家荣誉称号获得者之一于漪先生曾说："三尺讲台系国运。"这是她一辈子研究教育教学得出来的结论。她的认识，充分体现了一位人民教育家的胸怀和胆识。这样的话，她能讲得出来，很多人却讲不出来，这就是语文教学与改革领域领军人物的价值意义所在。

现在，社会上有一种对人才的奇谈怪论，这些话听起来酸酸的、丑丑的，我是不赞成的。讲这些话的人都不敢实名，可见，他们发表这样的言论时，心是虚的。领军人物是一种形象比喻，作为教育工作者，我们从事自然科学研究、哲学社会科学研究的时候，虽然不是打仗，但是却需要领军人物，他们起到组

① 习近平：《高举中国特色社会主义伟大旗帜　为全面建设社会主义现代化国家而团结奋斗——在中国共产党第二十次全国代表大会上的报告》，《人民日报》2022 年 10 月 26 日。

织、推进、取得成果的灵魂性核心作用。如果没有领军人物，队伍就形同一盘散沙。科研团队是一个重要的学术组织，需要领导者、组织者、引领者，这是不言而喻的。在各个战线上、各个团队中，甚至各个科研小组、工作小组中，我们让一个灵魂式的组织者承担起像战场上统帅或将军一样的作用，这样的人不就是领军人物吗！在自然科学界，钱学森、师昌绪等科学家就是他们各自研究领域的领军人物，正是有了这样的领军人物，我国的航天航空事业、纳米技术、海底隧道、高铁等技术攻关才能取得不断突破。在哲学社会科学领域也有领军人物，如，郭沫若、胡绳、高翔（现任中国社会科学院院长、党组书记）等，有了这些领军人物，繁荣中国哲学社会科学事业才有先锋和旗手，才有核心灵魂人物。一个尊重、敬爱英雄的民族，它的发展是有前途的，是大有希望的。

拿我们身边的事情来说，我们带领队伍成功申报一级学科博士点、获得国家级教育团队、获得博士后流动站、获得省级以上教学成果奖或科研成果奖、瞄准国家重大战略、服务地方急需的文化创新等工作，都需要领军人物领航掌舵、谋划推动。干成事业，就要抓好团队建设。我们携手组建的团队相当于打仗时的军事组织——军、师、旅、团、营等。在一个团队里起指挥作用的人，就相当于军事组织里的师长、军长、团长等，他们就是领军人物。所以，国家设置国家“万人计划”哲学社会科学领军人才等项目，就是要旗帜鲜明地培育国家级高层次人才，让领军人物脱颖而出，得到社会认可和尊敬，这对于国家发展来说是很有必要的。

有人说，搞科研不是打仗，不需要领军人物，这样的说法我是不赞同的。重大的国家级科研项目，如国家社科基金项目，都有重大攻关项目，下面至少要有 4 至 5 个小组，那些首席专家、主持人，他们不就是领军人物吗。一个重大项目至少由 25 人构成，加上专职学术秘书 2 人、图书资料员 2 人、项目管理人员 1 人，整个团队都有 30 个人。这 30 个人里面的关键人物都具有教授、博士后、博导身份，他们一般都拥有省级以上人才称号，由他们组成这样精良的科研攻关队伍，难道还算不上是“领军”吗？所以，领军人物的作用是不可替代的。

南昌师范学院在开展人才工作时，要加大人才重要性宣传，不少同志的人才意识不强，大家还没有形成“人才强校”共识。很多人从骨子里反对讲高层次人才培养引进、讲高层次人才重大作用，他们认为：“我既不属于高层次人才，也不属于低层次人才，为什么凡事都要讲人才、讲待遇呢？你是人才，你能享受人才待遇；我不是人才，我得不到人才相关待遇；我得不到的，最好大家都得不到。”我到师院工作了三年，学校的情况我是了解的。很多人很不喜欢讲人才的事、高层次人才的事，不喜欢讲人才待遇，一讲人才待遇，他们“面有难色”，就像《论语》里孔夫子讲的“色难”。这是因为他们在思想上没有搞清楚人才不可替代的重要作用。

大家知道，学校有一个省级重点实验室——“江西省地方鸡种遗传改良重点实验室”，这个实验室的负责人和我是校友，他是本科毕业于华东师范大学的饶友生博士。现在，他退下来了，这个实验室要再次接受省里的检查验收，因为省里要加强科研平台建设，原有的省级科研平台要重新洗牌，建设跟不上的平台则要被淘汰。同志们，在这个关键时刻，南昌师范学院能不能在验收通过名单里缺席？我认为不能缺席，我跟学校党委建议，我跟相关学院的负责同志讲，后面的接续者要接好班。友生同志因为年龄的原因，辞去实验室负责人、学科带头人的职务。现在，这个实验室依然要高质量运行，不能在本次验收时丢掉来之不易的省级重点实验室这块牌子。

在这个时候，我们要物色好新的实验室主任和团队成员，要看他是不是领军人才。当然，领军人才是有向度、有维度的。他要具有正高职称、博士学位，获得省级以上人才称号，获得重大奖励或奖项，作出突出社会贡献，这是衡量人才的 5 个必要条件。如果校内物色不到，我们要搞柔性引进，选的人既要满足人才条件，又要给足人才待遇。这件事就充分说明了领军人物是不可替代的。我们如果没有符合条件的人组建团队，就要到校外去聘请高层次人才。这就像家里建房子一样，你要找设计师、木工、泥瓦工、电工等人员，不仅要请大师傅，还要请小工，还要请帮你搞管理服务的协调员，这些人组合起来，才能形成一个建房子的队伍。在这个团队中，最重要的人是设计房子的人。他和东家充分沟通后，按照东家的经济条件、住房需求及行业标准、风俗习惯、居住礼数等，绘制一张资产相当、合乎实际的设计图纸，不仅要设计基本户型，比如是建北京的四合院，还是南方的小楼等；还要考虑房屋内部结构和户外配套设施布局，对标设计要求全天候地去看施工进度。除了设计师外，团队里还需要有具体负责土建、木构等事务的子项目负责人。如果缺少这些团队成员，我们就要去找人；如果找到合适的人，我们还要看他们是否有“档期”。只有这样统筹兼顾，建房子才有可能。所以，领军人物的地位很重要。在此前的某次会议上，我也讲人才工作。当我讲到江西九江建房子和湖北我老家的情形差不多的时候，参会同志和领导点头称是；可是，当我讲人才作用的时候，有的人面色就变得不开朗起来，脸色不太好看。这是说我们学校的情况，也在一定程度上反映出江西高等教育的人才环境。

这次，我到学院里面讲人才工作，思想情绪就轻松一点。大家都是教授或博士，能够同情共感。他们不承认人才的作用，这是态度问题、感情问题，反映的是他们的思想没有与时俱进。改革开放以来，邓小平同志指出“知识分子是工人阶级的一部分”①；江泽民同志认为知识分子是“先进生产力的开拓者”②；胡锦涛同志强调“牢固树立人才资源是第一资源的观念”③。习近平总书记指出：“要把我们的事业发展好，就要聚天下英才而用之。要干一番大事业，就要有这种眼界、这种魄力、这种气度。”④大家看一看，人才的作用是不是不可替代？同志们，我刚才以建房子打了比方，说到我们学校的“江西省地方鸡种遗传改良重点实验室”要有人才接好班、组好团队，一定要重视领军人才的作用，要解决好人才待遇的问题。大家说，这个人才待遇要不要给？有的人反对给，有的人说给的待遇高了。我说，对不起，请你来组织科研平台验收工作，如果你能够把你的名字写进人才团队，使这次验收项目通过，我张艳国自己掏腰包，给50万元奖励给你；如果验收不通过，请你赔偿学校100万元损失。我说这个话时，没有人敢接我的话。由此可见，反对给人才待遇或觉得待遇给高了的人，他们不懂得人才的重要性。他们的反对，只是一种非理性的情绪抵触。如果他们知道这个重要性，他们为什么不表达支持？为什么不从态度上认同？我们常讲，态度决定一切，细节决定成败。他们反对按相应的人才待遇聘请高层次人才这件事，反映出他们对待人才的态度与情感。学校难道就差这一点人才待遇吗？其实，他们知道不差，但是他们为什么不支持？因为你聘请别人来干这件事，要花费学校的钱。如果学校把这笔用来聘请高层次人才的钱均摊，哪怕摊到自己头上，自己只得5毛钱，那他也多了5毛钱收入。这就是“多一点算一

① 《邓小平文选》第三卷，人民出版社1993年版，第378页。
② 《江泽民文选》第一卷，人民出版社2006年版，第233页。
③ 《胡锦涛文选》第二卷，人民出版社2016年版，第129页。
④ 习近平：《在网络安全和信息化工作座谈会上的讲话》，《人民日报》2016年4月26日。

点”的“过小日子”的思想，拥有这种思想认识的人是浅薄的人，是学校要在思想上补齐的人才工作的“短板”。这种逆时代发展的心理抵触，体现的是一些人对学校事业发展关心不够，没有事业心，没有责任感。有人认为，学校发展不发展，有没有人才，这些事情与我无关。反正我就是这个样，我“躺平”了，我无所谓。同志们，这件事更反映出一个人的人才观与人才格局，这就是习近平总书记讲的对待人才的眼界、魄力与气度问题。这些话，恐怕同志们平常都没讲过。所以，我说各个学院的党委书记非常重要，党委理论学习中心组非常重要。大家平时是怎么抓理论学习的？是否打开了思想上的扣子？这是很关键的。只有大家的思想通了，行动的方向才能准确，干事创业的劲头才会饱满，中国特色社会主义建设的目标、要求、任务才能落地见效。

高层次人才的重要作用，就是引领的作用、组织的作用。我曾经在学校新生开学典礼仪式上借用恩师章开沅先生的话，“所谓高校之‘高’，是指学历高、文凭高、学问高、道德高、文化高、素质高”。高层次人才是“高校之高”的重要体现。他们是人才中的精英，有别于常规人才。大学毕业后，大家都可以被称为人才，这指的是常规人才。如果你拥有高级职称或博士学位，就可以称为较高层次的人才了；再进一步，如果你获得省部级以上人才称号，那你就在高层次人才中算是比较突出的了。他们因为在名校受到名师名家指点，保持奋勇前进状态，走在知识创新前端，走在学术研究前沿，具有从事学术文化创新积累、教育文化创新发展的引领示范作用。我前面讲到的教育家于漪先生就是这种情况。她现在 90 多岁了，依然活跃在教育改革领域。她讲的很多意见受到老师们追捧，这是因为她能看准教育教学改革的方向。她是基础教育的领军人物，是新时代的人民教育家。在高等教育领域，我的博士生导师、著名教育家章开沅先生，在 20 世纪 80 年代呼吁人才待遇；在 90 年代呼吁人才减负；在 21 世纪呼吁培养人才的世界眼光和创新高度；晚年的时候，他还在呼吁人才分类管理。他是华中师范大学的老校长，他讲的这些都是契合高等教育发展的重大问题。我再讲我的一个老乡——湖南师范大学的老校长、老党委书记张楚廷的例子。他当校长、书记接近 20 年，将湖南师大这所普通省属师范院校办成进入全国“211”工程的重点大学，在地方师范大学中异军突起，成为领袖。他曾说：“当今，一切竞争中优先的，都是人才的竞争。办大学也如此，看谁能吸引优秀的人才。”“在我看来，没有人才就来不了钱财，不能等到有了钱以后再说。”他在20世纪80年代就提出五年内引进百名博士的目标。为达到这个目标，他制定了一项政策：凡来学校的博士，每人1万元安家费，配偶随调，提供两室一厅住房一套（只是租用）。他说，这件事借钱也要干。结果，学校提前完成引进百名博士目标。[①] 据说，他当校长的时候，曾带着处长们拉板车而不是坐专车去火车站迎接引进人才。他说，坐专车浪费汽油钱，他要把汽油钱攒下来，引进更多的人。这就是把一切资源聚焦在人才上，时间资源、物质资源、财富资源要围绕人才转。他一辈子率先垂范，不住大房住小房，直到后来不再担任校长、党委书记后，湖南师大一定要给他住房待遇，他才搬进条件好一些的房子里，不像有的高校领导首先抢最大的房、最好的房住，"吃相"难看！他自己不是人才，还要抢人才的东西。这样做，学校怎么会有发展，学校的人才环境怎么好得起来！像张楚廷这样的高校领导，是真心尊重知识、尊重人才的好领导，是谋发展的好带头人。所以，现在他被授予改革开放以来最有影响的教育家之一，可谓名副其实。

同志们，如果每一个高校的党委书记、校长，特别是师范院校的党委书记、校长都像张楚廷一样，我们中华民族伟大复兴大业不就能更早实现吗？张楚廷就是焦裕禄式的好干部、雷锋式的好战士，是新时代的好校长、好书记、好教授、好干部。所以，我举他这个例子，就是为了说明高层次人才引领作用很大很强，人才环境很重要。湖南师大现在依然是爱护、呵护、保护知识分子、专家和高层次人才的，这已经形成了传统，这就是引领。今年公布的全国师范大学排名，湖南师大名列地方师范大学榜首，这是必然的，也是不令人感到奇怪的。我刚才讲了两所师范大学校长的例子，一个是湖北的，一个是湖南的，这样的例子还有很多。他们起到的都是引领作用。引领作用太重要了！有观念引领，有思想引领，有方法引领，有了这些引领，就能改变传统路径依赖。我们知道，管理学里面有一个"二八定律"，又称为"二八法则"。这个定律给我们的启示是：抓住20%的关键因素就能给我们带来80%的价值。在一个团队里，80%的收益往往是那些关键的20%的人创造的。所以，当你面对这些关键的20%的人的时候，一定要给予他尊敬、爱护和肯定，因为他起到示范作用、引领作用。如果我们不重视这些关键少数，就容易走上传统的平均主义道路，不

① 参见张楚廷：《改革路上：张楚廷口述史》，华中科技大学出版社2019年版，第62、63页。

能发挥整个团队的最佳效能。

高层次人才发挥的另一个作用，是组织的重要保障作用。他们受过良好教育，拥有良好的学术传承。他们和他们的老师、师兄师姐和师弟师妹构成的学术群体往往处在较高的学术层级，走在知识创新的前沿，所以，他们懂得如何进行学术创新，懂得如何进行有组织的科研和学术建设。这个组织的作用主要来自三个方面：第一方面，来自自己的学术涵养和积累；第二方面，来自自己的学术创新与努力；第三方面，来自长期工作和学术传承中形成的经验传导。所以，在进行科学研究时，如果我们碰到由钱学森、屠呦呦、章开沅、马敏等这样的高层次人才组建的学术团队，你难道会质疑他们的实力吗？这就是一种组织号召力，这些高层次人才能够把大家组织起来，使大家信任他、依靠他。我们考察一个地方的人才环境好不好，要看这个地方的人对待人才的态度与感情，特别是主要领导对待人才的态度和感情。如果人们谈起人才时，话中充满酸味，经常丑化人才形象，打压人才，那么，我们一下子就可以看出这个地方的人才环境很差，这个地方领导班子的人才灵魂很丑陋，这个单位的未来走向一定很颓势、很艰难。人才环境好的地方，事业就大，事业就兴，人才就聚；人才环境不好的地方，事业就小，事业就衰，人才就散，人才就要拍了屁股走，插上翅膀走，坐上飞机走，进行“胜利大逃亡”。在江西某高校，有两名中青年老师，一个是博导，一个是教授。他们觉得这所学校的人才环境不好，其中一位老师准备离开学校去上海，上飞机前，她说：“我希望飞机马上起飞，开得快一点，我要到‘大上海’去展示我的才华，发展我的事业。”这是我亲身经历的事。我现在做“广告员”，把这件事情讲给大家听，目的是引起大家对人才环境的重视，产生心灵的震撼，是为了给人才争取更好的人才环境。我没有别的意思。在此之前，也有一件类似的事情，有一名从事新闻传播的人才，准备离开学校去广州大学，他说：“我要把学校的院长助理这顶帽子扔到太平洋里去。你好！广州大学。”所以，大家看看，如果人才环境坏了，人才就要“孔雀东南飞”，就要“择木而栖”。此外，我还有一句话，如果人才环境坏了，人才都走了，那些格局不大不高、骨子里反人才仇人才的人也没有好日子过。因为，一旦人才走光了，整个事业整垮了，他们就没有工作，就要下岗失业了！那些拥有高学历、高职称的人才，如果他们对目前的工作不太满意，还可以换一个地方工作，他们可以用自己的才华和智慧为更多单位、更多地方服务；然而，那些认识浅薄且无专业技能的人，万一他们所在的单位“破产”了，他们就一定会失业。这是我要讲的第一个问题，关于如何正确地看待人才，特别是正确看待高层次人才的问题。

二、高层次人才是怎样产生的

大家知道，高层次人才是个时代概念。实际上，不用现在的概念讲，中国自古以来就有高层次人才。高层次人才无非是那些拥有真才实学，在业界影响比较大，具有思想引领作用，具有团结带领大家干事创业的组织作用，具有“大公小私”人格魅力的人。同志们，我在这里用的是“大公小私”，没有用“大公无私”，因为，我们客观地从历史上感知，怎么可能会有百分百大公无私的人呢！如果有的话，老子、孔子、孟子、韩愈、陈寅恪等人早就饿死了。他们越是培养更多优秀的人才，越是有人请他们从事终身教职，好的待遇自然也随之而来。一个人如果能利天下、利社会、利人民，那么，他的生计自然也在利国利民的事业之中。因为古人不是生活在社会主义时代，不是生活在新时代，所以，我们不能用共产主义的道德要求他们，这是时代造就的人的局限性。孔子以后的时代，社会私有化程度越来越高，凡事都是要讲成本和报酬的。现在，我们处在社会主义初级阶段，也强调因岗位差别论报酬，这是自古有之的，从世界范围来看，情况也是如此。

在中国，孔子、孟子、颜之推、韩愈、程颐、程颢、王阳明、清华大学国学研究院五大导师等人，他们都可以称得上是高层次人才。在西方，苏格拉底、柏拉图、亚里士多德、黑格尔、马克思、爱因斯坦等人也称得上是高层次人才。因为，他们的社会知名度高，知识结构比较合理，创新能力强，人品和学问得到普遍认同。他们站在社会的道德高地上，站在知识创新的顶端，产出了对时代发展起到重要影响的著作或成果。近代以来，高层次人才的概念变得越来越精确化了，形成了一定的人才评价指标体系和制度。比如说，一般认为，高层次人才要受过良好的学历教育、拥有高级职称、拥有突出的工作业绩。衡量一个人受教育程度，靠学历，这种学业评价逐渐规范后，就形成了学历制度；衡量一个人从业等级，靠职称，这种职业评价制度化后就形成了职称制度；基于学历教育和从事岗位的工作贡献度、社会影响来评价一个人，组织就授予你一定的荣誉称号，这样就逐渐形成了人才荣誉制度和创新成果奖励制度。这些制度后来传播到世界各地，成为人类文明的重要体现。中国是走现代化道路的后发型国家，是被动纳入世界文明体系的。1840年鸦片战争以后，中华民族遭受了前所未有的劫难，习近平总书记形容当时的情形是“国家蒙辱、人民蒙难、文明蒙尘”①，于是，中国人开始放眼看世界，吸收和借鉴人类文明先进成果，不断发展自己，壮大自己，在中国共产党带领下，与帝国主义、封建主义、官僚资本主义进行了不屈不挠的斗争，最后建立了新中国。步入中国特色社会主义新时代，我们不仅吸收和借鉴人类文明先进成果，认同人类文明发展的共同价值，强调人才的重要性，还提升了人才工作高度，把高层次人才直接纳入党委领导，纳入中央领导，由习近平总书记亲自领导。可见，人类文明发展的潮流不可逆转，人类文明发展的基础不能颠覆，人类文明发展的成果不能抛弃。

那么，高层次人才是如何产生的呢？我认为，有五个方面的因素。

第一，高层次人才具有较好的天赋，拥有聪明的脑袋。

第二，高层次人才具有天地情怀，他们认识国家和社会，认识环境，认识宇宙，他们有这样一种认识的使命感。

第三，高层次人才拥有社会责任感，有百姓情怀。他们悲天悯人，探知科学，改造社会，给人类带来更多的福祉。

第四，高层次人才需要良好的成长环境。历史上有不少人才生不逢时，因为社会环境恶劣而困厄一生。例如，马克思是一个了不起的伟大人物，资产阶级政府迫害他，无产阶级叛徒攻击他，生活磨难考验他，但他幸运地遇到了一位伟大的战友——恩格斯。恩格斯无私地帮助他，把父亲给自己的遗产份额拿出来变现，持续地救济他，使马克思能够专心致志地从事研究和写作。马克思是天才，是犹太人中的精英，他是全世界无产阶级的伟大导师，科学社会主义的创始人，伟大的思想家、革命家、政治家、哲学家、经济学家、社会学家，他才华卓著、贡献超群，但他的人生是不顺当的，他是逆境成功。清末的民族英雄左宗棠说得好！“能受天磨真铁汉，不遭人嫉是庸才。”马克思是天才，招人嫉；马克思是铁汉，能受天磨。这两天，我老在琢磨这句话，今天我把它用到谈话里面来。马克思一辈子与磨难苦斗，一辈子遭遇来自正方和反方的妒忌与打击，所以，马克思取得伟大成功，是付出了极大代价的。我们为什么要尊

① 习近平：《在庆祝中国共产党成立100周年大会上的讲话》，《人民日报》2021年7月2日。

重人才，尊重高层次人才？因为，当下的人才环境在一些地方、一些单位还有很多不好的地方，需要我们有组织地去营造、去改变。所以，我说各级党委的领导同志、各个单位的负责同志肩负着营造人才氛围、人才环境的重大责任。譬如，在南昌师范学院，我和党委书记王金平同志首先就有这个责任。

第五，高层次人才十分勤奋。就像鲁迅先生说的："那里有天才，我是把别人喝咖啡的工夫都用在工作上的。"[①] 鲁迅先生这句话深深打动了我。我的老师章开沅先生晚上 8:00 以后，就不谈工作上的事。有一次，有人打电话说要到他家里找他汇报工作，章校长在电话里就批评了一顿："你白天的时候就没有时间汇报工作吗？下了班，讲什么工作，晚上你读点书不好吗？不读书，你看看《新闻联播》也好。我现在在研究辛亥革命，如果你有十分紧急的事情要找我，也要先通过校长办公室秘书。正常情况下，下班以后，各忙各的事情。你可以不做科研，但是你一定要理解别人做科研。"这就是人才环境啊！老师说，你可以不做科研，但是你一定要理解别人做科研。因为，华中师范大学那个时候有很多纯行政干部，不像现在，已经没有了。所以，那位打电话汇报工作的同志要理解晚上做科研的同志啊，你不要理所当然地认为："章校长，你看我表现多好啊！下班了，我还在琢磨工作上的事，积极向你汇报工作。"可是，八小时内外有别啊！

我到南昌师范学院工作后，有很多领导干部喜欢下了班后来办公室找我汇报工作，我是不赞成这种行为的。有的同志还跟上级有关部门的同志讲我的缺点，说我下班了就要走人，没有耐心听他们汇报工作。后来，有关同志把情况反馈给我，他说他也不赞成这位同志这样讲我，他知道我在江西师大工作的时候就有这种作息习惯，白天上行政班，晚上上学术班。我经常跟那些下了班以后找我汇报的同志说："女同志下了班后，要早点回家做饭，把家庭照顾好；男同志下了班后要早点回家，做做家务，拖拖地、洗洗碗，不要让来你家的客人说你家里脏乱差，不像一个干部和知识分子家庭的样子。"这是我的口头禅。那些晚上回去不做学问的同志，你可以找朋友聊聊天，到球场去打打球，锻炼锻炼身体，这也很好啊！我是习惯了下班后就回家，吃完晚饭后就去散步，接下

① 许广平：《〈鲁迅全集〉编校后记》。见鲁迅先生纪念委员会编纂：《鲁迅全集》第二十卷，人民文学出版社 1973 年版，第 663 页。

来就静下心来做学问这样的下班生活的。我前面讲到过学术传承这个问题，我这是受了我的老师章开沅先生的影响，他就有这个作息习惯。所以，他才能著作等身，从校领导岗位退下来以后还能继续创造无限辉煌。他是躺在病床上去世的，临走前还在思考，还在工作，活了 95 岁。他关于南京大屠杀惨案真相的著作被作为国礼赠送给日本天皇。[①] 我是在这样一种环境中接受良好教育的，以我的老师为榜样，明确人生的高度，领悟学者的学术人生。

有一个著名的学者，他就是被称为汉语拼音之父的周有光先生，一生活了 112 岁。他原来是学经济学的，在新中国成立前拥有很好的待遇。他热爱祖国，留在了祖国大陆，没有去美国。周恩来总理为了保护他，邀请他参与文字改革工作，他研究制定汉语拼音方案。他说他这一辈子走过来，前半生是高官厚禄，国民党也给，共产党也给，到了最关键的时候，还是共产党对他好。周总理号召他去搞文字改革，做纯业务工作，这样人家就把他忘了，使他免受“文化大革命”冲击。如果他还在上海，还在人民银行工作，加上自己的海外工作经历，早就被打倒了。所以，他才能活到 100 多岁。他这 100 多岁是求知的 100 多岁、思考的 100 多岁、写作的 100 多岁。因为他是德高望重的著名学者，他说的话，我们也很认同。他出了一本书，叫《对话周有光》，其中，有一段经典的话，我经常引用，今天我再次引用，与同志们一道分享其中的深意。他说：“上海一个教授来告诉我，大学有两种假教授，一种是‘真的假教授’，交一笔钱，大学给你一个客座教授之类的聘书，这是‘真的假教授’；还有一种是‘假的真教授’，一个系升格为学院，来了一个院长两个副院长，一定是教授，其实不学无术，是‘假的真教授’，把教育的尊严和威信一扫而光。”[②] 他的这段话是在讽刺当今高校里面有很多混职称的人，他们和有真才实学的人抢职称，不像我们的职称是不分昼夜地真干出来的，公平公正地真评出来的，这些人真是厚颜无耻！我现在不能讲批评人的话！一讲我的情绪就容易激动。好多领导是怕见到我老张的，因为我嘴上有刺，身上有汗，心中有情，我是站在尊重、关爱知识分子的立场，借用周有光先生书里的话，批评知识界一些不好的现象。今天，我是敞开心扉和你们讲这些话，和你们一样，作为一个博士和教授的身份去讲真话。

---

① 章开沅编译：《天理难容：美国传教士眼中的南京大屠杀》，南京大学出版社 1999 年版。

② 周有光著、文明国编：《对话周有光》，人民日报出版社 2014 年版，第 214 页。

周有光先生之所以讲这段话，一方面是出于一名有良知的知识分子应该肩负起针砭时弊的责任，另一方面是他在替有真才实学而受到不公正待遇的学者鸣不平。我们社会中还有很多像他这样终身爱教、乐教、安教的有良知、有情怀的知识分子，他们有底气说这种话。

我的大学老师、湖北老乡谢天佑教授，是晚上在书桌上去世的，时年56岁。他是著名历史学家，我曾写过一篇纪念他的文章——《谢天佑先生教我学习“沙子的力度”》。我的另一位大学老师，著名历史学家陈旭麓先生，是中国近代史领域十分重要的领军人物。他的经典著作《近代中国社会的新陈代谢》，至今仍然是中国近代史领域最好的导论性著作。他也是晚上在书桌上去世的，时年70岁。由此可见，高层次人才的产生与勤奋密不可分。一辈子终生追求才能成就人才，一辈子终生努力才能造就人才。所以，我对那些不尊重知识、不尊重人才的领导干部是很不满意的。他们没有应有的付出，没有突出的业绩，还要和高层次人才抢资源、争荣誉，这是没有道理的，也是不道德的。当然，一个长期从事知识创新工作的科研工作者，如果暂时抢不过他们，争不过他们，也不要灰心丧气，如果你有实力、有底蕴，你怕什么呢？比如说，我长期在江西高校领导岗位工作，又是江西的进口老表，我没有办法去和别人争，评人才称号的时间我是最晚的，但我在江西的工作业绩在我这一代人中是最好的，取得的成就也是最高的。评国家“万人计划”哲学社会科学领军人才（国家高层次人才特殊支持计划）时，我都55岁了。好多领导为我打抱不平，认为我早该评上了，不能再被遗漏了。面对这种情况，你们该如何面对？你们有些同志如果有暂时的不如意，请不要灰心，不要丧气，更不要停步；还是要擦干了眼泪，再上学术战场；靠一辈子的奋斗，自己成就自己，自己造就自己，赢得更多的机会去发展自己。人才不是从天上降下来的，也不是从地下冒出来的，一定是自身的素质好，抗压能力强，奋斗的决心大，奋斗的动力足，最后，是金子自然会闪闪发光。

最近，我向自己的学生们提出了一个命题，在他们中间引起很大反响。我说，你们要立志成为老师以及“老师的老师”这样的人，一辈子奋斗不息，要“成名成家”，像宋祖英在歌里唱的，“长大后我就成了你”。其中，有个别已经毕业的博士跟我说：“张老师，您要求师弟、师妹们按照您和您的老师的路前进，我们是敬佩和敬畏的，但是，并不是每个人都能成为您和您的老师这样的人。”他们认为我提这样的要求太高了，大家会很紧张。但是，我想了一下，我的要求是高了些，要人人都成为章开沅、张艳国一样的人，这是有难度的。但是，我又想，如果你压根就没这个想法，不去试，不去闯，你能有大成就吗？“心有多大，舞台就有多大。”一个人发愿有多深，目标有多高，动力有多足，勤奋有多持久，就决定了他会走多久，行多远，最终成为什么样的人。

以上是高层次人才成长的五个因素。同时，高层次人才成长还有一个客观规律，即人才单量和总量之间不对称定律。比如说，我校的张劲松和余俊宏同志是高层次人才，这不等于说张劲松或余俊宏个人的水平可以代表整个南昌师范学院的高层次人才总体水平，人才的单量和总量之间的关系是不对称的。人才的荣誉、人才的才华、人才的贡献属于他自己，不属于他身边的人，是他们的存在给集体带来了荣誉。我们要提升高层次人才的总体水平，只能靠提高人才单量的存量，靠不断地培养和引进高层次人才，壮大总量，这样才能提升总体水平。我们只有认识了这个问题，才会倍加尊重人才、呵护人才。这个定律很重要，很多人还没有认识到这个问题，我们经常在讲人才总量的时候，不讲人才质量高度；在讲人才质量高度的时候，忽视了人才总量。

前不久，我发现我们给省委巡视组提供的一个关于人才工作的材料中存在一个问题，这个问题是某些部门的领导同志学习不够导致的。我向有关负责同志反馈了这个问题，他心服口服地把材料改正过来了。材料中有什么问题呢？他们写道：近两三年，学校拥有的第二、三类人才中，有很多即将面临60岁退休的问题。同志们，这句话有没有问题？人才是分层次的，有央管人才、省管人才和校管人才。校管人才干到60岁，省管人才至少干到60岁，而央管人才至少可以干到65岁。例如，南昌大学有博导68岁退休的规定。在武汉大学、华中师范大学等很多名校，资深博导可以干到70岁。大家想想看，如果所有的人才只能干到60岁就退休，这不是重大的人才资源浪费吗。一个高层次人才的成长与培养是多么不容易啊！到了60岁，一刀切就给他们办退休手续，这是再容易不过的事了！如果参照领导干部的退休年龄来管理高层次人才，这个地方不就成为人才洼地了吗。你说干部不学习造成的影响有多么坏，他们认识不到干部和人才的差异以及管理的不同，认识不到人才还有层次之分。所以，学习多么重要！人才环境多么重要！越是人才环境好的地方，就越出大人才；越是人才环境差的地方，就越不能产生创新型战略科学家，越不能产生思想家式的人文学者。

同志们，人才是从哪里来的？从唯物史观的角度讲，人才不仅是个人成长奋斗的产物，也是环境的产物。人才成长一定要有好的环境。如果我们只考虑人才自身的成长，而忘记了人才成长要立足于一定的“水土”，那么，他们就不能茁壮地成长起来。所以，人才需要好老师培养，需要好制度催生，需要好的学习环境孕育，需要好的团队引领，需要好的文化积累，需要好的大环境支持，这六个方面的因素共同造就了人才环境。我的老师夏振坤教授是江西的一张人才名片。他是江西九江人，一辈子在湖北工作。我给他当了七年零八个月的学术秘书和助手，由此结下师生缘。他跟我讲，他在湖北省社科院工作期间，他的人才理念和政策是“人才来去自由”，绝不给人才设关卡，只给人才树风向标。他说，只有让想离开的人走得越快，想来的人才会来得越迅速；只有让那些离开的人依恋不舍，还想回来在这里继续干，留下来的人才会干得更安心。

我在江西师大和南昌师院也是这样做的。如果你想走的话，我会问你为什么要走？如果你是因为专业不对口要走，我会遵从本人意愿；如果你是因为家庭原因要走，我也可以理解；如果你是因为环境不好的原因要走，同意你走了以后，我就要立马进行整改！作为江西师范大学历史文化与旅游学院中国史一级学科博士点负责人，我把学科建设最后一件该做的事情做成了，成功申请中国史一级学科博士点博士后科研流动站。江西师大的博士后科研流动站总共加起来也没有几个，这次成功获批要归功于学院内部团结和谐的人才环境。所以，我们一定要创造良好的人才环境，一定要使人才单量和总量这两个方面形成一种相互照应的关系。这是我想讲的第二个问题。

三、南昌师范学院如何建立一支高素质、高水平的人才队伍

南昌师范学院有 70 多年的校史，其中，办本科教育的历史只有 10 多年。我校既是一所老校，也是一所新校，这是我们的基本校情。从现有的师资队伍看，南昌师范学院现有在职在编教师 856 人，其中，博士人数（含在读）是 146 人，拿到博士学位或已经毕业但暂时没拿到学位的人合在一起共 101 人。我们现有文科类国家级二、三类人才，加上刚退休的二级教授叶存洪，共 3 人，省级人才共 13 人。博士人数最多的单位是化学与食品科学学院；文科类博士最多的单位是文学院；教授职称人数最多的单位是化学与食品科学学院；文科院系

中，副高以上职称人数最多的单位是文学院。这是我们学校的基本人才情况，不仅人才的总量较小，而且人才在各个学院的分布也很不均衡。

从总体上讲，学校人才建设的高度是不够的，在江西省省属高校中排名靠后。对标对表习近平总书记最近在江西考察时提出的“走在前、勇争先、善作为”的要求，我们还有不小差距。对标一些以省会城市命名的师范大学，如，长春师范大学，现在它是博士学位授予权单位；南宁师范大学，现在它是博士学位授予立项建设单位；太原师范学院，现在他是博士学位授予立项建设单位重点考察对象，正在全力推进升格为太原师范大学的工作。同志们，我们为何落后了？我们的努力还不够呀！从根本上讲，是我们的人才工作力度不够。有的同志和我强辩，说是因为省里支持不够，划拨的校园建设用地面积小了。我是不认同这种说法的。我们的老校长、江西省原副省长胡振鹏教授，和我一样也是武汉大学的校友，他亲口跟我讲，当年省里是划拨了土地和购买土地的资金给学校的，但学校主要领导当时不要。你怎么能说省里不支持学校？这说明当时的领导班子没有守好责，错过了发展时机，没有早一点提出“改制办本”，没有跟着时代潮流走。万事都要从自身找原因，内因是决定事物发展的根本依据。

习近平总书记对江西的要求讲得非常高明，希望江西要“走在前、勇争先、善作为”。正是因为我们不处于前，所以要求我们要走在前；正是因为我们争先不够，所以要求我们勇争先；正是因为我们善作为不足，所以要求我们善作为。同志们，纵观全国高等教育发展格局，江西高等教育发展真的是处于落后序列啊！这个根本原因在于我们的人才工作的力度不够啊！所以，从师资队伍水平和学校发展层次的高度来看学校发展的短板，我们最缺的还是人才！我和党委书记王金平同志经常交流意见，交流最多的就是人才的问题。人才问题决定南昌师范学院的生死存亡。我们经不起博士走，更经不起高层次人才走。我们一定要有倍加呵护、珍视人才成长的好环境。如果没有高层次人才引领学校的“申硕更大”工作，我们就难以培育出一级学科硕士点和专业硕士学位点，就难以实现学校升格为南昌师范大学这一发展目标。

在江西办师范教育，竞争是激烈的。江西的人口总量是4500多万，却有着6所公办高等师范本科院校。其中，排头兵是江西师范大学，它是“母鸡”，后面还跟着一群“小鸡”：赣南师范大学、江西科技师范大学、上饶师范学院、南昌师范学院、豫章师范学院。这么多的本科师范院校在竞争，学校生源是个大问题，毕业生就业是个大问题。依我看，未来的发展趋势是不可能存在这么多师范院校的，“物竞天择，适者生存”，生物进化的自然法则考验着我们。如果我们没有这个危机意识和战略认识，我们就不配当领导，就不能推动学校可持续发展。同志们，大家用人才的思维思考一下将来的发展形势，是不是这样的？我们只有 4500 多万的人口总量，人口还在外流，实际上，净人口总量只有将近 4200 万。我们的大学生群体中还有相当多的是外省人口。如果你的学校办得不好，外省的学生还愿意选择你吗？如果我们能把学校办成像长春师范大学和南宁师范大学一样，至少和太原师范学院一样，我们在江西办师范教育的地位才稳得住。所以，只有走好“申硕更大”这条路，赢得学校发展的先手棋，我们才能赢得发展的先机，站在同类师范院校发展的前端，才有底气与同在省会办学的江西科技师范大学、豫章师范学院一较高低，赢得未来高校整合的主导权。江西科技师范大学、南昌师范学院、豫章师范学院这三所高校将来大概率是要整合的，变成一所师范大学。大家分析一下，是不是这样的？省委省政府在江西省重点发展江西师范大学，在赣南重点发展赣南师范大学，再在省会办一所朝气蓬勃的新型师范大学，这就足够了。

事实上，有些省直部门的领导同志也在思考，江西的高等教育怎么突破？他们认为，首先是从人才工作抓起，要把人才聚集起来，要把资源聚集起来，实现“一加一大于二”的整体功能提升。这就证明：谁赢得了人才，谁的人才多，谁的人才高，谁才能掌握资源整合式发展的先机。这就需要我们把一大批高层次人才汇聚在教育教学、专业建设、学科与科研领域，早日把学校建成硕士学位授权单位，在学校多出一些国家级和省级教学名师，多建一些国家和省级一流专业、一流课程，多编写一些国家级、省级规划教材，这就叫作“聚焦人才谋发展，对标对表谋发展”。这是确保我们的学生能好学、能成才的基础。前段时间，我对学校人才培养规格进行了系统思考，提出了学校应该“培养有科学精神、有人文情怀、有艺术品质、有过硬本领、能够满足地方需求的本科有用人才”。“有用人才”有别于“杰出人才”“精英人才”和“骨干人才”，这一人才培养规格适应学校的办学实际和地方发展需求。人才培养规格的落地，有赖于一支高水平的师资队伍。在一所师范大学，只有好老师才能够培养出好学生，这样的学生在社会上才有用武之地。

无论是文科、理科、工科，我们都需要一批这样的人才，他们能够各尽其能、各展所长，善于从事相应的教育教学、学科科研和教育管理工作，而且他们的比例应该符合学校办学定位。比如说，我们学校的教学岗和科研岗的教师比例应该是6:4，这是比较合理的。60%的教师应该以教学业务为主，他们满足基本的科研工作量就可以了；40%的教师以科研业务为主，同时，也要完成基本的教学任务。再具体细分，在40%的科研岗教师中，30%的人应该来自教学单位，10%的人应该来自研究平台。这样，在我们学校的教师群体中才能逐渐形成两支队伍，即教学名师队伍和学术名家队伍，也才能为学校内涵建设提供基本的人才保障，这是学校高层次人才培育工作的基本盘。有了人才，事业才有人托起来；有了高层次人才，事业才有人“挑大梁”。有很多看似很难的任务，如果我们交给高层次人才来做，他们“三下五除二”就做出来了；如果你把这些任务交给那些不会做的人来做，他们恐怕一年都做不出来。这就是人才的不可替代之处。

以专业建设工作来说，我们的任务还很艰巨。现在，学校拥有国家级一流本科专业建设点1个、省级一流本科专业建设点3个、国家一流本科课程3门，有全国优秀教师、省金牌教授、省模范教师、省高校中青年学科带头人和骨干教师等省级及以上荣誉称号教师26人次。评选这些国家级和省级专业建设项目和优秀教师等称号，没有高层次人才坐镇挂帅是不行的。按照学校的体量，我们共有12个学院，国家级一流本科专业建设点应该达到4个（如果国家还继续遴选的话），省级一流本科专业建设点应该达到7至9个，这是比较合理的指标数据状态，教学名师和国家一流本科课程的数量也要相应地增加。

以科研工作来说，如果一所学校没有国家重大课题、国家重点课题、国家委托课题，那么这所学校发展的学术高度就上不来，高质量发展就是个大问题。目前，学校在这几项国家级课题项目的总量上还是个位数，这是不行的。学科建设是要看高质量科研产出的，要看我们在“大报大刊”上发表了多少高质量成果，而这些高质量成果主要是靠高层次人才培育和孵化的。我经常讲，我们要讲“北京话”，就是说我们要在《人民日报》《光明日报》《中国社会科学报》《中国社会科学》《新华文摘》《中国社会科学文摘》等国家重要报刊上发表高质量成果。我们光在地方报刊上发声是很不够的。因为这样的科研成果不是标志性成果，不能体现南昌师范学院的学术水平和高度。没有金刚钻，别揽瓷器活。专业的事，要有专业的人来做。在某些办学层次较好的高校，有的教师没有什么像样的标志性成果，连在《新华文摘》上转载豆腐块大的文章都没有，却敢当学科带头人、博士点负责人。大家看，他们有什么资格当？这种人真是不知天地宇宙之悠悠，不知人类历史之浩渺，不知天高地厚！如果他们只是因为年纪大、资历老就可以干这个活，那不就是我们所说的倚老卖老吗！这样的人就是在破坏人才环境！

以领导批示类的社会服务成果来说，学校还没有人提出一项省级发展战略或者被省委省政府采纳的重大发展战略建议，只是某些同志的意见建议受到了某位省领导的批示，那么，我们只能说他做的工作是一般性的工作，不能算是高质量的社会服务成果。个人建议只有受到官方组织的集体认可，例如，省委省政府的认可，那才算得上是高质量的社会服务成果。所以，我是这样看待领导批示的：我从来不把领导同志个人的批示当成招牌。如果你的意见建议被纳入省政府工作报告，纳入省委决策，纳入省级发展战略和发展规划，这种领导批示类的成果才算得上是有说服力的社会服务成果。所以，我们要有正确健全的学术评价制度，学术制度好，学术环境才好，人才才能施展才华，才能有幸福感、获得感，这是保障科研成果质量的基本条件。

学校必须在党委领导下落实“党管人才”总体要求，在学校行政有力推动下，强化担当作为，精准学校发展方向、落实人才工作各项指标，推动学校各项工作再上台阶、再上水平，这样才能不负新时代赋予我们的使命与机遇。人人都是人才环境的一分子，人人都在为人才环境“代言”。只有当每一个人都在主动地营造人才环境的时候，只有当每一个人都想成为人才的时候，那么，这个单位就是最好的单位。我心目中的南昌师范学院和未来的南昌师范大学，应该是一所这样的学校。人们讲，“英雄造时势，时势造英雄”。这对于南昌师范学院来说是十分贴切的。人才造就南昌师范学院，南昌师范学院成就人才。南昌师范学院渴求人才，这是现在与未来学校发展的第一需求。我们只有深刻地认识到这一点，我们的办学思路和格局才能打开，南昌师范学院的发展才能后继有人，才能有中流砥柱。

在高校教师群体中，存在这样一类人，他们秉承“学而优则仕”的传统观念，热衷于“加官进爵”，虽然顶着老师的头衔，却对“教书育人”不太上心，对做学问也不太感兴趣，更谈不上“立德树人”。这种现象是不好的。任何一个组织都需要管理人员，他们是推进组织发展的重要保障。在高校，走专业技术岗也好，走管理岗也罢，或走“双肩挑”之路也行，每条路都需要人去走，每件事也需要人去做，个人的职业选择无可厚非，但我们万万不可忽视了这一点，大学是育人的高等学府，育人是学校的根本属性。大学中的教职工都是教育工作者，都被人们称为老师，这是教育组织与其他类型组织的根本区别。况且，古人讲的“学而优则仕”前面还有半句话，“仕而优则学”。做官尚有余力还要加强学习，学有余力则可以做官，这叫作“仕读结合”，做官与学习不能分割，这才是完整的古代传统。[①] 所以，无论在高校从事何种岗位，做一名“只想做官不肯育人”或“只想教书不肯育人”的高校教职工都是不合格的。比如说，之前，我在江西师范大学工作的时候，梅国平校长到中国石油大学调研。会见接待中，该学校的办公室主任对他讲：“对不起，我要先退场了。”后来才得知那位办公室主任是教授、博导，当时他要赶着去上课。有的同志告诉我们，他们学校早就没有纯行政干部了，每个老师都承担了一定的教学科研任务。

所以，我们不能带着传统观念去办大学，把大学的教师群体泾渭分明地划分为纯行政人员与专职教师。江西的高等教育发展得不够好，这是一条重要原因。从南昌大学、江西师范大学再到其他高校，普遍存在大量的纯行政干部，这一现象是不合理的。这样做，大学办不好。我经常对纯行政岗位的同志讲：“你坐班干的事，我可以做；而我上课和做研究的事，你就做不来。”比如说，像我今天下午这样讲一下午，很多人都讲不来。很多纯行政人员只会做些“填填表格、接接电话、烧烧开水、赔赔笑脸”的事就满足了，这是不行的。在高校，我们不需要只会做这些事的人。我们要辩证地看待教师队伍的岗位划分。江西的发展区位优势不明显，如果高校的人才环境又不好，学校存在大量的不能从事教学科研的人，这样高校怎么能够充分发展呢。在我的母校华中师范大学，学院党委书记从领导岗位上退下来以后，可以继续当教授、博导。其他处级干部到龄转岗后也一样。所以，在那里，相对来说，他们讨论学术制度、决策议事要容易得多，在利益分配、利益边界的把握方面成本要小得多，不用付出那么多代价。

南昌师范学院如果不走教师岗位融合发展之路，建设一支“老师既是管理者、管理者又是老师”的高素质教师队伍，那么，学校也就没有未来。我们要

① 参见张艳国：《〈论语〉智慧赏析》，人民出版社 2020 年版，第 358、359 页。

为每一位到学校工作的员工指明一条职业成长之路，构筑他们成长成才的通道，让他们看到未来发展的希望，这样的话，我们这个大家庭才会更有凝聚力、战斗力。

我现在在思考一个问题，高校里那些60岁退下来的同志现在都在干什么？那些从事“双肩挑”的同志60岁以后又在干什么？他们还能不能从事教学，还能不能从事科研，继续走在教学科研的最前沿？像在江西师大，傅修延同志退下来以后，赖大仁同志退下来以后，方志远同志退下来以后，他们都在继续发光发热，宝刀不老。这些人是江西省为数不多的几张学术名片，这些人加起来总共不超过10个人啊！这一批人是有职业理想的人，应当受到社会尊重啊！这样一批人，他们思想有亮点、心中有仁爱、裤腿有泥土、手上有干货，社会还需要他们的才华。所以，职业理想成就人才，成就教育家。

这就回归到习近平总书记的要求，他说：“高校书记、校长都要成为社会主义政治家、教育家。”[①] 实际上，这句话对于各个学院的党委书记、院长来说也是如此。高校的领导同志要有政治家的立场眼光，要有教育家的情怀本领，这样才能够把学校办好。在教师队伍里，如果每一个人都有这样一种理想，这样一种温度，从事教学的人要当名师，从事科研的人要当名家，从事管理的人退下来以后还能够继续接着干，心怀教育家和学术家的情怀。我想，这样的话，我们的人才环境就会越来越好，我们的高层次人才就会越来越多，我们的理想和目标就一定能实现，我们的学校也一定能够立于不败，屹立不倒！

今天，我就和同志们交流这些内容，讲的不对的地方，请大家批评指教。谢谢大家！

（本文系作者于2023年11月6日在南昌师范学院文学院、教育学院人才座谈会上的讲话，钟成海根据录音整理，经作者审定。）

① 习近平：《论坚持党对一切工作的领导》，中央文献出版社2019年版，第165页。

提升督导工作质量，积累教育教学文化

今天，我们利用一个下午的时间，专门召开新一届督导专家礼聘仪式。虽然它只是一个例行仪式，但我认为意义重大。我和胡小萍副校长商量，我在班子里也是如此建议，学校教学督导组要按届运行，要形成健全的督导组织体系。根据学校的办学规模和专业类别，督导组分设思政、文管、理工、特殊专业四个小组，设大组长一名、小组长四名。有了这样的组织架构，我们的教育教学管理工作才能形成闭环，人才培养质量才能有保障。

我在江西师范大学担任副校长期间，管了10年的本科教学，还担任了2年的专职副书记。在江西省，我是分管教学工作时间较长的副校长。我的一个湖北仙桃老乡，华中农业大学毕业的朱友林同志，他曾担任过南昌大学的副校长，也长期分管本科教学，是本科教学专家。在江西省专业综合评价工作中，他是主任，我是第一副主任。江西省启动专业综合评价改革，时任江西省副省长朱虹同志是这个工作的总指挥。他是湖北洪湖人。我们三个人一起在做专业综合评价改革的设计与推进工作，共同推动高校专业内涵质量建设。所以，作为本科教育教学工作战线的老同志，我对教育教学工作怀有深厚情感，有深刻体会。

各位督导专家既是老资格的教师，也是南昌师范学院的宝贵财富。大家是完全有资格、有资历督促、指导、提升我们学校教育教学改革工作的。所以，学校才礼聘大家担任督导员。我还和在座的徐向阳同志、涂湘仁同志、应丽君同志，一起在学校共事了一年。那时候，他们还没有退出领导岗位。我经常在会场看到大家，应该说我们是老朋友了。虽然我与在座的有些同志面生一点，但是，我们在遴选督导员的时候，我认真了解了大家的工作干劲和成就，很钦佩，很感动。我认为大家是值得学校礼聘、礼赞的。我讲礼聘，这是古礼，要讲中国古代源远流长的礼仪文化，这是其中一个。

一、礼敬督导专家，传承古礼

俗语说："生我者父母，教我者师父。"[①]给予自己生命的是父母，延续自己慧命的则是老师。我国自古就有浓厚的尊师重教传统。《礼记》中记载："凡学，春，官释奠于其先师，秋、冬亦如之。"[②]对先圣先师行释奠礼是重要的国家礼仪。"大学之礼，虽诏于天子，无北面，所以尊师也。"[③]老师即使为天子讲学，也不必面北行君臣之礼。古代王公贵族子弟要读书，到太学里去学习，要请好的老师。对待老师，不是招之即来，挥之即去，不是一种恩赐，更不是命令，是要接受礼聘和礼赞的。所以，在中国传统文化里面，师者的地位很高。至今，不少家庭的神龛后仍然摆放着"天地君亲师"的牌位，师者位列其中，这是民间的私祭。国家有官方的公祭，即祭孔大典，现如今在曲阜孔庙举行。所以，同志们，这样的规格高不高？除了人伦纲常以外，人世间最重要的关系就是老师和学生的关系，这是中华民族源远流长的，在世界上最受人敬爱、最受人礼赞的文化。

督导制度，古亦有之。《礼记》中便记载了周代"天子视学"的制度，这就是最高规格的教育督导，后世多承袭了这种视学制度。现在，督导制度已成为教育管理制度的重要组成部分。本次，我们健全学校督导机构设置，很有必要。这是抓好教育教学质量的基础工作。经过慎重考虑，南昌师范学院督导专家组整个大组的组长请应丽君教授担任。我是很认真地审核了她的任职条件的，包括她从事多少年的专职教师工作，是什么样的职称状况，主讲了什么课程，做了什么样的教育教学改革项目，历年承担教学工作被学生评价的情况怎么样。我在江西师范大学分管教学工作期间，与四任督导专家都建立了非常友好的关系。尽管他们白发苍苍，佝偻了腰背，但仍然坚持工作在教学一线，展示出饱满的精神状态。他们只要一进入教学大楼，便步履如飞、眉飞色舞、精神矍铄。我十分敬佩他们，所以，我觉得督导组的老师是值得享受我们这样高规格礼遇的，由学校校长来颁发聘书。

记得我在参加教育部教育督导师资队伍建设改革座谈会时，曾讲到礼聘文

① 单铭磊编著：《礼仪文化》，中国经济出版社 2014 年版，第 141 页。
② 胡平生、张萌译注：《礼记・文王世子》，中华书局 2017 年版，第 400 页。
③ 胡平生、张萌译注：《礼记・学记》，中华书局 2017 年版，第 706 页。

化，并提出："如果我们尊重督导专家，重视督导队伍，发挥督导队伍和专家的经验与作用，这个学校的教育教学即使不用行政的方式去管理运行，也一定是有趣的、有质量的、有文化品位的。"当时，教育部副部长听完我的发言后站起来，向我敬礼。他说，张校长讲的"有文化品位"，把教育教学中的"文化品位"作为一个概念来讲，还没有人讲过，讲得非常好。我觉得如果学校重视督导工作，就要请分管学校教学业务工作的领导同志亲自主持会议，亲自主持选聘，亲自把聘书发给专家。这就是前面讲的"礼聘"礼仪，它是有组织归属、有仪式感的，体现的是对教育教学，对一线教师的庄严感、敬畏感。办教育就要使教育工作有序地运行起来，真正体现"教学神圣，教师光荣，教学伟大"，在日常细节中令人生起敬畏之心，这样做就能体现我们贯彻落实了省委省政府的办学要求，办好社会满意的南昌师范学院。

二、明确工作要求，履职尽责

督导专家所承担的任务，就像应丽君老师讲的，要关注课堂教学与落实学生中心、结果导向、教学互动情况，科学合理地评价教育教学行为，为教育教学改革提供第一手材料、客观依据、原始数据。因为很多教学管理的第一手材料是从督导专家那里得来的，所以，我对大组长的工作是有定量要求的。

一是每年年终时要形成全年工作报告，对每位专家的工作进行总结、做出评判，这是自我建设、自我管理、自我评价。

二是每学期要形成一份大组工作报告。督导工作要根据学校整体的教育教学工作安排、学校人才培养方案、学院专业建设任务要求，促使老师的教育教学活动落实专业课程教学进度和质量要求，体现学校人才培养目标，体现专业育人的人才培养规格。我对学校的人才培养规格有一个思考，今天提出来向大家请教：学校通过本科教育，培养有人文情怀、有科学精神、有艺术品质、有过硬本领，能够满足地方需求的有用人才。关于人才培养规格，这是我今天第二次讲这个事情，可见这件事在我心里有多么重要。可以毫不客气地说，许多在管理部门的同志对这个问题还不够重视，工作还没进入角色。如果南昌师范学院办师范专业也好，办非师范专业也好，没有明确相应的专业规格和人才培养规格，那怎么体现学生中心？怎么体现育人育才的办学方向？怎么体现我们与江西师范大学和赣南师范大学、上饶师范学院等高校的差异化发展？怎么能够满足家长、学生对就业的需求？我认为，人才培养规格问题里面有一个很复杂的逻辑链条、逻辑关系，要使这个逻辑关系不内卷化，必须是开放的，是自洽的，按学术语言讲，要能够形成工作闭环，有因有果，就必须重视和抓好督导工作。我在江西师大工作期间，除了参与学校党委、行政重大原则性文件出台前的调研工作，管好分工的事项以外，最重要的功课就是看督导专家提供的三份报告。这三份报告包括一个年终的报告和两个学期各一次的报告。

三是组织他们按照学校教育教学改革的进程、计划目标和评估中心工作要求开展工作。督导身上肩负的责任非常重大，所以我和胡小萍副校长商量，我说一定要通过评审程序产生督导专家。我在江西师大工作期间，这个评审活动是高规格的，候选人是要上学校教学指导委员会的。除此之外，我们还要找同类高校，至少是从三所高校中选择一所高校的专家参与评审。比如，随机在湖南师范大学、南京师范大学、首都师范大学这三所中抽一所高校，请他们推荐专家参与。

南京师范大学这十年要比湖南师范大学发展水平略高一点；在十年前，却是湖南师范大学领先一步。湖南师范大学的前任校长、书记张楚廷教授，也是我的湖北老乡。我在江西师大工作的时候，曾请他来校做报告。可以说，他真是风流倜傥、思想魅力无限。这不是夸人长相的话，而是讲他作为老校长、老教育家的风采。他本来是有讲稿的，但正式讲课时，不需要 PPT，不带讲稿，只用事先准备好的讲课提纲，写在小纸片上的。即便如此，他却仍然讲得十分精彩。令人担忧的是，现在的年轻教师离开了 PPT、备课本、教科书，就“哑炮”了，就不能登台讲课了。所以，我希望督导专家们重视一下这个问题。年轻教师上讲台就念稿子，像领导讲话一样，学生感觉很不好，这也不是应有的文化传承！还有的老师左手拿着材料这样看，右手拿着材料那样看，就像在课堂上跳舞一样，看相也不好。这怎么能行啊！我们是专业教学、学者讲课，基本的授课技能都不具备，这样当老师怎么行啊！我到南昌师范学院工作后，发现不少教师也存在这种情况，他们只是形式不同、程度不同而已，教学不熟练、教学技术不规范、教学不投入的毛病却是一样的。比如，有的老师备课，就是直接把课本的内容抄写到备课本上，没有起码的教学规范和敬畏之心。这是应予坚决抵制和反对的。

回想我上大学的时候，我的老师能够做到百分之百“裸讲”，百分之百一支粉笔、一杯茶、一张嘴巴上一节课。上课前 5 秒钟，老师说："同学们，准备上课啦！"然后铃声就刺啦刺啦地响了。下课前 5 秒钟，老师说："今天的这堂课快要结束了，让我们休息 10 分钟吧！"话音刚落，刺啦刺啦地铃声响起来了。老师驾驭课堂的能力非常强。那个时候，多数男老师是抽烟的。课间休息时，学生围上来提问，老师说："孩子们！让老师喘口气、抽支烟、喝杯茶，这个时候就不要'围攻'了。"两节课上完后，老师还是依依不舍，回过头来说："刚才有几位同学有问题要提的，现在赶快来，我们到楼下去说。"同学跟着老师一边走，一边下楼，状态非常和谐。

古今中外的教育有差别，但对教育教学活动基本规范的要求在道理上是相通的，那就是要求教师以饱满的精神状态投入教学中去。以万世师表孔子的教学生涯为例，他一辈子"述而不作，信而好古"①，但他的教学活动一定是精心投入的。《论语》就是孔夫子教学的精彩记录。他是否使用了备课本，我们今天不得而知。如果有，那一定是传承下来了。他是否使用了教材，我们今天不知道。但是，如果有备课本，就一定流传下来了。我在一些学校作学科专业指导交流的时候，曾经多次讲到过这件事。赣南师范大学，我十年间去过三次。其中有一次，赣南师范大学校长、书记请我去作交流。他们学校的全体历史学和相关文科学科的老师都来了。我特意改变方式，让他们请了 20 名学生坐在老师中间。我讲完我的体会以后，请学生提问。其中有一名学生很可爱，他的故事成为我的一个教学案例。他说："张老师，我读了您的论著，刚才您讲孔子没有教材、没有备课本，我不赞成。"他的话一下子就把我说乐了。我说："有，请你拿出依据来。"他说："我也没有证据，但是我可以质疑张老师的话。"我笑着说："我可以拿出证据来。"一下子环境就显得异常得安静，真如一根针落地都能听得见的安静。我轻松地笑了一下，说道："我可以拿出一个反证。"我说，他的对话录、他的语录经过三代学生整理都可以流传下来，经过 2000 多年都能够精心保存下来。如果他有教材，如果他有备课本，那就应该像伊斯兰教的《古兰经》、基督教的《圣经》一样被保存下来，而且还会很完整，还会有手刻本，如此等等。哎呀！我一讲完之后，整个会场就掌声雷动，经久不息，前面坐着的老专家都站了起来，频频点头，他们是在肯定我的分析讲解。我认为，

① 张艳国：《〈论语〉智慧赏析》，人民出版社 2020 年版，第 113 页。

这就是教学研究。由此，我对赣南师范大学的印象非常好，因为我在这里遇到了知音。

什么叫教学研究？什么叫老师因课堂而美丽？因为我琢磨得很细，我长期思考这些问题，在这个问题上我也出过专著。孔子的《论语》是孔子的言行记录、言行集。按现在的话讲，孔子是教学有规范、教亦有法、教无定法的榜样和师祖。大家再看看现在的教学情况。有些老师上课时，眼睛不离备课本、教材、PPT，而不是紧紧盯着学生，目不转睛，这样怎么能教好学生？我们讲遵守教学的基本规范，上课要有“五必”材料，但不能对它产生依赖。如果依赖这些东西，教师就变成复读机了，课堂就毫无生命力可言，教学也就起不到育人作用了。同志们！办好本科教育，我们不仅要建好师资队伍，还要建好督导队伍。只有这样做，教学管理才能形成闭环，形成一个自洽的逻辑。社会满意的学校、家长家庭认同的学校、学生愿意填志愿报考的学校，它不是排名排出来的，它不是政府奖励奖出来的，它不是做广告做宣传抬起来的，它是因为有一批好老师通过好的教育教学成果，把学生教好了、使学生成才了，学生走上社会后得到满意评价。因此，学校办学品牌是被社会评价评出来的。从这个意义上说，督导队伍也是学校办好本科教育的中坚力量，这也是我的一个体会。

南昌师范学院在发展的路上要向申报硕士点进军，首先是要把本科教育办好。如果我们没有办好本科教育，连自己的责任田都没有种好，还如何奢谈办研究生教育？如何谈更名为南昌师范大学？现在办学，学校发展面临的压力确实非常大。这就像我到江西师范大学工作的时候，上任后第一次跟同志们汇报时讲的话，标兵越来越远，追兵越来越近；时不我待，不可松懈。无独有偶，我到南昌师范学院工作，第一次向大家汇报时，讲的也是这些话。当时很多同志听后一脸愕然。同志们，标兵越来越远，追兵越来越近，这是客观现实。发展精彩，万马奔腾，百舸争流，兄弟高校都在大干快上，留给我们南昌师范学院发展的机会也不多了。上午我讲过这句话，今天下午我还是和老专家们分享一下我的这样一个想法，这也是我思考学校改革发展、创新发展、特色发展的一个重要观点。

同志们，纵观学校将面临的发展形势，东看，东边有南京师范大学；南看，南边有南宁师范大学；西看，西边有西华师范大学；北看，北边有长春师范大学。同志们！这些学校不也是同样在省会城市办学的吗？不也是由省委、省政府举办的学校吗？我们要不要建立一所新型的南昌师范大学？东南西北就缺中，我们怎么能懈怠呢！对待发展麻木不仁，对待发展慢三拍，这绝不是共产党人的态度和立场！

建设一所新型的南昌师范大学，我们依然要牢牢地锁定本科教育，“申硕更大”指标对照表里就包含本科教育、师资队伍、学生就业、招生分数、毕业生去向、师德师风、思想政治工作等要素。这次，思想政治工作是第一次出现在申报表格里，权重很大。所以，相应地，对于我们督导专家来讲，这一次就加了一个思政组。一个大组、四个小组齐抓共管，对所在小组全覆盖的专业进行全面巡视、督查、指导。

一般来说，高校分管教育教学的领导只讲巡视、督查，不讲指导。我在江西师大工作期间就鲜明地提出了督导的职责，除了巡视、督查外，还要讲指导。所以，我现在肯定各位老师的贡献，希望大家做好“传帮带”，指导好我们学校大量的青年教师，把你们毕生积累的宝贵经验贡献出来，有效解决不少青年教师存在的离开了备课本、教材、PPT 就不能上课这个问题。这是督导的职责。

对于督导教师的待遇，我们做了一个制度性规范。我和胡小萍副校长商量的时候，唯一问了大家的待遇薪酬水平这个问题，其他的我都不打听。我还是讲湖北的“土话”，杀猪杀屁股，各有各的杀法。办法可行，办法有效就行了。有甩手不管事的校长，也有什么事情都揽着的校长。走极端是不好的。我说我要做一个称职的校长，管该管的事。所以，胡小萍副校长给我汇报以前的教育督导薪酬待遇的时候，我很果断地说待遇低了，应该调整好。否则，这样的待遇，一是请不到合适的人；二是就算请到了，也不会做好；三是南昌师范学院对不起督导教师，没有面子。这个“面子”是文化面子。为了把教育教学、本科教育搞上去，我们要提高督导待遇。这是花小钱办大事；这是暖人心，尊重知识、尊重劳动。何况，大家放弃了“孙子兵法”——“走为上计”，退休了还坚持来为学校做贡献。你们对于学生来说是爷爷辈、奶奶辈，不带自家的孙子，来学校带别人家的“孙子”，这是很好的品质。我觉得这个钱要花，值得花，因为督导队伍很重要。

三、肩负光荣使命，既督又导

督导工作是教育教学的重要环节，它的重要性体现在四个方面。一是督导工作是教育教学过程闭环系统的重要组成部分，能够起到教育教学监督、反馈、改进功能。我们调整教育方案靠什么？我们满足学生的成长需求靠什么？第一手资料、客观依据来自督导老师，来自教学过程本身。

二是抓好督导工作是落实国家立德树人根本任务、把握成人成才方向的必然要求。教师是否能够通过教学活动促进学生的智力成长、影响学生的人格发展，也需要督导监督把关、正确引导。我在这里讲一个学术观点，认识到这个问题的专家目前还比较少。很多人认为，督导工作只是教育的一个外在监测系统，相当于高速公路上的巡路员、交通警察。我认为不只是这样的，它是内在、内生的，本身就需要有，而不是袖手旁观或站在一旁指手画脚的看客，而是评估方、认证方，是能够起到建设作用的一股重要力量。一堂课讲下来，老师是不是精神振奋、热血沸腾，能不能让学生产生情感的共鸣，引发学生的求知欲，这是需要督导认真观察并亲身体会的。督导也是课堂的重要参与者。督导的职责是巡视、督查、指导。巡视发现问题，督查整改问题，指导提升能力，只有把这三项职责充分发挥起来，我们整体的教育教学水平才能得到提升。所以，教育部要求管办分离，专门设立平行的教学督导中心，是有依据的。“办”，是教务处代表学校办教育；“管”，是评估中心进行监督。

三是督导工作是落实持续整改要求的重要抓手。教育部要求办学要全过程、全要素地配置教育教学资源，整改永远在路上。教育部本科教学工作合格评估、本科教育教学审核评估、师范类专业认证都强调“持续整改理念”，很有指导意义。江西省最近启动了本科专业综合评价工作，也特别强调这个理念。在本轮专业综合评价工作中，我校教育学院取得了不错成绩。专业量化排名第一，综合排名第二。我去年年初来师院工作时就讲过，要让那些奋勇拼搏、摘金夺银的人坐主席台、戴大红花、拿奖励金。南昌师范学院只有12个学院、28个专业，发展基础不占优势，在全省打擂台，能够拿到第一名是不容易的。湖北人常讲的一句话，“一俊遮百丑”，就是弱校办好专业的好方法。我们是一所历史悠久的本科学校，但是，又是一所普通本科教育历史比较短暂的老校。我们的短板弱项还很多，如果这次参评，一个第一都没有，我们该怎么办？没有办法，那是很丑的啊！这一次，让教育学院努力地“俊”了我们一次，遮了我们好多的短板、弱项，我们要感谢他们！同时，这次专业综合评价取得好成绩，也有督导老师的一份功劳。教学和督导是一家的。没有督导，怎么会干得这么好！正是因为督导工作质量提上去了，我们才能不断地调整工作节奏，不断地调整资源配置，所以才能把工作搞上去了。

四是督导工作在检验人才培养方案的科学性、教育教学过程范式的可行性、教育教学方法的可操作性过程中，能够起到重要作用。老师们，你们去听课，怎样研究教学规律、教学过程？评估办首先要研究教学政策，教务处首先要研究教学过程。大家干的是一项业务性和政策性都很强的工作。这是教学督导需要兼顾的两个最基本的方面。我们在江西工作、生活，在中国最红的红区工作，要有金子般的心才行，这样才能奋起直追，“做示范，勇争先”。我一直按照江西师大老一代著名历史学家谷霁光先生“八小时外，奋斗终生”[①]的格言来勉励自己，学习江西的好文化、好作风。南昌师范学院怎么办好教师教育？在今年学校70周年校庆的校长论坛上，我准备讲的是“师范教育究竟是个什么范”这个问题。我们只有牢牢地抓住最基本的东西，才能形成规范，打造范式，才能在办学治校过程中孕育出几朵耀眼的花朵来，吸收社会的眼球，让人们高兴和喜爱。所以，督导组的专家首先是专业的挑刺人，其次，督导专家是幸福的赏花人和摘花人。因为他们不仅发现教育教学问题，而且也发现精彩的教育教学案例。依我看，那些优秀的教师、精彩的教学案例就是耀眼的花朵，而你们就是摘取这些花朵的人，是第一时间发现亮点的人。所以，为什么我要讲请准、请对、请好督导专家，才会一个个地对照各位的履历表，看看老专家们的经历和成就，因为督导的工作实在是太重要了，我们疏忽不起、松懈不得。

四、高效做好工作，当好助手

我还有一个想法和大家分享一下，那就是怎么做好督导工作。因为在场的老督导专家人数比较少，更多的是新手。一是希望大家实现角色转变。以前你们是院长、专业负责人，是教学上的专家，而现在，你们要发挥自己的长处，把这些优势转化到提高教师教育教学水平上来。现在不是再让你们去上原来的

① 参见邵鸿：《谷霁光先生的治学特点》，《南昌大学学报（人文社会科学版）》，2017年第3期。

那堂课，而是因为，你们作为教学能手，曾经亲身奋战在教育教学一线。你们有自己的体会和理念，可以去监督、提醒、关爱、提升教育实践者，发现教师教学有不规范的、不饱满的地方，你们应该主动去指导他们，提出好的建议，帮助他们改进，为学校培育更多的教学名师。

二是希望大家为学校的教育教学改革做好智库、当好参谋。我开始到南昌师范学院来工作的时候，大家经常说我老是提江西师大。我提江西师大不是厚此薄彼，长他人志气，灭自己威风，而是为了勉励大家虚心地、诚恳地、努力地向江西师范大学“老大哥”学习，学习其好的、优质的、能启发我们的东西，从而加速学校发展嘛！我很想南昌师范学院发展得快一点啊！我很着急，一着急，我就容易批评一些不好的现象和工作状态。所以，我讲大家要有金子般的心对待我们的工作，对待我们的岗位。谁叫我们在这里工作呢，拿工资呢？谁叫我们占了一个干部职数呢？你不好好干，那就换个人干不好吗。这是我经常讲的话。同志们！我长期接受岗位锻炼，所受的教育就是这样的。督导专家的工作专业性很强，你们要根据学科专业的分类，在这个类里面不断发现问题。比如说，现在很多音、体、美、外的本科老师都会做科研，拿项目，发文章，写书，但是不会出专业成品。教书法专业的，不会写书法，不能成为著名的书法家；教国画的不是国画家，不能成为徐悲鸿那样的艺术家；教油画的老师，不会画油画，甚至连蒙娜丽莎都欣赏不了；教器乐的，不会中国传统的唢呐等器乐。现在会唢呐的人真是不多啊！我和北京师范大学、华东师范大学、华中师范大学的音乐系老师交流时，他们的系主任告诉我，会吹唢呐的高手已经不多了，这怎么得了啊！所以，我看《百鸟朝凤》这部电影，一连看了五遍，想从中找答案。我是当作教学研究来看的，每次都是热泪盈眶。这部电影给我们的启示是，“游家班”这个剧团的兴衰存亡变迁，给我们讲了一个最世俗的道理，师德师风何以成为中国两千多年文化传承中最闪光的东西。所以，我看《百鸟朝凤》电影时很感动，情动之时泪流满面。学生如何奋勇争先，成名成家，并赢得社会的尊重？不管吹唢呐这个技艺是如何传统，是如何地不能和时代对接。但是，我认为，只要它还有欣赏者，还有鼓掌者，它就有存在的价值。导演吴天明在去世之前拍的这部电影，是以生命为代价进行工作的。他的敬业精神、艺术追求值得尊敬；同时，我也向赞助这部电影拍摄的两位企业家致敬。我觉得这两位企业家是有文化底蕴的。所以我说，教运动体育的成不了跑步的国家冠军，起码应该成为学校的跑步冠军。这样，你才有资格去讲运动健身。我不知道你们督导赞不赞成我的浅见，觉得这个要求高不高？如果你都没有时间去跑步，如何跑出情怀来，跑出成绩来？你怎么能把学生教好？教民族体育，比如舞狮舞龙；或教民间艺术，比如做灯笼。这些老师必须是这方面的行家里手。你要讲得出制作形制及其形制背后的文化，讲得出工艺流程，讲得出它世代传承所分的地域流派，等等。如果你讲不出来，你能够当好老师吗？我说，把这些讲好了，在一定意义上说，比拿好多项目、出好多本书还要显得重要。你们教育督导老师要赶紧传导当好老师的理念。也就是说，我们当老师既要是科研能手，更要是实践行家，能够教学生身体力行，知行合一。

三是希望督导老师们发挥爱学校、爱年轻教师的饱学之士这样一种厚德载物精神，敢于指出我们在教育教学过程中存在的体制机制上的不足，在学校层面存在的管理不当问题，指出教务处、评估办管理服务不到位的地方，指出老师们在教学上精神不饱满、投入不够的问题和脚踩“一票否决”红线的问题。我在这里特别地讲，你们要敢于亮剑，代表学校督查正风。大家都知道学术无禁区，可以自由选择研究题目，自主发表科研成果。但是，课堂讲授有纪律，老师要遵纪守法。你们就是学校请来的“天眼”。一天八小时的课堂情况，我们抽查教学质量，就靠你们各位“天眼的法力”。这是对你们所从事的工作的崇高评价。你们要比我们高明多了，我们在办公室里看不到发生在课堂上的违法乱纪问题，而你们在巡查中、听课中却可以发现。一旦发现了，就请你们毫不隐瞒、毫不客气地第一时间指出来并上报有关责任部门和职能部门，以便按程序、合规合法地进行必要处理。我是这样治理教学的，做到依法依章依规，我称之为“三依”。一要依法治理，“法”指的是法律；二要依章管理，“章”指的是大学章程；三要依规管理，根据制度要求履行自己的权力。我也对教务处的同志、评估办的同志、保卫处的同志提出这样的要求，一定要做到“三依”。最后的裁判则是两个组织，学校教学委员会和学校平安校园建设工作领导小组。当然，我们也要合法合理地保护和保障老师行使教学的权利，充分做到“两个尊重”，既尊重教师的人格，也尊重教师的劳动，而不要横加干涉。大学之“大”是指文化之大、学术之大、文明之大。大家怎么能不文明地处理这样的问题呢。督导专家发现问题，我们按程序处理，按要求整改。所以，我们在督察组中，设立了一个思政小组，这是完全有必要的。这就是我讲的第三个方面，希望督导专家、老师们当好“天眼”，展现“法力”。

四是希望督导专家们量力而行，健康地督导，快乐地督导，不要在督导的过程中满弓而发，疲劳而上，影响健康。身体不适就要提出来，有特别的情况可以请假。我们既要以学生为中心，也要以老师为中心，更要关爱老师中的老师——督导老师。只有这样积累文化、创新文化，我们才能形成南昌师范学院独特的教育文化。我们希望自己发展得快，发展得好，发展得高；同时，我们在实际行动中关爱老师、服务学生。这样，我们才能凝聚师生伟力，尽快实现我们的宏伟目标。

今天，我利用一个下午的时间专门向老专家们做个思想交流，我讲得不对的地方，请同志们批评指正。

（本文系作者于 2022 年 5 月 12 日下午在南昌师范学院新一届教学督导组成立大会上的讲话，钟成海根据录音整理，经作者审定。）

毕业设计（论文）是衡量大学本科毕业生专业水平和综合能力的根本依据

毕业设计（论文），又叫大学本科学位论文。毕业设计与大学教育和人才培养制度密切相关。这个“密切相关”有两重含义：一是大学教育要有一个重要的人才培养质量标准，大学本科生经过四年（极少数专业有五年制的，这里是就一般性而言）的专业教育和系统培训，要有一份个性化、体现专业知识和综合能力相结合，具有创新价值的成果。这是就大学教育对大学生的要求而言的。二是大学生经过四年本科专业培训、培养，必须形成一份可以向家长、向社会汇报的物化（固化）成果。这是就大学生对学校、对家庭、对社会所应承担的责任而言的。大学生要利用这短短的四年时间，掌握人才培养规划所要求的专业知识和综合素养，的确不是一件容易的事。但无论如何，学满了四年，究竟学得怎样？孰优孰劣？总得有一个可以衡量的依据。俗话说：是骡子是马，得拉出来遛遛才知道。因此，在毕业前，学校要求每位大学生在老师的指导下，制作一份（写作一篇）有新意、能够代表自己大学本科阶段综合能力的毕业设计（论文），经过答辩、评议，质量合格，便授予该毕业生学士学位。给优秀的毕业设计授予“优秀毕业论文”称号，这可算作一种奖励、一种激励；而毕业设计不合格者，则不能毕业和取得学士学位，这也算是一种惩戒、一种警示。一般说来，不论是在中国，还是在西方国家，学校和社会都是很看重这份毕业设计（论文）的，因此它被存入毕业生的个人档案。特别是毕业生走上社会后，毕业设计（论文）将会是用人单位考查毕业生综合素质和创新能力的重要依据。可以说，毕业设计（论文）是毕业生一辈子具有标志性的成果和重要记录之一。由于它既要有普遍适用性，又要有差异性考查特征，这就要求毕业设计（论文）具有一定的学术规范，比如研究方法、资料运用、文字表达和时间性等方面的要求。这也是对大学生发现问题、观察问题、研究问题、解决问题和提出研究结论的一种规范性、标准化训练。毕业设计（论文）制作阶段的思维方式、表达方式会在大学生毕业以后很长一段时间产生影响，以至于很多人共同的体会是：创作一篇好的、有新意的毕业论文，受益一辈子，怀念一辈子，幸福一辈子。

近代大学的本科学位论文和毕业答辩制度，是由古典大学制度中的辩论考试制度演变而来的，它由德语国家首创，之后被世界各国相继效仿并流传开来。在我国，近代大学的兴起和近代大学教育制度的产生，与外国传教士的东来，即“西学东渐”密不可分。要说最早在中国产生的近代大学毕业制度，不得不提到始创于19世纪中叶的山东登州（今蓬莱市）文会馆。登州文会馆是由美国北长老会传教士狄考文（1836—1908）于1864年创办的一所私立学校，它既是中国第一所教会大学，也是齐鲁大学的前身。1876年改称“登州文会馆”，1881年开设大学预科，1884年纽约长老会总部批准以“Tengchow College”（登州学院）为学校英文名称，以“登州文会馆”作为中文名称。登州文会馆是中国最早的现代型大学，为中国早期高等学堂输送了大批师资力量。1864年正月，狄考文在登州和先期到达的一对传教士夫妇在城西北观音庙办起了一座寄宿的“蒙塾”。1872年，狄考文在原有基础上，扩大了校舍，增加了课程，称前三年为“备斋”，后六年为“正斋”，“正斋视高等学堂之程度，即隐括中学之程度于内；备斋视高等小学堂之程度，而隐括蒙学于内”①。1876年，文会馆第一批学生毕业（学制12年），毕业生仅3人：邹立文、李青山、李秉义。学制方面分备科和正科，读书9年。狄考文亲自编写课本，包括数学、物理、化学，以及圣经、国学、英文；狄考文的妻子则讲授历史、地理、音乐等。1886年文会馆的规模再次扩大，可以容纳100多名学生。同时，文会馆还增加了木工、电工、车工等工艺课程；另外还有一些传教士讲授天文、逻辑等新课程。作为中国近代第一所教会大学，登州文会馆在中国经典课程的教学中，要求学生用文言文及白话文来宣读论文，按计划轮流发言；教师出席，作为评论员和裁判，对学生进行白话文写作和演说能力的训练。这是我国大学教学中论文及答辩制度的

① 郭大松、杜学霞编译：《中国第一所现代大学——登州文会馆》，山东人民出版社2012年版，第212页。

雏形。[①] 民国时期，我国逐步建立起近代意义上的大学教育体系，西方大学衡量学术水平的学位授予制度便进入我国，学位论文制度正式被我国高校所接纳。作为衡量大学本科毕业生学术水平与综合素质的依据，学位论文制度沿用至今。

国家教育部作为我国教育行政最高管理部门，对大学学位论文写作、答辩都有明确规定。学位论文答辩制度规定，凡经答辩通过的学位论文，一般都是具有独创性的研究成果，能够显示论文作者的专业研究能力。学位论文具有学术性、科学性、创造性、专业性和规范性等特点。学位论文一般不公开出版，以打印本的形式收藏在规定的地点。新世纪之交，人类社会进入了信息化时代，除了学位论文的纸质文本被集中保管的方式外，还有信息化保存方式，方便了人们阅读。

当然，大学学位论文只是学位论文中的一种。此外，根据所申请的学位等级，相应的还有硕士学位论文和博士学位论文两种更高级别的学位论文。依此看来，大学学士学位论文，还只是基础的学位论文。

按照不同的研究路径和研究方法，学位论文可分理论型、实验型（实证型）和描述型三类。理论型论文的研究路径和运用的研究方法主要是理论证明、理论分析、数学推理，依此获得相应的科研成果；实验型论文主要是运用实验方法，在进行实验的同时，观察、分析实验资料，获得相应的科研成果；描述型论文主要运用描述、比较、说明的方法，通过对新发现的事物或现象进行综合分析而获得相应的科研成果。

按照不同的研究领域，学位论文又可分为哲学人文科学学位论文、自然科学与工程技术学位论文两大类。这两类学位论文的文本结构具有共性，也都具有长期使用和参考的价值。

学位论文是学术作品，它具有不同于一般性科研论文的规范和要求，譬如说，观点要严谨，文字要简明，重点要突出，专业常识应简写或不写，做到层次分明、数据可靠、文字凝练、说明透彻、逻辑严密、立论正确；避免使用带文学性质或感情色彩的非学术性语言；论文中如出现一个非通用性的新名词、新术语或新概念，都要及时解释清楚，避免生僻。

① 参见顾长声：《传教士与近代中国》，上海人民出版社 2013 年版，第 195—198 页。胡凯基：《狄考文在华活动研究》，清华大学硕士学位论文，2006 年。

当下，我国高校关于大学本科生学士学位论文的要求，贯彻和体现了国家关于本科人才培养质量的法律性强制精神和制度性要求。一是《中华人民共和国高等教育法》（以下简称“高教法”）。“高教法”明确指出：高等教育的任务是培养具有创新精神和实践能力的高级专门人才。本科教育应当使学生比较系统地掌握本学科、专业必需的基础理论、基本知识，掌握本专业必要的基本技能、方法和相关知识，具有从事本专业实际工作和研究工作的初步能力。二是《中华人民共和国学位条例暂行实施办法》（以下简称“学位条例”）。“学位条例”要求：高等学校本科学生完成教学计划的各项要求，经审核准予毕业，其课程学习和毕业论文（毕业设计或其他毕业实践环节）的成绩，表明确已较好地掌握本门学科的基础理论、专门知识和基本技能，并且有从事科学研究工作或担负专门技术工作的初步能力的，授予学士学位。三是教育部《关于加强高等学校本科教学工作提高教学质量的若干意见》（教高〔2001〕4号）（以下简称“意见”）。“意见”指出：高等院校要进一步加强实践教学，注重对学生创新精神和实践能力的培养，高度重视毕业实习，提高毕业设计、毕业论文的质量；建立健全教学质量监测和保证体系。还有相关补充性的文件要求，如《教育部办公厅关于加强普通高等学校毕业设计（论文）工作的通知》（教高厅〔2004〕14号）则进一步强调，毕业设计（论文）在培养大学生探求真理、强化社会意识、进行科学研究基本训练、提高综合实践能力与素质等方面，具有不可替代的作用，是教育与生产劳动和社会实践相结合的重要体现，是培养大学生的创新能力、实践能力和创业精神的重要实践环节。同时，毕业设计（论文）的质量也是衡量教学水平、学生毕业与学位资格认证的重要依据。各类普通高等学校要进一步强化和完善毕业设计（论文）的规范化要求与管理，建立有效的管理模式，围绕选题、指导、中期检查、评阅、答辩等环节，制定明确的规范和标准，要根据不同专业学科的特点和条件，研究建立有效的毕业设计（论文）管理模式和监控制度等。

人才培养质量和教育教学水平是高等教育的生命线，是社会、家庭和家长关注高等教育的永恒主题。而大学本科毕业论文质量又是高校人才培养质量和教育教学水平的集中表现，也是检验高校办学水平和质量的一条重要标准和依据。在教育部指导制定的《普通高等学校本科教学工作合格评估指标体系》及《本科教学工作审核评估范围》中，本科毕业论文是检验教学工作的一个极其重要的评估指标。通过对本科毕业论文质量进行检查和评价，既能综合考量大学本科学生的在校学习质量和综合能力，又能综合判断高校的教学管理水平、教师的教育教学水平和科研水平，从而客观准确地反映高校的教育质量和办学水平。在大学本科评估体系中，本科毕业论文作为一个重要的独立的一级指标，通过对选题的性质、难度、分量、综合训练等观测点的检验，可以全面考查大学本科生成长与培养目标的符合程度。因此，从高校领导层，到高校教务处等业务管理部门，到学院及其专业等办学主体，再到教师与学生，无不对本科毕业论文工作高度重视。应当承认，抓本科毕业生的学位论文质量，是提高人才培养质量、提升高校办学水平的一条有效途径，也是大学回归人才培养这一教育责任与社会责任的重要内容①。

由于学士学位论文是在大学本科生从事科学研究并取得创造性结果或有了新发现、新见解的基础上撰写而成的，并作为提出申请授予相应学位时评审所用的学术论文，这就表明学士学位论文的作者确已较好地掌握了本门学科的基础理论、专门知识和基本技能，并具有从事科学研究工作或担负专门技术工作的初步能力。这个成绩的取得，虽然表现在大学本科结束阶段，但是实际上，它需要本科四年整个阶段全过程的教育、培养，一以贯之，毫不松懈。可以说，它既是教学过程的一个结果，又是教学过程的一个缩影。因此，要抓教育、促质量，创新驱动、强基固本，我们就应该把大学本科生毕业设计（论文）当作高校教育教学过程中的一个最重要的综合性教学环节。这样做，其目的就在于巩固和加强大学生所学的基础课和专业课知识，弥补教学过程中的某些薄弱环节，并培养学生综合运用所学的基础理论和基本知识的能力，提升独立分析与解决问题的能力以及从事科研创新的能力，使大学生受到学习、研究能力的综合训练，养成严肃认真、严谨科学的学风和作风，让他们能够适应就业的需要和社会发展的需要。②

---

① 关于大学回归教育责任和社会责任问题，是近年来教育界围绕“钱学森之问”所热议的话题。著名科学家、教育家、复旦大学前校长杨福家院士呼吁建设“真正的大学”，提出高校要紧紧围绕人才培养这个主题，为国家、为社会培养更多的杰出人才（参见杨福家：《培养杰出人才要有“真正的大学”》，《百名专家谈人才》，党建读物出版社 2012 年版，第 16 页）。这里讲的“大学回归”，也是这个意思。

② 参见崔雪芹主编：《大学校长访谈》，人民出版社 2010 年版，第 146 页。

当然，重要的工作都是不简单的活儿，这些任务通常都复杂而艰巨。大学本科毕业论文也不例外。可以说，毕业设计（论文）工作是一个复杂的系统工程。要提高本科毕业论文的质量，就要使师生进一步增强质量意识，从学生培养、教育教学过程、管理服务等方方面面着手。全过程都要重视大学生毕业论文工作，并加强毕业论文的全程监控，运用信息化先进手段，有效管理网络，严把毕业论文质量关。针对有些高校、有些专业、有的老师放松大学生毕业论文质量要求和管理的消极现象，有的老师呼吁“毕业论文工作只能加强，不能削弱，更不能放弃”，我认为这种观点应该得到肯定和尊重，高校更应该从人才培养质量要求的高度予以坚守和提倡。应该说，它所维护的并不是一项一般的事务性工作，而是关乎高校学术尊严和学术底线的根本性工作。

当然，也要客观分析并重视影响本科生毕业设计（论文）质量的因素。我认为，影响因素是多方面的。从大学生的角度来看，大学生在毕业设计（论文）写作中不可避免地要遇到一系列或深或浅的问题。一般说来，由于大学生主要从事专业基础知识学习，对于毕业设计（论文）研究方案的设计、相关领域文献的信息搜索、写作技巧和学术规范的掌握程度等都有所欠缺，甚至还不善于运用规范的语言来表述自己的科研理论成果。有的学生撰写毕业设计（论文）时显得捉襟见肘，难以充分表现出高校大学生经过实践训练后所应具有的专长。这就需要指导教师在指导上下功夫，要做实际的、实质性的指导教师，而不是空头的、挂名的，要充分发扬职业精神和责任担当。由于“教师承担着最庄严、最神圣的使命”[1]，对大学生的毕业设计（论文）指导得怎样，应该成为考查教师的职业使命感、教师对教学工作的投入、教师对学生的师生之情的一个主要观测点。为人师者，自当一丝不苟。把学生招进来的时候，老师满心期待；指导学生圆满毕业时，老师更应当兢兢业业，“耻躬之不逮”[2]，严谨认真。在课堂教育中，老师要传道授业；在指导学生毕业论文时，老师更要用自己掌握的知识技能，用自己的思想感情、道德情操，教育与熏陶学生[3]。前者满足课堂教学的

① 习近平：《青年要自觉践行社会主义核心价值观——在北京大学师生座谈会上的讲话》，《人民日报》2014 年 5 月 5 日。

② 张艳国：《〈论语〉智慧赏析》，人民出版社 2020 年版，第 66 页。

③ 参见章开沅：《〈教师颂〉序言》，《章开沅文集》第十一卷，华中师范大学出版社 2015 年版，第 11 页。

大众化知识需求，后者体现教师对学生的个性化培养和人文传导。

按照常规要求，大学本科生撰写毕业设计（论文）的时间，一般是两个月左右。毕业设计（论文）的写作，是一个既动脑又动手的过程，从确定选题到制定科研计划，从布局谋篇到开始写作，从搜集资料到提出论点、编写提纲、撰写初稿，从字词句运用、段落展开、篇章调整的反复斟酌到论文结构的完善，是一个极为复杂和艰苦的思考过程和行动过程。它既是一项“科研系统工程”，也是一项“智力系统工程”，需要厚实的专业知识，需要顽强的科研精神，也需要良好的写作素养和表达能力。能否撰写出高质量、高水平的大学本科毕业论文，与撰写者能否牢固地掌握和灵活运用所学的专业知识，是否具有较强的综合运用能力和创新能力有着直接的关系，也与撰写者能否熟练地掌握撰写本科毕业论文的写作技巧密切相关。要写好本科毕业论文，大学毕业生首先要了解毕业论文的性质和特点，明确撰写毕业论文的目的和意义，熟悉毕业论文的种类和规格，掌握毕业论文的写作规范和基本要求。这些对于大学生来说，都是必须事先做足准备的，这对于撰写好本科毕业论文将起到事半功倍的作用，也容易收到预期效果，不至于在写的过程中局促不安，事后懊悔不已。

正是基于以上认识，本人认为，编写一本符合大学本科生实际情况，便于大学生掌握和操作的毕业设计（论文）指导用书，是很有必要的。在本人的倡导下，江西师范大学教务处积极响应，并组织我校以及南昌大学、江西农业大学、江西财经大学等省内高校部分骨干教师，经过两年的时间，集中精力，花大力气，下狠功夫，编写了本书。

本书的内容涵盖了大学本科毕业设计（论文）的完整写作过程，试图以文本规范的形式，传授给学生一定的方法、技巧，以提高学生的实战能力和水平。本书的编写旨在指导大学生科学掌握毕业设计（论文）的方案设计、信息获取、写作方法、学术规范、答辩技巧，并顺利且高质量地完成大学本科毕业设计（论文）；同时，也希望通过本书为指导教师以及相关教学管理人员提供有益的教学参考。

本书在内容构成、篇章结构上，有以下几个特点：

第一，结构上自然紧凑。全书结构安排是按照毕业论文的流程有序推进的，突出了毕业设计（论文）的各个重点环节。

第二，内容上系统完整。本书介绍了毕业设计（论文）基本理论知识、选题和研究方法、撰写的要求和步骤等，对毕业设计（论文）的指导、写作、修改、评阅、答辩等环节都作了比较清晰的论述。此外，本书还包含了学科简介和当前选题热点及其分析，并对不同类型的范文进行评析，提供了质量评价指标体系，附录了相关规章制度，可供学生和指导教师参考。

第三，表达上通俗易懂。本书紧密结合高校大学生学习的需要，特别是毕业设计（论文）制作的实际需要，在文字表达上力求语言规范、通俗易懂，政策依据上“顶天”，案例剖析上“立地”，做到科学性、实用性和可读性有机结合。

在编写本书时，我们反复思考，认真研究，确定了编写的原则、方法和要求：

第一，编写原则。编写遵循覆盖性、指导性、实用性和科学性四个原则。

关于覆盖性。这里是指本书在学科上的覆盖性。本书覆盖了哲学、经济学、法学、教育学、文学、历史学、理学、工学、农学、管理学、艺术学 11 个学科门类，50 个本科专业类，覆盖面大，学科种类多。

关于指导性。这里是指本书是大学生毕业设计（论文）制作的依据。本书以毕业设计（论文）教学管理及教学实践为基础，总结了普通高等院校大学本科毕业设计（论文）写作过程中的经验和教训，以毕业设计（论文）基本流程为顺序，从选题开始对毕业设计（论文）写作的各个环节予以全面系统的介绍，旨在指导大学生掌握毕业设计（论文）的写作方法和写作方式，顺利完成毕业设计（论文）。因此，本书具有很强的问题针对性和实战指导性，同时也为指导教师及相关教学管理人员提供有益的、必要的参考。

关于实用性。这里是指本书坚持问题导向，立足于解决问题。编写者从大学本科毕业论文写作这个角度出发，模拟了学位论文写作全过程中一系列需要妥善解决的问题，逐一对其进行论证和说明。如，从毕业设计（论文）的基础理论出发，对毕业论文的选题设定、科研路线、资料搜集、结构拟定、写作格式、撰写修改以及评审评议、答辩技巧等各个环节都进行了深入详细的讲解，并辅以必要的范例，加以点评，具有较强的实用性。

关于科学性。这里是指本书遵循科学研究的一般规则，体现毕业设计（论文）制作的科学精神与要求。本书既有大学本科毕业设计（论文）教学管理方面的内容和毕业设计（论文）所需的公共基础知识，又有各专业毕业设计（论文）的具体内容和要求。在编写过程中，本书力求贯彻国家法规，体现社会的制度性规范，做到既有助于毕业设计（论文）工作的规范化，又能促进其创新发展，既面向大多数一般院校，又兼顾重点院校，从而提供切实可行的指导方案。

第二，编写方法。编写的全过程体现了理论与实际相结合、指导与实用相结合、专业知识与综合素养相结合、学校培养与社会需求相结合的科学方法。

为此，本书特邀了来自大学本科毕业设计（论文）教学、管理第一线的优秀骨干教师来进行编写，他们对于理论与实际相结合、指导与实用相结合、专业知识与综合素养相结合、学校培养与社会需求相结合的科学方法都有长期的研究和积累。因此，作者们在内容方面，融入了多年积累的教学实践经验和切身体会，坚持从问题出发、理论联系实际，较好地兼顾了各个学科门类的专业个性，促进学科专业融合，注重通用实用。

第三，写作要求。本书在编写中要求做到权威、现代、简明、通俗。

所谓权威性，就是在阐述上紧扣国家的相关政策法规，系统地、科学地、全面地解释大学本科毕业设计（论文）制作的问题。

所谓现代性，就是阐述基础理论内容时力求与时俱进，在选题指导上突出当今选题热点及分析性。

所谓简明性，就是在内容上力求脱离俗套，不用长篇大论进行“理论指导”，而是通过内容的实战性、可操作性来启迪读者。

所谓通俗性，就是站在读者的立场上来思考问题，用读者最容易接受的内容和语言表达来完成本书编写，不讲脱离实际的、空洞的“大道理”，文字表达由浅入深，娓娓道来，易于理解。为保持学科的完整性，本书的例文原则上是每个专业类一篇，并进行了简短的评析，力求能为学生写作毕业论文提供切实可行的帮助。为精简篇幅，编写者略去了参考文献，并对部分例文内容进行了大幅删减。

本书由本人担任主编，进行了选题策划和审稿、定稿工作；由张朝光、张华、何后军任副主编；张朝光、陈春生协助主编做了大量的组稿、统稿工作。本书采用“1+X”（多校合作）的方式，以江西师范大学教务处为编写组织单位，特邀南昌大学、江西农业大学等江西省多所高校合作编写。本书在编写过程中，得到了南昌大学教务处梁辉、江西农业大学教务处郭柳华的大力支持。第

一、二章由南昌教育学院[①]林柳生编写，第三、五、六、七、九章由江西师范大学陈春生编写，第四、八章由三所合作高校的骨干教师、教研室主任、教学院长等编写。江西师范大学参加编写人员为：唐天伟、卢宇荣、曾振华、舒晓波、盛寿日、甘登文、李云清、万文涛、曾水兵、袁文、马志明、苏敉、郭斌、刘荣春、龙中儿、易桂生、尹国昌、贺新奇、董闽花、李勇忠、陈晓鸣、戴训超、詹艾斌、张璟、谢晓滨、熊小玉、熊时升、李正兴、罗序斌、叶宝珠、陈莉、胡沈明、倪才英、付桂云、徐波、叶志清、夏莹、张鉴瑞等教师。南昌大学参加编写人员为：文华、潘军辉、蔡晴、段学辉、尹利民、姜水生、李克、唐建成、徐镇凯、黎良辉、张国文、邓群钊、熊茜等教师。江西农业大学参加编写人员为：洪艳平、严霖元、朱昌兰、卢志红、熊小文、邓舜洲、刘苑秋、隗黎丽、胡凯、颜贤仔、刘仁鑫、陈文波、黄敏、范淑英、蒋军喜、刘石泉、郭晓敏、连芳青等教师。在此，一并表示衷心感谢！

在本书的编写过程中，编者参考了大量的政策法规、内部管理文件、学术专著、学术论文、网站资料等，对这些资料的作者一并表示诚挚的谢意！由于认识问题的水平有限，我们对不少问题的认识和论证可能还有一些疏漏，敬祈各位读者朋友不吝赐教，以供我们修订时予以改正。

（本文作为“前言”收入张艳国主编的《大学本科毕业论文创作指导》，华中师范大学出版社，2017年。）

① 南昌教育学院于2017年12月并入豫章师范学院。

以优秀教材带动优质课程建设

——《旅游法学教程》序

我校旅游专业青年教师康勇卫博士勇挑重担，自我加压，在潜心教学、研究教学的基础上，组织一批青年教师编写了这部《旅游法学教程》，可喜可贺！喜的是“桐花万里丹山路，雏凤清于老凤声”[①]，本书的编写者从主编到参编人员都是活跃在教学科研、人才培养一线的青年教师，是一个地地道道的青年教学、科研团队，他们具有超越老教师老专家团队的新锐和活力。他们敢于将自己置于教学、科研前沿，善于思考问题，大胆编写教材，具有远大前途。贺的是这本教材是学校加强专业建设，以优秀教材带动优质课程建设，推动新文科建设的产物和成果，将旅游与法学两个学科、两个专业的内容有机结合起来，在传统的旅游专业、旅游学科中，有机融入法学知识内容，增强了旅游专业的法律意识、法治思维，体现了新时代高等教育改革的方向和社会对高校专业人才培养的呼唤。适应新文科建设需要，首先，要从教材改革和建设入手，通过教材引领教学和专业发展，夯实人才培养基础。从这个意义上说，这本教材对于推动传统的旅游专业走上新文科新路，是大有裨益的。其次，抓好专业建设和人才培养，在江西高等教育改革发展中显得十分重要。江西自古以来就是生态大省，绿色生态享誉中华；近代以来，江西又是红色之区，红色文化名震华夏。绿色生态加上红色文化，成为江西特色旅游的重要内涵。“江西风景独好”，旅游资源得天独厚，旅游禀赋优质叫好。庐山天下悠，三清天下秀，龙虎天下绝，迷醉游客；井冈山红色文化光耀寰宇，令天下游客流连忘返。讲好江西故事，

① ［唐］李商隐著、［清］朱鹤龄笺注、田松青点校：《李商隐诗集》，上海古籍出版社 2015 年版，第 127 页。

打造江西旅游品牌，提升江西旅游竞争力，关键在人才，关键在旅游人才。我认为，本书的编写和出版，对于促进江西省高校旅游专业人才培养，进而通过人才培养促进省域旅游业的发展，也是大有益处的。

《旅游法学教程》作为一本教材，作为一本契合新文科建设和面向实际需要的教材，努力在教材体系和知识布局上体现自己的专业优势和实用特色，争当一本有潜力有竞争力的好教材。我认为，它有以下特点值得点评和推荐：

第一，知识体系完备，编写结构合理。教材关注知识的系统性，编写重在知识体系、表达方式的合理性，这是教材编写的核心所在。突破知识碎片化，塑造一套体例合适、结构严谨的教材，有利于学生对零散知识的系统把握。应该说，同类教材在全国越来越多，而内容多为对旅游部门法律的全面介绍，或者是应考导游证所涉旅游法律规范的缀合、拼凑。如果从围绕旅游业要素、旅游市场、旅游系统角度组织相关法律内容来看，这类教材还是显得少之又少。显然，这是本教材的突出优点和优势。

第二，教材内容契合新时代，知识点对接新命题。当前，旅游法学研究正在积极响应全面依法治国的战略布局，围绕依法治国五大体系、六大任务等新时代的重大时代命题，积极参与构建现代化国家治理体系的重大任务，努力为实现国家治理体系和治理能力现代化提供智力支持；特别是在依法维权、旅游纠纷、旅游法律服务、旅游资源保护技术、旅游合同等方面进行深入研究，为重点领域立法提供科学依据。教材关注文旅融合、生态文明等重要问题，将非物质文化遗产保护、野生动植物保护等相关法律纳入进来，上标题、列习题，突出了知识重点，对应了现实关切。另外，教材对《民法典》颁布实施后对旅游法的诸多影响，也做了相关分析，这体现了教材的应用性和现实性。

第三，知识面涵盖古今中外，知识教育辐射面宽。旅游法律建设虽然时间不长，但发展速度较快，与旅游业的发展步伐基本一致。一般来说，旅游关系越复杂，相应的法律配套就越需要适时跟进，以确保旅游市场正常运行。教材既系统梳理了旅游法律建设历程，揭示了建设规律，总结了建设经验，也梳理了全球主要国家旅游法律体系建设情况，做到了点面结合、时空结合、知识与案例结合，为未来旅游立法提供了一些有益参考，也体现了知识教育较宽的覆盖面。

当然，从实践来看，旅游立法、修订法律是一项长期的工作，随着旅游业的深入发展，这项工作也会随之快速发展，这样才能更好地发挥旅游法律在旅游规划、促进、保障等方面的综合作用。因此，教材也不会是一成不变的。适应于实践的需要，新文科建设和人才培养的需要，教材也要与时俱进，在教学研究中不断提升教材的品质和影响，为打造旅游法学金课提供教材支撑。

有志者事竟成。我相信，以此次教材编写、出版为起点，通过团队日后的继续打磨和提高，这本教材一定能够成为受师生欢迎并在教学中发挥积极作用的优秀教材。因为，经过时间反复锤炼的东西，总是具有优秀的品质，而成为人们印象中的经典。这对于教材的编写来说，也是如此。

（本文作为“序言”收入康勇卫博士所著的《旅游法学教程》，高等教育出版社，2021 年。）

围绕立德树人根本任务提高高校教师发展质量

百年大计，教育为本。立德树人是教育的根本任务。教育大计，教师为本。立德树人的关键在于教师具有高素质、高水平。高校是人才培养的重要阵地，高校教师肩负培养社会主义合格建设者和可靠接班人的重要任务，建设一支高素质高水平教师队伍，培养良好的师德师风是高校实现立德树人根本任务的基本保证，是担负教育使命、赢得民族未来和实现国家振兴的重要保障。

一、以立德树人为价值导向，明确高校教师发展方向

国无德不兴，人无德不立。良好的德行是促进人的全面发展，实现社会和谐进步、国家长治久安的重要基础。立德树人回答了“培养什么人、怎样培养人”这一关键问题，继承和发扬了中华优秀传统文化，关注和回应了当今教育的现实问题，是高校教师必须遵循的价值导向。

高校教师必须坚持立德为先。教书育人是教师的光荣职责，职业的特殊性对教师的德行提出了更高要求。孔子曰：“不能正其身，如正人何？”[①] 高校教师的政治素质、道德情操、治学态度、工作作风、生活态度等，对青年大学生的健康成长具有潜移默化的影响。唯有“学高为师、身正为范”，才能给学生带来好的示范。长期以来，广大高校教师自觉贯彻党的教育方针，默默耕耘、无私奉献，为我国教育事业发展和社会主义现代化建设做出了重要贡献，涌现出一大批优秀教师和典型人物，在他们身上集中体现了人民教师的高尚师德，体现了教师职业的崇高和伟大。但在市场经济和对外开放的条件下，高校教师师德建设还存在一些亟待解决的突出问题，如：有的教师教书育人意识淡薄，缺乏爱心；有的治学不够严谨，急功近利；有的言行不够规范，不能为人师表；个别

① 张艳国：《〈论语〉智慧赏析》，人民出版社 2020 年版，第 241 页。

教师甚至师德失范、学术不端，严重损害人民教师的职业声誉。要将师德培育作为提高高校教师发展质量的首要任务，引导教师率先垂范、以身作则，自觉坚守精神家园、坚守人格底线，带头弘扬社会主义道德和中华传统美德，以自己的模范行为影响和引导学生。

高校教师必须坚持树德为要。当前，我们正处于一个大变革大发展大融合的时代。科学技术的日新月异、社会结构的深刻变革、多元文化的相互交织、国际竞争的日趋激烈，对人们的思想观念、行为方式和生活方式产生了深刻而复杂的影响。在新的时代背景下，青年大学生群体呈现新的变化特点，如何引领他们明辨是非、明辨真理、明辨方向，是高校教师不可回避的责任。现代教育学家陶行知说过“先生不应该专教书，他的责任是教人做人。学生不应该专读书，他的责任是学习人生之道。”[①]高校教师在追求个人发展的过程中，不仅要以师德严格要求自己，还应帮助学生养成良好道德品行。高校教师要用好课堂讲坛，用好校园阵地，用自己的学识、阅历、经验点燃学生对真善美的向往，增强学生的价值判断能力、价值选择能力、价值塑造能力，引领学生健康成长；要消除学生思想教育工作仅仅是高校思政工作者的职责的认识误区，在教书育人的伟大实践中引领学生追求真知，把握人生方向，坚定理想追求。

高校教师必须坚持守德为范。近年来，党和国家高度重视高校教师的师德师风建设工作，将其放在加强高校教师专业发展工作中的突出位置。习近平总书记在北京师范大学师生座谈会上强调“教师重要，就在于教师的工作是塑造灵魂、塑造生命、塑造人的工作”[②]，做好老师要“有理想信念、有道德情操、有扎实学识、有仁爱之心”[③]。《国家中长期教育改革和发展规划纲要（2010—2020年）》明确提出“要加强教师职业理想和职业道德建设，增强广大教师教书育人的责任感和使命感”。教育部等部门先后出台《关于加强和改进高校青年教师思想政治工作的若干意见》《高等学校教师职业道德规范》等指导性文件，就加强高校教师师德师风建设提出明确要求。广大高校教师要自觉按照党和国家的要

---

① 《陶行知全集》第八卷，四川教育出版社 1991 年版，第 146 页。

② 习近平：《做党和人民满意的好老师——同北京师范大学师生代表座谈时的讲话》，《人民日报》2014 年 9 月 10 日。

③ 参见习近平：《做党和人民满意的好老师——同北京师范大学师生代表座谈时的讲话》，《人民日报》2014 年 9 月 10 日。

求，遵守师德规范，不越师德红线，努力担当立德树人的重任。

二、以立德树人为职业标准，提高高校教师发展质量

立德树人从立德和树人两个方面对高校教师专业发展提出了明确的规定要求和目标准则，是教师终生奋斗的职业理想。提高高校教师发展质量，要全面理解立德树人的丰富内涵，准确把握其中蕴含的辩证关系。

深入开展师德教育活动。所谓立德，就是要积极开展师德教育，帮助教师树好师德，这是前提，是基础，唯有筑牢德性修养，方能夯实职业根基。要把加强师德建设摆在重要位置，使广大教师做到认认真真教书，扎扎实实治学，带头营造严谨浓厚的学术风气，培养党和人民事业发展需要的优秀人才。要将师德培训纳入教师职业发展的全过程，融入教师职前培养、准入、职后培训和管理的各个阶段，形成师德培训常态化、长效化，引导教师树立坚定的职业信念。要提高师德培训的生动性，通过师德论坛、优秀教师故事汇、教书育人楷模评选、大爱铸师魂音乐会等多种形式的教育活动，激励广大教师自觉遵守师德规范，树立高校教师良好职业形象。要借助信息化手段开展师德教育，积极探索线上教育与线下讨论的互动教育模式，激发教师的职业热情，扩大师德教育的覆盖面。要建立健全师德培训考核机制，对师德表现突出的予以重点培养、表彰奖励，对师德表现不佳的及时劝诫、督促整改。

大力加强教师职业技能培养。所谓树人，就是要提高教师的职业素养，为党和国家培育一大批以德为先、德才兼备的高素质人才，这是目标，是方向。唯有提高人才培养质量，方能彰显教师风范。要提高教师的教学发展能力。教学能力是教师工作的基本功，是实现立德树人根本任务的基础和保障。教师只有教好书，才能育好人。开展关于教学理念、教学方法、教育技术等方面的通识培训，帮助教师胜任教学岗位。开展关于优质课程建设、专业综合改革、教学资源建设等方面的专业培训，为教师提供更具针对性的教学指导。开展教学信息化、新兴教学法等专题培训，引导教师适应高等教育改革发展要求，成为教学改革的追随者、教学创新的引领者、教学示范的倡导者。要提高教师的学术发展能力。通过导师帮扶、团队支撑等形式，为教师尤其是青年教师提高科研能力提供机会和指导。开展科研方法、学术思维、研究策略等方面的培训，帮助教师掌握科研能力提升之道，坚定勇攀科学高峰的信念。鼓励教师加强协

同合作，投身科技攻关，联合创造学术科技新成果。要增强教师的实践服务能力。建立教师社会实践制度，积极搭建平台，组织教师开展调查研究、学习考察、志愿服务，进一步了解国情社情民情，正确认识国家前途命运，正确认识自身社会责任。采取企业实践、岗位锻炼、成果转化等举措，促进教师与社会的融合与对接，促进教师科研成果的转化与运用，进一步推进产学研融合。要提高教师的国际化水平。做大做强国外访学、海外研修等项目，支持高校教师学习海外先进经验。积极开展国际学术交流，通过学术论坛、国际会议、项目合作等，创造条件支持高校教师成长为通晓国际规则、具备世界眼光的一流人才。

三、以教育综合改革为契机，围绕立德树人优化高校教师发展环境

教育综合改革为教育发展提供了新动力和新机遇，对立德树人、教师发展提出了新要求、新动能；立德树人对高校教师专业发展工作提出了新目标、新期待、新思路，要求社会、高校以及教师等各个方面共同努力，抓住改革契机，深入思考，深入研究，努力破解关键问题，推动高校教师发展工作迈上新台阶，取得新成果。

立足长远，构建长效机制。加强顶层设计，以全面、发展、动态的眼光审视高校教师发展工作，改变长期以来重技能培训轻师德培育的导向，促进教师专业发展项目结构更趋平衡，将师德培育融入教师专业发展工作的全过程，实现师德教育的春风化雨、润物无声。加强制度建设，根据立德树人对教师专业发展提出的客观要求，制定高校教师专业发展标准，建立健全加强高校教师专业发展工作的规章制度，不断优化高校教师脱颖而出的制度环境。推动教师评价体系改革，将教师专业发展能力提升情况纳入教师评价考核体系，作为教师绩效评价、聘任（聘用）和评优奖励的考察标准，突出师德导向，实行师德考核一票否决制。加强教师专业发展项目管理，树立质量导向，在重视项目数量的同时，制定项目实施质量标准，根据实施情况予以动态调整，为促进教师立德树人创造良好条件。

着眼当前，创新工作思路。坚持立足教师，服务教师发展，以促进教师全面发展为目标，密切服务教师需求和实际特点谋划工作。尊重教师主体地位，

遵循教师成长发展规律，根据教师成长发展的个性化、多样化需求开展工作。树立教师评价导向，以教师满意不满意、欢迎不欢迎为标准改进工作。加强分类指导，深入研究不同类型教师群体的特点，分类制定教师培养计划，明确教师培训目标，根据不同岗位、不同职业发展阶段教师的发展需求，在培训形式、培训内容、培训考核等方面做好文章，提高项目实施效果，在注重全面覆盖的基础上兼顾平衡。坚持协同创新，以开放的思维审视高校教师专业发展工作，加强与科研院所、行业企业以及有关社会单位的合作，在教师专业发展领域凝聚合力，通过协同创新实现共赢。

综观全局，加强保障条件建设。加大经费投入，设立专项经费用于教师专业发展工作，支持教师参加各类教师专业发展活动。加强教师发展机构建设，以教研室、教师发展中心等为载体，开展日常性的教学研修活动，努力构建跨学科的教师学习实践共同体。加强工作队伍建设，鼓励高校相关工作队伍围绕立德树人主题开展教师队伍建设调研，深化工作规律性认识，提高工作专业化水平。

教师是立教之本、兴教之源。培养和造就一支高素质专业化的教师队伍，是立德树人成败的关键。我们要紧紧围绕立德树人这一主题，不断提高高校教师发展质量，为全面提高高等教育质量，建设社会主义现代化强国提供坚强的师资保障。

弘扬教师美德，做新时代“四有”好老师

教育发展，教师为本；教师素养，师德为先。师德是教师职业的灵魂，师德是教师和一切教育工作者在从事教育活动中必须遵守的道德规范和行为准则，以及与之相适应的道德观念、情操和品质。

中国传统文化中历来推崇师德。相传尧舜时，曾经任命契这个人作“司徒”。“司徒”这个称谓，后来演变为一种官职，推其本义，就是管理和教育学生的意思，也就是现在的教师。契是商代的祖先，曾经协助大禹治水，表现出了很高的才能。契的成就主要不是因为他治理过水灾，而在于他“能育其教”，在教育方面作出重大贡献，因而为当时和后世的人们所纪念。契的秉性是“聪明而仁”[①]。“聪明”是天赋，是见识；“仁”是爱心，是品格。二者兼具，故能担负起育人的责任，用现在的话来说就是“学高为师，身正为范”，或者叫作“德才兼备”，只有这样的人，才有资格去做教师。契这个人，恐怕是我们中华民族的祖先为后世树立起来的第一个师表典范，他身上体现出的“聪明而仁”的秉性也可视为我国最早的教师职业道德标准。

一、弘扬师德是古今中外教育家的共识

被尊崇为“万古师表”的中国古代大教育家孔子说过：“其身正，不令则行；其身不正，虽令不从。”[②]《礼记》中也有关于师德的论述：“师也者，教之以事而喻诸德者也。”[③]一代宗师韩愈在《师说》中写道：“师者，所以传道受业解惑也。”[④]教师的任务摆在第一位的是传道，其次是授业，最后是答疑。

---

① 张涛译注：《列女传译注》，人民出版社 2017 年版，第 8 页。

② 张艳国：《〈论语〉智慧赏析》，人民出版社 2020 年版，第 241 页。

③ 胡平生、张萌译注：《礼记 · 文王世子》，中华书局 2017 年版，第 403 页。

④ 赵曜曜、木西注译：《韩愈文》，崇文书局 2017 年版，第 38 页。

中国近代，一批杰出的教育家用他们的言行践行了高尚的师德。陶行知先生把“热爱每一个学生”作为自己的人生格言，他说：“真教育是心心相印的活动。唯独从心里发出来的，才能打到心的深处”[①]。教育是爱的艺术，热爱学生是一名教师职业道德的最基本要求。蔡元培校长曾说：“怎么叫做师范？范就是模范，可为人的榜样。自己的行为要做别人的模范，所以师范生的行为最要紧。模范不是短时间能成就的，须慢慢的养成。”[②]杨昌济先生认为：“教育者，寂寞之事业，而实为神圣之天职，扶危定倾，端赖乎此。”[③]梅贻琦身为清华大学校长，不但对别的学生坚持原则，就是对待自己的亲属，也丝毫不客气。他的侄子梅祖武曾经报考清华大学，但成绩不够，梅贻琦没有动用自己的权力为侄子走后门，侄子无奈地去了北洋大学；几年后，他的小女儿梅祖芬也报考清华大学，成绩同样不合格，梅贻琦依然坚持原则，最后梅祖芬去了燕京大学。

世界教育历史中，许多著名教育家对师德也有诸多精辟的论述。苏霍姆林斯基说过：“教师成为学生道德上的指路人，并不在于他时时刻刻都在讲大道理，而在于他对人的态度（对学生、对未来的公民的态度），能为人表率，在于他有高度的道德水平。”[④]夸美纽斯说过：“教师应该是道德卓异的优秀人物。”[⑤]第斯多惠说过：“他希望引导别人走正确的道路，激发别人对真和善的渴求，使别人的素质和能力得到最高的发展；因此他应当首先发展他本身的这些优秀品质。”[⑥]布鲁纳说过：“教师不仅是知识的传播者，而且是模范。”[⑦]卢梭说过：“我不能不反复地指出，为了做孩子的老师，你自己就要严格地管束你自己。”[⑧]

二、弘扬师德是党和国家对教育工作者的要求

2015 年 12 月修订的《中华人民共和国教育法》将第六条修改为：“教育应

---

① 《陶行知全集》第二卷，四川教育出版社 1991 年版，第 446 页。

② 高平叔编：《蔡元培教育论著选》，人民教育出版社 2011 年版，第 315 页。

③ 王兴国编注：《杨昌济集》，湖南教育出版社 2008 年版，第 42 页。

④ ［苏］瓦·阿·苏霍姆林斯基著、赵玮等译、杜殿坤等校：《和青年校长的谈话》，上海教育出版社 1983 年版，第 171 页。

⑤ ［苏］契尔那葛卓娃、契尔那葛卓夫著，严缘华、盛宗范译，郑文樾校：《教师道德》，华东师范大学出版社 1982 年版，第 5 页。

⑥ 王正平、郑百伟：《教育伦理学——理论与实践》，上海教育出版社 1998 年版，第 227 页。

⑦ ［美］布鲁纳著、绍瑞珍译、王承绪校：《教育过程》，文化教育出版社 1982 年版，第 97 页。

⑧ ［法］卢梭著、李平沤译：《爱弥儿：论教育》，商务印书馆 1978 年版，第 102 页。

当坚持立德树人，对受教育者加强社会主义核心价值观教育，增强受教育者的社会责任感、创新精神和实践能力。”[①]《中华人民共和国高等教育法》规定高等学校的教师及其他教育工作者要“热爱教育事业，具有良好的思想品德”。《中华人民共和国教师法》明确了教师的义务：“遵守宪法、法律和职业道德，为人师表。”《国家中长期教育改革和发展规划纲要（2010—2020年）》提出：“教师要关爱学生，严谨笃学，淡泊名利，自尊自律，以人格魅力和学识魅力教育感染学生，做学生健康成长的指导者和引路人。”[②]

党和国家领导人积极关心教育事业发展，多次强调师德的重要地位。习近平总书记在庆祝第三十个教师节上勉励全国广大教师要做“有理想信念、有道德情操、有扎实知识、有仁爱之心”[③]的好老师，为发展具有中国特色、世界水平的现代教育，培养社会主义事业建设者和接班人作出更大贡献。在全国高校思想政治工作会议上，习近平总书记强调：“要加强师德师风建设，坚持教书和育人相统一，坚持言传和身教相统一，坚持潜心问道和关注社会相统一，坚持学术自由和学术规范相统一，引导广大教师以德立身、以德立学、以德施教。”[④]党的二十大报告指出：“加强师德师风建设，培养高素质教师队伍，弘扬尊师重教社会风尚。推进教育数字化，建设全民终身学习的学习型社会、学习型大国。”[⑤]2023年5月29日，习近平总书记在中共中央政治局第五次集体学习时强调：“大力培养造就一支师德高尚、业务精湛、结构合理、充满活力的高素质专业化教师队伍。弘扬尊师重教社会风尚，提高教师政治地位、社会地位、职业地位，使教师成为最受社会尊重的职业之一，支持和吸引优秀人才热心从教、精心从教、长期从教、终身从教。加强师德师风建设，引导广大教师坚定理想信念、陶冶道德情操、涵养扎实学识、勤修仁爱之心，树立‘躬耕教坛、强国

① 《全国人大常委会关于修改〈中华人民共和国教育法〉的决定》（主席令第三十九号），https://www.gov.cn/zhengce/2015-12/28/content_5029900.htm，2015年12月28日。

② 本社编：《国家中长期教育改革和发展规划纲要2010—2020年》，人民出版社2010年版，第51页。

③ 习近平：《做党和人民满意的好老师——同北京师范大学师生代表座谈时的讲话》，《人民日报》2014年9月10日。

④ 《习近平在全国高校思想政治工作会议上强调　把思想政治工作贯穿教育教学全过程　开创我国高等教育事业发展新局面》，《人民日报》2016年12月9日。

⑤ 习近平：《高举中国特色社会主义伟大旗帜　为全面建设社会主义现代化国家而团结奋斗——在中国共产党第二十次全国代表大会上的报告》，《人民日报》2022年10月26日。

有我’的志向和抱负，坚守三尺讲台，潜心教书育人。”[①]

教育部原部长陈宝生强调，在“双一流”建设进程中，高校要进一步转变理念，做到四个“回归”。一是回归常识。教育的常识就是读书。要围绕读书来办教育，积极引导广大师生读“国情”书、“基层”书、“群众”书，读优秀传统文化经典、马列经典、中外传世经典和专业经典，杜绝浮躁、理性思考。二是回归本分。教育的基本功能就是教书育人。教是手段，育是目的；教是过程，育是结果。做教育分内的事，就是要得天下英才而教育之，不亦乐乎！三是回归初心。教育工作者的初心就是培养人才，一要成人，二要成才。要加强党对教育工作的领导，大力培育和践行社会主义核心价值观，也就是要坚持育人育才的初心，全面贯彻党的教育方针，落实立德树人根本任务，培养德智体美全面发展的社会主义建设者和接班人。四是回归梦想。教育梦就是报国梦、强国梦，具体体现就是“双一流”建设。我们创建世界一流大学、一流学科，就是要提升我国高等教育综合实力和国际竞争力，创造性传承中华文明，创新性建设中华文明，最终实现教育报国、教育强国，使中华民族屹立于世界民族之林。教育部部长怀进鹏在教育部召开师德师风建设工作推进暨师德集中学习教育启动部署会时强调：“要结合深入开展学习贯彻习近平新时代中国特色社会主义思想主题教育，把师德师风建设摆在更重要位置，切实增强广大教师为党育人、为国育才的责任感、使命感和紧迫感。要立足大局，深入研判师德师风建设的新形势新要求，直面思想认识不到位、责任落实不到位、教育引导不到位等突出问题，认清新形势，回应新期盼，应对新挑战，从细处入手、实处发力，抓牢抓实师德师风建设各项重点工作。一要坚持政治引领，强化师德学习教育，让教育者先受教育、让有信仰的人讲信仰，强化师德教育制度和工作落实。二要坚持师德违规‘零容忍’，严格落实从业禁止制度和教职员工准入查询制度，严查师德违规突出问题，畅通举报渠道，完善学术不端与师德违规共享及处理联动机制。三要做好教师精神引领，建设面向广大教师的教育引领体系，以教师自律自强良好氛围凝聚推动教师队伍建设磅礴力量。四要完善教师培养管理，健全中国特色教师教育体系，应对人口和社会结构变化对教育布局结构和资源

① 《习近平在中共中央政治局第五次集体学习时强调　加快建设教育强国　为中华民族伟大复兴提供有力支撑》,《人民日报》2023 年 5 月 30 日。

调整紧迫的要求，持续实施国家银龄教师行动计划等，推动教师成为数字教育、终身学习的示范者、推动者和践行者。”①《教育部关于推开教职员工准入查询工作的通知》（教师函〔2023〕1号）指出：“落实立德树人根本任务，严把教师队伍入口关，夯实教师队伍质量。严格落实师德师风第一标准，融入教师招聘引进等环节，做在日常、严在日常。完善教职员工准入查询制度，推动查询平台应用，以信息化、数字化提升教师队伍治理能力，为构建高质量教育体系奠定坚实的师资基础。”②

三、弘扬师德是社会对教师的期待

在教育面向现代化、面向世界、面向未来的今天，人民群众对优质教育有了更多需求，对教师的职业道德和业务素质有着更高期待。许多优秀的人民教师用实际行动诠释了教师职业的深刻内涵，无愧于“人类灵魂工程师”的光荣称号。孟二冬，北京大学中国语言文学系教授，博士生导师。多年来，孟二冬把对党和人民的热爱，全部凝聚到工作中。在他身上，我们看到了一位人民教师淡泊名利、无私奉献的崇高品德，看到了一位学者无比丰富的心灵和高尚的情怀。石秋杰，南昌大学理学院化学系教授，博士生导师。多年来，她爱岗敬业，潜心科研，爱生如子，行为世范，坚持不懈地教育学生追求真知、树立人生理想，成为学生健康成长的良师、高尚人格的楷模，尽管身患重病依然保持对学生的博大爱心、对事业的无限忠诚，在平凡的工作岗位上创造了崇高，在点滴的生活细节中展现了品格，48个春秋的生命历程，13年的教书生涯，石秋杰老师舍出血肉之躯，展示了人性至美的光辉。刘世南，古典文学学者，古籍整理专家，我校文学院教授。刘老淡泊名利，深居简出，在清苦的环境中塑造了达观的心态。刘老一辈子读书不断、研究不断、写作不断，这种“苦学”的作风让刘老的授课方式赢得了同行的尊敬和学生的爱戴，也赢得了很多文化界人士的尊重。“High thinking，plain life”（高深的思想，平淡的生活）是刘老先生一生的座右铭。

---

① 《教育部召开师德师风建设工作推进暨师德集中学习教育启动部署会》，http://www.moe.gov.cn/jyb_xwfb/gzdt_gzdt/moe_1485/202306/t20230606_1063081.html，2023年6月6日。

② 《教育部关于推开教职员工准入查询工作的通知》，http://www.moe.gov.cn/srcsite/A10/s7151/202304/t20230419_1056231.html，2023年4月20日。

然而，在纯净的“象牙塔”里面，也有不少败坏师德师风的案例，严重损害了教师队伍整体形象和职业声誉。厦门大学吴某利用师生关系与女学生发生不正当性关系和对女学生性骚扰，严重违背了作为一名教师应有的基本职业道德和操守，对学生身心健康造成了极大损害，产生了极为恶劣的社会影响。南昌大学讲师胡某则利用“专长”在实验室研究制毒技术，和丈夫刘某制毒贩毒，分别被判处死刑和无期徒刑。2009年底，国际学术期刊《晶体学报》在其网站上公布，中国井冈山大学化学化工学院的讲师钟某、工学院讲师刘某，两年内在该刊物发表的70篇文章存在造假，一次性予以撤销，并将该校列入黑名单。

四、做新时代“四有”好老师

第一，做好老师，要有理想信念。

一个有理想信念的好老师，心中装着国家和民族。在中国教育史上，被人们所称道、为历史所铭记的好老师，无一例外都是把自己的教书育人事业与国家、民族的奋斗目标和前途命运联系在一起。孟子说人生有三乐，其中之一就是“得天下英才而教育之”。如果一位教师自觉选择了为他人、为社会做有益的事情，为国家发展、民族复兴培养更多更好的人才，并以此为人生大乐，那么他的人生就有了永恒价值，他所从事的这一职业就获得了伟大意义。

一个有理想信念的好老师，是社会主义核心价值观的带头践行者和传播者。今天，在亿万人民向着民族复兴梦想迈进的征程中，教师既是筑梦人，也是追梦人、圆梦人。广大教师要忠诚于党和人民的教育事业，为实现中国梦培养更多更好的人才。人类社会发展的历史表明，对一个民族、一个国家来说，最持久、最深层的力量是全社会共同认可的核心价值观。培育和践行社会主义核心价值观，是实现中国梦的价值支撑。从事塑造灵魂、塑造生命、塑造人的工作的教师，理所当然是社会主义核心价值观的带头践行者。

第二，做好老师，要有道德情操。

好老师要以身作则，以德施教。立德先立师，树人先正己，只有老师自己具备了高尚的道德情操，才能言传身教把正确的道德观传授给学生。教师的职业特性决定教师必须是道德高尚的人。教师的工作就是塑造灵魂、塑造生命、塑造人，最终达成向善的教育目标。教师是在言传身教的过程中，要用自己的道德情操去感染学生、引导学生，不仅向学生传递知识，更是学生道德修养的一面镜子，教师只有以德立身、以身作则，学生才能以师为镜，自觉践行社会主义核心价值观。

好老师要爱岗敬业。一个有道德情操的好老师，把敬业爱生作为教育工作的根本准则。只有敬业爱生的教师，才会献身教育，心系学生；才会严于律己，为人师表；才会严谨治学，诲人不倦；才会终身学习，追求进步；才会成就自己，成就学生。在我国许多边远贫困地区的教师，正是秉持着敬业爱生的精神，才能安于清苦生活而不失理想，才能立于困难条件而不失追求，为广大农村学生铸就圆梦基石。一个有道德情操的好老师，应该像这些教师一样，去除浮躁之气、远离功利之风，坚持教书育人，把自己的身心完全投入教育之中。

好老师要不断加强自我修养。一个有道德情操的好老师应该不断加强自身的修养，不断提升自己的道德修养。师德需要教育培养，更需要教师自我修养。高尚的心灵要用更多的精神食粮去滋养，教师只有多读书、读好书，才能不断丰富自己，才能收获更多的道德之理。正所谓“知行合一”，教师自我修养的完善需要在更多的教育实践中磨砺。

第三，做好老师，要有扎实学识。

好老师应具备精深的学科知识、灵活的教育教学知识以及广博的文化知识。教师只有对所教学科有着系统的、深刻的、准确的理解，才能教会学生正确的知识。灵活的教育教学知识是教师教学过程中所不可或缺的知识基础。教师不仅是知识的传授者，而且是学生学习的指导者，教育教学知识可以帮助教师理解学生的认知特点，从而选择合适的教学方法，促进学生更快更好学习。

好老师应在具体的教育情境中，丰富自身的实践性知识。教师的学识魅力不仅仅在于教师拥有广博和专深的理论知识，更在于教师在具体的教育情境中所积累的丰富经验，在于教师对自身教育教学经验的深切反思，在于教师能够运用知识和经验有效地、创造性地解决各种教学问题，在行动中做教育，在行动中做研究。只有这样，教师才能够成为智慧型的老师，教学课堂才会成为智慧型的课堂。教师在教育实践中所展现的学习、处世、生活、育人的智慧，彰显着自身的学识魅力，促进了自身专业成长和学生学业水平的提升。

好老师应树立终身学习理念，不断汲取并灵活运用新知识。随着信息技术高速发展、经济全球化进程加快，社会需要具备灵活性、适应性、自主性、合作能力以及创新精神的高素质人才。推广到教师教育领域，社会对教育质量的要求空前提高，对教师队伍的素质要求也越来越高。好老师不能满足于装满自己的“一桶水”，而要使自己时时有“活水”，与时俱进，不断汲取新知识，更新自己的知识结构，积极回应新的挑战，追求卓越。只有这样，教师才能站在知识发展的前沿，实现自身的长远发展，并引导学生走向未来发展的人生之路。

第四，做好老师，要有仁爱之心。

爱是教师教育学生的感情基础，学生一旦体会到这种感情，就会“亲其师”，从而“信其道”。好老师要用爱培育爱、激发爱、传播爱，通过真情、真心、真诚拉近同学生的距离，滋润学生的心田。

爱，需要欣赏。每个学生都有自己的个性特长，哪怕是平时老师们认为非常调皮捣蛋，甚至有怪癖的学生，只要细心挖掘，他们身上也有一些值得肯定的东西。很多专家、教授都说有怪癖的学生很可能以后成长为在某方面有特殊专长的人才。作为老师，在看到学生缺点的同时，更要看到他们身上可贵的优点。所以，如果学生犯错了，教师应尽可能用发展、欣赏的眼光去教育、引导、激励他们，也许会收到截然不同的效果。

爱，需要尊重。欣赏学生，就能尊重学生。尊重，不是成年人独享，师生之间同样需要。教育批评学生不是一味地严厉惩罚、过分强迫，如果能建立在尊重学生的兴趣爱好、情感体验甚至人格上进行教育疏导，相信，学生会从心底里感受到老师对他的真诚关爱。

爱，需要耐心。学生的成长过程难免曲折，大家都知道，学生身上的毛病不是一天可以改变的，良好习惯的形成也不是一朝一夕的。教育学生，教师要防止急躁、粗暴，真正爱学生。教师需要转变方式，给予学生更多的耐心和等待。

爱，需要严格。古人说“教不严，师之惰”[①]，严格要求也是一种爱，但要注意“度”。“爱”不是迁就、纵容，也不是恨铁不成钢。“严”要严而有格，要尊重学生的自尊心，尊重学生的人格；严要严在该严处，爱要爱在细微中，要严慈相济，在教育过程中体现人本观念。

（本文系作者在江西省师资培训中心组织的新进教师培训班上的讲话。）

① 李逸安、张立敏译注：《三字经·百家姓·千字文·弟子规·千家诗》，中华书局2011年版，第8页。

以师为本　追求卓越

“十二五”以来，我省高度重视高校师资培训工作，将其作为加强高校教师队伍建设，全面提高高等教育质量的重要举措，在政策、经费、资源等方面予以大力支持，有效促进了高校教师专业化发展。2012 年 11 月，教育部在北京召开高校教师培训与发展研讨会暨全国高校教师网络培训中心成立五周年庆祝大会，江西省作为省级师资培训体系唯一代表发言，教育部副部长刘利民在总结讲话中指出：“江西的工作做得很好，经验值得推广。”2013 年，我省高校师资培训中心承担了教育部人文社科委托项目——“高校青年教师专业发展能力提升”，参与教育部相关文件起草以及高校教师国家级培训项目的设计论证工作。3 月至 4 月，《中国教育报》连续两次报道我省高校教师专业发展工作；9 月，全国中文核心期刊《教育与职业》刊发了我省高校教师岗前培训课程改革的学术论文。

一、中心历史沿革与基本情况

省高校师资培训中心的创建，与国家关于高校教师队伍建设的工作布局紧密相连。1978 年之后，全国高校教师培训工作逐渐恢复，到 1987 年前后，开始进入加强规划和建立培训网络的时期。当年，原国家教委下发文件，建立北京和武汉两个国家级高等学校师资培训交流中心，同时，以六所部属师范院校为主体，建立华北、东北、华东、西南、中南、西北等六个大区中心。根据原国家教委工作部署，1987 年 10 月，我省依托江西师范大学成立江西省高等师范院校师资培训中心，由省教育厅和江西师范大学双重领导，同时接受教育部师资培训交流北京中心、武汉中心以及华东大区中心的业务指导。

中心成立以来，在促进全省高校教师专业化发展方面发挥了重要作用。中心成立初期，组织了全省高校教师“专科学历达本科”培训班、“以研究生毕业同等学力申请硕士学位教师进修班”等培训项目，着力解决了当时全省高校教师学历层次较低这一突出问题；到 2002 年，伴随工作业务的拓展，更名为江西省高等学校师资培训中心；2007 年，根据教育部意见，成立教育部全国高校教师网络培训江西分中心并合署办公。中心成立 26 年来，累计培训全省高校教师超过 10 万人次，在高校师资培训资源开发、项目设计、体系建设、评价考核等方面积累了一定经验。

作为负责全省高校师资培训组织管理、协调指导、信息交流和咨询服务的组织机构，中心积极构建完善的工作体系。每年举办全省高校师资培训工作会、高校教师培训与发展研讨会等专题会议，研究部署高校师资培训工作。创新工作载体，在建立全省高校师资培训工作 QQ 群的基础上，建设全省高校教师学习培训专题网站，及时反映全省高校教师学习培训工作动态和成果。组建专题调研组，组织力量深入了解高校教师发展需求，根据调研结果调整工作思路和方向。研究制定《高校师资培训绩效实施细则》，量化考核指标，鼓励高校改革创新师资培训工作。

目前，中心共有工作人员 9 名，现设主任 1 名，由江西师范大学分管校领导兼任，常务副主任 1 名，设事务管理部、规划外联部、教师发展部、评价推广部等四个工作部门，履行指导协调高校师资队伍建设，组织实施各层次高校教师发展计划，协助开展高教评价评审等基本职责。

二、“十二五”工作进展情况

进入“十二五”以来，在省教育厅支持下，我省高校师资培训财政经费投入达年均 2000 多万元，中心事业进入了跨越式发展时期，呈现“常态化实施、全员化参与、项目化运作、个性化发展”等特点，在全省范围内构建了跨校、跨专业、跨地区的教师学习共同体。

1. 促进了高校教师分类发展。一是针对不同类型高校推出教师学习培训计划，针对本科高校、高职院校、民办高校等不同类型高校，分别推出中青年教师发展计划、高等职业学校教师素质提高计划、民办高校教师能力提升计划等工作项目。二是针对不同岗位教师群体提出学习培训要求。针对专任教师，主要帮助其掌握教学技能、提高学术研究水平；针对教辅人员，主要帮助其掌握实验实训技能，提高实践教学指导能力；针对管理干部，主要帮助其熟悉高等教育政策及发展趋势，提升管理服务水平。三是针对不同年龄阶段教师群体推出学习培训项目。针对新入职教师，推出素质培养项目，通过岗前培训帮助新入职教师适应岗位要求；针对青年教师，推出教研推进项目，帮助青年教师树立现代教育理念、掌握先进教学方法、了解学科发展与学术前沿；针对骨干教师，推出专业发展项目，选派骨干教师到国内外知名大学、科研院所访学、研修，提高骨干教师的教学科研能力和学术水平，增强创新意识和学术竞争力，提高创新创造能力。

2. 推动了培训项目改革与建设。一是加强了培训课程资源建设。针对原有的分散性的培训课程资源进行整合重组，通过构建课程模块，推进培训课程群建设，实现了培训课程建设的体系化发展。以新入职教师岗前培训为例，在全国率先推行培训课程改革，开发建设了 20 多门实践类、教育技能类、素质发展类课程，构建了“理论教学、实践技能、素质发展、自主研修、校本培训”等五大课程模块。二是丰富了培训内容和形式。重视从师德师风、教育教学、学术科研、社会实践、国际化视野等多个方面促进教师全面发展，如在高等职业教师培训项目中设置通识教育模块，引导教师了解高等职业教育发展趋势，掌握高等职业教育教学方法等。适应时代发展，创新培训形式，既推出了以网络培训、职业发展培训、课程教学与专业建设培训等为代表的一批接“地气”的常规项目，又推出了以教学名师谈教学、井冈学者引领培训、知名企业实践培训等为代表的一批高层次的精品项目。优化教学安排，教学手段多元化，重视参与式、启发式、探究式等教学方法的运用；培训环节体系化，在课堂讲授基础上增加集中研讨、实践考察等内容，激发参训教师的自主积极性。三是完善了培训项目评估和管理。建立专家指导委员会，对培训课程进行质量测评；实行动态评价，根据反馈意见实时调整培训计划；推行多元评价，实行参训教师、主讲教师、专家指导委员会三方综合评价，对培训项目实施情况进行总结评估，根据评估结果对培训项目实行动态管理，在每年的培训项目规划中作出相应调整和安排。近年来关于专业发展项目改革建设的成果赢得了广大教师的支持和认可，根据调查，参训教师对全省统一组织的培训项目的整体满意度超过 90%。参加“国际贸易实务”精品课程建设师资培训班的江西农业大学的王树柏表示：“培训内容丰富、形式多样、针对性强、启发性大，激励我从教学理念和教学实践两个层面审视并反思自己的教学活动和教学效果，有助于自己提高教育教学水平。”

3. 推进了优质资源的应用和共享。一是传播了省内高校优质教育教学成果。邀请省内高校的拔尖创新人才担任主讲教师，通过精品课程建设师资培训、课程教学与专业建设培训等培训项目，全省高校以井冈学者、教学名师、精品课程负责人、教学成果奖获得者为代表的优秀教师、学术领军人才中，接受邀请开展相关培训的人数超过40%。2013年重点实施的“井冈学者”名师引领培训，被列为教育部高教司暑期专业骨干教师培训计划。二是引入了省外的优质教育教学资源。面向省外高水平重点大学邀请知名专家学者来江西开展专题培训，清华大学、厦门大学、山东大学、天津大学、中国人民大学等重点高校的多名专家学者先后担任各类学习培训项目的主讲教师，搭建了省内高校教师与省外专家学者的交流平台，拓宽了全省高校教师的专业视野。

4. 构建了教师学习培训协同创新机制。一是加强了与国内外高水平大学的合作，先后与美国、加拿大、新西兰等海外的高水平大学签订教师培训合作协议，通过海外研修、访问学者等项目，累计选派300多名中青年骨干教师赴海外高校深造进修。通过项目委托、聘请专家等形式，先后在北京大学、武汉大学、厦门大学、深圳职业技术学院等高校举办各类培训班，邀请了厦门大学党委书记杨振斌、副校长邬大光等一批知名专家担任主讲教师，提高了培训质量和效果。二是建设了一批企业协同培训基地。发挥行业领军企业的特殊作用，先后在天福茶业集团、用友软件公司、江铃汽车集团等一批知名企业建立教师实践培训基地，200多名教师在相关企业接受了有针对性的培训。三是设立了一批专项培训点。根据高校办学特点和专业学科优势，按照培训项目类型设立专项培训点，协同推进全省高校教师学习培训工作。发挥综合大学和师范院校办学优势，在岗前培训项目中设立南昌大学、江西师范大学、赣南师范学院等3个集中培训点；发挥国家示范（骨干）高职院校办学优势，在高等职业学校专业骨干教师培训项目中设立九江职业技术学院等5个集中培训点。

目前，中心年均设立培训班次超过100个，年均培训超过5000人次。2011—2013年，高校教师岗前培训开设班次60多个，培训教师5400多人次；青年教师教学能力提升培训开设班次200多个，培训教师7500多人次；管理干部高级研修开设班次10多个，培训各类管理干部600多人次；高职院校专业骨干教师培训开设班次30多个，培训教师600多人次；此外，选送了170多名优秀教师赴海外高校研修，选送了300多名教师赴国内外高校访学。通过创新探索，我省在高校师资培训领域积累了经验，凝练了特色，深化了影响。

三、加强高校师资培训工作的形势分析与相关建议

伴随我省高等教育蓬勃发展，高校师资队伍建设取得了长足进步，在规模、质量、结构等方面取得了重要突破，但从全省高校教师队伍专业发展整体水平来看，离全面提高高等教育质量的要求还有一定差距，加强高校师资培训工作的任务依然紧迫。

1. 教师规模不断扩大，但专任教师总量偏少。近年来，我省高校引进教师数量不断增加，截至2013年6月，我省高校教职工总数为71620人。其中专任教师数为50205人，对比同期在校学生数851119人，我省高校的生师比为16.95 : 1，高于教育部规定的16:1的要求。从高校类型来看，高职高专院校以及民办高校生师比相对较高，兼职教师数占专任教师总数达40.5%。生师比偏高导致教师疲于应付教学，难以满足日益增长的科学研究和社会服务的需要，也没有足够的时间和精力参加学习培训。全省高校教师队伍的总量应进一步扩大。

2. 教师队伍结构不断优化，但低学历、低学位、低职称等总体特征依然明显。近年来，全省高校专任教师中具有研究生以上学历的比例逐年提高，中高级职称比例提高较快，教师队伍的专业或学科结构、学缘结构进一步改善，教师中“近亲繁殖”的现象有所改善。教师年龄结构更趋合理，年轻化趋势更为明显。45岁以下的青年教师占80.3%，成为高校事业发展的生力军。但总体来看，我省高校教师低学历、低学位、低职称的现状没有得到根本转变。全省高校专任教师中具备副高以上职称的教师为18748人，仅占37.3%（其中正高职称的教师为5033人，占10%）；具备硕士以上学位的教师为26521人，占52.8%（其中具备博士学位的教师仅为4896人，仅占9.8%）；本科及以下学历的教师为30417人，占60.6%。从高校类型来看，教师队伍还存在分布不均衡的问题，高职高专院校、民办高校具备正高职称以及博士学位的教师数量很少。

3. 高层次人才引进和培养不断突破，但与推动全省高等教育创新发展的要求存在较大差距。通过直接引入、柔性引进、本土培养等举措，全省高校聚集了一批以两院院士、“千人计划人选”“长江学者特聘教授”“国家杰出青年科学基金获得者”等为代表的高层次创新人才，涌现了一批国家级教学名师和国家

级优秀教学团队。但与高等教育发达地区相比，我省高校的高层次人才数量偏少，而且学术竞争力优势不够突出，尤其是首席专家或具有国际影响的突出人才严重紧缺。

4. 高校师资队伍建设投入不断加大，但管理机制和考核体系有待改进。以20所中青年教师发展计划实施高校为例，经费总数达25076.92万元，其中引进人才专项经费15259.7万元，教师培养培训经费8153.02万元。一些高校建立了教师发展中心等专业化教师发展机构。一些高校适应教育国际化要求，选拔了一批优秀教师赴国外知名高校访学研修，培育了一批骨干力量和后备人才。但是，在教师评聘考核以及日常管理等方面，还没有建立科学完善的评价体系，存在重科研轻教学的导向，在一定程度上影响了教学一线教师的积极性，教师在专业发展过程中忽视教学能力的提升，存在一定的功利性。

目前，国家高度重视高校师资培训工作，教育部正在研究制定关于进一步加强高校教师专业发展的指导意见，并酝酿出台国家级培训项目。结合我省近年来高校师资培训工作的实际情况，站在长远发展的角度，提出以下几点建议：

第一，完善配套政策支持。全省高校工作存在不平衡的情况，一些高校对全省统一性的培训项目不够重视，责任落实不到位。从高校自身来看，各校对教师专业发展工作的重视程度不一，在经费、资源、阵地支持等方面，存在较大差异。为促进全省高校师资培训工作均衡发展，下一阶段，将研究制定关于进一步加强高校教师学习培训工作的指导性文件，鼓励高校加大支持力度，落实经费、政策保障，鼓励支持教师参加各类学习培训。结合教育部有关要求，制定教师学习培训学时学分管理规定，对教师参加学习培训予以量化考核，与教师职称评定、晋升等挂钩。

第二，落实高职院校教师省级培训项目经费。目前，针对本科高校和民办高校，我省均出台了相关教师发展项目，并设立了专项资金，覆盖面达全省39所高校。但对于占据全省高校超过一半的公办高职院校而言，尚存在省级资金安排缺口。目前，公办高职院校教师参加全省统一性的培训项目，主要通过职业院校教师素质提高计划国家级培训这一途径，其他培训项目均无经费支持。鉴于此，很多公办高职院校多次表达希望落实教师学习培训专项经费的诉求。此外，根据《教育部　财政部关于实施职业院校教师素质提高计划的意见》（教职成〔2011〕14号）的文件精神，各省必须设立省级培训项目，并落实相关经费，而我省尚未作出相应安排。下一阶段，要站在统筹推进全省各级各类高校教师学习培训工作发展的高度，研究落实公办高职院校教师学习培训专项经费事项。

第三，推进高校教师学习培训国际化。根据与全国部分省市高校教师学习培训情况的对比研究，发现我省高校教师专业发展过程中的一个突出问题是国际化水平不高，具有海外学习培训经历的教师所占的比例总体偏低，与推进全省高等教育国际化的要求相差较大。目前，通过海外研修、访问学者等项目，我省此项工作已有一定改观，但参训人数绝对值小，参训内容和形式比较单一，应拓展思路，通过多元化的途径进一步提高全省高校教师学习培训的国际化水平。

第四，重视高校教师教学发展中心建设。根据《教育部关于全面提高高等教育质量的若干意见》精神以及“本科教学工程”建设要求，高校要建立本校的教师教学发展中心，以服务教师专业化发展。目前，全国很多高校已建立了教师教学发展中心，很多省份制定出台了关于支持高校教师教学发展中心建设的指导意见，设立了专项经费支持，建设了一批省级示范中心。我省此项工作尚处于起步阶段，较少高校建设了教师教学发展中心。下一阶段，要将教师教学发展中心建设纳入全省高校教师学习培训工作的整体规划，从政策、经费等方面予以统筹考虑。

第五，加强重点项目建设。应对高等教育技术变革，开展教育信息技术能力提升培训，推进慕课教学改革试点、教师网络研修社区试点、基于云技术平台的教学资源建设试点、信息化教学专题研修等创新项目建设。根据全省高校教师缺乏行业实践经历、实践服务能力不高等现状，加强与行业企业的联系，继续实施名企实践培训等项目，为高校教师提供更多的行业实践锻炼机会。在重点做好青年教师的培养方面，继续实施教学名师谈教学、井冈学者引领培训等品牌项目，加强与国家级教学名师、创新团队等的联系，建立高层次人才与青年教师的长期帮扶机制，对青年教师成长实行跟踪培养。

（本文系作者起草的关于江西省2011—2013年高校师资培训工作的情况报告。）

用好高校师资培训平台，培养更多高校优秀教师

根据工作安排，经省教育厅同意，今天，我们在这里召开全省高校师资培训工作会议，学习传达全省教育工作会议精神，全面总结2011年工作，研究部署2012年各项工作，对于我们推动全省高校师资培训工作创新发展、科学发展，具有重要意义。借此机会，我代表省高校师资培训中心对省教育厅长期以来的指导表示感谢，向为此次会议成功召开做出大量工作的上饶师范学院表示感谢，同时，也向一直奋斗在全省高校师资培训战线的同志们表示问候。

下面，我谈三个方面的意见。

一、2011年全省高校师资培训工作开拓全新局面

2011年是“十二五”开局之年，也是全省高校师资培训工作开拓全新局面的重要一年。在省教育厅的正确领导下，我们认真贯彻落实教育规划纲要精神，紧密结合当前高等教育发展形势和高校教师发展需求进行谋划部署，各项工作取得了新的进展。

1. 服务全省高等教育发展大局取得了新突破。一是成功获批教育部“本科教学工程”建设项目子项目。去年申报的“江西省高校教师网络培训课程建设项目”成功获批教育部“本科教学工程”建设项目——“高等学校教师网络培训系统项目”子项目，该项目主要开展江西省高校国家级精品课程网络培训课程建设工作。目前已有10门江西高校国家级精品课程成功获批第一批建设课程。二是重视全省高校师资管理队伍建设工作。去年6月，举办了全省高校师资管理干部培训班，赴湖南师大学习考察。三是成功承办全国高校教师发展研讨会。去年1月，全国高校教师发展研讨会暨全国高校教师网络培训中心交流表彰会在昌召开，教育部高教司有关同志参加，省教育厅副厅长洪三国出席会议并致辞。会议表彰了一批高校教师网络培训工作先进集体，我省江西师大、赣南师

院、九江学院等3家高校获得先进集体称号。四是高效完成省教育厅交办的有关工作任务。协助省厅有关处室重点做好了省级教学名师、新世纪优秀人才、省级精品课程以及创新实验区等高教评价以及多媒体课件比赛等教学竞赛的组织工作。

2. 教师培养培训工作得到了新加强。一是成功获批重大工作项目。围绕提高高等教育质量这一主题，立足教师培养培训工作领域，去年申报的中青年教师发展计划赢得省教育厅、财政厅的高度认可。该计划被列入“江西省高等教育质量建设计划”，由省财政给予专项经费支持。根据教育部、财政部关于实施职业院校教师素质提高计划的要求，认真做好项目申报工作，6个培训项目成功获批专业骨干教师国家级培训第一批培训项目。同时，研究出台省级培训工作方案，已提交至省教育厅研究。在这些重大工作项目的申报过程中，省高校师资培训中心以及有关高校的同志做了大量工作，付出了很多心血，充分体现了师资培训战线的凝聚力战斗力创新力。二是高校新进教师岗前培训工作创新推进。重点加强了教材编写、主讲教师配备、考试模式、课程建设等四个方面的工作。去年7月，组织全省高校岗前培训主讲教师研讨会，就教学内容、教学形式等进行探讨，正式启动课程改革。全省高校2000余名新进教师参加培训，参照其他省市的经验，首次采取机考形式组织考试。三是高职高专院校骨干教师培训工作稳步推进。举办全省高职高专院校第5期专业骨干教师（酒店管理专业）培训班，55名教师参加培训。四是国家精品课程网络培训工作扎实推进。全年举办国家精品课程网络研修班82期，培训教师906名，促进了优质资源的共享和应用。五是教学管理干部培训工作全面推进。举办全省高校教研室主任高级研修班、全省高校教学秘书培训班，提高了不同层次教学管理干部的政治素质、业务能力和管理水平。六是国内访问学者选拔推荐工作有序推进。严格按照教育部关于国内访问学者的推荐和审批程序遴选人选。2011年，教育部下达我省计划40人，全省高校申报63人，经审核推荐，50人入围，46人被录取，41人成功注册，在全国32个推荐单位中排名第16位。

3. 指导全省高校教师发展机构建设迈出了新步伐。一是指导成立江西高校第一个教师发展中心。根据“本科教学工程”要求，去年6月，江西师大率先建设教师发展中心，遵循“以师为本、教学为要、互助共赢、追求卓越”的工作理念，其倡导的志愿者参与行政部门支持的建设模式获得广泛关注，两次应邀在全国有关工作会议上作交流发言。二是组织教师发展中心建设专题考察。去年10月，组织南航、中医学院等多所省内高校先后赴上海中医药大学、江南大学、南京师大、清华大学开展了调研考察，部分高校已将教师发展中心建设事宜纳入工作日程。

4. 自身建设呈现出新气象。一是阵地建设加速推进。在省财政厅、教育厅支持下，对工作场所进行了装修改造，对办公区域、教学区域进行了合理划分和重新建设，根据工作需要，重点完成了多媒体教室等教学阵地的建设。二是队伍建设持续加强。按照学习型组织建设的要求，加强中心工作人员的政治理论学习、业务知识学习，定期举办学习交流会，围绕上级部门关于教师培养培训最新政策开展工作研究，先后选派工作人员至北京、桂林、福州等地学习交流。三是制度建设不断完善。按照精细化管理的要求，围绕中心运行的各个环节出台并完善了一批工作制度，进一步加强内部管理，提高工作科学化水平。

回顾一年的工作，我们有几点深切体会：一是省教育厅的大力支持是开拓工作良好局面的重要保证。一年来，省教育厅领导对全省师资培训工作高度重视。厅长虞国庆同志专门听取高校中青年教师发展计划工作汇报，作出了“结合时代要求拓展培训项目”“邀请省外知名专家讲学培训”等重要指示。分管副厅长洪三国同志尽管工作非常繁忙，但有关师资培训工作的会议、活动，只要有时间必定参加并予以悉心指导。高教处、师范处、人事处等业务处室给予大力支持，确保有关工作顺利开展。二是积极利用网络现代化手段是开拓工作新局面的有效途径。当前，高校教师发展需求日益呈现个性化、多样化的趋势，传统的工作模式已不能满足所有老师的个性发展需求，利用网络现代化手段开展培训，能解决时间、空间等诸多限制，也让师资培训工作的开放性、选择性、丰富性得到明显增强。去年，我们在高校教师岗前培训工作中率先进行了尝试，取得了良好效果，今后在这方面要进一步加强。三是专业化、科学化、体系化是做好工作的必然要求。师资培训工作必须尊重教师成长规律，要根据不同类型教师发展需求做好项目设计和组织实施，否则，培训质量、效果无从保证。去年，我们加强了工作研究，重点对师资安排、内容设计、考核管理等关键环节进行了改革探索，突出“专业化、科学化、体系化”工作思路，做好顶层设计，既立足当前实际，又着眼长远规划，进一步推动工作体现时代性、把握规律性、富于创造性。

二、适应师资培训工作新形势新要求找准工作着力点

当前，高等教育发展的主题是提高质量，提高高等教育质量的关键在于建设一支高素质专业化的教师队伍。教育规划纲要颁布实施以后，“十二五”期间，师资培训工作得到了新加强，面临新机遇。对于全省高校师资培训战线而言，必须紧紧围绕提高高等教育质量这一主题，认清形势、把握机遇、乘势而上，在服务高等教育发展大局的同时推动工作新一轮大发展。

1. 中央领导同志对教师队伍建设寄予了新期望。近年来，党和国家领导同志多次就教师队伍建设工作提出要求，充分表明党和国家对加强教师队伍建设充满期待、寄予厚望。在 2010 年召开的全国教育工作会议上，胡锦涛总书记提出“要把加强教师队伍建设作为教育事业发展最重要的基础工作来抓”，要“努力造就一支师德高尚、业务精湛、结构合理、充满活力的高素质专业化教师队伍”；温家宝总理强调要“加快完善教师培养培训体系，通过研修培训、学术交流、项目资助等方式，造就一批教学名师和学科领军人”。去年 2 月 21 日，在中央政治局就优先发展教育、建设人力资源强国问题进行的第二十六次集体学习会上，胡锦涛总书记就做好当前教育改革发展工作、推动教育事业科学发展提出了“四个着力”的明确要求，其中之一就是“着力建设高素质教师队伍”，再一次就加强教师队伍建设作出重要指示。去年 4 月 24 日，在清华大学百年校庆大会上的重要讲话中，胡锦涛总书记又就加强这项工作提出了新的更高的要求。中央领导同志关于教师队伍建设的讲话，进一步凸显了教师队伍建设在国家教育改革发展整体布局中的重要作用。我们要深刻理解中央领导同志的讲话精神，进一步增强做好工作的责任感使命感，以更大的信心和气力扎实做好各项工作。

2. 高等教育一系列重要工作项目对教师发展提出了新要求。教育规划纲要颁布实施以来，高等教育相继出台了一些重要工作项目，对教师发展均提出了明确要求。一是制定了《关于全面提高高等教育质量若干意见》，就加强师德师风建设、提高教师业务水平和教学能力、完善教师分类管理等进行了专门阐述。3 月 22 日至 23 日召开的全面提高高等教育质量工作会议也就加强教师队伍建设作了强调。二是制定印发了《高等学校教师职业道德规范》，教育部在相关通知中明确指出“要将学习师德规范纳入教师培训计划，作为新教师岗前培训和教

师在职培训的重要内容”。三是本科教学工程中对高校建立教师教学发展中心提出明确要求，鼓励高校建立教师教学发展中心，重点支持建设一批国家级教师教学发展示范中心，有计划地开展教师培训、教学咨询等，提升中青年教师专业水平和教学能力。四是高等学校创新能力提升计划、大学生创新创业训练计划的实施，强调要有创新型教师才能培养创新型人才，尤其是关于推进协同创新方面，对教师培养培训提出了新要求。我们要准确把握这些工作项目对教师发展提出的客观要求，进一步推动师资培训工作体现时代要求。

3. 我省关于教师培养培训工作出台了新举措。“十二五”时期，我省关于高校教师培养培训重大项目相继出台，支持投入力度持续加强。在刚才的工作回顾中，已作了说明，主要有三项：一是针对普通本科高校，实施高校中青年教师发展计划；二是针对高职院校，根据实施职业院校教师素质提高计划要求，开展专业骨干教师省级培训；三是加强教师教学发展中心建设，着手成立省级教师教学发展中心。我们要全面配合这些举措的出台实施，进一步明确工作重点，不断提升师资培训工作的效果和影响。

适应以上新形势新要求，今后全省师资培训战线要找准以下几个工作着力点：一是要加强分类指导。深刻分析本科院校、高职院校、民办高校和独立学院等不同类型高校教师职业特点，出台并实施针对各级各类高校教师的工作项目，进一步提升教师培养培训的专业性、科学性。二是坚持全员全面全方位工作原则。统筹推进专任教师、行政干部、教辅人员等不同教师群体的培养培训工作；重视教师全面发展，在突出提高教学科研能力的基础上，加强师德培训，关注教师身心发展、职业发展。三是提高教师培养培训的国际化水平。选拔一批优秀教师赴海外知名大学访学研修，培育一批具有国际视野的学科带头人和学术领军人才。四是引进一批优质培训资源。加强与高等教育相对发达地区的交流与合作，邀请一批知名学者、专家来赣讲学培训，不断提高教师培养培训质量和效果。

三、全面推进 2012 年各项工作

2012 年，全省师资培训工作的整体思路是：在省教育厅的正确领导下，贯彻落实教育规划纲要精神，紧紧围绕提高高等教育质量这一主题，按照“专业化、科学化、现代化、体系化”的工作思路，大力推进工作创新，积极服务全

省高校教师专业化发展，服务全省高等教育发展大局，开创富有特色的工作局面，为跻身全国高校师资培训工作先进行列奠定坚实基础。

总的来讲，今年的工作将按照“一二三七”的具体思路开展。

1. 围绕一根主线：引领教师专业化发展。

一是继续实施高校中青年教师发展计划。根据省教育厅工作部署，在去年工作基础上，今年将实施新进教师素质培养、青年教师教研推进、优秀教师专业发展、管理人员能力提升等4个工作项目，突出岗前培训、国内访学、国外访学、海外研修等重点项目，实施精品课程建设师资培训、多媒体课件制作培训、教师发展中心工作研修、教学管理干部培训、师资管理干部培训等项目。新进教师岗前培训将首次推行课程化改革探索，进一步突出实用性技能性知识的掌握。

二是实施高等职业学校教师素质提高计划。根据教育部、财政部有关要求，积极申报新的国家级培训项目。实施高等职业学校专业骨干教师省级培训，包括省内培训、境外培训、企业顶岗培训等3个项目，纳入全省高校教师培养培训工作规划，已获得省教育厅的支持。

三是统筹推进其他工作项目。认真做好教育部国内访问学者项目，根据教育部要求，重点做好报名申报、审核推荐等工作。继续实施江西省高校教师网络培训课程建设项目，根据与有关高校的前期协商，今年上半年计划建设8门国家级精品课程，推动我省优质课程建设成果的传播与共享。

2. 突出两个重点：高校教师职业道德规范宣传与培训、省级教师教学发展中心建设。

高校教师职业道德规范宣传与培训方面：一是在新进教师岗前培训、访问学者行前培训等具体培训项目中，增加规范培训内容，邀请有关专家学者进行深度解读，引导教师树立职业理想，增强教书育人的责任感使命感。二是配合省教育厅开展师德师风主题教育活动，鼓励各高校结合实际开展职业道德规范宣传培训活动并予以资源支持。三是宣传选树一批师德典型，利用中心网站平台推出师德典型宣传专栏，根据各校推荐情况，集中宣传一批师德典型人物，充分展示全省高校教师队伍的良好形象。

省级教师教学发展中心建设方面：一是加强对高校建设教师发展机构的指导和管理，为高校建立相应组织机构提供信息服务和资源支持，建立全省高校教师发展机构工作体系，形成长效机制，形成工作合力。二是加强教师发展机构工作人员培训工作。组织开展教师发展工作专题调研考察，学习借鉴海内外先行高校的建设经验。组织教师发展机构管理人员培训班，明确工作方向、工作重点，进一步提高工作的科学化水平。三是围绕提高教师教学能力拓展一批工作项目。开展教师教学技能培训，帮助教师树立先进教育理念，掌握现代教育技术；开展教学研究，组织力量围绕推进高校教学改革、提升教师教学能力等工作重点开展调研；开展教学质量与评估，组织专家深入高校了解教师教学状况，提出相关建议、意见，协助省教育厅做好各类教学竞赛的组织、评审等工作；开展教学信息咨询与服务，积极利用网络等现代化手段，引领高校教师关注教学前沿，关注高等教育发展趋势。四是搭建全省高校教师交流合作平台，引导教师跨校、跨地区、跨学科合作，构建优势互补的教学、学术共同体，联合创造教学、学术、科研成果。

3. 加强三项建设：工作体系建设、阵地建设、基地建设。

工作体系建设方面：一是加强信息采集，建立全省师资培训工作数据库，全面掌握全省高校教师发展动态。二是加强工作交流，充分利用新媒体推进工作联系，在已建立 QQ 交流群的基础上，逐步建立工作微博、飞信系统；建立信息报送网络平台，定期发布各校教师培养培训工作动态，总结宣传一批好的经验成果。三是加强工作调研。召开专题工作研讨会，开展工作研讨交流，推进全省高校关于教师培养培训工作的协同合作；组成调研组深入高校开展专题调研，了解各级各类教师发展需求，集思广益，形成一批调研成果，为工作科学决策提供参考。

阵地建设方面：一是充分利用现有的多媒体教室等培训场所，做好相关培训项目的组织实施工作。二是启动各类网络学习培训阵地建设，在借鉴去年岗前培训设立网络学习平台的基础上，启动优质资源共享平台、远程培训开放平台、网络在线学习平台等网络学习培训阵地建设，引入一批优质资源。

基地建设方面：一是建立一批专项培训基地，对全省高校教师培养培训基地建设工作作出统一规划，综合考虑地区、学科特色等因素，按培训项目依托有关高校建立一批培训基地，中心作为指导单位，给予工作支持，加强管理考核。二是开拓一批协同合作培训基地，加强与科研院所、知名企业、省外大型培训机构的合作，联合建设一批高质量的教师培养培训基地。

4. 集中精力办好七件实事。

一是邀请一批省外知名专家讲学培训，建立省外知名专家与省内高校研讨交流平台。

二是建立师资培训专家信息库，加强与相关培训项目主讲教师的日常联系。

三是成立师资培训工作顾问委员会，邀请一批对教师培养培训等方面有一定研究的专家学者担任工作顾问，从专业角度对有关工作提出建议。

四是编制培训课程指南，以岗前培训项目为试点，启动培训课程体系建设，并以课程指南形式发布，便于参训教师了解项目背景和实施要求。

五是选送一批优秀教师和教育管理干部赴海外访学研修，进一步提高教师培养培训的国际化水平。

六是编印师资培训工作年鉴，汇编全省高校教师培养培训工作成果。

七是高质量完成省教育厅交办的其他工作任务，对于省厅交办的涉及高教评价评审的有关工作任务，确保按时按质完成。

同志们，全面提高高等教育质量，对教师培养培训工作提出了新的要求，让我们迎来师资培训工作大发展的新的春天。在这个春意盎然的时节，让我们鼓足干劲，大步向前，为推动全省高校师资培训工作大发展共同奋斗！

（本文系作者于2012年3月在江西省高校师资培训工作会议上的讲话。）

努力把省师培中心办成教师发展之家

——一年来我省高校师资培训工作的新发展新成效

去年 11 月 27 日，朱虹副省长视察了省高校师资培训中心，并对省师培中心改革发展、服务提升作出重要指示，极大地提高了中心全体同志干事创业、尊师兴教的积极性和主动性。一年来，我们以朱虹同志关于“正确评价、高度重视、大力发展、提高质量、加强交流、解决实际问题”的六条指示精神为抓工作、谋发展、创佳绩的总思路和新要求，紧密联系我省高等教育改革发展大局，切实按照深化教育领域综合改革的新部署，将提高教师发展质量作为首要任务，推动工作取得了新进展新成果，省师培中心日益成为全省高校教师心中的教师发展之家。

一、促进全省高校师资培训工作布局更加均衡

根据朱虹副省长提出的“师资培训项目实现全覆盖，全省一盘棋”的要求，我们在省教育厅的指导下，进一步加强分类指导，从经费、项目、资源等方面统筹兼顾不同类型高校教师的发展需求。一是强化本科高校教师培训的核心地位。继续安排 2000 万元专项经费实施中青年教师发展计划，通过实施新进教师素质培养、青年教师教研推进、优秀教师专业发展、管理干部能力提升等四大主体项目，对不同岗位、不同职业发展阶段的教师提出具体要求，推动本科高校教师适应新形势新要求。二是促进民办高校、高职院校教师培训出亮点。今年民办高校教师能力提升计划专项经费增至 800 万元，同比上年翻四番；根据民办高校反馈意见，6 月份首次组织了单独面向民办高校教师的专题培训，赴陕西民办高校学习交流。依托高职院校教师素质提高计划国培项目，首次选派了

40多名高职院校的骨干教师赴德国、澳大利亚等国家学习现代高职教育教学经验，开启了我省高职院校教师海外进修的序幕。三是刷新培训项目覆盖面。针对前些年培训项目较少关注公共课教师、特殊专业教师等情况，及时推出针对大学英语课、军事理论课、政治理论基础课等公共课教师的培训项目，推出针对美术类、体育类等特殊专业教师的教学改革研修项目，改变了长期以来培训项目覆盖面不均衡的现状。赣南师范学院体育专业教师张允蚌表示，“多年没有参加过相关培训，收获很大，希望以后能有更多的培训活动，促进全省体育专业教师的互动交流”。

二、做到全省高校师资培训项目设置更加科学

根据朱虹副省长提出的“围绕教师需求加大培训力度，提高教师的素质和水平”的要求，我们在省教育厅的支持下，加强顶层设计，确保培训项目符合高等教育改革发展方向。一是突出深化教育领域综合改革主题。今年3月，首次组织全省深化教育领域综合改革专题培训，面向全省教育系统开展，邀请省政府分管领导以及教育部相关专家授课，就深化我省教育领域综合改革明确方向、凝聚共识。二是突出教育教学导向。将提高教学素养作为教师专业发展的首要要求，立足教学能力提升的各个方面，相继实施教学名师谈教学、教学范式改革与创新研修、教学成果奖推广等培训项目，受到教师尤其是青年教师的广泛认可。三是突出教育信息化等时代要求。适应高等教育信息化、现代化等新形势，推进慕课教学改革试点、教师网络研修社区试点，在新进教师岗前培训等项目中安排相关内容。积极开展教育信息技术能力提升培训，引领教师变革教育教学手段，提高教育教学能力。今年7月首次组织“云时代的教育信息化”专题培训，报名人数远远突破计划指标。

三、实现全省高校师资培训协同创新机制更加完善

根据朱虹副省长提出的“加强协同创新，拓宽培训渠道，邀请名师名家作专题报告，到名校名企去参观学习”的要求，我们积极加强与科研院所、行业企业、高水平大学等相关机构的联系，拓展工作资源，完善合作平台。一是开拓与科研院所、行业协会的合作。与教育部相关专业教学指导委员会、江西省社会科学院、深圳物流协会等机构分别开展心理学教学改革、叙事学课程教学、

物流管理实践教学等试点项目，为全省高校教师提供更高层次的指导。二是深化与国内外高水平大学的合作。通过海外研修、访问学者等项目，一年来累计选派100多名骨干教师赴美国、加拿大、新西兰等海外的高校深造进修。通过聘请专家、项目委托等形式，邀请了北京师范大学、华中师范大学等一批教育学专家来赣讲学，先后在同济大学、东南大学、复旦大学等省外高校开展培训，提升了培训质量和效果。三是加强与行业知名企业的合作。今年签订师资培训合作协议的企业已达12家，同比去年大幅增长。北京用友集团、鹏博士电信传媒集团、招商局保税物流有限公司、武汉思远软件有限公司等一批知名企业先后实施了培训项目；交通银行（广东）等多家单位正在接洽之中。

四、构筑全省高校师资培训工作基础更加厚实

根据朱虹副省长提出的“加强组织建设和队伍建设，提高管理服务水平”的要求，我们结合群众教育路线实践活动的要求找准差距，强化服务意识，凝聚工作合力，解决实际问题。一是加强省校二级组织机构建设。省高校师资培训中心承担教育部、省教育厅的多项课题任务，关于高校教师发展的理论探索、实践探索处于全国前列。今年6月，教育部“高校青年教师专业发展能力提升”课题组（江西省高校师资培训中心为课题组核心成员）在江西结题，对我省的做法予以肯定和借鉴。通过工作会议、工作网站等平台，全省高校师资培训工作网络体系日益成熟，各高校参与全省工作大局的积极性更为明显，聚集以国家级教学名师、教育部长江学者特聘教授、江西省井冈学者特聘教授等一批创新拔尖人才，为全省高校教师提供培训服务，仅上半年就有南昌大学、江西师范大学、江西财经大学、江西财经职业学院等近20所高校承担相关任务。二是加强管理干部队伍建设。加强与外省高校师资培训中心等机构的联系，组织全省教学管理、师资管理干部赴上海、武汉、南京、西安等地培训，学习知名高校的先进经验，提高管理干部的业务能力和工作水平。三是完善工作评估及管理机制。组建师资培训专家指导委员会，对工作项目进行质量测评，根据评估意见实时调整培训计划。加强项目过程管理，安排专人负责，项目结束之后要求材料进档，工作档案建设更趋完善。

一年来，全省高校师资培训工作在省教育厅领导下、在江西师范大学支持下，以奋发有为的态势蓬勃发展，呈现出“常态化实施、全员化参与、项目化

运作、个性化发展”等特点。据统计，仅今年上半年，我们就已开设培训班次61个，培训教师3564人次，与去年同期比均有增长，在全省范围内进一步强化了跨校、跨专业、跨地区的教师学习共同体构建。下一阶段，我们将继续贯彻落实朱虹副省长的指示精神，以完善配套政策、拓展项目资源，突出师德师风、国际化视野、实践创新能力等为重点，继续为全省高校教师提供更为优质的培训服务，为全面提高我省高等教育质量提供坚强的师资保障。

（本文系作者于2014年11月写给江西省委、省政府领导的专报。）

迎评促建，写好优秀本科教育这篇大文章

今天召开的会议具有重要意义。它既是学校加快“一流本科”建设、深化创新创业教育改革的重要会议，又是为迎接教育部本科教学工作审核评估而召开的动员大会。根据会议安排，我先就近两年的本科教学工作进行简要回顾和总结，供大家参考。

一、2015年和2016年近两年本科教学工作主要业绩与成效

近年来，学校认真贯彻落实《国家中长期教育改革和发展规划纲要（2010—2020年）》和国务院办公厅《关于深化高等学校创新创业教育改革的实施意见》等文件精神，紧紧围绕立德树人这个根本任务，把提高育人质量贯穿于学校改革发展工作的全过程，在构建高水平有特色的人才培养体系中，继续巩固本科教学的中心地位，不断深化教育教学改革，创新人才培养模式，完善课程体系，强化创新创业教育，健全质量保障体系，本科教育成效明显。主要表现在以下几方面：

（一）认真开展本科专业综合评价，取得好成绩

2015年开展全省首批本科专业综合评价，学校党委、行政高度重视，书记、校长亲自挂帅，召开推进会，校领导多次深入到各相关学院调研指导参评工作，协调解决问题，部署具体工作，各学院与各相关职能部门积极配合，全校一盘棋，7个参评专业均取得了优异成绩。其中，数学与应用数学和汉语言文学专业在全省位列榜首，英语、会计学和生物工程专业排名第二，法学和通信工程专业排名第三，成为全省唯一所有参评专业都位居前三的本科高校。值得一提的是，我校科学技术学院在全省独立学院的排序中，法学和汉语言文学专业位列榜首，英语、数学与应用数学和会计学专业排名第二，综合成绩名列同类学院前茅。2016年，省教育厅组织了全省第二批本科专业综合评价，我校15个学院

共有18个专业参评，全校上下继承和发扬2015年的好经验、好作风，数据采集工作全部顺利完成，近日将组织定性材料评审，最终结果估计很快就能出来。

与此同时，学校组织开展了本科专业2015年校内评估工作，评估对象为参与全省专业综合评价的7个试点专业和1999年扩招前设置的专业，共25个。经过数据采集、定性指标材料专家评价、定量指标数据审核和评价，最终评出数学与应用数学、汉语言文学、历史学等三个五星级专业，化学、心理学、物理学、地理科学、英语、会计学、法学、思想政治教育、美术学等九个四星级专业。目前，学校正对1999—2004年备案的26个专业进行校内评估，计划用三年的时间完成所有专业的评估工作，把专业内涵建设落到实处，并依据评估结果调整专业发展布局，进一步构建专业发展良好格局。

（二）高度重视“一流本科”大讨论，形成好思想

2015年11月至2016年6月，“一流本科”大讨论历时大半年。23个学院都高度重视，成立了由学院院长任组长的领导小组，按照学校顶层设计，对重点学习的内容、形式、方法、阶段等制定了详细的行动方案，开展了丰富多彩的活动，做到有计划、有步骤、有总结。各相关单位在组织、宣传、后勤保障等方面积极配合和支持建设“一流本科”大讨论活动的开展。大讨论所取得的思想成果在“十三五”人才培养专项规划和2016版人才培养方案中得到了集中体现。

（三）突出学院办学主体，教研教改取得好成果

近年来，学校着力打造“一院一品，一专一特，一人一才”，2015年开展了第二批教育教学改革创新特色项目专题立项工作，确定一批项目进行重点建设。希冀通过大胆探索，努力实践，培育有突破、有影响、有实效的教改成果。

学校鼓励教师投身教研教改，各个学院各专业教学研究与改革热情高涨。两年来，教改课题申报量连年创历史新高，2015年共申报166项校级教改课题，比2014年的134项增加了32项，2016年共申报212项，比2015年又增加46项。学校精心组织申报省级教改课题，获批省级教改课题的数量和比率均位居全省高校前列。学校教师近两年省级教改课题结题数量也连创新高，结题鉴定会通过率均达100%，课题结题水平得到校内外专家的广泛好评。

（四）重点建设数字化优质教学资源，共享力度加大

2015年，学校正式启动数字化优质教学资源建设工作，5门课程列为精品

视频公开课立项建设，12 门课程列为精品资源共享课立项建设，4 门课程列为“慕课”立项建设，37 门课程列为正大微课立项建设。

近日，教育部下发了《教育部办公厅关于公布第二批“国家级精品资源共享课”名单的通知》。我校 2 门课程——“幼儿社会教育与活动指导”（课程负责人裘指挥）和“小学美术课程标准与教材研究”（课程负责人侯君波）通过教育部验收，被确定为“国家级精品资源共享课”，并已在“爱课程”网免费向社会开放。

1 月 12 日，省教育厅公布了 2016 年江西省精品在线开放课程立项建设课程名单，我校有 6 门课程被确定为 2016 年江西省精品在线开放课程立项建设。

（五）继续创新人才培养模式，“正大学子”计划顺利推进

两年来，学校围绕强化学生综合能力与素质培养，积极探索创新创业实践能力和人文素养融合发展的人才培养模式，不断拓展人才培养路径，促进学生多样化发展。

一是修订了本科生人才培养方案。实施分类分型培养，调整专业培养目标及规格，重新设计课程体系，把创新创业课程纳入培养方案；同时，把“知识、能力、素养”要求与实施卓越教师、卓越法律人才、“正大学子”计划等教育培养计划相结合。

二是完善新生入学教育体系。坚持以学院为主体，由高水平教师为一年级本科生开设探究式“新生研讨课”，结合“新生名师导航课”开展“大学第一讲”。试行新生导师制和新生助教制，组织新生晚自习等，切实加强和改进新生入学教育工作。

三是启动了第二批“正大学子”拔尖创新人才计划。2012 年，学校实施首批“正大学子”人才培育计划，取得了丰硕成果。在总结经验的基础上，学校在 2015 年启动了第二批“正大学子”计划，确定“金牌评论记者实验班”等 3 个项目为“拔尖创新人才”实验班——高峰计划；大数据与移动互联网技术等 3 个项目为“荣誉学士学位”实验班——班级高原计划。

四是继续推进“大学英语教学改革”。调整分级模式，由原来的三级模式调整为两级模式，并采取统一分配与自愿选择相结合的原则，充分尊重学生个人意愿，满足学生个性化学习需求。

（六）突出以“学”为中心，构筑自主学习、个性服务支撑体系

一是继续加大教学投入，实行收入分配向教学倾斜政策，除每年投入2000余万元本科教学经费外，每年还拿出500万元以上专项经费奖励本科教学，强化教学工作在职称分类评聘条件中的地位和作用。

二是持续开展中青年教师新兴教学法培训。学校连续两个暑假集中了184名教师开展多个项目的轮训活动，邀请知名专家围绕“新兴教学法的理论与实践”“课堂教学质量提升之道”等作主旨演讲和专题研讨，拓宽了中青年教师的教学视野，深化了他们对新兴教学法的认识和理解，提高了他们的课堂教学信息应用技能。

三是大学生学习指导中心工作卓有成效。如在惟义楼开展“拒绝早餐入教室，创建书香惟义楼”活动。学习指导中心全体志愿者，校团委“青协”成员每天早上在惟义楼值班巡查，对携带早餐进入惟义楼的同学进行规劝教导，取得了良好效果。部分学院成立的学习指导中心分中心，积极发挥特色优势，得到学生好评。如外语学院分中心设置了有外语特色的辅导活动，在全校形成良好的英语学习氛围；马克思主义学院分中心邀请国内外著名学者授课讲学，指导学生学习和生活；数信学院分中心针对高等数学等课程较难学的特点，每周定期为全校学生开展学习辅导活动。

（七）改进教师教学评价办法，完善本科教学常态监控体系

2016年上半年，学校先后出台《江西师范大学教师本科课堂教学质量评价办法》和《江西师范大学教师本科教学业绩综合评价办法》，量化相关指标，把本科课堂教学工作量、课堂教学质量评价和教学改革建设与研究工作量作为评价内容，评价结果作为教师职称评审、岗位聘任和有关评优评先的重要依据，评价结果记入教师本人业务档案。这将成为职称评聘中的重要硬性指标，强化教学工作在职称评聘条件中的导向作用。

在改进评价机制的同时，完善校、院两级督导体系。目前各学院均组建了学院教学督导组，全校共聘请了87位教师担任学院教学督导员，实现了对所有课程督导听课的全覆盖。

（八）加强创新创业教育，强化学生实践创新能力

2015年5月，国务院办公厅发布《关于深化高等学校创新创业教育改革的实施意见》。学校于去年5月成立了创新创业教育研究与指导中心，加强全校创

新创业教育工作的统筹协调。相继出台《江西师范大学关于推进大学生创新创业教育的实施意见》《江西师范大学大学生创新创业竞赛奖励办法（试行）》等文件。“大学生创业基础”课程面向大二学生顺利开课，并通过开展校企合作、联合培训、选拔“大学生创业基础”课程师资，已顺利培训第一期课程教师 76 人，当前正开展第二期培训共计 58 人。去年 10 月，我校申报的环鄱阳湖生态文明创新创业教育基地成功获批全国高校实践育人创新创业基地，是江西省唯一，也是全国地方师范大学唯一获此殊荣的高校。近日，教育部认定 99 所高校为全国首批深化创新创业教育改革示范高校，学校榜上有名。

近年来学校在学生课外学术竞赛上多点开花。我校软件学院曾恕杰等 5 名同学创作的“基于 LBS 的废旧物品回收平台”项目成功获批“2015 Google 支持教育部高教司国家大学生创新创业训练计划联合基金项目”，并获得 Google 公司人民币 5 万元项目支持。在去年第十四届“挑战杯”中航工业全国大学生课外学术科技作品竞赛决赛中，我校代表队荣获一等奖 1 项、二等奖 1 项、三等奖 4 项，学校获大赛优秀组织奖，取得参加此项赛事以来的首个一等奖；科技发明类作品奖项也实现“零的突破”，参赛总成绩名列江西高校第一位，位居全国师范院校前列。继 2013 年首次成为“挑战杯”发起高校后，我校去年再获发起高校资格，并成为江西省唯一具有下届“挑战杯”发起高校资格的学校。去年在全国大学生“创青春”大赛中喜获佳绩，实现实践类项目“金奖”的突破。除此之外，去年我校语言文字工作再上台阶，获得全省语言文字工作先进单位，4 人获得全省语言文字工作先进个人。

（九）推进教师教育改革创新，不断提高师范生人才培养质量

学校紧紧围绕建设“特色鲜明、全国一流的高水平师范大学，进入全国师范大学第一方阵”发展目标，坚持教师教育的传统和优势，不断推进教师教育改革创新，进一步完善了“教师教育处 + 教育学院、心理学院 + 各专业学院”的管理体系，初步构建了“课程教学 + 实践教学 + 养成教育”的教师教育人才培养体系，基本建立了包括“教育与心理基本理论、中学学科教育、职业素养与发展、教育基本技能、教育实践体验”在内的教师教育类课程体系，形成了“三层五段七化”师范生教学模式改革成果，不断推进红土地支教实习工程并形成品牌，实施“国培计划”，启动顶岗实习置换培训，初步形成了职前职后一体化的教师教育体系。积极推进大学 – 县、大学 – 中小学合作，建立了 10 个校 –

县教师教育创新实验区和大学－中学“1+100”教师教育合作共同体，率先在省级师范院校启动了免费师范生培养工作、师德体验课程建设和师范生教学技能全员通关测试试点工作。两年来，教师教育改革成果获国家级教学成果二等奖1项，获批教育部“卓越教师培养计划”改革项目2项。在刚刚结束的第四届全国师范生教学技能竞赛中，我校选派的6名参赛学生全部获奖，其中获一等奖2项、二等奖1项、三等奖3项，获奖总数及获一等奖数分别位居（101所院校参赛）并列第1位和并列第3位，创学校该项赛事历史上最好成绩。

这些成绩来之不易，是学校上下通力协作，开展教书育人、管理育人、服务育人、文化育人的结果。在此，我代表学校向全体教职员工表示衷心的感谢和深深的敬意！

二、以迎评促建工作为重点，抓好2017年教学改革发展工作

2017年是学校本科教学工作迎评促建年。下半年，学校将接受教育部组织的本科教学工作审核评估。我们必须以此为契机，进一步巩固以人才培养为核心的理念，提升学校办学美誉度，补短板，增亮点，全面提高人才培养质量，努力实现学校建设“一流本科”教育的目标。

（一）统一思想，振奋精神，认真落实今年本科教学工作要点

一是坚持“以生为本、以德为先”，进一步凝练办学特色。试点开展支部建在专业上的“党建+”工程，推动党建工作与教学中心工作的深度融合，开拓人才培养的新视野、新路径。实行本科毕业生学业、德育的双答辩，坚持德育与学科专业教育相结合，把“以生为本，以德为先”落到实处。拓展协同育人新亮点，积极推进家校合作，吸纳家长的智慧，发挥家长的影响力，优化以家长为基础的社会办学资源。推进学生“三走”活动。积极响应团中央“走下网络、走出宿舍、走向操场”号召，鼓励更多的学生走向室外，加强体育锻炼，养成文明、健康、科学的生活方式。

二是完善教学投入机制，大力改善办学条件。加大教学投入，增加本科教学经费预算，加拨专款用于本科教学审核评估工作，加大实践教学支持力度，引进与培养并举确保师资总量满足教学需要，实施新兴教学法教师全员轮训计划、设置教学范式改革专项，切实提高教师教学水平和教学能力。完善经费投入机制，增加教学硬件设施建设的投入。加大校园基础设施改造力度，加快教

学楼黑板、多媒体设备更新换代，完成实验教学大楼建设，完善校级公共实验平台，扩建、调整教学、宿舍用房，满足学院尤其是特殊学科专业教学科研用房需求。

三是发扬人文主义办学传统，重点加强校园文化建设。发扬学校自身的人文底蕴和学科综合优势，加强人文生态校园建设，进一步物化学校传统精神，着力构建校园文化育人环境。有计划、有步骤地加强教学基础设施建设，做好学校及学院办公大楼内部通道、过道走廊以及周边环境的美化设计工作，彰显师大文化品位。对教室、实验室、资料室等进行科学设计布置，以文化人，以文育人。加强师生理想信念、职业道德教育，倡导、约束师生在教学过程中的行为方式，规范、引导师生社会行为和道德养成，发挥先进典型的榜样作用，强化行为评价激励的长效机制。

四是推进创新创业教育，积极创新实践育人体系。推进创新创业实践平台打造。深入实施“大学生创新创业训练计划”，拓展创新创业实训实践项目，扩大学生参与面和受惠面，重点加强学生科研意识和创新精神的培养，面向本科生开放各类科研场所、实验室，吸纳学生参与教师的教研科研课题研究，鼓励教师结合自身的科研方向指导学生科研、毕业设计（论文）和科技竞赛。初步构建“普惠式”大学生创新创业训练体系。以获批“全国实践育人创新创业基地”为契机，加大校企合作力度，协同有关学院和社会企业共建大学生创新创业实践基地，为大学生深入企业实习、实践提供平台。推进创新创业教育品牌塑造，整合学校创新创业竞赛资源，保持并提升创新创业竞赛成绩，塑造竞赛品牌。

五是优化人才培养模式，持续推进教学精品工程建设。进一步扩大开放办学，积极探索本科生多元化协同培养机制，继续实施“正大学子”拔尖创新人才培育计划，积极开展教育教学改革创新特色项目专题立项工作，坚持特色办学不松懈。持续推进“名师、名课、名专业”建设工程。优化课程教学“十佳百优”评选，深入开展青年教师课堂教学竞赛，扎实推进“名师”工程建设；加强“星级课程”建设，加大课程教学范式改革力度，积极打造以数字化优质教学资源为代表的“精品课程”，大力推进“名课”工程建设；对接国家“本科教学工程”和省级专业综合评价要求，进行专业综合改革试点和专业评估，持续推进“名专业”建设工程。

六是开展课堂“练兵”教学月活动，积极倡导向课堂要质量。开展“教学月”活动，进行课堂教学“练兵”。要求教师按照课程大纲编好教学进程、教案、做好课件，改进教学方法，让“沉默的课堂”“少数人发声的课堂”变为“质疑的课堂”“辩论的课堂”，向课堂教学要质量。鼓励以教研室为单位开展研讨教学大纲、审定教学内容、把握教学进度、交流教学设计等教研活动，坚持好集体备课制度。要严格课堂考核，狠抓课堂纪律，促进学生主动学习，提高课堂到课率、抬头率和点头率。

七是强化教育教学信息化、国际化建设，紧密跟随时代潮流。加强数字化优质教学资源建设和在线开放课程应用，加快校本课程资源数字化改造，强化信息技术应用。充分利用网络教学平台提升教学成效，鼓励教师应用网络空间开展备课授课、网络研修、学习指导等教学活动，鼓励学生应用网络空间开展个性化学习、自主学习、协作学习。加强学生国际化合作交流培养力度，完善国际化人才培养体系与国际合作办学模式，积极与海外高水平大学建立友好合作关系，设立学生国际交流基金，资助学生赴国（境）外学习，加大学生参与国际化学习交流资助力度，拓展各类长短期海外学习交流项目，让更多学生获得海外学习经历。

（二）全员动员、认真准备，周密安排、扎实推进，全力做好本科教学审核评估工作

2013 年底，教育部印发《关于开展普通高等学校本科教学工作审核评估的通知》，开启了我国高等教育本科教学工作的新一轮评估。进入新世纪以来，教育部十分重视利用评估手段推动高等教育的发展与改革：如 2003—2007 年，对全国普通高等学校本科教学工作进行了水平评估；2008—2012 年，重点对新建本科院校本科教学工作进行合格评估；在总结水平评估和合格评估经验的基础上，依据高校办学实际，提出了审核评估这一新型的评估模式。审核评估实行中央和省级政府分级负责，中央部委所属高等学校由教育部高等教育教学评估中心负责实施，地方高校由各省市教育行政部门按照教育部的规定和要求组织实施，审核评估时间为 2014 年至 2018 年。2016 年 2 月，省教育厅印发了《关于开展我省普通高等学校本科教学工作审核评估的通知》，对我省高校本科教学工作审核评估进行了全面的安排部署，去年江西财经大学、华东交通大学、东华理工大学、江西理工大学、江西中医药大学，还有我们的邻居南昌工程学院

分别进行了审核评估，我校安排在今年，省厅高教处初步确定的专家进校考察时间在今年10—11月份。在接到省厅文件通知后，校领导、教务处及有关单位已经做了大量的工作，学校推荐了3名专家到教育部培训，梅国平校长亲自聘请好几位教育部评估专家来校指导审核评估工作，校领导专门带队到华中师范大学和南京师范大学学习，在充分学习、广泛调研的基础上，学校印发了《工作方案》《组织实施方案》《学院和项目组自评自建工作指引》等一系列文件材料（主要包括1个建设方案和9个项目子方案），评建办把相关材料进行汇编，作为今天的会议材料发给大家。

（三）严格要求、不折不扣，对照文件、真抓实干，切实抓好审核评估工作督察

根据审核评估工作的有关安排，3月份，学校将组织专家对各教学单位和项目组的自评自建工作开展第一次督察。此次督察包括集体听课看课、审阅自评报告、实地考察学院、听取集中汇报等四个环节。督察工作分为两个阶段，3月20日以前，教务处、评建办随机督促检查迎评进展和准备工作；3月20日以后，学校组织集中督察，成立三个专项督察组，分别由彭隆辉、张朝光、黄友华任组长，有关校领导和督导专家也参与其中，每组7—8人，23个学院的督察工作将在两周内完成。

在这里，我简单介绍一下本次督察工作安排：

一是集体听课看课。时间安排在3月6日至31日，督察组专家将利用近一个月的时间对全校所有教学单位开展听课看课督察。对每单位集体听课节数不少于2节，集体看课节数不少于8班次。

二是审阅自评报告。时间安排在3月20日至30日。督察组专家分组对本组督察学院《自评报告》进行审阅，对每个审核项目给出评价等级，对不足部分提出具体意见。

三是实地考察学院。时间安排在3月29日（周三）全天。届时校领导、督察组专家分组深入学院，实地重点考察学院走廊、办公室、会议室等场所的文化环境建设，学院实验室和资料室的建设与管理情况，2016—2017学年第一学期的试卷整理与归档情况，试点学院的文档建设等，对不足部分提出具体意见。

四是听取集中汇报。时间安排在3月30日（周四）上午。校领导、校外专家、督察组全体专家分组集中听取学院特色汇报和项目组自评自建工作汇报。

本次督察，重在查漏补缺，并帮助各教学单位和项目组确定整改目标和具体措施。各教学单位和项目组一定要在督察结束后做好总结交流工作，根据《学院自评自建工作指引》和《各项目组及相关责任单位自评自建工作指引》等文件认真开展工作，不折不扣，把审核评估工作真正落到实处。

6 月 30 日前，学校领导、评建工作督察组将分组对各学院 / 项目组进行第二次专门督察与指导，再次形成督察整改意见反馈到学院 / 项目组。

9 月 20 日前，学校将邀请校内外专家组成预评工作组，通过查阅试卷和毕业论文等材料、个别访谈、集体访谈、考察教学设施与公共服务设施、观摩课堂教学与实践教学等形式，对学校的评建工作及材料进行诊断性评估。

10 月 30 日前，根据预评专家的意见和建议进行整改，进一步修改完善《自评报告》《教学基本状态数据分析报告》以及向评估专家组进校评估时汇报的 PPT，丰富和审定相关支撑的文档材料，做好各方面的宣传、展示等迎评的全部准备工作。

上述工作，学校迎评办已经周密制订了工作计划、实施方案，形成了时间表、路线图、责任制、工作目标和质量要求，希望各单位在开学第一周认真学习消化文件，重大问题在党政联席会上进行研究，在学院进行再动员、再部署，鼓足干劲，力争上游，把迎评促建工作做得更好！

同志们！江西师范大学正处于高等教育深化综合改革的战略转型期，面临着新的形势、新的机遇和新的挑战，我们必须坚持“质量立校、人才兴校、创新强校、文化铸校、和谐荣校”的办学理念和“爱国荣校、民主和谐、求真务实、开放创新”的师大精神，抢抓机遇、凝聚共识，大胆创新、勇于实践，以质量提升为主题，沿着改革发展的主线，加快完善以“学”为中心的教学体系和质量保障体系，满足学生的成长和社会发展对人才的需求，为早日实现特色鲜明的国内一流师范大学的办学目标做出新的更大贡献！

（本文系作者于 2017 年 2 月 19 日在江西师范大学本科教学审核评估动员会上的讲话。）

一鼓作气，奋力写好迎评促建满意答卷

时间过得很快，按往常今天应该是暑假了。今年任务特别，学校将在 11 月份接受教育部审核评估，不少工作得利用暑期来完成。非常感谢同志们的支持与配合！

自本学期初迎接本科教学工作审核评估动员会召开以来，学校评建工作在学校的统一领导下，按照田延光同志提出的“要统一思想，真抓实干，全力做好迎接本科教学工作审核评估工作”的工作要求，和梅国平同志提出的“‘素颜迎评，证明自己’，真正做到‘学明白、想明白、做明白、说明白’，全力推进‘一流本科’建设”的讲话精神，评建办、学院、项目组及相关责任单位，按照审核评估工作的进程安排和学校评建工作的具体部署，全面开展评建工作，有序推进各项任务落实，取得了阶段性的成果。现就相关工作做个简要小结。

一、本学期为搞好审核评估开展及完成的主要工作

1. 制定发布并推进 9 大重点任务建设。学校评建办在广泛吸纳评建工作项目组、各学院和相关职能部门意见建议的基础上，发布《关于印发〈保障教学中心地位建设方案〉等 9 项评建工作重点任务建设方案的通知》，力求做到“三强化、三突出、三确保”。在教学质量保障方面，强化本科教学工作的中心地位，强化教授为本科生上课制度，强化教学信息化、国际化建设。在人才培养的特色和路径方面，突出人才培养模式创新，突出特色建设，突出创新创业教育。在人才培养过程质量方面，确保课堂教学质量（包括“练兵”质量），确保试卷和毕业设计（论文）质量，确保学校学院文化建设质量。

深入推进 9 大重点任务的建设。在学院文化建设方面，评建办、宣传部共同制定了《加强校园及学院文化建设工作指引》，对各学院及相关单位即日起至 2017 年 6 月 30 日的文化建设工作提出了指引。举办了一次“文化环境建设现场

会”；在落实教授、副教授为本科生授课制度方面，人事处、教务处拟定了《江西师范大学落实教授、副教授为本科生授课制度实施细则（试行）》，明确教授、副教授每学年必须为本科生讲授至少一门课程。鼓励教授、副教授为本科生开展线上线下答疑和辅导；在规范实验教学方面，梅国平校长深入数学与信息科学学院、计算机信息工程学院等 8 个理工科学院，察看了各实验室运行现状，听取学院院长的汇报，详细了解了各学院实验室建设与运行过程中存在的突出困难和当前急需解决的问题，对学校实验室建设与管理工作提出了具体工作要求；在开展课堂教学“练兵”活动方面，各学院都陆续开展了课堂教学“练兵”常规工作，开展集体备课、教学示范、教学竞赛、集体听课、优秀公开课等教研活动。按照 2016 版本科人才培养方案，再次检查和修订完善课程教学大纲；在提高试卷、毕业设计（论文）的质量方面，做好 2017 届本科毕业答辩与毕业设计（论文）整理归档工作，按照《江西师范大学试卷质量标准》结合评建工作督查整改意见和教务处最新要求，组织 2016—2017 学年第二学期期末考试试题命制工作；在强化教学信息化、国际化建设方面，加强了数字化网络课程资源立项建设，启动精品课程迁移工作，将校级以上精品课程移植到网络教学平台。在凝练办学特色方面，各学院积极探索符合学院生源特点的人才培养模式，形成“一院一品，一专一特”的格局。在深化创新创业教育改革，进一步规范学分审核，调整学院专业课程设置，加强大学生创新创业实验室建设，开展首批创新创业实验班申报工作。除此之外，学校还启动了今年的教育部教学基本状态数据的填报，修订了《江西师范大学本科教学规程》《江西师范大学本科教学工作常态监测指标体系》等。

2. 编印下发了 1 本《审核评估知识手册》。学校评建办编印并下发《本科教学工作审核评估知识手册（上）——政策篇》。“手册”以问答的形式，系统介绍了审核评估的相关政策知识。“手册”发放给校内各单位，做到全体教职工人手一册。帮助广大师生员工准确把握审核评估工作的方针政策、目的方法。此外还编印了一份《评建工作简报》，在官微开了一个专栏，更新好评建工作网站，积极营造评建工作氛围。

3. 发布了 1 个“课堂学规师风”倡议。为增强广大师生对课堂的责任感和使命感，提升课堂教学水平和质量，创建优良学风教风，评建办、教务处、学生处、校工会四单位在 3 月 8 日发布了《江西师大课堂“学规五戒・师风五讲”

倡议书》，作为课堂教学准则。

4. 起草了1份审核评估自评报告。在学院和各项目组分头起草的基础上，评建办汇总梳理，完成了9万余字的审核评估报告初稿的撰写工作，目前已完成了第五稿的修改。

5. 开展1次“讲好学院故事”活动。学校在5月份举行了以“讲好学院本科教学故事”为主题的迎评促建汇报会，讲好本科教学特色，讲好本科教学“路数”，讲好本科教学质量显示度。学校领导与校内外专家分两组听取了23个学院本科教学故事的汇报并进行现场点评，帮助学院进一步凝练和优化学院人才培养理念和特色。

6. 邀请专家做了1次诊断性评估。邀请了华中师范大学凌云教授到校开展了为期3天的集中诊断性评估，通过进校前考察与进校后查阅资料和个别访谈相结合的方式，帮助学校评建工作进行诊断，为学校有针对性地进行教学质量控制和进一步做好评建整改建设提供决策依据。

7. 制定了2个阶段《自评自建工作指引》。为发挥好评建办的统筹协调作用，评建办制定了《本科教学工作审核评估学院自评自建工作指引》和《本科教学工作审核评估各项目组及相关责任单位自评自建工作指引》。明确了新学期开学至2017年3月15日前，以及3月16日至6月30日各学院、项目组及相关责任单位的主要工作任务、具体工作、完成时间及工作要求。

8. 开展了2轮审核评估评建工作督查。

（1）从3月6日起至4月1日，评建工作督察组分三个小组，对23个教学单位及12个项目组的迎评促建工作进行了第一次督察。通过集中听课、看课，实地考察和集中听取汇报等形式，重点督察了课堂教学、文化环境建设、实验室和资料室建设与管理、试卷整理与归档、毕业设计（论文）、试点学院文档建设等工作，审读了《自评报告》，对督查的整体情况、亮点学院、发现的一些较为突出的问题和整改建议以及督察成绩进行了通报。

（2）从5月到6月，评建工作督察组分两个阶段，对学院和项目组及相关责任单位进行了第二次督查。两次听取学院讲好自己的故事，审阅学院人才培养方案、课程教学大纲，审阅学院自评报告第二稿（含支撑材料目录），实地察看学院的文化建设和实验室和资料室的建设与管理，重点抽查了学院2015年以来的试卷和毕业论文；举行了一次项目组及相关责任单位汇报会，校领导和专家集中听取了各项目组和相关责任单位服务本科教学工作的思路和举措、本部门自评自建重点任务落实情况、自评报告修改和支撑材料目录整理情况、存在的问题与改进意见。第二轮督查结果列出了问题清单，强化了意见的及时反馈和责任归口，帮助学院和项目组及相关责任单位查找问题、及时整改。

（3）重点推进了3项文档建设。一是在撰写自评报告的同时，进一步整理支撑材料，编制《学院支撑材料目录》和《项目组支撑材料目录》，确保自评报告中的内容有据可依；二是按照《试卷质量标准》和《毕业设计（论文）工作实施办法》对近三年的试卷和毕业设计（论文）进行整理和归档；第三是修订完善各学院各专业人才培养方案和课程教学大纲。

二、第二轮督查发现的主要问题

我们刚刚完成了第二轮督查，整体来看，全校各学院各部门的评建工作，能够按照“以评促建、以评促改、以评促管、评建结合、重在建设”20字方针和学校统一部署要求，把评估与教学改革建设紧密结合，把评估与今年的中心工作紧密结合，以切实解决本科教学中存在的一些突出问题为导向，扎实有效地开展自评自建工作。绝大部分学院对审核评估工作非常重视，成立了专门的工作组，细化任务，落实责任，撰写自评报告，提炼办学理念和特色，试卷、毕业论文等重要文档也进一步整理归档，培养方案和教学大纲进一步修改完善，教研活动得到有效开展，文化环境建设有所发展，实验室、图书资料室建设进一步规范；项目组及相关责任单位落实的重点评建任务也在不断推进，服务本科教学的意识在不断增强。

不过，通过刚刚结束的第二轮督查，我们也同样发现了一些普遍性问题：

（一）学院文化环境建设

1. 各学院文化环境都有所改善，但大多数学院缺乏整体设计理念，布局不合理，亮点不突出，学院特色不鲜明。文化环境建设“等、靠、要”的意识浓厚，主动作为的意识不强。

2. 有些学院存在墙面严重渗水或发霉、廊道光线暗、墙面污渍严重、吊顶有脱落、门牌未统一以及桌椅未及时报废等基础建设问题。

3. 有些学院标识不突出，楼层布局不够合理，给来访者带来不便利。

（二）学院实验室和图书资料

1. 实验室醒目位置未张贴课表，实验制度还未上墙，实验台账和向学生开放记录缺少，实验室标牌和责任人缺少标识。

2. 有些实验室未安装空调，闲置课桌未及时报废清理。

3. 资料室存在无阅览区、利用率低、图书分类不规范、霉味重等问题，资料室借阅记录缺少，向本科生开放还有很大的提升空间。

4. 有些实验室安全窗口处于常年封闭状态，不符合防火要求及安全规范。

（三）文档建设

1. 试卷：试卷评阅不规范，试卷分析简单甚至缺失，部分试卷题目类型偏少，试卷命题难度低，考试目标不明确，参考答案和评分标准未细化。

2. 毕业论文：毕业论文装订排版不规范，过程管理手册内容填写马虎或者流于形式，参考文献篇数少而陈旧，选题过大，缺少文献综述，格式不规范。

3. 教学大纲：编写教学大纲格式花样多，没有规范及统一格式；有些学院缺少教学进度表，缺重点难点，无领衔教师信息，缺英文名称或英文名称有误，无开课学期，无课时要求；有些课程“目的”与“要求”表述雷同，教学方式表述不恰当；个别学院的编制质量存在版式混乱、内容缺失、错别字多或专业间张冠李戴等严重问题。

4. 培养方案：人才培养定位不明晰，培养目标不具体，学术型与应用型课程区分不明显，师范类专业“不师范”的问题仍然存在；总学分过高、必修课学分比例过重、实践教学学分所占比例偏低这三条“红线”问题没有得到根本性解决；许多学院的学分课时统计表填写不完整或统计错误，前后学分统计不一致，前后总学分相矛盾；课程简介、培养目标、培养规格要求描述太笼统；没有指定教材或教材太陈旧，或者教材信息表述不完整；课程时间安排不合理，专业任选课程太集中。

（四）学院自评报告以及学院汇报

1. 不少学院的自评报告和 PPT 汇报未能很好地紧扣教学中心主题，凝练学院教学特色，“文化引领教学、师资服务教学、科研反哺教学、学科支撑教学、制度保障教学”等方面的表述不系统、不充分，逻辑性不强，点、线、面未能很好地结合，亮点不突出，特色不鲜明，高度不凸显。

2. 部分学院汇报 PPT 还存在投影亮度不够，字体太小或过多、背景颜色以及图文搭配不合理等形式问题。

3. 各学院对新形势、新任务、新要求下的本科人才培养改革重点，如创新创业教育、实践育人、信息化、国际化等方面的思考和举措还不够。

（五）项目组及相关责任单位

1. 对照评建工作指引和 9 大重点评建任务，还有不少工作未完全落实到位，项目组第一责任单位牵头抓总的效用发挥还不够明显，相关责任单位有机配合的意识有待加强。

2. 不少单位领导对文件精神领会不深，评估标准掌握不准，对本单位家底摸得不清，对评估的认识还不到位。

3. 各单位的自评报告文稿和汇报 PPT 还需要进一步修改打磨，工作理念、工作举措、工作成效、工作不足、改善建议等不具体，少数据、缺凝练、没高度的现象还比较明显，与学校的主报告呼应还不够。汇报方式照本宣科、平铺直叙，有些单位还没有准备好汇报 PPT。

4. 不少单位还未着手自评报告支撑材料的准备。值得注意的是，上述问题只是在短暂督查过程中发现的，可能还需要各学院加强自查自纠，进一步发掘问题，从根本上找到解决的办法。

三、暑期评建任务

同志们，按照整个评建工作的安排，学校评建工作马上要进入“启动部署、全面评建、预评冲刺、进校评估和整改提高”五阶段的第三阶段“预评冲刺”，然后就到了 10 月 9 日—12 日开展的全校本科审核预评估，以及 11 月的教育部专家进校正式评估。

时间紧，任务重，为了做好接下来的工作，暑假期间，评建办、各项目组及责任单位、各学院和教师个人，要重点做好以下工作：

1. 学校评建办要加紧谋划。对评建工作前两个阶段进行全面总结，对开学前的督查“回头看”进行部署，对“预评冲刺”阶段的工作提前准备，对“评建”向“评估”重心的转移要提前思考，对学院和项目组及相关责任单位要加强指导。

2. 各项目组及相关责任单位要加速建设。重点要抓好未完成的九大评建重点项目建设，其中特别是要做好学院门厅的维修改造，各楼栋的房屋补漏、内墙粉刷、廊道布光、电压扩容、空调安装、桌椅报废清理等校园环境美化、绿化、亮化工作，做好实验教学大楼的搬迁进驻，做好图书馆功能改造和文化建设工程维修改造等项目；相关部门要研究制定学校课堂礼仪规范，建立具有学校特色的集体礼仪和学规，营造尊师重教的良好氛围；做好教育部教学基本状态数据的填报，统计好外聘教师数据，保证各项办学条件指标和教学经费投入达标；各项目组和相关责任单位还要按照第二次督查整改意见进行整改，围绕“怎么想的，如何做的，效果怎么样，有什么问题，怎么整改”进一步完善自评报告，打磨汇报 PPT；完善自评报告支撑材料目录的编制。

3. 各学院要加快整改。各学院要利用暑假时间开展教学研讨，进一步修订完善培养方案和教学大纲，完成教学大纲上网，修改自评报告和学院汇报 PPT，大胆提炼办学特色，亮点要说足，特色要说透，形成“一院一品，一专一特”格局。各学院要做好新形势、新任务、新要求下本科教学改革思考，加强数字化资源建设，做好精品课程的迁移，谋划实践育人、创新创业教育、信息化和国际化的新举措、新思路；主动作为，抓好学院文化建设硬环境的改造，注重文化软实力的提升，编好学院宣传册；严格标准，认真做好 2016—2017 学年第二学期试卷的整理与归档，做好学院自评报告的支撑材料整理；部署好下学期实践教学的安排，做好实践教学基地的挂牌、换牌等基地建设工作。

4. 教师个人要加强备课。老师个人要充分利用暑假，提前备好课，撰写好教案，完善好教学大纲，做好充分的教学准备。

同志们，为了促进暑假各项工作的落实，根据安排，下学期初，评建办还将组织校领导和专家再次到学院和部门进行督查，对此次督查中发现并反馈的问题“回头看”，督查问题解决的落实和成效。各学院、各部门务必高度重视，抓住暑假有利时机，要对照问题台账，倒排日期，责任到人，继续以只争朝夕、时不我待的精神状态投入整改工作，确保高标准、高质量地做好迎接审核评估准备。

四、专业综合评价工作

同志们，借这个机会，我还要将今年的专业综合评价工作做些强调。大家知道，在此前下发的评建方案中特别强调：要将今年的评建工作与专业综合评价工作有机结合，两相促进。今年我校共有 25 个专业要参加全省的专业综合评价。其中历史学、物理学、化学、地理科学、心理学、公共事业管理等6个专业为学校传统优势专业，这6个专业的目标是保优争先，剩下的19个专业目标为力争上游。借这个机会，我就做好本次专业综合评价提出三点要求：

一是要把第一、二轮专业评价的好做法，全铺开，全覆盖，在本轮专业评估中做到保障有力、调度有力、合作有力，实行精准结对、帮扶助推。心理学院、城市建设学院、化学化工学院、地理与环境学院从未参评过，可以分别与评估经验丰富的教育学院、传播学院、计算机信息与工程学院、生命科学学院结对子，传承好经验。

二是强调工作状态，走群众路线，要用正确的方法，做好每一位参评工作同志的思想工作，发扬集中力量办大事的优势，将每个人的潜力调动起来，在工作作风上做到又硬又实。

三是实行院长负责制，各相关学院领导仍然要把此次专业评价当成一场硬仗，精心作好动员部署，明确责任分工。在暑假期间，要组织相关人员，按照《江西省2017年普通高校本科专业综合评价工作实施方案》，对照本专业评价指标体系和主要观测点组织相关材料。在9月上旬，各学院要完成各项数据的收集、梳理、汇总，形成自评报告并报学校工作领导小组办公室。

（本文系作者于2017年7月7日在江西师范大学本科教学审核评估第二轮督察反馈及暑期评建工作推进会上的讲话。）

下足“两结合”功夫，书写“重在建设”崭新篇章

时光易逝，如白驹过隙。转眼间，今年已是学校顺利通过本科教学工作合格评估的第四个年头。根据国家高等教育评估要求，通过合格评估5年以上的高校需接受教育部本科教育教学审核评估。为缩小与中部六省同类师范院校之间的发展差距，筑牢“申硕更大”内涵建设坚实基础，经学校党委行政科学研判，学校申请于2024年接受审核评估。今天我们开这个会，就是落实党的二十大关于高等教育改革发展内涵建设的要求，按照教育部党组关于本科高校开展审核评估的文件精神，对照省委教育工委、省教育厅对我校的工作要求，对接2024年，我们进行动员部署，用一年的时间，找差距、补短板、促提升，根据审核评估“以评促建、以评促改、以评促管、以评促强”的指导思想，盯住怎么评、怎么管、怎么改、怎么建、怎么强的问题。其中，“评”是手段，“建”是重点，“强”是目标。只有紧盯目标、抓住重点，按照新时代教师教育的要求，才能强起来，学校才有出路。这是学校教育事业发展历程中的又一件大事、要事，也是学校走内涵式高质量发展之路所面临的新一场大考、硬仗。这也是新形势下教育部专家对学校本科教育教学工作进行的一次全面体检、立体诊断，是对我校办学质量和水平的一次大检阅、大展示，是学校深化教育教学改革、推进内涵发展、特色发展的又一次难得机遇，是办好人民满意教育的南昌师范学院的基础工程、未来工程。可以说，任务艰巨、责任重大、使命光荣。

建设教育强国迫切需要高等教育高质量发展。习近平总书记指出：“要围绕建设高质量教育体系，以教育评价改革为牵引，统筹推进育人方式、办学模式、管理体制、保障机制改革。”如何提高办学质量成为新时代赋予我们的重大使命。由于历史原因，我校在办学规模和办学条件上不占优势，千方百计抓好内涵建设成为我校在强手如林的高等教育大军中站稳脚跟的不二选择，毫不松懈抓住“审核评估”这个“以评促强”的战略机遇是我们的必选动作。从全国来

看，已经参加首轮审核评估（2014—2018 年）的高校有 560 余所，参加新一轮审核评估的高校有 834 所。聚焦中部六省，还有郑州师范学院、长沙师范学院和我校这三所同类师范院校未参加过审核评估。放眼省内，学校是未参加过审核评估的三所本科师范院校之一。因此，打赢审核评估这一战对于正在奋力抢抓发展机遇的我们来说，尤为关键，容不得半点闪失。

根据审核评估工作总体安排，现在由我作动员讲话，我主要讲以下五点意见。

一、打通思想，提振精神

同志们，学校当前正处于改革发展的黄金期、关键期，推动学校蓬勃发展是全体党员干部和师生义不容辞的责任，我们必须守牢政治关、打通思想关、过好能力关，知形势、识大局、担好责，努力走好我们这一代人登高望远的发展之路，不留败笔、不留遗憾、不留骂名。

（一）克服懈怠思想，鼓足迎评干劲

“业精于勤，荒于嬉；行成于思，毁于随。”[①] 消极懈怠是我们干事创业道路上的绊脚石、拦路虎。自 2019 年迎接合格评估工作以来，学校一直处于“迎评备考”的忙碌状态，不少学院肩负师范类专业认证、一流专业建设、本科专业综合评价、硕士点建设等多重任务，绝大部分同志始终保持饱满状态，兢兢业业，勇挑重担。现在学校又迎来“审核评估”这一大考，需要全校上下再次激活“备考状态”，聚精会神抓好迎评促建工作。

这次迎评工作要求会更严，任务会更重。我们要防止“无所谓、老油条、跟着走、不冒尖”的消极思想乘机抬头，要防止“就是这个样、干多干少都一样、总是要通过”的懒政观念伺机而动，要防止“不思进取、安于现状、敷衍应对、得过且过”的不良现象借势衍生，要防止“工作能躲就躲、责任能推就推，上班混日子、工作掉链子”的不良行为借机作乱。这几种思想是学校发展过程中的心魔、大敌，一定要坚决铲除，绝不能让它们影响学校的发展，影响审核评估。

① ［唐］韩愈：《进学解》。见刘真伦、岳珍校注：《韩愈文集汇校笺注》，中华书局 2010 年版，第 146 页。

（二）克服保守思想，打破路径依赖

“天下之事，因循则无一事可为。”[①] 有些同志接到工作任务时，第一反应是看看以前怎么做，问问其他人怎么做，不从自身实际出发，不主动学习研究，甚至不按规律办事，简单套用过去经验、他人路径。这种“刻舟求剑”式的经验主义不但难以取得预期效果，还会阻碍事业发展。面对新一轮审核评估，可能有的同志在思想上还停留在合格评估阶段，认为审核评估和合格评估应该差不多，不主动学习新文件、新要求、新做法，一味因循守旧，依赖传统路径。这种思想是非常危险的，必须予以纠正。

如何打破路径依赖？只有通过学习和锻炼。学什么？学习新时代对高等教育的要求，学习高等教育业务知识，学习审核评估相关要求，学习其他高校办学经验。在学习的过程中，学以致用、学用结合，把学习成果及时转化为治校、治教、治学的具体成效，这就是锻炼。只有这样，我们才能更新知识结构，拓宽视野眼界，强化本领担当，避免陷入少知而迷、不知而盲、无知而乱的困境。

（三）克服畏难情绪，敢于迎难而上

“世上无难事，只要肯登攀。”[②] 习近平总书记指出：“历史是勇敢者创造的。”[③] 迎接新一轮审核评估是学校发展史上的重大事件，既为大家提供干事创业、施展才华的平台，也成为检验干部职工“站位高不高、党性纯不纯、本领强不强”的试验场。我们不能因为审核评估时间紧、任务重、要求高，就消极逃避、不敢面对、停滞发展。

俗话说得好，只要思想不滑坡，办法总比困难多。希望大家对标对表工作目标要求，心往一处想，劲往一处使，以不负韶华、只争朝夕的使命感，勇挑大梁，勇挑重担；以责无旁贷、舍我其谁的责任感，敢于啃硬骨头、敢于接烫手山芋；逢山开路、遇水搭桥，把棘手的事办妥，把难办的事办好，不负历史使命，不负时代重托。

① ［明］归有光著、周本淳校点：《奉熊分司水利集并论今年水灾事宜书》，《震川先生集》第八卷，上海古籍出版社 2007 年版，第 159 页。

② 毛泽东：《水调歌头·重上井冈山》。见中共中央文献研究室编：《毛泽东诗词集》，中央文献出版社 1996 年版，第 149—150 页。

③ 习近平：《共担时代责任，共促全球发展》，《求是》2020 年第 24 期。

二、学好文件，达成共识

原原本本学文件是扎扎实实抓落实的前提与基础。学好审核评估有关文件精神，是我们规范有效做好迎评工作的起点。为推进教育评价改革，2020年，党中央、国务院印发了《深化新时代教育评价改革总体方案》，明确提出“推进高校分类评价”“改进本科教育教学评估”目标要求。2021年，教育部印发了《普通高等学校本科教育教学审核评估实施方案（2021—2025年）》，启动了国家新一轮本科教育教学审核评估工作。该文件是我们开展审核评估迎评工作的指南，必须学懂弄通做实。

（一）精准办学定位，优化“丈量尺”

思路决定出路。审核评估不同于高校本科教学工作合格评估。合格评估属于认证模式评估，达到标准就通过。而审核评估主要看被评估对象是否达到了自身设定的目标，是拿“自己的尺子量自己”。审核评估实行分类分层评估，审核结论不分等级，其出发点是引导学校依据自己的办学定位，设定合适的人才培养目标和相应的质量标准，评估时重点审核学校是否实现了自己确定的人才培养目标，通过什么样的质量保障体系来实现人才培养目标以及实现目标的程度。我们至少要有四把尺子，人才培养目标的尺子、人才培养规格的尺子、人才培养方案的尺子、人才培养适应度的尺子。拿尺子的过程就是整改的过程，量自己的过程就是提高的过程，要做到全覆盖、无死角，绝不能灯下黑，不能只要求老师不要求干部，也不能只要求干部不要求老师，更不能只要求学生不要求老师。这整个过程首先体现在学校的自评报告中，自评报告就是拿“自己的尺子量自己”。因此，撰写好自评报告是学校自评自量的重要环节。

通过审核评估，有利于学校教育教学质量从合格评估阶段的“形似”“达标”跃升到“神似”“达成”，促进高校坚定办学定位和方向，找准高质量发展的短板和弱项，推动建立健全质量保障体系，形成质量文化，更好地落实立德树人根本任务。

2019年，学校在接受本科教学工作合格评估时，确定了“一型两性”的办学定位，初步勾勒办学发展方向。我们需要在这个基础上再次展开思想大讨论，更进一步精准办学定位、明确人才培养规格、修订人才培养方案，使丈量自己的这把尺子既贴合实际，考虑非师范生和师范生培养规格共性和个性之间的差异，具有客观性；又着眼未来，考虑学生职业发展和社会人才需求，具有发展性，回答南昌师范学院是一所什么样的师范学院的问题，解决怎么办、怎么教、怎么学、培育什么样的师范生等重大问题。概括来说，“四色”有机融合、打造金色教师教育是南昌师范学院的教师教育特征。“腿上有泥、身上有汗、心中有爱、师能有长”是南昌师范学院师范生的品质气质。“专业围绕需求转、教师围绕育人转、学生围绕能力转、质量围绕时代转”是南昌师范学院教师教育的存在形式。南昌师范学院是一所传承悠久办学历史，积累深厚教育文化，构建新型师生教学关系，涵养学生人文情怀、科学精神、艺术气质，培育师范生职业操守、育人能力，服务地方发展需求的新型高水平地方本科师范院校。

（二）把握“五个度”，锁定“聚光灯”

目标指引方向。新一轮审核评估把“一根本、两突出、三强化、五个度”作为评估方案研制的工作目标。其中，“五个度”继承了上一轮审核评估的成功做法，得到高教战线普遍认可，成为衡量人才培养质量保障体系的基本准则，在工作目标表述中与“一根本”分别处于一头一尾，成为落实“立德树人”这“一根本”目标的重要支撑。“五个度”包括人才培养目标与培养效果的达成度、办学定位和人才培养目标与社会需求的适应度、教师和教学资源对学校人才培养的保障度、教学质量保障体系运行的有效度、学生和社会用人单位的满意度。这就是人才培养规格。我国高校，从“双一流”到地方应用型本科，不同的高校人才培养规格是不一样的。北大、清华这样的高校培养的是精英人才，浙大、武大这一类高校培养的是杰出人才，南大、师大这一类高校培养的是骨干人才，我们这一类高校培养的是社会有用人才。我们要根据我们的培养规格确定培养方案、培养方法。这也是“五个度”的要求，它体现了以学生为主线的评估思路，贯穿了学生从入学到毕业的整个过程。专家通过考察学校的培养过程能否满足学生学习与成长的需要，培养的学生能否满足经济社会发展需要，从而对学校人才培养质量做出科学判断。

学生是我们办学的最终归宿，高素质的学生是学校最好的代言人。落实“五个度”要求，才能确保人才培养保值、提质、增值，形成人才培养质量保障的立体屏障。希望各部门落实习近平总书记要求，围绕学生、关照学生、服务学生，以学生为中心开展各项工作，突出人才培养的中心地位，确保本科教育教学核心地位；坚持目标导向、实践导向、产出导向，推动人才培养范式从

“以教为中心”向“以学为中心”转变。

（三）吃透指标体系，围绕“指挥棒”

要求规约行为。审核评估指标体系是我们对标对表的依据，既是干好迎评工作的指挥棒，也是约束办学行为的紧箍咒。深刻正确认识指标体系内涵、逻辑结构、要素关系，对开展审核评估工作至关重要。根据审核评估“一校一案”特点，我校主要对标第二类审核评估体系，第二类审核评估指标体系既有定性指标又有定量指标，主要包括学校的办学与本科地位、培养过程、教学资源与利用、师资队伍、学生发展、质量保障、教学成效和自选特色项目（简称“7+1”，上一轮审核评估是“6+1”），涵盖了教学、科研、管理、服务和校风、校貌、校园文化、学生素质等各方面的内容。

各部门要对照实施方案，吃透指标体系精髓，准确理解审核评估目的、指导思想和基本要求，全面推动教育教学改革，强优势，树特色，补短板，推动人才培养质量和学生发展水平全面提升。要坚持纵向比与横向比相结合，一方面，客观审视学校办学的历史进程，既看到已经取得的成绩和进步，发挥“五青思政工作体系＋创新创业”特色项目和金色教师教育办学品牌等优势，增强教育教学改革的信心，又看到学校在新时代教育事业发展中的新使命，确立更高奋斗目标。特色项目是我们学校的窗口，是我们的标识，是展示我校教育成果的平台。我们要把“五青思政”附着在学生成长成才的观测点上，与通识教育、专业教育、技能教育、创新创业教育结合在一起，提升学生思想素质和专业技能。另一方面，要把学校放在国际国内教育大格局中来审视，找准办学定位，明确办学特色，尽快追上标杆学校。同时，各部门要树立发展思维、底线思维，避免在评建过程中急功近利、盲目攀比，防止形式主义、材料作假。

三、抓住重点，明确主题

习近平总书记指出，高校立身之本在于立德树人。新一轮审核评估以立德树人为思想统领，把立德树人全过程、全方位融入评估工作，增设立德树人评价指标，使立德树人“软目标”变成评估的“硬指标”。我们要牢牢把握“立德树人”这个根本任务开展各项工作，围绕“尊重人、关照人、依靠人、发展人、为了人”检验工作成效，不断提高师资队伍水平、深化教育教学改革，促进学生成长成才，走好人民满意的本科教育之路。

（一）把握教师这个关键点，加强师资队伍建设

“学必有师”，教师是教育发展的第一资源。名师大家是教师中的宝贵资源，决定一所大学的学术高度和气质。培养一支“经师”与“人师”相统一的高素质教师队伍具有基础性、先导性、全局性作用。教育事业高质量发展迫切需要教师练好教书育人本领、落实立德树人根本任务，成长为大先生、教育家，这样培养的学生才能有模有样、生龙活虎。

一是要切实加强师德师风建设。健全师德考核制度，坚持把师德师风作为教师素质评价的第一标准，推动师德师风建设常态化、长效化，引导教师教书育人和自我修养相结合，做到以德立身、以德立学、以德施教，当好学生成长成才的知心人、暖心人、引路人。不少人认为教师干的是“良心活”，教好教坏全凭良心。其实，教师更应该是“责任活”，教书育人就是你的岗位职责，必须教好，必须全身心地投入，这就是师德师风的要求。二是要着力提升教师专业素养。夯实基层教研组织，搭建科学研究平台，研究教育教学规律，创新科研活动，接续大学文化，传承名家气质，创造培育名师的优良环境。发挥优秀教师传帮带作用，广泛开展教师教学能力提升培训，传授教育理念，涵养教育情怀，形成教育智慧，营造浓郁的教育文化。要培养教师乐为人师、好为人师、善为人师的心境。三是要深化教师管理制度改革。对标审核评估要求，推进教师分类评价，优化人才队伍和团队建设，强化引才育才力度，深化教育评价改革，激活人事人才活力。要积极培育和引进领军人才，继续实施博士引进工程，加大中青年拔尖人才培养，打造优质教学团队、科研团队、管理团队；要严把教师师德关、教学关、学术关、考核关，完善教师教书育人能力评价与考核，把教学质量作为教师专业技术评聘、绩效考核的重要依据，在教师专业技术职务晋升中实行本科教学工作考评一票否决制。

（二）聚焦育人这个中心点，优化人才培养模式

“终身之计，莫如树人。”[①]“一树百获者，人也。”[②]能培养出优秀人才，是教师最引以为傲的事，也是学校最引以为豪的事。新一轮审核评估在名称上从“本科教学评估”变成“本科教育教学评估”，表面上看，多了“教育”两个字，

① 李山、轩新丽译注：《管子·权修》，中华书局2019年版，第39页。
② 李山、轩新丽译注：《管子·权修》，中华书局2019年版，第39页。

实际上内涵和外延都发生变化，强化了学校育人属性，充满了“人学”意蕴。

首先，要强化产出导向，构建应用型人才培养模式。新一轮审核评估的突出特点在于树立更加鲜明的评估目标导向，全面落实立德树人根本任务，发挥评估把舵定向作用，筑牢立德树人统领地位，明确立什么德、树什么人，引导高校践行“价值塑造、知识传授、能力培养”三位一体教育理念，强化教育教学内涵建设，培养“五育并举”时代新人。因此，我们要坚定不移地推进应用型人才培养模式改革，人才培养方案的制定、修订要紧贴经济社会发展和行业发展实际，与中小学、行业企业密切配合、共同制定，建立以学生为中心、以实践能力和创新能力提升为重点的人才培养模式。其次，对标“三全育人”要求，畅通家校社协同育人机制。《方案》明确要求学校持续完善“三全育人”工作格局，构建完善的“党委统一领导、党政齐抓共管、部门协同配合、学院具体落实、教师全员参与、学生主动参加”的育人工作机制。因此，教育教学改革必须遵循人才培养的运行逻辑，实现一体化协同推进。构建“融合化”学科专业体系和“立体化”协同育人机制，强化学校和家庭的合作关系，打破学科壁垒和专业边界，深化与行业部门、企业的联系，形成合作共赢、开放共享的育人局面，积极提升人才供给和产业需求的契合度。

（三）抓住学生这个落脚点，提升人才培养质量

人才培养质量是学校生命线，是高校生存和发展的根本，更是学校核心竞争力的根本体现。没有人才培养质量做基底，大学的发展就失去了灵魂。高等教育发展规律表明，一所大学，如果没有高质量的人才培养，就不会成为高水平大学。因此，我们要紧紧抓牢学生这个落脚点，提升人才培养质量。

一是强化学科专业建设，提升办学品质。学科专业建设是办学内涵建设的基础工程，是提高人才培养的重要依托。学科是人才培养的航母，是学术水平和办学层次的重要体现。专业是人才培养的车间，是孵化人才的摇篮。我们要对接“申硕更大”目标要求，加强学科特色建设，打造优势学科、高峰学科；深化专业内涵建设，形成一流专业、拳头专业，毫不动摇地促进学校办学水平和层次再上台阶，为人才培养打下坚实基础。二是推动教育教学改革，强化产出导向。21 世纪高等教育主旋律是学生批判思维与创造力的培养。这就要求我们切实转变教育观念，从过去知识技能的传授者转变为思想方法的引导者、创新热情的激发者，更加注重学生智慧和思考能力的开发，鼓励学生学会举一反

三、触类旁通，进行创造性学习，提升学生整体素质。这就是产出导向，其实就是人才培养目标的实现情况。人才培养目标是否实现，是需要社会来评价的。学校的社会评价首先来自学生，其次来自家长，再次来自学生家庭和家庭所在地，然后来自全社会，最后来自党和政府。大家都说好，才是真的好。三是夯实学风建设，营造良好育人环境。学风问题不可轻视。办学校就是办学风，办大学就是办环境、办文化。学风源教风、通作风、见党风，是一所学校办学环境、育人文化和学生精神面貌的集中体现，也是新一轮审核评估指标体系的重要观测点。我们要以学风建设为抓手，抓教育、抓教学、抓文化，形成学生“尚学、比学、乐学、会学”的良好风尚，促使校风更纯、教风更正、学风更浓，推动校风、教风、学风、家风一体化建设。全校要营造浓郁的校园文化。学校有学校的文化，学院有学院的文化。每一种文化都要既好看又好吃。好看就是漂亮，就是美，既要外在美，更要内在美，我们要用优美的软硬环境塑造人。好吃就是有内容、有内涵，有独特的品质气质。各学院要善于挖掘自己的文化内涵，勇于展示自己的文化形象，要建立文化墙，介绍院史、院训、专业、队伍、建设成效、奋斗目标等，让人一目了然，印象深刻。

（四）抓住教学过程这个重点，夯实强化教学环节

教学过程是师生相互作用，共同完成既定教学目标的整个流程。我国古代教育家就非常重视教学过程。孔子主张“学而知之”[①]，并把“学、思、习、行”四者相结合。宋代朱熹等人提出的“为学之道”“读书之法”“教人有序”以及“严立课程”是基于长期教学实践的经验总结。高等教育的教学过程包含专业、课程、教师、学生、教与学、质量等各个环节。一所高水平的学校，一定高度关注教学过程，严格管理教学过程。

一要重视专业设置、课程设计。专业是人才培养的基本单元，专业设置决定了高校的人才培养规格和水平。课程是人才培养的核心，课程质量直接决定着人才的培养质量。学校要加强专业设置管理，建立专业退出机制。现有的专业必须强化为区域经济社会发展服务的理念，主动适应经济社会发展需要和高等教育自身发展要求。课程设计必须强化以学生为中心的理念，重在提高学生自我学习、解决问题、提升思维的能力。这在审核评估中意义重大。二要规范

① 张艳国：《〈论语〉智慧赏析》，人民出版社2020年版，第315页。

教学过程管理。合格评估时，我们制定了课堂教学“五有”规定，这是基本的规范，现在还要有更高的要求，要有老师的行为准则和学生的行为准则，目的是加强教师学生教学互动、规范教与学各个环节的行为。要重视教学方法改革，更多地采用启发式、讨论式教学，不要满堂灌。要结合学校办学定位和人才培养目标加强教材建设，多出精品教材。要充分发挥教学督导的作用，作为质量保障的重要一环，不仅要督，也要导；不仅要督教，也要督学，这也是以学生为中心的具体体现。总之，要通过专业设置、课程建设、教学行为规范、教学保障体系、教学质量评价、教学信息反馈闭环系统、教学社会监督等多种形式，构建全校关心教学、教师投身教学、学生热爱教学、学校重视教学，以教学为中心、教学一呼百应的三全育人新格局。

四、找准方法，破解难题

“欲责其效，必尽其方。”① 方法得当，事半功倍。审核评估方针是我们迎评工作的方法论，起到管总的作用。需要指出的是，新一轮审核评估方针由原来的 20 字（以评促建、以评促改，以评促管，评建结合、重在建设）调整到现在的 16 字（以评促建、以评促改，以评促管，以评促强）。“评建结合、重在建设”浓缩为“以评促强”，更加注重内涵式发展和质量文化建设实效，强调通过评估促进办学治校水平真正提升、育人育才质量切实提高。

（一）评建结合，重在树立正确评估观

审核评估是国家高等教育质量保障体系的重要组成部分，是评价、监督、保障和提高本科教学质量的重要举措。教育部和省教育厅将依据审核评估及整改结论，决定在政策制定、资源分配、招生规模、学科专业建设等方面对学校发展建设的支持力度。换句话说，审核评估结果将直接关系到学校未来发展，我们要转变评估是“挑刺”“找茬”的错误观念，把评估当作是为学校问诊把脉、开方抓药、促进发展的重要机遇。总结已经接受审核评估的高校的经验，那就是突出一个“实干”，强调一个“实效”。审核评估看什么？有关审核评估专家在总结提炼时说得很清楚：“不看学校有多少名人，而是看他们为人才培养或者说本科教学做了什么贡献，效果怎么样，看他们拿出了多少精力和时间给了学

① 李之亮笺注：《欧阳修集编年笺注》，巴蜀书社 2007 年版，第 457 页。

生、给了教学研究，看他们的思想方法能力水平有多少体现到人才培养之中。就是要看学校的人才培养定位，看人力、物力、财力是否真正优先保障了本科教学。”这就要加强条件建设。学校将在保障民生福祉、保证办公运行的条件下，最大限度地合理配置资源，缺什么补什么，分级分类加强条件建设。

（二）评改结合，重在形成质量文化自觉

评估只是手段，不是最终目的，“改进、提高、发展”才是评估的出发点和归宿点。质量文化建设是一个系统工程、长期工程，需要我们以正确的育人质量观为指导，以制度建设为基础，对标质量标准，开展质量检查，抓好质量分析，实施质量监控，形成“全员主动抓、全面系统抓、全程持续抓”的生动格局，从而形成高度的质量文化认同、文化坚守、文化自觉。

新一轮审核评估更加注重质量保障体系建设，重点审核高校本科教育教学质量保障能力及综合改革成效，注重评改结合，以改为重，关注质量保障机制运行有效度。各部门首先要认真研读审核评估实施方案和工作指南，对标对表审核评估指标体系，分析学校教学常态监测数据，查找差距和短板，进一步明确学校的短期和长期建设目标，有效衔接内外部质量保障要求；其次，要借审核评估契机，完善内部教育质量保障体系，从建立健全“权责明确的管理体制、科学合理的质量目标标准、充沛到位的教学资源条件、有效运转的监控评价和及时到位的反馈改进”这五个方面着手，持续完善环节循环闭合、工作持续改进、质量螺旋上升的教育教学质量保障系统，促进教育教学质量保障由制度保障逐步上升到文化自觉。

（三）评管结合，重在加强制度建设

管理是促进教育教学高效有序开展的重要手段，是整个育人系统的重要环节与要素，所以人们常说，管理也是育人。抓好“评管结合”，首先要做好全校评建工作的顶层设计。通过审核评估，进一步明晰学校办学定位，推进学校教育教学改革，提高学校人才培养质量；要积极组建评建办公室，部署、组织、协调全校本科教学审核评估具体工作，督促检查各部门、各二级学院评建工作执行落实情况；要尽快组织开展到省内、省外与我校类型相近且评建工作做得好的高校进行调研学习，做好审核评估工作方案及自评报告撰写工作。其次，要加强制度建设。进一步提高学校内部质量监控与保障体系对人才培养过程的监控、调节和改进的效度。修改完善并严格执行教学管理制度和各主要教学环节的质量标准，建立教学激励机制；进一步明确和落实学校、学院教学管理目标与任务，完善并实施以学生为本的教学质量保障与监控体系，实现教学质量管、办、评分离，做到组织落实、制度落实、人员落实、保障有力、监控有效、反馈及时、改进有力，持续提高教学质量，进一步完善和落实评教、评学、评管的评价制度。

（四）评强结合，重在实现高质量发展

"强"是发展实效，是以评估为手段、重在建设产生的高质量结果。启动新一轮审核评估是国家进入"十四五"新发展阶段，深化评估分类改革，系统设计本科教育教学评估制度，推动高等教育高质量发展的重要策略、关键举措。抓好"评强结合"，一方面需要我们补足短板，让弱者变强；一方面需要我们充分利用发展优势，让强者更优。大家要基于今年学校"双代会"上达成的共识，持续打好学校内涵式高质量发展系列组合拳，抓好"品牌示范"，让办学品质更有影响力；抓好"挂帅出征"，让学科建设更上水平；抓好"领单建设"，让学术水平更上层次；抓好"订单培育"，让科研成果更加高端；抓好"挂单推进"，让优秀人才更加聚集；抓好"名家引领"，让办学指导更具大家手笔。

五、边整边改，追求卓越

整改是审核评估工作中的重要一环。新一轮审核评估坚持问题导向，通过"建立问题清单、提出改进意见、强化评估结果使用和督导复查"等方式，推动高校落实主体责任，建立持续改进长效机制。大家要树立鲜明的问题意识，明确整改问题，掌握整改要求，建立整改清单，落实整改任务，实现销号管理。

（一）对标要求，有针对性地改

各部门、各学院要严格对照教育部审核评估方案、学校迎评实施方案，开展自查自纠，建立问题清单，早发现问题，早进行整改。专家考查进校期间，大家要主动倾听接纳消化专家提出的意见，对于当前能够解决的，要即知即改、立行立改；对于需要对现行工作做重大调整、加大工作力度才能补齐的短板，要积极创造条件加以解决；对于暂不具备条件、短期内无法解决的，要务必做好规划工作，做到有部署、有要求、有督查、有落实、有成效，形成工作闭环，确保达到审核评估指标体系的各项要求。同时，对照后期学校整改方案，认真抓好整改落实，力争高质量、高标准地完成此项工作。

（二）明确任务，态度坚决地改

各部门、各单位主要负责同志必须冲锋在前、率先垂范，要带头学习，深刻领会评估工作的内涵与要求，科学谋划、积极部署、抓好落实，以强烈的事业心和责任感投入评建工作当中。学校已经成立审核评估工作领导小组，王书记和我担任组长，其他校领导任副组长，相关职能部门负责人和各二级学院负责人为成员。人人都要担起责任，领导有领导的责任，领导先干一步，带领群众迈大步；专业负责人要挑起专业的责任，要夯实专业的基础；普通老师有普通老师的责任，要把审核评估的要求落实到日常教学工作中。还是那句话，千斤重担人人挑，人人肩上有指标。从校领导开始，要分片包干、分片联动。要广泛宣传、层层动员，充分调动广大师生参与审核评估工作的积极性、主动性和创造性，把责任和任务细化分解，落实到人，真正做到全员动员、人人关心、人人知晓、人人参与、人人担责的浓郁氛围。全体师生员工要树立大局意识，认真熟悉各阶段评估工作要求，发扬主人翁精神，通力协作，确保各阶段工作任务顺利完成。

（三）转变观念，持续不断地改

审核评估整改工作是一项长期工程、发展工程，边整边改，永远在路上。各单位要坚持把立德树人成效作为根本标准，坚持问题导向、目标导向、效果导向，对照学校整改方案和实施细则，进行全面自查。要找问题、补短板、强特色、助发展，要定期系统梳理审核评估工作的进度及完成情况，整理相关支撑材料，总结经验、分析问题、查找不足，形成书面自查报告。根据自查情况，针对存在的短板、弱项、问题，制定时间表、路线图，倒排工期，强力推进整改工作，确保按时完成既定目标；要落实责任，明晰各项工作的时间节点和具体要求，做到材料到位、建设到位、工作到位。要成立督导专班，有人干，有人导，有人督，还有人追，形成你追我赶、创优争先的良好局面。

同志们！时间不等人，发展不等人。追赶时代、赶上时代才能引领时代、不负时代。邓小平同志在 1992 年南方谈话时指出：“低速度就等于停步，甚至等于后退。要抓机会，现在就是好机会。我就担心丧失机会。不抓呀，看到的机会就丢掉了，时间一晃就过去了。”[①] 这份对发展的急切期盼催生了改革开放的

① 《邓小平文选》第三卷，人民出版社 1993 年版，第 375 页。

满眼春潮。习近平总书记在2020年春节团拜会中指出：“时间不等人！历史不等人！时间属于奋进者！历史属于奋进者！为了实现中华民族伟大复兴的中国梦，我们必须同时间赛跑、同历史并进。”[①] 这种不进则退的超乎寻常的紧迫感推动中国人实现由追赶时代到引领时代的伟大跨越。对于每一个爱家护校的南昌师院人来说，希望学校更快发展、更好发展的心情也应是真诚的、急迫的。我们要有“一万年太久，只争朝夕”的紧迫感，坐不住，等不起，“到中流击水，浪遏飞舟”。我们要有“舍我其谁”的责任感，停不下，歇不住，“事不避难，勇于担当”。我们要有“枕戈待旦”的使命感，慢不得，输不起，“直挂云帆济沧海”，“好风送我上青云”。近几年，学校持续加大自我加压的强度，加快提质增效步伐，马不停蹄地开展师范类专业认证、硕士点建设，这股干劲、拼劲来自大家对学校强烈的爱、对学校前途命运的高度责任心。现在我们在这里全面启动我校本科教育教学审核评估工作，凭借的也是这股爱校的力量、爱校的紧迫感。全校师生要以新一轮审核评估为契机，高举习近平新时代中国特色社会主义思想伟大旗帜，深入学习贯彻党的二十大精神，顾全发展大局，理清发展思路、紧盯发展目标，下足“两结合”功夫，做好统筹安排，扎实推进内涵建设，将审核评估与“申硕更大”工作有机结合，奋力谱写建设一所具有思想高度、文化厚度、服务准度的新型高水平地方本科师范院校壮丽篇章！

（本文系作者于2023年4月6日在南昌师范学院本科教育教学审核评估动员会上的讲话。）

① 习近平：《在二〇二〇年春节团拜会上的讲话》，《人民日报》2020年1月24日。

学科建设是高等教育的龙头

——江西师范大学《学科建设动态》发刊词

在竞争日益激烈的国内高等教育中，学科建设所体现的高等教育办学核心竞争力、办学层次和水平，从来没有像今天这样备受关注。著名教育家、历史学家、华中师范大学前校长章开沅先生在他的多次学术演讲中重申道，没有学科建设，就没有现代大学的立身之地。在国际上，高校的激烈竞争和社会认同的获得，也体现在学科建设上。《什么是世界一流大学》的作者丁学良先生指出，在大学的新时代，社会创新其实是与学科建设联系在一起的。放眼世界，综观国内高等教育现状和发展趋势，培育和提升高校办学核心竞争力，牢牢把握高校在文化传承和创新中的主导作用，必须把学科建设放在改革和发展的龙头地位。龙头昂起来、动起来，龙身才能舞起来，甚至是龙尾也显得鲜活。

事实上，进入新世纪以来，我国高校的学科建设创新格局已经处在新的历史起点上，学科建设的激烈竞争处在新一轮的节点上。《国家中长期教育改革和发展规划纲要》对我国高等教育中的学科建设与创新十分重视，作了明确论述，将“一流大学建设”和“一流学科建设”紧密联系起来，并号召加强一流大学与一流学科建设步伐；与此相应的是，国家相关部委进行了部署，力度前所未有。这实际上是吹响了21世纪第二个十年全国高校学科建设创新发展的号角。可以预想，在这场角力中，与时俱进者胜，创新发展者赢；守旧故我者汰，裹足不前者败。对此，我们只能早做谋划，鼓足勇气，迎难而上；舍此，我们没有退路，更没有别的选择。

正是基于对国际国内尤其是同类高校办学形势、机遇和挑战的分析判断，基于对我校办学定位、办学特色和办学目标的深思熟虑，学校借贯彻落实全国教育工作会议精神和《国家中长期教育改革和发展规划纲要》文件的东风，在去年年底学校召开的全校教学工作会议上果断作出办学工作重心转移的决策，由学校发展的外延建设转移到内涵建设上来，狠抓学科建设不放松，以学科建设的迅猛提升带动学校综合实力和核心竞争力的大幅提升。刚刚由学校教代会和工代会通过的《江西师范大学“十二五”时期事业发展规划纲要》对学科建设的重要性、总体布局和推进举措进行了科学论述，附属子规划《江西师范大学学科建设规划》制定了十七条行动纲领。这些都足以说明学校抢抓机遇、未雨绸缪、科学发展的坚强意志和坚定决心。由此而来，全校上下在学科建设上的思想阀门打开了，发展思路创新了，建设地方一流师范大学优势学科的目标明确了，聚精会神谋划学科建设的干劲奔涌出来了。总之，形势喜人，催人奋进。

为了培育学科建设的良好氛围，为了吸引全校上下关心学科建设、支持学科建设的注意力，为了升华全校抓学科建设的凝聚力，学校决定由研究生院学科办不定期编辑出版《学科建设动态》，聚焦热点，破解难点，催化冰点，为学校学科建设加油鼓劲、建言献策、培育合力。因为，我们清醒地看到：在办学过程中，我们可能有这样或那样的不足和困难，但是，学科发展不快、学科实力不强、学科创新能力不够，则是我们最大的缺陷和困难。由于品牌专业、拔尖人才、标志性成果和学校的社会服务能力等衡量学校办学水平的指标莫不与学科建设联系在一起；我们所要破解的办学中的这样或那样的难题，莫不与学科建设联系在一起。因此，我们要进一步把提升学校办学总体实力和核心竞争力的注意力引导到学科建设上来，把重点投入转移到学科建设上来，把激励机制运用到学科建设上来，把重要荣誉和标杆设定体现到学科建设上来。在学科建设上，我们要求和鼓励真抓实干，反对只说不干；我们要求并倡导高标准快行动，反对甘愿平庸、醒得晚起得迟、行动慢；我们要求并支持打基础管长远，反对眼浅薄识、没有长远打算。总之，在学科建设上，一切有利于学科建设的事就要多做多支持，凡是不利于甚至是有害于学科建设的事就要坚决反对。学科建设，利我师大，壮我师大，我们要像爱护自己的眼睛一样爱护学校的学科建设。

俗话说得好：好风凭借力。从国际到国内，一股股东风吹遍了学校的每一片绿土，一股股向上发展的热情和活力被不断激活并涌流在学校的每一个工作岗位，我们正在全神贯注地“凭借力”拼发展。可以相信，只要我们认真贯彻学校“十二五”时期事业发展规划，做到不变形、不走样、不动摇，狠抓内涵建设，狠抓学科建设，狠抓科学发展，我们就一定能够建设地方一流师范大学学科体系和优势学科，就一定能够由此造就并不断提升全体师大人的幸福感和幸福指数！

（本文系作者于2009年3月为江西师范大学《学科建设动态》撰写的发刊词。）

抓优势，补短板，全面提升学校学科建设水平

深秋时节，秋高气爽，正所谓事聚人心，经过近两个月的精心筹备，欣逢党的十九届六中全会胜利召开，在这美好季节里，我们在这里隆重召开南昌师范学院 2021 年学科建设暨 2022 年国家基金项目申报工作动员大会。

去年我们在这里召开了学校首届学科建设大会，一年来，学校学科建设和科研工作取得了不错的成绩。今年是“十四五”开局之年，为进一步推进“十四五”发展目标落地，为“十四五”起好步、开好局，学校已经和即将出台一系列促进学校学科建设和科研工作发展的重要制度，涵盖硕士学位授予立项单位建设、学科（方向）带头人遴选与管理、新型科研成果认定、著作分级认定、学术期刊分级认定、纵向科研项目分级认定等六个方面。这些制度将有利于激活学校学科和科研发展动力，助推学科建设和科研工作产出新效能，为学校学术发展再创新高提供重要的制度保障。

这次大会的主题是：以贯彻落实学校事业发展规划为基础，以推进硕士学位点立项建设为抓手，理清学科建设的发展思路，明确学科建设的重点任务，统一认识，凝聚力量，抓优势补短板，全面提升学校科研质量，吹响“十四五”硕士学位点立项建设攻坚战的集结号和动员令。

同志们！我校教育事业正处于爬坡过坎、闯关夺隘、走内涵式发展道路的关键时期。学科建设水平和国家基金项目立项情况是学校学术水平的重要体现，是高校之“高”的集中展示。面对严峻的发展环境，我校迫切需要形成“共同体”意识，凝心聚力，聚焦硕士学位点立项建设，在学科平台建设、学科团队培育、高层次人才引进、国家基金项目申报等重点工作中魄力更大一点、步子再快一点、成果再多一点，持续提升学术高度、彰显学术精神、打造学术灵魂，力争学科建设和学术研究成果进入国家队方阵。虽然奋斗过程艰辛，但只要同志们思想紧张起来、工作忙碌起来，脑筋开动起来，锚定“十四五”时期奋斗

目标不放，以排山倒海之力，成攻坚克难之势，定会使我校在江西省众多的师范院校中拥有一席之地。

为此，我们首先要总结学校“十三五”科研工作取得的成绩与经验，明确学校科研工作的发展优势，认清我们面临的形势与挑战，结合我校实际厘清在哪些科研领域可为、哪些不可为，变存量为增量，转效能为动能，抓好2022年科研重点项目建设立项。现在，我就学校学科建设暨2022年国家基金项目申报工作代表学校向大会谈一些我的看法。

一、坚定信心，客观分析科研工作主要成就

一直以来，学校党委、行政高度重视内涵建设，在各学院、各研究团队的共同努力下，在学科队伍建设、科研创新和社会服务等方面均取得了可喜成绩。

1. 科研创新能力持续提高。围绕地方经济社会发展和区域战略发展需求，建成了一批省级科研平台，产出了一批科研成果，科研创新能力得到明显提升。“十三五”时期，新增5个省级科研创新平台（含省级重点实验室1个、省级研究中心2个、省部级人文社科基地2个）。教师承担的国家基金项目由7项增加到12项、省部级项目由126项增加到405项，横向项目达到224项，研究与试验发展（R&D）总经费达1.07亿元；省级科研奖项由5项增加到11项；获省部级领导肯定性批示26次；在各类学术期刊上发表论文2483篇，其中被SCI、SSCI、EI、CSCD、CSSCI收录的高质量论文从99篇增长到193篇；出版学术著作从46部到142部；知识产权从30项增加到129项，其中发明专利13项。获省科技进步奖、省社科优秀成果奖7项，教育科学优秀成果奖7项；实施大学生科研创新计划，获批国家级大学生创新创业计划项目70项，省级项目38项，校级项目立项90项。遗传学、学前教育2个省级重点学科，群体遗传与分子育种省级重点实验室顺利通过验收。

2. 学科队伍建设持续发力。对标对表硕士学位点申报条件，按照学校“十三五”学科发展规划作出的打造四个学科群决策部署，积极推进学科团队和师资队伍建设。过去一年，学校坚持引培并举，继续实施“百名博士引进计划”，柔性引进在国内外具有较大影响力的学科带头人。学校专任教师博士占比超过25%、硕士博士占比超过80%，教师高级职称人数占比超过40%，现有入选国家级人才工程者8人，入选省级人才工程者72人，国务院、省政府特殊

津贴获得者10人，博士生导师、硕士生导师30多人。学校专任教师学历学位、年龄梯队、职称结构、学缘背景等基础条件均达到历史最优水平。

3. 社会服务水平持续增强。发挥社会服务重要职能，加强政产研学合作，深化产教融合，服务区域经济发展，社会服务能力得到进一步提升。过去一年，学校充分依托江西省教育干部培训中心、国家语言文字推广基地、江西省红色文化宣讲基地、江西省国民营养健康教育研究中心、江西省旅游应用型人才培养（培训）基地等重要平台，进一步深化了与省旅发委、南昌市、赣江新区、资溪县和金溪县等的政产学研合作关系，同时与南昌经开区管委会、南昌市进贤县教体局、赣州市文化广电新闻出版旅游局、上饶市文化广电新闻出版旅游局、江西腾宇通用航空有限公司、北京千锋互联科技有限公司和北京中科致远科技有限责任公司等十余家政府部门和企业签订战略合作协议，就开办附属鹤琴幼儿园、中小学师资培养培训、专业共建和大型活动承办等进行了广泛合作并取得了一定成效。

4. 我们的优势与短板。在分析优势与短板之前，我们先了解一下江西省“十三五”期间国家社会科学和自然科学两大基金立项情况。

（1）“十三五”期间江西省国家社科基金立项情况分析。统计数据显示：“十三五”期间全省国家社科基金的立项数是571项，我们学校是6项（2016年1项、2017年2项、2019年2项、2020年1项），占了10.5%。全省立项数前三的高校分别是：江西师范大学126项，占22.1%；江西财经大学94项，占16.5%；南昌大学92项，占16.1%。

全省与我校同类的师范院校立项情况为：江西师范大学126项，赣南师范学院32项，江西科技师范大学10项，上饶师范学院14项，豫章师范学院1项。

从专业分类立项分析，与我校申硕学科有关的情况是：马列·科社54项，党史·党建43项，中国文学51项，管理学45项。

（2）“十三五”期间江西省国家自然科学基金立项情况分析。统计数据显示：“十三五”期间全省国家自然科学基金的立项数是4257项，我们学校是6项（2016年3项、2017年1项、2020年2项），占了0.14%。全省立项数前五的高校分别是：南昌大学1347项，占31.64%；江西师范大学359项，占8.43%；江西农业大学287项，占6.74%；东华理工大学285项，占6.69%；华东交通大学279项，占6.55%。总体呈现一超（南大）多强的局面。

全省与我校同类的师范院校立项情况为：江西师范大学 359 项，江西科技师范大学 120 项，赣南师范学院 97 项，上饶师范学院 39 项，豫章师范学院 0 项。

以江西省受众面最广的地区科学基金为例，各学部立项比例（各学部立项数 / 地区基金总立项数）排名情况为：医学科学部 28.38%，生命科学部 17.81%，工程与材料科学部 14.6%，信息科学部 10.16%，化学科学部 9.01%，管理科学部 7.28%，数理科学部 6.95%，地球科学部 5.80%。

（3）我们学校国家级科研项目立项情况。社科 3 项（2017 年、2019 年、2020 年各 1 项），主要是中国语言文学。自科 6 项（2016 年 3 项、2017 年 1 项、2020 年 2 项），分别是生物 2 项、物理 1 项、化学 1 项、数学 1 项、计算机 1 项。2020 年马学科实现了零的突破，2021 年外国语学院在统计学上也实现了突破，2021 年我们在国家自然科学基金、国家社科基金、国家艺术基金、教育部项目五个类别都有立项，全面开花，都收获了不错的成绩，是我校全体科研人员这几年不懈努力的结果，是科研处和各二级学院通力合作的成果，可喜可贺，显示了良好的发展态势，目前管理学和体育学科还没有实现突破。

（4）高水平论文发表与同类学校比较有一定的差距。中文期刊论文数及增长趋势、论文的篇均被引频次和篇均下载次数都能在一定程度上反映论文和学科的学术影响力。在与省内同等高校的一级学科竞争力分析报告显示，我们的高水平论文总量不足、质量不高。下面以申硕的几个学科为例：

教育学（学科代码 0401）：南昌师范学院总体上为稳步上升趋势（总 539），年均发文数量在 100 篇左右，到 2020 年发文超过上饶师院（总 572）和九江学院（总 796）。上饶师范学院篇均被引频次最高；南昌师范学院篇均被引频次排名第三，篇均下载频次排名第二。

中国语言文学（学科代码 0501）：从中文论文总量来看，南昌师范学院的论文总量最高，近五年的发文量超过了 150 篇（总 151），其次是九江学院（总 120）、上饶师院（总 109）。从整体来看，九江学院的篇均被引频次和篇均下载频次都为最高；南昌师范学院论文数最高，篇均被引频次居中，篇均下载次数居第三位。

音乐与舞蹈学（学科代码 1302）：从中文论文总量来看，九江学院论文总量最高（总 122）；其次是南昌师范学院（总 119）；上饶师范学院的论文量最低（总 87），并且较大幅度地少于其他两所学校。从整体来看，南昌师范学院的论文数第二，其篇均被引频次也位居第二；篇均下载次数在三所学校中排名最低；上饶师范学院发文最少，但篇均下载次数最高，不过在这一指标上三所学校差别不大。

工商管理（学科代码 1202）：从中文论文总量来看，近五年九江学院论文总量同为最高，为 343 篇，年均 60 篇。南昌师范学院最低，为 83 篇；上饶师范学院 123 篇。从整体来看，九江学院的发文数量第一，篇均被引频次和篇均下载都位列第一，领先于南昌师范学院和上饶师范学院，这表明九江学院学术影响力相对较高；南昌师范学院的论文数量和篇均被引、篇均下载量都低于其他学校。

马克思主义理论（学科代码 0305）：从中文论文总量来看，近五年上饶师范学院论文总量最高，为 39 篇。南昌师范学院和九江学院同为 23 篇。从整体来看，上饶师范学院的发文数量第一，篇均被引频次第三，篇均下载居中。南昌师范学院的论文数量和九江学院相同，但篇均被引和下载量最高。

二、面对现实，正确认识面临的机遇与挑战

在对学校的科研工作进行客观分析的基础上，我们要正视学校科研工作的现实状况，正确认识在高等教育普及化及建设高质量教育体系的时代背景下，我们所面临的机遇和挑战。

1. 博士教授具有存量优势，要变存量为增量。随着“百名博士引进计划”的完成，学科高层次人才规模稳步提升，人才结构不断优化，高水平学科团队逐渐形成，学科队伍整体实力明显增强。学校现有高级职称教师占比 32%，其中正高级职称 64 人，占比 10.5%，副高级职称 131 人，占比 21.5%；博士 128 人，占比 21%，硕士 417 人，占比 68.5%；每个学院都实现了博士、教授零的突破，每个学科方向都组建了稳定的学科团队，初步形成以高职称、高学历、中青年教师为主体的师资队伍。

2. 学科发展具有效能优势，要转效能为动能。在“十三五”期间，学校获得的国家基金项目、省部级项目、横向项目数量等在全省的高校排名中进入了中等位次，项目主持人已经形成了学科覆盖的趋势，显示了良好的发展态势。省科技进步奖、省社科优秀成果奖、教育科学优秀成果奖数量稳中有升；“十四五”开局年，学校在江西省社科优秀成果奖方面取得重大进展，获 2 项二

等奖和2项三等奖，具有了下一步申报一等奖的基础和实力。接下来，我们要在队伍建设、科学研究、人才培养和条件建设等方面力争取得突破性成绩，变前期的发展效能为提升动能，力争以鲜明的特色成为省内具有重要影响力的学科，提升学校综合实力和核心竞争力。

3. 学科平台具有特色优势，要转特色为高峰。在“十三五”期间，我校新增了5个省级科研创新平台。目前学校有省级一流学科2个，一流专业1个、联盟平台1个、联合培养研究生学科2个，省级科研平台6个，这为“十四五”建设打下了坚实的基础。“十四五”期间，学校要发挥这些平台的特色优势，打造高峰学科，争取建成教育硕士等6个学位点，同时争取在没有省级科研平台的学科筹划建设新增7个省级科研平台，力争省级工程技术中心、省级科研创新平台和新型研究机构达到12个，通过平台建设和实体化运作进一步为学科团队开展科研提供强大的支撑。

4. 对标硕士学位点各项指标，要转后发为突破。以推进硕士学位点立项建设为龙头，全面对标硕士学位点各项指标，整合校内外资源，强化学科内涵质量建设。拟对马学科、生物科学、中国语言文学等3个一级学科学术硕士学位授予点，教育、艺术、旅游管理等3个专业硕士学位授权点进行重点建设，其他学科同步建设，哪个学科有突破、够条件就报哪个学科。硕士单位建设是一个系统工程，需要学校学科发展的整体水平做支撑。建设有较高水平的文科、有影响力的理科、有特色的工科、有优势的音体美学科、有竞争力的交叉学科，建设教师教育类、文旅融合类、信息技术类、生化食育类等4个学科专业群，形成结构合理、优势明显、特色鲜明、活力迸发的学科专业体系，要全面对标硕士学位点的人才培养、师资队伍、科学研究、社会服务和平台建设等各项指标，合理筹划，把建设规划分解到每一个学期、每一个团队、每一位教师，扎扎实实做好做强，争取每个学期有新成效，每个阶段都上新台阶，形成新突破。

三、瞄准目标，统筹抓好科研重点项目的申报

高层次科研项目是高水平成果产出的重要基础，没有高水平项目就不可能凝聚队伍，也无法形成研究特色，更难于产出高水平的标志性成果。学校“十四五”建设目标已经发布，明确了以硕士学位点建设作为突破口，这就需要很多高水平成果的支撑。为此科研处在7月份就启动了国家级项目申报动员工

作，下发有关通知提出了明确要求，对具备申报资格的教授、副教授提出了必须撰写申报书的要求，对二级部门下达了申报任务。根据现有统计汇总情况，各单位负责人对所在单位国家级项目申报工作做了布置，工作正在有序推进，也有一些好的做法和想法，为大家点赞。我简要介绍一下各类基金项目。

1. 国家基金年度项目类别。国家项目的申报除了常规的国家社科基金年度项目（一般项目、重点）和青年项目，以及国家自科基金［包括面上项目、重点项目、重大项目、重点国际（地区）合作研究项目、青年科学基金项目、优秀青年科学基金项目（含港澳）、创新研究群体项目、地区科学基金项目、部分联合基金项目（NSAF 联合基金、天文联合基金和大科学装置科学研究联合基金）］外，还有各种专项申报，比如思政专项、后期资助项目等。

2. 国家自然科学基金项目申报和立项情况。2021 年自然科学基金委共接收项目申请 276715 项，经初审和复审后共受理 274982 项。根据《国家自然科学基金条例》、国家自然科学基金相关项目管理办法以及专家评审意见，自然科学基金委 2021 年最终资助项目合计 45681 项。据了解，本年度国家自然科学基金委的申请数、受理数创新高。根据国家自然科学基金委统计，近几年绝大多数自科项目的资助率不足 20%，可谓竞争激烈。因此，对于高校来说，自科基金项目数量和资助经费在一定程度上反映了高校的基础研究水平，是评价高校基础科研绩效的重要指标之一。

3. 国家社科基金项目申报和立项情况。从申报数量上来看，今年国家社科基金年度项目和青年项目正式受理有效申报 32714 项，其中申报重点项目 3518 项，一般项目 21746 项，青年项目 7450 项。五大社科研究系统中，高校系统申报 29398 项，占申报总数的 89.86%。从立项数量上来看，今年立项总数与去年基本持平，其中重点项目 370 项，一般项目 3169 项，青年项目 1103 项，立项总数 4642，立项率 14.3%。全国各省区市和新疆生产建设兵团均有立项。五大社科研究系统中，高校系统 4227 项，占立项总数的 91.06%。从高校类型来看，双一流高校与普通高校立项项目数基本持平。其中一流大学建设单位拟立项总数为 1106 项，占比 23.78%；一流学科建设单位拟立项总数为 970 项，占比 20.86%；普通高校拟立项总数为 2574 项，占比 55.35%。从项目类别来看，重点项目整体数量少于青年项目，更少于一般项目。在大多数学科如管理学、应用经济学、中国文学、马列・科社等学科中，普通高校立项数量远高于双一流建设单位。在部分学科如法学、社会学、哲学、新闻学与传播学等学科中，双一流建设单位的立项数量更胜一筹。

4. 我们的申报目标。国家社科基金年度项目的一般项目和青年项目；国家自科基金的面上项目、青年科学基金项目、地区科学基金项目等。还有各种专项申报，比如思政专项、后期资助项目等。其中思政专项、后期资助项目大有作为，需要全体老师认清申报目标，发挥博士教授的存量优势，变存量为增量，转效能为动能，统筹做好思政专项、后期资助项目，大力支持博士论文出版后资助工作。

四、鼓足干劲，吹响“十四五”学科建设的冲锋号

今年是实施“十四五”规划的开局之年，也是全面贯彻落实学校党委推进硕士点立项建设规划实施的关键一年。根据《南昌师范学院2021—2025年教育事业发展规划纲要》，学校制定了《南昌师范学院2021—2025年学科建设发展规划》，明确了学科建设发展战略、建设目标、学科建设重点内容和学科建设保障措施，为未来五年学科建设的发展路径明确了目标任务。

展望未来，我们充满信心，新的起点上实现学科建设新的跨越，我们要竭尽全力做好今年的各项工作，为“十四五”期间的发展开好局，奏响“十四五”凯歌的第一乐章。

（一）怎么干

1. 做好顶层设计。为扎实推进我校硕士学位授予单位立项建设规划的实施，学校要做好学科建设的指导、督促和服务工作，对于已经确定的冲击硕士点的优势学科、特色学科，要对标硕士授权点建设需要的各项指标，做好建设规划，进一步分析长处和短板，确定总体目标，制定年度目标，实施目标管理责任制，出台奖惩办法，确保按期完成任务。

2. 做好组织规划。科研项目申报是一项高度组织性工作，围绕学位点建设的具体指标要求，各部门要根据各自学科特点和研究方向有组织地开展项目策划，有针对性地组建团队，加强与校外学科专家的联系，充分开展论证工作，提高申报立项成功率，同时要寻求专业支持。国家级项目立项有难度，但是并不是没有希望。各单位要克服畏难情绪，想方设法创造条件，加强与学科专家的联系，主动走出去请进来，努力为广大教职工申报项目选好题目，改好本子，

铺设道路，让申报项目的教职工通过申报获得信心，力求突破。

3. 做到重点培育。各单位在做到国家级项目申报全员动员的同时，做到知家底、明重点、定任务，对于在各自学科具有比较优势、可能取得成功的重点项目，要坚持重点扶持、重点投入的策略，采取政策倾斜、资金倾斜、人员倾斜的办法，有的放矢地培育重点项目，以重点项目的培育带动重点团队的建设。

4. 组建学科团队。对于国家级项目申报，要特别注意项目团队组建，要认真分析各学科的人才存量、学历结构和前期成果，准确把握学科方向，组建学科研究团队。突出马克思主义理论学科的引领作用，建设年龄、职称、学历、学缘结构合理，且学科专长与马克思主义理论一级学科主干方向一致的学科带头人和学术骨干团队。以教育专业硕士点建设发挥教师教育类学科积累的特色优势，整合全校教育学的人才资源，充分发挥现有 13 位高级职称教师、博士占比 20%、各类人才称号 4 人、一个省级教学团队的优势；艺术专业硕士点建设要整合音乐、舞蹈、美术、体育等学科人才资源和平台；生物科学、中国语言文学、化学有一批博士，要加快建设高水平有特色的学科团队，成为学校内涵式高质量发展的重要引擎。

5. 持续擦亮亮点。对于国家级项目申报，要特别注意项目选题，要认真分析研究学习各类课题申报指南，从已立项项目来看，体现了学术前沿、契合了国家发展战略需求、具有前期研究基础的项目立项概率最大。由此可见，国家级项目选题方向上要求出彩，要有新意、有亮点。各单位要认识到申报数量、申报次数和申报质量是影响、制约国家级项目命中率的主要原因。每个部门每个科研人员需要不断分析成功和失败原因，找准学科研究的热点重点，找到突破项目申报的难点痛点，擦亮我校学科研究的亮点，提高国家级项目立项命中率。量变到质变，没有数量就没有质量；持之以恒，屡败屡战，我们要毫不气馁；同时既要做到知己知彼，也要做好内功修炼，提高申报书的质量，并就此对症下药、攻克难关。

6. 找对申报方法。项目申报是有套路的，要明白可为与不可为。一是要做好前期准备，一般要提前半年左右，不能打无准备之仗，充分了解各类项目申报指南中的申报政策和申报类别，在国家级、省部级社科、自科的申报类别清单中找准申报口径；二是要深入研读各类项目申报指南，明确政策导向，走出

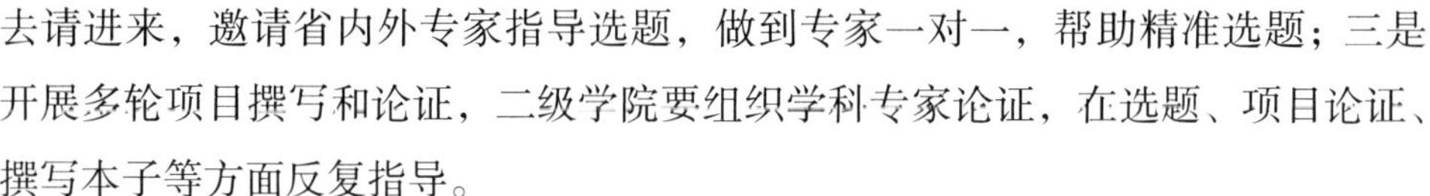

去请进来，邀请省内外专家指导选题，做到专家一对一，帮助精准选题；三是开展多轮项目撰写和论证，二级学院要组织学科专家论证，在选题、项目论证、撰写本子等方面反复指导。

（二）干什么

重点工作是：

1. 以推进硕士点立项建设为龙头，科学布局学科结构。在学科布局时要立足现有基础，坚持重点突破的原则，打破学院界限和专业壁垒，集中学校人财物资源，强化现有优势学科的特色，力争将现有优势学科打造成硕士学位授权点，形成以特色优势学科为突破口、带动各学科共同发展的学科布局，从而全面提升学校学科建设水平。

以硕士点立项建设学科为龙头，全面对接专业硕士学位建设。“十四五”期间我国研究生人才培养将进行战略改革。2020 年 7 月召开的全国研究生教育会议曾提出，未来高层次研究人才将主要以博士教育为主，硕士生培养将主要以应用型人才，即专业硕士为主；2020 年 9 月，教育部印发《专业学位研究生教育发展方案（2020—2025）》提出，到 2025 年，专硕招生规模将扩大到硕士研究生招生总规模的三分之二左右。这给我们带来极好的发展机遇，学校要加快教育硕士、艺术硕士、旅游管理硕士等专业硕士学位的授权点建设，需要按照专业学位点的特点和人才培养的特殊要求，逐步完善专业学位研究生培养方案。

学校已经出台《关于加快推进硕士学位授予立项单位建设工作的实施意见》，明确了总体建设目标和具体建设任务，提出了保障措施。各单位要认真组织学习，分解建设目标，确定本单位的分年度建设任务，狠抓贯彻落实。

2. 以推进重点科研立项建设为抓手，强化科研质量建设。作为优先布局的硕士点立项建设学科，对标硕士点立项建设的科研指标，各重点建设学科要根据自身的实际情况，结合硕士点立项建设需要，做好科研项目建设规划，优先推进选题立意新、前期基础好、团队结构合理的重点科研项目立项建设，以缺什么补什么的原则，争取用两年的努力，把学科研究质量提高到一个新的层次，做好学科布局的排头兵。

学校马上要出台最近修订的新型科研成果认定等 5 个文件，我们要加大对教师标志性成果的奖励力度，促使广大教师全身心地投入教学科研工作之中，对完不成规定任务的单位或个人要有适当的处罚措施。总之，奖要奖出大家干事创业的精气神，罚要让受罚的同志心服口服，目的是促，要促使全校每个同志绷紧发展的神经，聚焦教育教学和学科建设，聚焦学校高质量发展。

3. 以推进学科团队建设为关键，加速学科队伍建设。推进学科建设，人才是关键。我们必须围绕硕士点立项建设学科，打造一批政治素质好、专业技能精、团队意识强的学科队伍，这是实现我校学科建设跨越式发展的关键。

要制定符合学校定位和发展规划的学科队伍建设规划，建立高层次人才激励制度，通过引培并举的措施，大力发展一批在省内，甚至在国内有一定知名度的学术带头人和学科带头人，特别设置学科重点岗位，实行聘任制，给予特殊津贴支持，鼓励高层次人才成为各个学科团队的带头人。

要建立支持学科团队建设和发展的相关制度，形成集聚高层次人才和最大限度发挥团队作用的制度环境。当今高校，稳定而有战斗力的学科团队是学科发展的载体，也是学科发展的基础。以学科方向为中心组建学科团队，既能充分发挥集体的智慧和力量，通过优势互补和资源共享，增强科研竞争力；又能通过确定相同的研究方向来团结队伍，凝聚力量，创设宽松、自由、努力、奋进的学术氛围，培养师资队伍的归属感。

“十四五”期间，学校要大力营造爱才惜才的浓厚氛围，一定要形成高水平人才脱颖而出的机制，为高水平的学科带头人和学术团队的成长创造更好的环境，通过激励制度和浓厚氛围等达到留住人才的目的，从而整体提升学校学科队伍的水平。

4. 以推进学科平台建设为依托，有效形成科研产出。成为硕士学位授予立项建设单位是我们学科布局的重要依托，同时硕士学位授权点建设、原省级和校级重点学科、原有的研究基地等各类学科平台都是学校学科布局的重要节点。我们要充分发挥这些学科平台在集聚人才、引领学科发展路径和辐射其他学科等方面的作用，进一步优化资源、整合学术队伍、促进学科的交叉与融合，提高科学研究水平；同时加强对学科平台的管理，要出台学科平台建设和管理办法，制定学科平台建设奖励制度。各学院、各学科要充分发挥学科平台在学科建设中的重要作用，按照各自的建设规划，合理配置资源，充分用好建设经费，注重项目产出效益，推出一批标志性成果，确立优势品牌效应，提升学校的整体办学实力。

5. 以推进科研管理体制机制建设为保障，不断激发科研活力。学校正在推进科研管理改革，正在修订一系列科研管理制度，大力支撑学科团队建设，出台专项政策鼓励支撑学科带头人和学术带头人开展高水平研究，鼓励新增绩效向有效科研成果倾斜。

实行科研任务目标管理，做到责任到人。要根据学科规划将科研指标分解到各学科和各二级学院，做到科研重任人人挑、人人肩上有指标，层层实施目标责任管理，落实责任制。从申报项目数量、专家辅导次数、项目论证环节、修改次数和最终的申报成功率等指标进行报告和考核，实行每月进度报告。

要坚持走产学研用结合的道路，提升人才培养质量。希望各学院抓住机遇，主动与有关企业、科研院所进行沟通，创造性地开展工作，通过联合研究，积极探索有利于产学研用合作的新思路、新机制，拓展科技合作创新，为提升人才培养质量提供支撑。

国家级项目既是研究实力的体现，也是推动学校学科建设、提升学校和学术影响力的重要途径，高质量的科研成果是学位点最大的、最重要的支撑。各部门、各学院都要高度重视，密切配合，再接再厉，力争在 2022 年国家级等各类项目的申报和立项数量与质量上双双取得新突破。

同志们，申报项目是一个期待的过程，成功了就会收获喜悦；发表论著是一个等待的过程，成功了就会享受快乐。不气馁、不懈怠、不放弃，时刻准备着，时刻琢磨着，敢于申报，敢于投稿，向成功和快乐进发，胜利一定属于勇于追梦的南昌师院人。

（本文系作者于 2021 年 11 月 18 日在南昌师范学院 2021 年学科建设暨 2022 年国家基金项目申报工作动员大会上的讲话。）

明确导向，奋勇争先，大力提升学校高质量科研成果建设水平

今年 3 月 9 日，我们在这里隆重召开了硕士学位授权点重点建设学科带头人挂帅出征启动仪式。这个会开得非常成功，在校内外引起了热烈反响。我校聚焦“申硕”目标抢抓机遇、真抓实干的拼劲、闯劲得到了有关上级领导的积极关注和充分肯定。4 月 12 日，学校决定启动学校新增省级科研平台培育订单建设和教学、科研代表性成果倍增计划培育项目计划有关工作，本来后续有一系列的专项工作需要跟进，但受疫情影响，这些工作被迫按下了暂停键。今天，我们在此举办学校省级高质量科研成果（2021—2022）建设项目订单培育启动仪式，就是贯彻落实上一次校长办公会和挂帅出征启动仪式会议精神，对标对表硕士学位授予单位建设，加速推进高质量科研成果产出，争取把学校办成一所具有学术品质、学术高度和学术灵魂的大学。

刚才，周毛春副校长宣读了学校省级高质量科研成果（2021—2022）建设项目订单培育名单，各省级高质量科研成果订单培育项目负责人作了很好的表态发言，金平书记与各项目负责人、项目依托单位负责人签订了任务责任书，这意味着学校以高质量科研成果孵化和培育为抓手踏上了高质量内涵式发展新征程。希望大家进一步统一思想认识，坚定信心决心，锚定目标不放松，紧抓任务不松懈，凝心聚力、攻坚克难，共同为实现学校高质量发展，实现在中部六省同类师范高校中迅速崛起，实现学校“申硕更大”目标做出积极贡献。下面，我就高质量科研成果培育工作谈几点个人看法。

一、要发扬科学家精神，做好科研育人

党的十八大以来，以习近平同志为核心的党中央高度重视科学与教育事业，深入实施科教兴国、人才强国战略。广大高校科研工作者要深入学习贯彻习近

平总书记关于教育的重要论述，坚守“爱国、创新、求实、奉献、协同、育人”的科学家精神，把科学研究与服务国家重大战略需求、广大人民美好生活需要和落实立德树人根本任务相结合，提高师生科研能力和水平，产出更多高质量科研成果，培育更多优秀科研人才，奋力开创学校新时代教育事业高质量发展的新局面。

二、要坚持目标导向，聚焦“申硕更大”目标

高质量科研成果培育，既是为了做好眼前的师范生专业认证、本科教学审核评估等工作，也是为学校“申硕更大”作长远谋划和准备。对于学校“申硕更大”目标，全校凝聚共识，形成合力，争创一流。全校上下要立足本位，提高站位，勇立高位，真正弄明白高质量科研成果培育对于学校实现跨越发展的重要意义，在项目培育工作中乐意付出、主动付出、真心付出和真正付出。同时，职能部门要出实招、真重视高质量科研成果培育工作，切实建立高质量科研成果培育机制，不让“订单培养”成为空话，让“高质量科研成果培育”落到实处，真正让“高质量科研成果培育”取得实效，为实现学校“申硕更大”战略目标提供保障。

三、要坚持质量导向，摒弃低水平研究

2021 年 3 月，十三届全国人大四次会议通过了《中华人民共和国国民经济和社会发展第十四个五年规划和 2035 年远景目标纲要》，纲要提出“建设高质量教育体系”。“高质量”成为新时代社会各领域包括教育领域的目标追求，成为教育评价的重要标签。科研水平的高质量意味着高层次的科学研究成果、高级别的科研获奖项目、高效率的科研人才培养质量。这些高质量的科研成果需要时间积淀、经验积累和精心培育。列入本次孵化培育计划的 18 个项目均是经过专家科学论证了的高质量潜力项目，是代表学校未来冲击大成果、大奖项的项目。相关职能部门要给予这些项目更多关心和更大支持，为其提供更广阔的成长空间和充足的经费资助；各项目负责人要进一步为项目施肥浇水、除草松土，持续为其茁壮成长提供丰富的营养保障。

四、要坚持成果导向，寻求错位发展

作为一所新建本科师范院校，我校科研实力和水平与高水平大学相比还有不小差距，因此，在拼科研成果时也要巧拼巧干，不能蛮拼傻干，要发挥好学校学科优势，结合学校办学特色和申硕目标、地方经济与社会发展、国家重大战略需求，寻求错位发展、特色发展。同时，要注重团队合作。单打独斗做科研的局面已经难以产生突破性成果，现在做好科研工作更需要大家相互协作、学科互补、校际合作，共同孵化培育优秀科研成果。

同志们，时间不等人，奋斗不停息。习近平总书记说，人在事上练，刀在石上磨。学校要在育人、科研上出成果，练兵、练将、练队伍，打造一流的学科科研队伍，使学科科研支撑教学，协调发展，走一条高质量发展办学新路子。高质量发展之路犹如逆水行舟，停滞不前就意味着倒退，不拼搏不奋斗就意味着失败。2022 年已经过去了三分之一还多一些，但我们的工作还有很多需要做，我们的任务还有很多没有完成，我们的计划还有很多没有实施。使命在肩、重任在前，我们必须以“时不我待、只争朝夕”的紧迫感和“实干快干、巧干苦干、拼命硬干”的精气神，不忘我们为谁办学、怎样办学，努力办一所人民满意的新型的高质量地方师范大学，以实际行动迎接党的二十大胜利召开。

［本文系作者于 2022 年 5 月 12 日在南昌师范学院省级高质量科研成果（2021—2022）建设项目订单培育启动仪式上的讲话。］

江西高校领导重点学科建设专题培训班总结报告

为了实现江西省高校建设“双一流”的战略目标，全面提升江西高校办学治校、教育教学质量和人才培养水平，中共江西省教育工作委员会、省教育厅组织25所高校的领导赴新加坡南洋理工大学学习培训。学习培训从10月17日开始，至10月24日结束。整个行程中，有两天在路上：10月15日上午从昌北机场出发，途经上海虹桥机场、浦东国际机场，深夜抵达南洋理工大学；10月25日清晨从南洋理工大学出发，因为国际航班延误，途经上海浦东国际机场，至26日凌晨抵达昌北机场。整个行程总体上顺利，培训内容饱满，信息容量大，学员学习热情高涨，讨论交流热烈，结业总结认真，班委会组织得力，学员思想收获很大，培训学习圆满成功。

一、行前的准备

行前，省委厅组织高度重视，安排紧凑。省教工委、教育厅在行前的10月15日下午，专门召开了培训动员会。为了便于学员们掌握必备的出国出境安全、涉外纪律知识，省委厅专门请省外侨办出国（境）管理处处长叶松同志、省外专局出国培训处处长方立志同志和省国家安全厅十四支队副队长魏华同志作了关于外事纪律、培训学习要求和安全教育的讲座。讲座内容实在，便于学员在新加坡南洋理工大学学习培训期间安排好学习、生活并遵守外事纪律，确保学习、安全两不误。在会上，学习培训班在省委厅的指导下成立了班委：由江西农业大学校长黄路生院士任班长（团长）、南昌大学副校长朱友林教授任副班长（副团长），来自不同高校的五位学员任班委，各司其职；分3个学习小组，明确了小组负责人。朱友林副班长代表学员讲话，他表示，一定要集中精力学习，带着问题学，带着热情学，把学习收获转化成工作的积极因素，助推江西高校发展。最后，省委厅领导胡新明同志做了学习动员，他在讲话中明确了培训学习任务、方法，转达了省委厅全体领导对本期培训学习的殷殷期望，并提出了培训学习要求。

培训学习结束后，分小组进行了讨论。大家一致高度评价本期培训学习领导重视，部门联动，安排周密，行程紧凑，主题突出，要求明确，对于搞好学习、提升办学治校领导水平，进行了必要的思想动员和提出了政治合格性要求。通过培训动员学习，学员们进一步明确了委厅的战略意图，严格了外事纪律，丰富了涉外安全知识，充实了域外专题学习方法，因此，思想开朗，精神振奋。大家认为，组织海外培训学习，要有委厅要求的好纪律、好组织、好作风和好认识；不能糊里糊涂地出去，稀里糊涂地回来。

本次学习培训班学员构成合理，既安排了 17 名本科院校的校领导；也结合江西省高职高专学校多的特点，安排了其中 8 所学校的校领导。本科院校和高职、高专学校都有兼顾，都有积极性。大家对这样的安排表示满意。

二、培训的概况

应该说，南洋理工大学培训部十分重视本期培训，在师资上有质量保障。分管外事的余明华副校长亲自讲课，中国教育部“长江学者”刘宏院长等知名教授加入授课团队；时间安排紧凑严谨，南洋理工大学严格按照与省委厅约定的教学计划安排进度，有教师授课，有师生互动，有专门的现场考察交流，做到了听、看、说、想一体化、多样化。

新加坡南洋理工大学紧紧围绕“办世界一流大学”的培训主题，紧紧围绕南洋理工大学的办学历史和发展实际，有介绍，有分析，有总结，有反思，在教学方法上融合讲座与现场教学，别开生面。可以说，可以学的听明白了，暂时学不到的心中有数，不能学的弄清楚了。

在一周的时间里，专题讲座与现场讲学每天分上午和下午开展，一共进行了七场专题讲座和五场现场教学。七场专题讲座是：副校长余明华教授的《高校走向国际化发展策略——南大的经验之谈》《新加坡自主化大学的构架和南大在自主后的改革》，刘宏教授的《高校人事管理、薪酬制度及激励措施》《高校重点学科创新人才培养及高层次领军人才引进和管理策略》，黄金辉教授的《“教授治校”与“校治教授”——南大的学术管理制度》，申泽骧教授的《高校跨学科平台建设经验分享》，陆镜光教授的《南大文学院科研管理模式》。五场现场教学分别是：感受南洋理工大学校园建设、大学设施和大学文化，体验孙德来教授的“产、学、研结合——3D 打印机从实验室到工业化的量产”，考察新加坡南洋理工学院新型教学模式，走进南洋理工大学智能化实验室，参与南洋理工大学科技创新中心。主讲教师精心备课，内容饱满，既有知识介绍和清晰的描述讲解，更有自己的体会和感悟，各有洞见，发人深省；现场互动情景交融，眼见心动，问答交流，生动深入。课堂教学以知识传播为主，但不乏趣味生动，使人饶有兴趣；现场教学以互动参与为主，但不乏教学主题，引人入胜。把课堂教学与情境教学结合起来，运用互动式方法、参与式方法促进教学效果，这是值得我们学习的。

特别值得指出的是，为了兼顾高职高专学校领导学习考察，南洋理工大学与南洋理工学院联系，我们在南洋理工学院有半天的时间听介绍、看教学实验空间、讲我们的疑问，并进行现场互动。南洋理工学院以培养实践技能型、应用型人才为目标，该校就业率与社会满意率达到了双满分。该校的教学模式，就是理论与实践相结合的教学实验，没有单教书本知识的教室，整个学校就是一座教学实验基地，各种人才培养的设施设备一应俱全；老师和学生在一起做实验，教技术，传技能。如何进一步实现我省高职高专的应用型、技能型转型升级，培养社会欢迎的实用人才？高职高专的校领导认为，新加坡南洋理工学院的办学经验是值得我们学习的。

三、南洋理工大学的概况与办学层次

南洋理工大学自主办学，自主管理，独立发展，由新加坡教育部主管。

学校始建于 1981 年，校名为南洋理工学院；1991 年升格命名为南洋理工大学。

校址在原南洋大学，占地面积约 3200 亩。是一所没有围墙，与城市互通交融的开放性大学。

教职工 6850 人，包括 4050 名教员和研究员，2800 名行政管理人员。其中，专任教师 1700 名；研究人员 2350 名，多为项目聘任，流动性较大。教研人员来自 70 个国家和地区，实现了高师资水平的国际化。

学生 33000 人，其中本科生 23000 人，研究生 10000 人（含博士生 3500 人）。学生来自 83 个国家和地区，实现了高招生标准的国际化。

学校的专业、学科构架和管理运行为五个一级学院，即文学院、理学院、工学院、商学院和李光前医学院。

学校以理工、医科为主，发展人文社会科学，是一所世界级高水平的综合研究型大学。

学校的办学经费由三块构成：主体部分是政府拨款，占到 60%；其余来自学生学费和基金会资助，分别占到 30% 和 10%。办学经费充裕。

学校的经费运行情况是：教学管理 10 亿新币，科研投入 10 亿新币。

大学生学费有本国生和国际生的差异：本国生 3 万元新币，其中 1.4 万由新加坡政府支付；国际生则是本国生的两倍。

学生毕业去向：在大学生毕业就业上，对国际生有毕业后须在新加坡服务 3 年的硬要求；如果 3 个月后找不到工作，可以在国外找工作。即人才使用的先国内后国际战略。

截至目前，学校的校友规模很大，已有 20 万校友。校友国际化率高，超过 1/3，覆盖 145 个国家和地区。其中，在中国 30 个省、市、自治区设有 30 个校友会。在江西省设有校友会，常年有校友会活动。

师生比例为 1∶17，比较合理。

学校与政府的关系是协议关系，通过协议规范政府对学校的管理：一个是政策性协议，一个是绩效性协议。协议具有法律效力。两个协议至今已经签订 10 年整，效果不错。

学校领导机构是学校董事会，共有 19 个校董，1 个董事长负总责。董事会一年召开两次会议，研究学校重大事项。董事会下设 9 个常务委员会，负责学校的管理事务。校董分散在各个相关专委会，参与工作。校董不拿学校薪酬。校董在全球范围内选聘校长，校长聘任副校长。校长的主要职责是筹措和壮大学校发展基金，拓展学校的国际办学空间，提升学校的学术品质和社会知名度。学校设有副校长 4 人，分别是常务副校长（即教务长，主要精力用于教学、财务管理）、分管科研的副校长、分管外事的副校长和分管校友的副校长。校长与董事会责、权、利清晰明确。

学校内部治理规范。学校的后勤、基建和学生服务完全实现社会化。学校在人、财、物管理上实现校院两级管理，学校对学院进行宏观管理、目标责任管理。院长实行任期制，在全球选聘，而院长的权力很大，责任也很大，单事务性的工作则由专门配备的各司其职的 4 名秘书承担；院长的重点工作一是业务，二是经费有效运行，三是实现发展目标。学校对教师实行全员聘任制，分为两类：一类是终身教职，有严格的遴选程序，严密到不可能请托徇私的地步；一类是聘期制教师。在南洋理工大学任教，教师的荣誉大、责任大、压力也大。学校对教师的考评分为三块：5 分（教学，以学生评价为主）、5 分（科研，以学术水平为主）、2 分（社会服务，涉及校内外公共事务）。评分细则经过学校董事会和教授委员会讨论确定。依照评分标准，每年考核将教师评为 A、B、C、D、E 五个等级。每个等次有一定的比例，两头小，中间大，呈橄榄形、扁平状。评为 A 等级的教师，荣誉大，实惠也大，可以拿到 4 个月“花红”（年终奖励，真金白银）。年终“花红”数额不对外公开，由学校确定名单后，由院长直接发放给当事人。最低等次者，没有“花红”。每年的考核结果是教师由聘任制晋升为终身制的唯一依据。终身教职退休为 65 岁，可能要延长至 67 岁；行政管理职工退休为 62 岁。选聘上的行管职工一般为终身制，解聘很难；但他们的岗位是有级差的，一般为三级，最高级的年收入大抵相当于学校的副教授，收入不高不低，但很稳定，工作也体面，因此职工很珍惜自己的岗位，很敬业。评为最差等次的管理人员，收入会受到影响，连续被评为最差等次，自己会主动提出辞呈。因此，他们也是有很大压力的。正是这个压力，转化为了事业心、上进心和服务的真诚心。我们此次培训学习，就从带班的王老师、符老师身上看到了他们的敬业勤勉与用心程度。

办学模式为自主化、国际化。从 2006 年开始，新加坡政府赋予南洋理工大学充分而高度的办学自主权；从升级为大学开始，学校在师资选聘和生源开拓上着眼于最充分的国际化。

学校的办学层次为世界高水平大学。2014 年，QS 世界大学排名第 13 位，QS 全球 50 所顶尖年轻大学排名第 1 位，QS 亚洲排名第 3 位；QS2015 年世界大学单科排名，工程为全球第 6 名，电子与机电为全球第 7 名，自然科学为全球第 15 名，材料科学为全球第 8 名，教育学为全球第 10 名。2014 年英国《泰晤士报》高等教育世界大学排名第 55 位，史无前例地在 5 年内跃升了 119 个位次。

四、培训学习的主要收获

这次培训学习为我们打开了国际视野，增强了我们追赶世界高水平大学的紧迫感和机遇感，对于我们提高办学治校水平，大力促进江西高等教育事业迎难而上，实现跨越发展，很有启发和帮助。经过梳理，此次学习培训的收获主要体现在以下五个方面：

一是要有紧迫意识，确立切实可行的追赶战略。新加坡南洋理工大学办学历史不过 20 多年，可以说历史不长。但是，南大迅速在世界高水平大学群中崛起，进入全球排名前 20 位次，创造了世界高水平大学的办学奇迹，首先来自南洋理工大学具有高度的办学自信，紧紧把握世界高水平大学发展趋势，抢抓机遇，迎头追赶，制定了他们自己的行动纲领“五年发展计划”。经过一个又一个“五年接力赛”，南大办学发展成功了。即便如此，他们丝毫没有松一口气的意思，而是进一步紧盯世界高水平大学排头兵，又制定了“2025 年行动计划”，进一步向上攀登，向前冲刺。

二是要有国际视野，紧紧抓住世界一流人才，建设国际化的世界水平的师资队伍。新加坡南洋理工大学的发展奥秘，奇迹背后的秘诀，一言以蔽之，就是人才！这个人才概念，有三层意义：第一，南洋理工大学发展亟需的人才；第二，世界级水平的创新人才、领军人才；第三，国际化人才，打开本国本土视野，面向全球、不遗余力招揽人才。南大的启示是：有人才就有一切，有一流人才就能建设一流大学，有世界一流人才就能冲刺世界顶尖大学。当然，引进了一流人才，还要有好的人才环境，真正使他们安居、安心，乐业、怡情。南大有一句响亮的口号：鼓励创新，宽容失败。他们开门迎客，但绝不关门打狗，使人才高高兴兴地来，舒舒服服地走，营造了一个集聚高水平人才的氛围和环境。

三是要紧紧围绕人才培养这个根本任务，不断满足学生发展的需要，促进教学与科研协调发展。尽管南洋理工大学花大力气抓科研成果产出、抓科研平台建设、抓产学研一体化发展，也很有成效，但是，学校始终没有迷失方向。这个方向就是育人目标，就是人才培养，就是培养有宽广视野、有丰富学养、有过硬创新创业能力的合格人才。学校把教育教学放在基础地位、中心地位不动摇，学校的一切设施设备、管理服务都围绕学生学习、发展来展开，对教师的考核考评，最主要的是看教学能力和教学水平。学校评价老师的标准是：会教学，善科研，受到学生满意评价。在南洋理工大学，教学和科研的关系处理得好，没有重教学轻科研的偏失，也不存在科研冲击教学的不良现象。他们在办学中使每位教师明白：本科教学是最重要的，学生发展是学校发展的生命线。学校办任何事情，都要牢记这件“最重要的事情”和这条不可逾越的“生命线”。

四是要紧紧围绕学校的定位和发展目标，理顺大学内部治理结构，发挥各个治理要素的主动性和积极性，推进并做好大学内部治理。南洋理工大学的治理结构是：学校董事会管大事，管发展方向；校长是大学管理的责任人，教务长是常务副校长，主要协助校长工作，还有分管科研、校友工作和外事的三个副校长相互配合；四个一级学院是治理主体，做好校院两级管理体制下的自己的事情；教授、教师、行政管理人员、校友、政府和社会力量多元参与。特别值得一提的是，由教师组成的各个社会组织，如学术委员会、教学委员会等在学校的管理运行中有很大的发言权，真正体现了教师在大学的主体地位；而数量比较庞大的管理服务队伍（2800 人，专职教师 1700 人），各安其位，各尽其职，减少了教师很多事务性工作，使教师能够有充足的时间和饱满的精力从事教学、科研和社会服务工作。

五是要紧盯世界一流大学，建设与世界一流大学相匹配的一流大学文化。大学是传播文化的地方，也是积累文化的地方，更是文化建设高地，是展示文化的地方。南洋理工大学有独特的使命和愿景：创新高科技，奠定全球性卓越大学；全方位教育，培养跨学科博雅人才。南洋理工大学建筑有特色，座座楼宇中西合璧、大气清爽，尤其是学生发展中心大楼“蜂巢”，聘请世界顶尖设计师设计，成为新加坡的著名文化地标；“华裔馆”是典型的中式建筑，富丽堂皇，是中国文化的标志。在校园内，环境清雅，道路整洁，室内窗明几净，学习用具摆放科学合理。特别是厕所，干净，清洁，无异味，体现了很高的文明水准。校园里，教师、学生举止优雅，不慌不忙，充满自信；下午四点半后，学生大多走出教室，到室外体育场、游泳池健身锻炼，一派健康景象。校园内没有乱贴乱画，没有汽车奔跑（南大是开放校园），没有滴、冒、跑、漏，体现了精细化管理的层次和水平。南大给我们的启示是，既要教学育人，更要环境育人，还要文化育人。

培训学习的时间虽然是短暂的，但很多内容可能会牢牢地留在我们的脑际，终生受益。它可以起到举一反三的作用，促使我们不断加深对“什么是世界一流大学？怎样建设世界一流大学”和“如何办人民满意大学”的思考。

（本文系作者于 2016 年 12 月写给江西省委教育工作委员会、省教育厅的专报。）

以评促建，把专业建设工作放在办学治校的核心位置

习近平总书记在党史学习教育动员大会上要求做到“学党史、悟思想、办实事、开新局”[①]，强调党史学习教育要务求实效，要同联系实际、推动工作结合起来，把学习成效转化为工作动力和成效。前天，习近平总书记在清华大学考察时，强调要坚持中国特色社会主义教育发展道路，努力构建中国特色、中国风格、中国气派的学科体系、学术体系、话语体系。[②]我们今天召开学校师范类专业认证和本科专业综合评价工作推进会，就是要把习近平总书记重要论述与办学治校结合起来，把专业建设工作抓紧抓实抓好。2019 年，我校如期顺利通过了本科教学工作合格评估，学校办学水平得到了教育部评估专家组的高度认可。这是全校上下齐心协力、奋勇拼搏的结果，也凝聚了在座所有同志的心血和汗水。当然，专家组也指出了学校发展存在的问题，重点是专业不强、竞争力不优等问题。因此，合格评估通过后，如何强化专业建设、提高人才培养质量，是推动我校创新发展必须面对的重大课题。

今年，我校将首次开展师范类专业认证工作，首次参加江西省本科专业综合评价工作。这两项工作都将展示学校学科专业建设的水平。抓好这两项工作是我校开启质量强校新局面，走内涵式发展道路的先手棋，也是学校“十四五”发展的开篇之作，这关系到后续本科教学审核评估、硕士学位授权单位建设等一系列发展目标的实现，具有重要战略意义。

开学以来，对这两项工作，相关职能部门、相关学院已经开展了一些前期准备工作，有了各自的心得体会，但还需要进一步提高认识、加强谋划、加大落实力度。刚才，谢校长、胡校长分别就专业综合评价和师范类专业认证工作

① 习近平：《在党史学习教育动员大会上的讲话》，《求是》2021 年第 7 期。

② 参见《习近平在清华大学考察时强调　坚持中国特色世界一流大学建设目标方向　为服务国家富强民族复兴人民幸福贡献力量》，《人民日报》2021 年 4 月 20 日。

做了布置，我都赞成。我在他们工作布置的基础上提出三点要求，希望在座同志高站位、高起点、高标准地抓好师范类专业认证和本科专业综合评价工作。

一、高站位认识，把好思想关。党的十九届五中全会明确提出，要建设高质量的教育体系，建成教育强国。这是新时代教育事业发展的奋斗目标。陈宝生部长在今年全国教育工作会上明确指出，“十四五”时期，我国教育进入高质量发展阶段，2021 年教育系统要为“十四五”时期教育高质量发展开好局、起好步。[①] 对于高校来说，专业建设水平是高质量发展的主要内容之一，提高专业建设水平是高质量发展的应有之义。高校专业建设水平的高低不仅仅是学校本身的事情，也关乎着整个国家高质量教育体系的建设。大家必须首先要从这个高度认识这两项工作。行动之前，必须先解决思想问题。知难行易，轻装上阵，背着思想包袱是干不成大事的。

对我校而言，这两项工作更是紧迫而且重要的。因为它将直接影响学校的办学声誉，关涉学校的长远发展，更关系到每个教职工的切身利益。今年开学之初，教育厅要求各高校上报书记校长开局项目，我们就把这两项工作内容涵盖在校长开局项目之中。这也可以看出学校对这两项工作的重视程度。

顺利通过本科教学工作合格评估后，学校发展站在了新起点上，但我们要清醒地认识到合格评估只代表学校整体办学水平达到国家及格线，现在进行的专业综合评价和师范专业认证是单独把各个专业拿出来进行全方位的解剖，这对我们来说要求更高，挑战性是显而易见的。

学校迎评工作的外部形势很严峻，迎评对学校来说是又一场大考。在师范类专业认证方面，全国 2019 年开始启动，当年全国有 2 个专业通过了三级认证，34 个专业通过了二级认证；2020 年全国有 4 个专业通过了三级认证，155 个专业通过了二级认证。就江西而言，2020 年开始，江西师大和赣南师大共有 5 个专业通过了二级认证。可以说，师范类专业认证已成为师范类院校竞相比、赶、超的领域。我校作为一所以师范类专业为特色的高校必须看清当前认证工作形势，积极应对，顺势而为。在本科专业综合评价方面，截至 2019 年底，全省共有 199 种本科专业，1145 个专业点完成了综合评价工作，本科专业综合评价已

---

① 参见陈宝生：《乘势而上　狠抓落实　加快建设高质量教育体系——在 2021 年全国教育工作会议上的讲话》，《中国教育报》2021 年 2 月 5 日。

经成为我省衡量高校专业建设水平的“公平秤”，优化本科专业布局的“风向标”，促进高校更加重视人才培养的“发动机”。我校必须跟上全省高等教育评价改革的潮流，给专业建设做一次全身体检，不断提高人才培养质量，为强化学科建设筑牢基础。

同时，学校迎评的自身条件还比较薄弱，我们必须找出差距、补齐短板、精准整改。我们今年要参评的各个专业无论是在特色凝练、团队建设、人才培养等方面都还存在着很多的弱项。当前，我们必须紧紧扭住专业建设这个牛鼻子，以今年的迎评为抓手，切实改进教学工作，改善办学条件，促进各个专业内涵式发展。

二、高起点谋划，绘好设计图。计熟事定，举必有功。师范类专业认证和本科专业综合评价工作是两大系统工程，涉及学校的顶层规划、教育教学、师资队伍、支持条件、学生发展、质量保障等各个领域、各个方面、各个环节，需要有系统思维，做好顶层设计。具体来说，要做好四个层面的工作。

学校层面重点是坚持目标导向，做好谋篇布局工作。对这两项工作，我们首先要确立目标。目标传导压力，压力产生动力。我们要树立目标意识，盯住目标不放松。参加师范专业认证的三个专业，今年必须通过二级认证。参加专业综合评价的每个专业都要提出在省内同类专业中的排名目标，要求要高，工作要严，计划要周密，力争上游，敢当先进。取法乎上，仅得其中。目标明确了，就有了努力的方向，就有了对标对表的焦距。否则，就是盲人骑瞎马，就是脚踩西瓜皮，滑到哪里算哪里。这样是干不好工作的。同时，根据目标，学校将在研制顶层设计方案上下足功夫，找准迎评工作的靶心，教育教学评估中心要牵头组织师范类专业认证工作，教务处要牵头组织本科专业综合评价工作。两部门要在充分研读政策、广泛调研、专家论证的基础上研制出工作方案和日程安排表，方案要起点高、目光远、接地气，要指导各二级学院做好各自方案；同时要做好迎评方案、认证标准、指标体系的解读、宣传、学习工作，以迎接本科教学工作合格评估的精神面貌和干劲迎接这两大评估工作，使迎评要求入脑入心。要善于借鉴兄弟院校成功经验，加强专家指导，少走弯路，提高成功率。会后我们将安排首场专家报告会，先启动专业综合评价工作，再启动师范类专业认证工作。

二级学院做好分类认证和评价。各二级学院要在学校的统一部署和指导下积极开展迎评工作，分类别、分专业做好工作方案，认真对照认证标准和专业评价指标体系开展后续工作。参加师范专业认证的三个专业要认真对照二级认证标准，找出差距和不足，提出解决办法，务必使各项指标都达到认证要求。参加专业综合评价的各个专业要对照评价通用指标体系，逐项地先给自己画个像、打个分，再摸清楚省内同类院校相同专业的基本情况，做到知己知彼、心中有数，最后再确定如何扬长避短，把我们的优势最大化，尽量使不足最小化。二级学院要加强与专委会沟通，合理反映工作诉求，使专委会指标体现我校专业发展水平。

各职能部门要齐心协力，合力迎评。面对迎评工作，全校各职能部门只有分工不同、作用不同，没有谁可以置身事外。以师范类专业认证中的专家现场考察环节为例，认证专家会在专家见面会和反馈会上向人事、学工、财务、资源保障、招生就业、国际交流等职能部门的负责人质询，并要求现场回答问题，职能部门负责人对认证工作的理解和参与程度直接影响专家对学校、对申请认证专业的评价。虽然参评的是各个专业，但检验的是学校的水平，是对全校干部、教职工水平和素质的整体考验。因此，这两项工作只能成功，不能失败。

教师要抓好教育教学改革。迎评工作就是一场自我革命，刀刃直入教育教学、人才培养方式的改革。习近平总书记在视察清华大学时指出，建设高水平大学，首先要有一支高水平教师队伍。高教司吴岩司长说："高校教学改革，改到深处是课程，改到痛处是教师。"我们要打通改革创新的"最后一公里"，最关键的就在于每一位普通教师。学校的顶层设计再好，落实不到教师和课堂，学生也不会受益，深化改革也难以取得成效。师范类专业认证和本科专业综合评价工作更是如此，需要每一位教师深入理解认证和评价理念、标准、指标体系，严格对标，把迎评工作落实到每一门课程、每一堂课、每一张试卷、每一份毕业论文。只有广大教师动起来、投入进去，学校迎评工作才能够顺利通过。

三、高标准落实，打好组合拳。各部门、各单位、全体教职员工要从学校的发展、教师的饭碗、学生的前途这一战略高度去认识迎评工作，不断增强服务大局的意识，切实增强责任感和使命感，扎扎实实地把各项工作抓紧抓好。

要责任落实到人。各部门、各单位要严格落实师范类专业认证责任制和本科专业综合评价责任制，建立责任台账，确定并落实责任流程。“千斤重担人人挑，人人肩上有指标。”要做到整个流程有人抓，有人管，有人负责，对标对表分解迎评工作目标与任务，做到每一级指标和每一个观测点都有具体部门和人员去落实。学校领导负责分管部门及联系学院的迎评工作；教务处和教育教学评估中心为迎评工作的牵头部门，负责组织方案的制定、专家论证、指标解读、答疑解惑、校内督察等校级统筹协调工作；各职能部门和教学单位负责人是本单位迎评工作的第一责任人，负责迎评专业各项任务的落实；专业负责人是本专业的直接责任人；教师是各门课程的直接责任人，其他人员实行分工负责制。各学院还要加大宣传动员力度，提升教师、相关管理人员及学生对改革、认证和评价工作的认识和理解，努力形成党政一把手靠前指挥，教学、学工齐抓共管，全院师生共同参与的良好局面。

要突出问题导向。对照认证标准和指标体系，要明白哪些是必得分项，哪些是通过努力就可以得分的，哪些是需要长期改进的，要分清难易程度，扬长避短，有针对性地开展工作，抓住问题，破解难题，交出一份满意的评建答卷。要把阶段性的迎评工作和学校长期坚持的深化教育教学改革相融合。改革的过程就是提升人才培养质量的过程，改革越步入“深水区”，越有利于推动评估工作。我们唯有使改革与评估工作紧密融合、齐头并进，做到“以评促建、以评促改”，才能充分激发办学活力，推动学校高质量发展。

要加大保障力度。在经费保障方面，学校将设立师范类专业认证和本科专业综合评价专项经费，按“率先推动评估工作发展则优先获取经费支持”的原则，激励认证和评价工作取得实效的专业。确保师范生培养经费、专业建设经费投入达标。运用激励奖励手段，对优秀工作予以奖励。在设施保障方面，教育教学设施要满足师范生培养和专业建设要求，建立资源共享机制。在资源保障方面，建设数字化教学资源，生均图书量、中学教材资源库和优秀中学教育教学案例库满足办学需求。

同志们，师范类专业认证工作是新时代国家振兴教师教育的一项战略性举措；本科专业综合评价工作是全省适应经济新常态对高等教育评价进行的专项改革。两项工作的目标都是以质量为王，以人才为本，最终落实立德树人根本任务。我们必须秉承为国为民的教育情怀、敢为天下先的创新精神，坚持以深化教育改革为引擎，以推进师范类专业认证和本科专业综合评价工作为抓手，打造后合格评估时代的人才培养质量2.0版本，开启我校质量强校新征程。

2021年是中国共产党成立一百周年，也是“十四五”规划的开局之年。在今年开展迎评工作具有特殊意义，不经一番寒彻骨，怎得梅花扑鼻香，让我们共同为把我校建设成为有特色、高水平的普通本科师范院校而奋斗，以高昂的姿态和优异的成绩迎接建党一百周年。

（本文系作者于2021年4月21日在南昌师范学院师范类专业认证和本科专业综合评价工作推进会上的讲话。）

【师范教育品牌打造新路径】

坚守教师教育底色，高质量建设师范专业

今天是南昌师范学院专业建设中极为重要的一天，我们十分高兴地迎来了以李向农教授为组长的师范类专业认证专家组莅校指导，这是我校第一次开展师范类专业认证工作，对学校事业发展意义重大。

作为一所以师范教育为底色的学校，70年来，无论社会形势如何变化，学校一直努力负重前行，将师范专业建设装在心坎上，写在发展规划上，扛在自己肩膀上，落实在育人实践上。我们坚守师范教育使命，担当服务社会需求，始终把服务江西基础教育师资需求作为师范教育的“第一粒扣子”，始终把质量合格作为学校教育教学的根本导向，始终把改革创新作为学校发展的第一动力，始终把服务学生作为学校的第一工作要务。

下面，我就学校教师教育和师范专业建设情况作补充说明，敬请各位专家指正。

一、始终坚守教师教育光荣事业

学校以师资培训起家、以教师教育兴业，承担新中国成立初期培养中小学合格教师的社会责任，肩负改革开放后基础教育教师学历补偿教育的历史重任，勇担新时代教师教育振兴发展的时代使命，从南昌市豫章中学的一个小礼堂出发，六易校名、十迁校址、几更体制，走过艰难坎坷而卓有成效的办学历程。虽历经曲折迂回，但我们扎根江西基础教育的初心没有改变，服务教师专业发展的决心没有改变，坚守教师教育底色、守牢育人育才本色、彰显服务基层特色、聚焦师德师风亮色，秉承“厚德修身、博学育人”校训，孕育“红色初心、砥砺创新”办学精神，明确“以学生为中心、以需求为导向、以质量为根本”的办学理念，形成“以师为主、根植地方、突出应用、协同育人”的办学传统，着力培养适应基础教育改革发展需要的中小学及幼儿园优秀教师。

建校70年来，学校矢志奋战在师资培养培训战线上，为江西基础教育事业发展作出重大贡献。70年来，累计培养本、专科学生14.3万余人，集中培训中小学（幼儿园）教师、校长（园长）、教育管理干部12.7万余人次，远程培训中小学（幼儿园）教师、校长（园长）360余万人次，成为江西教师教育工作“母机”。

二、着力打造教师教育鲜明特色

对于师范类专业，学校始终将“立师德、铸师魂、正师风、强师能”作为价值追求，坚持促进学校内涵式高质量发展。一是职后培训与职前培养互通。职后培训1000余门线上课程资源和“名师名校长（园长）工作室”等线下资源与师范生培养共享，教师及时了解基础教育改革发展动态和中小学（幼儿园）对师范生培养需求；组织师范生顶岗实习、置换培训；遴选中小学（幼儿园）名校长（园长）、名优特教师担任兼职教师，参与学校人才培养。二是基础教育研究与师范生培养互促。编撰发布《教育蓝皮书——江西省基础教育发展报告》《江西基础教育参考》，举办江西省基础教育四十人论坛、江西省学前教育高峰论坛，承担江西省教育厅委托的《江西省普通高中特色学校认定细则》等研究任务，并将成果应用在人才培养中。三是平台服务与人才培养互动。牵头成立江西省教育学会中学校长、小学校长、幼儿园园长研究会，与江西省教育厅基础教育质量监测与评估中心、南昌市教育局、南昌市经开区等深度合作，开展义务教育学校质量监测及增值评价、中小学办学绩效第三方评估、中小学教研指导、教育系统领军人才培养、特色高中跟踪指导服务、合办附属小学和幼儿园等，成效明显。既促进了学科教学论教师队伍专业发展和师范生成长，又提升了合作方教学质量和教师教学水平，指导的中小学教师屡获国家级、省市级竞赛奖。

学校“四位一体”教师教育体系建设成效明显。相关成果有省级教学成果一等奖2项、二等奖1项；实现“U-G-S（K）”协同育人，反哺大学教学，推动师范生培养的持续改进。《教师教育U-G-S合作模式的实践研究》获全国教育科学规划资助，《中国教育报》、教育部官网以“大学教授激活中小学课堂”为题作了专题报道。

三、始终遵循师范类专业认证的建设要求

百年大计，教育为本。教育大计，教师为本。师范院校和师范类专业是培养各级各类未来教师的主阵地。教师教育是造就高素质专业化创新型教师队伍的源头活水。党的十八大以来，以习近平同志为核心的党中央十分关心广大教师、高度重视教师队伍建设工作，站在“好老师是民族的希望”的高度，对教师培养质量标准提出明确要求：做到“三个牢固树立”“四个相统一”，争做“四有好老师”，当好学生“四个引路人”。中共中央、国务院《关于全面深化新时代教师队伍建设改革的意见》从新时代教师队伍建设角度，指出要培养和造就党和人民满意的高素质专业化创新型教师队伍，落实立德树人根本任务，培养德智体美全面发展的社会主义建设者和接班人。

开展师范类专业认证工作，是全面贯彻落实党中央对师范教育的要求，强化人才培养中心地位，推动师范教育改革，全面提高师范专业人才培养质量的重要抓手；是推动教师教育综合改革的突破口和着力点，是从源头上建设高素质专业化创新型教师队伍的重要举措。作为师范院校，师范类专业认证工作将是对我校师范教育的一次全面检阅，也是对我校本科教学工作合格评估后又一次严峻考验。

学校坚持以专业认证为抓手，坚持“以评促建、以评促改、以评促强”理念，将“学生中心、产出导向、持续改进”作为教学建设与发展的基本理念，在师范类专业本科教育教学改革与建设方面作出了富有成效的探索，人才培养质量受到用人单位及社会各界的高度认可。

坚持产出导向，改革师范专业人才培养模式。学校紧扣师范类专业认证指标要求，贯彻落实党的教育方针，面向基础教育改革发展和教师队伍建设重大战略需求，积极探索以立德树人为根本，以培养未来优秀教师为主线，高校、地方、基础教育学校三方协同育人，德智体美劳五育并重的师范专业人才培养模式，对接基础教育教师需求，坚持产出导向，修订人才培养方案，优化课程体系，加大实践教学的比重，突出教师技能培养。各师范专业紧紧围绕以毕业要求为核心的“主线”要求，反向设计、正向实施。对接基础教育教学能力素质需求，确定合理的培养目标和毕业要求，并依据毕业要求分解指标点，强化实践教学，建设师范生技能实训中心，构建以能力培养为核心的实践教学体系，

加大“三字一话一化（信息化）”等教学基本功训练与考核，改革课堂教学方法、学业评价方法，开展启发式、参与式、讨论式教学，注重过程性评价，坚持培养与社会需求适应度好、培养目标与培养效果达成度高的优秀基础教育师资队伍。

坚持效果导向，强化专业内涵建设。以省级重点学科支撑专业建设，以省级一流专业、省专业综合改革项目为抓手，强化内涵建设，积极开展专业、课程建设，打造特色专业，学前教育专业入选江西省首批一流专业。按照国家专业标准和师范类专业认证标准加强专业建设，出台《南昌师范学院专业建设与管理办法》。加强省级和校级综合改革试点专业、校级特色专业的建设，对以上专业建设情况进行检查、督促。依托“11531 工程”立项建设校级优势专业 2 个、特色专业 3 个、培育专业 3 个，明确专业定位，理清发展思路，找准特色培育点，完善专业负责人制度，3 年建设周期投入 570 万元经费资助。

此次参加认证的 3 个专业在内涵建设方面各有举措和特点。待会 3 个专业将进行详细汇报。

坚守师范传统，打造师德养成特色。学校构建“四位一体”的教师教育体系，围绕教师教育“坚守本色、积累底色、打造特色”，对师德养成教育起到了良好的促进作用；纵向上实施分级递进式养成教育，实施本科生师德教育“六大举措”，扎实开展师德养成教育；在全省高校中率先建成一栋集大数据、交互式技术、虚拟仿真技术、5G 应用和 VR 教学等功能于一身的智慧教育大楼。智慧教育大楼内建成以“师德”为主题的全国首家现代化师德教育馆，面向师范生上好开学第一课，以立体、多维的师德视频教学为先，让师范生通过视觉形象，更直接地领略教育名家的风采，学习师德楷模的品质，从感性深入到理性，从理性升华为信仰，扣好职业生涯的第一粒“扣子”；毕业生离校入馆进行毕业宣誓，系好迈入职场的第一粒“扣子”。

同志们，在接下来专家组考察过程中，全校各部门、各单位务必要全力配合专家组工作，严格按专家组要求提供各种材料，以诚恳的态度欢迎专家组进行提问和访谈，虚心接受专家组的指导。衷心希望各位专家在接下来的几天帮助学校找差距、补短板，不吝赐教，多提宝贵意见和建议，进一步推进我校教师教育事业的快速发展。

我校也将以此次 3 个专业接受认证为契机，通过总结专家组的意见和建议，发现在师范专业建设和人才培养过程中存在的问题，对各种问题进行认真分析，提出举措，持续改进，切实完善师范类专业质量保障机制，推动学校师范类专业和教师教育高质量发展。

各位专家、各位领导，在当今经济社会发展、高等教育竞争、教师教育改革的时代背景下，学校将继续坚持以习近平新时代中国特色社会主义思想为指导，坚持党的全面领导，全面贯彻党的教育方针，落实立德树人根本任务，紧紧抓住振兴教师教育契机，坚持做优做强教师教育，以国家认证标准为依据，以持续提升为主线，注重问题导向，强化内涵建设，突出特色发展，坚持以评促建、以评促改、以评促强，全面保障和提升师范类专业人才培养质量，为培养造就党和人民满意的高素质专业化创新型基础教育教师队伍提供有力支撑。

（本文系作者于 2021 年 12 月 13 日在南昌师范学院师范类专业认证专家组见面会上的讲话。）

“四色”有机融合，提升教师教育品质

按照师范类专业认证工作安排，12 月 12 日至今天，以李向农教授为组长的专家组对我校 3 个师范专业认证工作进行了全面、深入、细致的实地考察。各位专家不辞劳苦、连续作战，严格按照认证标准、实施“阳光认证”，通过听取汇报、查阅资料、深度访谈、现场考察等多种方式对我校学前教育、音乐学、英语专业进行了全面检阅和深入指导，可谓“问诊透彻、把脉精准、医方精良”。专家组给出的反馈结论和所提出的整改意见切中要害、可操作性强，为参加认证的专业指出了主要问题和努力方向，对我校其他专业聚焦内涵建设具有普遍指导意义。

在这里，我代表学校党委、行政和全体师生对专家组认真负责、精准高效的工作表示诚挚的感谢，对专家组一丝不苟、乐于奉献的敬业精神致以崇高的敬意。

同志们，进校前，专家们就认真了解了 3 个专业和学校基本情况。进校后，专家们听取了校长补充说明和参与认证专业的报告，召开了师生座谈会，调阅了试卷、毕业论文、实习报告和教学文件，进行了听看课，深度访谈了校领导和中层干部，考察了校外实习基地。通过这些活动，专家们对我校 3 个师范类专业的教学工作进行了全面的评估检查，对师范类专业建设、教师教育质量保障体系、师范生培养质量等情况进行了深入了解。各位专家的反馈意见既有专业内涵，又有理论高度，必将指引我校教师教育事业再上新台阶。

三天来，专家组还向学校悉心传授了许多有关师范类专业建设的好思路、好做法、好经验。刚才，李向农教授代表专家组充分肯定了学校教师教育事业取得的成绩，特别是对学校办学发展进行了深刻的总结，指出 70 年来，南昌师范学院深耕教师教育，立足江西，辐射中部，面向全国，胸怀世界，走出了具有自身文化内涵和教育高度的创新发展路子，坚守教师教育底色，守牢育人育才本色，彰显基层服务特色，聚焦师德师风亮色，具有推广价值和时代意义；学校围绕教师教育进行的改革探索是成功的，对教育教学所做的深刻总结值得赞赏。这是对学校的厚爱和鞭策，我们将珍藏在心中，转化成强大的发展动力。在此我们向专家组表示衷心感谢和由衷敬意！

现在，我代表学校党委、行政，向16位专家表个态：对于问题，我们照单全收，立行立改；对于建议，我们虚心接受，全面落实。我们将深入学习专家组提出的反馈意见，系统梳理存在的问题、全面推进整改落实，以师范类专业认证工作为契机，深化教师教育理念、强化专业内涵建设，努力提升人才培养质量。认证结束后，我们将继续坚持师范类专业认证工作“以评促建、以评促改、以评促强”的理念，从四个方面做好后续整改工作，努力把我校教师教育工作提升到更高水平。

一、切实抓好顶层设计，强化教师教育事业

教师教育是学校鲜明的教育底色，虽然学校教师教育历史悠久，但改制为普通本科师范院校的时间还不长。长期以来一直困扰教师教育发展的一些体制性、制度性的难题没有得到解决。学校党委、行政将以整改为契机，以强化教师教育为己任，对标对表学校“十四五”事业规划，成立师范生院，统筹规划教师教育工作，把最优的教育资源向师范生培养倾斜，不断深化教师教育改革，强化内涵建设，努力破解学校发展过程中的顽疾，更加突出基层服务特色，为把学校建设成有特色的高水平普通本科师范院校而奋斗。

二、抢抓教师教育发展机遇，大力改善办学条件

国家高度重视教师教育工作，2018年教育部等五部门联合出台了《教师教育振兴行动计划（2018—2022年）》，这一计划对教师教育发展具有重大指导意义。学校将紧紧抓住这个战略机遇期，继续寻求省委省政府、江西省委教育工委和省教育厅及相关部门的支持，大力破解学校财务困境，切实加大资源投入，加强学校基础设施建设，继续推进高层次人才引进计划，加大领军人才引进力度，推进人事制度改革，形成优秀人才脱颖而出的机制，营造尊重人才良好氛围，把教师教育发展的硬条件打造好、软环境建设好。

三、坚持走内涵式发展道路，提升核心竞争力

今年是“十四五”开局之年，也是我校走内涵式发展道路的关键年份。我们将把师范类专业认证整改工作与江西省本科专业综合评价工作、硕士学位授予立项单位建设、本科审核评估工作有机结合起来，在“质量提升”上做足文章，在“办学特色”上下足功夫，在快速发展上鼓起精气神。具体来说，一要坚持质量兴校，持续推进教师教育改革，把学科专业建设、人才培养能力提升摆在更加突出的位置，为教师教育发展提供强大的内驱力。二要坚持特色强校，牢牢抓住立德树人这个根本，强化课程思政建设，发挥我校“五青思政”品牌在师德师风培养中的引领作用，培养出更多扎根基层、服务基础教育的优秀师范生。三要坚持文化荣校，学校将结合整改工作，持续改进办学治校过程中的不规范行为，久久为功，打造我校独特的教师教育文化。

四、打造一流师范生实习基地，进一步提高社会服务能力

作为一所以师范专业为主体的本科院校，我校将加强附属教育集团建设，强化附属中学内涵建设，加快附属小学、附属幼儿园建设步伐，“十四五”期间，要把我校附属中学、附属小学建设成省内名牌优质中小学，将它们打造成师范生的实习实训基地、教师教育的教研基地和学校声誉提升的亮丽名片。同时，加强与省内各地方政府的合作，推动集团化办学，让师范生拥有更多更优质的教育实践基地。

尊敬的各位专家，我校将根据专家组提出的宝贵意见建议，认真制定整改措施，扎实推进整改落实。我们也真诚希望专家们今后一如既往地支持和指导学校的各项工作，继续支持和帮助我校发展，推动我校各项事业再上新台阶。

最后，让我们用热烈的掌声，再次感谢以李向农教授、傅康生教授、林松柏教授为专业组长的各位专家以及项目管理员张新民主任对本次师范类专业认证工作的悉心指导和鼎力帮助！衷心祝愿各位专家工作顺利，生活愉快，万事如意！热忱欢迎各位专家今后对学校的改革发展不吝赐教，多来指导学校工作！

（本文系作者于 2021 年 12 月 15 日在南昌师范学院师范类专业认证专家反馈会上的表态发言。）

提升教师教育品质，彰显师范无限魅力

在全国上下深入学习贯彻党的二十大精神之际，我们非常高兴地迎来了教育部师范类专业认证专家组对我校思想政治教育、美术学、物理学三个专业开展线上认证考查，这将进一步促进学校提升师范类专业建设水平和人才培养质量。首先，让我们以热烈的掌声对各位专家表示诚挚的欢迎和衷心的感谢！

去年 12 月和今年 11 月学校分两批接受了师范类专业二级认证。专家组充分肯定我校教师教育取得的办学成绩，同时围绕学校师范类专业建设进行了全面深入的诊断，并提供了精准有效的指导。学校教师教育办学思路更清晰、举措更有效、特色更鲜明、成绩更显著。现在我们迎来了学校第二批第二阶段师范类专业认证工作，我们心怀感激、倍感珍惜，将充分把握此次机会，以评促建、以评促改、以评促强，努力推动教师教育提质增效、做大做强、做特做优。近一年来，在专家指导下，学校在打造“五有”（有情怀、有担当、有质量、有特色、有作为）师范院校上取得新进展，办学内涵品质进一步增强，不断促进“四色”（坚守教师教育底色，守牢育人育才本色，彰显服务基层特色，聚焦师德师风亮色）深度融合，推动“四有”（培养的学生具有“腿上有泥、身上有汗、心中有爱、师能有长”的品质气质）有机贯通，打造金色教师教育[①]。具体来说，我们一是在融合上下功夫，统筹各方资源，促进校内外互联、课内外互通、学科专业互促；二是在打造品牌上出实招，加强制度建设，进一步完善与师范类专业认证新要求相对接的规章制度；开展首届“红五月”师范生职业技能展示月活动，以赛促改、以赛促练、以赛促学；三是在建设上有突破，突出重点抓好教师教育专业，学校 1 个专业获批国家一流专业建设点，3 个专业获批江西省

① 参见张艳国等：《“四有”亮“四色”“五师”融“五范”——南昌师范学院彰显新时代“金色”教师教育本质特征和精神品质》，《中国社会科学报》2023 年 3 月 17 日。

一流专业建设点，1个专业在全省专业综合评价排名第二。学校坚定不移走内涵式高质量发展道路，金色教师教育内涵更丰富、特色更鲜明、质量更有保障、品牌更有影响力。

各位专家，教师教育是师范院校立身之本。我们清楚地知道，师范是我们的根，师范是我们的魂，丢了根，失了魂，我们就不值一文。学校致力于打造金色教师教育品牌，是贯彻落实习近平总书记关于教育重要论述精神的重要体现。学校牢牢抓住金色教师教育是学校教师教育的本质特征和精神品质，进一步传承学校独具魅力的“师范红、师范味、师范情、师范力、师范美”[①]，努力展示教师教育时代品格和时代精神，用师范魅力激荡高山大河，迸发出强劲办学活力，成为一所有特色有内涵的新型本科师范院校。

一、进一步传承“师范红”，在基层绽放青春之花

学校始终坚持面向基层、服务基层的办学宗旨，坚持服务基础教育的办学定位，虽六易校名，经过江西省中等师资进修学校、南昌师范专科学校、江西教育学院、南昌师范学院等不同办学阶段；十迁其址，辗转南昌、庐山、井冈山等多地，几经坎坷，但世代师院人筚路蓝缕、玉汝于成，心怀“兴师兴教”的报国梦想始终不变，笃定坚守。

扎根乡村教育几十年的“最美奋斗者”支月英老师是我校优秀校友代表。最近，由我校“青风学堂”自编自导自演的情景剧《到基层去》再次讲述了我校学生毕业后远离家乡、坚守乡村、奉献青春力量的感人故事，呈现我校毕业生扎根基层教育的决心，并发出“何为好工作”的心灵叩问，深刻体现学校人才培养导向，面向基层，让青春之花在乡村教育中绚丽绽放，在师生中、校友中和社会上引起了强烈反响。这部情景剧深刻体现了新一代师院人在教师教育沃土上挥洒汗水、奉献青春、坚守信念的执着追求和不懈努力，学校教师教育的深情坚守孕育、灌溉、滋养了这朵永不凋谢的“师范之花”，使灿烂耀眼的“师范红”愈发鲜亮夺目。

① 参见张艳国等:《“四有”亮“四色”“五师”融“五范”——南昌师范学院彰显新时代“金色”教师教育本质特征和精神品质》,《中国社会科学报》2023年3月17日。

二、进一步彰显“师范味”，在教育中奉献无私大爱

习近平总书记回忆道：“教过我的老师很多，至今我都能记得他们的样子，他们教给我知识、教给我做人的道理，让我受益无穷。”[①] 好老师，心中有大爱，这是学生和社会评价教师的直接依据，也是教师职业具有“师范味”的重要体现。学校长期深入农村基层，深耕教师教育，注重培养学生作为未来教师应有的风度风范，努力涵养学生教育情怀，培养师范生的“教育大爱”。

习近平总书记号召大家“撸起袖子加油干”[②]，勉励广大青年在青春的赛道上奋力奔跑。实现中华民族伟大复兴需要发扬“实干兴邦、争先创优”精神，只有真抓实干才能攻坚克难，只有奋力开拓才能梦想成真。学校始终坚守教师教育责任田，坚持产出导向，形成能力导向的课程体系、技能导向的教育实践体系和素质导向的养成教育体系等相互关联、科学合理的师范生人才培养体系。同时，强化课内课外、校内校外互通，实现培养目标与基础教育师资需求及《中学（小学、幼儿园）教师专业标准》对接，培养规格（毕业要求）与《中学（小学、学前）教育师范生教师职业能力标准》对接，学科专业课程与《教师教育课程标准》《普通高等学校本科专业教学质量国家标准》及基础教育课程标准对接，打造师德涵养、课程学习、实践锻炼、素质拓展四个平台，逐渐形成职前职后相互贯通、研究与实践双向互动、高校与中小学协同发展的教师教育体系，不断深化金色教师教育内涵，提高办学质量，成为江西省地方师范院校走特色发展、错位发展之路的践行者、坚守者、先行者。

令人欣慰的是，我们每迈出一步，都受到上级领导、专家学者点赞勉励。今年上半年，省委教育工作领导小组高度肯定我校教师教育办学成果和贡献，将学校教师教育办学成功经验选登在《江西教育工作情况》（2022 年第 3 期）上并报送中央教育工作领导小组转发，且得到了积极评价，以“南昌师范学院着力打造高质量教师教育”为题选登在第 77 期《教育工作情况》上，这极大提振了学校在教师教育领域追求“作示范、勇争先”目标的志气和士气。

---

① 习近平：《做党和人民满意的好老师——同北京师范大学师生代表座谈时的讲话》，《人民日报》2014 年 9 月 10 日。

② 《习近平在参加党的二十大广西代表团讨论时强调　心往一处想劲往一处使　推动中华民族伟大复兴号巨轮乘风破浪扬帆远航》，《人民日报》2022 年 10 月 18 日。

三、进一步传递“师范情”，以德行捍卫师道尊严

教师是天底下最光辉的职业。对育人的无限热爱、不懈追求和执着坚守，造就感人的师范情。我们始终坚持为党育人、为国育才初心，落实立德树人根本任务，秉持“育师先育德”理念，将育德导向融入师范生培养全过程，突破单一课程培养师德的教育思维，构建显性课程和隐性课程相得益彰、时时育德、处处有爱的教育环境。

学校创新师德教育的内容、路径、形式和方法：一是建设以“师德修养”课程为核心，以师德类通识选修课、教师教育拓展课为补充，辐射各门实践课的师德教育课程体系，创新了师德教育的内容、路径、形式和方法；二是信息化师德教育馆、特色鲜明的师德文化长廊和师德主题鲜明的校史馆，让师德教育的“软件”与学校环境“硬件”相融互动，做到润心培根。师德教育馆面向师范生上好开学第一课和毕业前的最后一节课，以立体、多维的师德视频教学让师范生通过视觉形象，直观地领略教育名家风采，学习师德楷模品质，毕业生离校前入馆进行师德宣誓，系好迈入职场第一粒“扣子”；三是以师德教育“六大举措”打造师德养成特色，在全育人周期中递进式开展师德养成教育。《中国教育报》以“浸润式师德教育让师范生“动”起来”为题进行专门报道，点赞了我校师德师风亮色。

四、进一步锻造“师范力”，以才能展示看家本领

强教必先强师。习近平总书记明确指出：“国家繁荣、民族振兴、教育发展，需要我们大力培养造就一支师德高尚、业务精湛、结构合理、充满活力的高素质专业化教师队伍，需要涌现一大批好老师。”① 习近平总书记的重要论述为新时代高素质教师队伍建设指明了方向。

学校坚持创新教师教育改革，把提升师范生培养质量与完善现代教师培养作为根本落脚点，稳固根本，创新教师教育培养方式，夯实基础，着力师范生技能培养，达到提升师范生质量、创新教师教育改革的终极目标。

---

① 习近平：《做党和人民满意的好老师——同北京师范大学师生代表座谈时的讲话》，《人民日报》2014 年 9 月 10 日。

学校以学生学习和发展为中心，培养学生的综合素质，突出教育理念与师德、教学知识与教育技能等核心领域，构建“通识教育 + 教师教育 + 学科专业教育 + 创新创业教育”有机融合的课程体系；加强教师教育课程建设，对标一流课程标准，提升课程建设水平，优化通识教育，设置厚基础、宽口径、多样化的课程，夯实文化基础，兼顾文理交叉，拓宽文化视野，提升学生文化底蕴，编写教育家师德故事读本，让教育家的高尚品德、人格魅力教育和感染师范生；根据专业知识与能力间的内在逻辑关系和学与教的心理学规律，合理安排课程结构，增加见习、实习、实践教学比重，强化学生实践创新能力培养，不断夯实师范生适应社会、适应工作岗位素质，成长为专业领域的行家里手，受到用人单位欢迎。学校举办“红五月”师范技能展示月活动，助力师范生提高职业技能和综合素养；与此同时，在全省高校中率先建成了集大数据、交互式技术、虚拟仿真技术、5G 应用和 VR 教学等功能于一身的智慧教育大楼，通过远程互动和视频教学打造教师教育“新样板”“新体验”。这些都体现了围绕学生需求，助力学生成长成才的新时代要求；这些都体现了围绕学校蓬勃向上的师范力凝结着教师教育的智慧，彰显了教师培养的硬实力。

五、进一步塑造“师范美”，用素养彰显师范魅力

伟大的人民教育家陶行知曾说：“设立师范学校，宜顾全农家子弟。”① 师范学校应该造就全面发展、有生活力的教师，在“健康的体魄、农人的身手、科学的头脑、艺术的兴味、改造社会的精神”五个方面培养未来教师。② 虽然以上观点是他针对当时农民占中国人口的百分之八十五这一现状提出来的，但他的师范教育理念充满人文气、泥土味、乡土情、人间爱，这种人本导向与社会需求导向紧密结合的教师教育人才培养观对当前教师教育改革仍有着重要的指导作用。

师范之美，美在追求、美在情怀。学校扎根基层、情系乡间、爱在教育，培养的学生服务基础教育和地方经济社会发展。师范之美，美在品质、美在气质。学校从“五师”着手，培养师范生核心素养，学生形成了“四有”品质气

① 《陶行知全集》第一卷，四川教育出版社 1991 年版，第 387 页。

② 参见陈汉才：《试论陶行知的师范教育改革观》，《华南师范大学学报（社会科学版）》1988 年第 2 期。

质。师范之美，美在精神、美在文化。学校落实立德树人根本任务，成为江西省“三全育人”综合改革试点高校、江西省红色文化宣讲基地。

各位专家、同志们！由于疫情影响，我校今年的师范专业认证工作采用线上方式，从 11 月 25 日开始，各位专家就开展了一系列工作，调阅了相关教学材料、进行了听课看课、访谈了校领导和职能部门领导。在这个过程中，专家们表现出严谨的治学态度、渊博的专业学识、丰富的工作经验、高度的敬业精神，师生员工深受感动和鼓舞。在此，我代表学校衷心感谢专家们的辛劳付出！

我们深知，在几天的认证过程中，专家们一定发现了我校在教师教育工作中存在的不少问题，希望各位专家不吝赐教。我们一定虚心接受，在认证工作结束后立即认真开展整改。

各位专家、同志们，党的二十大报告指出：“教育、科技、人才是全面建设社会主义现代化国家的基础性、战略性支撑。”[①] 在建设教育强国的征程中，学校将继续坚持以习近平新时代中国特色社会主义思想为指导，坚持党的全面领导，贯彻党的教育方针，落实立德树人根本任务，矢志不渝赓续师范传统、弘扬师范精神、厚植师范情怀、锤炼师范品格、涵养师范气质、积累师范文化，朝着建设一所高水平有特色的普通本科师范院校而努力奋斗！

（本文系作者于 2022 年 12 月 4 日在南昌师范学院师范类专业认证专家组见面会上的讲话。）

① 习近平：《高举中国特色社会主义伟大旗帜　为全面建设社会主义现代化国家而团结奋斗——在中国共产党第二十次全国代表大会上的报告》，《人民日报》2022 年 10 月 26 日。

深化专业内涵建设，办好人民满意教师教育

根据师范类专业认证工作安排，从 11 月 25 日开始，以李洪天教授为组长的专家组对我校思想政治教育等三个师范专业认证工作进行了为期 12 天的全方位、立体化、多维度的深入考查指导。各位专家紧贴认证标准刻度，聚焦问题发现与解决准度，彰显认证工作温度，让全体师生深切感受到大家高度的敬业精神、高超的专业水准、高深的学术造诣和高尚的人格魅力。借此机会，我代表学校党委、行政和全体师生对专家组认真负责且富有成效地开展认证工作致以诚挚的谢意，对专家们不遗余力帮助学校走深走实走好内涵式高质量发展之路所付出的辛勤劳动致以崇高的敬意！

据了解，进校前，专家们就已经认真审阅了 3 个专业的自评报告，访问了学校及相关部门网站，了解了 3 个专业的基本情况，对师范专业建设进行了初步诊断；12 天来，专家们不辞辛劳，克服线上考查的诸多困难，聚焦师范专业内涵发展，聚力人才培养质量提升，在认证过程中潜心循证、细心论证、耐心指正，通过听取校长补充说明和参与认证专业负责人所作的报告、召开线上座谈会、调阅试卷与毕业论文、听课走课、深度访谈以及基地考察等方式，对我校 3 个师范类专业的教育教学工作进行全面评估和深入检查，对师范类专业建设、教师教育质量保障体系、师范生培养质量等情况进行了全面诊断，可谓问诊精细、把脉精准、处方精良。特别是近三天来，专家组围绕学校师范类专业内涵建设不吝赐教、倾囊相授，提出了许多好思路、好经验、好办法，为学校聚焦办好人民满意的教师教育讲清了法理、讲透了学理、讲明了道理、讲通了情理，而且指明了发展方向、提出了工作要求、传授了工作方法。这些好意见立论科学、操作方便，既有普遍性，又有针对性，必将指导参加认证的专业做好整改工作，指引我校其他师范类专业提升内涵品质，帮助我校教师教育办出水平、办出特色、办出影响。

刚才，李洪天教授代表专家组充分肯定了学校教师教育事业取得的成绩，认为学校围绕贯彻落实立德树人根本任务，不断加强师范专业内涵建设，进一步传承“师范红”、彰显“师范味”、锻造“师范力”、传递“师范情”、塑造“师范美”，持续提升教师教育品质。师范生在“师德、师风、师能、师技、师长”职业素养方面得到全方位锻炼，广受社会欢迎。学校“四色四有”融合贯通，“五师五范”交相辉映，铸就金色教师教育，成为江西教师教育的办学样本和新时代展现，揭示了地方师范院校办好人民满意的教师教育的本质特征。

按照认证工作要求和流程，我代表学校党委、行政，向各位专家表个态：对于专家指出的问题，我们一定深刻反思，抓好整改；对于专家提出的好建议、好思路、好办法，我们虚心接受，认真消化，逐条吸收，全面落实。我们将深入学习专家组提出的反馈意见，系统梳理存在的问题、全面推进整改落实，以此次认证为新起点，持续发挥认证的鞭策效应、示范效应、联动效应，对标师范类专业认证标准，进一步更新教师教育理念、强化教师教育顶层设计，找准人才培养目标定位，强化专业内涵建设，努力提高人才培养质量，实现全覆盖整改、立体化推进、全面性提升。我们将进一步强化质量保障体系建设，形成检查、反馈、整改的闭环系统，强化制度规范，形成有特色的教师教育文化，用高质量的发展回馈专家的深情厚谊。

一是深度融合“四色”教师教育理念。2021 年，教育部师范类专业认证专家组在反馈会上指出，学校坚守教师教育底色，守牢育人育才本色，彰显服务基层特色，聚焦师德师风亮色，“四色”有机融合，打造“金色”教师教育[①]。专家组的总结，是对学校教师教育质量的高度肯定和深情厚爱。一年来，学校化激励为动力，马不停蹄谋发展，深度融合“四色”，使“金色”教师教育含金量更高、金色度更纯。学校学前教育专业于今年获批国家一流专业建设点，教师教育办学成效受到省委教育工作领导小组肯定，这些发展成果不断为师范专业建设增添时代内容。在整改中，学校将继续视办学质量为生命，对标对表学校“十四五”发展规划，强化顶层设计，汇聚优质资源，以硕士学位点建设为契机，融合专业与学科建设优势，优先建好教师教育类学科专业群，强化师范类

① 参见张艳国等：《聚焦“四色”有机融合　打造“金色”教师教育——南昌师范学院聚焦教师教育特色的实践与经验》，《中国教育报》2022 年 2 月 16 日。

专业内涵建设，推进教师教育改革创新，不断为“金色”教师教育注入时代内涵、增添实践成果。

二是有机贯通学子“四有”气质品质。今年是学校建校70周年，在前不久开展的庆祝南昌师范学院建校70周年系列活动中，有关省领导充分肯定学校办学成绩，深情地说道，南昌师范学院办学有情怀有坚守、有特色有特点。学校培养的学子裤腿带着泥，扎根乡村，扎根山区，服务幼儿园，服务中小学，下得去，留得住，干得好。这是上级领导对学校服务基层办学特色给予的充分认可。在学校第二批第一阶段师范认证工作中，专家组发现学校服务基层特色鲜明，认为学校培养的学生具有“腿上有泥、身上有汗、心中有爱、师能有长”的品质气质，“四有”融合贯通，汇聚“金色”教师教育。这是对学校服务基层这个办学本质特征的高度凝练和赞赏。我们怀揣新时代教师教育梦想，将继续融合贯通“四有”，汇聚金色教师教育；用足用好政策，加大校地合作力度，探索订单培养乡村中小学师资模式，鼓励和引导更多优秀学子扎根基层、服务基础教育，为乡村中小学培养“下得去、留得住、用得上”的教师人才，使学子裤腿有泥，奉献基层，服务人民，传承“师范红”；使学子身上有汗，献身教育，振兴乡村，彰显“师范味”；使学子心中有爱，助人成才，铸魂育人，传递“师范情”；使学子师能有长，为人师表，教书育人，发挥“师范力”；使学子“四有”齐备，学高为师，身正为范，塑造“师范美”，从而不断擦亮教师教育办学特色，彰显教师教育本质特征。

三是深化“五师五范”教师教育内涵。70年来，学校秉承“厚德修身、博学育人”的校训精神，坚持社会主义办学方向，扎根赣鄱大地，遵循办学规律，坚持与时俱进，不断丰富教师教育办学内涵。在教师教育办学目标上，形成了“师德师风铸魂、创新创业育人、服务人民培根、报效国家圆梦”[①]的教师教育办学追求，用动人的师范魅力，激荡高山大河，培育祖国花朵；在教师教育人才培养规格上，学校以培养“四有”好老师为目标，以“五师”素养为抓手，着重培养学生在“师德、师风、师能、师技、师长”五个方面的职业素养，夯实师范生未来成长之路。一年一度的“红五月”师范生技能大赛成为学子集中展

① 参见张艳国：《师范教育究竟是个什么“范”》，《华中师范大学学报（人文社会科学版）》2023年第3期。

示师范魅力的竞技场；在教师教育人才培养方式上，形成了独特的“五范”（师范红、师范味、师范情、师范力、师范美）引领师范生成长的人才培养方式。每年一次的“教学月”活动，成为教师展示园丁风采的大舞台。在立德树人过程中，我们将进一步厚植师范生“五师”职业素养，培养造就更多名师优师；坚守“五范”培养方式，引领教师成长为名家大家，使学校培养的师范生和教师具有师德师风之魂，创新创业之才，服务人民之情，报效国家之志，在教书育人的伟大事业中彰显学校教师教育独特办学内涵。

四是把握教师教育办学“四大要点”。学校始终秉承“厚德修身、博学育人”的校训精神，立足“办好人民满意的教师教育”这个出发点，站牢“培养‘四有’好老师和堪当时代大任的新人”这个落脚点，围绕“高素质教师教育师资队伍建设”这个重点，聚焦“服务基层需求”这个特点，不断丰富“教育报国、兴师兴教”的办学内涵。70 年来，全体师生砥砺奋进，攻坚克难，取得了系列办学成果，学校办学条件、办学规模、人才培养质量、科学研究水平、服务社会能力等取得长足进步，在课程思政建设、食育课程建设、合格评估、师范类专业认证、国家一流专业建设、硕士点建设等系列工作中打出了师范特色、打响了师范品牌，学校教师教育质量更高了、特色更亮了、成果更多了、声誉更美了，教师教育水平实现了质的提升。我们将着眼于打造金色教师教育这个金字招牌，继续围绕办好教师教育的出发点落脚点、重点特点，聚焦内涵，持续发力，推进教师教育高层次人才引进计划，推动人事制度改革，形成优秀教师教育人才脱颖而出的体制机制，把教师教育发展的条件打造好、环境建设好、文化积累好，不断丰富教师教育时代内涵，积累创新教师教育文化，用文化感染人、影响人、塑造人，以高素质、高品位的人为学校教师教育品牌代言，为地方经济社会高质量发展建功立业。

五是擦亮学校办学治校“五有标识”。2021 年，学校学前教育等 3 个专业首次顺利通过教育部师范类专业认证，认证专家组对学校办学成效高度肯定。立足新时代，奋战新征程，我们将巩固学校办学成果，擦亮学校文化内涵标识，带着感恩出发，带着责任前行，不忘教师教育的根，不忘教师教育的本，围绕培养社会主义建设者和接班人，不断推进教育教学改革，打破学科、院系壁垒，汇聚各方资源，融合新文科、新理科、新工科，做大做强教师教育，建优建强师范专业，打造本土化师范课程，培育复合型师范人才，不断填充、创新、丰富教师教育内涵，凝聚教师教育特色，擦亮教师教育底色，为服务地方经济社会发展，为实现教育强国、人才强国目标做出新的更大贡献！

高质量发展成为新时代高等教育发展的主旋律、主攻点、最强音。对于高校来说，如何促进高等教育高质量发展，首先需要我们回答何为大学之“大”、高校之“高”这个基本问题。大学姓大，名学，有大学者方为大学，可以育人成才；高校姓高，名校，有才高八斗的大先生，方能引领学子成长！70年来，学校教师教育接受了时代挑战，挺立在时代潮头，我们执着教师教育，付出了努力，尝到了甜头；耕耘教师教育，播下了种子，收获了希望；我们不断用高素质的人推动事业的高质量发展，融合“四色”内涵，贯通“四有”品质，打造“金色”教师教育。走好高质量发展之路，我们要继续培养有道德、有学识的大学者、大先生，源源不断输送有责任、有担当的好老师、有用之才，勇谋师范院校办学之“大”、治校之“高”①，在“融合贯通”上下足功夫，在打造特色品牌上做足文章，坚定地走稳走实走好内涵式高质量发展之路，朝着把学校建设成为一所新型的高质量有特色的南昌师范大学目标而接续奋斗！

尊敬的李洪天教授及各位专家、同志们！我校将根据专家组提出的宝贵意见建议，对标对表认证理念和标准，认真梳理整改问题，全面制定整改措施，系统推动整改落实。我们也真诚希望专家们今后一如既往地支持和指导学校各项工作，推动我校各项事业再上水平、再攀层次、再创佳绩。

最后，让我们用热烈的掌声，再次感谢李洪天组长、钱进教授、王建平教授、胡响明教授、张新民主任对本次师范类专业认证工作的悉心指导和鼎力支持！衷心祝愿各位专家工作顺利，生活愉快，万事如意！热忱欢迎各位专家为学校的改革发展建言献策，常来学校传经送宝、指导工作！

（本文系作者于2022年12月6日在南昌师范学院师范类专业认证专家反馈会上的表态发言。）

① 参见张艳国：《抓质量正校风，办好人民满意的南昌师范学院——在庆祝南昌师范学院建校70周年暨教师教育研讨大会上的讲话》，《南昌师范学院学报》2023年第1期。

守初心　立师德　强师能

——南昌师范学院教师教育改革发展的探索与实践

南昌师范学院是江西省最早举办本科教育的八所高校之一，办学七十年来，筚路蓝缕，栉风沐雨，矢志奋战在师资培养培训的战线上，始终坚持以立德树人为根本任务，秉持“立师德、铸师魂、正师风、强师能”价值追求，深耕教师教育，坚守教师教育底色，守牢育人育才本色，彰显服务基层特色，聚焦师德师风亮色，“四色”有机融合，打造“金色”教师教育。进入新时代，学校锚定有特色、高水平本科师范院校的发展目标，把做优做强教师教育作为学校内涵式高质量发展的头等大事，坚守教师教育初心不动摇，赓续师范传统、弘扬师范精神、厚植师范情怀、凸显师范品格、打造师范文化、涵育师范气质，为新时代教师教育改革提供了可借鉴的新样本。

一、顶天立地，坚守教师教育主业

学校坚守教师教育主业，“顶天”为大国培育良师，全面贯彻习近平总书记关于教育的重要论述，对标新时代国家对师范人才培养的新标准、新要求，聚焦立德树人，培养高素质创新型未来教师。“立地”服务基础教育，人才培养面向基础教育、科学研究围绕基础教育、社会服务瞄准基础教育，学校发展策应教育强省战略，把教师教育这篇大文章写在赣鄱大地上。

作为一所以师范教育为底色的学校，近年来，面对师范教育在高等教育大发展的洪流中出现的教师教育体系削弱、师范院校综合化、师范专业弱化和边缘化等现实问题，学校坚持把教师教育作为中心工作，始终坚守教师教育主业，守牢初心不改，将师范专业建设装在心坎上、写在发展规划上、扛在自己肩膀上、落实在育人实践上。学校在顶层设计、战略规划、人财物保障以及招生计划分配等各方面突出教师教育主导地位。把建强做优教师教育，推动教师教育高质量发展、重点建设教师教育类学科专业群作为“十四五”战略发展目标；把重点建设教育专业学位点作为硕士学位授予重点建设单位的中心任务；在经费保障、设施建设等方面优先保障师范专业的需要，投入6000多万元建成师范生教学技能训练大楼；开展教师教育师资优化行动，配齐配强教师教育专任教师和兼职教师，出台政策激励课程与教学论教师前往基础教育一线顶岗锻炼，强化教师教育师资队伍建设；在招生计划编制时优先师范类专业，2021年秋季招生，师范专业第一志愿录取率高于非师范专业37.36%，生源质量得到保障。目前学校师范专业占比55.6%，师范生占比超过60%。

二、培根铸魂，强化师德养成教育

学校始终坚守为党育人、为国育才初心，贯彻落实“三个牢固树立”“四个相统一”“四个引路人”的要求，秉持“育师先育德”理念，将“四有”好老师标准细化落实到师范生培养全过程，突破单一课程培养师德的教育思维，构建“五青思政＋思政课程＋师德课程＋课程思政＋环境育德”的全过程、全场域式师德教育体系，将师德教育融入人才培养全过程。

学校深入贯彻落实习近平总书记对江西“推进红色基因传承”的重要指示精神，对标“三全育人”要求，按照“知—情—意—行”的转化顺序，着力增强立德树人实效，倾力打造由“青蓝讲坛、青风学堂、青雨润堂、青烛讲堂、青影艺堂”构建的“五青”思想政治工作体系。青蓝讲坛面向学生传播人文科学精神；青风学堂面向学生传承红色基因、训练师范生语言技能；青烛讲堂面向师生提升党（德）性修养；青雨润堂面向辅导员和学生传授专业知识，提高辅导员的专业素养和实践能力；青影艺堂面向学生培养审美情趣，用中华美育精神滋养学生。“五青”思想政治工作体系构建了大思政格局，形成了“1+5+N”制度成果，凝聚了人才培养合力，将灌输转为引导、由被动走向主动、从单一变成多元，引领学生成长成才，建设成效显著，得到教育部、团中央、江西省委等上级有关部门、用人单位、学生家长高度认可。《中国教育报》《江西日报》头版及江西卫视头条作出宣传报道，江西省委组织部专题调研形成的《以“五青”为抓手，盘活高校思政工作这盘棋》刊登在《当代江西》。《“五融三正一根本”浸润式思想政治教育模式构建与实践探索》《建构“五青”思想政治工作体系 探索一体化育人模式》分别获江西省高校教学成果一等奖、二等奖。

学校紧抓思想政治教育主阵地，以习近平新时代中国特色社会主义思想铸魂育人，以 OBE 理念引领课堂教学改革，出台《关于思想政治理论课改革创新的实施意见》，实现思政课教学由以教为中心向以学为中心转变，着力构建“问题导向、探究学习、互动探讨、专题授课、智能课堂”相结合的立体课堂，不断增强思政课的思想性、理论性、针对性和亲和力。

开设“师德修养”课程作为师范生专业必修课，整合优秀师资组建课程教学团队，持续优化课程教学内容、组织形式和方式方法，改革课程考核评价方式，不断提高课程教学效果。为引导师范生赓续红色血脉，弘扬江西红色文化，将革命精神融入师德教育，学校定期组织师范生赴井冈山开展实践教学活动，将理想信念教育与爱国主义教育、党性教育紧密结合，形成“铸魂强基”的德育大课，取得了良好的教学效果。

充分挖掘每一门课程的育人价值，强化课程思政建设，通过打造“三个一批”，即推出一批课程思政示范课程、选树一批课程思政优秀教师、形成一批课程思政改革成果，积极构建“同向同行、协同育人”的课程思政育人体系，实现知识传授、能力培养和价值塑造的统一。学校在江西省首批课程思政示范课申报中立项率 100%，出版南昌师范学院《课程思政案例选编》，受到上级领导和同行的赞誉。

三、固本强基，创新教师教育模式

南昌师范学院主动应对新时代对师范教育提出的新期待、新要求和新标准，着力提升师范生培养质量，完善现代教师培养体系，稳固根本、打牢基础，不断探索教师教育发展新路径，构建了教师教育“12345”人才培养模式。

一是坚持“一个导向”，即产出导向。学校贯彻落实师范类专业认证的新要求，构建产出导向的师范生培养体系，立足基础教育课程改革的现实需求，瞄准师范生的毕业要求和就职后的职业发展能力，反向设计课程体系和教学环节，配置师资队伍和资源条件，改革课堂教学方法和学业考核评价方法，建立产出导向的评价改进机制，持续提升人才培养质量。

二是强化“两个互通”，即师范生培养重视课内与课外互通、校内与校外互通。课内与课外互通是指课内、课外两个课堂的学习相互补充、相得益彰。课内着重夯实师范生学科专业素养。各师范专业创新课程体系，构建了涵盖通识教育、学科专业教育、教师教育、创新创业教育 4 个模块有机融合的课程体系；创新实践教学体系，构建“三习贯通、四年连贯”的师范生实践技能训练体系，实施师范生职业技能训练与考核制度，以“师范生职业技能测试合格登记”方式监控师范生技能达标状况，逐步形成了能力导向的课程体系、技能导向的教育实践体系和素质导向的养成教育体系等相互关联、科学合理的师范生人才培养体系。课外着重综合素质锻炼。学校要求每一名师范专业学生在校期间课外必须学习掌握至少一门技艺或特长，学生可以根据自己的兴趣爱好练习书写、表演、说唱、运动项目等；鼓励师范生参加挑战杯、数学建模、“互联网 +”大学生创新创业大赛以及各类社团文化活动，以培养一专多能的未来教师。

校内与校外互通是指校内教育和校外实践相互促进、相辅相成，形成师范生培养的合力。校内培养重视理论素养和综合素质的提升。学校为每一名师范生指定了学业导师，从进校开始直至毕业，学业导师自始至终引领学生成长，督促学生认真完成学业，打牢学科专业理论基础，提高综合素质。校外培养是指学校在基础教育合作学校为师范生配备校外导师，认真实施见习、实习、研习，将备课说课上课听课评课“五课”能力和班级管理能力、教学研究能力等训练考核项目逐级进阶式安排在校外进行，由校外导师带领学生开展实践演练，促使学生在教学实践中学会教学，在班级管理的真实场景中学习班主任工作技能。

三是实现“三个对接”，即培养目标与基础教育师资需求及《中学（小学、幼儿园）教师专业标准》对接，培养规格（毕业要求）与《中学（小学、学前）教育师范生教师职业能力标准》对接，学科专业课程与《教师教育课程标准》《普通高等学校本科专业教学质量国家标准》及基础教育课程标准对接。学校以师范类专业认证标准为指引，面向基础教育发展对师资的素质要求，确定专业办学目标定位，在充分调研的基础上，科学合理制定师范专业培养目标；紧扣师范生教师职业能力标准，设置师范生培养规格，将师范生毕业要求细化为可教、可学、可测、可评的知识、能力指标点，引导教师的教和学生的学；把握基础教育课程改革新动向，落实教师教育课程标准和本科专业教学国家标准，构建能够覆盖和有效支撑专业毕业要求的课程体系与教学体系，促进师范生培养提质达标。加强校地合作，促进“三个对接”。

四是打造“四个平台”，即师德涵养、课程学习、实践锻炼、素质拓展四个平台。学校建设包含师德教育课程、青风学堂红色基因传承实践、师德读物熏陶、师德馆浸润式学习等师德涵养平台，构建立体化、全过程的师德养成教育体系，培养师范生坚定的教师职业认同、高尚的教师情怀，实现全方位的师范生师德养成教育目标。课程学习平台主要是指人才培养体系规定的理论课程学习，包括线下课堂学习和线上网络学习。学校购置了超星泛雅、中国大学MOOC、学银在线、智慧树等网络教学资源，规定了课程类别和学生必须完成的选修学分，同时鼓励本校教师建设网络课程供学生修读。实践锻炼平台是指为提升师范生教学能力而开展的教学实践项目，包括“三习”“五课”训练、暑期三下乡活动、师范生支教、各级师范生技能大赛等，以强化师范生对教师职业特点、师德规范的践行体验，通过实践培养良好的师德修养，提升师范生从教能力。素质拓展平台是指为了提升师范生综合素养而开展的第二课堂活动，包括校院两级各类学生社团活动、校园文化艺术节及科技节、校园运动会、志愿者服务等。四个平台基本涵盖了师范生课内课外的理论学习、教学能力训练和综合素质培养，突出以师德养成为核心的德智体美劳全面发展。

五是落实“五个保障”，即为教师教育提供制度保障、组织保障、师资保障、经费保障和教学资源保障。学校制定了《南昌师范学院振兴本科教育实施方案》《南昌师范学院师范生职业技能训练与考核实施意见》《南昌师范学院师范生技能实训中心管理办法》等68个规章制度，为师范生培养提供制度保障；成立了教学工作指导委员会、师范生技能考核领导小组等，加强师范生培养的组织领导，配齐配强各学院的教学管理及质量监控队伍；强化师资队伍建设，建立教师教育师资到基础教育一线挂职锻炼机制，加强“双师型”队伍建设，打造一支专兼结合教学团队；加强师范专业建设的经费保障和资源保障，建设教材资源库和优秀教育教学案例库，为师范生的专业教育和自主学习提供教育资源支持，支撑课程教学和教育实践的开展。

四、前后贯通，构建职前职后一体化教师教育体系

为切实解决师范生培养与基础教育实践脱节的问题，学校将基础教育实践需求、师范生招生与师范生培养有效衔接，职前培养与职后培训有效衔接，构

建职前职后一体化教师教育体系。一是培养方案一体化制定。按照“调研—分析—设计—论证—审定”的技术路线，各师范专业在人才培养方案制定过程中，深入基础教育学校调研，分析新时代基础教育对师资的具体要求，根据要求设计课程体系，同时主动邀请基础教育一线名优教师、地方教育行政部门专家对人才培养方案进行论证和审定，共同研制、论证、修订人才培养方案。二是课程体系一体化设计。适应中小学教育教学改革实际需要构建课程体系，针对学科发展的前沿动态调整和革新课程教学内容，不断提高师范生培养的学术性和师范性。三是师资队伍一体化建设。学校聘请基础教育一线名师、特级教师或教研员等作为兼职教师，参与师范生人才培养，充实师范生教育实践指导教师队伍，实施与基础教育一线教师共同指导教育实践的“双导师制”，有效改善了教师教育师资队伍实践指导能力薄弱的问题。制定《外聘教师管理办法》，对外聘兼职教师实施考核与培训，实行动态调整，保证了外聘教师队伍的质量。同时，通过与基础教育学校进行深入的校地合作，学校鼓励学科课程与教学论教师深入地方中小学校和课堂，强化对中小学教育教学改革实践的感性认识，着力建设一支理实一体的教师教育师资队伍。这不仅提升了基础教育学校的师资队伍水平，也整体提高了学校教师教育学科师资队伍的水平，实现了师资队伍建设一体化的目标，《中国教育报》和教育部官网以“大学教授激活中小学课堂”为题对此进行了专题报道。四是教师职前职后一体化发展。将教师职后培训纳入教师教育的整体设计链条，充分利用挂靠学校的江西省教育干部培训中心、江西省中小学教师远程培训中心，建设南昌师范学院远程教育课程资源网，助力教师及时了解基础教育改革发展动态和需求；学科教学与教师教育课程教学、学科教学论教师与中小学教师、大学教室与一线课堂相互结合，打通学科课程与教师教育课程、理论与实践、课内与课外、大学与中小学间的壁垒，构建融通立体运作机制，《教师教育 U-G-S 合作模式的实践研究》获全国教育科学规划资助。五是毕业生跟踪服务与就业指导一体化实施。学校建立了毕业生跟踪调查机制，建立基础教育机构、教育行政部门等利益相关方参与的社会评价制度，定期邀请中小学、教育行政部门等利益相关方对毕业生质量进行客观评价，深入了解毕业生、校友对学校教育教学、管理、就业指导与服务的意见建议，并根据评价结果及时调整人才培养方案，有效改进课程教学工作，使专业人才培养与基础教育发展形成良好的契合度。利用微信公众号平台和就业服务网站，推送就业政策、公益直播课、就业招聘信息，推送大量职业规划和就业指导文章，确保毕业生离校后就业服务不断线。

五、矢志不渝，促进教师教育高质量发展

学校始终坚守教师教育初心不动摇，把立德树人融入思想道德教育、文化知识教育、社会实践教育各环节，贯穿到学科体系、教学体系、教材体系、管理体系建设各方面。学校在长期的教育实践中，教师教育建设成效明显。学校以学科专业建设为龙头，学前教育专业获批国家一流专业建设点，汉语言文学、数学与应用数学等师范专业获批江西省一流专业建设点。学校以一流课程建设为抓手，推动教育教学改革，自改制以来，学校获批省一流课程 44 门，精品课程和资源共享课程 13 门，高校课程育人共享计划 7 门以及江西省课程思政示范课程 4 门（立项率 100%）。学校注重高层次人才工程建设，现有国务院特殊津贴获得者 4 人，省政府特殊津贴 7 人，省百千万人才工程 6 人，青年井冈学者 4 人，省高层次人才 23 人，省级模范教师 4 人，江西省金牌教授 1 人。学校立德树人成效明显、教育教学改革成果丰硕，获江西省教学成果奖共计 9 项（其中一等奖 3 项、二等奖 6 项）。

学校聚焦学生的成人成才，各项工作围绕学生、关照学生、服务学生，取得了优异成绩。由南昌师范学院师生编导主演的江西彩车“金色赣鄱”在庆祝中华人民共和国成立 70 周年庆典上代表 4600 万江西人民在天安门广场参加展演，并荣获 70 周年庆典最高奖项“华美奖”；最美大学生罗小庆作为江西省唯一参加 2019 年“全国大众创业万众创新活动周”的高校大学生创业项目负责人，展示的“一线生鸡　金凤筑梦”大学生扶贫助农创新创业项目，受到了李克强总理、教育部高等教育司司长吴岩的高度称赞，荣获第七届中国国际“互联网+”大学生创新创业大赛金奖。

南昌师范学院七十年来，始终以立德树人为根本，不丢“底色”、不忘“本色”、打造“特色”、凸显“亮色”，对标新时代教师教育新要求，努力打造“四色”教师教育品牌。学校于 2021 年首次接受教育部师范类专业第二级认证，受到了专家组的高度肯定，专家组进校考查后认为：建校七十年来，南昌师范学院坚守教师教育底色，守牢育人育才本色，彰显服务基层特色，聚焦师德师风亮色，“四色”有机融合，打造了“金色”教师教育，成为一所有情怀、有担当、

有质量、有特色、有作为的师范本科院校。

建教育强国，以教育强国。站在新起点，南昌师范学院将以师范类专业认证为契机，坚持以习近平新时代中国特色社会主义思想为指导，坚持党的全面领导，全面贯彻党的教育方针，担当立德树人的光荣使命，以卓越教师培养为抓手，以提升教师教育质量水平为核心，以强化大教育学科和教师教育队伍为支撑，以完善教师教育培养培训体系为依托，大力推进教师教育协同、开放和可持续发展，以开放的人才培养理念、多元的人才培养模式、明确的质量导向、完善的质量保障体系、现代化的教育技术，不断提升教师教育人才培养质量，以“作示范”的担当和“勇争先”的气魄，推进师范专业教育教学改革，提升师范专业人才培养质量，为努力建设一所高水平、有特色的本科师范院校而不懈奋斗，为实现中华民族伟大复兴的中国梦贡献更大力量！

（本文原载《中国社会科学报》2022 年 10 月 11 日第 7 版，收入本书时有文字改动。）

南昌师范学院着力打造高质量的教师教育

南昌师范学院始终坚持以立德树人为根本任务，对标新时代教师教育发展新要求，深耕教师教育，坚守教师教育底色，守牢育人育才本色，彰显服务基层特色，聚焦师德师风亮色，“四色”有机融合，打造“金色”教师教育，将师范专业建设写在规划上、扛在肩膀上、落实在育人实践上，走出了具有自身文化内涵和教育高度的创新发展路子。

一是坚守教师教育底色。南昌师范学院把促进学校内涵式高质量发展作为头等大事，以师范底色彰显办学内涵、办学特色，深耕教师教育，情系基础教育，为教师教育增添新时代办学成果。

打破师范与非师范的学科壁垒，依托办学历史长、基础好、队伍强的教师教育专业延伸开办相关联的非教师教育专业，二级学院对教师教育专业与非教师教育专业建设统一规划、统筹部署、分项落实，促进教师教育专业与非教师教育专业互为支撑、融合发展。拆除教师教育专业与非教师教育专业间的屏障，允许师范学生与非师范学生专业互转，让有志于从事教育工作、成绩优秀、具备教师潜质的非师范专业学生经过个人申请、学院测试后转入教师教育专业学习，近年来，非教师教育专业要求转入教师教育专业学习的学生逐年递增。打通教师教育专业与非教师教育专业的界限，开设人文与历史、科学与技术、社会与文化、艺术与审美、运动与健康等各类通识教育课程供学生自由选学，不受专业类别限制；开设教师教育类选修课，鼓励非师范生选学。编写教育家师德故事读本，同时分发给教师教育和非教师教育专业的学生，让教育家的高尚品德、人格魅力也教育和感染非师范生；鼓励、引导非师范生申报教师资格、报考教师岗位，并为他们举办教师资格证考试公益培训，助力志愿从教的非师范生考取教师资格证书，应聘补充基础教育紧缺学科教师需求。举办“红五月”师范技能展示月活动，鼓励非教师教育专业学生积极参与，引导非师范生将

“说”（说课、演说、普通话）、“写”（写作、板书、书法）等师范技能迁移、拓展于专业领域，助力非师范生提高职业技能和综合素养。举办青年教师教学技能大赛，教师教育专业教师和非教师教育专业教师同台竞技、切磋互鉴。建设教育家师德文化长廊、在办公楼布设习近平总书记的“教育金句”、在教学楼悬挂中外教育家名言警句，将浓郁的师范文化充盈于校园的各个角落。通过建好硬件、建强软件、丰富活动、营造氛围，使浓厚的“师院红”“师范味”“教师情”浸润于学生成长全过程，为学生镌刻上独具南师院特质的师者气质。

二是守牢育人育才本色。南昌师范学院始终肩负为党育人、为国育才的神圣使命，以立师德、铸师魂、强师能、提师技为价值追求，聚焦师资培养主业，策应江西教育强省战略，构建了较为完备的教师教育专业体系。

聚焦立师德、铸师魂，创新思想政治工作方法，倾力打造“五青”思想政治工作体系。青蓝讲坛面向学生传播人文科学精神，讲坛全程由学生策划并主持。改制以来，讲坛已举办 53 场次、线上线下学生听众达 10 万余人次。青风学堂面向学生传承红色基因、训练师范生语言技能，创演“传承红色基因”主题故事会 14 场，编创红色故事 1100 余个，面向大中小学、革命老区、机关、社区、企业等宣讲红色故事 500 余场，线上线下受众累计达 8000 万余人次。青风学堂师生荣获省级以上荣誉 600 余项，其中教育部、共青团中央等颁发的荣誉 20 次。青影艺堂面向学生培养审美情趣，用中华美育精神滋养学生，开展生态文明教育、红色走读等主题创作活动 11 次。青烛讲堂面向师生提升党（德）性修养，组织开展“书记沙龙”4 次，举办理论宣讲、业务学习、干群连心等活动 30 场次、课题研究 5 项，1 个教工党支部获全国党建工作样板支部培育创建单位。青雨润堂面向辅导员和学生传授专业知识，通过学工沙龙、业务培训、内外交流、师生座谈等方式，提高辅导员的专业素养和实践能力，推进辅导员队伍专业化、职业化、专家化。

“五青”思想政治工作体系建设成效显著，得到教育部、团中央等上级有关部门、用人单位、学生家长高度认可，江西省委组织部门专题调研形成的《以“五青”为抓手，盘活高校思政工作这盘棋》刊登在《当代江西》。有关成果分别获江西省高校教学成果一等奖、二等奖。浸润式思想政治教育切实为学生扣好了人生第一粒扣子。

聚焦强师能、提师技，改革人才培养体系。贯彻学生中心、产出导向理念，修订人才培养方案，对标新时代教师核心素养，德智体美劳五育并举，重构课程体系。加强教师教育课程建设，加大投入、组建团队，对标一流课程标准，提升课程建设水平。优化教学内容、强化教学设计、完善课堂教学评价体系，推进课堂教学改革，提高课堂教学效果。构建“三习贯通、四年连贯”的师范生实践技能训练体系，将见习、实习、研习“三习”、备课说课上课听课评课“五课”能力和班级管理能力、教研能力等训练考核项目逐级进阶式安排在四年学程之中。与此同时，建设涵盖师范生各项技能训练的智能化师范生技能实训大楼，开发、购置数字化实训资源，为学生师能师技的学习训练提供物质保障。持续优化产出导向的教学质量保障体系，遴选师德修养好、教学经验丰富的教授组建教学督导队伍，加强教学质量监控。学校改制以来，师范生培养质量稳步提高，就业率逐年上升，高于全省平均水平，坚守了育人育才的鲜红本色。《以强能力重应用为核心的教育学类课程改革探索与实践》获江西省高校教学成果二等奖。

三是彰显基层服务特色。南昌师范学院深入开展基础教育研究，形成了职前职后相贯通、研究与实践双向互动、高校与中小学协同发展的教师教育办学模式。

职前培养与职后培训互通。聚焦师范生、高校教师、中小幼教师三类人的培养，着力推动教育资源共享、人才成长对接、培养培训一体、教育研究互动、专业发展通融。学校专门成立“教育合作项目办公室”，与地方中小学校加强教育合作，高校学科课程论教师携手中小学教师共研课题、共磨课堂、共建团队、共铺平台，为学科教学论教师提供知行合一的实践学习平台，促进了教育理论与实践的联系；学科教学论教师深入地方中小学课堂，加强对一线教学实际的全面、深入的感性认知，反哺自己的大学课堂教学，服务于应用型人才培养，教育部、中国教育报以“大学教授激活中小学课堂”为题对学校与基础教育合作实践进行了专题报道。开展江西省乡村中小学教师培训团队置换脱产研修项目，组织高年级师范生到中小学顶岗实习和支教，置换农村骨干教师来学校进行脱产研修，既有效提高师范生的教育实践能力，又全面提升农村骨干教师的教育教学能力。聘请 80 余名中小学（幼儿园）名校长、名师（学科带头人、特级教师、正高级教师）担任各学科兼职导师，参与相关专业人才培养方案制定、学生实（见）习指导、教材教法课程教学、毕业论文指导等工作。

基础教育研究与师范生培养互促。开展江西省、南昌市义务教育质量监测及增值评价；编撰发布《教育蓝皮书——江西基础教育发展报告》；编印《江西基础教育参考》；举办师范教育与基础教育党建工作论坛、江西省基础教育四十人论坛、江西省学前教育高峰论坛；承担江西省教育厅委托的《江西省普通高中特色学校认定细则》等研究任务，并将成果应用在人才培养之中。

平台服务与人才培养互动。充分发挥江西省教育学会教育管理专业委员会、中学校长研究会、小学校长研究会、幼儿园园长研究会等挂靠我校的教育组织职能，与江西省教育厅基础教育质量评估监测研究院、南昌市教体局、南昌东湖区教体局等深度合作，开展义务教育学校质量监测及增值评价、中小学办学绩效第三方评估。开办附属幼儿园、附属小学，助力属地政府纾解百姓子女入园、入学压力。为南昌市、南昌西湖区、都昌县等地方政府举办教育系统领军人才培训班，开展江西省特色高中办学指导服务。指导的中小学教师屡获国家级、省市级竞赛奖项，助推高校与中小学相互促进、共同发展。《双轮驱动　融合发展——高师院校学科教学论教师团队建设的实践探索》获江西省高校教学成果一等奖，《中国教育报》、教育部官网以“大学教授激活中小学课堂”为题作了专题报道，彰显了服务基层的鲜明特色。

四是聚焦师德师风亮色。南昌师范学院强化师德师风教育，秉持“立师德，铸师魂”理念，将师德师风教育贯穿人才培养的各环节与各要素，形成浸润式师德教育场域。

学校建立师德教育课程体系，改进师德教育方式与效果。“师德修养”，作为师德教育核心课程，获江西省一流课程，入选江西省高校课程育人共享计划。高品质现代化师德教育馆、具有地域特色的师德文化长廊和师德主题鲜明的校史馆充分彰显环境育德、文化育德。学校实施师德教育“六大举措”，即师范类专业学生在校期间，修读一门以师德为主题的课程、阅读一批师德教育方面的书籍、聆听至少一次以师德教育为主题的报告会、观摩至少一次师德故事会展演、参加至少一次以师德为主题的社会实践活动、进行一次师德宣誓，成功打造师德养成特色，有效促进师德养成教育。《中国教育报》以“浸润式师德教育让师范生‘动’起来”为题做了专门报道，凸显了师德师风亮色。

（本文原载《江西教育工作情况》2022年第3期，中央教育工作领导小组《教育工作情况》2022年第77期转发，收入时有文字改动。）

南昌师范学院奋力探索新时代"金色"教师教育的江西样本

70年来，南昌师范学院聚焦教师教育主责主业，以"与时俱进，办好人民满意的教育"为时代特征，明确办学治校时代定位、教育定位、发展定位、质量定位，锚定办好人民满意的"金色"教师教育前进方向，形成发展共识，开展生动教育实践，探索地方师范院校办学理论形态，努力答好"我们从哪里出发，为什么出发，怎样出发"这个内涵式高质量发展根本问题，教师教育办学理念特色鲜明、办学实践内涵丰富、办学思想深刻、办学成果丰硕，铸就"金色"教师教育品牌，奋力探索新时代金色教师教育的江西样本。

一是深度融合"四色"理念，造就"金色"教师教育，升华教师教育办学形态。学校牢记教师教育是办学治校、立德树人、兴学重教的根本，从认识高度、推进力度、拓展宽度、实践广度立体提升教师教育办学理念，优化顶层设计，设计办学样态，走出一条具有自身文化内涵和教育高度的创新发展路子。一是坚守教师教育底色，聚焦教育发展源泉。学校牢记教师教育是安身立命之本，坚守师范主业，赓续师范传统，孕育"教学神圣、教师光荣、教育伟大"的师范文化，虽六易其名，但不改师范初心，以培养"下得去、留得住、用得上"的优秀一线教师为己任，造就了一大批奋战在教育事业一线的卓越师资，努力解决师范性弱化、发展同质化的问题。二是守牢育人育才本色，优化人才培养方式。学校坚持发扬原江西教育学院时形成的教师职后培训传统，将职前职后教育有机衔接起来，将研究基础教育与服务基础教育贯通起来，打通教师人才培养的过程关，获省高校教学成果奖一等奖3项、二等奖6项。三是彰显服务基层特色，提升教育服务水平。毕业生主要在基层、基础教育就业，受到用人单位欢迎。学校推动中小学（幼儿园）名校长（园长）、名优特教师参与学校人才培养方案论证、优化，承担教学任务，建立大中小幼学校命运共同体。

四是聚焦师德师风亮色，打牢立德树人根基。学校以引领与浸润的方式，实施全学程、浸润式师德养成教育，构建师德师风教育模式。发挥各类课程作用，坚持课程育德，全校教师全力做到讲透思政课程、讲深师德课程、讲活思政课程，以课堂主阵地诠释师德规范。发挥第二课堂作用，坚持活动育德，通过观看师德影视、创演师德故事、宣讲师德典型、进行师德宣誓等各种形式，以立体多维的方式涵养师德情怀。发挥氛围熏陶作用，坚持环境育德，建成 VR 互动师德教育馆，打造师德文化长廊，建设立德、厚德、弘德主题校史馆，布设教育家经典名言，以传统与现代结合的方式浸润师德养成。

二是“四有”亮“四色”，“五师”融“五范”，升格教师教育办学实践形态。学校明确师范人才培养规格、培养模式、社会需求尺度，牢牢抓住人才培养质量这个关键，促进教学、师生、家校、校社双向互动，聚焦学生满意、家长放心、社会认可，把家长嘱托放在心上，把育人责任扛在肩上，把质量提升握在手上，做到学生有所呼、家长有所盼、社会有所需，学校就有所应、有所为、有所行，聚焦为基层培养“下得去、留得住、教得好”的卓越教师，着力培养师范生“腿上有泥、身上有汗、心中有爱、师能有长”的“四有”品质气质，从“师德、师风、师能、师技、师长”方面培养师范生的“五师”职业素养，充分彰显“师范红、师范味、师范情、师范力、师范美”“五范”育人方式的魅力，师范生成长烙上革命老区、文化红区、发展快区鲜明烙印，形成独具特色的“四有亮四色 · 五师融五范”教师教育范式，得到社会各界广泛赞誉。在学校建校 70 周年系列活动中，有关省领导充分肯定学校办学成绩：南昌师范学院办学有情怀有坚守、有特色有特点，培养的学子扎根乡村，扎根山区，服务幼儿园，服务中小学，下得去，留得住，干得好。由青风学堂主创的情景剧《到基层去》，深情叙述了我校学子在基层报国的感人故事，受到广泛好评。2022 年，学校共有 6 个专业顺利通过教育部师范类专业二级认证。专家组再次对学校教师教育办学成绩给予高度肯定，认为学校持续增强办学内涵品质，成为江西教师教育的办学样本。

三是“四转”增“四色”，厘清人才培养要素逻辑关系，升级教师教育办学理论形态。学校紧扣教师教育主题、紧盯师范生成长成才目标，担负服务地方经济社会发展重任，以办好人民满意的南昌师范学院为价值追求，探索地方本科师范院校发展之路。在办学校、建学科、强专业、提师资、助成才、利社会等过程中始终遵循教育与人才培养规律，找准社会服务面向，厘清办学“为什么办”“为谁办”“怎么办”“如何衡量办学质量”等系列重大问题内部核心要素之间的逻辑关系，把特色鲜明的办学理念具化为内涵丰富的教育实践，从教育实践沃土中探索学校教师教育办学理论形态，摆脱办学“行而不知”的蒙昧状态，实现从“行而后知”到“知而后行”质的飞跃，打造教师教育办学形态的江西样本。一是专业围绕需求转，提高专业社会满意度。学校始终坚持“面向基层、服务基层”办学宗旨，通过将中小学教师职后培训课程资源与师范生培养共享、组织师范生顶岗实习、置换培训等方式，学校助力教师及时了解基础教育改革发展动态和中小学（幼儿园）对师范生培养的需求。学前教育专业获批国家一流本科专业建设点，3 门师范专业课程获批国家一流本科课程。二是教师围绕育人转，提高教师育人支撑度。学校坚持“学生中心、产出导向、持续改进”理念，培养满足新时代教育需求的智慧型教师、创新型教师、引领型教师，促进教师成长为大先生、教育家，培养学生既有模有样传承名家气质，又生龙活虎涌动创新活力。教师队伍建设质量持续提高，为学校教育事业发展提供坚实人才保障与智力支撑。三是学生围绕能力转，提高学生社会适应度。三年来，学生综合素质持续提高，获国家级奖项达 100 余项。“一线生鸡　金凤筑梦”大学生扶贫助农创新创业项目在 2021 年第七届中国国际“互联网 +”大学生创新创业大赛中荣获金奖。四是质量围绕时代转，提高质量时代契合度。学校贯彻落实习近平新时代中国特色社会主义思想，把立德树人融入思想道德教育、文化知识教育、社会实践教育各环节，利用课程育人、实践育人、管理育人、组织育人、环境育人、文化育人、家校社协同育人，办学实践烙上鲜明时代烙印，办学成绩受到社会普遍赞誉。2022 年 3 月江西省委教育工作领导小组《江西教育情况》第 3 期向全省高校推广改革做法。《中国教育报》《中国社会科学报》、江西教育电视台等 10 多家主流权威媒体多次进行专题报道。2022 年 9 月，中央教育工作领导小组《教育工作情况》第 77 期以“南昌师范学院着力打造高质量教师教育”为题介绍改革经验，分送中办、国办、教育部领导并发至全国推广。

南昌师范学院坚持走内涵式高质量发展之路，在实践探索中，不断强化教师教育办学特色，丰富办学内涵，提高办学质量，增添时代成果，逐步探索出符合地方本科师范院校发展实际的教师教育办学理念形态、实践形态、理论形态，成为一所传承悠久办学历史，积累深厚教育文化，构建新型师生教学关系，涵养学生人文情怀、科学精神、艺术气质，培育师范生职业操守、育人能力，服务地方发展需求的新型高水平地方本科师范院校。面对新时代赋予教师教育发展的使命要求，学校继续高举习近平新时代中国特色社会主义思想伟大旗帜，贯彻落实立德树人根本任务，奋力谱写建设一所具有思想高度、文化厚度、服务准度的新型高水平地方本科师范院校壮丽篇章！

（本文原载《江西教育工作情况》2023 年第 22 期，收入时有文字改动。）

“四有”亮“四色”，“五师”融“五范”

——南昌师范学院彰显新时代“金色”教师教育本质特征和精神品质

习近平总书记强调，百年大计，教育为本。教师教育是造就高素质、专业化、创新型教师队伍的源头活水，发挥着群学之基、兴学之要的基础性、全局性作用。地方师范院校是提振区域经济社会文化发展的精神高地，滋养延续一方文教事业兴旺发达的学统文脉，为社会输送源源不断的教育事业生力军。作为一所具有70年办学历史的地方师范院校，南昌师范学院策应新中国江西基础教育师资短缺难题而生，与时代同呼吸、共命运，坚持社会主义办学方向，扎根赣鄱大地办教育，不断与时俱进、守正创新，提升教师教育品质，凝聚内涵，凸显特色，擦亮品牌，成为江西教育事业发展的“母机”和基础教育人才培养的重要基地。

南昌师范学院以振兴教师教育为己任，在教育强国目标中找准办学坐标系，在师范院校方阵中找准发展参照系，围绕“打造金色教师教育，办好人民满意的南昌师范学院”这个主旋律，在生动教育实践中思考、探索、回答“‘师范’究竟是个什么‘范’”这个办好教师教育的根本问题，打好学校内涵式高质量发展系列组合拳。在承载师道精神的“文化范”方面，学校孕育“厚德修身、博学育人”校训精神，毕业生在赣鄱基层传承为师治学之道，弘扬尊师敬师文化，献身于基础教育事业。在彰显教师育人的“规格范”方面，形成“师德师风铸魂、创新创业育人、服务人民培根、报效国家圆梦”的教师教育办学目标，以“师德、师风、师能、师技、师长”五方面职业要求为抓手，培养未来优秀教师的核心素养。在创新人才培养的“方式范”方面，注重目标导向、实践导向、成果导向，在“师范红、师范情、师范力、师范味、师范美”五个方面引领师范生成长，用师范魅力激荡高山大河，培育师者风范。

2021 年，学校学前教育等 3 个师范专业首次成功通过教育部师范类专业认证，教师教育办学成绩得到专家组赞赏。专家组认为学校坚守教师教育底色、守牢育人育才本色、彰显服务基层特色、聚焦师德师风亮色，“四色”有机融合，打造金色教师教育，是一所有情怀、有担当、有质量、有特色、有作为的本科师范院校。2022 年，学校思想政治教育等 6 个专业分两批次接受教育部师范类专业认证。专家组再次对学校教师教育办学成绩给予高度肯定，认为学校努力展示教师教育时代品格和时代精神，成为江西教师教育的办学样本和新时代展现，揭示地方师范院校办好人民满意教师教育本质特征，在教师教育办学过程中闯出了一条内涵式发展的新路子。

一、深度融合“四色”办学理念，教师教育办学目标通天线

为解决师范性弱化、发展同质化等问题，南昌师范学院全面贯彻落实立德树人根本任务，对标新时代教师教育发展新要求，以高质量发展为主题，坚守应用型、师范性、地方性办学定位，坚持走内涵式发展、特色发展之路，着力打造“四色”有机融合的“金色”教师教育，接通教师教育办学目标的天线。

一是坚守教师教育底色，聚焦教育发展源泉。习近平总书记指出，教师是教育工作的中坚力量，有高质量的教师，才会有高质量的教育。[①] 学校牢记教师教育是学校安身立命之本，坚守师范主业，赓续师范传统，孕育“教学神圣、教师光荣、教育伟大”的师范文化，虽六易其名，但不改师范初心，师范专业数量占比超过 54%，师范生数量占比超过 60%。办学 70 年来，学校涌现了周文英、李才栋、李旷、吕小薇、邓志瑗、吴东兴、袁牧等一批成就卓越的“大先生”，获得全国优秀教师、全国模范教师、全国教育系统先进工作者称号 180 余人，培育教授、博导，高级、特级教师等名优教师万余人。他们奋战在教育事业一线，成为学校教师教育办学成果的亮丽名片。

二是守牢育人育才本色，优化人才培养方式。习近平总书记强调，要从党和国家事业发展全局的高度，坚守为党育人、为国育才，把立德树人融入思想

① 参见《习近平在看望参加政协会议的医药卫生界教育界委员时强调　把保障人民健康放在优先发展的战略位置　着力构建优质均衡的基本公共教育服务体系》，《人民日报》2021 年 3 月 7 日。

道德教育、文化知识教育、社会实践教育各环节。学校加强教师教育课程建设，推进课堂教学改革，强化“三习”实践育人，持续优化产出导向教学质量保障体系，师范生培养质量稳步提升，获省高校教学成果奖一等奖3项、二等奖6项。

三是彰显服务基层特色，提升教育服务水平。《教师教育振兴行动计划（2018—2022）》指出，要改善教师资源供给，促进教育公平发展。[①]学校坚持服务地方经济社会发展，深耕基础教育一线，为基层输送大批“下得去、留得下、教得好”的优秀师资，为均衡师资配置贡献力量。依托国培、省培、委培项目，对基础教育师资进行轮训；遴选80余名中小学（幼儿园）名校长（园长）、名优特教师担任兼职教师，并参与论证、优化人才培养方案，承担教学任务；依托挂靠我校的江西省教育学会教育管理专业委员会、中学校长研究会、小学校长研究会、幼儿园园长研究会，搭建中小学（幼儿园）与大学交流对话平台，建设中小学教师与大学教师学习成长共同体。

四是聚焦师德师风亮色，打牢立德树人根基。《新时代基础教育强师计划》强调，要推进师德师风基地建设，推动师德师风建设模式探索、方法创新，发挥引领示范作用。[②]学校秉承“育师先育德”理念，将育德导向融入师范生培养全过程，构建“五青思政+思政课程+师德课程+环境育德”的全过程、全场域、浸润式师德教育体系。学校师德师风建设成效显著，被邀请在全省师德师风建设经验交流暨重点工作推进视频会上作交流发言。学校深入开展师德师风建设研究，获批教育部师德师风建设基地研究项目。

二、有机贯通“四有”气质品质，师范人才培养目标接地线

学校秉承“培养一个人才，振兴一个家庭，造福一方社会”[③]的办学理念，注重培育学生改造社会精神，厚植学生服务基层情怀，提升扎根基础教育能力，培养学生“腿上有泥、身上有汗、心中有爱、师能有长”的气质品质，使“四色”有机融合的“金色”教师教育具备人文之美、情怀之美、乡土之美，接牢

① 参见《教育部等五部门关于印发〈教师教育振兴行动计划（2018—2022）〉的通知》，http://www.moe.gov.cn/srcsite/A10/s7034/201803/t20180323_331063.html，2018年3月23日。

② 参见《教育部等八部门关于印发〈新时代基础教育强师计划〉的通知》，http://www.moe.gov.cn/srcsite/A10/s7034/202204/t20220413_616644.html，2022年4月14日。

③ 张艳国：《家长委员会在高校人才培养中的地位和作用》，《中国大学教育》2016年第11期。

师范人才培养目标的地线。

一是腿上有泥，扎根基层。艰难困苦，玉汝于成。不经一事，不长一识。伟大教育家孔子曾说："吾少也贱，固多能鄙事。"[①] 他自述自己多才多艺的原因是年少时受艰苦成长环境的磨炼。基层条件虽然艰苦，却是砥砺品格、增长本领的好地方。学校积极响应习近平总书记号召，牢记"青年人到基层和人民中去建功立业，让青春之花绽放在祖国最需要的地方，在实现中国梦的伟大实践中书写别样精彩的人生"[②] 的殷殷嘱托，始终坚持"面向基层、服务基层"的办学宗旨，鼓励学子在基层建功立业，培养的学子裤腿带着泥，扎根乡村，扎根山区，服务幼儿园，服务中小学。学校将师生扎根基层的感人故事创作成情景剧《到基层去》，以线上线下结合方式在教学成果汇演上展出，受到广泛好评，即时点击量达 8000 万余人次。

二是身上有汗，奉献教育。"春蚕到死丝方尽，蜡炬成灰泪始干。"[③] 选择教师行业就意味选择奉献。新时代人民教育家于漪指出，教育是崇高的使命，它需要我们全身心地投入与完全地奉献。为提升为人师表的仪式感、庄重感、文化感、归属感，毕业生离校前必须在师德馆进行宣誓，树立终身从教、终身无悔理念，系好迈入职场的第一粒"扣子"。一生只为一事来、扎根乡村教育几十年的"最美奋斗者"支月英老师是我校学子奉献基层的优秀代表。为弘扬学校服务基层的优良办学传统，学校"青风学堂"自编自导自演了《支月英事迹专场故事会》等多部情景剧，激发学子奉献教育的深厚情怀。

三是心中有爱，助人成才。捧着一颗心来，不带半根草去。无私大爱成为教育发展的原生动力。伟大的人民教育家陶行知指出，真教育是心心相印的活动，唯独从心里发出来，才能打动心灵的深处。心灵与心灵能沟通、灵魂与灵魂能碰撞，为爱使然。学校注重培养学生作为未来教师应有的风度风范，努力涵养学生胸怀"四爱"情怀：爱教育、爱职业、爱学生、爱国家。学校在教育教学改革中，通过课程引导、榜样示范、实践触动，积极培育师范生的仁爱之心，树立教育大爱；培养师范生对教师职业的爱，把师范生培养成为新时代中

---

① 张艳国：《〈论语〉智慧赏析》，人民出版社 2020 年版，第 162 页。

② 《习近平给河北保定学院西部支教毕业生群体代表回信　勉励青年人到基层和人民中去建功立业　在实现中国梦的伟大实践中书写别样精彩的人生》，《人民日报》2014 年 5 月 4 日。

③ 黄珅编注：《李商隐诗选评》，人民文学出版社 2020 年版，第 229—230 页。

国特色社会主义核心价值观的坚定信仰者、积极传播者、模范践行者；创新师范生培养模式和培养规格，培养师范生服务基层、扎根基层的执着和热情，使学校成为满足全省基础教育需求、与同类师范院校错位发展的基础教育工作母机。

四是师能有长，站稳讲台。学无止境，能者为师。人们常说："给学生一碗水，自己就要有一桶水。"博学多闻，拥有一技之长，这是为人师表的基本要求。苏联著名教育家苏霍姆林斯基强调，一个无任何特色的教师，他教的学生不会有任何特色。[①] 学校深化教师教育改革，把提高师范生职业素养作为提升人才培养质量的基础性工作来抓，将备课、说课、上课、听课、评课"五课"能力和班级管理能力、教研能力等训练考核项目逐级进阶式安排在四年学程之中，使师范生尽早更快成为实干有为的新时代人民教师。学生在国培计划师范生顶岗实习置换项目和省教育厅等部门组织的省高校音体美师范生实习支教工作中表现优异，产生广泛社会影响，受到基层中小学欢迎。

三、立体培育"五师"职业素养，师范人才培养过程守准线

学校坚持"五育并举"，把握人才培养规格共性和个性之间的辩证关系，深入思考师范生培养规律，提出从"师德、师风、师能、师技、师长"五个方面培养师范生职业素养，培养过程实现"三个对接"，即培养目标与基础教育师资需求及《中学（小学、幼儿园）教师专业标准》对接，培养规格（毕业要求）与《中学（小学、学前）教育师范生教师职业能力标准》对接，学科专业课程与《教师教育课程标准》《普通高等学校本科专业教学质量国家标准》及基础教育课程标准对接，守牢师范人才培养准线。

一是立师德，铸师魂。师德乃教师之魂。学校全方位构建引领型、浸润式师德养成教育模式，形成"课内教学 + 课外活动""理论教学 + 实践锻炼""师德认识 + 实践体悟""课堂教学 + 校园文化熏陶""纸媒阅读 + 影视师德故事观赏"的立体化德育方式，有效促进师范生学习师德规范、提升师德修养、涵养教育情怀。"师德修养"课程获江西省一流课程，入选江西省高校课程育人共享计划；建成全国首创、高品质融入现代信息技术的师德教育馆、师德文化长廊

① 参见［苏］瓦·阿·苏霍姆林斯基著、赵玮等译、杜殿坤等校：《和青年校长的谈话》，上海教育出版社 1983 年版，第 93 页。

和以“立德、厚德、弘德”为主题的校史馆，让师德教育软件与硬件互动、情景与体验互融、过程与效果互促。

二是正师风，促学风。师风是师德的外在显现。学校出台《南昌师范学院师德师风负面清单及师德失范行为处理办法（试行）》，充分发挥制度规范约束作用，建立师德师风违规问题通报制度，建立教职工师德师风档案，考核结果存入个人档案，作为今后教职工个人评价的重要依据。学校按照“抓规范、强引领、严约束、促成长”理念，坚持师德师风建设与校风学风建设一体化发展，做到正师风，促学风；肃校风，转作风，营造“崇德尚学、善思笃行”的优良大学文化，为提高人才培养质量提供重要保障。

三是强师能，博育人。师能是教师职业专业性的重要体现。学校从时代要求与办学实际出发，确定人才培养规格和师范生毕业要求，采取过硬措施，不断提高师范生培养能力；组织师范生顶岗实习、置换培训，置换农村骨干教师进校脱产研修，既有效提高师范生教育实践能力，又全面提升农村骨干教师教研与指导能力，让师范生培养与教育实践无缝对接，师范生职业能力持续提高。

四是提师技，严教风。师技即教师职业技能或技艺，它与教育教学能力密切相关，它侧重于职业能力的训练和应用，是人们对师范中“教师范”的直接感知来源。学校重视师范生技能培养，投入6000多万元建成师范生教学技能训练大楼；构建“三习贯通、四年连贯”的师范生实践技能训练体系；实施师范生职业技能训练与考核制度，以“师范生职业技能测试合格登记”方式监控师范生技能达标状况；举办“红五月”师范技能展示月活动，全方位展示师范生技能培养成果，助力师范生提高职业技能和综合素养，这些都受到师范生欢迎。

五是展师长，教寓乐。师长是为人之师的“一技之长”。学校在注重学生全面发展的同时，要求师范生必须学习掌握至少一门技艺或特长，培养一专多能的未来教师。学生可以根据自己的兴趣爱好，练习书写、表演、说唱、运动项目等，使自己既能站稳课堂，寓教于乐；又能愉悦身心，丰富生活。

四、多元塑造“五范”育人方式，师范人才培养质量攀高线

“有师法者，人之大宝也；无师法者，人之大殃也。”[①] 学生成长成才离不开

① 方勇、李波译注：《荀子·儒效》，中华书局2011年版，第109页。

老师的关爱与引导，人一生中能遇到一位好老师是一辈子的幸福。学校牢牢树立“教师是教育发展的第一资源”观念，充分发挥教师的示范与引领作用，在“师范红、师范情、师范力、师范味、师范美”五个方面引领师范生成长，持续改善教师育人方式，攀上师范人才培养质量的高线。

一是构建大思政教育格局，传承师范红。师范红是中国心、革命红在教师教育领域的体现与传承，它主要体现在思想政治教育与德育方面。近年来，通过党员带头、教师带动、红色基因引领等路径，学校着力打造由“青蓝讲坛、青风学堂、青雨润堂、青烛讲堂、青影艺堂”构成的“五青”思想政治工作体系，形成“党建引领、思政育人、德育铸魂”的大思政育人格局。学校建立1个省级课程思政教学研究示范中心，拥有省级课程思政精品课程7门，出版《课程思政优秀案例选编》2辑，多名教师在省级高校思想政治理论课青年教师基本功比赛中获得一等奖。

二是坚持服务基础教育一线，永葆师范情。师范情是学校对教师教育的执着与坚守。学校坚持面向基础教育一线办学，服务基础教育发展；开展江西省、南昌市义务教育质量监测及增值评价；举办师范教育与基础教育党建工作论坛、江西省基础教育四十人论坛等。学校坚持职前培养与职后培训相贯通，承担教育部国培示范项目及省培、委培、援培项目，培训学员遍布全国18个省（直辖市、自治区）、覆盖江西11个设区市的100个县（市、区）。培训效果年年获教育部、省教育厅及学员、专家好评。学校培训了江西90%的中小学校长和80%的骨干教师，连续承担6期江西名校长培训工程，为江西中小幼教师专业化发展和终身学习作出重要贡献。

三是提高师资队伍建设质量，锻造师范力。师范力即培养教师时以教育智慧成就人，这是教师培养的硬实力。学校牢牢抓住师资队伍建设这个关乎办学质量的要素，加大人才引培力度，不断优化师资队伍结构。目前，学校高级职称教师占比36.8%，博士教师占比22%，双师双能型教师占比44%，有国家级人才3人，省级人才28人，学术骨干155人。学校省级一流本科课程数量、省级教改项目立项率在江西省本科院校中名列前茅。科研项目申报年增长率保持在15%左右，教师队伍建设质量持续提高，为学校教育事业发展提供坚实人才保障与智力支撑。

四是全面提升师范生综合素质，彰显师范味。师范味就是教师气质的外在展现。学校坚持以人才培养质量为王，充分发挥教师在育人中的主导作用，强化示范引领，落实立德树人根本任务，学生综合素质持续提升。近三年来，学生在全国师范生教学技能创新大赛、“华文杯”全国师范生教学技能展示活动、全国师范生微课大赛、全国数学教育技术应用比赛等获得国家级奖项达 100 余项。学生受邀赴巴基斯坦参加新中国成立 70 周年庆典演出，赴印度尼西亚进行中华优秀传统文化巡演。“一线生鸡　金凤筑梦”大学生扶贫助农创新创业项目代表江西省高校参加 2019 全国大众创业万众创新活动周，得到李克强总理和全国政协副主席、中国科协主席万钢等党和国家领导人的高度评价，并在 2021 年第七届中国国际“互联网 +”大学生创新创业大赛中荣获金奖。

五是绽放金色教师教育魅力，传播师范美。师范美即师范魅力，是教师教育在办学价值追求、育人过程与育人成效上展示的强大吸引力。教育是“充满爱、富于情、追求真、启发善、塑造美”的伟大事业。师范之美，美在追求、美在情怀。学校守牢社会主义办学方向，扎根赣鄱大地办教育，培养的学生服务基础教育和地方经济社会发展，学生留赣就业人数比例达 70% 以上，从事教育行业人员比例超过 50%。师范之美，美在品质、美在气质。学校注重师范生职业素养，以“四有”好老师为目标，从“师德、师风、师能、师技、师长”五个方面培养师范生核心素养，学生形成“腿上有泥、身上有汗、心中有爱、师能有长”的品质气质。师范之美，美在精神、美在文化。学校利用课程育人、实践育人、管理育人、组织育人、环境育人、文化育人、家校社协同育人，成为江西省“三全育人”综合改革试点高校、江西省红色文化宣讲基地。70 年来，学校崇尚师范美、追求师范美、造就师范美、彰显师范美、传播师范美，形成强大的师范魅力、师范精神、师范文化，不断丰富教师教育品质内涵，提高办学影响力和社会美誉度。

经过长期实践与探索，学校盘活教师教育发展的各项资源要素，坚持“六个相结合”的教师教育办学经验，形成“四有亮四色·五师融五范”的教师教育办学特色，为教师教育增添时代内涵和发展成果。一是坚持坚守与传承相结合，坚守教师教育主责主业，传承师范精神与文化，“顶天”为国家培育良师，“立地”服务基础教育。二是坚持引领与浸润相结合，引领师范发展的准线与高线，浸润学生成长成才的师范内涵与品质，打造师德师风教育范式，构建全过程、全场域式的师德教育体系。三是坚持突破与创新相结合，突破传统路径依赖，创新育人育才模式，形成能力导向的课程体系、技能导向的实践体系和素质导向的养成教育体系。四是坚持协同与共享相结合，协同师与范、教与学，共享教育情与教学果，打通职前职后培养壁垒，建立研究与实践双向互动、高校与中小学协同发展，职前职后一体化教师教育体系。五是坚持内化与生成相结合，内化教育情怀，生成教育力量，对标师范类专业认证标准，完善现代教师培养体系，提升师范生综合素质。六是坚持激励与保障相结合，激励师生奋发有为，保障资源投入，提升育人质量，形成争先创优的干事氛围和上下联动的协同保障体系。

“学必有师”[①],“师范为教育之母”[②]。学校牢记师范是我们的根和魂；如果丢了根，失了魂，我们就不值一文。70 年来，学校接受时代挑战，挺立时代潮头；执着教师教育，付出了努力，尝到了甜头；耕耘教师教育，播下了种子，收获了希望。学校坚持“四色”有机融合办学理念，贯通“四有”气质品质，厚植“五师”职业素养，坚守“五范”人才培养方式，在融合贯通上下足功夫，在打造特色品牌上做足文章，用金色教师教育实践书写学校内涵式高质量发展新篇章。学校将继续坚持以习近平新时代中国特色社会主义思想为指导，贯彻落实立德树人根本任务，高举师范旗、走好师范路、干实师范事、做好师范人、远扬师范名，矢志不渝赓续师范传统、弘扬师范精神、厚植师范情怀、锤炼师范品格、涵养师范气质、积累师范文化，做大做强教师教育，建优建强师范专业，培育复合型师范人才，不断丰富教师教育内涵，凝聚教师教育特色，朝着建设一所高水平、有特色的普通本科师范院校目标而努力奋斗！

（本文原载《中国社会科学报》2023 年 3 月 17 日第 6 版，收入本书时有文字改动。）

① 李明勋、尤世玮主编，《张謇全集》编委会编：《张謇全集》第 4 卷，上海辞书出版社 2012 年版，第 62 页。

② 李明勋、尤世玮主编，《张謇全集》编委会编：《张謇全集》第 3 卷，上海辞书出版社 2012 年版，第 868 页。

“四转”增“四色”，迸发“金色”教师教育持久生命力

——南昌师范学院奋力打造新时代“金色”教师教育江西样本

“兴学之本，惟有师范。”[①]70年来，南昌师范学院耕耘教师教育沃土，以培养培训基础教育师资为己任，虽六易其名，几更体制，但始终锚定办好人民满意的金色教师教育前进方向，立足时代要求找准办学方向，立足地方发展设定办学目标，立足人才培养夯实办学质量，立足基层需求彰显办学特色，与时代同向同行、同频共振，教师教育烙上革命老区、文化红区、发展热土鲜明烙印，在教育改革实践中形成“‘四有’亮‘四色’，‘五师’融‘五范’”的金色教师教育范式，增添新时代办学成果，受到社会普遍赞誉。

经过实践探索和理论深化，学校进一步优化地方本科师范院校人才培养规格，开门办学、开放治校，找家长征询、向用人单位问计、听校友建议，把人才培养规格作为引领教学的总纲，从办学目标定位、办学实践形态、办学理论形态三个层次，不断深化金色教师教育内涵品质，厘清人才培养要素逻辑关系，实现“专业围绕需求转、教师围绕育人转、学生围绕能力转、质量围绕时代转”的重大变化，遵循教育教学规律，彰显地方师范本科教育特征特点，紧贴家庭、家长、学生需求，积极回应社会对新时代人才的需求，把牢范型塑造入口，对准用人接口，畅通学校直通社会出口，厚积人才培养内涵，找到让金色教师教育迸发持久生命力的金钥匙，贡献新时代金色教师教育的江西样本。

一是精准定位人才培养规格，专业围绕需求转。培养人才是高校最重要

① 李明勋、尤世玮主编，《张謇全集》编委会编:《张謇全集》第5卷，上海辞书出版社2012年版，第107页。

的职能之一。专业是人才培养的基本单元。专业建设的核心目标是满足社会需求，基本遵循是经济社会发展需要和学校办学定位。学校办学定位越聚焦，专业就越有特色，人才培养就越有生命力。《普通高等教育学科专业设置调整优化改革方案》指出："学科专业是高等教育体系的核心支柱，是人才培养的基础平台。"[①] 在办学治校中，明确人才培养规格，将人才培养规格牢牢立足于专业建设上、体现在教育教学过程之中，极其重要。人才培养规格是教育教学、人才培养的总标尺，是教育教学运行、教学改革发展的总向度，是检验办学定位是否准确、人才培养模式是否有效可行、办学特色是否鲜明、家校社互动是否良性的试金石，是区分办好人民满意教育水平的分水岭。从建校之初，学校就确立面向基础教育、服务基础教育的办学宗旨，专业设置积极顺应江西省中等师资紧缺专业需求。根据办学传承、办学规模、办学层次、办学内涵和社会影响力，学校聚焦基础教育课程改革对师范人才培养提出的新要求，把当代学生核心素养和未来职业素养要求融入人才培养方案，将人才培养目标定位为培养有科学素养、有人文情怀、有艺术品质、有过硬本领、满足地方需求的师范本科院校有用人才。"有用人才"培养，与办学层次、办学质量等条件相匹配，与"杰出人才""精英人才""骨干人才""实用人才"培养既具有鲜明的区隔，又具有自己鲜明的个性内涵，符合教育分类、分型、分层的规律性要求。据此，我们从认识高度、推进力度、拓展宽度、实践广度立体提升教师教育办学理念，优化顶层设计，设计办学样态，走出一条具有自身文化内涵和教育高度的创新发展之路，凸显人才培养的时代性、地方性、师范性，提高专业和人才培养的社会满意度。

"故师范学校立，而群学之基悉定。"[②]"高等师范教育是教育的工作母机。"[③] 高等师范教育的质量，在很大程度上决定教育质量的全局。学校充分发挥师范教育传统优势，紧紧围绕社会需求建设专业，在人才培养质量上狠下功夫，持续加快师范专业提质增效步伐，坚持"学生中心、产出导向、持续改进"的教

① 《教育部等五部门关于印发〈普通高等教育学科专业设置调整优化改革方案〉的通知》,http://www.moe.gov.cn/srcsite/A08/s7056/202304/t20230404_1054230.html，2023 年 3 月 29 日。

② 梁启超著，汤志钧、汤仁泽编：《梁启超全集》第一集，论著一，中国人民大学出版社 2018 年版，第 54 页。

③ 顾明远：《论高等师范教育的改革》,《教育科学研究》1988 年第 1 期。

育理念，推动人才培养范式由“以教为中心”向“以学为中心”转变；以社会需求为导向，对标人才培养总标尺，精准设置专业培养目标和毕业要求，将立德树人落实到教育教学各个环节；以行业需求为导向，重构课程体系，培养学生实践能力，强化产教融合和校行（企）协同，提高学生职业能力；以学生发展需求为导向，创新人才培养模式，培养学生的综合素质，改进人才培养质量评价，提升专业建设质量。2021 年，学前教育等 3 个专业首次通过师范类专业二级认证。2022 年，思想政治教育等 6 个师范专业通过二级认证。两年内，师范类专业认证参评率 60%、通过率 100%。学校专业建设质量受到教育部师范类专业认证专家赞赏。专家组认为，学校坚守教师教育底色、守牢育人育才本色、彰显服务基层特色、聚焦师德师风亮色，“四色”有机融合，打造“金色”教师教育，是一所有情怀、有担当、有质量、有特色、有作为的本科师范院校[①]。学校牢牢抓住“金色”教师教育是学校教师教育的本质特征和精神品质，从“师德、师风、师能、师技、师长”方面培养师范生“五师”职业素养和“腿上有泥、身上有汗、心中有爱、师能有长”的“四有”品质气质，充分彰显“师范红、师范味、师范情、师范力、师范美”“五范”育人方式魅力，努力展示教师教育时代品格和时代精神，成为江西教师教育的办学样本和新时代展现，揭示地方师范院校办好人民满意教师教育本质特征。“‘四有’融‘四色’，‘五师’融‘五范’”教师教育实践为师范人才培养塑形铸范，为立德树人固本强基，为办好人民满意教师教育赋能增效，成为地方师范院校教师教育改革鲜明标识，使学校人才培养呈现出如下鲜明时代特点。一是人才培养尺度准。学校遵循高等教育办学规律和时代要求，人才培养立足赣鄱大地、服务革命老区、赓续办学传统，聚焦培养社会有用人才、培育地方基础教育师资，以地方性凸显办学特色，以师范性强化应用型建设，办学纲举目张。二是人才培养口径宽。师范教育与非师范教育融合发展，师范生与非师范生培养相互促进。非师范生具备科学精神、人文情怀、共性素养，又兼有师范生艺术气质和基本教学技能。师范生具备职业操守和育人能力，又能满足基层社会用人需求。三是人才培养抓手牢。学校牢牢抓住办学关键要素，突出教育以人为本内涵，凝练出“四色”

① 参见张艳国等:《“四有”亮“四色”“五师”融“五范”——南昌师范学院彰显新时代“金色”教师教育本质特征和精神品质》,《中国社会科学报》2023 年 3 月 17 日。

教师教育办学理念、师范生"四有"品质气质与"五师"职业素养、教师"五范"育人方式魅力等论述，这些共识性话语成为具有校本特色的人才培养行动指南。四是人才培养接口畅。师范生育人情怀深、教学能力硬、教学技能实，能适应地方基础教育用人需求，留得住、用得上、发展好。五是人才培养出口旺。培养的毕业生具有强烈的报国情怀、服务乡土意识，吃苦耐劳，本领过硬，能适应地方经济发展需求、成长为基层业务骨干。学校"金色"教师教育系列教改成果被《中国教育报》《中国社会科学报》、江西教育电视台等10多家主流媒体多次进行专题报道，并得到中央教育工作领导小组和江西省委教育工作领导小组肯定，全国《教育工作情况》《江西教育情况》简报刊登学校典型经验。

二是全面打造过硬教师队伍，教师围绕育人转。教育要发展，教师是关键。习近平总书记在中共中央政治局第五次集体学习时强调："强教必先强师。要把加强教师队伍建设作为建设教育强国最重要的基础工作来抓。"[①] 教师是教育发展的第一资源，育人是教师的根本职责。《中共中央　国务院关于全面深化新时代教师队伍建设改革意见》指出，要把全面加强教师队伍建设作为一项重大政治任务和根本性民生工程切实抓紧抓好。党的二十大报告提出："培养高素质教师队伍。"[②]"没有高水平的教师，就谈不上高质量的教育。"[③] 作为教育高质量发展的重要组成部分，教师队伍建设是推进教育高质量发展的重要抓手。近年来，学校围绕构建智慧型、创新型、引领型教师队伍目标，盘活人才存量，做足人才增量，研究制定高层次人才引进办法，修订博士引进待遇，完善岗位聘用、住房安排、配偶安置、子女入学等人才服务配套政策，大力引进学科领军人才和培养青年学术英才；采用岗前培训、集体备课、督导促教、专家促学等多种形式培养教师教书育人能力，教师业务本领不断增强。教书育人是教师的第一职责，促进学生成长成才是教师的第一使命。教师是天底下最光辉的职业，是人类文明进步的播火者。教育事业是引领社会进步、塑造人类发展的工作母机，是全社会精神文明贡献度最高的事业，没有什么事业能超过育人的价值，只有

① 《习近平在中共中央政治局第五次集体学习时强调　加快建设教育强国　为中华民族伟大复兴提供有力支撑》，《人民日报》2023年5月30日。

② 习近平：《高举中国特色社会主义伟大旗帜　为全面建设社会主义现代化国家而团结奋斗——在中国共产党第二十次全国代表大会上的报告》，《人民日报》2022年10月26日。

③ 孙春兰：《办好人民满意的教育》，《人民日报》2022年11月9日。

人得到发展，社会才能够进步，国家才能够强大。学校通过陶冶情操、修炼品德、锤炼意志、厚植爱心等方式持续熏陶、培育、提升教师应有的教育情怀，传播“教学神圣、教师光荣、教育伟大”的师范文化，使教师以饱满的状态投入教学、身心关注教学、师生互动教学，以生命之力、职业之情捍卫教学，增强教师职业道德和社会角色的敬畏感、光荣感、使命感、归属感，助推教师成长为大先生、教育家。师范生培养过程中，教师把家长嘱托放在心上，把育人责任扛在肩上，把质量提升握在手上，做到学生有所呼、家长有所盼、社会有所需，学校就有所应、有所为、有所行，为基层培养一大批优秀教师，提高教师育人支撑度。

“师也者，人才之大原也。”[①] 高素质的教师队伍是学校的核心竞争力。学校严把教师入口关、成长关、成才关，全面提升师德师风水平，增强教师尽职敬业责任感，促进教师成为引领学生成长道路的“人师”；全面提高教育教学水平，打造优质本科教育，提升学术高度和学术品位，促进教师成为奠基学生成才之路的“经师”；全面对标新时代社会与教育战线对教师队伍建设的深切呼唤和国家对高素质人才队伍建设的要求，把握“大师”与“大楼”之间的逻辑关系，抢抓人才发展机遇，壮大高层次人才和领军人才队伍，培育引领学校发展的“大师”。学校坚持挂单推进人才引进工作，校领导、各学院书记、院长奋战在引才工作一线，为高质量发展提供强大智力支持，平均每年新增博士等高层次人才 20 余人，攻读博士学位或进入博士后工作站的青年教师 20 余人，入选江西省高层次高技能领军人才培养工程、江西省金牌教授、新时代学生心中的好老师等 10 余人。在学校有组织地推动教学科研工作的支持下，在学术名家的引领和帮助下，在“人才之家”的关心关爱下，他们积极参与一流专业与课程建设、学科团队组建、科研平台搭建和高质量成果孵化，很快在教学科研活动中崭露头角，成长为教书育人能手，广受学生好评。成为江西省教育评价改革工作首批试点单位以来，学校自主确定高级专业技术职务评审条件，实施思政系列单列计划，实行教师分类评价，突出育人导向，重点考察专业技术能力和工作实绩，高级职称评审职数逐年呈递增态势，评审过程科学严谨、平稳有序，

① 梁启超著，汤志钧、汤仁泽编：《梁启超全集》第十九集，论著十九，中国人民大学出版社 2018 年版，第 343 页。

教职工满意度高；实行全员竞聘后，学校彻底打破专业技术人员职称“能上不能下”的局面，突出“奖勤罚懒”，推动解决待遇“能高不能低”、人员“能进不能出”等突出问题，形成积极的干事创业氛围，为落实立德树人根本任务提供良好制度环境。一大批教师在全国高校外语教学大赛、江西省教师教学创新大赛、教学技能大赛等赛事中屡获好成绩，逐渐成长为业务骨干。

三是立体培育职业综合素养，学生围绕能力转。能力是知识被消化吸收后，沉淀而成的知识的“结晶体”①，是教育中被学生所遗忘后所剩下的精神遗产，是使学生终身受益的能带得走的处世智慧，是促进学生可持续发展的创造活力。能力是学生未来安身立命的基础，是检验高校人才培养质量的基本标准。习近平总书记在全国教育大会上强调：“要在增强综合素质上下功夫，教育引导学生培养综合能力，培养创新思维。”② 培养学生应对未来的能力和素质是学校人才培养工作的重中之重。学校遵循师范生人才培养规律，在设置人才培养规格时，突出时代对人文情怀、科学精神的需求，彰显师范院校学生艺术气质独特魅力，强调师范生职业操守、育人能力，凸显地方师范院校服务基层办学特色。人才培养的目标定位准、抓手牢、内涵实、特色亮，充分顺应高校分型分类发展时代潮流。学校强化师范生技能训练，对标基层中小学需求，从关键能力和必备品格两个维度培养师范生综合职业素养，通过课程改革和师范生技能展示月等活动，训练师范生“五师”职业素养，培养的学生有情怀、有担当、有本领、有特长，能快速适应教师岗位，独当一面；依托顶岗实习、国培计划、“三支一扶”等项目鼓励学生扎根基层，服务基础教育。经过长期磨砺，师范生形成“四有”品质气质，能快速站稳讲台，实现职业可持续发展，提高教师职业适应度。

“国势之强弱在于人才，人才之消长在于学校。”③ 人才培养是学校的基本职能。学校始终把立德树人融入思想道德教育、文化知识教育、社会实践教育各环节，利用课程育人、实践育人、管理育人、组织育人、环境育人、文化育人、

① 余文森：《能力导向的课堂有效教学》，《全球教育展望》2018 年第 1 期。

② 《习近平在全国教育大会上强调　坚持中国特色社会主义教育发展道路　培养德智体美劳全面发展的社会主义建设者和接班人》，《人民日报》2018 年 9 月 11 日。

③ 张之洞：《筹定学堂规模次第兴办折》。陈山榜编：《张之洞教育文存》，人民教育出版社 2007 年版，第 405 页。

家校社协同育人，全面提升学生综合素养，成为江西省“三全育人”综合改革试点高校。在师德师风教育方面，通过联动课内与课外、沟通教学与实践等德育方式，学校全方位构建引领型、浸润式师德养成教育模式，让德育如盐在水，润物无声；师德教育馆、师德文化长廊和以师德为主题的校史馆成为师德教育的文化汇聚地、思政课全方位育人的聚焦地。入校时，师范生须参观校史馆序厅“百师墙”，欣赏一百种书法形式，体味一百种“师”字审美，感悟“为人师表”的丰富内涵，激发从教意愿，做到拴心留人。毕业时，师范生在师德馆尾厅领航塔旁宣誓，树立终身从教、终身无悔理念，为学生指引正道，燃起希望，做他们成长路上的知心人、暖心人、引路人。在师能师技培养方面，学校形成常态化培养机制，将备课、说课、上课、听课、评课“五课”能力，班级管理能力、教研能力、“三字一画”基本功、现代教育技术应用等训练考核项目逐级进阶式安排在四年学程之中，注重学习体验、过程试验、实践检验，使师范生尽早更快成为实干有为的新时代人民教师。在师长培养方面，学校要求师范生必须学习掌握至少一门技艺或特长，可以根据自己的兴趣爱好，练习书写、表演、说唱、运动项目等，增强教书育人的自豪感、愉悦感、幸福感。

四是升级教育教学保障体系，质量围绕时代转。质量是时代的产物，不同时代对质量有着不同的要求，围绕时代要求提升质量是质量建设的基本特征。高校人才培养质量也是如此。党的二十大报告指出：“坚持为党育人、为国育才，全面提高人才自主培养质量。”[①] 这既是党和人民对高等教育提出的时代要求，也是高等教育发展的重大机遇。《国家及各地区国民经济和社会发展第十四个五年规划和 2035 年远景目标纲要》指出：“建立高水平现代教师教育体系，加强师德师风建设，完善教师管理和发展政策体系，提升教师教书育人能力素质。”[②] 这为“十四五”时期教师教育发展提供了基本遵循。《新时代基础教育强师计划》进一步指出：“着力推动教师教育振兴发展，努力造就新时代高素质专业化创新型中小学（含幼儿园、特殊教育）教师队伍，为加快实现基础教育现

---

① 习近平：《高举中国特色社会主义伟大旗帜 为全面建设社会主义现代化国家而团结奋斗——在中国共产党第二十次全国代表大会上的报告》，《人民日报》2022 年 10 月 26 日。

② 国家发展和改革委员会发展战略和规划司编：《国家及各地区国民经济和社会发展第十四个五年规划和 2035 年远景目标纲要》（上），人民出版社 2022 年版，第 60 页。

代化提供强有力的师资保障。”[①] “切实推动师范院校把办好师范教育作为第一职责，将培养合格教师作为主要考核指标，推动师范专业特色发展、追求卓越。”[②] 由此可见，新时代教师教育办学的最终落脚点是教师人才培养质量，基本目标是培养新时代高素质专业化创新型教师队伍。在贯彻国家关于新时代教师教育发展的系列要求过程中，我们深切地感受到教师教育发展有着鲜明的时代内涵，一是以培养“教育家型教师”为重要目标，二是推动“协同联动”为发展战略，三是以促进人的“全面发展”为发展旨归。[③] 为此，学校明确师范人才培养规格、培养模式、社会需求尺度，牢牢抓住人才培养质量这个关键，遵循“顺应时代要求、优化顶层设计、激活管理机制、保障人才供给、给足资源配置，推动教改落地、聚焦质量提升”的质量保障工作思路，以育人质量观为指导，以制度建设为基础，充分保障人才培养的中心地位和本科教育教学核心地位，对标质量标准，开展质量检查，抓好质量分析，实施质量监控，促进“教”与“学”、“师”与“生”、“家”与“校”、“校”与“社”双向互动，形成“全员主动抓、全面系统抓、全程持续抓”的生动格局，进而形成高度的质量文化认同、文化坚守、文化自觉，培养学生既有模有样，传承名家气质；又生龙活虎，涌动创新活力，提高质量时代契合度。

“我们要赶上时代，这是改革要达到的目的。”[④] 学校聚焦中部六省同类师范院校拓视野、比差距、学先进、补短板，确定了“十四五”时期建设硕士学位授予单位的奋斗目标，对标对表发展指标，持续深化教育改革，打出了一套强劲有力的组合拳。采用“挂帅出征”“领单建设”“订单培育”“挂单推进”“名家引领”等方式，抓好高质量教学、科研成果培育、平台建设和制度建设，不断提升内部治理能力，使发展目标责任化、发展任务项目化、发展成果订制化，学校步入了内涵式高质量发展的快车道，于2022年初被列入江西省“十四五”时期新增硕士学位授予立项重点建设单位，迈出“申硕”进程中的关键一步，

① 《教育部等八部门关于印发〈新时代基础教育强师计划〉的通知》，http://www.moe.gov.cn/srcsite/A10/s7034/202204/t20220413_616644.html，2022年4月14日。

② 《教育部等八部门关于印发〈新时代基础教育强师计划〉的通知》，http://www.moe.gov.cn/srcsite/A10/s7034/202204/t20220413_616644.html，2022年4月14日。

③ 参见廖茜茜等：《新时代教师教育高质量发展的内涵特征、价值逻辑与推进路径》，《现代教育管理》2023年第8期。

④ 《邓小平文选》第三卷，人民出版社1993年版，第242页。

形成以学科建设为龙头带动教育教学质量全面提升的良好局面。一流本科专业建设取得突破性进展。学前教育获批国家一流本科专业建设点，汉语言文学等3个本科专业获得省级一流本科专业建设点。

“普及有本，本在师范。”[①]70年来，学校坚守教师教育主业，提振教师教育时代精神，聚焦基层中小学教育需求，担负服务地方经济社会发展重任，以办好人民满意的南昌师范学院为价值追求，探索地方本科师范院校发展之路。在办学校、建学科、强专业、提师资、助成才、利社会等过程中始终遵循教育与人才培养规律，找准社会服务面向，回答办学“为什么办”“为谁办”“怎么办”“如何衡量办学质量”等系列重大问题，形成高度教育自觉，把“‘四色’有机融合、打造‘金色’教师教育”的办学理念具化为内涵丰富的教育实践，从时代需求出发，进一步明确人才培养规格，探索教师教育办学的“四转”理论形态，摆脱办学“行而不知”的蒙昧状态，实现从“行而后知”到“知而后行”质的飞跃，打造教师教育办学形态的江西样本，成为一所传承悠久办学历史，积累深厚教育文化，构建新型师生教学关系，涵养学生人文情怀、科学精神、艺术气质，培育师范生职业操守、育人能力，服务地方发展需求的新型高水平地方本科师范院校。

新时代，新师范，新未来。学校将坚持以习近平新时代中国特色社会主义思想为指导，落实立德树人根本任务，继续答好“我们从哪里出发，为什么出发，怎样出发”这个内涵式高质量发展的根本问题，深化学校“金色”教师教育品牌建设，奋力谱写建设一所具有思想高度、文化厚度、服务准度的新型高水平地方本科师范院校壮丽篇章！

（本文原载《中国社会科学报》2023年10月27日第8版，原标题为“打造新时代金色教师教育的江西样本——南昌师范学院金色教师教育探索与实践”，收入本书时有文字改动。）

---

① 李明勋、尤世玮主编，《张謇全集》编委会编：《张謇全集》第6卷，上海辞书出版社2012年版，第370页。

家长委员会在高校人才培养中的地位和作用

从 2010 年开始，江西师范大学国际教育学院就开始了“家长委员会 +”的教学改革探索，受到了学生的欢迎，也得到了学生家长的好评，在校内受到关注。2012 年春季开始，学校决定由我联系指导国际教育学院的工作。从到学院召开第一次党政联席会和部分教师代表座谈会开始，我在大会小会上都肯定了“家长委员会 +”工作，几乎是逢会必讲，倾力推动这项教学改革。在最近几年的探索中，“家长委员会 +”得到了学校主要领导以及教务处、学生处、外事处等部门的大力支持，学校立项支持这项教学改革探索；省教育厅领导和有关同行专家也支持这项教学改革探索，将它重点立项给予经费支持[①]，并获得江西省教学成果奖一等奖。特别高兴的是，时任江西省人民政府副省长、分管全省教育事业的朱虹教授（现任中共江西省委常委、秘书长）专门听取了我们关于“家长委员会 +”探索的汇报，并在汇报材料上批示予以肯定；《中国教育报》专题报道我校“家长委员会 +”后，有关师范大学与我们展开了积极有益的交流、研讨。这些，都是我们进行不懈探索的精神动力。尽管已经探索了 6 年 12 个学期，我们对此有了一些思考和认识，但是，教学改革中的问题不断涌现，家长、学生和社会对于高校提升人才培养质量的期待不断增长，可以说，对“家长委员会 +”的探索没有止境，前路漫漫。但是，通过“家长委员会 +”可助力人才培养，办人民满意大学，因此我又认为“家长委员会 +”前途一片光明，大有可为。

“家长委员会 +”的教学改革探索是在什么条件和背景下提出的呢？这是必须首先回答的问题。

---

① 江西省 2013 年度高等学校省级教改研究重点项目：“探索家庭学校合作、家长教师互动、社会学校双赢的办学新模式研究”，立项号：JXJG-13-2-2.

“家长委员会 +”是一个时代性课题；反过来说，我们要围绕大学的时代性定位来思考人才培养问题。近年来，对现代大学问题的关心和讨论，已超越了高校层面。关于现代大学的讨论之热烈，可以说是最受社会关注的十大热点问题之一。我认为，现代大学一个最鲜明的特征，就是在现代社会中所具有的开放性。开放性是现代大学的本质属性和时代特征。在这样一个完全开放的时代办大学，有一个因素千万不能忽略了，就是家庭与学校合作（简称“家校合作”），把家长融入大学教育全过程、人才培养全过程。“家长委员会 +”还是一个社会性课题。人才培养当然是大学的首要任务，但是，把学生培养成才，把学生培养好，这又不仅仅是大学所能独立完成的。大学生具有双重社会角色：在家里是孩子，是家长的宝贝，是家庭的希望；在大学，是学生，是受教育者，是国家和民族的未来。《国家中长期教育改革和发展规划纲要（2010—2020 年）》对此论述得非常精辟：“教育是民族振兴、社会进步的基石，是提高国民素质、促进人的全面发展的根本途径，寄托着亿万家庭对美好生活的期盼。”[①] 从大学与大学生家庭双方来看，可以打一个不甚恰当的比方：家长及其家庭好比是甲方，大学好比是乙方；大学以录取通知书为约定，接受学生家长的委托以及收取学费，把学生培养成“德智体美全面发展的社会主义建设者和接班人”[②]。这既是现代大学的使命，也是中国大学的育人特色。

家长委员会是学院按学生生源地分地域设立的一个社会组织，它是家校合作的有机载体。“加”什么？如何“加”？这是探索家长委员会参与大学教育的重点。

家长委员会 + 什么？一是家长委员会 + 学院。从家长把学生送到学院开始，学院就通过家长委员会与家长建立无障碍通道，搭建直接沟通平台，请家长知情、参与和监督学院工作。二是家长委员会 + 专业。学生是立足于专业来培养的。要使学生爱专业，需要家长了解专业，参与专业建设。三是家长委员会 + 人才培养。把家长请进学院，参与人才培养方案的制定与修订；把家长请进课堂听课、参与师生互动，评议课堂质量、老师的教学水平和学生的学习态度。

① 中共中央文献研究室编：《十七大以来重要文献选编》（中），中央文献出版社 2011 年版，第 863 页。

② 《胡锦涛文选》第三卷，人民出版社 2016 年版，第 418 页。

四是家长委员会＋学生管理。请家长深入现场了解学生生活情况，全面参与学生自我教育、自我管理、自我服务。五是家长委员会＋学生思想政治教育。家长发现了学生的思想情绪、苗头，甚至是精神疾患，在做必要工作的同时，与辅导员、与班主任、与学工副书记，甚至是学院主要领导及时沟通，形成合力和良性互动，关爱学生、教育学生、引导学生，一起来当学生人生的引路人、生活的暖心人、思想的知心人。家长委员会如何＋？一是全方位＋，就是每个家庭、每位家长，每个大学生，每位教师、每位学院领导都加在一起，成为一个大学教育共同体、大学生活共同体。二是全过程＋，在完整的育人周期中处处体现家校互动，将每一个育人时段和教育场域作为学生评价的指标点。三是全覆盖＋，就是使家长委员会参与大学人才培养、助力人才培养质量提升的成果，全面惠及每个家庭、每个家长、每个学生，同时也有益于学院建设、专业建设和教师师德师风、师能师技提升。

“家长委员会＋”的开展和深化，首先是在人才培养中树立了一个务实的、正确的教育理念。这个教育理念就是：大学在人才培养上要充分地、始终如一地对学生负责，对学生家长负责，对学生家庭负责。如果不能做到这“三个负责”，就谈不上对社会负责、对国家负责和对人民负责。不能做到大学教育使学生本人满意，使学生家长满意，使学生家庭满意，就谈不上大学教育让社会满意，让人民满意，让党和政府满意。学校、家长委员会和教师把育人的责任意识放在首位，既是对自己思想、行为的约束，更重要的是，向学生传导一种责任文化，像家长、学校和教师那样具有一种强烈的责任感。著名教育家、科学家、华中科技大学前校长李培根院士把它归纳为“责任以行”的教育哲学：“一是大学本身应该承载的社会责任；二是培养的人才应该有强烈的社会责任感。”[①] 基于这样的认识，我们首先要十分重视家长和学生对学校的选择，要十分珍视学校对学生家庭发出的录取通知书。我认为，学校录取学生，发给学生及其家庭一份录取通知书，不是一个简单的招生行为，而是一个人类文明的文化行为：录取通知书代表和体现了学校对学生及其家长、家庭的郑重承诺，把学生培养成人成才。而学生家长把学生送到大学来接受教育，分文不差地缴纳学费，对孩子所在的大学充满敬畏和期待，也不仅仅是一种家长对孩子的亲子行为，而

① 崔雪芹主编：《大学校长访谈》，人民出版社 2010 年版，第 74 页。

是一种发自内心的文化自觉：它代表和体现为家长对学校、对教师的谆谆嘱托，“把我的孩子培养好吧”。从中国传统文化的观点来看，见之于中华经典《论语》[①]，这种生发于世世代代不同年代家长心中的文化自觉已经有两千多年了。因此，在教育的成才目标和过程性塑造上，我们对学生要有一种教育担当、人文关怀和社会责任：培养一个人才，振兴一个家庭，造福一方社会。大学的天职是培养人才，天底下没有哪所学校不是把培养人才作为自己的主业和职责的；否则，它就要关门歇业了。正是因为大学培养了人才，引导学生成功了，学生就会觉得一辈子都幸福，一辈子都感恩母校，把母校和母校的老师当作生养自己的母亲来看。记得在 2011 年我的母校华东师范大学建校 60 周年纪念大会上，著名教育家、江西师范大学附属中学老校长刘运来教授在饱含热泪的演讲中说道：“没有父母，就没有我的生命；没有母校的培育，就没有我的精彩人生。”这句话具有深刻的哲理性。学生因大学阶段的培养，走向成功，使千千万万个草根家庭获得了极大的幸福感和成功感，他们因为学校育英才而得以振兴、得以脱贫，在社会上获得应有的尊严和体面。大学生在社会上创新创业取得成功，惠及自己，惠及家庭，惠及母校，也惠及他所在的那一方社会。有了这个教育理念，我们才能在教学行为、在人才培养上，体现或做到“以生为本”“以父母之心待学生”。

何谓以生为本？新世纪以来，在国内高校中都有“以生为本”的提法，它在高等教育界可谓是一个热词。但是，人们对它的理解却是大有差异的，主要有三种说法：一是以学生为中心，将“本”理解为“中心”，可以归纳为“中心论”。二是以学生为本原，将“本”理解为“本色”，可以归纳为“本色论”。三是以学生为根本，将“本”理解为“根本”，可以归纳为“根本论”。汉语是讲究词义的，词义不同就会赋予不同的语义。“中心论”是从大学的办学主体来讲

① 如孔子说：“爱之，能勿劳乎？忠焉，能勿诲乎？”（张艳国：《〈论语〉智慧赏析》，人民出版社 2020 年版，第 257 页。）意思是说，热爱你的学生，就要使他勤勉，养成不怕吃苦的品格；忠于你的学生，就要时时引导他，使他不失于正道。这一思想，可以与春秋时期左丘明《国语・鲁语下》中的“夫民劳则思，思则善心生；逸则淫，淫则忘善，忘善则恶心生”的思想相承续。而战国时期思想家孟子（前 372—前 289）所说的“天将降大任于斯人也，必先苦其心志，劳其筋骨，饿其体肤，空乏其身，行拂乱其所为也，所以动心忍性，增益其所不能”（《孟子・告子下》）的思想，正好与孔子的思想相印证。

的。如果从学生的角度讲，也没有大错。但从教育哲学讲，就有缺陷了。简单地说，忽视了大学的根本矛盾：教师与学生；换言之，就是教与学。从矛盾的两方面看，一方面，从教的一面看，教师、教学是矛盾的主要方面，也是决定事物性质的一面；另一方面，从学的一面看，学生与学习则是矛盾的主要方面，也是决定事物性质的一面。因此，仅仅强调“以学生为中心”，似乎教师和教学不那么重要了，有片面之嫌。“本色论”是从大学的要素来讲的。学校由教师、学生以及行政、后勤管理人员构成。当然，从第一要素讲，没有学生就没有学校，就谈不上其他一切。这类似于西方高校将学生视为教师的“上帝”和“衣食父母”。“本色论”强调把学生放在首位，不要忘记学校最重要的构成要素是学生。这当然是很有意义的。但是，育人是学校的根本任务和发展取向。这里就把学生和育人混为一谈了。把学生当成学校的“本色”，或说“底色”，不能突出学校“立德树人”（育人）的根本任务。“根本论”是将学生视为教育的出发点和落脚点，是围绕学生的成长成才从始至终配置教育资源。我认为，这就击中了要害：将学生视为教育对象，视为自我学习、自我管理、自我发展的主体，学校要牢牢守住育人这个关切国家、民族发展未来的根本任务，要紧紧盯住人才培养质量这个关切民族文化素质的百年大计。从育人和人才培养质量上讲，它不仅仅强调的是学生，还强调了教师的理想信念、师德师风、师能师技和职业追求。这里就突出了教师和学生的相互依存关系[①]，紧紧围绕学生的发展、学生的成长需求来配置教育资源，优化教育过程。因此，“以生为本”是一个很高的要求，是一所大学的人文关怀之所在，育人理想之所在，不能把它当成一个口号，也不能把它当成一个从众的教育标签，更不能把它当成一个庸俗的广告语。

朴素的情感升华为崇高的理想和坚定的职业追求。从文化的角度讲，高校就是树立理想和追逐梦想的高地，著名科学家、教育家、上海交通大学校长张杰院士说：“梦想有多远，你就能走多远。理想的树立，是一生的追求和精神的原动力。”[②] 高校担负应有的育人担当，教师树立育人的职业理想，形成提升育

① 参见章开沅：《章开沅讲演访谈录》，华中师范大学出版社 2009 年版，第 178 页。

② 张杰：《永远坚守出发时的理想——在 2010 年上海交通大学本科生毕业典礼上的演讲》。潘鸿雁主编：《中国大学校长演讲录》，北京大学出版社 2011 年版，第 91 页。

人质量的教育合力，对学生有深厚的感情，——“爱学生”是基础和基石。这就要求学校、教师“以父母之心待学生”。“以父母之心待学生”既是一种类比，也是一种社会伦理要求。何谓“父母之心”？这是一个有意思的常讲常新的话题。俗话说，天底下没有不疼爱自己孩子的父母；又说，普天之下没有不盼望自己孩子成龙成凤的父母。对孩子的牵挂、付出是父母心。中唐诗人孟郊的一首《游子吟》：“慈母手中线，游子身上衣。临行密密缝，意恐迟迟归。谁言寸草心，报得三春晖。”[①]经久不衰，它道出了普天之下的父母对子女的无限疼爱之情。这可以说是典型的“中国父母之心”。希望孩子健康成长，成为国家、社会的有用之才，甚至是栋梁之材，这也是父母心。典型的是“孟母三迁”[②]和“岳母刺字”[③]。“以父母之心待学生”，就是要心怀对学生的深厚感情，学校和教师的视线为学生所牵引，所作所为满足学生所需所急，“把育人铸才视为人世间最大乐趣”[④]，把学生视为“自己的生命延续与知识的拓展”[⑤]，做学生的引路人、知心人、贴心人和暖心人。因此，对学生是否具有深厚的感情，是衡量一所大学是否树立并践行“以生为本”理念的标准。

成立家长委员会，家长委员会参与高校人才培养全过程，有利于帮助学校树立并践行“以生为本”的育人理念，有利于帮助教师牢记“以父母之心待学生”，有利于学校不忘自己的办学宗旨和育人底线，时时刻刻把人才培养质量放在首位和最核心的位置，不受社会消极因素的干扰，增强自身对冲击人才培养质量“病菌”的抵抗力和免疫力，形成家庭与学校、家长与教师协同育人的良性格局。

---

① 华忱之、喻学才校注：《孟郊诗集校注》，人民文学出版社 1995 年版，第 14 页。

② 事载（西汉）刘向（约前 77—前 6）《古列女传·母仪》，孟母为儿子孟轲（孟子）年少求学进步，三迁其居，最终选择邻学而居。此典因（南宋）王应麟（1223—1296）《三字经》中“昔孟母，择邻处”而广为流传。

③ 关于“岳母刺字”，最早见于清朝乾隆年间，杭州钱彩评《精忠说岳》。该书第 22 回的回目为“结义盟王佐假名，刺精忠岳母训子”。故事说，岳飞不受杨么的使者王佐之聘，岳母恐日后还有不肖之徒前来引诱岳飞，倘若儿子一时失察受惑，做出不忠之事，英名就会毁于一旦。于是在祷告上苍神灵和祖宗之后，在岳飞背上刺了“精忠报国”四个字。岳母先是在岳飞脊背上，用毛笔书写，再用绣花针刺就，然后涂以醋墨，使永不褪色。

④ 章开沅：《章开沅文集》第十一卷，华中师范大学出版社 2015 年版，第 11 页。

⑤ 章开沅：《章开沅文集》第十一卷，华中师范大学出版社 2015 年版，第 11 页。

有鉴于此，国际教育学院在成立家长委员会的时候，就与家长代表和各地家长委员会负责人商讨，明确了家长委员会的职责：协助并监督学院人才培养质量，使学院在办学中不片面追求离开了教育教学、人才培养本身的那些“高、大、上”指标，使学院领导班子、专任教师、辅导员和班主任始终聚焦学生、聚焦人才培养质量、聚焦社会和家长对大学生成长成才的期望。简单地说，就是通过家长委员会构筑一道保障墙，使学院办学不迷失自我，不走偏道路，不跑错方向，具有“吾道一以贯之”[①]的定力、耐力和张力，为社会培养“成品”，杜绝“废品”，追求“上品”。这就是把大学的人才培养当成高校的神圣使命和社会职责，大学为社会制作一种非常独特的、无可比拟的产品：具有灵性与人性的文化产品。大学的影响来自人才培养的质量，来自培养的人才在社会上所产生的作用，而不在于一些“高校的附加物”，如文化企业对高校的“排名”，借高校对排名的重视而炒作，在炒作中逐利；如项目、科研经费、获奖的多少等。我们现在经常讲要坚守大学精神，其实，首先要明白大学是干什么的、能干什么、不能干什么、倡导什么、抵制什么、反对什么，要从大学“回归育人本身的教育角色、找回立人的社会责任”开始。只有这样，大学才能守护知识分子的良知和良心，干“良心活”，做“良心产品”；也才能塑造大学的社会品牌和教育品质。遵循这一目标追求，家长委员会一方面参与学院的教学过程，参与“评教学质量”“评优秀教师”“评优秀大学生”活动，参与学生社会实践活动的设计与指导，受聘创新创业导师，指导学生从事创新创业活动，受聘“形势与政策”课兼职教师，为大学生丰富社会信息，正确理解国家改革开放的新政策、准确认识国家发展的新形势。另一方面，每位家长都受聘兼职辅导员，重点关注孩子在校的思想动态、品德与操守养成和健康状态，以德育为重点辐射思维方式、行为方式等素质提升的各个方面。学院与家长委员会做学生工作形成了“七个一共识行动计划”：

一是家长送孩子到大学报到，分享一次孩子高考成功的喜悦和快乐的体验；

二是每周与孩子有一次视频、电话交流，微信、短信常态交流；

三是每月与孩子有一次深度交流，重要事项做好记录，形成大学生成长记录；

---

① 张艳国：《〈论语〉智慧赏析》，人民出版社2020年版，第62页。

四是每学期看一次学生期末成绩单，并将学生在家的学习、生活和社会实践表现写出书面评语，送交辅导员、班主任；

五是每年孩子生日时，家长与孩子有一次围绕大学生成长话题的“生日互动”；

六是在孩子在读期间，家长有一次体验孩子课堂、寝室、食堂等活动；

七是在孩子大学毕业时，家长应学院之邀来校参加学生毕业分享会，照一张校园全家福，祝贺孩子学成毕业。

总之，这样做是为了使学院与家长在培养人才上“职责同在，责任共担”，实现合作双赢。大学生离开家庭、远离家长后，家长对孩子“放手不甩手”，对学校“放心不揪心”；学校对学生不是单方教育、单线管理，而是全天候与家庭、家长合作，使学生既充分享受大学美好生活，激扬青春，又能充分获得家长、家庭和社会的温暖，健康成长。

教育与人才培养，是人类社会进入文明时代以来的永恒话题，也是人类文明史上的世代主题。古往今来，国家、社会、家庭无不重视教育与人才培养。在人才培养过程中，幼儿园好比是人才培养的入口和起点，大学则是人才培养的出口和终端。因此，在当代社会激烈的综合国力竞争、文化软实力竞争和民族创新能力竞争中，各国政府、社会精英都把高等教育放在人才培养的重中之重地位，高等教育与人才培养质量成为一个全球性热点。虽然因为国情、民族文化传统的差异，各国制定的高校人才培养质量标准不尽相同，高校教育教学与人才培养的改革探索也有差异，但是，一条鲜明的时代特征和文化共识是：把高校人才培养与质量提升放在社会当中，做到多元参与、共建互助、合作双赢。近年来，因为工作关系，我接待了十多所来自美国、英国、韩国、日本、澳大利亚等国家的大学负责人，也到过世界各地多所知名大学访问，在交流、交谈中，大家的共同话题是如何把人才培养好，如何建一所有责任担当和社会信誉的大学。前不久，我接待了日本广岛富山大学副校长富士彰夫先生一行。富士先生是一位从事高校教育与管理的“老把式”，他与我的交谈给我留下了深刻的记忆。他说，不论大学是姓公（立）还是姓私（立），规模是大还是小，衡量的标准只有一个，那就是：人才培养质量。要把人才培养好，一是要面向专业，好的专业就是学生的“饭碗”；二是要面向社会，首先是面向家庭和家长，家长支持并参与教育是大学之福。他的意见是值得重视的。从当代高等教育发展形势和改革探索来看，我们所做的“家长委员会参与大学教育与人才培养”探索、实践，契合了高等教育改革发展“多元参与、合作共赢”的时代潮流，是一项具有学术意义和社会意义的教育工作。

当然，我们的探索还只是一个良好的开端，实践的发展没有止境，因此，我们要始终树立应有的教育自信，把人才培养工作厚植到社会、家庭之中，探索高等教育与人才培养的“多元参与、合作共赢”之路，使办学模式和人才培养模式与时俱进、充满活力。

（本文原载《中国大学教学》2016年第11期，原标题为“人才培养是大学的文化坚守”，作为“前言”收入张艳国主编的《我的大学记忆——江西师范大学国际教育学院纪事》，高等教育出版社，2019年。收入本书时有文字改动。）

家校政社协同拓展大学生核心价值观教育

党的十八大以来，江西师范大学立足立德树人根本任务，坚持用习近平新时代中国特色社会主义思想铸魂育人，积极探索把社会主义核心价值观融入高等教育全过程的有效途径，在落细、落小、落实上下功夫，成功构建了以“四方协同”“三环递进”“五措并举”“十大领域”为主要内容的大学生社会主义核心价值观教育体系，并取得了良好的育人成效。

一、构建“家校政社”四方协同、三环递进的联动育人新机制

全面贯彻新时代党的教育方针，以立德树人为根本，以理想信念教育为核心，积极探索“家校政社”四方协同、三环递进的育人新机制。家庭、学校、政府、社会四方协同。教育是学校、家庭、政府和社会的共同责任，把大学生培养成什么人，使他们拥有什么样的世界观、人生观和价值观，需要“家校政社”四方联动，形成自觉养成并践行社会主义核心价值观的强大力量，构筑课堂教学、家庭教育和社会教育多位一体育人平台。思想认知、价值认同、行为认同三环递进。遵循价值观内化规律，以思想认知、价值认同、行为认同三环递进培育价值观，从理解核心价值观的内涵要义，到内化为自己的情感认同、政治认同，再外化为自己的社会实践和自觉行为。在实践中深化社会主义核心价值观认知和理解，并转化为自觉行为。把立德树人融入思想道德、文化知识、社会实践教育各环节，贯通教学体系、学工体系、管理体系，全面提升思政工作质量。坚持育人先育心，以“思想认知→价值认同→行为认同”三环递进，推动核心价值观由知到行、由内至外，不断提升对核心价值观的理解与认同，达到知行合一的目标。推动形成学校、家庭、政府、社会教育协同育人机制，沟通协调家、校、政、社四主体，合理调配各类资源服务人才培养，夯实本科教育教学基础。

办好人民满意大学，提高人才培养质量，促进大学生社会主义核心价值观教育，不能忽视家庭的助推作用、政府的主导作用和社会的反馈作用。在现行办学体制下，高校思政教育普遍存在家长家庭作用矮化、政府作用弱化和社会作用虚化的尴尬局面。打造“四方协同、三环递进”育人模式，即“思想认知、价值认同、行为认同”充分调动大学生的主观能动性，着力于开展“家校政社”协同联动育人，建立家校政社教育资源共享、四方联动合作育人新机制，形成贯穿招生录取、在校学习、毕业就业、社会评价的协同育人开放式闭环系统。

二、实施“五措并举、十大领域”行动，完善社会主义核心价值观培育体系

坚持立德树人根本任务，紧密围绕人才培养核心，实施“五措并举、十大领域”行动，即教育引导、文化熏陶、家校合力、实践驱动、制度保障五措并举，聚焦专业建设、课堂教学、课程思政、队伍建设、制度建设、社团活动、学院文化、“家长委员会 +”平台建设、社会实践、国际化十大领域，坚持全方位贯穿、深层次融入、关键处着力，解决大学生核心价值观培育体系不完善、培育路径形式单一、缺乏特色、缺少协同，以及价值观内化服务教学等问题。五措并举，把教育引导作为培育主渠道，推动核心价值观进教材、进课堂、进学生头脑。把文化熏陶作为培育的无形力量，以多姿多彩的文化活动浸润涵育。拓展家校共同体协同育人新领域，构建全方位的养成体系，把核心价值观培育融入社会日常生活。在制定和执行各项政策制度时，体现核心价值观要求。着力聚焦十大领域，把培育和践行社会主义核心价值观融入教育教学全过程。通过五措并举，完善大学生核心价值观培育体系。聚焦十大领域，拓宽社会主义核心价值观培养路径，使家长、学院、政府、社会在人才培养上“职责同在、责任共担、成果共享”；整合家长资源，强化文化引导和生活引导，传递社会美德、积累正能量；整合政府资源，向社会传导正确价值取向；整合社会资源，为学生畅通融入社会的渠道，在十大领域健全社会主义核心价值观教育机制，使之内化彻底，实现情感认同、行为自觉。

通过探索“家校政社”四方协同、三环递进的联动育人新机制，构建大学生社会主义核心价值观教育体系，将立德树人与人才培养紧密结合，努力培养担当民族复兴大任的时代新人。

三、创新育人途径，突出“党建＋教学”特色

透过基层教学组织和专业建设，有机融合思政课和课程思政，使社会主义核心价值观根植于大学生内心，情感认同度高；同时，积极探索党支部建在专业上，建在基层教学组织上，有效实现大学生社会主义核心价值观教育协同联动。

党建＋教学：打造“党建育师＋团建育生＋课程思政＋出国育心”四位一体的思政教育格局，重点培养教师课程思政能力，挖掘各门课程内蕴的思政价值，并积极开展“初心学堂”“微党课”“出国行前教育”等常态化系列思政活动，将“师—生—课—心”思政教育贯穿于教书育人全过程，弘扬社会主义核心价值观，厚植爱国主义情怀。

注重课程建设，推进教学改革。积极推动课堂教学革命，打造“金课”，创新教学方法，推动信息技术与教育教学深度融合，提高课堂教学质量，靠教学质量赢得学生、吸引学生。

多元评价：引入家庭、政府、社会第三方评价主体，改进评校评教方式和效果。通过“进校园、进课堂、进寝室”，各主体第一时间、第一视点、第一节点了解学校，为本科教学建言献策。

制度保障：建立“家校政社”四方协同育人工作小组，协调推进多元主体互动和联系，更好地服务于思政教育和本科教学。每两周固定开展一次党支部、教研室联席活动，改进立德树人工作举措。建立健全一系列规章制度，重视社会主义核心价值观内化建设，形成弘扬核心价值观的良好制度导向。

四、聚焦社会主义核心价值观教育育人效果

把“培育什么样的价值观”同“培养什么样的人”紧密结合起来，不断创新核心价值观教育的方式方法，聚焦社会主义核心价值观教育内化于心、外化于行成效，实现“引导青年学生扣好人生的第一粒扣子”的预期目标。由此，学生的综合素养提升显著，毕业生获得用人单位高度好评；探索成果被省内外多家媒体报道，两次获得省政府领导批示肯定，成果被多家单位采纳使用，发挥了示范引领作用，获得了广泛认可。

产生一批理论研究成果。先后获得省级教学成果一等奖 3 项。获省社科规划项目、省教育科学规划等一系列课题立项，形成了一批调研报告。在《中国

社会科学》《中国社会科学报》《中国教育报》《中国高等教育》《中国大学教学》等权威报刊上发表了一批高质量论文。由高等教育出版社出版的著作《我的大学记忆——江西师范大学国际教育学院纪事》，产生了积极的社会影响。

在校内校外推广应用。在总结成效的基础上，通过在本校教学管理信息平台开设"家长园地"专栏面向全校推广。省内外多所高校学习借鉴本教学改革经验，认为本教学改革有利于培养具有中国心的复合型国际化外语人才，改革经验和做法值得推广。项目组成员也多次赴华中师范大学与浙江师范大学等省外重点大学交流推广"家校政社"联动协同育人实践经验，获得他们的认可和采用。

获得同行良好评价和社会高度认可。先后获得江西省政府分管领导批示肯定，得到中央主流媒体、省内主流媒体专题报道。"家校政社"联动协同育人走进大学生家庭，赢得家长的信赖和支持，他们认为"家校政社"联动加强各主体协调沟通服务人才培养，对学生成长成才起到了重要的支撑作用；学生毕业后，综合素质和各项能力都得到用人单位高度评价，学校也因此培养并赢得了一批优秀校友。

探索大学、家庭和社会共同参与办学新模式

考上大学，并不等于可以一劳永逸、高枕无忧。在全球化、信息化的今天，大学生如何适应社会发展的需要？江西师范大学通过构建家长委员会这一平台，探索出了大学、家庭和社会共同参与教学办学的新模式。

一、开门办学气象新

赣州市寻乌县农民谢双娣女儿陈镜玉考上了江西师大国际教育学院。由于家庭生活比较困难，谢双娣夫妇没到过省城，更没有看过大学校园。让他们想不到的是，江西师大的教师们千里迢迢来到了他们家，把他们带到了南昌，带进江西师大，让他们参观女生寝室、食堂。谢双娣说："我们看了以后，真的放心了。"

为谢双娣夫妇带来惊喜的是江西师大国教学院的家长委员会。为提升人才培养质量，探索人才培养新模式，江西师范大学国际教育学院于 2011 年 12 月成立了江西高校首个学院家长委员会，打破了重理论轻实践的传统教学模式，从单一走向多元，从单打走向互动，从封闭走向共享，逐步形成了家庭学校合作、家长教师互动、社会学校双赢的办学新模式，为"学校乐办、教师乐教、学生乐学"注入了活力。

二、开放校园需要用开放的思维办学

江西师范大学党委委员、副校长赵明认为，教师走出校门，家长请进教室，是江西师范大学探索学校教育、社会教育跟家庭教育相结合的一个具体行动。很多学生家长，特别是农村学生的家长，对城市生活，尤其是对大学生活了解不多。大学是一个开放的校园，大学除了课堂教学之外，更多的还要通过社会的帮助，通过学生的社会实践，通过跟家长、家庭的沟通，才能进一步地了解

学生并有的放矢地针对性地进行教育。

这既是以开放性思维办学的体现，也是改革大学教育模式的有益探索。在高度一体化的社会形势下，学校教育已不再是独立的体系，必须由学校、家庭、社会三方密切配合，统一协调，构建起以学校为主导、家庭为基础、社会为依托的“三维”教育网络，实现共同育人。同时，家长委员会这一平台，可以使学校与家庭牵手、教师和家长同台，做到教育资源共享，实现教育资源由“单一渠道、固定时空”向“全方位、立体化”转变，形成教育合力，提高教育质量和效益。

经过三年多来的探索，家长委员会走出了一条符合江西师大特色的家校互动办学的新路子。学生家长刘功滨说：“学校成立家长委员会是想用好家长的资源，让家长从家庭的角度为学校提高教育水平和管理献计献策。有的家长跟孩子沟通，很难找到切入点。我通过加入家长委员会，感觉到和孩子沟通起来比原来容易多了。”

三、科学机制为家长委员会保驾护航

江西师大国教学院家长委员会有一套完善而科学的机制。

家长委员会实行分级管理，形成了以南昌家长委员会为中心的“一个中心，十个辐射点”的格局。首先，各地家长委员会实行分地、市管理的社会助学模式。家长委员会成员由所在区域家长提名推荐、学院研究、征得个人同意后确定，设主任 1 名，副主任 2 名，委员若干名。为了更好地发挥家长委员会的职能和作用，各地家委会成立了督查机构，与学院保持良好沟通。其次，细化管理制度，做到有章可循。学院制定了《江西师范大学国际教育学院家长委员会工作章程》《江西师范大学国际教育学院家长委员会运行管理条例（试行）》等相关工作章程与工作制度，明确了家长委员会的责任、权利和义务，形成了较完善的制度保障，确保家长委员会工作有序扎实开展。

为保证家长委员会的健康运行，江西师大国教学院设立专项经费，为家长委员会划拨了 10 万余元的专项工作经费；同时，实施考核评定，把家长委员会建设管理工作纳入学院教育教学总体规划当中，纳入学院的办学水平考核评定体系以及相关工作人员考核评定体系当中。家校合作育人工作与日常教育教学工作有机融合，一起部署、一起推进、一起检查、一起考核，确保家校合作、社会乐助取得实效。

平台建设也是家长委员会的一个重要抓手。每月定期举办委员论坛，分别以教学管理、实践活动、家长授课为主题进行交流，做到月月有主题、事事有回复。学生家长张文军说："专业学习本来就枯燥，如果有选择性地把家长请到课堂上来，用亲身感受、实践经验给同学们讲一讲，同学们会觉得听得进且有印象。"

四、良性互动为学生创造良好成长环境

江西师大学生伍月说："我参加家长讲授的职业指导课后，了解到企业到底需要什么样的人，我也学会了给自己一个恰当的人生定位，不至于像以前一样心高气傲。"

家长参与教育教学管理，构建家校沟通机制，引入社会监督办学，这是江西师大国教学院家长委员会的"三部曲"。各地家长委员会成员与学院领导、教师一起共商育人良策，共谋发展大计。学院把教育教学情况反馈给家长，宣传学院发展成果；家长利用行业优势，共绘职业规划，邀请各行各业家长代表积极开展大学生职业生涯规划指导。家长委员会从成立以来，已经为学院建立学生就业实习基地十个。

让家长、学生印象深刻的是，江西师大国教学院坚持开展家长"三进"活动，即进校园、进课堂、进寝室，让家长参与教育教学全过程；同时，通过家长委员会这一平台，面向社会广开纳言渠道，创新监督方式。学院聘请家长担任监督员，使家长及时掌握学生在校情况，调动家长教育管理学生的积极性；建立开门纳言制度，在学院安装了"意见箱"，定期向家长发放问卷调查，真诚接纳建议。同时，注重强化家长委员会代表的履职能力，针对不同学生的情况，家长委员会选定不同专题进行授课，比如对新生家长开设"如何做一名合格的大学生家长"等专题讲座，让家长与专家现场交流互动。家长委员会还定期举办"家长沙龙"，加强家长与家长之间的沟通与交流，使家庭和家庭之间取长补短，更好地为学生成长发展创造良好环境，更好地履行监督职能。

经过三年多的实践，江西师大国教学院人才培养质量显著提升，毕业生就业率连续三年保持在98%以上，累计国家级奖励20余项，省级奖励40余项，为学校赢得良好的社会声誉。以家长委员会为主题的教学成果获江西师范大学

教学成果一等奖、江西省教学成果一等奖；获得省级课题立项三项。江西省多家主流媒体予以报道，江西省分管教育的省领导称赞："江西师大国际教育学院成立高校家长委员会，对家校合作办学进行了大胆实践，成效显著，为推动全省高等教育体制改革作出了有益探索。"

（本文原载《中国高等教育》2015 年第 19 期，收入本书时有文字改动。）

江西师范大学构建“家长委员会 +”教育共同体，探索家校合作共赢育人新模式

江西师范大学 2011 年率先在全省成立高校首个家长委员会，有效整合了家长教育资源，拓展了学生教育工作空间，通过搭建的“家长委员会 +”创新平台，创新了一种合作、互动、双赢式的“三全七位”共同体的人才培养模式，全面提升了教育教学质量和人才培养水平。“家长委员会 +”多次被《中国教育报》《人民日报》《江西日报》《社会传真》、江西卫视、江西教育电视台等媒体专题报道。

高校“家长委员会 +”有效破解了高校办学育人的传统路径依赖。在高校探索“家长委员会 +”，是一个社会性、时代性的课题。人才培养是大学的本职任务。把学生培养成才，把学生培养好，需要多方协作，把家长融入大学本科教育全过程、人才培养全过程，冲击了传统模式中重学校教育忽视家庭教育的格局，打破了重理论轻实践的传统教学模式；把家庭与学校有机对接起来，构建家校直通平台，促进了学生全面发展，使学生成才拥有更多的成长资源，有利于学校更好担负现代大学使命，更好彰显中国大学的育人特色。

加强家长委员会组织机构建设，构筑家校共同体合作育人的工作网络。学校成立家长委员会工作领导小组，全省 11 个地市家长委员会实行分市管理。各地家委会成立德育督察组和教学督察组，分别与学院分管学生工作和教学工作的领导进行对口联系，发现问题，及时联络、沟通并予解决。各市根据家长资源，结合地方优势，形成“各显其长、突出个性”的工作优势。这一模式为“学校乐办、教师乐教、学生乐学”注入了活力，赢得家长、学生好评，引起社会积极关注。

创新家长委员会三全工作机制，开拓家校共同体合作育人的工作路径。“家长委员会如何 +”？一是“全方位 +”，推进全员育人，让每个家庭、每位家长，

每个大学生、每位教师都有机组合在一起，成为一个大学教育共同体。二是“全过程 +”，就是将大学四年视为一个完整的教育过程，将每天、每星期、每学期和每学年看作是不同的教育阶段，将教室、寝室、食堂、操场、图书馆等作为学生评价的观测点。三是“全覆盖 +”，使家校合作育人成果全面惠及每个家庭、家长及学生，真正做到“培养一个人才，振兴一个家庭，造福一方社会”。

主抓家长委员会七项工作，拓展家校共同体合作育人的领域范围。“家长委员会 + 什么”？一是“家长委员会 + 专业建设”，让家长了解高校专业，参与专业建设。二是“家长委员会 + 人才培养”，邀请家长参与修订人才培养方案，请家长进课堂听课、评课。三是“家长委员会 + 学生管理”，请家长进学生寝室、食堂、班会，全面参与学生管理。四是“家长委员会 + 思政教育”，让家长关注学生思想苗头，构建“五位一体”思政实践平台。五是“家长委员会 + 文化育人”，向家长赠送优秀书籍，以 VR 和多媒体形式向学生演绎孝道文化，传承中华文化。六是“家长委员会 + 社会实践”，动员家长帮助落实社会实践活动基地和内容，提供专业实践机会。七是“家长委员会 + 创新创业”，邀请家长走进创业讲堂，分享传递创新创业经验，帮扶学生创业。

打造“家长委员会 +”人才培养新机制，丰富家校合作育人新内容新形式，走出一条具有中国特色的家校合作育人新路。通过打造家校零距离微信公众平台，常态推送理想教育、中华优秀传统文化、校风学风、红色经典、家风家训等素材；通过让家长参与学生社会实践活动的设计与指导，受聘创新创业导师和职业规划指导教师。通过让每位家长都受聘“兼职辅导员”，关注孩子的思想动态。通过组建教师、学生和家庭家风家训讲师团，举办家风家训分享会和孝道教育系列活动。学校、家长委员会和教师把育人的责任意识放在首位，既是对自己思想、行为的约束，更重要的是，向学生传导一种责任文化，拓宽了学校、社会、家庭、学生之间多渠道的互动平台，形成了从单向走向双向互动，从依赖走向伙伴合作，从个体走向双赢共享，从单一走向多元，从传统走向现代的家校合作新理念，由此探索出了一个具有借鉴意义的家庭家长依托学校、学校教师面向家庭学生、相互融合相互支持的新时代高校办学新模式。

（本文原载《江西省教育体制改革简报》2018 年第 6 期，获江西省副省长孙菊生同志批示肯定，2018 年 4 月 11 日。）

筑牢铸魂育人的家校合作纽带 开创本科人才培养新局面

——以江西师范大学国际教育学院为例

2014年，习近平总书记在古田全军政治工作会议上指出，要把握新形势下铸魂育人的特点和规律，培养新一代革命军人。[①] 这是习近平总书记第一次使用“铸魂育人”概念，随后，习近平总书记在其他的场合也多次使用了这一术语，并对“新时代铸魂育人”进行了更为深刻的阐释。2019年3月4日，在文艺界和社科界联组会上，习近平总书记再次强调，“一个国家、一个民族不能没有灵魂”[②]，并进一步指出“培根铸魂”的地位与作用。在随后的学校思想政治理论课教师座谈会上，习近平总书记明确提出了“用新时代中国特色社会主义思想铸魂育人”[③] 的重要论述。

铸魂育人是当前新时代对人才培养的一种新的要求，具体到大学生培养过程中，即要求培养出符合国家及社会发展需求的新时代青年。他们具有较高的国家情怀和国家认同感，能够自觉地践行社会主义核心价值观，愿意为实现国家的发展、民族的复兴、中国梦的实现而努力奋斗、贡献力量。铸魂育人也是一个教育过程，希望通过教育这种有目的性、组织性和系统性的人才培养活动，

① 参见《全军政治工作会议在古田召开 习近平出席会议并发表重要讲话强调 发挥政治工作对强军兴军的生命线作用 为实现党在新形势下的强军目标而奋斗》,《人民日报》2014年11月2日。

② 《习近平在看望参加政协会议的文艺界社科界委员时强调 坚定文化自信把握时代脉搏聆听时代声音 坚持以精品奉献人民用明德引领风尚》,《人民日报》2019年3月5日。

③ 吴晶、胡浩:《一堂特殊而难忘的思政课——习近平总书记主持召开学校思想政治理论课教师座谈会侧记》,《人民日报》2019年3月19日。

将特定的思想、政治、道德观念融入学生培养的教学实践活动当中，使得学生能够在思想层面、灵魂层面形成深刻的认识，并能够在实践过程中转化为行动。在新时代的高等教育中，也应该将铸魂育人的思想融入教学实践当中，培养有坚定信念和远大理想的新时代社会主义青年。

一、“铸魂育人”的生成逻辑

“信仰、信念、信心，任何时候都至关重要。”[①] 习近平总书记在庆祝改革开放四十周年大会上对此进行了特别强调。作为新时代的学生和社会主义青年，不管任何时候都应该有信仰、有信念、有信心。有信仰，社会才能团结、国家才有希望；有信念，才能够不忘初心、牢记使命；有信心，国家才有自信、人民才有动力。信仰、信念、信心，无论是个体、集体，还是一个政党、一个国家，都是必不可少的观念品质。作为新时代中国大学生，坚持马克思主义是永恒不变的信仰，这种信仰能够指引我们未来的正确发展方向。坚持中国特色社会主义是永恒不变的信念，这种信念告诉我们未来应该走什么样的道路，什么样的道路才是适合我们的，如何才能在复杂的国际环境背景下走出自己的特色。而实现中华民族伟大复兴的中国梦，既是全党全国人民的奋斗目标，也是中国人民的一种自信、一种信心。新时代社会主义青年始终坚信在中国共产党的领导下，中国梦一定能够实现。信仰、信念、信心因其各自本质特征及相互作用构成了铸魂育人的社会心理的生成逻辑。“‘对马克思主义的信仰’‘对中国特色社会主义的信念’‘对实现中华民族伟大复兴中国梦的信心’，分别构成了新时代铸魂育人的政治灵魂、观念支撑、心理基础。”[②]

铸魂育人中要实现这一转变必须紧紧把握住信仰、信念、信心这三个关键词，充分理清信仰、信念、信心在铸魂育人中既互相支持又互相区别的社会心理机制，把握住信仰、信念、信心三个方面在铸魂育人中所具有的决定性、关键性和基础性价值，所处的核心、媒介和根基地位，所发挥的统领、支持、保障作用。其中，信仰是基本，居核心地位，起关键作用。信仰是一种既深厚又坚定的主观力量，象征着人们对某种形象、事物、理论的笃定信念和强烈信心。

① 习近平：《在庆祝改革开放 40 周年大会上的讲话》，《人民日报》2018 年 12 月 19 日。

② 李忠军、杨科：《新时代铸魂育人的关键：信仰、信念、信心》，《思想理论教育》2019 年第 6 期。

信仰一旦被确立就具有非常强的稳定性，它引领和制约着当代青年的理想、价值目标与行为准则，能够给予他们极大的精神满足，照亮他们的主观世界与现实世界，成为他们值得交付所有的深远意义和终极价值。换言之，信仰是根本，是一种最为深层的支持，它是一切力量的来源。它能够使得人们勇敢自觉地追求理想，通过不断的努力奋斗，克服外界的一切困难，通过实践行动来促使目标的实现。信仰能够起到统领的作用，有什么样的信仰就能铸造什么样的灵魂。不同的时代、不同的社会现实会催生不同的理论与学说，但真正经得起历史审视和现实考验，最终成为当代青年思想和行为最高信仰的理论与学说，必然是扎根于现实并在实践中经过反复检验的，必然是论证严密且内含真理的，必然是面向未来且具有卓越杰出导向的。这一重要论述是对新时代新征程汇聚强大精神力量、铸就伟大中国魂做出的顶层设计，也是对新时代铸魂育人关键点及其内在机理的集中阐述与论证。在人民群众中先激发感性层面的情感共鸣，再形成理性层面的价值共识，最后凝聚起磅礴有力的主观力量。

二、“铸魂育人”的实践逻辑

习近平总书记“铸魂育人”重要论述既是马克思主义方法在新时代中国特色社会主义思想中的发扬与继承，也是对中国共产党思想政治工作理念的坚守与继承。我们可以从习近平总书记关于“培根”“立德”“铸魂”的一些相关论述中受到一定启示，找到“铸魂育人”推进发展过程中的实践逻辑。“培根”的作用非常关键，它从中华优秀传统文化中汲取养分，以文化育人，以文化养人。中华优秀传统文化能够自觉促使人们不忘初心、牢记使命。“培根”在于扎根中国，植根历史；“立德”在于明大德、守公德、严私德；“铸魂”在于个人灵魂的铸育与锻炼，在于铸就民族魂。根是初心，是由来，是根本，是根基；德是准则，是基础，是准绳，是原则。德由根生，以根引德，固根强德；魂为主导，根主由来，德者成基。由此，培根、立德、铸魂形成了既相互包容又具有内在渐进性和循序性的实践逻辑。[①] 将习近平新时代中国特色社会主义思想融入铸魂

① 参见《习近平在全国教育大会上强调　坚持中国特色社会主义教育发展道路　培养德智体美劳全面发展的社会主义建设者和接班人》,《人民日报》2018 年 9 月 11 日;《习近平主持召开学校思想政治理论课教师座谈会强调　用新时代中国特色社会主义思想铸魂育人　贯彻党的教育方针落实立德树人根本任务》,《人民日报》2019 年 3 月 19 日。

育人中，关键是要做到以下两点。一是解决认知问题。当代青年学生只有对世界有了正确的认识，对现实有了正确的判断，对自身责任有了正确的定位，才能在新时代把握前进的方向，自觉增强中国特色社会主义道路认同、理论认同和情感认同。二是解决实践问题。当代青年学生要学会运用马克思主义方法去分析问题，看清楚社会生活的主流和支流、现象和本质、个别和一般、特殊和普遍、必然性和偶然性、可能性和现实性，认识和把握中国特色社会主义的历史方向。习近平总书记关于铸魂育人的诸多论述越来越清晰地阐明了新时代青年成长、社会主义建设者和接班人培养之理，这些都承载着中国梦的萌生与追逐，体现了培育和践行社会主义核心价值观的根本要求，涵盖着民族精神和爱国精神的共同构建等。

三、“铸魂育人”的重要途径：家校合作

习近平总书记也多次强调了家风的重要性。古语有云“修身、齐家、治国、平天下”,“天下之本在国，国之本在家，家之本在身”[①]，先“修身”再“齐家”而后“治国平天下”。可以看出，齐家是其中重要的一个环节，是治国平天下的前提和基础。家庭是人生的第一所学校，因此家校合作是“铸魂育人”的关键纽带。

铸魂育人的重重环节与最终实现除了青年大学生和学校的参与，家庭也是必不可少的一个环节，因此在思想政治理论教育中，家庭理应参与并能够承担起重要角色，继续发挥家庭在育人过程中的不可替代作用。家庭的参与，其中一个重要的形式即家校合作，家长应该主动地了解并跟进学生在思想和思维方面的发展，加强与学校的联络。学校教育是一种平等的、面向每一个学生的教育，也正因为如此，学校教育有时也难以顾及每位学生的发展需求，在了解学生的思想发展变化方面有一定的局限性。然而，每个家庭都是独立的，具有很大的灵活性，在铸魂育人的过程中，家庭能够发挥重要的作用。通过家长与学校的相互支持、相互配合，学生才能获得最佳的教育效果，他们的思想也能够接受来自不同方面的正确引导。实践证明，家校合作是一种非常有效的教育方式，它能够发挥家庭和学校各自的优势，取长补短，促进学生思想水平的提高，

① 方勇译注:《孟子・离娄上》，中华书局2010年版，第132页。

从而使学校与家庭“双管齐下”，实现对新时代青年大学生的全面教育，实现真正的铸魂育人。

大学生是重要的人才资源，大学人才的培养关系到我国民族复兴伟大事业的成功。为了培养德智体美劳全面发展的社会主义建设者和接班人，办人民满意的教育，江西师范大学国际教育学院致力于家校协同育人的探索与实践，有效整合了家长教育资源，结合地方优势，形成“各显特色，百花齐放”的工作格局，率先提出了“家长委员会+”的教育理念，筑牢铸魂育人的家校合作纽带，开创人才培养新局面。总体而言，主要有以下几点特色：

（一）“创新”为纲，阐释铸魂育人之故事

把家长融入大学教育全过程、人才培养全过程，有利于帮助学校树立并践行“以生为本”的育人理念。通过搭建的“家长委员会+”创新平台，创新地开展“家长委员会+人才培养目标和规格”“家长委员会+教学质量”“家长委员会+学生管理”“家长委员会+学生思想政治教育”，大力推进“家长委员会+文化育人”，大力加强“家长委员会+学生社会实践”，大力落实“家长委员会+学生创新创业”。通过邀请家长参与修订人才培养方案，从不同的视角为人才培养建言献策，一方面可以更好地服务于学生的发展，另一方面也是对学校教育的一种良性监督。通过鼓励家长的参与，例如请家长以某种恰当的方式走进教室，听课、评课，了解学生在学习方面的表现；邀请家长以适当的方式参与学生管理，参与学生管理全过程；让家长关注学生思想苗头，构建“五位一体”思政实践平台；以舞台剧等形式向学生演绎孝道文化，弘扬中华优秀传统美德；动员家长帮助落实社会实践活动基地和内容，提供专业实践机会；邀请家长走进创新创业讲堂，分享传授经验，帮扶学生创业。实实在在做到家校协同育人，促进学生德智体美劳全面发展。通过搭建“家长委员会+”创新平台，拓展了学生发展空间，创新了一种社会、家庭参与的合作、互动、双赢的人才培养模式，为“学校乐办、教师乐教、学生乐学”注入了活力。

（二）“特色”为笔，绘铸魂育人之蓝图

围绕本科人才培养核心，江西师范大学国际教育学院率先提出“家长委员会+”教育理念，赋予协同育人新内涵；依托“家长委员会+”育人平台，以更好适应和满足学生成长诉求、时代发展要求为出发点，紧紧围绕立德树人根本任务，站在更高起点谋划和推进家校一体化育人改革，逐步融入习近平总书记最新教育思想，赋予新时代家校协同育人新内涵。助推学院高水平本科教育建设，提高人才培养能力，精心打造了“三全七位”的家校协同育人新模式，即“全方位、全过程、全覆盖”实现家长参与育人，着力于人才培养目标和规格、教学质量、思政教育、学生管理、文化育人、社会实践、创新创业七个方面开展家校合作，创建协同育人新路径，多措并举推动家校共育，建立协同育人新机制。推出了“七个一共识行动计划”（一份录取通知书、一次视频电话交流、一份成绩单和书面评语、一次生日互动、一次课堂体验、一次毕业典礼、一张校园全家福），使学院与家长共同承担起学生培养的重任，通过家长与学校的相互支持和配合，“职责同在、责任共担、家校共建、成果共享”，有效打通育人“最后一公里”。

办人民满意的教育，办家长和学生满意的大学，更好地为每个学生的发展服务，需要社会各界的共同努力和支持，而其中的家庭就起到了重要助推作用。江西师范大学国际教育学院进一步深化“家长委员会+”的开展，譬如创新“家长委员会+学生思想政治教育”，通过构建“国教家校零距离”微信平台，结合省内地域特色优势，构建“五位一体”思政实践平台，如利用九江中华贤母园搭建了构建“O2O”思想政治工作模式的平台；同时大力推进“家长委员会+文化育人”，通过提供书籍，营造读好书的精神文化世界，如家长委员会举办“悦读畅享助力成长”主题系列活动之一的“父子共读一本书”活动，通过演绎孝道文化，弘扬传承中华文化，如学生情景剧“百里负米”孝道文化的演绎；还大力加强“‘家长委员会+’学生社会实践”，“行是知之始，知是行之成”[①]，通过签订实习就业基地，提供各种社会实践机会，以及通过暑期“三下乡”积累丰富的社会实践经验，不断提升、完善自身水平，在实践中培养人才。这些活动引起了社会的广泛关注，江西卫视、江西日报记者深入现场进行宣传报道，并多次在江西卫视《江西新闻联播》头条，江西电视台五套《江西新闻》，江西教育电视台《教育新闻》播出，充分彰显了国际教育学院家校合作的特色。

（三）“亲情”为舵，扬铸魂育人之帆

“家长委员会+”密切了家校之间的沟通协作，形成了良好的教育合力。实

① 《陶行知全集》第二卷，四川教育出版社1991年版，第3页。

施亲情教育法，培养学生“三爱”情怀；及时解决了学生成长中的困惑和问题，扩大育人视野，在传授专业知识的同时，注重学生人格教育和品格塑造，克服传统育人目标单一的弊端，培养学生“爱学习、爱家庭、爱学校”的情怀，进而培育爱社会、爱国家的情怀，塑造实现中国梦的时代新人。培养的学生不仅学业优秀、技能出众，而且阳光、健康、有责任、敢担当，具有良好的家国情怀。

通过在学生中开展家校共育、立德树人感恩励志教育大型活动，让学生更加感悟到亲情的珍贵与来之不易；通过布置“孝亲作业”来要求新时代青年大学生身体力行，躬行实践，学会感恩，学会付出，同时理解父母、感恩母校、立志自强、努力学习。

现在每天清晨的静湖晨读、定点晨会已经成为学校一道亮丽的风景，班集体积极背诵《论语》等中华传统古籍。这是强化新时代青年大学生美德教育的有益实践活动。为了充分调动学生的主动性与积极性，让学生参与拟定班规、班徽、班歌等，锻炼他们的自我管理、自我创造革新能力，辅导员和新时代青年大学生一起制定班级公约、创新班级文化；同时还组织和开展了各种班级集体活动，让学生在丰富多彩的课余生活中发展个性和发展自我，学会友爱，互帮互助。活动的有效开展，营造了“人人渴望成才、人人努力成才、人人皆可成才、人人尽展其才”[①]的良好局面与朝气蓬勃的良好学习氛围，从而塑造面向新时代、面向世界、面向未来，有信仰、有理想、有担当和有责任心的新时代青年大学生。

（四）“价值”引领，书写铸魂育人之华章

家校合作能够发挥人才培养过程中的积极性、主动性、创造性，江西师范大学国际教育学院长期以来非常重视家校合作的育人模式，更重要的是，在这种育人模式中，能够自觉地将习近平新时代中国特色社会主义思想融入育人的过程中，把培养学生的爱国主义渗透到与学生的交流互动当中，既重视学生在学业表现上的成就，更重视学生思想品德的发展。一直以来，学院始终把教育学生“不忘初心、牢记使命”作为思想政治教育的头等大事，把教育学生为实

① 习近平：《在庆祝中国共产党成立95周年大会上的讲话》，《人民日报》2016年7月2日。

现中华民族伟大复兴而努力奋斗作为工作的重中之重，把鼓励学生争做社会主义事业的建设者和接班人作为未来思想教育的重要发展方向。

学校不仅仅是为学生解决烦琐的日常生活中的问题，更重要的是引导学生的思想。要想解决好使命担当问题，新时代青年学生就要担负起党和人民赋予的历史重任，牢固树立对党和国家以及人民群众的忠诚，积极地将个人命运与国家和民族的命运紧密相连，把个人的发展奋斗同国家的繁荣富强相结合，自觉地将自身的发展融入实现中华民族伟大复兴的中国梦当中，与国家的发展、民族的复兴同呼吸、共命运，在共同实现伟大中国梦的背景脉络下，施展自己的才华，践行自己的理想，敢于拼搏，努力奋斗。学校要以彻底的学理分析来回应学生，以透彻的思想理论来说服学生和引导学生，用真理的强大力量指引学生。学校在传授知识的同时要融入价值观教育，要用正确的思想来调整、纠正各种错误的观点和错误的思潮。这不仅要确定好教学目的、课程设置、教材使用、教学管理等方面，还需要因地制宜、因时制宜、因材施教。

国际教育学院一直把爱党、爱国、立志为祖国建设作出贡献和提升个人道德素质水平作为学生综合素养培养的头等工作，把习近平总书记的殷殷嘱托和切切希望落实到学院工作的各个环节当中来，在深化教育和教学革新上苦下功夫，领导和培养学生的爱国情、强国志、报国行。经过 8 年的实践，家校协同育人取得了显著成效，先后获得江西省政府前副省长朱虹、现副省长孙菊生的批示肯定，得到了中央主流媒体以及省内主流媒体专题报道，并获得江西省级教学成果一等奖三次。根据后续的追踪调查发现，学生毕业以后，尽管走向了不同的工作岗位，但各个方面的综合表现良好，基本都得到了用人单位的高度认可。从学生的反馈当中可知，他们也对本院的人才培养模式和所提供的支持与服务给予了高度的评价，肯定了多年来学校协同育人的实践和成果。

在中国特色社会主义建设进程中，在实现中华民族伟大复兴历史进程中，新时代青年大学生是中华民族宝贵的人才资源。在新时代的新征途中，学院全体人员在匠心铸魂、立德树人之路上不忘初心、牢记使命，做有信仰的教师，培育有信仰、有信念和有信心的新时代新征程上的建设者和接班人；静下心来教导学生，潜下心来培育人才，进一步深化教育体系改革，不断进取，开拓创新，在铸魂育人的发展道路上砥砺前行，给学生心里埋下真善美的种子，并帮助它发芽、成长，最终长成为枝繁叶茂的参天大树。

结语

要实现“铸魂育人”的长远目标，光有学校教育是不够的，还需要社会各界力量的参与和支持。一方面，以习近平新时代中国特色社会主义思想为指导，将“铸魂育人”的思想深入地融入课程教学实践当中；另一方面，开启家校合作的新模式，充分发挥家校协同育人的价值和作用。江西师范大学国际教育学院在落实习近平新时代中国特色社会主义思想，致力于筑牢铸魂育人的家校合作方面已经迈出了关键性的一步。未来全院上下将继续团结一心，努力奋进，为深度推进“铸魂育人”，培养新时代青年而砥砺前行、拼搏奋斗。

聚焦国际化专业人才培养质量，健全家校社协同育人机制

——江西师范大学国际教育学院12年人才培养实践与思考

新时代国际化专业人才培养，必须紧紧盯住两头：一头在外，务必使我们的学生跟上时代，赶上时代，走在时代前列，确立中国历史自信、中国文化自信、中国道路自信，“平视这个世界”；一头在内，务必围绕学生成长成才这个根本，充分提供必要条件，“健全学校家庭社会协同育人机制”，让家庭、学校、政府和社会都有责、都担责、都尽责。12年来，江西师范大学国际教育学院盯两头，两手抓，两兼顾，两不误，实践走深走实，认识拓展升华，为国际化专业人才培养提供了一个有新时代价值的新个案新样本。

一、家校社协同培育新时代国际化专业人才的历程和特点

江西师范大学国际教育学院历经12年人才培养，发展出独具特色的家校社协同培育新时代国际化专业人才模式，过程完整，特点突出。

2011—2014年，学院在学校指导下，探索合作·互动·双赢的专业化复合型人才培养模式，成立了全省高校首个家长委员会，有效整合了家长教育资源，拓展了学生教育工作空间，冲击了传统模式中重学校教育轻家庭教育的格局，打破了重理论轻实践的传统教学模式。经过3年探索实践，初步形成了家庭学校合作、家长教师互动、社会学校双赢的办学新模式，为“学校乐办、教师乐教、学生乐学”注入了活力，赢得家长、学生的好评，引起社会广泛关注。

2013—2016年，探索“家长委员会+”体系，助推本科人才培养。一方面探索家长委员会“加”什么？一是“家长委员会+学院”，二是“家长委员会+

人才培养”，三是“家长委员会 + 专业”，四是“家长委员会 + 学生思想政治教育”，五是“家长委员会 + 学生管理”。另一方面探索家长委员会如何“+”？一是“全方位 +”，二是“全过程 +”。“家长委员会 +”紧紧围绕学生、围绕人才培养质量办社会过硬的教育品牌、办家长信赖的教育品牌、办学生喜爱的教育品牌。

2014—2018 年，深化家校协同育人“三全七位”模式探索。学院围绕本科人才培育核心，有机融入习近平新时代中国特色社会主义思想，创建家校协同育人“三全七位”新模式，实施“七个一共识计划”，有效打通家校协同育人“最后一公里”，助推一流本科建设；坚持从中国国情和东方家庭观念出发，注重大学生人格塑造、文化养成和责任担当，以家长委员会为组织协调机构，齐抓共管，形成合力，促进学生成长，不断丰富和改进微观一体化育人内涵，有效提升家长、社会对学校的办学满意度，家校关系、师生关系得到优化和促进。

2014—2020 年，开展“家校政社”联动促进大学生社会主义核心价值观教育实践。学院立足立德树人根本任务，以“三个倡导”为基本遵循，积极探索社会主义核心价值观融入人才培养全过程的有效途径，有效解决大学生核心价值观培育主体缺少协同联动，培育路径形式单一、缺乏特色，核心价值观内化不彻底、行为践行不足的问题，构建大学生社会主义核心价值观教育体系，将立德树人与人才培养紧密结合，努力培养担当民族复兴大任的时代新人。

一是形成学校教育与家庭教育有机结合的教育新格局，构建理论与实践相结合的教学新模式，走具有“校本化、课程化、体系化”的德育特色的家庭教育指导之路。

二是及时进行理论总结，率先提出“家长委员会 +”新概念。“家长委员会 +”是一个时代性课题，现代大学最鲜明的特征是在现代社会中凸显开放性。开放性是现代大学的本质属性和时代特征。国际合作与交流、校校合作、校企合作、校地合作、校政合作等，为当代大学改革与发展提供了全方位的开放环境。探索“家长委员会 +”，更是在人才培养中树立了一个务实的、正确的教育理念——大学在人才培养上充分地、始终地对学生负责，对学生家长负责，对学生家庭负责。

三是紧扣办学实践，创建协同育人新模式。打造“三全七位”育人模式，拓宽了社会、学校、教师、家庭、学生之间的互动途径，走出了一条开放共建、共建共享、互动双赢的协同育人新路。协同育人新机制的核心，是建立家校教育资源共享、双向联动合作育人新机制，形成对孩子“家长不甩手”、对学校“放心不揪心”的工作局面。整合家长资源，为学生提供体验式、情景式、互动式、项目式教学分享。

二、家校社协同培育新时代国际化专业人才的理念和导向

正确处理本土人才国际化培养问题，必须把它放到中国与世界、“两个大局”中来，坚持立德树人，着力培养有“中国心”的国际化时代新人。

一是增强思想引领。一直以来，学院坚持用红色文化浸润学生心田，让爱党报国红色基因融入青春血脉，在学生心中“生根发芽”“开花结果”。一是用好红色资源，通过“学、讲、悟、践”引导学生传承赣鄱红色基因；二是坚持常态化开展红色主题教育，进行赣鄱“红色走读”活动；三是组织开展“党的故事我来讲”“我家乡的党史故事”系列比赛活动，让学生系统地了解与掌握核心价值观的基本内容和重要意义。

二是强化价值认同。教育教学不仅要将情理、道理、学理讲透彻，还要积极建设亲切活泼的、具有人格化的课堂，增强学生的价值认同和激发学生追求真理的热情。学员结合专业特点，突出“红心向党”教育，在学生中深入开展“四史”学习教育，组织学生党支部开展特色活动，如“语言与大数据：党史语料的挖掘与整理”学习分享交流活动，“抗美援朝中的党史故事”演讲比赛，“‘一带一路’连接世界、商务英语筑梦中国”商务英语综合能力大赛等。在学院微信公众号推出“四种语言讲党史”专栏，把党史学习融入专业，在训练中沉浸、在体验中参与，增强了党史学习教育的亲和力、针对性和实效性。

三是做到行动自觉。实践行动是核心价值观培养的最终目标，要引导学生用核心价值观去指导社会生活实践。学院组织学生积极投身志愿服务和社会实践，鼓励学生参与社区（村）活动，开展暑期“三下乡”社会实践、“微爱家教”、“书香晨光”、防疫志愿服务，引导学生通过劳动投身于服务他人、服务社会的实践之中，在实践过程中提升幸福感和获得感。

坚持协同联动，聚焦成效，深度探索“家校社”三方协同育人机制。

一是以学校教育为主体，做好家校合作这篇大文章。坚持以学校教育为主体，整合家校教育资源，强调家长、学生、教师全天候常态沟通互动，有效解

决学生成长问题。在厘清家校合作边界前提下，坚持从涉及学生成长成才的七个方面着手，构建家校合作协同育人格局。

二是以家庭教育为补充，融入课程、教学。家庭教育是重要的推动力，家庭教育融入高校教学之中，有利于走出一条开放共建、共建共享、互动双赢的协同育人新路。推出“七个一共识行动计划”——使学院与家长在人才培养上“职责同在、责任共担、家校共建、成果共享”；引入家长实施双导师、双辅导员、双班主任制，全程关注学生在校思想动态和成长过程，重点关注人格塑造、品格形成、意志锤炼和理想确立。

三是以社会教育为延伸，丰富第三课堂。社会教育是不可或缺的一大环节，课堂教学、家庭教育、社会教育共同组成多位一体育人平台。整合社会资源，为学生提供尽快融入社会的渠道，提供更丰富的社会实践平台，促进社会、学校、家庭共同服务学生成长成才。

为党育人、为国育才，这是教育的最终目标，也是教育者坚守的责任。思想教育的重中之重，是要解决重国际惯例与规则学习、跨文化交际能力训练，而轻家国情怀、文化自信教育，导致部分学生忘家忘本、崇洋媚外，缺少爱国情操和中国自信。通过加强党建和课程思政，打造“党建育师 + 团建育生 + 课程思政 + 出国育心”四位一体思政教育格局，挖掘各门课程内蕴的思政元素，将“师—生—课—心”贯穿于教书育人全过程，打通思政课与课程思政的边界，筑牢学生“中国情”，守住学生“中国味”，不变学生“中国心”，永葆学生“中国人”。

三、家校社协同培育新时代国际化专业人才的主要做法和经验

大学是培养社会主义事业建设者和接班人的重要阵地。学院在实践中，形成教育引导、文化熏陶、健心强智、实践养成、制度保障“五措并举”。把教育引导作为培育核心价值观的主渠道，并进教材、进课堂、进学生头脑。把文化熏陶作为培育核心价值观的软环境，开展多姿多彩的文化活动，发挥润物细无声的涵育作用。构建全方位养成体系，把核心价值观培育融入学生日常生活。

（一）教育引导

党的十八大首次提出以“三个倡导”为主要内容的社会主义核心价值观。学院自2014年以来，立足于立德树人的根本任务，以“三个倡导”为基本遵循，

把教育引导作为培育主渠道，积极推动“三进”，坚持用习近平新时代中国特色社会主义思想铸魂育人，积极探索把社会主义核心价值观融入教育教学全过程的有效途径。

教育是学校、家庭、政府和社会的共同责任。把大学生培养成什么人？拥有什么样的世界观、人生观和价值观？这都需要“家校政社”四方联动，形成推动社会主义核心价值观培育和养成的强大力量，构筑课堂教学、家庭教育和社会教育多位一体的育人平台。

（二）文化熏陶

学院将中华优秀传统文化、革命文化和社会主义先进文化制成融为一体、有分有合的教育教学“菜单”，既按需又定量，进行形式多样、行之有效的灌输、补给、传导、启发，直通学院文化、专业建设、课堂教学等十大领域，拓宽社会主义核心价值观培养路径，使家长、学院、政府在人才培养上“职责同在、责任共担、成果共享”；整合家长资源，强化文化引导和生活引导，传递美德、正能量；整合政府资源，向社会传导正确价值取向；整合社会资源，为学生提供尽快融入社会的渠道，在十大领域健全社会主义核心价值观教育机制，使之内化彻底，外化充分，实现情感认同、行为自觉，做“有志气、有骨气、有底气，堂堂正正的中国人”。

（三）健心强智

智育是人才培养的核心。学院注重第一课堂与第二课堂相结合，优化课程建设，融入课程思政，让育人元素“进专业、融课程”，激发学生学习主动性，以“智心”助推人才培养目标的实现，多维度提升学生综合能力。遵循新文科建设理念，打造高质量教学闭环系统。积极推动新文科建设，构建基于 OBE 和 CBE 的“四维一体”高质量教学闭环系统；探索卓越拔尖特色班，培养“一精多会，一专多能”的高质量商务英语人才。强化第二课堂建设，拓宽协同育人路径。构建“家校政社企”多元联动平台，整合优质资源，提高学生综合素养，推动科研育人、实践育人、竞赛育人、国际化育人等协同育人路径；以赛促学，提升创新思维，学生获得“外研社杯”“高教社杯”“亿学杯”“挑战杯”“创青春”“互联网 +”等多项全国奖项。

秉持“健康为先”的教育理念，学院把学生身心健康和全面发展作为人才培养的关注点，引导学生在体育中享受乐趣、增强体质、健全人格、锤炼意志。坚持丰富体育活动形式，引导学生走出寝室、走向操场。持续加强心理健康教育，注重心理素质培养。学院把体育与美育融合起来，深化艺体教育和审美意识培育，提高学生感受美、鉴赏美、表现美、创造美的能力。做好“高雅艺术进校园”活动，提升学生审美意识。学院成立大学生合唱团，组织学生观看《长征组歌》音乐会、建校80周年交响音乐会、话剧《姚名达》等，给学生提供亲近艺术、感受美的平台，加强审美意识培育。

（四）实践养成

实践养成是教育固化的补充和基础，两者相辅相成，既要重教育效果，又要重实践养成。在教育过程中表现出来的实践养成不充分不厚实问题，在于高校资源与政府、社会资源相脱节。必须实行多方协同联动，结合现实生活和社会环境，加强实践养成，促使大学生立志励行。

在国际化人才培养理念指导下，学院依托“云家委会”平台，构建了“三全四合”育人模式以及与之相对应的“五举十促”实践教育体系。对应人才培养目标，设计了“我爱家乡”“家庭故事会”“初心学堂”“我为社会做贡献”等常态化活动，贯穿于“三全四合”“五举十促”的实践教育体系，探索了课内外、校内外相结合的价值观塑造实践路径。

劳育，是人才培养的实现途径。学院积极贯彻落实《关于全面加强新时代大中小学劳动教育的意见》精神，在人才培养中引导学生树立崇尚劳动、尊重劳动和敬畏劳动的时代理念，在劳动实践中淬炼自我，练就过硬本领。坚持劳动教育与专业教育相融合。弘扬中华劳动传统美德，增强学生的劳动意识。坚持劳动教育与第二课堂相结合。组织学生参加“互联网+”大学生创新创业大赛、“挑战杯”全国大学生课外学术科技作品竞赛、全国商务英语实践大赛等竞赛，提升学生专业实践能力及团队协作精神。学院社会实践队连续多年获评江西省社会实践活动优秀服务队，并多次被《中国青年报》专题报道。

（五）制度保障

家校政社联动育人，“四方三环五措十域”模式把家长、大学生、教师、政府、社会公众融合在一起，形成大学教育共同体、生活共同体。国教学院建立“家校政社”四方协同育人工作小组，协调推进多元主体互动和联系，制定一系列规章制度，确保内化外化良性互动，有效服务于本科教学和人才培养。

四、家校社协同培育新时代国际化专业人才的成效和启示

实践出真知，实践是教育之母；实践经验的正确总结，有助于启发实践深化。

在探索中，学院把“树立什么样的价值观”同“培养什么样的人”紧密结合起来，实现了社会主义核心价值观教育内化于心、家国情怀外化于行的预期效果，实现了“引导青年学生扣好人生的第一粒扣子”、健康成长成才的预期目标。据测评，学生综合素养提升显著，赢得家长、学生的一致好评；毕业生获得用人单位高度好评。一些探索做法被省内外多家媒体报道，引起社会积极关注；获得省政府领导批示肯定；被多家单位采纳使用，发挥了示范引领作用，获得了广泛认可。

一是人才培养质量显著提升。家校社协同培植社会主义核心价值观，学生跨文化交际、创新、协作和领导等能力极大提升，综合素养不断增强，毕业生就业率稳中有进，学生累计获得国家奖励近 100 项、省级奖励 200 余项，考研率、出国率、考公率、考证率逐年攀升。学院连续三年获评全校学生工作先进单位。家校政社协同建立就业实习基地 20 余个，推荐并落实学生就业岗位约 200 个，设立家长课堂 50 余次，向学院捐赠图书近千本，捐助贫困学生近 100 人。若干办学指标走在全省前列，家校社协同育人赢得学生家长高度信赖。

二是理论成果丰富。12 年来，探索成果连续 3 届获得省教学成果项目一等奖，相关问题研究获得国家社科基金课题项目重大、重点立项。2018 年，“家校合作的国际经验与本土化实践研究”获国家社科基金教育学课题重点项目并立项；2020 年，相关研究被确立为国家社科基金项目重大项目“新时代我国家庭教育指导服务体系构建研究”的四大子课题之一。研究团队在《教育研究》、《新华文摘》（全文转载）、《中国高等教育》《中国教育学刊》《光明日报》《中国教育报》等刊物发表一批高质量论文。

三是省内外多所高校采用推广探索成果。江西农业大学、江西科技师范大学、广州大学、重庆邮电大学等省内外多所高校学习借鉴、联动探索。江西省外语学会认为，本成果有利于培养具有中国心的复合型国际化人才，成果的经验和做法值得大力推广。项目组成员还多次赴浙江、湖北、广东等省外的重点大学交流推广家校协同育人实践经验，获得他们的广泛认可和采用。

四是社会评价认可度高。本成果先后获得江西省政府前任副省长朱虹教授、

现任副省长孙菊生的批示肯定，得到了《人民日报》、人民网、光明网、《中国教育报》、中国教育网等中央主流媒体，以及《江西日报》、江西卫视、江西广播电视台等省内主流媒体专题报道。项目组还安排了专人对毕业生进行跟踪调查，结果显示，用人单位对毕业生的各项能力、综合素质及发展前景给予了高度评价。

（二）人才培养的主要启示

一是克服传统的办学育人“路径依赖”。学院立足于“家校政社”四方协同、三环递进的育人机制及采取的“五措并举、十大领域”行动计划，均属国内首创。这一计划充分调动了大学生的主观能动性，形成了贯穿招生录取、在校学生、毕业就业、社会评价的协同育人开放式闭环系统。极大地拓宽了学生、家庭、教师、学校、政府、社会之间的互动途径，使培养途径从单一走向多元，培养方式由封闭走向开放，培养效果从表层走向深层，进而实现了价值观内化彻底、情感认同充分、实践主体自觉的目标。

二是多措并举，以文化人，使外向型人才培养不偏向不偏航。人才培养立足于人，针对人才成长类型，始终守住国际化人才的“中国人”本色底色。学院通过教育引导、文化熏陶、家校合力、实践养成、制度保障五措并举，完善大学生核心价值观培育体系，使高层次的国际办学水平、厚基础的中国认知与宽口径的全球视野有机融合，使学生成长有中国文化底蕴、有中国情操标识、有专业基础支撑、有国际知识通用，成为新时代走向世界的有用人才。

三是突出“家长委员会+”问题意识，激发家长、社会参与国际化专业人才培养活力。家长既是学生的第一老师，也是学校办学的第一社会资源，还是办学评价的根本尺度。把家长委员会建设好，既是建好办学的安全阀，也是锁定学校高质量发展的助推器。当下，中小学家长委员会建设受到高度重视，高校的实践尚处于起步探索阶段，突出体现了不平衡不充分的特征，亟须改变。做好家校合作，实现家校互动，正是贯彻落实习近平总书记关于“办好教育事业”重要论述、《家庭教育促进法》和2022年《政府工作报告》相关要求的题中之意，也是回应高校育人高质量高品质要求的必由之路。

（本文原载《中国社会科学报》2022年6月30日第7版，原标题为“家校社协同培育新时代国际化人才”，收入本书时文字有改动。）

助推家校心灵沟通，奏响人才培养交响乐

首先我代表学校，对各位在百忙之中来我校参加今天的座谈会表示热烈欢迎，对大家关心教育、支持教育的行动表示衷心感谢，感谢各位家长对我校的信任，将你们的孩子托付于我们，感谢你们对孩子的教育与培养，帮助孩子成长得如此优秀。

教育是一个系统工程，家庭教育、学校教育、社会教育是学生成长成才的三大支柱，家庭教育是基础。学校教育是对大学生进行教育的主渠道，但是家庭教育因为具有亲情优势、权威优势和连续性优势，在某种程度上家庭教育的功能和作用是学校教育不能替代的。著名教育家苏霍姆林斯基说过："只有学校教育而没有家庭教育，或者只有家庭教育而无学校教育，都不能完成培养人这一极其艰巨而复杂的任务。"教育家蔡元培先生也说过："家庭者，人生最初之学校也。"[①] 可见，家庭教育，对于我们每个人、每个家庭乃至整个社会都有着十分重要的意义。

教育孩子责任重大，功在当代，利在千秋！孩子是社会的未来、家庭的希望。家校共育，是为了孩子的健康成长，让孩子充分享受来自教师和家长的关怀，享受教育带来的欢乐。我们要让每一个孩子都能适应未来，都能做一个对社会有用的人。

长期以来，我们江西师大始终坚持把立德树人作为育人工作的根本，不断拓展大学生思想政治教育载体，坚守"为党育人、为国育才"的初心与使命，积极探索家校合力育人的新模式、新方法、新路径，学校多次召开专题会议，就构建家校合力育人机制、夯实全员育人实效作出专门部署。各学院及相关职能部门按照学校的部署和要求，切实加强家校合力育人平台建设工作，通过一

① 蔡元培:《中国人的修养》，上海教育出版社 2018 年版，第 35 页。

系列务实有效的举措，使家校合力育人实效得到进一步加强，为学校人才培养凝聚原动力、增添新活力。

国际教育学院在家校合力育人方面动手早、走在前，2011 年 12 月就开始不断谋划和推进家校一体化育人改革，率先提出“家长委员会 +”教育理念，充分利用家校资源，创新开展“家长委员会 + 思想政治教育”，通过厚植“中国心”习近平总书记用典英译大赛等形式加强学生思想政治教育；通过开展“悦读畅享，助力成长”父子共读一本书活动，在中华贤母园演绎孝道文化情景剧“百里负米”推进“家长委员会 + 文化育人”；通过家长委员会每年帮扶学生进行暑期“三下乡”社会实践活动，加强“家长委员会 + 社会实践”；邀请家长创业导师进课堂，指导学生创业调研，发展“家长委员会 + 创新创业”。

家校协同长效实施“七个一共识行动计划”：开学一次成功的喜悦分享，每周一次视频、电话常态交流，每月一次成长记录，每学期一份成绩鉴定，每年一次生日互动，四年一次家长校园生活体验，毕业一次校园全家福。学院经过 8 年的坚持坚守，逐步凝练成了学院的一大特色和亮点，取得了一定的成效，先后获时任江西省副省长朱虹教授、现任副省长孙菊生的批示肯定，《中国教育报》两次主题报道，《江西省教育体制改革简报》两篇次头条详文刊载，江西卫视先后多次以《社会传真》等专题形式进行报道，3 次获得江西省教学成果一等奖。

《我的大学记忆——江西师范大学国际教育学院纪事》的出版是一件令人高兴的事情，承载着家校协同育人的价值理念与青春回忆，见证了国教人高扬求实创新的新时代精神，志存高远、脚踏实地的作风传承，家校共育的一脉情深。不忘初心，方得始终。国际教育学院的部分优秀学子和家长，拿起笔用心记录了这一段历史进程中的一朵朵小浪花。浪花虽小，却见证了大海的波澜壮阔。

我很荣幸能够担任《我的大学记忆》这本书的主编，书中收录了各级优秀校友和学生家长撰写的文章，他们将自己与师大的一幕幕温情场景，写成了一个个感人故事，凝聚成了一段段动人感情，或师生之情，或家校浓情，又或个人成长的心路历程，彰显了国际教育学院学子对老师、对母校的怀念与感恩，体现了萦绕在江西师范大学师生、家校之间的浓浓情谊。

家校携手育人是一项长期而艰巨的任务。国际教育学院家校合力育人工作通过 8 年的实践积累和探索，初步形成家校联动机制，进一步加强精准化、精细化育人水平，同时对以家校合力育人为基础的“三全”育人体系的构建进行了有益的探索。希望国际教育学院一如既往地扎扎实实抓教学、认认真真育人才，使学院办得更好、质量更高，使学生、家长及社会更满意。

我坚信，有了您的配合，有这批爱岗敬业、乐于奉献、充满活力、有爱心、有耐心、有事业心的教师，您的孩子一定会健康地成长。

在新时代的新征途中，江西师大将继续贯彻落实好中央精神，及时总结经验，进一步完善家校合力育人机制，整合优化学校、家庭、社会资源，继续推进“家长委员会+”教育理念，提升家校合作层次，拓展合作空间，与家长共同分析问题，探讨解决的良策，促进学生健康成长成才。最后，请让我代表全校师生对大家的支持表示衷心的感谢。让我们一起同心同德，为学生美好未来共同努力，办好人民满意的教育。祝各位家长生活愉快、家庭和美、事业顺利！

（本文系作者于2019年12月28日在江西师范大学国际教育学院《我的大学记忆》出版座谈会上的讲话）

【师范教育人才培养新使命】

传承伟大五四精神，激扬新时代青年活力

今年是五四运动100周年。党中央对纪念百年五四高度重视，两度召开相关会议。习近平总书记发表重要讲话，高度肯定五四运动的历史意义和时代价值。4月19日，中共中央政治局就五四运动的历史意义和时代价值进行集体学习。习近平总书记在主持学习时强调，五四运动是我国近现代史上具有里程碑意义的重大事件，五四精神是五四运动创造的宝贵精神财富；纪念五四运动、发扬五四精神，必须加强对五四运动和五四精神的研究，引导广大青年在五四精神激励下，为决胜全面建成小康社会、夺取新时代中国特色社会主义伟大胜利、实现中华民族伟大复兴的中国梦不懈奋斗。[①]4月30日，中共中央召开纪念五四运动100周年大会，习近平总书记发表了重要讲话，深刻论述了五四运动在百年中国社会深刻变革中的转折点地位和划时代意义，深刻揭示了伟大五四精神激发当代青年担负新时代责任的时代价值，深刻阐述了新时代中国青年运动的主题、新时代中国青年运动的方向、新时代中国青年的使命，深刻阐述了青年工作在党的政治工作中的重要地位和不可替代的重要作用，对做好新时代党的青年工作提出了要求，[②]是新时代纪念五四运动、弘扬五四精神、做好青年工作的重要遵循。这样高规格、隆重热烈地纪念五四运动，高扬五四精神，在中共党史上是空前的，它所传导的信息是丰富的、深刻的，影响也是巨大而深远的。

今天我们专题学习五四运动历史意义、精神内涵和时代价值，认真学习贯彻习近平总书记纪念五四运动100周年的重要讲话精神，就是要引导学校广大青年师生弘扬五四精神，奋力走好新时代的长征路、复兴路、幸福路。

---

① 参见《习近平在中共中央政治局第十四次集体学习时强调　加强对五四运动和五四精神的研究　激励广大青年为民族复兴不懈奋斗》，《人民日报》2019年4月21日。

② 参见习近平：《在纪念五四运动100周年大会上的讲话》，《人民日报》2019年5月1日。

下面，我就几个重点问题谈谈自己的学习体会，同大家交流、向各位讨教。

一、习近平总书记对五四青年的崇高评价，既具有厚重的历史依据，又具有超拔的理论高度

习近平总书记在两次重要会议中的讲话，对五四青年及其历史贡献给予崇高评价，既走进历史深处，客观实在；又不拘泥于历史，具有深厚的家国情怀和中华文化底蕴，占据超越历史的理论高度。

1. 青年在五四爱国运动中扮演的先锋角色。

100年前，民国初建，中国社会性质并没有得到根本性改变，国家和民族的危难并未因此终结。1923年，梁启超先生在《五十年中国进化概论》中说："革命成功将近十年，所希望的件件都落空，渐渐有点废然思返，觉得社会文化是整套的，要拿旧心理运用新制度，决计不可能。渐渐要求全人格的觉悟。"① 这说明了辛亥与五四之间的内在联系：由辛亥革命所唤起的中国社会的希望，同民国初年中国社会的黑暗之间形成一种巨大的落差，巨大的落差产生了巨大的波潮，于是就有了新文化运动，它"是彻底地反对封建文化的运动，自有中国历史以来，还没有过这样伟大而彻底的文化革命"②。当时，第一次世界大战刚刚结束，胜利的协约国一方在巴黎召开会议。中国作为战胜国，也派出代表团，提出废除势力范围，撤退外国军队、巡警，裁撤外国邮局及有线无线电报机关、撤销领事裁判权、归还租借地、归还租界、关税自由权等条件和要求。但是，巴黎和会无视中国的合理要求并商定把德国在中国的所有权益一律转交给日本，而北洋政府却授意代表团在此等合约上签字。

消息传回国内，全国各界群情愤慨。北大学生罗家伦、段锡朋、傅斯年在得知北洋政府同意和约中关于山东条款的消息后，决定举行全体学生临时大会。5月4日上午，北京大学、北京高等师范学校等13校学生代表，在法政专门学校开会，决议下午在天安门前举行集会和游行示威。4日下午，北京13所高校的3000多名学生代表云集天安门，举行游行示威，他们手中举着各色各样的标语小旗，先后冲破北京政府教育部代表、步兵统领李长太，警察总监

① 梁启超著，汤志钧、汤仁泽编：《梁启超全集》第十一集，论著十一，中国人民大学出版社2018年版，第405页。

② 《毛泽东选集》第二卷，人民出版社1991年版，第700页。

吴炳湘的干涉与阻拦，向着东交民巷挺进，掀起了震惊中外的五四学生爱国抗议活动。

为响应和支援北京学生游行示威抗议，全国各地或成立学生联合会，或罢工罢课罢市，举行游行示威，五四风潮席卷全国。6 月 3 日，北京数以千计的学生涌向街道，开展大规模的宣传活动，被军警逮捕 170 多人，并在学校附近驻扎大批军警，戒备森严。4 日，北洋政府逮捕学生 800 余人，又引发了新一轮的大规模抗议活动。

6 月 5 日，上海工人开始大规模罢工以响应学生罢课，拉开了中国工人阶级自发参与的爱国运动序幕，为五四学生爱国运动增添了新的阶级元素和时代元素，标志着进步学生与工人阶级的结合，揭示了此后学生运动的发展方向，“中国的知识青年们和学生青年们，一定要到工农群众中去，把占全国人口百分之九十的工农大众，动员起来，组织起来。没有工农这个主力军，单靠知识青年和学生青年这支军队，要达到反帝反封建的胜利，是做不到的”[①]；“如果不和工农民众相结合，则将一事无成”[②]。自此，五四运动的中心由北京转向上海，工人成为运动的主要力量。6 日，上海各界联合会成立，反对开课、开市，并且联合其他地区，告知上海罢工主张。上海的“三罢”运动，得到全国 22 个省 150 多个城市不同程度的响应。11 日，北大著名教授陈独秀等人到北京前门外闹市区散发《北京市民宣言》，如果政府不接受市民要求，“我等学生、商人、劳工、军人等，惟有直接行动，以图根本之改造”[③]。陈独秀因此被捕。各地学生团体和社会知名人士亦纷纷通电，抗议政府暴行。面对强大的社会舆论压力，北洋政府相关负责人曹汝霖、陆宗舆、张宗祥等相继被免职，总统徐世昌提出辞职。6 月 12 日以后，工人相继复工，学生停止罢课。6 月 28 日，中国代表拒绝在巴黎和约上签字。五四运动最终取得胜利。

2. 五四爱国运动体现的青春张力。

五四运动前夕是一个青春崇拜的时代。1840 年鸦片战争开始，西方列强的坚船利炮打开了中国的大门，迫使中国一步步丧失独立地位和自信心。一大批

---

① 《毛泽东选集》第二卷，人民出版社 1991 年版，第 565—567 页。

② 《毛泽东选集》第二卷，人民出版社 1991 年版，第 559 页。

③ 《陈独秀文章选编》(上)，生活·读书·新知三联书店 1984 年版，第 425 页。

有志之士开始反思与探索，不料从太平天国运动、洋务运动到戊戌变法，均以失败而告终。梁启超逃亡日本后，创办《清议报》，希望中国的新一代，如初生之日，光芒万丈。他“心目中有一少年中国在”，坚信“少年智则国智，少年富则国富，少年强则国强，少年独立则国独立，少年自由则国自由，少年进步则国进步，少年胜于欧洲，则国胜于欧洲，少年雄于地球，则国雄于地球”。[①]孙中山发起资产阶级革命，最早主要是由青年加盟的。1894 年 11 月，28 岁的孙中山在成立兴中会宣言中，最早提出“振兴中华”这个扣人心弦的目标。在孙中山周围，团结了一帮有共同抱负的年轻人：陈少白（25 岁），陆皓东（26 岁），郑士良（33 岁）。1905 年在日本结识孙中山并追随其左右的黄兴，比孙中山整整年轻 8 岁；著有《猛回头》和《警世钟》的湖南青年陈天华比黄兴小 1 岁；同为湖南人的宋教仁比黄兴小 8 岁；1903 年四川“仔儿”邹容撰成《革命军》时才 18 岁。这些受过良好教育、情感充沛、思想敏锐的青年人，不计任何个人功利，勇敢地站在忧国忧民的时代前列，他们堪称“中华好男儿”。

1915 年 9 月，陈独秀在上海创刊《青年杂志》，揭开新文化运动的序幕。陈独秀、李大钊、胡适、鲁迅等作为新文化运动的旗手和中坚力量，平均年龄才 30 岁。深受他们影响的京津学生邓中夏、高君宇、黄日葵、张太雷、周恩来等，包括从外乡来京的青年毛泽东都是 19 世纪的“90 后”。陈独秀有着烈火一样的热情，他在《新青年》发刊词中大声疾呼：“青年如初春，如朝日，如百卉之萌动，如利刃之新发于硎，人生最可宝贵之时期也。青年之于社会，犹新鲜活泼细胞之在人身。”[②]性格沉静、崇尚调和之美的李大钊，也在《青春》一文中激情澎湃、豪迈激越地号召：“以青春之我，创建青春之家庭，青春之国家，青春之民族，青春之人类，青春之地球，青春之宇宙，资以乐其无涯之生。”[③]后来，毛泽东评价，“在中国的民主革命运动中，知识分子是首先觉悟的成分。辛亥革命和五四运动都明显地表现了这一点”[④]。

组织、发动、积极参与五四学生爱国运动的青年集体行为，抒发了时代最

① 梁启超著，汤志钧、汤仁泽编：《梁启超全集》第二集，论著二，中国人民大学出版社 2018 年版，第 224—225 页。

② 《陈独秀文章选编》（上），生活·读书·新知三联书店 1984 年版，第 73 页。

③ 中国李大钊研究会编注：《李大钊全集》第一卷，人民出版社 2013 年版，第 318 页。

④ 《毛泽东选集》第二卷，人民出版社 1991 年版，第 559 页。

强音。五四运动发生前，面对国家和民族生死存亡，广大爱国学生挺身而出，奋起抗争，誓言“国土不可断送、人民不可低头”，奏响了爱国救亡的时代之歌。5 月 3 日晚召开北京大学学生大会，17 岁的刘仁静同学（后来是中共一大最年轻的代表、社会主义青年团的积极发动者和负责人之一）当场拿出一把菜刀，要以自杀激励国人。法科学生谢绍敏悲愤地咬破中指，裂断衣襟，写下血书“还我青岛”（五四游行当天被当作抗议标识之一，悬挂在天安门前）。在 5 月 4 日当天，游行示威的青年学生高呼“誓死力争，还我青岛”“收回山东权利”“拒绝在巴黎和约上签字”“废除二十一条”“抵制日货”“宁肯玉碎，勿为瓦全”“外争主权，内除国贼”等口号，充分彰显了青年学生“外争主权，内惩国贼”的浓浓爱国情怀。这正是毛泽东说五四运动具有“杰出的历史意义”之所在，击中了它带有“辛亥革命还不曾有的姿态”，“彻底地不妥协地”反帝国主义和反封建主义。①

组织、参与五四爱国运动的青年学生，是当时最有血性、最有担当的一代有为青年。组织、发动和参与五四爱国运动的那些青年学生们，他们热血沸腾、义无反顾、赤手空拳地走上街头，只有国家利益和民族危亡，不计个人安危得失；他们没有权，没有枪，没有钱，只有一腔爱国的热血和不甘为外人奴隶的志气。这群青年学生不畏强权，明确提出惩办“卖国贼”交通总长曹汝霖、币制局总裁陆宗舆、驻日公使章宗祥的要求。在游行示威中，爱国学生冲入赵家楼曹宅，痛打章宗祥，引发震惊中外的“火烧赵家楼”事件。被捕学生许德珩的诗句：“为雪心头恨，而今作楚囚。被拘三十二，无一怕杀头。痛殴卖国贼，火烧赵家楼。锄奸不惜死，爱国亦千秋。”② 这正是五四时期青年学生勇于担当、不怕牺牲精神的生动写照。毛泽东评价说，数十万的学生“英勇地出现于运动先头”，“这是五四运动比较辛亥革命进了一步的地方”。③

组织、参与五四爱国运动的青年学生，是那时站在中国发展最前沿、引领时代的弄潮儿。中国青年在五四运动中作为一支新生的力量登上了历史舞台。作为五四运动的亲历者，毛泽东这样评价青年学生在五四中的作用——“在中国的民主革命运动中……五四运动时期的知识分子则比辛亥革命时期的知识分

① 参见《毛泽东选集》第二卷，人民出版社 1991 年版，第 699 页。

② 许德珩：《为了民主与科学——许德珩回忆录》，中国青年出版社 1987 年版，第 65 页。

③ 《毛泽东选集》第二卷，人民出版社 1991 年版，第 558 页。

子更广大和更觉悟。”[①]

五四运动后，越来越多的青年学生意识到下层民众中蕴藏着巨大的政治力量，试图加以动员，“劳工神圣”“到民间去”等口号得以流行。习近平总书记指出，“五四运动改变了以往只有觉悟的革命者而缺少觉醒的人民大众的斗争状况，实现了中国人民和中华民族自鸦片战争以来第一次全面觉醒。经过五四运动洗礼，越来越多中国先进分子集合在马克思主义旗帜下，1921 年中国共产党宣告正式成立，中国历史掀开了崭新一页。”[②] 正是在这个意义上说，“五四运动是在思想上和干部上准备了一九二一年中国共产党的成立，又准备了五卅运动和北伐战争”[③]。

3.“五四运动”既是一个历史概念，也是一个后起的概念。

五四运动以发生于 1919 年 5 月 4 日的北京学生运动而得名，其表述几经更迭。5 月 5 日，北京学生在《上大总统书》中，将五四运动称为“五月四日之事”。11 日，《每周评论》第二十一号的《一周中北京的公民大活动》一文称之为“四日事件”“四日的示威事件”。18 日，北京中等以上学校学生联合会发表的《罢课宣言》和《上大总统书》，最早使用了“五四运动”一词。前者说，“外争国权，内除国贼，‘五四运动’之后学生等以此呼吁我政府而号召我国民盖亦数矣”；后者写道，“五四运动实国民之义愤所趋”。5 月 20 日，北京《晨报》登载了这两份材料。这是“五四运动”一词首次见诸报端。26 日，《每周评论》第二十三号刊登了北大学生罗家伦的《“五四运动”的精神》一文。之后，该刊 6 月 1 日在第二十四号上发表《查禁“妨害治安”集会出版之经过》，继续使用了“五四运动”一词，说“自‘五四运动’之后，社会上对于学生的举动，几乎没有一个不注意的”。“五四运动”的概念随后开始广泛使用。

“五四运动”的含义，原来只是指 5 月 4 日学生集会游行示威事件；之后，又概称 5 月 4 日学生集会游行示威至 6 月 28 日中国代表拒绝在巴黎和约上签字这一时段的群众爱国斗争；后来，随着“五四”纪念活动的开展，“五四运动”一词的含义不断扩大，往往将 1915 年 9 月开始的新文化运动也纳入其中，这就出现了所谓的广义“五四运动”之说。

① 《毛泽东选集》第二卷，人民出版社 1991 年版，第 559 页。

② 习近平：《在纪念五四运动 100 周年大会上的讲话》，《人民日报》2019 年 5 月 1 日。

③ 《毛泽东选集》第二卷，人民出版社 1991 年版，第 700 页。

1919年10月12日，陈独秀、李大钊在《国民》杂志周年成立大会上发表演说。演说中，陈独秀对五四运动的性质作出明确的界说，认为五四运动“实为国民运动之嚆矢，匪可与党派运动同日而语”[①]；李大钊认为，五四运动是“排斥侵略主义”的运动，因而认为“此番运动仅认为爱国运动，尚非恰当，实人类解放运动之一部分也”[②]。陈独秀认为五四运动是“国民运动之嚆矢”，李大钊认为五四运动是“人类解放运动之一部分”，两人对五四运动的看法虽有所不同，但都突破了当时社会上仅仅将五四运动作为爱国运动的观点。1925年5月3日，中国共产党机关刊物《向导》第113期发表署名双林的《五四纪念与民族革命运动》文章，纪念五四运动6周年。文章认为，如果“单认‘五四’是学生爱国运动及思想革命的纪念”，那就“未免减少了‘五四’之政治上的意义”[③]；文章认为，五四运动是积极的群众的反抗日本帝国主义的运动，是带着群众性质的第一次运动，是辛亥革命以后的第二次民族革命，是巨大的民族革命的潮流，推动了工人阶级觉悟。这对五四运动的历史地位和革命意义作了高度概括。

4. 五四爱国运动中江西籍青年学生发挥了重要的组织领导作用。

在五四运动中，有一个值得重视的亮点，就是一批赣籍青年学子积极领导和参与了五四运动。这在以往的研究中，不太重视。赣籍进步学生不仅积极参与了五四运动，而且还积极组织领导了五四运动。比如，永新的段锡朋（1896—1948）、九江的许德珩（1890—1990）、南昌的罗家伦（1897—1969）、祖籍江西永丰的傅斯年（1896—1950）、萍乡的张国焘（1897—1979）、安福的罗隆基（1896—1965）和王造时（1903—1971）等。这是不能遗忘的，也是不应该忘记的。

段锡朋、许德珩、罗家伦、傅斯年、张国焘等人作为五四运动北大学生的主要代表，在整个五四运动中起着不可或缺的重要作用。在北大法科大礼堂全体学生会议上，张国焘第一个登台发言，陈述主张，博得满堂喝彩。这次会议成立了“北京中等以上学校学生联合会”，段锡朋当选联合会主席，傅斯年担任5月4日游行的总指挥，会议还推举段锡朋、傅斯年、罗家伦为学生总代表。

---

① 《陈独秀文集》第一卷，人民出版社2013年版，第492页。

② 中国李大钊研究会编注：《李大钊全集》第三卷，人民出版社2013年版，第88页。

③ 《瞿秋白文集·政治理论编》第三卷，人民出版社2013年版，第151页。

5月4日，罗家伦起草了游行示威运动中唯一的印刷传单《北京学界全体宣言》，高呼“中国的土地可以征服不可以断送！中国的人民可以杀戮不可以低头”，还提出“外争国权，内除国贼”的口号。当游行学生到达东交民巷使馆区时，军警重重包围东交民巷入口，不让通行，北京大学学生推举段锡朋、罗家伦、许德珩、狄膺四位代表前去与东交民巷大使馆官员商谈。

5月5日，京畿警备总司令段芝贵专门派人到北大警告学生，段锡朋挺身抗辩，表示学生不怕恐吓和压迫，决心再接再厉干下去。不久，他作为北京代表到上海参加全国学联大会，并当选为会长，策划和领导了此后的一系列学生活动。

在五四运动中，张国焘的演讲才能发挥了十分重要的作用。北京大学联合会成立之初，张国焘先后担任了讲演部长、主席，主要负责主题为爱国主义与民族自卫的演讲、组织民众团体和发行传单报刊，并且经常带领讲演团成员活跃于街道、车站和集镇宣扬爱国反日，曾因与警察发生冲突而被捕。

1919年5月4日下午，清华学校的罗隆基从校外朋友打来的电话中得知，城内很多学生在示威游行。他立即邀集王造时、何浩若两人进城去打探情况，回来时正值晚饭。他站在食堂的凳子上，情绪激动地向大家报告五四游行示威运动的消息，并振臂高呼：“同学们，北京各学校的同学都起来救国了，我们不能坐视不管，应该急起响应。”第二天，清华学校便与各学校一起行动，投入五四运动的浪潮中，罗隆基也因此被李大钊誉为“把清华园掀翻了的江西粗布土衣学生”[①]。

清华代表团成立之后，王造时负责组织和参加进城演讲，编写传单。6月3日，清华代表团派出百余人进城演讲，近三分之一被抓。王造时次日主动请缨穿上童子军服，带上牙刷、毛巾和马甲等，与同学们做好坐牢的准备，进城演讲。此外，他还通过在《清华周刊》等刊物发表文章，积极为五四运动摇旗呐喊。

段祺瑞在一次紧急会议上说：“北京此次闹事的学生中，江西有三只虎，不打不得了，不打要翻天。”[②]他所说的江西三只虎，指的就是北大的张国焘、段锡

① 参见周英才：《坚持团结进步的罗隆基》，《文史春秋》2004年第7期。

② 参见周英才：《坚持团结进步的罗隆基》，《文史春秋》2004年第7期。

朋与清华的罗隆基。

二、习近平总书记对五四运动的崇高评价，既根植于百年来中华民族伟大复兴的历史巨变，又立足于五四运动历史价值在新时代的彰显引领，五四运动成为世代传承的革命基因和红色标识

正如习近平总书记站在历史和新时代的结合部上，全景式透视五四运动伟大意义所深刻指出的那样，五四运动的爆发，是中国近现代史上具有划时代意义的一个重大事件，它扭转了鸦片战争后中国不断沉沦的发展趋向，是中国旧民主主义革命走向新民主主义革命的转折点，对中华民族追求民族独立和发展进步具有里程碑意义。这一评价，既是联系中华民族百年来民族解放运动、民族复兴运动的历史实际得出的科学结论，又是立足于新时代、放眼中华民族光辉前途的理论超迈。

1. 五四运动是戊戌变法以来思想解放运动的深化和发展，是一次彻底地反对帝国主义和封建主义的爱国运动，是中国新民主革命的开端。从鸦片战争到五四运动，先进的中国人在不断探索国家和民族的出路，从洋务运动到戊戌变法，再到辛亥革命；从魏源、林则徐、洪仁玕到康有为、梁启超、谭嗣同，再到孙中山、黄兴；从“中体西用”到改良运动，再到以辛亥革命为标志的旧民主主义革命。无数有识之士在侵略压迫中奋力抗争，但最终都以失败告终。哪怕是推翻了中国两千多年封建专制制度的辛亥革命，也只是推翻了一个封建王朝，却并没有终结中国沦为半殖民地半封建社会的悲惨命运。五四运动的爆发，给在黑暗中挣扎、痛苦中彷徨的中华民族带来了希望和光明，它不仅是戊戌变法以来思想解放运动的深化和发展，更是一次彻底地反对帝国主义和反对封建主义的爱国运动，它是中国新民主主义的开端。而它反帝反封建的“彻底性”就在于斗争的坚决性和坚定性，在于从感性的排外到理性地认识到帝国主义的内部和外部的各种矛盾，帝国主义和中国封建势力的联合。毛泽东指出：“五四运动是反帝国主义的运动，又是反封建的运动”，它具有坚定的革命气质，即彻底性和毫不妥协性[①]。胡绳在《从鸦片战争到五四运动》中指出，“五四运动宣告了资产阶级领导的旧民主主义革命的结束和无产阶级领导的新民主主义革命的

① 参见《毛泽东选集》第二卷，人民出版社 1991 年版，第 699 页。

开始”[①]，以教科书的形式将这一定义固化下来。

2. 五四运动是中国近代以来前所未有的启蒙运动和新文化运动，有力地推动了马克思主义在中国的传播。五四运动为新思想、新文化开辟了道路，促使思想界沿着彻底的反帝反封建方向探求改造社会的新出路。彭明教授论述说：“五四运动是一个爱国运动，又是一个文化运动。”[②]两者如车之两轮，相辅而行。文化运动为爱国运动做了思想准备，爱国运动又推进了文化运动的发展。五四运动之前，经过早期新文化运动的冲击，中国思想界存在无政府主义、新村主义、合作主义、泛劳动主义、基尔特社会主义、社会民主主义等各种主义和思潮，马克思主义并没有为人们所重视。五四运动为新思想、新文化开辟了道路，促使思想界沿着彻底的反帝反封建方向探求改造社会的新出路，介绍、研究、宣传马克思主义逐步成为进步思想界的主流。当时创办的400多种新刊物中，宣传马克思主义或倾向于社会主义的达200多种。《新青年》杂志逐渐转变为宣传马克思主义的阵地，新文化运动发展为马克思主义思想运动。经过五四运动的洗礼，特别是对各种思潮和政治主张的反复鉴别比较，越来越多的爱国进步青年选择马克思主义作为自己的信仰，开始在马克思主义旗帜下集合起来。在五四运动中担任主要领导骨干的那些具有初步共产主义思想的知识分子，在实践中得到淬炼和成长，很快完成从民主主义者向马克思主义者的转变。李大钊、陈独秀、瞿秋白、毛泽东、周恩来、恽代英等在理论和实践方面逐步成长为早期马克思主义代表人物。毛泽东在回顾五四时期思想经历时就谈道：“到了一九二〇年夏天，在理论上，而且在某种程度的行动上，我已成为一个马克思主义者了。”[③]青年周恩来在致友人书信中写道，“我认的主义一定是不变了，并且很坚决地要为他宣传奔走”。[④]丁守和（1925—2008）、殷叙彝（1925—2014）的《从五四启蒙运动到马克思主义的传播》（三联书店，1963年6月第1版，1979年4月第2版）是国内最早的相关研究成果。我的论文《李大钊、瞿秋白

① 胡绳：《从鸦片战争到五四运动》，人民出版社1981年版，第965页。

② 彭明：《五四运动史》（修订本），人民出版社1998年版，第652页。

③ ［美］埃德加·斯诺著、董乐山译：《西行漫记》，东方出版社2010年版，第147页。

④ 中共中央文献研究室、南开大学：《周恩来早期文集（一九一二年十月——一九二四年六月）》下卷，中央文献出版社、南开大学出版社1998年版，第453页。

对俄国道路的认识》[1]，是目前为止将五四新文化运动与中国道路选择结合起来的显著代表性成果。

3. 五四运动标志着中国工人阶级开始由自在阶级向自为阶级转变，为马克思主义在中国的传播和中国共产党的诞生奠定了阶级基础，为中国共产党的成立作了思想上和干部上的准备。习近平总书记指出，五四运动以彻底反帝反封建的革命性、追求救国强国真理的进步性、各族各界群众积极参与的广泛性，推动了中国社会进步，“为中国共产党成立做了思想上干部上的准备，为新的革命力量、革命文化、革命斗争登上历史舞台创造了条件”。[2] 在五四运动中，中国无产阶级开始作为独立的政治力量登上历史舞台，工人阶级显示了其伟大力量。工人在斗争中发挥决定性的作用这个事实，给予先进的知识分子以真切的教育。那些接触了社会主义思潮、初步掌握了马克思主义的知识分子脱下学生装，穿上粗布衣，开始到工人中去进行宣传工作和组织工作，启发他们的觉悟，使之由自在的阶级成为自为的阶级。马克思主义与工人运动相结合，直接推动了 1921 年中国共产党的成立。自从有了中国共产党，中国革命的面貌就焕然一新，中国革命就有了新的领导核心力量，这是中国新民主主义革命区别于旧民主主义革命最根本的特征。张宝明教授指出，“近代以来，正是文化的酝酿、政治文化的锻造以及新型现代中国政治理想的频频招引，才有了新文化运动的巨大收获。而在这所有的收获中，又以五四运动的成果最为丰硕。我们之所以这样说，是因为五四运动在现实与历史的双重助推下，催生并运作了中国共产党的成立，中国 20 世纪的面貌从此为之一新”，[3] 这个结论是比较恰当的。李新等主编的多卷本《中国新民主主义革命史》（上海人民出版社，1996 年版）对此作了最详尽最为权威的表述。

4. 五四运动彰显了中国青年、中国人民和中华民族的伟大力量。五四运动促进了中华民族的觉醒，最广泛地动员和启迪着全国人民的爱国情感和民族意识，从青年学生、知识分子到工人阶级、工商业者，从北京、上海到武汉、南昌等大中城市，其参与人数之多、涉及地区之广、舆论声势之大，远远超过了近代中国的任何一次革命运动。五四运动弘扬了中华民族探索、奋斗、开拓、

① 张艳国：《李大钊、瞿秋白对俄国道路的认识》，《中国社会科学》2016 年第 10 期。

② 习近平：《在纪念五四运动 100 周年大会上的讲话》，《人民日报》2019 年 5 月 1 日。

③ 张宝明：《五四运动与中国共产党的历史情缘》，《中国社会科学报》2019 年 5 月 6 日。

奋进的光荣传统。在五四运动中，爱国的青年起到了先锋作用，承载了历史使命，走在时代前列，体现了时代青年的光辉价值；而五四运动以来的一百年，是中国青年一代又一代接续奋斗、凯歌前行的一百年，是中国青年用青春之我创造青春之中国、青春之民族的一百年。无论过去、现在还是未来，中国青年始终是实现中华民族伟大复兴的先锋力量。毛泽东的著名论文《青年运动的方向》是为纪念五四运动 20 周年所作，对青年运动的伟力首次作出了科学阐述，这已经是学术界、理论界的共识。石仲泉教授认为，五四运动所展现出来的百年惊天伟力，正是由政治和思想两个向度交汇而来，为中华民族追梦前行提供了精神力量。[①]

三、习近平总书记对“五四精神”的新提炼和新概括，既是对伟大五四精神一脉相承、忠于历史地继承，又是立足于新时代对伟大五四精神认识的深化

马克思说过，一个时代的精神，是青年代表的精神；一个时代的性格，是青年代表的性格。百年来，中国共产党是继承和弘扬伟大五四精神的号召者、主导者，而一代又一代青年则是五四精神的承载者和传递者，五四精神总是与青年紧密地、牢固地连接在一起。五四运动以后，历史发展滚滚向前，时代主题斗转星移。伟大五四精神从中国共产党诞生之日起，就深深地融入党带领中国人民求翻身得解放、搞建设谋发展、搞改革图复兴的革命文化之中，人们对五四精神的认识也不断地深化，在不同的历史时期，其基本内涵亦有所不同，形成了一部内涵丰富、形象丰满、感召强大的五四精神史。

1. 具有革命性的五四精神。

1919 年 5 月 26 日，罗家伦在《每周评论》上发表《五四运动的精神》一文，认为五四运动表现出了三种“关系中国民族存亡”精神，即“学生牺牲的精神”“社会制裁的精神”和“民族自决的精神”。

在中国早期马克思主义者中，李大钊最早提出和概括了“五四精神”，并就其内容作了重要阐发。1921 年 5 月，李大钊在纪念五四运动两周年之际著文指出，“五月四日这一天，是中国学生界的‘May Day’”；五四运动的精神是“干

① 参见石仲泉：《五四百年：一部思想解放的史诗》，《中国青年社会科学》2019 年第 2 期。

涉政治”“直接行动”的反抗强权的精神，并盼望中国学生界把“直接行动反抗强权世界”的这种精神光大起来。[①]此后，李大钊又将“五四精神”中的“干涉政治”解读为反帝和反封建，并指出“五四精神”还具有“争取民族独立、民众自由与解放”的新内涵。在1924年5月纪念“五四”期间，李大钊撰文指出，“五四”纪念日“是中国全国学生膺惩中国卖国贼的纪念日，是中国全国学生对于帝国主义行总攻击的纪念日，亦即是被压迫的民众向压迫的国家抗争自由的纪念日，这是国民的学生的日子。我们在今天应该把国际帝国主义侵略我们的痛史，细数从头，把‘五四’运动的精神，牢牢记住，誓要恢复国家的主权，洗清民族的耻辱”。[②]

1924年12月，陈独秀在总结历史教训时认为，五四运动的精神既体现在反帝反封建上，同时也体现在促进文化革新和社会运动的深入上，五四运动虽然未能达到理想的成功，“而在此运动中最努力的革命青年，遂接受世界的革命思潮，由空想而实际运动，开始了中国革命之新的方向”。[③]他以“革命”来界定“五四精神”，将“无产阶级参加革命”这个因素作为考量五四运动具有“中国革命之新的方向”的依据，这实际上是对五四运动何以能成就其“五四精神”的最好解读，由此也使得五四运动与中国的民主主义革命紧密联系起来。

作为中国共产党的创始人，陈独秀、李大钊关于“五四精神”本质上是“革命的”这一诠释，就成为早期中国共产党人认识五四运动的基本共识和权威依据。

2. 内化为中国共产党精神旗帜的五四精神。

在新民主主义革命中，中国共产党人始终把自己作为五四精神的坚定继承者和弘扬者。在中共中央一系列决议、领导人的重要讲话中，将五四精神与中国共产党领导的民族解放事业紧紧联系在一起；设定五四青年节，[④]将五四精神与党领导的青年革命运动紧密联系在一起，并将五四精神的学习、纪念常态化。特别是在延安时期，以毛泽东为代表的中国共产党人在一系列演讲、文章中，

① 参见中国李大钊研究会编注：《李大钊全集》第三卷，人民出版社2013年版，第379页。

② 中国李大钊研究会编注：《李大钊全集》第四卷，人民出版社2013年版，第516页。

③ 《陈独秀文章选编》（中），生活·读书·新知三联书店1984年版，第618页。

④ 1939年，陕甘宁边区西北青年救国联合会规定5月4日为中国青年节。1949年12月，中国中央人民政府政务院正式宣布5月4日为中国青年节。

对五四精神的集中概括，代表了新民主主义革命中中国共产党人对五四精神认识的最高水平。1939 年 5 月 1 日，毛泽东在为中共中央机关报《解放》撰写的纪念五四运动二十周年文章《五四运动》中说，“全国的青年和文化界对于民主革命和抗日战争负有大的责任。我希望他们认识中国革命的性质和动力，把自己的工作和工农民众结合起来，到工农民众中去，变为工农民众的宣传者和组织者”[①]，继而在二十周年纪念大会演讲中说,“使全国青年和全国人民结合起来，使革命由失败转变到胜利”,“这就是我所希望于你们的”。[②]谆谆教诲、殷殷期望，至今依然振聋发聩。

在新民主主义革命时期，广大青年弘扬五四精神，一是要争取民族独立、维护国家主权和领土完整，反对日本帝国主义的奴役和封建军阀政府的卖国行径，紧紧地团结在抗日民族统一战线的旗帜下，为抵抗日本侵略奋斗到底，在民族和国家生死存亡的时候挺身而出；二是要反对阻碍民族独立和人民解放的一切腐朽没落的东西，推动中国社会向前发展，就是要牢牢团结在共产党的领导下，在马列主义思想的引领下为国家独立、民族解放而奋斗；三是要推翻专制独裁的旧制度，实现最广大人民的解放和民主、自由；四是要探索指导中国人民根本改变受奴役、受压迫地位的科学真理和发展道路；五是要走与工农大众相结合的道路，贡献自己的青春、智慧和力量。

道路决定命运，旗帜决定方向。在中国共产党领导下，青年的热血为民族解放而沸腾，为革命胜利而献身，这就是内化为中国共产党精神旗帜的不朽标识。

3. 改革开放道路上迎风飘扬的五四精神大旗。

在改革开放和社会主义现代化建设新时期，中国共产党高度重视继承和弘扬五四精神，将五四精神与中华民族精神和改革创新的时代精神紧密联系在一起，矗立了改革开放道路上迎风飘扬的五四精神大旗。

在 20 世纪 90 年代，为着力推进中国特色社会主义伟大事业，向着新世纪前进、向着现代化的光辉目标前进、向着中华民族的伟大复兴前进，江泽民在

① 《毛泽东选集》第二卷，人民出版社 1991 年版，第 560 页。

② 《毛泽东选集》第二卷，人民出版社 1991 年版，第 569 页。

《爱国主义和我国知识分子的使命》这篇著名讲话中，高度肯定五四运动的伟大意义："五四运动是一次伟大的反帝反封建运动，也是一次追求民主、科学的思想解放运动和新文化运动。它标志着中国民主革命进入一个崭新阶段，体现了中国人民爱国、革命、进步的强烈愿望和坚定信念。"[①] 概括地说，五四精神就是民主、科学、爱国、革命、进步，而爱国主义则是五四精神最本质、最鲜明的时代特征。1998 年 5 月 4 日，江泽民在庆祝北京大学建校一百周年大会上的讲话《继承和发扬五四运动的光荣传统》中，再次强调指出：北大爱国青年发起的五四运动，具有划时代的伟大意义，"五四运动的精神，最根本的就是中华民族的爱国主义精神"[②]。将继承和发扬五四精神与时代发展、民族命运、人民要求和国家前途紧密结合起来，广大青年只有在竭诚为祖国和人民奉献中，才能焕发出青春的绚丽光彩。

1999 年 5 月 4 日，胡锦涛在五四运动八十周年纪念大会上发表了《当代青年要肩负起时代赋予的崇高责任》的著名讲话中指出："五四运动鲜明贯穿着彻底、不妥协的反帝反封建的爱国主题"，"五四运动树立了一座推动中国历史进步的丰碑。五四运动也孕育了爱国、进步、民主、科学的伟大精神"，"五四运动所体现的爱国主义精神，是中华民族百折不挠、自强不息的民族精神的生动写照。这种历久弥新的伟大爱国主义精神，是我国几千年来发展进步的重要力量源泉"。[③] 继承和发扬五四精神，就是要"根据不同历史时期的形势和任务，把五四精神同人民群众推动社会进步的实践结合起来，使爱国、进步、民主、科学的五四精神始终具有广泛的群众性和鲜明的时代性，不断升华到新的境界"[④]。站在五四运动一百年后的今天，中国经历了站起来、富起来的历史性变革，正走在强起来的新时代征程上。新征程需要精神支柱，新时代要挺起奋进的精神脊梁。2019 年 4 月 30 日，习近平在纪念五四运动 100 周年大会的讲话中揭示了五四精神的深刻内涵及其价值意义，既继承前人，又有新的深刻阐述。他指出："五四运动以全民族的力量高举起爱国主义的伟大旗帜。五四运动，孕育了以爱国、进步、民主、科学为主要内容的伟大五四精神，其核心是爱国主

① 《江泽民文选》第一卷，人民出版社 2006 年版，第 120 页。
② 《江泽民文选》第二卷，人民出版社 2006 年版，第 123 页。
③ 《胡锦涛文选》第一卷，人民出版社 2016 年版，第 360—361 页。
④ 《胡锦涛文选》第一卷，人民出版社 2016 年版，第 363—364 页。

义。爱国主义是我们民族的精神的核心，是中华民族团结奋斗、自强不息的精神纽带。”“历史深刻表明，爱国主义自古以来就流淌在中华民族血脉之中，去不掉，打不破，灭不了，是中国人民和中华民族维护民族独立和民族尊严的强大精神动力，只要高举爱国主义的伟大旗帜，中国人民和中华民族就能在改造中国、改造世界的拼搏中迸发出排山倒海的历史伟力！”①“新时代中国青年要继续发扬五四精神，以实现中华民族伟大复兴为己任，不辜负党的期望、人民期待、民族重托，不辜负我们这个伟大时代。”②至此，伟大五四精神的内涵表述基本固化、定格下来：一是以爱国主义为核心的民族精神为引领，将五四精神纳入奔涌不息、源远流长的民族精神谱系之中，使之具有历史的厚重感和民族文化的本色；二是以推动中华民族伟大复兴大业的进步性为时代精神体现，展示了五四精神从本质上讲是与时俱进、开拓创新的；三是凸显五四运动高举的民主、科学大旗，弘扬的民族精神、科学精神，既体现五四运动当时的历史真实，又代表了时代发展的进步方向和价值正义。五四精神的历史感、时代感与爱国主义的精神实质、追求进步的不懈奋斗勇气必然地紧密联系在一起，成为当代中国人团结奋斗的精神力量和文化资源。百年来，虽然对五四精神的概括、提炼有所变化，但是，变化的只是时间、时代，传承的则是五四精神的本质，而不变的是中国共产党作为伟大五四精神的继承者、弘扬者对五四精神的礼赞和承担，不变的是时代青年的使命和担当。

四、勇做新时代有为青年，奋力传承五四精神

一百年前爆发的伟大五四运动，已经作为光辉的一页永远载入中华民族的史册。百年五四留给我们的思考是：站在新时代改革创新、追梦圆梦的潮头，我们应该如何做好“纪念五四运动、传承五四精神，勇做新时代有为青年”的答卷人？

1. 走进历史深处，研究五四运动、珍视五四精神。习近平同志在主持中共中央政治局第十四次集体学习会时强调，“100 年前爆发的五四运动，是一场以先进青年知识分子为先锋、广大人民群众参加的彻底反帝反封建的伟大爱国革

① 习近平：《在纪念五四运动 100 周年大会上的讲话》，《人民日报》2019 年 5 月 1 日。

② 习近平：《在纪念五四运动 100 周年大会上的讲话》，《人民日报》2019 年 5 月 1 日。

命运动。我们党历来高度重视对五四运动和五四精神的研究和阐释。新时代，我们要继续加强对五四运动和五四精神的研究”①。

五四运动的影响和五四精神的引领，在党和国家带领全国人民进行革命、建设、改革的历史进程中发挥了重要作用。研究五四、珍视五四，成为当代青年推动国家进步、社会发展的时代要求和题中之意。五四运动意义的研究、五四精神时代价值的研究、五四运动以来中国青年运动的研究关系着当代中国青年成长成才的方向，关系着国家前途、民族命运的走向。

在五四运动过后的百年历史长河中，党和国家历来十分重视对五四运动和五四精神的研究，不断汲取五四运动的精神养料，不断挖掘五四运动的时代内涵。在新时代知识飞速发展的今天，我们应该要从历史与时代、理论与实践相结合的高度，从国家视角、社会视角、群众视角的广度来研究五四、珍视五四。要在大历史观的指导下，把五四运动置于中华民族的文明史、中国人民的斗争史、中国共产党的奋斗史的广阔视野中进行研究和把握。要运用现代科学技术，如大数据、云计算、信息技术和人工智能促进五四运动史研究走向深入。要持续加强对五四运动历史文物的保护、对五四史料的分类整理和系统化研究，以此加深五四运动在时代发展轨迹中留下的历史记忆。要加强相关各地、各科研单位协同创新，加强国际合作交流，不断提升五四运动史研究水平和质量。

2. 实现五四精神在当代创造性转化。五四运动虽已过去百年，但五四精神生生不息、历久弥新。1919 年的五四运动所孕育的以“爱国、进步、民主、科学”为内涵的五四精神，是一面伟大的精神旗帜，鼓舞新时代青年团结奋进、追梦远行。爱国是五四精神的本质，进步是五四精神的方向，民主和科学是五四精神的基础和底色。在历史演变中，五四精神随着新时代社会发展、民族进步的变化依然焕发出勃勃生机。这就要求我们将五四精神的研究与传承同新时代党和国家发展、社会和民族进步的特点相融合，实现五四精神的创造性转化与创新性发展。

五四精神在当代的创造性转化，就是要求我们热爱祖国、热爱人民。五四

---

① 《习近平在中共中央政治局第十四次集体学习时强调　加强对五四运动和五四精神的研究　激励广大青年为民族复兴不懈奋斗》,《人民日报》2019 年 4 月 21 日。

精神的核心是爱国主义精神，指引着中国人民将个人前途和国家命运紧密结合在一起。爱国主义不是无源之水，而是广大人民群众千百年来形成的对祖国和人民的深厚情感。对每一个中国人来说，爱国是本分，也是职责，是心之所系、情之所归。对新时代中国青年来说，热爱祖国是立身之本、成才之基。伟大的五四运动所酝酿的爱国主义精神对新时代的中国人民和中华民族具有重要的教育意义。

实现五四精神在当代的创造性转化，就是要求我们永葆解放思想、与时俱进的朝气和锐气，展望未来、放眼世界、奋勇向前。五四运动致力于冲破旧思想的束缚和牢笼，其蕴含的创新精神犹如接力棒一样代代传承。推进中国特色社会主义事业，把自己的事情办好，实现伟大复兴中国梦目标，就是要勇于破除一切不合理的体制机制、利益格局，敢于破除一切不合时宜、阻碍发展的旧思想、旧观念、旧方法，摒弃对马克思主义的教条式解读、僵化式固守，冲破本本主义、教条主义、主观主义和形而上学对深化实践的桎梏，勇立时代潮头、争做时代先锋、甘当发展之梯。

实现五四精神在当代的创造性转化，就是要求我们发扬传统、开拓创新。早在八十年前，毛泽东在延安庆贺模范青年大会上的演讲中就说过：五四运动培育了中国青年运动很好的革命传统，这个传统就是“永久奋斗”[①]，不忘本来，才能开辟未来；善于继承，才能更好创新。百年的发展历程足以证明，五四精神不是一成不变的，它是在继承的基础上不断推陈出新的。新时代五四精神离不开民族精神的深厚基础，离不开与时代精神的有机结合、推陈出新。五四精神的创造性转化必须以民族精神和时代精神为基础和条件、为滋养和动力，使之成为激励人民群众奋勇前进的精神力量。

3. 努力做到热爱青年、关心青年、服务青年。高校作为培育德、智、体、美、劳全面发展的社会主义建设者和接班人的主渠道和主阵地，要深入贯彻落实习近平新时代中国特色社会主义思想和党的十九大精神，结合青年工作实际，遵循青年成长规律，积极落实高校立德树人的根本任务和铸魂育人的总要求，始终围绕青年、关照青年、服务青年，促进青年全面发展，全面提高青年工作水平。

---

① 《毛泽东文集》第二卷，人民出版社 1993 年版，第 190 页。

习近平总书记指出："青年人阅历不广，容易从自身角度、从理想状态的角度来认识和理解世界，难免给他们带来局限性。这是青年成长的规律，我们要尊重这个规律。"[①] 我们要积极引导广大青年师生弘扬五四精神，担当时代重任，要教育引导青年师生树立远大理想、热爱伟大祖国、担当时代责任、勇于砥砺奋斗、练就过硬本领、锤炼品德修为。同时，我们也要切实提高服务青年师生成长成才的能力和水平，认真贯彻落实习近平总书记提出的新时代青年工作要求，做青年朋友的真正知心人、青年工作的真正热心人、青年群众的真正引路人。要成为青年愿意讲真话、交真心、诉真情的知心朋友，相互取长补短，相互信任帮助；要在青年成长的关键处、要紧时拉一把、帮一下，关注青年所思、所忧、所盼，努力为青年创造良好发展条件、搭建广阔成长平台，让他们感受到关爱就在身边、关怀就在眼前；要在密切联系青年师生上下功夫，每一名干部都要从自身做起，广泛联系青年师生；要在关心关爱青年师生上下功夫，把解决思想问题同解决实际问题结合起来，及时伸出援手，多做得人心、暖人心、聚人心的工作，在关心、帮助中教育、引导；要在教育引导青年师生上下功夫，引导广大青年师生善于从政治上研判形势、分析问题，自觉在党和国家工作大局下想问题、做工作，做到一切服从大局、一切服务大局，为实现中华民族伟大复兴的中国梦不懈奋斗。

4. 积极促进青年成长进步，引导青年投身伟大中国梦的火热实践。五四以来，一代又一代的青年满怀振兴中华的宏大理想，以民族解放、国家富强、人民幸福为己任，前赴后继，艰苦奋斗，奋勇争先，开拓进取，在中国革命、建设、改革开放的伟大征程中作出了重要贡献。当前，中国特色社会主义进入了新时代，我们比历史上任何时期都更接近中华民族伟大复兴的目标，比历史上任何时期都更有信心、更有能力实现这个目标。今天发扬五四精神，就要教育引导青年人把五四运动倡导的爱国、进步、民主、科学思想同实现中华民族伟大复兴中国梦统一起来，总结运用党和人民探索民族复兴道路的宝贵经验，担负起历史重任，在奔跑中奋力逐梦，做新时代的追梦人。

今天，世界处于"百年未有之变局"的调整、重组时期，经济全球化、政治多极化、思想多元化和生活多样化，特别是信息化、大数据和人工智能对青

① 习近平：《在纪念五四运动 100 周年大会上的讲话》，《人民日报》2019 年 5 月 1 日。

年一代的思想和生活产生了深刻影响。继承五四精神，就应当引导青年大学生把自己的理想同祖国的前途、把自己的人生同民族的命运紧密联系在一起，扎根人民，奉献国家，做新时代的奋斗者、五四精神的传承者。各级党组织要按照习近平总书记《在纪念五四运动100周年大会上的讲话》中提出的要求，围绕“四个讲清楚”开展有针对性的宣传教育，引导青年师生按照习近平总书记对新时代中国青年提出的六点要求，在实现中华民族伟大复兴中国梦的历史进程中砥砺奋斗、担当大任；广大干部和教师要牢记立德树人根本任务，按照习近平总书记提出的做好新时代党的青年工作的要求，引导广大青年全面发展、健康成长。各级团学组织要深入研究当代青年学生成长成才的特点和规律，了解新时代青年学子的优势和弱点，引导广大青年学生把树立远大理想和脚踏实地统一起来，为实现伟大复兴的中国梦作出贡献。高校马克思主义学院和学校思政课教师要弄懂吃透五四运动历史意义、五四精神时代价值，向广大青年学生讲清楚五四运动对当代中国发展进步具有重大而深远影响，增强青年学生坚定“四个自信”，树牢“四个意识”，做到“两个维护”，勇做爱国、励志、求真、力行的新时代青年，担负起“中国青年是有远大理想抱负的青年！中国青年是有深厚家国情怀的青年！中国青年是有伟大创造力的青年”的荣誉和称号，始终成为“实现中华民族伟大复兴的先锋力量”[①]。

（本文系作者于2019年5月29日在江西师范大学党委理论中心组学习会上的发言，根据录音整理，经作者审定。）

① 习近平：《在纪念五四运动100周年大会上的讲话》，《人民日报》2019年5月1日。

弘扬青春正能量，谱写时代新篇章

今天，学校第二十八次学生代表大会暨第四次研究生代表大会隆重开幕了。这是学校青年学生政治生活中、人生发展中的一件大事，也是广大大学生凝心聚力、鼓舞斗志的一次盛会。在此，我代表学校党委向大会的召开表示热烈的祝贺！向莅临大会的校外来宾表示诚挚的欢迎！向全体与会代表，并通过你们向全校学生致以亲切的问候！

一年来，学校学生会、研究生会在学校党委的领导下，在省学联、校团委的指导下，深入学习贯彻习近平新时代中国特色社会主义思想，特别是习近平总书记关于青年工作的重要论述，聚焦主责主业，紧扣时代主题，在政治引领、社会实践、校园文化、学生权益维护、学生组织改革等方面做出了积极的贡献，赢得了全校学生的拥护和肯定。经过大家的努力，学校形成并推出“战‘疫’的青春最美丽”、师大青年说、才子俏佳人、红色文化艺术节等一系列学生工作品牌与活动，涌现一大批优秀青年学生代表。校学生会、研究生会在服务青年学生成长成才和落实立德树人根本任务中发挥了越来越重要的作用。这些成绩和进步，都是令人欣喜的！

当前，我国正处在实现“两个一百年”奋斗目标的历史交汇点上。明年，我们将满怀喜悦地迎来建党100周年。十九届五中全会研究决定，明年上半年党中央将评估、研判全面建成小康社会情况，实时向社会发布评估结果。十九届五中全会还对国家2035年中长期发展目标做出规划，庄严提出，到2035年的时候，国家基本实现现代化。在座的各位青年、各位学生代表赶上了大好时代！同时，你们也身处国内国际深刻变革的时代。当前，中国持续深化改革开放，经济发展加速转型升级。国际社会朝着多极化方向演变，全球朝着多元化方向发展。可以说，我们正在遭遇百年未有之大变局。青年学生风华正茂，青春奋斗正当时。同学们要牢牢把握“两个一百年”奋斗目标的丰富内涵，深度思考、认真谋划、坚定确立自己的人生志向。习近平总书记曾说：“人的一生只有一次青春。现在，青春是用来奋斗的；将来，青春是用来回忆的。”[①] 总书记是这样教导你们的，也是这样指引我们的。我们经常回顾我们的过去，看看我们的现在，思考怎样将国家提出的“两个一百年”奋斗目标和自己的人生发展目标结合起来，做一个负责任、敢担当、有使命的时代新人。

回望历史，每一幅波澜壮阔的时代画卷背后，都有青年的身影。正是有了一代代青年的不懈奋斗，我们才能不断推动社会进步、民族复兴、国家富强。党的十九届五中全会擘画的宏伟蓝图，需要在党的领导下，通过全党全军全国各族人民同心奋斗，才能最终实现。它强烈召唤广大青年坚定理想，担负使命，矢志奋斗，践行无悔青春，实现精彩人生。百年奋进，强国有你；与祖国同进，无比幸福！

借这个机会，我想代表学校党委和大家分享四点想法，并向你们提出建议：

一是要与国家同心，立志报效祖国。党的创始人之一、现代著名学者李大钊先生曾经写过一篇经典文章——《青春》。他说，青春是用来为社会服务的，青春是用来报效国家、服务人民的。[②] 江西师范大学科技学院共青校区塑造了一幅震撼人心、激发青春热情的雕塑。我建议大家在过组织生活的时候，到那里去认真体验一下，体会一下如何在青年时期确立自己人生的志向，确立自己发展的远大目标，衡量一下自己确定志向的高低上下。青年时期，是人生观形成的阶段，也是确立人生志向的阶段，它决定青年的人设，也决定青年未来人生走向。

北宋时期哲学家、思想家张载曾经说过，作为一个有责任有担当的人，应该怎样书写自己的人生呢？就是应该树立自己在天地宇宙、在社会人生中的角色定位。他说：“为天地立心，为生民立命，为往圣继绝学，为万世开太平。”[③] 中国古代优秀知识分子在社会发展中发挥了重要作用。古代书院就像现在的大学，培养了许多杰出人才。我昨天去过宜黄，明代中晚期在这里诞生了伟大民族英雄、杰出军事家、著名政治家谭纶。谭纶这个人很了不起，25 岁考取进士。

---

① 习近平：《在同各界优秀青年代表座谈时的讲话》，《人民日报》2013 年 5 月 5 日。

② 参见中国李大钊研究会编注：《李大钊全集》第一卷，人民出版社 2013 年版，第 307—318 页。

③［清］黄宗羲著，［清］全祖望补修，陈金生、梁运华点校：《宋元学案·横渠学案》，中华书局 1986 年版，第 664 页。

按照孔夫子的说法，对于古代读书人来说，25岁已经不年轻了。孔子说："吾十有五而志于学，三十而立，四十而不惑，五十而知天命，六十而耳顺，七十而从心所欲，不踰矩。"① 他介于15到30岁之间，在那个年代，考上进士是比较晚的了。他在当地读私塾的时候曾经说过，自己准备走仕途，要一辈子献身朝廷。回顾他的一生，他做了一件伟大的事，即平定倭寇。他担起历史使命，一个文弱书生发动五百壮士为生民立命，为朝廷立功，挺身而出，为国纾乱，把围困南都南京的倭寇三万人打得落花流水。他投笔从戎，一举成功，后来被封为兵部尚书、大司马，培养出抗倭英雄戚继光、俞大猷。一生只为一事来，一生干成一件事。人生的起点和人生的终点联系在一起。我想，你的梦想有多大，你的天空就有多广阔；你的梦想有多精彩，你的天空就有多蔚蓝。

昨天，我在研讨会做了一个主题发言，人民网进行了直播。我很感动，与会专家们也很感动。他们主要是以北京的高级专家为主。我在会上提出，要少宣传严嵩父子，多宣传谭纶、戚继光等民族英雄，要积极构建江西正能量话语。不要一提到江西，就让人想到江西产生了大奸臣、大坏蛋严嵩和严世蕃。实际上，江西历史上也产生了许多杰出人物。如，大文豪汤显祖、大军事家谭纶等等，英雄豪杰灿若星河。培养杰出人才，就是办学的一种伟大理想。我们培养的人，应该像谭纶一样，像李大钊一样，能够为祖国的发展、为人民的幸福挺身而出，不辞劳苦，不顾生死，建功立业。今年以来，在抗击新冠疫情的过程中，我们看到了很多值得骄傲的人和事。让我们热泪盈眶的90后、00后奋战在战疫第一线，他们以舍己为人的情怀和实践，为疫情阻击战交上了一份让社会满意的答卷。从历史看，特别是从近现代中国的发展历程来看，重点是从当代中国梦的实践来看，我们新时代青年应该自觉把实现人生抱负、追求美好生活的理想与国家和民族的前途命运结合起来，培养报效国家、贡献社会、服务人民的深厚情怀，树立有责任、有担当的新时代青年远大志向。每一个人，虽然能力有大小，但是，只要他矢志不渝，一定能够在自己力所能及的范围内建功立业，这也是我的一个深刻体会。我从我的母校华东师范大学校园走出来，我们班60个同学没有一个同学掉队，在各自的岗位上、在各行各业都做出了骄人的成绩，无愧于80年代初期改革开放时代背景下人们给予大学生们"天之骄子"

① 张艳国：《〈论语〉智慧赏析》，人民出版社2020年版，第18页。

的称号。大家拼搏奋斗的动力，就是源自这份深厚的家国情怀，不想自己掉队，更不愿国家落伍于时代。

昨天，我收到人民出版社寄给我的一套样书，是我所著的“中国文化的现代魅力书系”——《〈论语〉智慧赏析》《中华家训讲读》《〈颜氏家训〉精华提要》，共3卷本。我出版这套书的目的是什么呢？为生民立命，为往圣继绝学。我交书稿给人民出版社的时候，有关同志深受感动，组织精兵强将，精益求精，耗时8个月，最终高质量高规格出版。这讲的是我的文化报国梦。作为一名高级知识分子，我长期奋战在文教战线，念念不忘的就是怎样把自己的工作做到最好，能够为党为国、为社会为人民培育更多更优秀的人才，以无我的精神和气概做出最光彩的业绩。我期待你们今后也能这样有所作为。

二是要与时代同行，坚持守正创新。处在当今这个大变革的新时代，青年学生应该肩负什么样的责任，怎样担好这个责任？这既是你们应该思考的问题，也是我们常常思考的问题。我想，只要我们深爱着自己身处的这片大地，具有深厚的人民情怀，我们就一定能够把这个问题想清楚、弄明白。昨天，我在讲座时说过一句话，引起不断掌声。他们说我讲的内容有历史底蕴、有文化情怀、有哲学高度。我是怎么讲的呢？我说，脚踏一方热土，我们眼前时常闪烁着一幅幅熟悉的面孔。这些人荟萃着精彩的人生故事。时过境迁，在不经意间，昨日的故事变成今日的笑谈，但是，我们总是能够怀着礼敬、赞美前人的态度，在他们开创事业的基础上，不断向前开拓，向前进步。任何一个无愧于时代、为国家为人民作出贡献的人，都值得我们铭记，都值得我们追忆，都值得我们怀念。我们要像他们一样接续奋斗、抒发精彩。只有怀着这样一种强烈的社会责任感，去缅怀我们这片土地上孕育出的往圣先贤，我们才能有不断创造更加美好未来的动力活力。所以，我们要多宣传江西这片土地上像谭纶这样的伟大人物，少宣传或者是不宣传严嵩父子这样的人物。严嵩父子是历史上的大奸臣、大坏蛋，你还能给他平得了反吗？那么看看我们江右的历史文化，彪炳史册，光耀千秋，像陶渊明、王安石、欧阳修、曾巩等一大批杰出的人物都诞生于此地，他们更值得我们宣传。我们追怀他们，是为了我们今天能够做得比他们更好，这就是时代的担当。仰望星空，太空有“神舟”；俯瞰海洋，海中有“蛟龙”。这些自主创新的技术有的来自我们的同龄人，有的来自青年学者、青年科学家、青年科技创新人才，他们都有着强烈的时代担当和报国志向。我们应该学习他们，与时代同行，跟着优秀的榜样走，跟着时代的节拍走。

昨晚央视一套播出了一个节目《开讲啦》。主讲人是我的一个好朋友，著名历史学家肖永明教授，现在是湖南大学岳麓书院的院长，我们叫他掌门人。昨天，肖永明教授从岳麓书院门口的楹联讲起，说到“惟楚有材，于斯为盛”①。我是湖北人，是楚文化的传人，楚文化涵养了我。他讲到这一点的时候，激起了我的热泪。讲到楚文化，近代著名的人物有曾国藩、张之洞等人。他们构建了楚文化的一个重要部分——湖湘文化。湖湘文化孕育出伟大领袖毛泽东，以及以毛泽东同志为代表的近代从湖南走出来的一大批伟大的无产阶级革命战士。岳麓山、岳麓书院、湖湘文化、楚文化联系着我们江西、湖南、湖北。江西自古就是吴头楚尾之地，在一定程度上也受到楚文化影响。希望大家学习楚文化中“不飞则已，一飞冲天；不鸣则已，一鸣惊人”②的奋斗精神，围绕着自己的志向，敢于实践，与时代同行，开创新天地。

三是要与社会并进，勤奋学习钻研。千里之行，始于足下。我们靠什么去行，我们靠什么开始？我觉得，现在正是读书时。如果一名大学生不系统地读几本书，只是靠网络、靠手机碎片化地学一点东西，是不能成大器的。我经常跟我课堂上的学生，我指导的硕士、博士和博士后讲，一定要笃定诚心，像潜水艇能经得起强液压的考验那样，人要经得起生活环境的考验。同学们，你们现在有一个最突出的优势，就是拥有青春的朝气；你们有一个最突出的弱点，就是成为手机的奴隶。离开了手机，你们就无法安心生活。大家这样怎么能静下心来思考问题啊！所以，同学们一定要珍惜时光，潜心求学。唐代有一位大书法家，名叫颜真卿。他是魏晋南北朝时期大思想家、大学者颜之推的孙辈，曾经写过一首劝学诗：“三更灯火五更鸡，正是男儿读书时。黑发不知勤学早，白首方悔读书迟。”③同学们，古人的这首诗到现在也非常受用。老一辈无产阶级

---

① “惟楚有材，于斯为盛”是湖南长沙岳麓书院门前的一副对联。上联“惟楚有材”，出自《左传》，原句是“虽楚有材，晋实用之”，即楚材晋用的典故。参见郭丹、程小青、李彬源译注：《左传》，中华书局2012年版，第1389页。下联“于斯为盛”，出自《论语·泰伯》，原句是“唐虞之际，于斯为盛”，本为孔子盛赞周武王时期人才鼎盛局面。参见张艳国：《〈论语〉智慧赏析》，人民出版社2020年版，第155页。

② ［汉］司马迁撰、［宋］裴骃集解、［唐］司马贞索隐、［唐］张守节正义：《史记·滑稽列传》，中华书局1959年版，第3197页。

③ 颜真卿：《劝学》。杨磊：《古今劝学诗选讲》，贵州人民出版社1984年版，第14页。

革命家，以毛泽东、周恩来为代表，都是经由读书过来的优秀分子。周总理说要为中华之崛起而读书。所以，我们要系统地读书，深度地读书。同学们，现在网络上流行一对词，我也经常用，时常想：学霸和学渣。学霸是自律的人，是有自律的生活习惯的人，是善于学习的人，是很精明的人；学渣是很散漫的人，是容易受社会环境牵引的人，是没有人生目标的人。我经常和我的学生讨论这个问题。学霸和学渣只有一字之差，其差距在哪里呢？就是在于人们能不能够掌握时间、掌握青春，成为时间的主人、青春的主人。能够掌握时间和青春的人，就能成为学霸，就一定能学好；不能够掌握时间和青春的人，就会成为学渣，学无所成。

四是要以文明为伴，涵养道德品行。现在，全国上下都在深入学习贯彻落实党的十九届五中全会精神，同时也在学习《新时代公民道德建设实施纲要》和《新时代爱国主义教育实施纲要》。希望同学们紧紧围绕社会主义核心价值观，按照习近平总书记的要求践行社会主义道德价值，从中华民族传统美德中汲取道德营养，树立正确的人生观、价值观，做一个爱国者，做一个文明人，经受住各种考验，交上一份新时代青年的道德答卷。

各位代表、同学们、老师们，让我们高举习近平新时代中国特色社会主义思想伟大旗帜，坚定理想信念，胸怀祖国，向阳生长，努力在全面建设社会主义现代化国家新征程中书写壮丽精彩的人生！

（本文系作者于2020年12月13日在江西师范大学第二十八次学生代表大会暨第四次研究生代表大会开幕式上的讲话，校研究生会主席吕善政根据录音整理，经作者审定。）

以重大赛事活动为载体，不断提高来华留学生汉语水平

为推广汉语言文化，宣传江西特色文化，充分展示我省外国留学生汉语教育成果，加强省内高校来华留学生交流，由省教育厅、省外事侨务办公室、省广播电视台主办，由江西师范大学承办的“泰豪动漫杯”江西省首届外国留学生汉语大赛（以下简称“大赛”），于2013年6月至10月成功举行。经过9月26、27日全省复赛，9月28、29日文化体验和10月17日全省决赛，来自世界五大洲30多个国家的66组留学生选手，经过激烈角逐，最终决出一等奖2名、二等奖3名、三等奖5名和优秀奖12名。10月24日下午，在省电视台演播厅举行了大赛颁奖仪式，至此，大赛顺利落下帷幕。

此次大赛，国家汉办、省政府给予亲切指导和大力支持，特别是朱虹副省长亲临现场指导，要求大赛办出特色、办出水平、办出文化，并为获奖选手颁奖；主办单位组成大赛领导小组进行组织协调，落实国家汉办、省政府的指示要求，特别是省教工委委员、副厅长郭奕珊同志等多次率省教育厅国际合作处等职能部门负责人在现场检查协调；江西师范大学党委行政高度重视，成立领导小组精心组织，为大赛提供了充足的工作人员和条件保障，确保大赛成功进行。我省在国家教育主管部门支持下举办此类大赛过去没有先例，此次尚属首次。这次大赛考验了赛事组织者的领导协调能力，锻炼了各高校参赛队伍，交流了汉语国际教育成果，积累了拓展汉语国际教育平台和进行赛事切磋的经验，社会反映好，留学生喜欢，其中经验值得总结。

一是学校高度重视并总揽赛事工作。学校接到承办大赛任务后，学校党委行政高度重视，认真学习国家汉办、省政府对举办好本次赛事的指示要求，并成立领导小组制订工作方案、全面组织协调涉赛方方面面的工作，由学校主要领导担任组长，由分管副校长担任副组长，由相关职能部门对接赛事工作成立

了协调组、宣传组、赛事组、场馆组、保卫组、后勤组、志愿服务组等若干工作小组，由校办和国际交流处综合协调各方。学校党委书记田延光、校长梅国平多次组织召开协调会，提出具体要求，为赛事顺利推进铺设快车道和绿色通道；各工作小组明确职责，明确责任人，建立每日赛情通报机制、责任督查机制、责任追究机制；整个赛事组织推进积极稳妥、有条不紊。全过程做到了各参赛队在校期间住得好、吃得好、心情好、赛得好，确保“外事不放松，内事不出错，内外互促进”。

二是学校精心组织、悉心做好赛事服务。本次大赛从 9 月 26 日第一场全省复赛到 10 月 17 日的颁奖仪式，时间跨度有二十天，其中选手在学校集中排练、比赛的时间为十五天。大赛工作人员、选手等平均每天近百人。时间跨度大，人员多，组织接待任务非常艰巨。为了做好各项工作，完成好承办任务，全体工作人员不畏艰苦，密切配合，精心组织。从接站、报到、安排住宿、安排用餐、赛事协助、比赛场馆布置到道具准备和搬运等，不管大事小事，不管白天晚上，不管工作日还是双休日，学校都安排专人负责，采取“一对一”工作方式，认真对待，悉心安排，周到服务。比如每餐登记和安排部分选手用清真餐，为南昌地区高校选手安排午休房间，为外地高校选手安排接站送站，协助参赛选手准备道具、打印材料等，都全过程做到热情、周到、细致。各项工作有序开展，顺利进行，受到了主办单位的表扬，也得到了参赛高校的赞许。

三是学校认真组队参赛，赛出了水平，赛出了学风。我校作为一所有着二十多年来华留学教育经验的高校，又是本次大赛承办高校，在收到大赛通知以后，学校高度重视，认真组织备赛，积极组队参赛。

校内选拔，广泛参与。学校在收到大赛通知以后，立即召开相关会议，研究组织选拔选手参赛事宜，决定在全校 200 余名留学生中进行宣传发动，组织报名，再进行选拔，通过对选手普通话、才艺方面的考核，最后确定八名选手参加全省复赛。

精心指导，提高水平。在确定了参加全省复赛的选手后，学校从国际教育学院、音乐学院、美术学院、体育学院等单位挑选了一批专业素质过硬的老师成立了选手赛前培训队伍，对选手进行普通话、文化知识、演讲、唱歌、跳舞、书法、武术等方面的强化培训。通过培训指导，极大提高了选手的参赛水平和参赛信心，为选手在大赛中取得好成绩打下了坚实基础。

认真准备，赛出水平。学校除了配备一支专业的指导教师队伍对选手进行培训指导外，为了保障选手专心备赛，学校还指定专门的留管干部负责选手的管理，包括道具准备、彩排及比赛时间通知、后勤服务等，使选手能够认真备赛、专心参赛。最终我校选手中有四名进入到总决赛，其中 1 人以绝对票数获得大赛第一名，还有 1 人获得三等奖，2 人获得优秀奖。

我校选手不仅在比赛中表现出良好的竞技水平，取得了优异成绩，而且还展示出良好的精神风貌和勤学苦练的学风。通过此次比赛，他们与其他高校选手相互学习，结下了深厚友谊。

四是经验弥足珍贵，好做法好作风值得发扬。此次大赛，检阅和展示了我省来华留学生汉语教育的成果与水平，也加强了高校之间汉语国际教育的学习交流。我校在大赛中取得好成绩，得益于长期重视来华留学教育，通过多种有益探索和尝试，着力提高来华留学生汉语水平，并重视提升来华留学生的中国文化综合素质。这得到了留学生的积极配合与回应，形成了良好的教学互动、中外互动、学赛互动。立足于总结经验、发扬成绩、促进国际合作办学质量提升，我们的体会是：

健全工作机构，加强教学管理。学校为了加强来华留学生教育工作，形成了多部门协同的工作格局：不仅有国际合作与交流处负责外事工作，还成立了教育国际合作与留学工作办公室专门负责全校来华留学的招生、宣传、管理等工作。此外，还有国际教育学院及相关学院具体负责留学生的教育培养。各单位和部门既分工负责，又密切合作，形成了来华留学教育联动促进的良好局面。

强化师资队伍，提高培养水平。在留学生的教育培养上，学校配备了一支高学历、高职称、高水平的教学师资队伍。学校目前来华留学生的教育已涵盖了从语言进修生到博士学位教育的各个层次。各层次留学生教育的师资 90% 以上具有博士学位或副高以上职称，大部分教师手上都有省级、国家级科研课题。

在课程设置和安排上，除了按专业培养目标及要求开设课程外，学校还根据留学生的实际水平以及学习推广中国文化的需要，开设部分特色课程，如中国文化体验与考察，烹饪、书法、武术等实践课，与中国学生“一对一”结对学习，到中国学生家庭做客等，提高了来华留学生的学习兴趣，扩大了他们的学习知识面，提高了培养水平。

以赛促学，提高汉语以及中国文化综合素质。学校在来华留学生的教育培养上除了正常的课堂教学和课外实践外，非常重视利用各种比赛作为载体，重点强化留学生的汉语水平，同时提高他们的中国文化综合素质。比如：在2012年，我校举办了“首届江西省来华留学生江西文化知识竞赛邀请赛”，有四所高校留学生参赛。通过这次比赛，重点加强留学生对江西文化知识的学习，让留学生更加了解江西，热爱江西，宣传江西。此次比赛影响较大，各大媒体争相报道，我校留学生取得了第一名的好成绩。同年，我校组织留学生参加了江西省首次举办的“汉语桥”大赛并取得了好成绩，其中来自韩国的汉语国际教育硕士奖学金生咸政兑取得了进京通行证。学校通过组织学生参加“汉语桥”比赛，重点提高了留学生的汉语发音和口语水平。今年上半年，学校组织留学生参加教育部举办的来华留学生“留动中国阳光文化运动之旅”比赛，在备赛中，学校指派老师对参赛选手进行舞龙、健美操、唱中文歌、篮球、定向越野跑、汉语口语交流等方面的培训，促进了留学生对中华文化的了解，提高了留学生的汉语听说能力和综合才艺水平。他们在全国第三赛区四省十八所高校的激烈角逐中，取得了团体总分第六名、传统体育项目第二名、定向越野跑第五名的好成绩。留学生舞龙节目还被邀参加“留动中国”全国总决赛开幕式表演，为学校、为江西省争得了荣誉。特别值得一提的是，在本次大赛中，学校抽调专业老师对参赛选手重点进行汉语演讲和中华文化才艺方面的指导和培训。经过近两个月的强化培训，加上平时打下的良好基础，我校选手在此次大赛中展现出来的较高汉语表达能力和中华才艺整体水平，得到了评委和兄弟高校的一致认可。

二十多年来，学校在来华留学教育工作中，始终抓住结合宣传推广中华文化进行汉语教学，注重培养留学生对中华文化的兴趣和感情，培养了一大批汉语好、对中华文化有较深了解的知华友华人士，取得了可喜成绩。这些好的做法和好的教风学风，对今后我校不断创新留学生培养模式，提高来华留学生教育质量，办来华留学生满意的汉语教育，进而为江西来华留学教育事业发展作出更大贡献很有帮助。

（本文系作者于2013年10月17日在江西师范大学承办的全省首届外国留学生汉语大赛上的总结讲话。）

让学生在“以赛促学”中插上追梦的翅膀

充满挑战的2013年即将过去，生机盎然的2014年悄然走来。

2013年，在学校党委行政的领导下，我们以改革促教学，以质量抓教学，以人才兴教学，以师德师风引领教学，坚持立德树人，做到教书育人、管理育人、服务育人、环境育人、文化育人，教育教学质量稳中有进，教育教学体制改中求变，教育教学机制改中激活，教育教学手段改中出彩，教育教学方法改中出新，教育教学成果改中纷呈，我们以优异成绩迎来了“教育综合改革”的新浪潮。

2013年，我们紧紧依靠教师乐教、学生乐学，狠抓教、学两个积极性，探索“以赛促学”新路子，构建“以学习为中心”新机制，初见成效，我校学生在各类竞赛中捷报频传，亮点闪烁，精彩喜人。据初步统计，本年度共获得省级一等奖以上91项次，其中国家级特等奖1项次、一等奖3项次。尤其是在第十三届“挑战杯”全国大学生课外学术科技作品竞赛、全国数学建模竞赛、全国大学生广告艺术大赛、第六届中国大学生计算机设计大赛、第四届“蓝桥杯”全国软件大赛、全国健美操联赛、全国大学生英语竞赛（江西赛区）以及我校承办的全省首届外国留学生汉语大赛等重要赛事中，屡有斩获，成绩优异。

成绩来之不易，成果倍当珍惜，经验值得总结。

2013年，学校在推动学生投入学习投入实践，服务学生成长成才，参加课外学术科技竞赛，以赛促学、学以致用、学用结合等方面进行了积极探索。学校积极推进本科人才培养模式改革，启动了“正大学子”计划、“卓越人才培养计划”等一系列改革，组建了大学生学习指导中心，探索分类培养方式，强化实践育人环节，积极开展第二课堂活动和课外学术科技竞赛，提高学生动手能力和社会适应能力，使第一课堂与第二课堂形成了良性互动。广大师生参加各类比赛积极性不断提高、竞赛获奖率大幅提高，以赛促学的长效机制逐步完善，师大学子大兴研究之风、探索之风、创新之风，蔚然成风，由此带动了我校教风、学风、校风持续向前发展。

光荣属于2013年，梦想属于师大人。

在岁末之际，我们出版《以赛促学》专刊，衷心期待我校明年的教学工作又有一个好收成！让老师点亮不熄的烛光；让学生插上追梦的翅膀；让校园绽放青春的光芒。

（本文原载于江西师范大学《以赛促学》专刊，2013年。）

扬起青春风帆，勇于追梦前行

经过全体与会代表的共同努力，我校第十八次团员代表大会已经圆满完成各项议程，即将胜利闭幕。本次大会认真总结了学校共青团过去几年取得的成绩，研究部署了未来五年的重点工作，选举产生了新一届共青团江西师范大学委员会，充分展示了当代师大青年意气风发、昂扬向上的精神风貌。大会的成功召开，对于进一步团结带领全校青年牢固树立坚定跟党走的理想信念，对于进一步深化学校共青团改革，共同开创江西师范大学团学工作新局面，必将产生十分积极的指导推动作用。在此，我代表学校党委对大会的圆满成功和当选的新一届团委委员表示热烈的祝贺！向全体代表，并通过你们，向全校广大团员青年和青年工作者致以亲切的问候和美好的祝福！

大家即将奔赴新的工作岗位，为建设一所引领江西高等教育发展、在中部六省“做示范、勇争先”的师范大学添砖加瓦，建功立业。我受学校党委的委托，在闭幕会上作一个“扬起青春风帆，勇于追梦前行”的主题讲话，就“青年如何找准自己的位置，做出更大的社会贡献，不负青年韶华”提一点希望和要求，和大家共勉。

一、希望各位代表发挥模范带头作用，学习、宣传、贯彻好本次会议精神

第一，发挥模范带头作用。发挥模范带头作用，不是一个新词，是一个内涵丰富的中华传统文化词。儒家经典里谈到君子和小人的区别，对社会人物进行分类分层，用到“上流、中流、下流”这三个词[①]。“下流”又称“下游”，与“中流”和“上流”相对应，但典籍中用“下流”一词比较多。现在“下流”一

① 参见张艳国：《〈论语〉智慧赏析》，人民出版社2020年版，第362页。

词的语意已经转变。君子就是榜样，“上流”就是榜样。什么榜样呢？具体表现为三个方面。第一个方面，是个人的修养；第二个方面，是社会的责任；第三个方面，是能够做干事创业的表率，能够脱颖而出，站出来显得很突出、很冒尖。我们现在不是常说一句话吗？平常看得出来，关键时候站得出来，危急时候豁得出来，在党需要的时候舍得出来。最后这句话是我加上的，我觉得前面那几句话还不完整。我们讲这句话，是要求青年党员、团员要在党需要的时候、人民需要的时候、国家需要的时候，舍得出来，舍身成仁。昨天晚上，我看了一部关于雷锋的话剧，我不知道你们看了没有。今年正好是雷锋诞辰八十周年。雷锋说道：“人的生命是有限的，可是，为人民服务是无限的，我要把有限的生命，投入到无限的为人民服务之中去。”① 这也是我从上小学到上大学，一直到现在，都永远不会忘记的一句话。做表率，做榜样，既是中华优秀传统，也是当代社会的需要，也是我们进入社会主义建设新时代新阶段，踏上全面建设社会主义现代化国家新征程的要求和呼唤。我们召开十八次团代会，就是要给大家提要求、定目标，提振青春士气，为大家放飞梦想，补足精神上的钙。这一点很重要。可能大家对于“讲表率作用、讲模范带头作用”听得太多了，反而对于什么是模范带头作用可能没有深究。我刚刚讲的这三点具体体现，是带有学术研究性质的提法，是比较厚重的。希望大家回到自己的岗位后，能够对照我讲的这三个方面想一想，找差距，补短板。

第二，履行代表本职工作。代表，是代表了各个战线、各个方面的团员青年。代表是一种责任。希望大家回去以后，把会议精神认真向大家做宣讲，向大家做解读。这是代表应尽的义务。把责任、权利、义务结合起来，这是“团章”提出的要求。这次会议是在学校八十年校庆后，为鼓舞全校团员青年的青春目标和士气、谱写学校新的华章而召开的。昨天，黄书记的讲话寄语，吕建星同志代表上届团委所作的工作报告，都提及“青春华章”问题。今天，我讲的还是这个问题，这是本次会议的成果，是大家智慧的结晶，是学校党委的要求，也是学校面向“十四五”规划、面向下一个八十年对团员提出的要求。你们身上负有沉甸甸的责任。希望你们把这样一种正能量的、鼓舞士气的精神，带到青年群体中去，带到周边的青年朋友中去，真正做到“聚是一团火，散是

① 《雷锋日记》，中国青年出版社 2019 年版，第 43 页。

满天星”。

当然，学习好、宣讲好、贯彻好本次会议精神，仅靠学习会议有关的若干个文件，还是不够的。它更需要我们把会议文件、会议主题、会议内容和我们身处的伟大时代联系起来，和学校发展联系起来，和广大团员青年的诉求、人生的规划结合起来。大家要做好这三个结合的大文章，有针对性、有时代性、有深度地进行重点宣讲。

一是要学习《中共中央关于制定国民经济和社会发展第十四个五年规划和二〇三五年远景目标的建议》和习近平总书记关于该建议的说明。面向 2035 年、2049 年，从建党 100 周年到新中国成立 100 周年，我们在座的团员青年将全程经历、全程参与。同学们，你们是不是准备全过程参与呢？面对 2035 年，大家 36 岁左右，处在中年时期，正是出大力、干大事的时候。到 2049 年的时候，大家 50 岁左右，你们既是现代化强国的奋斗者，也是复兴荣光的共享者。你们是承上启下的一代人，所以你们身上的担子特别重。如果从国家发展、时代进步的要求和我们中华民族伟大复兴的这样一种强劲的态势来看，我们浑身充满着责任感、使命感，不禁热血沸腾，有使不完的干劲。

二是要学习学校党委的工作部署。面对国家需要、面对时代要求，学校发展正处在一个大好的起点和节点上。来会场之前，我在学习教育部党组关于做好高层次人才管理工作的最新要求，研究这些要求的源头在哪里。我从改革开放新时期的历史起点开始思考。改革开放新时期的开创者、开拓者是敬爱的邓小平同志。他提出建设中国特色社会主义的命题，这既是时代的命题，也是民众的要求和呼唤。邓小平同志曾讲：“从长远看，要注意教育和科学技术。否则，我们已经耽误了二十年，影响了发展，还要再耽误二十年，后果不堪设想。”① “一个十亿人口的大国，教育搞上去了，人才资源的巨大优势是任何国家比不了的。有了人才优势，再加上先进的社会主义制度，我们的目标就有把握达到。”② 从他语重心长的话语中，我们可以体会到国家在新时代对人才迫切的需求源自哪里，那就是源于我们要追赶时代、赶上时代、引领时代的决心。团员是党的助手，团组织是先进组织，要体现它的先进性。这就要靠各位做示范、

① 《邓小平文选》第三卷，人民出版社 1993 年版，第 274—275 页。
② 《邓小平文选》第三卷，人民出版社 1993 年版，第 120 页。

勇争先，思考以什么样的姿态、什么样的方式把人生理想融入新时代新征程中，做一名优秀的时代青年。

二、希望各级团组织齐心协力，共同奋斗，成为学校青年工作创新发展的战斗堡垒

战斗堡垒作用很重要。共青团是先进的群团组织，是党开展青年工作的桥梁纽带。没有先进性，就没有战斗堡垒作用。先进性、纯洁性，这是写入“党章”的内容，也是党组织必须向团员青年传导的重要政治术语。团组织靠什么来体现它的战斗堡垒作用和先进性？我想，团员青年首先要找准自己在新时代新阶段新格局新征程中的位置，要经常地问一问自己：我是谁？我在哪？我正在干什么？我有什么用？

同学们啊，这是一个顶天立地的大问题。“顶天”是因为它体现了“党章”“团章”新要求的先进性；“立地”是因为当我们对照个人的人生起点和正在出发的方向，经过思考我是谁，我在哪里，我正在干什么，我对社会、对家庭、对学校、对我所在的团组织有什么用，这样一种时代之问、一种社会角色的反思，能够把时代发展和个人发展融合起来，激发团员青年的时代使命感，成人立人，有新作为。很多青年学生、青年朋友在大学迷失掉了自我，这是令我担忧的。我这里讲的“迷失”主要是指生活层面和学习层面上的迷失，主要是指青年人虽处在风华正茂的年纪，却缺失青春朝气蓬勃的精气神。它在学习上具体表现为学习习惯差和缺乏独立思考。青年人本该像朝阳一样光芒万丈，像火一样热烈奔放，但在实际生活中，很多青年学生缺乏这种热情、这种朝气，焕发出的光焰高度不够、烈度不够。大家看过《白鹿原》的电影或电视剧没有？看看那些青年表率，看看他们的热烈程度，我们的差距在哪里？同时对标对表大学里的那些学霸，想想他们为何会学习、会思考，为何一直走在前往巅峰的路上，为何他们值得尊敬。

我国航天科学领域涌现出很多青年科学家，他们基本都是党员、团员，做到了我们讲的“双带头”。什么叫“双带头人”呢？那就是政治好、业务好。青年就是应该成为这样的人。我们要在学校培养一批、表彰一批、推广一批这样的优秀青年教师和学生。同学们，学校的王龙洋老师、袁彩雷老师是不是这样的“双带头人”啊？我认为，他们一个在文科领域、一个在理科领域，都是时

代骄子，优秀榜样。像王龙洋老师这样的中宣部思想文化“青年英才”（理论界），在江西有多少人呢，在全国又有多少人呢？正是因为有了一批像王龙洋老师这样的青年“双带头人”，学校高质量发展才会后继有人。同样，如果没有优秀青年学生党员、团员，我们的教育事业就不能薪火相传，就不能继往开来，学校就没有人才培养的核心竞争力，学校发展将会停滞不前，被社会淘汰。本次团代会结束以后，大家要经常思考这些问题：我是谁？我在哪？我正在干什么？我有什么用？学校未来发展如何，就要靠你们，要靠你们当中的领头雁、先进分子。大家心中要有这样的一种责任感，把学校的建设发展问题放在心上，积极行动起来，出一分力，建一分功。

三、希望全校青年大学生奋勇追梦，在民族复兴的伟大时代，书写动人青春华章

习近平总书记曾说：“一切向前走，都不能忘记走过的路；走得再远、走到再光辉的未来，也不能忘记走过的过去，不能忘记为什么出发。”① 大家时常要想一想你们是怎样考到江西师范大学来的。江西籍的考生能考上江西师范大学，这是不容易的，文科要考高分才行；没有高分，读不了汉语言文学、历史学、思想政治教育专业。这些专业是江西师范大学最好的几个文科专业。大家高考后正处于十七八岁左右的年纪，因为战胜高考而赢得了青年发展的有利条件，考上了省内的一所好大学，读了一个好专业，成为江西省内优秀青年学生代表。大家要倍加珍惜，倍加努力。在大学阶段，要规划好人生之路，好好思考我想干什么，我适合干什么，我能够干什么，最终我能够干成什么。同学们，这些问题很重要啊！我不是在给大家讲大话，这些话是我上大学时的辅导员、班主任经常给我讲的，很有用啊。在上大学的时候，我的辅导员殷一璀老师非常优秀，我经常提起她。作为辅导员，她干得很出色。她是华东师范大学历史系 78 级毕业生，毕业后以优异的成绩留校当辅导员。她既是我的学姐，也是我的老师。后来，她担任过第十六届、十七届中央候补委员直至上海市人大常委会主任，是正部长级干部。她经常给我们讲：你们读的是全国重点大学，就时刻要以重点大学的学生身份来要求自己、激励自己，在大学第一方阵里思考自

① 习近平：《在庆祝中国共产党成立 95 周年大会上的讲话》，《人民日报》2016 年 7 月 2 日。

己的人生走向，重点是思考你们将来想干什么、能干什么、能干成什么的问题，只有这样，你们才能成长为重要的人，干出重要的事，走出“重点人生”之路。今天，我把这些话同样讲给你们听，希望你们能够从中汲取前进的力量。我也经常把这些话讲给我的研究生、博士生听，但是，我对他们的表现往往不太满意。我说不太满意，是在严格要求他们，是在鞭策、鼓励、塑造他们。培养人就是这样的：严师出高徒，高徒出名师。轻易表扬是不可取的。表扬了，自己满足了，学生也满足了。所以，为人师表，一定要有一种塑造人的格律和责任。作为过来人，我有责任在这里提醒大家啊！江西师范大学至少是省重点大学，你们要重点思考入校以后的人生走向，在现有的人生起点上，经常思考一下我想干什么、我能干什么、我能干成什么这些重要问题。

同学们，海阔凭鱼跃，天高任鸟飞。拼搏努力，造就精彩。但是，如果大家不提早准备，等待迟疑，散漫涣散，怎么能够厚积薄发、抒发精彩呢？希望大家把“奋斗”两个字记在心上，成为座右铭；放在人生规划上，成为精神动力；放在脑海中，成为一辈子永远不会忘记的精神支柱。像我们这个年龄，80年代读大学的一批人，大多数人都奋战在科技、文教战线上，大都事有所成，学有所成。我所交往的人都没有懈怠过。他们靠什么有所成就呢？就是我刚才讲的，初始之地的梦想、初始之地的雄心、初始之地的壮志，走得愈远，愈有力量。同学们，生命不息，学习不止；生命不息，战斗不止。从社会发展上讲，“学到老，活到老，奋斗到老”，是伟大共产主义战士的情怀；从文化传承上讲，是中华优秀传统文化的智慧结晶。“好学”，既是个人成长的必备品质，也是健康长寿的有益因素。我昨天发了个朋友圈，推送、宣传学校的刘世南老先生。刘老先生现在九十七岁了，为什么那么健康？是因为他一辈子就想着一件事，读书、思考、写作。《颜氏家训》上有一句话，“德艺周厚，则名必善焉”[①]。“德艺周厚”，古人也称德学周备，我们现在叫“德艺双馨”。这句话的大意是说，如果一个人能够把“德”和“艺”或“德”与“学”结合得很好，体验得很完备，那么，他的名声就一定很大，就会受到大家的肯定和追捧。如果我们都学刘世南先生，都做一个真正的儒雅之士，像传统儒生那样的人，我们就一定能高寿进德，一定能战胜我们内心中的焦虑、困惑。《论语》中说，“智者不

① 张艳国：《〈颜氏家训〉精华提要》，人民出版社2020年版，第272页。

惑，仁者不忧，勇者不惧。”[①] 这句话我是很赞成的。人在现实生活中感觉痛苦、难受，往往是因为智慧不足的表现。有的人面对一些不顺心的事情，就感觉非常难受，甚至连自杀的心都有。为什么会这样呢？究其原因，缺陷是知识储备不足，短板是智慧积累不足。按照人格心理学讲，是内心的本我、自我、超我之间在打架，人格分裂了。所以，我们在奋斗过程中，从心灵准备到人生筹划，再到人生实践，除了需要昂扬的斗志，还要有健康的人格与心态。

各位代表、同学们、同志们，习近平总书记指出：“新时代中国青年处在中华民族发展的最好时期，既面临着难得的建功立业的人生际遇，也面临着‘天将降大任于斯人’的时代使命。”[②] 在实现中华民族伟大复兴中国梦的全新历史阶段，广大团员和青年朋友们，人生发展的舞台无比广阔，大有可为。你们一定要珍惜年华，为出发积蓄能量。让我们满怀激情，在以习近平同志为核心的党中央领导下，朝着本次大会制定的各项目标，不忘初心、牢记使命，层层推进、狠抓落实，为开创我校共青团工作新局面，推进学校跨越式发展谱写激昂的青春之歌，贡献强大的青春力量。

（本文系作者于2020年12月20日在共青团江西师范大学第十八次代表大会闭幕式上的讲话，校研究生会主席吕善政根据录音整理，经作者审定。）

① 张艳国：《〈论语〉智慧赏析》，人民出版社2020年版，第176页。

② 习近平：《在纪念五四运动100周年大会上的讲话》，《人民日报》2019年5月1日。

抒发青春力量，向着新时代的目标奋勇前进

在全国各族人民喜迎建党一百周年，全校师生扎实开展党史学习主题教育的浓厚氛围中，我们隆重举行我校青年马克思主义者培养工程“青蓝之星”大学生骨干培训班暨入团积极分子培训班开班仪式。在此，我谨代表学校党委向大学生骨干培训班和入团积极分子培训班的顺利开班表示衷心祝贺！向参加培训的全体学员表示热烈欢迎！

1957 年，毛泽东同志在莫斯科接见中国留学生时，道出期盼：“世界是你们的，也是我们的，但是归根结底是你们的。你们青年人朝气蓬勃，正在兴旺时期，好像早晨八九点钟的太阳。希望寄托在你们身上。”[①] 这般切期盼经历时间的洗礼，仍然拨动着我们无数青年的心弦。

青马工程作为大学生思想政治引领的有效途径，在国家《中长期青年发展规划（2016—2025 年）》中被列为十大项目中的第一个。青马工程的启动实施，旨在为党培养信仰坚定、能力突出、素质优良、作风过硬的青年政治骨干，推动马克思主义理论在青年中广泛传播，加强青年政治骨干培养的实践探索。

共青团是党领导的先进青年的群众组织，是党的助手和后备军，与党有着特殊的政治关系。共青团能否团结带领广大青年完成党赋予的光荣使命，关键看团的干部、团员队伍、团的组织有没有凝聚力、战斗力。加强入团积极分子的培养，是从源头上确保发展团员质量，是不断增强广大青年对党的向心力凝聚力的重要保障。

因此，今天两个班的开班，都是为了进步青年更好地成长，为了青年将来更好地为实现中华民族伟大复兴作出贡献。借此机会，我向广大青年学员提出

① 中共中央文献研究室编：《毛泽东年谱（一九四九 — 一九七六）》第三卷，中央文献出版社 2013 年版，第 248 页。

三点希望，与大家共勉。

一、始终坚定共产主义远大理想和中国特色社会主义共同理想

100年前，从上海兴业路到嘉兴南湖红船，一群胸怀救国济民远大志向、接受马克思主义先进理念的年轻人聚在一起，建立了中国共产党。中国共产党在100年的奋斗历程中，不仅坚持马克思主义，而且坚持在实践中不断丰富和发展马克思主义，形成了马克思主义中国化的重要理论成果。

没有远大理想的激励和引领，再崇高的事业也可能会失去精神支撑和强大动力。保持对远大理想和奋斗目标的清醒认识和执着追求，需要我们以思想觉悟和理论水平的提高确保理想信念的坚定不移。党的十九届五中全会进一步明确了到本世纪中叶把我国全面建成社会主义现代化强国的战略安排，使民族复兴的宏伟蓝图更加清晰展现，极大地振奋鼓舞着全体中华儿女。习近平总书记指出，“为实现中华民族伟大复兴的中国梦而奋斗，是中国青年运动的时代主题”①，殷切勉励广大青年“在实现中国梦的生动实践中放飞青春梦想，在为人民利益的不懈奋斗中书写人生华章！”② 这些重要论述，为当代中国青年指明了人生追求和奋斗的总目标。

党的嘱托、人民的期望、中国青年运动的光荣传统，赋予了当代青年沉甸甸的历史责任和奋勇前进的无穷动力。“青年一代有理想、有本领、有担当，国家就有前途，民族就有希望。”③ 希望大家要坚定共产主义远大理想和中国特色社会主义共同理想，牢固树立为实现中华民族伟大复兴中国梦而奋斗的使命担当，踏上时代节拍，始终保持艰苦奋斗、不懈奋斗的精神状态，舍弃小我，立起报效国家和人民的大志，带动同学们勇做“强国一代”。希望大家以参加此次培训活动为契机，练就高强本领，锤炼意志品格，在自己提升理论素养的同时，努力准确有效地向周围同学宣传党的理论和路线方针政策，带动更多同学拥护和践行党的主张，坚定跟党走中国特色社会主义道路的理想信念。

---

① 习近平：《论党的青年工作》，中央文献出版社2022年版，第22页。

② 习近平：《论党的青年工作》，中央文献出版社2022年版，第146页。

③ 习近平：《决胜全面建成小康社会　夺取新时代中国特色社会主义伟大胜利——在中国共产党第十九次全国代表大会上的报告》，《人民日报》2017年10月28日。

二、始终做习近平新时代中国特色社会主义思想的坚定信仰者和忠诚实践者

沿着马克思的理论道路前进，我们将愈来愈接近客观真理。习近平新时代中国特色社会主义思想，是闪耀真理性光辉、彰显旗帜性力量、蕴含历史性飞跃、具有普遍性意义的马克思主义行动纲领，是思想金山、理论富矿、行动指南，充分体现了以习近平同志为核心的新时代中国共产党人背靠人民、脚踏大地、勇往直前、无坚不摧的坚定自信和坚强决心，必将在中国共产党执政史、中华民族发展史、世界人类进步史上产生革命性的重大影响，留下划时代的光辉印记。

习近平总书记在多个场合深情寄语青年，几乎每年“五四”期间，都会到青年群体中与青年亲切座谈，就青年成长和青年工作发表重要讲话，还多次回信勉励各领域青年。习近平总书记指出，当代青年是同新时代共同前进的一代。广大青年既拥有广阔发展空间，也承载着伟大时代使命。……广大青年要忠于祖国、忠于人民，要立鸿鹄志、做奋斗者，要求真学问、练真本领，要知行合一、做实干家，要有社会主义建设者和接班人的使命担当。[①] 习近平总书记的亲切关怀、殷殷期待和谆谆教导，给了广大青年无比温暖、无穷动力，也为新时代培养锻造青年指明了正确方向。

广大青年要切实用习近平新时代中国特色社会主义思想武装头脑，在学懂弄通做实上下功夫，始终做习近平新时代中国特色社会主义思想的坚定信仰者和忠诚实践者。这是对我校大学生骨干培养的基本要求，也是新时代合格的团员青年和青年马克思主义者的政治追求。大家要牢牢把握“学懂”这个前提，致力于做到学深悟透，深刻感受习近平新时代中国特色社会主义思想的强大真理力量；牢牢把握“弄通”这个基础，着力实现融会贯通，在理论与实践的结合上、在内容与方法的结合上、在领会与传播的结合上下功夫；要牢牢把握“做实”这个关键，努力达到知行合一，使科学真理在融会贯通中发挥巨大效用。

① 参见习近平：《在北京大学师生座谈会上的讲话》，《人民日报》2018 年 5 月 3 日。

三、激荡爱国情怀，勇担时代责任，争做新时代青年榜样

在党的百年历史上，有着无数优秀青年，他们发挥榜样作用，有力促进了革命、建设、改革事业不断前进。

在革命时期，曾有青年高举信仰的旗帜，可歌可泣，无论是从面对敌人的威胁毫无惧色而英勇就义的刘胡兰身上，还是从断然拒绝国民党的劝降而从容赴死的瞿秋白身上，我们都可以看出胸怀爱国精神的青年面对生死考验时表现出的坚定革命信念。

到了新时代，挑战与机遇并存，我们青年更要坚守初心，坚定信仰。北京师范大学法学硕士黄文秀，研究生毕业后放弃在大城市优越的工作条件，毅然回到家乡，在脱贫攻坚第一线倾情投入、奉献自我。长征七号火箭的发射架旁，一群平均年龄不足 35 岁的科研人员夜以继日；2020 年抗击疫情的斗争中，以“90 后”为代表的青年一代挺身而出。他们用美好青春诠释了共产党人的初心使命，谱写了新时代的青春之歌，将青春献给了党。

希望同学们能以他们为榜样，坚持崇高信仰，发扬爱国精神，将个人的选择同国家的命运联系在一起，经受住时间的考验，找到正确的方向。在今后的学习或工作生涯中，能不怕困难，不惧挫折，勤奋学习，努力成长，积极抓住各种机遇，保持与时俱进的精神状态和敢作敢为的勇气与魄力，与祖国共奋进，与时代同发展，锤炼出过硬本领，积极投身于社会主义现代化强国的伟大事业。要把爱国情、强国志、报国行自觉融入实现中华民族伟大复兴的奋斗之中，为民族复兴铺路架桥，为祖国建设添砖加瓦，唱响我们新时代新青年的青春之歌，始终秉持“静思笃行、持中秉正”的校训，争做时代好青年。

“盖青年者，国家之魂”。① 青年兴则国家兴，青年强则国家强。在庆祝建党百年之际，希望广大青年能够展示青年的责任感，传递社会的正能量，认真履行使命，怀揣赤子之心，以青春昂扬姿态来迎接建党百年大庆。

最后衷心祝愿同学们能够学有所成，学有所获。

（本文系作者于 2021 年 3 月 23 日在江西师范大学“青蓝之星”大学生骨干培训班暨入团积极分子培训班开班仪式上的讲话。）

---

① 中国李大钊研究会编注：《李大钊全集》第一卷，人民出版社 2013 年版，第 332—333 页。

发扬志愿精神，让青春更闪亮

今天是第35个国际志愿者日，学校高度重视，校团委和有关部门在这个意义非凡的日子里，举行这样一场有意义的全校青年志愿者注册仪式。刚才先进志愿者队伍的同学领取了志愿者证书，进行了简洁的宣誓。今年一年的工作，志愿者协会的理事长做了一个很好的汇报，志愿者代表和我们一起分享了他们的体会。我们召开这样的会议，我们进行这样的分享，我们重温志愿者的故事，就是要引领广大青年学子深入学习贯彻习近平新时代中国特色社会主义思想，第一时间深入践行党的十九届五中全会精神，进一步团结凝聚指导新时代新青年，弘扬奉献、友爱、互助、进步的志愿服务精神，更好地发挥志愿服务在高校人才培养和大学文化建设中的积极作用。

今天的这个仪式，具有重要的意义。我受学校党委委托，代表学校向新参加青年志愿者组织的全体同学表示热烈欢迎，对于志愿者同志们在这个集体中所做的高尚的志愿服务表示衷心的感谢。

同学们，党的十九大对新时代青年的成长进步高度关注关心，并给予殷切希望。党的十九届五中全会提出，要健全志愿服务体系，广泛开展志愿服务关爱活动。学校历来重视青年志愿者工作，多年来志愿者不断丰富活动载体，完善活动机制，取得了显著的工作成效。在校庆活动服务、重大赛事承办、志愿服务项目化、志愿服务进社区等各方面工作成绩突出，涌现出各类精品志愿服务项目，比如研究生支教团的“点亮睛彩——关爱乡村近视青少年公益计划”，蓝天环保社团的保护“母亲河”行动，微爱公益服务队的“一个人的课堂”活动，商学院“文明聚力，情系苏区”“三下乡”社会实践服务队等。在2020年全国大中专学生志愿者暑期“三下乡”社会实践中，学校团委再次荣获优秀单位称号。此外，在刚刚结束的建校80周年庆典大会活动中，学校志愿者也受到了校友和嘉宾的一致认可，为学校赢得了广泛的社会好评。

在这里我特别要表扬的、要点名的是我们每年在各个学院、科研团队承办的各种学术沙龙、学术研讨会，特别是重要重大的国家级、国际学术交流活动中，都有我们大学生、研究生志愿者的身影。其中在马克思主义学院和历史文化与旅游学院组织的活动中，我们一对一的学生志愿者协助专家到学校来指导工作，受到了好评，体现了我们江西师范大学青年学子热爱学校、尊敬专家、投身学术、做最美师大人、最好师大学生的精神风采，每年这样的活动都赢得了好评。今年是收官之年，我相信你们在学校的科研团队、学科团队中，在学院的重要学术活动中，会继续做出优异成绩。

青年志愿者服务工作是学校校园文化建设的重要组成部分，充分彰显了我校深厚的文化底蕴和人文情怀。志愿服务活动为广大同学提供了服务社会、增长才干、提升自我的良机，充分展现了师大青年学子的时代责任和担当意识。今天你们加入中国青年志愿者这样一个大家庭中，成为一名光荣的志愿者。借此机会我想和大家谈谈心，分享我的三点想法。

一是要深刻理解新时代志愿者的责任使命，学习、学好、学懂、弄通习近平总书记在中国志愿服务联合会第二届会员大会中的贺信贺词。总书记说，希望广大志愿者、志愿服务组织、志愿服务工作者立足新时代，展现新作为，弘扬奉献、友爱、互助、进步的志愿精神，继续用实际行动书写新时代的雷锋故事。

如习近平总书记所说，第一是要以时代需要作为自己的定位。我们是新时代的新青年，应该要有新的精神风貌、新的精神传承。第二是要有主心骨，主心骨是精神上最强的钙，我们要弘扬志愿精神。第三是要在行动上书写雷锋故事，弘扬雷锋精神。毛泽东同志号召我们向雷锋同志学习；周恩来同志说要像雷锋同志那样，对敌人像秋风扫落叶一样残酷无情，对同志要像春风一样温暖。雷锋同志的故事，雷锋同志的精神品质，就是对人民、对同志友爱、帮助、无私、奉献的精神。总书记这一段讲话所阐释的时代的定位、精神的内涵、时代的要求，给我们弘扬志愿者精神提出了新的要求、新的目标。希望同志们认真地学习、学好、弄懂、践行习近平总书记的要求。

二是要在创新服务内容和形式中进一步彰显青春担当。国家的前途、民族的命运、人民的幸福，是当代中国青年必须和必将承担的重任。新时代的新青年在志愿服务领域发挥着非常重要的作用。大家都知道，我们即将结束第一个百年奋斗的历史，实现第一个百年奋斗的伟大梦想，即将进入第二个百年奋斗的新阶段，我们还要展望第三个一百年中华民族伟大的历史性进程。践行现在的一百年，结束现在的一百年，踏上新的一百年，面向未来的一百年，三个一百年联系起来，就是一个宏大的历史实践。

同志们想一想，毛泽东同志说人生不过一百年，人是要有一点精神的。邓小平同志教导我们，在革命战争的年代就是靠那么一股精神，一要有信仰，二要有纪律，这样才能把中华民族团结起来并使之踏上中国特色社会主义现代化建设的征程。正是因为我们有这样的历史感和时代意识，我们的青年才能紧紧地把自己置身于中华民族的历史进程中，担当伟大复兴的民族重任，自觉地要求成长和进步。同志们，这是一种非常深刻的意识，非常伟大的实践意识。每一代人有每一代人的作为，每一代人有每一代人的担当，每一代人都要面临自己的新问题，时代是出题人，人民是阅卷人，我们是答题人。你们正在成长进步中，必将和我们一起为中华民族的伟大进步做好答卷，要答出一幅又新又大又宏伟的时代答卷，要有这样的大目标，要有这样一种人生的情怀。

我刚刚从武汉回来，参加了一个老专家、老学者，著名的编辑家、哲学家、政治学家的座谈会，然后我在朋友圈发了一张大家回去请他吃饭的照片，他开怀大笑，神情非常好，我也很高兴。照片之外映射的是一幅精彩人生的图景，精彩在哪里？九十岁了，精气神十足，很饱满，看不出九十岁。所以毛泽东同志说人生不过一百年，人生能够如此健康，这就是个了不起的贡献。他作为革命老干部已经离休了二十六年，二十六年还像在职一样自觉地写作、自觉地讲学、自觉地给省委省政府，甚至给中央献智，自觉地像你们当志愿者一样，培养学生，真正地做到把自己的人生和祖国的命运、民族的前途、社会的发展紧密联系起来，有一种人生的大的自在。这一种志向，就是“看大家快乐，我的人生就幸福”，所以就长寿了。

面对这样一幅人生的画卷，好多同志不大理解，主要因为他们是学生，他们还很年轻。有些人问：“张老师和老先生在讲一个什么开心的故事，彼此那么开怀地大笑？”老先生问我：“你是怎么回答他们的？”我告诉他：“我讲你能够活到90岁还这么年轻、这么旷达、这么健康、这么爽朗，是因为你把你的职业生涯、离休休养的生涯串成了一个学术人生，把你的学术的职业规划、人生规划和祖国的发展紧密联系起来，交了一张圆满的答卷，大家给你点赞！你为国家民族的发展和振兴做了了不起的贡献，你和大家一起前进，才能这样德高望重，身心健康。”他听了我的话之后哈哈大笑。我们从年轻的时候开始，就要有这样的一种人生的追求，一种自我的塑造，我把它叫作人生自觉。

志愿者的精神就是服务别人，爱护自己，推动社会进步。用自己的爱心为社会的美好做贡献，这就是一种爱和博大。自己快乐，对自己的健康是很有用的，很有帮助的。我想我们要在新时代有新作为，就要准备好怎样塑造自己的人生，要从做志愿者开始，服务他人，照亮社会，快乐自己，成长进步。

三是要开展优质服务，推进社会文明建设。志愿服务是社会文明进步的重要标志。党中央在“十四五”规划和2035年远景目标中提出：提高社会文明程度，推动形成适应新时代要求的思想观念、精神面貌、文明风尚、行为规范，健全志愿服务体系，广泛开展志愿服务关爱行动。今天的注册仪式，今天的这样一次机会，见证了同学们志愿者身份的获得。这样一种社会角色的标识，希望同学们在将来的服务工作中敢于亮出牌子。我是民政部授予的、聘请的高级专家，是国家社区建设与精神治理专家委员会的27个委员之一，江西就我一个。我们专家委员会提出，在社区服务中有两个事情非常重要，一个是建好基层党支部。社区党员，无论是在职的还是退下来的，请亮出你的政治身份，戴上党徽，自觉地体现先进性、纯洁性。在社区做一个好社员，在社会上做一个好党员，在单位里面做一个好职工、好干部，要将自己的身份标识挂在牌牌上，体现在行动上，这一个已经推广开来了。第二个要充分发挥社会草根组织的渗透性作用，要让那些志愿者们通过志愿服务的标牌，亮出自己服务社会的角色，受到社会的尊重，让他们提供的无私的服务和帮助得到更多人的认可和互助。

同志们，一个人的服务能力是有限的，大家都认可了，达成共识了，都来搭一把手，都来点个赞，都来提供一个好的氛围，那么志愿者的服务就好开展了。我们开这样的会，我们给大家授牌，我们还要在新闻里面、学校的网站、学校的电视新闻、学校的校报、学校的微信群，充分报道今天这样的活动，就是要营造这样一种信任，对敢于亮出身份的同志，给予一种社会的助力。你当志愿者，我当志愿者，他当志愿者，我们大家都当志愿者，这是你的事，这是我的事，这是他的事，这是我们的事，我们来一起做好事，这样一个社会一定十分美好。同志们，这就是友爱，这就是互助，这就是奉献，做成了这就是进步。人人为我，我为人人，这个社会一定更加美好。

有一首著名的歌叫《爱的奉献》，“爱是人类最美丽的语言，爱是正大无私的奉献”。我从90年代听到现在听了三十年，当时演唱这首歌的是国际巨星，现在她也老了，我也老了，我在这个过程中不断地接受洗礼。我记得去年央视《艺术人生》请她去做客，讲述她年轻不老的秘诀，当她走出来的时候，台下的年轻人站起来鼓掌之际，她说：“我今年七十岁了，相当于四五十岁的中年人。就是因为我唱了这首歌以后，仿佛得到了一种启示，那就是人与人之间就是要有爱心，要有奉献精神，要甘于服务他人。”

我想志愿者的精神就是志愿服务的精神。志愿服务的精神就是以自己的行动，以自觉觉他觉；以自己的自觉认识，启发他人，最后形成社会共识。在提高共同认识的同时，指引我们进行深刻的社会实践，创造一个美好的社会。我们大家都一起来行动，我们大家一起来服务别人、服务社会。把这些服务的事情做成了，是不是一颗爱心点亮了一个社会的蜡烛，照亮了一个温暖的大家庭呢？什么叫文明呢？文明是人类实践活动的结晶，文明是我们人类自己的，文明不是与生俱来的，文明是要通过人性的启发、人性的放大、人性的价值追求，才能实现的。简单地说就是以自己的行动启发感化他人的一种德性，这样一种帮助他人回归社会、敢做表率、乐于奉献、极具人格魅力的志愿服务，是我们新时代所需要的。

同志们，新时代需要新青年、召唤着新青年，新时代为新青年的成长成才提供了广阔的天地。同人民一道拼搏，同祖国一道前进，服务人民、奉献社会是当代中国青年的正确方向。

新青年要有新志向、新目标，新青年要有新担当、新作为。我们开这个会的意思是在这里，希望青年朋友们、青年同学们，你奉献，我奉献，大家都来奉献，多讲奉献、多讲他人、多讲服务。我们在新时代踏上新征程，我们在新阶段奏响中华民族伟大复兴的新乐章，我们的伟大中国梦才有新的更大的力量。最后祝愿同学们在参与志愿服务工作的实践中不断进步，也祝我们共同的青年志愿者事业蒸蒸日上。

（本文系作者于2020年12月4日在江西师范大学青年志愿者注册仪式上的讲话，根据录音整理，经作者审定。）

做理性平和、自律包容的新时代优秀大学生

根据安排，我到学院来，专门与学生代表进行一次谈心谈话，主题是如何做理性平和、自律包容的新时代优秀大学生。为了开好这次会议，会前，我听取了文学院主要负责同志的汇报，与文学院党委、行政、团委、学生会、辅导员和学生代表开展了谈心谈话调研。这样做的主要目的，是既要服务大学生成长成才需求，弄清问题的本质，又要解决影响大学生成长成才的瓶颈问题和制约短板，分析问题产生的根源，更要对学生进行有效的思想疏导、心理指导、人格引导，扫清影响学生成长成才的思想迷雾，把握学生成长成才的正确方向，使学生放下包袱，轻装上阵。习近平总书记在党的二十大报告中指出："全党要把青年工作作为战略性工作来抓，用党的科学理论武装青年，用党的初心使命感召青年，做青年朋友的知心人、青年工作的热心人、青年群众的引路人。"[①] 在高校，重视青年工作的落脚点是促进青年成长成才。这也是我们召开这次会议的初衷。

我们决定通过集体谈心谈话形式召开这次会议，从个案入手，弄清问题本质，举一反三，把习近平总书记关于教育的重要论述与大学生教育，青年成长成才，树立正确的世界观、人生观、价值观、成长观、社会观有机结合起来，扎实推进高校德育工作，改进人才培养工作，促进学生成长成才落地见效，落实立德树人根本任务，培养新时代优秀大学生，从而促进南昌师范学院学子在全国大学生群体中"做示范，勇争先"。做优秀大学生是高要求，前提是做合格大学生、做社会主义事业的建设者和接班人。它具体体现为大学生具备独立健全的人格，能够成为为实现中华民族伟大复兴中国梦而奋战、为实现中国式现

① 习近平：《高举中国特色社会主义伟大旗帜　为全面建设社会主义现代化国家而团结奋斗——在中国共产党第二十次全国代表大会上的报告》，《人民日报》2022 年 10 月 26 日。

代化而奋斗、走在中国特色社会主义康庄大道上的建设者、接班人，这是合格的底线。

刚才，教务处的负责同志通报了关于个别老师教学失范行为的处理意见。这个处理意见产生的缘由和过程现在我给大家作个说明。近期，马克思主义学院向学校提出，有部分学生反映个别老师在教学中存在一系列问题，在学生中引起了思想波动。学生私下建立微信群煽动情绪，并以写匿名举报信等方式对个别老师进行“口诛笔伐”。对此，学校高度重视，第一时间责成教务处、马克思主义学院、文学院组成联合调查小组，开展仔细认真的调查和取证工作。经学校教学督导小组专家评议和学校教学指导委员会审议，认为当事人存在备课不认真，讲课不投入，讲话不严谨，思想表达不聚焦、不准确的问题，认定其存在教学失范行为，并同意对照学校相关教学管理规章制度对其进行严肃处理。这个处理过程和方式既体现了学校对教学、对教风、对教师工作的高度重视，也体现了我校是一所有 70 年办学历史，对省委省政府、对社会、对家长、对学生高度负责、具有深厚教育情怀的本科师范院校。

我们贯彻落实习近平总书记提出的“围绕学生、关照学生、服务学生”[①] 的思想政治工作要求，在整个过程中，认真听取同学们的意见和诉求，对于学生反映出来的问题，我们一直在听，我们认真在听，我们细心在听，我们也如实地了解情况，跟踪跟进跟紧，把问题圆满如实地解决好。同时，我们也请相关部门的负责同志和大家展开集体谈心谈话。学工处王健处长就《学生守则》相关规定，对学生在校期间应履行的行为规范、应遵循的学习生活纪律做了解读，并谈了自己的体会。学校党委宣传部常颖部长就国家关于网络信息传播有关规定与同学们做了谈心谈话。文学院党委副书记严红兰同志就学生工作、学生思想动态做了形势研判，对于出现的思想性倾向性的苗头问题进行了点评，并提出了要求。刘永红副校长就进一步做好学生工作做了很好的指导发言，讲得既温情温馨，又有高度、有原则性。同志们的谈心谈话我完全赞成。我想借这个机会，也和同志们、同学们开展一次谈心谈话。这既是基于校长治校的责任，也是落实政治家、教育家办学的要求，更是我作为一名老教师对学生成长成才

① 《习近平在全国高校思想政治工作会议上强调　把思想政治工作贯穿教育教学全过程　开创我国高等教育事业发展新局面》，《人民日报》2016 年 12 月 9 日。

的热切期盼。

一、抓教风，严学风，转校风，实作风

我是从华东师范大学、华中师范大学、武汉大学所受的教育中逐渐培养成长起来的。我在湖北省社会科学院、江西师范大学指导过硕士研究生、博士研究生、博士后工作人员和青年高访学者。应该说，对于一名大学生所经历的完整高等教育和求学过程，我都是十分熟悉的。过去，我长期工作在科研教学岗位；现在，我仍然勤劳地奋斗在教育工作战线上。我很早的时候就从事过学生工作、青年工作，曾担任过湖北省社会科学院牵头负责的团委副书记。当时的团委书记是一名正处级干部，我是常务副书记兼学术部长，经常办沙龙、办青年学术研讨会。可以说，我的成长经历与青年工作是紧密联系在一起的。后来，我担任湖北省社会科学院科研处处长兼研究生办公室主任，工作对象也是青年学生，所以，我很喜欢和青年人打交道。事实上，我现在也一直在与青年人打交道。当老师注定要和年轻人打交道，要进入青年学生的思想世界、情感世界。学生愿意听老师讲话，愿意和老师相处，就能建立良性的师生关系，这是老师教育成功的基础。如果学生不愿意亲近老师并和老师相处，就说明老师与学生产生了鸿沟。他就老了、落伍了。我的口头禅是：老师姓“老”名“师”。“老”指的是学识丰富、经验丰富、人生阅历丰富，有资格指导跟随者、跟进者。“师”是其内涵、底蕴，也是其本质特征。《礼记》上讲：“是故古之王者建国君民，教学为先。”[①]“兴师重教”是中国古代社会的优良传统。唐宋八大家之一的韩愈讲：“古之学者必有师。师者，所以传道、受业、解惑也。”[②]没有人能生而知之，无师自通，人都是学而后知的。教书育人要以丰富的人生阅历为基础，时时处处体现教育情怀、人格魅力、道德情操、理想追求。同时，老师要甘为学生成长道路上的人梯，愿做点燃黑暗世界的红烛，照亮学生幽暗的思想，引领学生前进的航程，这才是老师该有的风范。所以，我对老师这个职业是十分敬畏的，是有一种文化自觉的深厚情感融入在里面的。在我的家族里，近五代有80%的人做老师。我现在做老师；我的妻子也做老师；我的孩子也做老师；我姐姐的三

① 胡平生、张萌译注：《礼记·学记》，中华书局2017年版，第697页。

② 钟基、李先银、王身钢译注：《古文观止》，中华书局2011年版，第553页。

个孩子做老师；我爷爷前半生参加鄂西抗日，后来也做老师；我的曾祖父也曾办学兴教；我的外公刘桂芳先生，是进入了《沔阳县志》的著名教育家，深受当地百姓敬重。所以，老师的形象、老师的内涵、老师的魅力在我心中是非常崇高的、伟大的。

党的二十大报告强调，要加快建设高质量教育体系。高质量发展是新时代高等教育发展的科学定位。对标对表学校正在开展的学习贯彻习近平新时代中国特色社会主义思想主题教育，将学习成效转化为促进学校内涵式高质量发展的强大动力，是本次主题教育的重要目的之一。因此，我们必须时刻保持头脑清醒，将内涵式高质量发展牢记在心坎上，体现在行动上。实现内涵式高质量发展有一个基本条件，就是有高质量的教育教学水平和过硬的人才培养质量，这集中体现为一所学校有优良的教风学风、党风校风。我在江西师范大学分管教学工作的时候，提出一个鲜明的教育管理理念："抓教风，严学风，形成良好校风。""三风"通党风，党风连作风。教师、学生、家长、社会评价一所学校的时候，主要看师生身上所表现出来的精神风貌和行为风尚。教风沉静严谨、学风清静踏实、校风纯净昂扬、党风清廉正派、作风务实高效，这就是看得见的好风貌、好风尚。风貌风尚看似是"表象"问题、"面子"问题，但体现的是"内涵"问题、"里子"问题，我们不能小瞧了这股"风气"的力量。《论语》上讲；"君子之德风，小人之德草；草上之风，必偃"[①]，"风行草偃"。社会可以凭借这个理法建立公序良俗，教育可以凭借这股力量化民成俗。所以，针对这次谈心谈话，我们以个别老师教学行为失范案例为切入点，聚焦影响学校文化建设、高质量发展的这个"风气"问题，是非常有必要的。

二、讲道理，明法理，通情理，悟真理

习近平总书记指出："要健全社会心理服务体系和疏导机制、危机干预机制，塑造自尊自信、理性平和、亲善友爱的社会心态。"[②]能够理性平和、自律包容地看待和处理问题是大学生走向成熟的重要标志。《论语》里讲了一则故事，

① 张艳国：《〈论语〉智慧赏析》，人民出版社2020年版，第227页。

② 《习近平在中央政法工作会议上强调　全面深入做好新时代政法各项工作　促进社会公平正义保障人民安居乐业》，《人民日报》2019年1月17日。

具有很深刻的教育意蕴。叶公告诉孔子：“我的家乡有个正直的人，他的父亲偷了人家的羊，他告发了父亲。”孔子说：“我家乡的正直的人和你讲的正直的人不一样：父亲为儿子隐瞒，儿子为父亲隐瞒。正直就在其中了。”“父为子隐，子为父隐。直在其中矣。”[①]这是孔子关于父子亲情关系面临道德与法律的两难境地考验时说出的肺腑之言。融通法理和情理是一种处世智慧，更是一种修养境界。我们应该以一种理性包容的态度对待社会存在的不足和缺点，对于自己的亲人、师长、朋友也应如此。所以，大家要经常通过谈心谈话、批评和自我批评等面对面的沟通方式，讲出大家心中所想、心中所盼、心中所忧，通过情感交流、思想碰撞或交锋，形成思想共识、情感共识、生活共识，最后形成共同体意识，团结力量、凝聚人心。这样的话，我们才有宽松和谐的高质量发展环境，才能把学校各方面的工作都做好。当我们遇到有合理诉求和正当权益需要满足和维护时，首先应该想到通过正规渠道进行沟通、通过理性方式去争取。我们可以与任课教师、辅导员、班主任、学院领导，甚至是校领导进行面对面的沟通，也可以向学工处、团组织、党组织反映情况。大家有疑虑、有焦虑、有意见可以彼此交流，有喜悦、成功、快乐也可以彼此分享，我们是学习共同体、教育共同体，也是生活共同体、命运共同体，不存在“敌我”关系，不应该成为彼此攻击的对象。

马克思主义学院思政专业有一位叫邹嘉诺的同学就是一位善于沟通的同学。他经常联系我，请教学习和人生规划问题。初次见面时，他读大一，现在已经大三了。我指导他读完《德意志意识形态》和《共产党宣言》的时候，他立志要考思政专业的硕士研究生。他告诉我，父母说他在正确的时间考上了一所正确的学校，在正确的学校遇到了一位正确的老师，在正确的老师引领下形成了正确的人生目标。可见，人们在遇到问题时多沟通，是非常有必要的。作为一个心理健康、人格健全的人所具有的喜怒哀乐的各种情感，我们都可以找到合适的对象倾诉交流，只要不是采取恶搞的、打击的、地下的、违法违纪的方式，都是合理的，也是能够允许的；否则，它就背离了人类文明发展的主旋律和教育的根本目的。毛主席有句话讲得好！“扫帚不到，灰尘照例不会自己跑掉。”[②]

① 张艳国：《〈论语〉智慧赏析》，人民出版社 2020 年版，第 244 页。

② 《毛泽东选集》第四卷，人民出版社 1991 年版，第 1131 页。

做人也是如此，我们要定期清理自己思想和心理上的灰尘，唤起沉睡的美好心灵，经常捧起一把水洗洗脸，对着镜子照一照，正好衣冠，使自己的身心始终保持昂扬向上的健康状态，使自己的言行始终保持在合理合法合规的状态。这就是“扫尘除垢”，也是一种修养的功夫。

我经常跟我指导的研究生讲，遇事要研究“四理”，研究好了，做人做事才不会“过犹不及”、达不到目的。

它们是哪“四理”呢？即明白“道理”、符合“法理”、融通“情理”、吃透“真理”。做人做事的基础是情理；规范是法理；方法是道理；规律是真理。其中，道理是法理的基础；情理是法理的羽翼；真理是道理、法理、情理背后蕴含的至真、至善、至美的哲理。通向道理、法理、情理的是人类普遍的常识。所以，不讲情理的人是没有感情的人，是冷血动物，不能算是心理健全的人；不讲道理的人是另类，是愚昧无知的、胡搅蛮缠的人；不守法理的人是反人类的人，是社会的公害；不追求真理的人，不是高尚的人、有智慧的人。“四理”是教育人的好东西，是衡量人的一把标尺，也是区别人真善美与假丑恶的一道分水岭。希望同学们把这“四理”牢记在心上，实践在行动上，这是做人做事能够圆满成功的好方法。这次谈心谈话，我们既要对个别老师的教学失范行为进行批判，以正教风；也要对那些恶意抹黑老师、不讲师生感情的学生的错误行为进行批判，以正学风；更要对那股脱离正常沟通渠道、肆意告状告密的歪风邪气进行批判，以正校风。社会主义大学是培养人才的地方，不是培养“告密者”的地方，因此，大学不培养“告密者”。只有这样，我们才能弘扬起学校正能量，落实立德树人根本任务，培养堂堂正正、朝气蓬勃、生龙活虎的新时代青年。

三、亲其师，信其道，勤学习，成大才

借此机会，我还想结合个别老师教学失范行为被处理的案例，和大家谈一谈怎么样做心理健康、人格健全、志向明确、操守严正的南昌师范学院学子，怎么样做新时代优秀大学生。对此，我有三点体会。

第一点体会，要明确“师范”教育究竟是个什么“范”，以身作则。对此，我专门进行了学术研究，撰写了一篇文章，被《华中师范大学学报（人文社会科学版）》推出后，通过各种网络平台推送，在学术界得到认同。其中一点，我

讲到“师范”承载着中国师道精神的“文化范”，就是说在为师、求师、尊师以及传递师承关系的过程中形成一种“范”。维护师道尊严既是老师的责任，也需要学生同情共感。老师并非圣人，也会犯错，也有缺点；作为学生，如果发现老师有不足之处，应该开诚布公地善意指出，还可以通过很多正规渠道反映，体现“吾爱吾师，但吾更爱真理”①的批判精神，但绝不应该躲在暗处戳老师的脊梁骨、打击老师，站在老师的对立面，违背基本的师生伦理。所谓伦理就是刚才我讲的“法理”和“情理”的统一，这是人之常道、人之常情，需要大家共同维护。《礼记》讲“长幼有序”，是“长”爱“幼”，“幼”敬“长”，它是一种平等的情感互动，不是一种尊卑关系。老师崇德爱生、学生尊师重教，这就是长幼有序的具体体现，这是一个基本师生伦理规范。习近平总书记每个教师节都在全社会大力提倡尊师重教之风，将传统的社会风尚变成一种浓厚的时代风尚，为重振新时代的师道尊严指明了方向。

尊重老师的程度，决定学生从老师身上获取知识的权重。越是尊重老师，越是和老师的情感与思想同频共振，就越能从老师那里获得更多的人生指导。让我讲讲我本科读大学时的体会吧。1981年夏，我参加高考；同年秋季被华东师范大学历史专业录取。大学三年级时，我在《历史教学问题》，即现在的核心期刊，发表了一篇学术论文，题目是《秦长城到底有多长》，现在还时常被一些科研文献提及。回想起这件事，我最大的体会是：我紧跟老师的脚步，经常向老师请教，在老师的指导下读《史记》、读林剑鸣教授的《秦汉史》，跟踪学术动态，运用批判精神和反思方法，从而学会独立研究。事实上，丁季华老师当时担任这本期刊的编辑部主任，在发表前曾帮我把文章修改了三遍，我后来才知道这个情况。这篇文章的成功发表，与我尊敬老师、亲近老师，从而得到老师的爱护与帮助是密切相关的。同志们！如果没有老师的指导与帮助，这件事能做得到吗？大家知道北斗精神、北斗团队的故事吗？北斗团队平均年龄在30岁左右。他们经过26年的接续奋斗，使中国的北斗成为世界的北斗，为

① 目前，普遍认为这句话出自古希腊著名思想家亚里士多德，但目前并无资料证明亚里士多德说过这句话。孙江认为，亚里士多德在《尼各马可伦理学》第1卷第6章有类似的话：“因为虽然两者都很可爱，但虔诚要求我们尊重真理甚于朋友。”Amicus Plato，sed magis amica veritas（吾爱柏拉图，而吾尤爱真理），应该是从这里派生出来的。参见孙江：《吾爱堂·吉诃德》，《中华读书报》2022年11月2日。

全球提供导航服务，使中国成为世界上第三个独立拥有卫星导航系统的国家。这令国人骄傲的成绩，正是在一代代航天导师的引领下由众多团队精诚合作而取得的。如果没有老师的引领，整个航天事业就失去了灵魂人物，我们将在航天科学领域失利，甚至对于国家安全来讲，也会丧失主动权。航天事业取得的所有成绩，都是若干个团队的导师带着博士后、博士和少量硕士研究生完成的。所以，没有老师的指导，学生的成长会失去依靠，将会前途漫漫。学生只有与老师形成一种密切的有情感纽带的学术共同体关系，才能赢得老师的认同，才能在教学环节之外，全方位、全内涵、全要素地接受教师的支持、指导，从而产生“扶持”效应。

在教育生涯中，我经常讲，学生有三种类型。第一种是独立型。他们有清晰的发展目标，拥有独立的思考和判断能力，能够沿着老师指引的方向前进，是要成为老师，甚至是超越老师的人。第二种是依从型。他们对自己的人生规划有一定的思考，但仅满足于被动接受老师布置的任务，缺乏自主学习能力，只追求顺利毕业。第三种是迷茫型。他们对自己的学习和未来缺少规划，没有恒心毅力，不思进取，得过且过，最后拿不到毕业证或学位证。从师生关系的紧密程度来讲，第一种类型的学生与老师的关系密切，“向师性”强，他们与老师在思想和行动上无缝对接，高度契合。第二种类型的学生与老师保持一定距离，师生交流仅限于学业，“向师性”一般，属于按部就班型。第三种类型的学生与老师的关系疏远，缺乏交流与沟通，不听劝诫，“向师性”较差。总体来看，学业表现较差的学生，往往也是和老师在学术联系上程度较低的学生。他们和老师不能建立一种学术亲缘关系。我认为，学生的“向师性”与学生尊师重教的程度密切相关。希望同学们能够唱响尊师重教的主旋律，在情感认同上，对老师多些包容、多些敬爱、多些交流，不做老师的对立者，绝不助长“学生告老师”的歪风邪气。今年，我在毕业典礼上旗帜鲜明地指出，社会主义大学不培养告密者，高校要坚决反对社会担忧的告密风气。当然，我们鼓励、提倡、支持学生正确地行使自己的权利，正当地维护自己的权益，有组织地通过合理渠道如实地反映自己合理的利益诉求。学校、老师要充分尊重学生的合理利益诉求和权利。

第二点体会，要明确学习的目标与内容，进德修业。如何做新时代大学校园的主人？这是有明确向度的。第一个向度是要明确我是谁、我的角色。学生要知道，学习是自己的第一职责、第一使命，要以学习的进步、学业的成就、学问的积累体现自己的硬实力，展现自己的气质内涵。苏轼讲：“粗缯大布裹生涯，腹有诗书气自华。”① 人纵使穿着粗衣烂衫，只要有学问、有道德，就会展现出不一样的精气神，那是精神世界的富足，这就是读书积累的结果可以转化为人的身心气质的道理。万世师表孔子曾严厉批判不学无术、不求上进的学生，感慨道：有些人“饱食终日，无所用心，难以哉”②！并点名道姓地批评宰予大白天睡懒觉，说他是“朽木不可雕也，粪土之墙不可圬也”③。宰予是“孔门十哲”之一，可见，他当时明白了老师的良苦用心，并痛下决心，改掉了睡懒觉的毛病，发奋读书，后来取得成就。

第二个向度是要知道应该学什么。《论语》里有一段精彩的对话。樊迟请教孔子如何种庄稼。孔子说：“这个我不如老农。”樊迟又请教学习种菜。孔子说：“这个我不如老菜农。”樊迟离开后，孔子说：“樊迟真是个小人啊！统治者讲究礼仪，百姓就不敢不敬畏他；统治者喜好仁义，百姓就不敢不服从他；统治者诚实守信，百姓就不敢不对他说出实情。如果能够做到这些，那么，四方的百姓就会背着幼小的子女来投奔他，为什么要自己种庄稼呢？”④ 也许有同学为樊迟感到不平，不就是问老师如何种庄稼、种菜么，这也要讨一顿骂吗？实际上，樊迟挨骂的原因，在于他没有明确求学的主要目的和内容，他与孔子的办学思想发生了冲突。孔子传授的是“修身齐家治国平天下”的学问，术业有专攻，稼穑之事不是他的教学内容，并不是因为孔子不会种庄稼、种菜而反感“樊迟问稼”。虽然樊迟遭受严厉批评，但他后来成为“孔门七十二贤”之一。可见，“玉不琢，不成器”⑤ 啊，真是严师出高徒！遭受严厉批评的宰予、樊迟并没有痛恨老师，四处告状，击鼓鸣冤。他们也曾经迷惘、犯错，但他们能改过自新、奋发图强，成为读书人的榜样。所以，知道我是谁，我是干什么的，我准备干什么，我即将干什么，我为什么干这个，弄明白这些问题，对于做好一名优秀的新时代大学生而言非常重要。大家要紧紧把握“实现中华民族伟大复兴”的

---

① ［宋］苏轼著，汪超导读、注译：《苏轼集》，岳麓书社 2019 年版，第 6 页。

② 张艳国：《〈论语〉智慧赏析》，人民出版社 2020 年版，第 335 页。

③ 张艳国：《〈论语〉智慧赏析》，人民出版社 2020 年版，第 76 页。

④ 参见张艳国：《〈论语〉智慧赏析》，人民出版社 2020 年版，第 236 页。

⑤ 胡平生、张萌译注：《礼记・学记》，中华书局 2017 年版，第 697 页。

时代主题，始终围绕2035年、2050年奋斗目标，回应“我拿什么奉献我的母校，我拿什么回报我的父母，我拿什么敬献我的祖国”这些问题。只有经常思考这些问题，大家才会知道应该关心什么、不应该关心什么；才会明白应该计较什么、不该计较什么；才会明白应该做什么、如何做；才会明白怎么处理师生关系、同学关系；才会气象大、格局大，前途远大。

第三个向度是大学生要时刻展现出青年的朝气与清纯，思想与行动是活泼敏捷的，心灵与气质是洁白无瑕的。我年轻的时候，学习成绩在班上是比较好的，很受老师喜欢。他们经常让我在课堂上发言，我也经常清纯地追问老师问题。其中有一位老师，著名历史学家简修炜给我们讲授《中国通史》。因为个子小，我坐在第一排，几乎面对着他。老师拿着泛黄的讲稿用四川口音讲课，讲到“那个曹操”的时候，重复了三遍，忽然卡住了，讲不下去了。我当时在下面很认真地做笔记，看到老师这个情况，不知道是怎么回事，心里也跟着急起来，于是，我站起来，清纯地问简老师：“您讲了三遍‘那个曹操’，究竟要讲曹操什么事？”这一问把老师问得愣住了。那时真是“少不更事”啊！大学毕业后，我在湖北社会科学院《江汉论坛》编辑部工作，在一次活动中，很正式地向他做了自我检讨，讲得他哈哈大笑。老师说他当时有急事，又有评职称的压力，把第二天有课的事情忙忘记了，早上起来，忽然想起来今天有课，于是慌慌张张去上课，没有做好准备，就只好拿旧讲稿来壮胆，结果效果不好。他也做了自我检讨，说我当时问得对，因为自己没有充分备课，教学不投入。

我讲这个例子给大家听，目的是告诉大家：青年应该像这样单纯、像这样清纯地求知上进，直接向老师提问，直接进行思想的交锋，这是一种十分有益有情的教育关系。我对你们不放心的地方，主要在这里啊。你们要保持一种青春的朝气，一种求知求真的涌动；要保持一种青春的清纯，不要把社会阴暗角落的东西带进教育；否则，那将是很危险的！那也是很可怕的！如果这样做，大家毕业后，你在单位是没有同事和朋友的，人生道路走偏了，人生之路就变得窄小了。我从我的老师夏振坤、章开沅、冯天瑜、严昌洪、陈旭麓先生等那里接受的就是这种教育，他们都讲过类似的话，包括著名教育家、华东师范大学前校长刘佛年也是这样强调的。所以，青年要保持人格健全、心理健康，青年要有青年的样，青年要有青年的范，青年要有青年的力量。作为学校校长，我在这里疾呼，我有这个责任提醒你们，积极回应社会的担忧。中国共产党创始人之一李大钊先生有一篇文章《青春》，在这里，我推荐给大家读一读。我在江西师范大学分管江西师范大学科学技术学院的时候，曾建议做一尊雕塑，把李大钊《青春》一文的节选内容，“为世界进文明，为人类造幸福，以青春之我，创建青春之家庭，青春之国家，青春之民族，青春之人类，青春之地球，青春之宇宙，资以乐其无涯之生”[①]，镌刻在雕像背面，展示青春力量、青春美好，与雕塑互熠生辉。当时，南昌航空大学艺术与设计学院徐晶教授知道这个想法后，很受感动。他说，这位构思者一定是个有大情怀的人、有文化底蕴的人，他宁愿不要报酬也愿意做好这一尊雕塑的设计。现在，这尊雕塑已经成为江西师范大学科学技术学院校园文化的标志性景观，也成为共青城的旅游景点之一。我建议，有条件的学院可以组织学生去看一看，在雕塑前想一想，充分感悟青春的价值与意义。同学们！青春涌动无限活力，青春充满无限希望，青春是改天换地的力量，青春是人类最宝贵的品质。大家要珍视“青春”，要守护“青春”，使青春成为人生鲜亮的底色。

第三点体会，要明确新时代赋予大学生的使命，志存高远。关于如何做新时代优秀大学生这个问题，每个时代都有每个时代“优秀”的标准，答案不是固定的。因此，我们要带着鲜明的时代感来认识“优秀”这两个字。我思考了一下，要回答好这个问题，首先就要回答新时代是个什么样的时代这一问题。第一，新时代是改革开放的新时代。当代中国发展的主题、主线和主旋律是改革开放，是改革创造，是改革奋进，是改革图强。第二，新时代是中国特色社会主义的新时代。中国特色社会主义是人类文明的新形态，是人类文明的新探索，是人类文明的新篇章。世界上大多数国家走的是资本主义道路，是欧美发达国家主导的西方道路。中国式现代化走的是中国特色社会主义道路，走的是自己开创的新道路。党的十八大以后，中国进入了由习近平总书记领导的新时代，中国特色社会主义步伐更加坚定、更加自信，前景更加辉煌。第三，新时代是全面建设社会主义现代化国家的新时代。中国共产党成立100周年时，中国实现了全面建成小康社会的奋斗目标，正在昂首阔步走向世界舞台中央。新中国成立100周年时，中国将步入世界中等发达国家行列，实现中国式现代化，

① 中国李大钊研究会编注：《李大钊全集》第一卷，人民出版社2013年版，第318页。

建成社会主义现代化强国。因此，做好新时代优秀大学生，还要顺应这三个新时代要求。时代激流，推着我们进步，如果我们不顺势而为、与时俱进，就会落伍，就会被时代淘汰。

改革开放以来，中国共产党人孕育出女排精神、载人航天精神、新时代北斗精神，不断筑牢、丰富中国共产党人的精神谱系，这些精神成为新时代精神风标的重要依据，其精神力量滋养和影响着一代又一代青年。回想我读大学的时候，1981 年 11 月，中国女排以 3 比 2 力克东道主日本，首次夺得世界冠军。当时，我们彻夜不眠，拿着盆子、拿着饭钵在全校搞篝火晚会，这就是女排精神对青年的影响力。所以，大学生首先要有这种精神操守，状态是热烈的、张扬的、奋进的，具备献身伟大事业的精神，这样才能做好优秀大学生，这是第一点。第二点，中国特色社会主义事业需要青年始终以党、国家和人民的召唤和要求引导自己树立正确的世界观、人生观、价值观。我校培养的师范生中有很大一批同学是不准备读研究生的，毕业后直接去做中小学老师。服务基层是我们的特色，我们要有这样的意识，要以服务基层中小学为荣，以振兴乡村教育为荣，让青春之花在祖国最需要的地方绽放。第三点，新时代青年要紧密地服务中国式现代化建设，参与到全面建成社会主义现代化国家的历史伟业中去，建设现代化强国。在庆祝中国共产党成立 100 周年天安门广场庆典上，广大青年庄严宣誓："请党放心，强国有我。"我认为，"强国有我"有两层含义：一是"不掉队"；二是"一定有我"。这是新时代赋予青年的使命。我们要担负这个时代使命。

同学们！请大家好好思考一下，如果把你的未来人生分成两个阶段，2035 年的你在干什么？ 2050 年的你又在干什么？那时的你是否能做到思想强、业务强、能力强，依然能够继续培养自己的科学素养、人文情怀、艺术品质和过硬本领，能否在自己的工作岗位上干出一番轰轰烈烈的事业。著名科学家爱因斯坦曾经写道："如果一个人忘掉了他在学校里所学到的每一样东西，那么留下来的就是教育。"① 当你们 70 岁老了，80 岁还活着，90 岁、100 岁还能思考的时候，如果仍然能够清晰地回忆自己在南昌师范学院求学的时候，到底学了一些什么、

① 转引自［美］爱因斯坦著、许良英等译：《爱因斯坦论科学与教育》，商务印书馆 2016 年版，第 133 页。

做了一些什么、想了一些什么。那么，这就说明这些内容已经徐徐地刻进你的骨子里了，将影响你一辈子。希望我今天说的话中，总有那么一两句话也能影响你们一辈子，为你们的人生助力，那我就感到十分高兴了！

最后，祝愿同学们能够对标对表新时代要求，努力树立远大志向，立志发奋图强，能够做一名理性平和、自律包容的南昌师范学院优秀学子，做爱国爱家、爱岗敬业的新时代强国青年。

（本文系作者于2023年6月30日在南昌师范学院文学院学生谈心谈话会上的讲话，钟成海根据录音整理，经过作者审定。）

让青春的航船在理想的指引下行稳致远

又是一岁开学季，正是一年秋意浓；秋高气爽最宜学，学生有意入校来。今天，南昌师范学院迎来了3713名怀揣梦想的新同学。我们在这里隆重举行2021级新生开学典礼。首先，我谨代表学校全体师生对各位新同学的到来表示热烈的欢迎！从今天起，我们将拥有一个共同的名字——“南师院人”。

感谢大家选择南昌师范学院作为求学问道、筑梦启航之地。前几天，我在迎新现场已经深切地感受到什么叫风华正茂、未来可期。长江后浪推前浪，一代新人换旧人。你们的到来，为我校注入了新的活力，也将续写无限的可能。我从新生大数据中了解了你们的一些“小秘密”，你们很多人是以超过所在省份本科线较多的高分来到南师院的，有的同学还超过了一本线，我为学校能够吸纳优秀的你们而骄傲！你们中年龄最小的是旅游与经济管理学院的姜丽萍同学，仅有15岁；家乡最远的是来自辽宁省的赵义明同学，距学校2100多公里。今天，9月13日，对于李继清、朱欣怡、杨鹃、刘悦、刘鑫宇、马炬村、姚嘉俊等7位同学来说，也是一个非常有意义的日子，你们迎来了自己的生日，尽管少了小家庭的亲情守护，但多了南师院大家庭的友情陪伴。学工处的老师为大家准备了生日蛋糕，祝大家生日快乐！

亲爱的同学们，相聚是缘，相伴是福，守望相助，筑就温暖的教学共同体。希望大家在学校结下深厚的同窗之谊，相互借鉴，共同成长。

十年寒窗苦，一朝成材荣。同学们用汗水和智慧一路拼搏，终于踏入了大学校园，继续追逐自己的成才梦、人生梦。那么，怎样做才能不因虚度年华而悔恨，不因碌碌无为而羞愧呢？同学们，我真诚地希望大家跟着祖国前进的强健脚步，面向2035年、2049年的奋斗目标，做青春的追梦者、搏击者、求道者，与祖国偕行，踏上新征程，抒发新精彩。我想以“让青春的航船在理想的指引下行稳致远”为题，与同学们谈谈大学生活和成长，给出一点建议。

希望大家树牢志向，做青春的追梦者。功崇惟志，业广惟勤。干事创业，立志在前。北宋大学者司马光曾说：“夫射者必志于的，志于的而不中者有矣，未有不志于的而中者也”[①]。古希腊哲学家苏格拉底曾说：“世界上最快乐的事，莫过于为理想而奋斗。”[②]“共和国勋章”获得者钟南山院士对这段话终生难忘：“人不应该单纯生活在现实中，还应生活在理想中。人如果没有理想，会将很小的事情看得很大，耿耿于怀；人如果有理想，身边即使有不愉快的事情，与自己的抱负相比也会很小。”[③]有了梦想我们才会满怀希望，有了梦想我们心中才会洒满阳光。青春是船，理想是帆，而人是冲浪的动力。只有树立远大理想，青春航船才能破浪远航，到达彼岸。

进入大学前，不少同学都怀有或大或小的梦想，愿大家无论经历怎样的挫折、彷徨、失意、诱惑，都不要丢失初心，丧失梦想，而要昂首挺胸，向着梦的希望前行。你们当中的陈雨欣同学，早就立志做一名小学教师，招生录取过程中曾多次咨询我校老师，最终以学院第一的成绩如愿录取到小学教育专业。这样有理想、有使命的同学是可敬的、可赞的！有志者，事竟成，学校将助你有梦圆梦。你们的学长，来自外国语学院的彭强同学，因患疾病，腿脚很不方便，但他有着坚定的志向，在大学四年的时光里，无论是在寒风凛冽的严冬，还是在骄阳似火的酷暑，他从未落下一节课，一直坚持刻苦学习，成为身残志坚、品学兼优的大学生，最终如愿考上了南昌大学的研究生。

同学们，“志不强者智不达，言不信者行不果”[④]。请你们在最美的年华，让青春的航船在理想的指引下行得更远。

希望大家铆足干劲，做青春的搏击者。锲而不舍，金石可镂。成就事业，贵在鼓劲，贵在坚持。大学时光若没有长期艰苦奋斗的韧劲，不挥洒汗水，不勤于思考，光阴终将虚度，如同蛹没有经过持续破茧的挣扎就不会蜕变成美丽的蝴蝶，河蚌无沙砾的一次次磨砺就永远不会孕育出晶莹的珍珠。

也许高中时老师们或家长们曾对大家说过：“到了大学就可以轻松了。”但我想以过来人的身份给大家提个醒：别松劲，别歇脚，接续奋斗，就能成功！

---

① 李之亮笺注：《司马温公集编年笺注》第四册，巴蜀书社 2009 年版，第 525 页。

② 转引自李文诠主编：《大学生成人成才成功之路》，天津大学出版社 2011 年版，第 173 页。

③ 余玮、吴志菲：《大国功勋》，人民日报出版社 2022 年版，第 207 页。

④ 方勇译注：《墨子·修身》，中华书局 2015 年版，第 10 页。

奋斗，是青春与生俱来的底色，是新时代大学最鲜明的品格。我国“十四五”规划及2035年远景目标纲要提出要提高高等教育质量，建设高质量教育体系。以前那种“玩命的中学，快乐的大学现象”将会一去不复返了。高考不再是奋斗的终点，而应成为新征程的起点，高考后便偃旗息鼓，哪里会有光明前途呢？习近平总书记与各界青年代表谈话时说道：“人的一生只有一次青春。现在，青春是用来奋斗的；将来，青春是用来回忆的。”“应该把学习作为首要任务，作为一种责任、一种精神追求、一种生活方式，树立梦想从学习开始、事业靠本领成就的观念，让勤奋学习成为青春远航的动力，让增长本领成为青春搏击的能量。”[①] 大学生涯是人生中承前启后的重要阶段，它奠定了你的专业基础，开阔了你的人生视野，确立了你的人生志向，它将深刻地影响着你未来的事业成就、审美情趣、生活格调。在大学便卸车下马，世界那么大，你又拿什么资本去看看呢？

同学们，“盛年不重来，一日难再晨。及时当勉励，岁月不待人”[②]。请在最美的年华，让青春的旋律在奋斗中更加激昂。

希望大家厚植德行，做青春的求道者。明德亲民，止于至善。个人的综合素质中“德”始终是摆在第一位的，是个人成长的基点，古今中外，概莫能外。我校的校训是“厚德修身、博学育人”，厚德在博学前，因为“德”决定了人的成长方向，纵使博学多闻，道德品质低劣，只能是歪才、偏才。司马光在《资治通鉴》里说道：“才者，德之资也；德者，才之帅也。”“自古昔以来，国之乱臣，家之败子，才有馀而德不足。”[③] 因此，提升自己的道德境界是每个人成长的必修课。

道德品行高洁的人一定是社会责任感强烈的人，一身正气之人必定是胸怀天下的人，这是中国知识分子世代承袭的文化基因，也是中国读书人心路历程的内在逻辑。北宋文学家范仲淹的“先天下之忧而忧，后天下之乐而乐”[④]，北宋

① 习近平：《在同各界优秀青年代表座谈时的讲话》，《人民日报》2013年5月5日。

② 袁行霈撰：《陶渊明集笺注》，中华书局2011年版，第235页。

③ ［宋］司马光编著、［元］胡三省音注、“标点《资治通鉴》小组”校点：《资治通鉴·周纪》第一册，中华书局1956年版，第14—15页。

④ ［宋］范仲淹著，李勇先、王蓉贵校点：《范仲淹全集》，四川大学出版社2007年版，第195页。

大文豪苏轼的“会挽雕弓如满月，西北望，射天狼”①，近代著名爱国者林则徐的“苟利国家生死以，岂因祸福避趋之”②，或悲天悯人，或壮志杀敌，或舍生取义，说的无不是读书人的铮铮报国宣言。习近平总书记曾在谈自己的文学情缘时说道，“精忠报国”四个字是自己在五六岁时阅读关于岳飞的小人书，听母亲讲精忠报国、岳母刺字的故事后一直刻在心里的，从那个时候一直记到现在，报效祖国也是他一生追求的目标。作为新时代青年，希望大家把中华传统文化中蕴含的以爱国主义为核心的中国人骨子里最持久、最深沉、最内核的精神力量给传承下去，把自己的理想同祖国的前途、把自己的人生同民族的命运紧密联系在一起，扎根人民，奉献国家。

亲爱的同学们，逐梦之旅已经启航，崭新人生由此开启。浅水行船终费力，大浪扬帆正逢时，不枉此生的人生注定不会一帆风顺，站在人生新起点，孕育人生新梦想，迈开人生新征程，愿你顺境不骄、逆境不馁，在战胜自我中涂抹青春亮色，谱写人生精彩华章。

最后，我用我新写的励志歌曲《劝学歌》里的两句话与大家共勉：“莫等闲，匆匆白了少年头。莫迟疑，立马读书争上游。”大学是读书的地方，大学是学子启航的地方，大学是青春闪光的地方！祝愿同学们在学校学习顺利、生活愉快、梦想成功！

（本文系作者于 2021 年 9 月 13 日在南昌师范学院新生开学典礼上的讲话。）

① ［宋］苏轼著，汪超导读、注译：《苏轼集》，岳麓书社 2019 年版，第 78 页。

② 林则徐全集编辑委员会编：《林则徐全集》第六册，海峡文艺出版社 2002 年版，第 209 页。

让青春之花在新时代绽放追梦力量

秋风送爽，情满师院。今年是学校建校70周年，你们在喜庆之年来到学校，学校热烈欢迎4869名朝气蓬勃的新同学！此时，我们在这里隆重举行2022级新生开学典礼。首先，我代表学校全体师生向来自全国各地的新同学们表示最热烈的欢迎！

拼搏难忘，奋斗最美。在刚刚过去的这个夏天，大家经受了疫情和高考的双重考验，经历了等待高考分数和填写录取志愿的思想焦虑，收获了被录取和成功入校的喜悦。你们顽强拼搏、敢于追梦，交出了青春的第一张合格答卷。祝贺你们，奋斗者们！大家选择在南昌师范学院继续探寻真理、追逐梦想，这份真情是美好的，这份信赖是诚挚的，这个决定是正确的。有了你们，学校才能薪火相传；有了你们，学校才能续写无限可能。我从新生大数据中了解到，大家来自23个省、自治区，最远的是来自辽宁省的张晶晶同学，最近的是来自与学校仅有一墙之隔的麦园新村的谢锦程同学。你们当中不少同学不仅品学兼优，而且才华横溢，有获得过赣州市优秀共青团员称号的潘心敏同学，有通过中国舞十级的陈贺澜同学。我为学校能够吸纳优秀的你们而骄傲！今天是9月16日，对于崔立婷、陈玉溪、黄利炫等14名同学来说，是一个值得铭记的日子，你们在南昌师院这个新家庭迎来首个生日，学工处的老师为你们准备了生日礼物，礼物是学校官方卡通形象——小师和小范，寓意“学高为师，身正为范”，祝你们生日快乐，早日成才！

同学们，大学生涯已经开始，青春之船已经启航。大家请不要忘记了千辛万苦来此求学的目的。古人云，“人虽有貌，不学无以成人”[①]，“玉不琢，不成器，

① 楼含松主编：《中国历代家训集成》，浙江古籍出版社2017年版，第67页。

人不学，不知义”[1]。习近平总书记指出，好学才能上进，好学才有本领。[2]“学以成人，学以成才”，这是古往今来人们求学的根本目标。大学四年看似很长，其实很短，它如白驹过隙，稍纵即逝。希望大家珍惜韶华，把握大学之“大”，好好认识大学求学的目的。南宋思想家朱熹曾说，“大学”是大人之学。[3]用中国近代教育家马相伯的话说，这里的“大”，指的是道德高尚、学问渊深。[4]高校是培养人才、积累文化、创新文化的地方。厚德修身、博学育人。这是我校的校训，它很好地诠释了一所师范院校应有之“大”、应有之“高”。希望同学们秉承校训精神，成长为真正意义上的“大人”“成人”“高人”，堂堂正正做一个“大写的人”“高尚的人”。同时，我希望大家能心怀国之“大”者，面向国家2035年、2049年奋斗目标，做新时代的追梦人，在伟大中国梦的指引下，踏上新征程，开创新未来。借此机会，我想以“让青春之花在新时代绽放追梦力量”为题，与同学们谈谈大学生活和成长，给出一点建议。

希望大家思考生命的意义，增强追梦的底气。“路曼曼其修远兮，吾将上下而求索。”[5]“人固有一死，死有重于泰山，或轻于鸿毛。”[6]探求生命的意义是人毕生都要面对的重大课题。发掘人生的真、善、美，生命就有了长、宽、高，人就会变得有信念、有理想、有情怀。要想发现生命的意义，首先要具备独立思考、善于批判、兼容并蓄的能力；否则，灵魂就永远无法觉醒，精神就永远无法升华。古希腊哲学家苏格拉底曾说：“未经考察的生活不值得过。”[7]美国思想家爱默生曾说：“一个伟大的灵魂会强化思想和生命。”[8]伟大教育家孔子曾说，“学而不思则罔，思而不学则殆”[9]；舍生忘死，求仁得仁[10]。勤学、善思、笃行，才能获得真知、明见、大智，这是探求真理、启迪智慧的基础。人要想发现生

① 李逸安、张立敏译注：《三字经·百家姓·千字文·弟子规·千家诗》，中华书局2011年版，第9页。

② 参见习近平：《第四批全国干部学习培训教材〈序言〉》，《人民日报》2015年2月28日。

③ 参见［宋］朱熹撰：《四书章句集注》，中华书局2011年版，第4页。

④ 参见《马校长就任之演说》，《大公报》1912年10月26日。

⑤ ［战国］屈原：《离骚》。李山选注：《楚辞》，中华书局2014年版，第31页。

⑥ ［汉］班固撰、［唐］颜师古注：《汉书·司马迁传》，中华书局1962年版，第2732页。

⑦ ［古希腊］柏拉图：《柏拉图全集》第一册，王晓朝译，人民出版社2015年版，第26页。

⑧ 转引自姜心主编：《赠言辞典》，上海大学出版社2009年版，第226页。

⑨ 张艳国：《〈论语〉智慧赏析》，人民出版社2020年版，第25页。

⑩ 参见张艳国：《〈论语〉智慧赏析》，人民出版社2020年版，第123页。

命的意义，还要具备正确的价值观。习近平总书记指出，青年的价值取向决定了未来整个社会的价值取向，而青年又处在价值观形成和确立的时期，抓好这一时期的价值观养成十分重要。这就像穿衣服扣扣子一样，如果第一粒扣子扣错了，剩余的扣子都会扣错。人生的扣子从一开始就要扣好。[①]

同学们，生命是一段未知的旅程，它的意义和价值不仅体现在一个又一个的里程碑事件上，更体现在在探索中发现真理、在磨炼中砥砺品格、在服务社会中提升自己的情操和境界。中国首位诺贝尔医学奖获得者屠呦呦女士，曾因在16岁时患上肺结核，而被迫辍学两年，然而病痛没有击垮她，反而成为她思考人生意义的助推剂，激励她播下了“治病救人”的理想种子。为了使人类摆脱疟疾魔掌，她在抗疟药物研发的道路上，默默耕耘了40多个春秋。她坚持以身试药，锲而不舍，从中医古方中受到启发，在经历190次实验失败后，成功提取青蒿素，累计挽救了全球620多万人的生命。当她听闻北大要建立“屠呦呦新药创新研究院”时，她坚持拒绝用自己的名字给学院命名，她说道：“我已经太张扬了。”“医者仁心，大爱无疆”，这是屠呦呦找到的毕生使命和意义。在座的每一位同学将在此求学、追梦，继续探寻人生的意义，希望同学们勤于思考，追求人生真谛，弘扬做人的正气，增强追梦的底气，书写自己独一无二的师院故事、人生故事。

希望大家锚定人生目标，坚定追梦的志气。“有志者事竟成，苦心人天不负。”[②]孔子曾说：“三军可夺帅也，匹夫不可夺志也。”[③]明代大思想家王阳明曾说：“志不立，天下无可成之事，虽百工技艺，未有不本于志者。”[④]当代诗人流沙河曾说：“平凡的人因有理想而伟大；有理想者就是一个‘大写的人’”，“英雄失去理想，蜕作庸人”，“庸人失去理想，碌碌终生”。[⑤]关于怎样立志，习近平总书记指出：“一个人可以有很多志向，但人生最重要的志向应该同祖国和人民

① 参见习近平：《青年要自觉践行社会主义核心价值观——在北京大学师生座谈会上的讲话》，《人民日报》2014年5月5日。

② 侯清海：《对联修辞八十一格》，河南大学出版社2013年版，第302页。

③ 张艳国：《〈论语〉智慧赏析》，人民出版社2020年版，第174页。

④ ［明］王守仁著，王晓昕、赵平略点校：《王阳明集》下，中华书局2016年版，第828页。

⑤ 《流沙河诗集》，上海文艺出版社1982年版，第233—234页。

联系在一起，这是人们各种具体志向的底盘，也是人生的脊梁。”[①]志向和理想，是人生成就事业的起点，希望同学们早立志，能成才；立大志，成大才。

同学们，一个人生逢其时，何其幸哉！你们身处人生立志求学的黄金阶段，正逢国家朝着第二个百年奋斗目标迈进的伟大时代，正是立志成才的时候。希望大家能遵循习近平总书记的教导，时时想着国家，处处想着人民，做到“利于国者爱之，害于国者恶之”[②]。不能把爱国停留在口号上，而是要把自己的理想同祖国的前途、把自己的人生同民族的命运紧密联系在一起，扎根人民，奉献国家，真正做到好男儿志在四方。“谁说女子不如男”，女子也能顶起半边天。你们的学姐，2012级英语本科一班的肖媛娟校友就是这样一位“巾帼不让须眉”的好女子。毕业后，她响应国家“西部志愿者计划”号召，成为一名穿着蓝色队服的西部志愿者、行走在雪域高原上的蓝精灵。她扎根西藏，奉献基层，担任过支教老师，做过左领县旅游局的工作人员，见识了西藏地区艰苦的生活环境，也体验了不同的民俗风情。毕业6年来，她褪去青涩稚嫩，快速成长，独当一面，把青春之花绽放在祖国最需要的地方，成为南昌师院学子的优秀代表。

希望大家鼓足生活干劲，善养追梦的勇气。勇者不惧，能克万难。孔子说，“知者不惑，仁者不忧，勇者不惧”[③]。“勇”与“智”“仁”一起，古人称为“三达德”，被认为是个人修养的三种重要品德和人生境界。两军交战，勇者胜。勇气如杀敌的利刃，能击败懦弱。勇气如光明的使者，能驱散黑暗。“竹杖芒鞋轻胜马，谁怕？一蓑烟雨任平生。”[④]这是北宋大文豪苏东坡被贬黄州后，在某一天忽遇倾盆大雨，他不惊不怖，坦然面对人生不幸遭遇的勇气书写。“生当作人杰，死亦为鬼雄。至今思项羽，不肯过江东”[⑤]，这是南宋女词人李清照面对金兵南下，虽国破家亡，不肯做亡国奴的勇气映照。“雄关漫道真如铁，而今迈步从头越”[⑥]，这是毛主席率领红军长征，面临艰难险阻而从容不迫的勇气力量。“我要

① 《习近平在会见中国少年先锋队第七次全国代表大会代表时寄语全国各族少年儿童强调 美好的生活属于你们 美丽的中国梦属于你们》，《人民日报》2015年6月2日。

② 习近平：《在北京大学师生座谈会上的讲话》，《人民日报》2018年5月3日。

③ 张艳国：《〈论语〉智慧赏析》，人民出版社2020年版，第176页。

④ ［宋］苏轼著，汪超导读、注译：《苏轼集》，岳麓书社2019年版，第109页。

⑤ ［宋］李清照著、黄墨谷辑校：《重辑李清照集》，中华书局2018年版，第86页。

⑥ 《毛泽东文集》第八卷，人民出版社1999年版，第365页。

扼住命运的咽喉。它绝不能使我完全屈服”[①]，这是德国著名音乐家贝多芬在听力严重衰退、几近失聪时，仍然坚持音乐创作的勇气呐喊。

同学们，梦想给人希望，让人甜蜜；追梦给人力量，让人痴迷。但追梦之路并非一马平川、笔直坦途。前行的路，有大大小小的沟壑、高高低低的关口，对于大家来说，它可能是一次考试的失败、一段难以处理的室友关系、一个挚爱的人离开，请不要气馁、难受，记得用理想驱散阴霾，用勇气赶走懦弱，用包容化解冲突，这样的你才能渡过一个个人生难关，经受一次次人生考验，收获人生成长的快乐。

同学们，人生的意义和价值在于学习成长，在于成才奋斗，在于为人民服务，为社会奉献。习近平总书记指出：“有信念、有梦想、有奋斗、有奉献的人生，才是有意义的人生。当代青年建功立业的舞台空前广阔、梦想成真的前景空前光明，希望大家努力在实现中国梦的伟大实践中创造自己的精彩人生。”[②]这是习近平总书记对当代青年的寄语，更是新时代对青春力量的召唤。请大家在伟大中国梦的指引下昂首奋进，跨步前行，用勤奋续写人生精彩篇章，让青春之花在新时代绽放追梦力量。

“纵横正有凌云笔”[③]，“夜来一笑寒灯下”[④]，“众里寻他千百度。蓦然回首，那人却在，灯火阑珊处”[⑤]！

最后，祝愿大家身体健康，学有所成，心想事成！

（本文系作者于2022年9月16日在南昌师范学院新生开学典礼上的讲话。）

① ［法］罗曼·罗兰著、傅雷译：《贝多芬传》，中央编译出版社2023年版，第142页。

② 习近平：《青年要自觉践行社会主义核心价值观——在北京大学师生座谈会上的讲话》，《人民日报》2014年5月5日。

③ ［金］元好问著、狄宝心校注：《元好问诗编年校注》，中华书局2011年版，第64页。

④ 钱仲联、马亚中主编：《陆游全集校注》第六册，浙江教育出版社2011年版，第72页。

⑤ ［宋］辛弃疾著、俞樟华注：《稼轩词注》，岳麓书社2004年版，第52页。

涵养新时代青春志气、骨气、底气

得天下英才而教育之，是人生一乐。今天，我们满怀喜悦心情，在此隆重举行2023级本科新生开学典礼，共同见证4710名本科生成为南昌师范学院的新主人。首先，我代表学校全体师生，向你们表示最热烈的欢迎和祝贺！并借此机会，向辛勤培育你们的父母、老师致以亲切的问候和诚挚的感谢！

十年寒窗磨一剑，今朝出鞘试锋芒。经过高考的洗礼与淬炼，大家顺利成为一名大学生，成功站在人生接力赛的新起点，奔赴青春成才圆梦的新赛道。我对此感到由衷喜悦。祝贺你们！获得成功的感觉一定是幸福的！收获果实的味道一定是甜蜜的！今天，你们正式成为南昌师院这个大家庭的一员。我从招生就业处了解到，我校今年录取分数线又创新高，文科总成绩第一的是文学院的黄宜轩同学，高出一本线13分；理科总成绩第一的是数学与信息科学学院的黎婉玲同学，高出一本线15分。你们当中有品学兼优的周天成同学，获得南昌市“三好学生”荣誉称号；有才华横溢的周思玥同学，通过中国舞八级；有英语达人吴丽琴同学，获得全国中学生英语能力竞赛二等奖。你们都是好样的！祝你们在南昌师院继续追梦圆梦，成功远航！今天是9月11日，对于朱国成、邓越诚、崔昱、李慧敏、熊梓优、吴雄彩、符元硕、张莲香、占俊成、陈楠、廖羽寰这11名同学来说，是一个值得铭记的日子，你们在南昌师院这个新家庭迎来首个生日，学工处的老师为你们准备了生日礼物，让我们一起为你们唱生日歌！

祝你们生日快乐，学有所成！

昂首前行求学路，奋楫启航新征程。大学是人生打基础的重要时期。大学时光是美好的、热烈的、珍贵的。习近平总书记曾寄语大学生朋友们：“人生一年之春、一日之晨就是我们的大学时代，这是一个黄金的时期。”[①] 大学是立大志的重要时期。伟大的人民教育家陶行知先生在大学读书期间受到辛亥革命影响后，坚定人生志向，积极参加爱国活动，主编《金陵光》学报中文版，宣传民族、民主革命思想。大学是成大才的重要时期。世界著名科学家、“两弹一星功勋奖章”获得者钱学森先生在大学时期除了表现出非凡的科研探索精神和突出的创造力以外，还在兴趣爱好方面做出耀眼成绩。同学们，大学时光因青春而美好、因奋斗而热烈、因创造而珍贵。这里是你们探寻真理的象牙塔、完善人格的修炼场、创造未来的梦工厂。只要你们有理想、勇拼搏，我们将全力为你们保驾护航、助力你们追梦圆梦。希望同学们秉承“厚德修身、博学育人”的校训精神，用勤劳与智慧在南昌师院创造自己独一无二的高光时刻，争做新时代最强奋斗者、最美追梦人。今天，我想以“涵养新时代青春志气、骨气、底气”为题，与同学们谈谈大学生活和成长，给出一点建议。

希望大家树立崇高理想，涵养青春志气。俗话说，“树无根不长，人无志不立”[②]。志向是催人奋进的动力，是摆脱迷茫的灯塔，是对抗挫折的武器。树牢人生志向是获得事业成功的起点，是青年成长成才的第一要务。“心有多大，舞台就有多大。”人不仅要早立志，还要立大志。青年志向越远大，上进心就越强，奋斗就越努力，取得的成就越大。人的志向有千般万种，而那些具有深厚家国情怀、高度社会责任感的志向最为崇高。梁启超曾说：“学者当思国之何以弱？教之何以衰？种之何以微？众生之何以苦？皆由天下之人，莫或以此自任也”，“学者苟无志乎此，则凡百学问，皆无着处。”[③] 他告诫读书人做学问如果没有为国为民之心，所做学问都是靠不住的。正是在这种强烈的爱国情和社会责任感的驱使下，他积极投身爱国救国事业，成为中国近代著名的思想家、政治家、教育家、史学家、文学家，被誉为近代百科全书式的人物。

同学们！在高考前，很多人的理想就是考上一所理想的大学。那么，考上大学后又该如何立人生之志、立成才大志呢？你们当中或许有一部分人已经树

---

① 《习主席嘱咐我们“在社会的广阔天地大显身手”——习近平与大学生朋友们（十四）》，《中国青年》2020 年第 16 期。

② 马建东、温端政主编：《谚语辞海》，上海辞书出版社 2017 年版，第 1043 页。

③ 梁启超著，汤志钧、汤仁泽编：《梁启超全集》第一集，论著一，中国人民大学出版社 2018 年版，第 277 页。

立了人生志向。我想，把这些职业理想转化为崇高理想的关键就是把小我融入大我、把自己的梦想融入实现中华民族伟大复兴中国梦。习近平总书记强调："立足新时代新征程，中国青年的奋斗目标和前行方向归结到一点，就是坚定不移听党话、跟党走，努力成长为堪当民族复兴重任的时代新人。"[①] 希望同学们把自己的志向融入国家前途命运，珍惜青春韶华，不负时代、不负人民，在青春的赛道上奋力跑出好成绩。

希望大家塑造君子人格，涵养青春骨气。人格养成教育是国家教育目标的重要组成部分。习近平总书记指出："以凝聚人心、完善人格、开发人力、培育人才、造福人民为工作目标，培养德智体美劳全面发展的社会主义建设者和接班人。"[②] 君子人格是中国读书人的理想人格，是中华儿女的身份标识和遗传密码，是血脉之根，也是民族精神的脊梁。[③] 那么，何谓君子？大教育家孔子认为，追求崇高的道德理想，心存"仁道"，常怀"忠恕"之心的人，能舍生取义的人，毫无疑问就是君子。君子是智者，心地明亮；君子是仁者，心胸开朗；君子是勇者，无所畏惧。[④]"君子"的内涵博大精深，"君子人格"的魅力摄人心魄。《论语》中关于"君子"的论述多达 107 处。"君子坦荡荡，小人长戚戚。"[⑤]"君子喻于义，小人喻于利。"[⑥]"君子和而不同，小人同而不和。"[⑦] 这些流传千古的名句，影响一代又一代中华儿女，塑造中国人的集体人格，体现中国人最能制胜、最能决胜的骨气。朱熹曾说："君子，成德之名。"[⑧] 当代著名作家、学者余秋雨曾说："中国文化的延续，是君子人格的延续；中国文化的刚健，是君子人格的刚健。""做个君子，也就是做个最合格、最理想的中国人。"[⑨]

同学们！大家现在光荣地成为一名大学生。大学生之"大"不是指年龄大，

① 《习近平在中国人民大学考察时强调　坚持党的领导传承红色基因扎根中国大地　走出一条建设中国特色世界一流大学新路》，《人民日报》2022 年 4 月 26 日。

② 《习近平在全国教育大会上强调　坚持中国特色社会主义教育发展道路　培养德智体美劳全面发展的社会主义建设者和接班人》，《人民日报》2018 年 9 月 11 日。

③ 参见张国龙、凌丽君：《君子文化与君子人格》，《人民论坛》2019 年第 14 期。

④ 参见张艳国：《〈论语〉智慧赏析》，人民出版社 2020 年版，第 176 页。

⑤ 张艳国：《〈论语〉智慧赏析》，人民出版社 2020 年版，第 139 页。

⑥ 张艳国：《〈论语〉智慧赏析》，人民出版社 2020 年版，第 63 页。

⑦ 张艳国：《〈论语〉智慧赏析》，人民出版社 2020 年版，第 248 页。

⑧ ［宋］朱熹撰：《四书章句集注》，中华书局 2011 年版，第 49 页。

⑨ 余秋雨：《君子之道》，北京联合出版公司 2014 年版，第 10 页。

而是指责任大、学问大、本领大、道德高、志气高。塑造君子人格是每一位大学生的道德修养必修课。爱因斯坦曾经说过，使学生成为人格健全、个性和谐的人，应始终成为学校的目标。作为新时代大学生，如何塑造君子人格，我有以下三点体会与大家共勉。一是要学会理性平和，养成独立的人格，不成为其他人的附庸。著名历史学家、教育家、华中师范大学前校长、我的博士生导师章开沅先生曾寄语青年："要学会理性的独立判断，千万不要人云亦云、随波逐流。时尚的占主流地位的东西，不一定都是好的，至少不一定都是最好的。"[①] 二是要始终保持青春的清纯和朝气，培养健康的人格，不要沾染社会阴暗角落里的习气。我从我的老师陈旭麓、章开沅、夏振坤、冯天瑜、王家范先生那里受的就是这种教育。三是要学会自律包容，严于律己，宽以待人，与他人友好相处。清华大学前校长陈吉宁曾寄语新生："你们要在集体中深刻理解团队的重要性，学会与同学们相互了解和理解，包容彼此的不同，学会欣赏多样性。"[②] 这讲的就是"和而不同，世界因差异而精彩"的道理。

希望大家练就过硬本领，涵养青春底气。人立于世间，经世应务，要有本事。本事越大，本领越硬，人就越有豪情、越有底气。过硬的本事来自学习、实践和积累。青春时期要有青春的底气，首先应该做到学习好、专业强。"闻道有先后，术业有专攻。"[③] 学好专业知识、掌握专业技能、练就过硬本领、提升综合素质是大学生的第一职责，也是大家未来面对激烈职场竞争的重要筹码。新东方教育集团创始人俞敏洪曾两次高考失利，但最终如愿考上北京大学英语专业。虽然他的成绩在班上一直靠后，但他几乎每天坚持比别人多学习一两个小时。大学三年级时，他得了一场重病，但他坚持一边养病一边学习，几乎每天看一本书，平均每天背 50 个单词。在此期间，他的词汇量已经从原来的八千多个上升到了两万多个。他说道："运气不可能持续一辈子，能帮助你持续一辈子的东西只有你个人的能力。"[④] 正是这种勤学苦练、勇于超越的奋斗精神成就了他未来的事业，使他成为青年人心目中的偶像。青年就应该有这样的血性，

① 章开沅著，周挥辉、曾艳编注：《20 后寄语 90 后——章开沅小品文选集》，华中师范大学出版社 2013 年版，第 159 页。

② 陈吉宁：《行大学之道　成君子之风》，《光明日报》2014 年 8 月 29 日。

③ 钟基、李先银、王身钢译注：《古文观止》，中华书局 2011 年版，第 557 页。

④ 转引自赵贤德：《普通话与汉语应用研究》，光明日报出版社 2010 年版，第 147 页。

青年就应该有这样的韧劲。“吃得苦中苦，方为人上人。”[①] 这是永不过时的至理名言。

同学们！大学四年美好而短暂，如何让自己健康、充实、愉快地度过这段人生中最难忘的求学时光是大家必须深思熟虑的问题。我想，这个问题的本质就是如何让自己的人生过得有意义、有价值。这不由得让我想到新时代人民教育家卫兴华先生的话：“我有个信仰，就是为新中国而奋斗，为广大老百姓的富裕、安康、和谐、共同富裕而奋斗。”[②] 一个人能找到终身奋斗的目标，发现自己的潜能、相信自己的潜能、挖掘自己的潜能，坚定不移地付出努力，那么他就可以释放无限活力，创造无限可能，抒发无限精彩。回想自己的大学时光，我就是这样一路走过来的。我在读书做学问时最大的体会就是：人们做事情，就是靠一股子气、一股子劲、一股子拼命精神，就是要无所畏惧，一往无前加油干，怕就怕似干非干，托在手上，只有方向，没有目标，不能实干，还内心焦虑、满心踌躇、举步维艰，最后浪费了时间，贻误了战机，错失了机遇。所以，我真心希望同学们好好珍惜大学时光，找准奋斗目标，勇毅前行，自尊自信，自爱自强，用自己的实际行动投身到国家 2035 年、2050 年奋斗目标中去，做新时代有为青年。

同学们！大学生活已经开始，追梦之旅已经启航。大学时期，青年最重要的目标就是通过各种途径涵养自己的志气、骨气、底气，不断陶冶性情，提高本领，增长智慧，筑牢奋进之基，锤炼成长之力，赋能成功之源。你有多么大的志气，就能孕育多么美好的希望；你有多么硬的骨气，就能练就多么强大的本领；你有多么足的底气，就能支撑你跑多远的赛程。人的志气、骨气、底气就是一种精神、一种状态、一种力量，是最宝贵的人生之本，是最坚挺的人生脊梁。人的一辈子靠的就是这“三气”所练就的这股精气神，它决定一个人的精神长相，它标示一个人的未来发展。诚如古人朱熹所讲：“向来枉费推移力，此日中流自在行。”[③] 这一“自行之力”就是志气骨气底气汇聚的原生力量、内生动力。具体到每个人，这股力量和动力都有不同的表现形式。“自行之力”究竟有多么强大，全靠大家持之以恒地修炼，一生耐心体验。面对百年未有之大变

① 郝长留编著：《常用俗语词典》，北京出版社 1992 年版，第 55 页。

② 《立学为民、治学报国的人民教育家卫兴华》，《求是》2020 年第 3 期。

③ 黄珅导读：《朱熹集》，凤凰出版社 2020 年版，第 74 页。

局和中国式现代化建设全局交汇，时代青年只有涵养强大的志气、骨气、底气，才能临机遇而生，临挑战而存，不被挫折压垮，不因失败而丧志；才能拥有玉树临风的姿态、闲庭信步的状态，不因环境的变化而心理起伏不定、摇摆踌躇，不因社会的打击、考验而彷徨沮丧、裹足不前。希望同学们不断涵养青春的志气、骨气、底气，始终保持振奋的精神、饱满的状态、奔跑的力感，持续增强拼搏的动力、毅力和定力，乘风破浪，穿江过海，健康成长！

最后，祝愿同学们学业有成，心想事成！

（本文系作者于 2023 年 9 月 11 日在南昌师范学院新生开学典礼上的讲话。）

向着中国梦的希望前行

初夏时节，风轻云淡；一届相处，终有一别。今天，我们在此隆重举行2021年毕业典礼及学位授予仪式。首先，我代表全校师生向圆满完成学业的2021届全体毕业生表示热烈的祝贺，祝福你们逐梦前行，远行成功！

“人生难忘是相伴。”你们与党偕行，与国同行，与社会休戚相关，和学校共同亲历了党的十九大召开、庆祝新中国成立70周年、建党百年华诞、全面建成小康社会等国家盛事，助力学校通过本科教育“合格评估”大考、打赢新冠疫情防控战。你们就要毕业了，我们在此依依不舍，因为在你我的身上，同样感受着学校的温度，在你们感恩学校的同时，我代表学校深情地说：你们都是好样的，一路同行，感谢有你！

同学们，我们不能忘记：几年前，你们带着纯真、朝气、活力和赤诚，从省内外相聚英雄城南昌，把人生最美的青春时光留在了学校，在学校的每个地方都留下了你们的奋斗记忆。你们在文心楼、博约楼托腮思考的身影，你们在运动场上昂首奔跑的英姿，你们在食堂里享受美食的惬意，你们在学生公寓“卧谈不休”的余音，都是学校的宝贵财富和文化元素。在读期间，你们秉承“厚德修身、博学育人”的校训精神，自强不息，奋力拼搏，交出了一份份骄人的答卷。一大批同学以优异的成绩，斩获国家励志奖学金等各种奖学金；不少同学在全国师范生教学技能竞赛、“互联网+”创新创业大赛、“挑战杯”全国大学生课外学术科技作品竞赛等系列比赛中勇夺桂冠；特别是你们中的10名同学代表江西人民主编主导主演“金色赣鄱”江西彩车，十分荣幸地参加了新中国成立70周年庆典的天安门群众游行表演，在全国人民面前展示了学校风采。你们为学校争得了荣誉，也为自己的人生增添了光彩！亲爱的同学们，学校没有你们，我们将一事无成；在你们身上，承载着我们的教育责任和社会使命，我们为你们的进步感到由衷的骄傲！

春华秋实，寒来暑往，几度拼搏不知少年愁。如今，你们就要学成归去，学校即将成为你们的母校，你们将成为我们的校友；身份的转换，不能冲淡我们对你们的丝丝牵挂，不能改变你们对母校的深厚情谊；再回首，你们已是人生精彩无限，母校已是再上高楼。你们身处在和平崛起的伟大国度，你们生活在每天都进步的伟大新时代，伟大国家和崭新时代给予你们伟大的人生梦想！我们相约 2035，我们相约 2050，我们一起踏上新征程。同学们，“我们都在努力奔跑，我们都是追梦人。”在这个即将分别的时刻，我想以“向着中国梦的希望前行”为题，说几句心里话，我们一起共勉。

追梦前行，勇立时代潮头。实现中华民族伟大复兴，是鲜明的时代主题，是滚滚向前的时代洪流。中国梦引领人生梦，追梦前行实现中国梦。习近平总书记说：“实现中华民族伟大复兴，就是中华民族近代以来最伟大的梦想。这个梦想，凝聚了几代中国人的夙愿。”① 青年一代的梦想必须紧跟时代发展的主旋律，与祖国同呼吸、共命运，彰显时代主题，争做追梦人，敢为弄潮儿，勇当英雄汉。在我们学校，你们的师兄师姐就为你们树立了这样的榜样。曾被评为江西省最美大学生、自强之星的 2019 届毕业生罗小庆校友，她虽然出身贫困，但她不屈服于命运的安排，创立了“一线生鸡”公益扶贫项目。在短短的时间里，她带领队员走访了五百多户贫困户，累计帮扶一千六百多人。罗小庆的扶贫梦正在实现，她的故事感动了很多人！只要胸怀梦想，就能激活大智大勇，就能成为不一样的罗小庆，但都是一样的时代英雄！

亲爱的同学们，面向 2035，未来十五年在党和国家事业发展中将是一个十分重要的十五年，也将是一个十分精彩的十五年。这十五年关切每个人的成长进步和全面发展，对于同学们毕业后走上社会大舞台，尤其重要！未来无限精彩，我们能够把梦想变成现实；每个人的能力有大小，把大家的力量汇聚起来，我们就能改变世界。无论将来我们身处何地，从事何种职业，坚守何种岗位，只要我们矢志不渝，初心不改，我们就能成为“长河奔腾中的那一朵最亮的浪花”，就能够成为“最精彩的你”，就能够实现人生价值。追梦人，最具中华魂。当我们相聚 2035 的时候，请同学们大喊一声：“你好！我的母校，我为祖国献

① 《习近平在参观〈复兴之路〉展览时强调　承前启后　继往开来　继续朝着中华民族伟大复兴目标奋勇前进》，《人民日报》2012 年 11 月 30 日。

出了我的青春！”

追梦前行，树牢人生志向。古人说得好：“人无志不立。”人有千种，业有万般，兴业成人，全在立志。在这个世界上，并不是所有的人都是带着明确的人生目标而活着的，有的人浑浑噩噩过了一辈子，却不曾在世界上留下任何痕迹，而那些带着梦想、带着责任和使命而活着的人，就成为最值得尊敬的人。周恩来年少立志，为中华崛起而读书，“面壁十年图破壁，难酬蹈海亦英雄”[①]，成为“鞠躬尽瘁，死而后已”的“人民的好总理”。1955 年 9 月 17 日，年轻的钱学森带着妻小登上“克利夫兰总统号”游轮，留下告别书：“我打算竭尽努力，回到中国去帮助人民建设自己的国家，使我的同胞能够过上有尊严和幸福的生活。”他回国后，克服重重困难，成为“两弹一星”元勋和“人民科学家”。立志非为一事，实为人生一世。成功者总是很早就确定了自己的人生梦想，树立了人生目标，并为之奋斗不息。

亲爱的同学们，也许你们在孩提时代就有各种梦想，立志成为教师、工程师、科学家、医生、公务员等，不管你想成为什么样的人，要想那颗梦想的种子生根发芽、长成参天大树、结出累累硕果来，的确要经历一个寻梦追梦圆梦的过程。立志于成，不忘记，不放弃，很努力，很痴迷，最后很甜蜜，这就是我们实现生命价值、确立生命意义的全过程，也是人生的魅力所在。追梦人，最有精气神。让我们面向 2035 大声说：“我绝不做‘躺平’青年，迈开脚步加油干，不到长城非好汉！”

追梦前行，善养克难勇气。古人说得好：“勇者不惧”，“勇者无敌”。德国诗人歌德也说：“你若失去了财产，你只失去了一点；你若失去了荣誉，你就失去了许多，你若失去了勇敢，你就失去了一切。”[②]在这个世界上，古往今来，没有一个人的一生是一帆风顺的；从小到大，每个人都会经历一些人生苦难。艰难困苦，玉汝于成。这就是人成长的规律。有的人成功了，他成为困难的强者；有的人失败了，他成为困难的俘虏。面对困难，面对人生千般苦万般难，决不能被困难所屈服，决不能被困难所击倒，时刻注意补足精神上坚强的“钙”，善养战胜一切困难的勇气，带着勇气逐梦前行！对于即将走出校门融入社会的同

① 《周恩来早期文集（一九一二年十月— 一九二四年六月）》上卷，中央文献出版社，南开大学出版社 1998 年版，第 411 页。

② 转引自赵林森：《口语修辞》，河南大学出版社 2010 年版，第 52 页。

学们来说，对于面临的困难要有充分的思想准备，对于即将遇到的困难要有清醒的认识，梦想与现实之间总会遭遇很多残酷的较量，你一定不要被击垮，当命运打击你的时候，请鼓起勇气，扼住它的咽喉，与它苦斗，哪怕是遍体鳞伤，你也是光彩四溢的逐梦人。这就是“两军交战，勇者胜”的道理。不焦虑，莫彷徨，同学你大胆地往前走，不回头，身后有你坚强的母校！

亲爱的同学们，生活是人生的导师，苦难出思想，磨难出事业。人们在生活工作中希望顺顺利利、平平坦坦，这是人之常情。但是，困难却不曾轻饶我们，它总是藏在我们身边。其实，人的成功往往与战胜困难的大小成正比。生活告诉我们：只有经历常人所不曾遭遇的曲折，精神才会焕发，意志才会坚定，心智才会成熟，正所谓动心忍性，增益其所不能。司马迁在《报任安书》中说，古来贤圣皆发愤；王国维在《人间词话》中说，“天以百凶成就一词人”①；罗家伦在《知识的责任》中也说，“思想家都是从艰难困苦中奋斗出来的”②。亲爱的同学们，当你们在未来遭受意想不到的困难时，请不要忘记以苦为师，坚强起来，靠勇气的力量战胜它！请记住，“每个人心中应有两盏灯光，一盏是希望的灯光，一盏是勇气的灯光。有了这两盏灯光，我们就不怕海上的黑暗和风涛的险恶了”。追梦人，我们能，昂首挺胸加油干，奋战新征程，不做“懦弱”的孬青年。

最后，我还想跟大家说的是，实现梦想是一场漫长而艰难的跋涉，追逐梦想的过程必定是很辛苦的，大家一定要保持平和的心态，怀揣着梦想，温暖着梦想，向着梦想的希望大步流星往前赶！保持率真，珍藏豪情，抒发情怀，做一个洒脱但严谨的人，随时随地都活活泼泼、真性真情的“真实的你”，“无论岁月风霜，我心依旧年轻”。

亲爱的同学们，学校是大家梦想启航的始发地，它孕育着你们对明天的美好希望；学校也永远是大家梦想航程中温馨的港湾，当你们累了、倦了的时候，随时都欢迎你们回家“加油”“充电”“补充能量”！

衷心祝愿 2021 届毕业生逐梦圆梦，前程似锦！

（本文系作者于 2021 年 6 月 22 日在南昌师范学院学生毕业典礼及学位授予仪式上的致辞。）

① 王国维撰、彭玉平疏证：《人间词话疏证》，中华书局 2014 年版，第 344 页。

② 罗家伦：《历史的先见：罗家伦文化随笔》，学林出版社 1997 年版，第 20 页。

激扬青春，在伟大中国梦的历史接力赛中奋勇争先

金秋为学而来，初夏学成归去。今天，我们满怀收获的喜悦，在此隆重举行2022年毕业典礼及学位授予仪式。首先，我代表全校师生向圆满完成学业的2022届全体毕业生表示热烈的祝贺！祝愿你们在追逐人生梦想的舞台上超越自我、奋勇争先！祝愿你们在伟大中国梦的历史接力赛中激扬青春、创造辉煌！

光阴流转，岁月荏苒。你们一路与党同行，与国同行，与人民共进，和学校一起响应改革开放40周年全面深化改革奋进的号角，感受新中国成立70周年积蓄的磅礴伟力，见证东方大国14亿人进入全面小康社会的繁荣景象，感受建党百年的复兴荣光和建团百年的青春力量。天生斯人，何其幸哉！你们生逢其时，与祖国同呼吸，与人民共命运，与时代同频共振！感恩同行，携手有你！

日月迁流，白驹过隙。你们在本科教学合格评估“大考”中一展学子风采，在师范类专业认证“检阅”中尽显未来师者风范，在学校获批硕士学位授予权重点立项建设单位中贡献青春力量，在打赢新冠疫情防控攻坚战中弘扬不怕困难、敢于胜利的时代精神。同学们，我们不会忘记，学校的发展，留下了你们的深刻印记；我们还会看到，你们的发展，传承了母校的基因。大学之道，薪火相传，感谢有你！

亲爱的同学们，你们是否还记得自己入校报到的第一天？大家怀揣着梦想，带着赤诚，从省内外相聚英雄的南昌城，相会读书之地——南昌师院。当你把那份薄薄的却又承载着满满希望的录取通知书交给迎新学长、学姐的那一刻，你也把实现未来梦想的期待、信赖托付给了亲爱的学校。正是凭着这份期待、信赖，你们在南师院安心求学、刻苦奋斗。在文心楼、博约楼，可以听见你们朗朗的读书声；在田径场、体育馆，可以看到你们挥汗运动的青春模样；在食堂、寝室，可以听见你们的欢声笑语。最难忘的是，在校园实行封闭管理期间，大家闻令应战，克服各种困难，步调一致，同心战疫，与学校共渡难关，用爱

心弘扬抗疫精神，用实际行动诠释南昌师范学院满满的正能量。

四年来，你们秉承“厚德修身、博学育人”的校训精神，自强不息，奋力拼搏，在各类竞赛、比赛中摘金夺银，获得国家级奖项500余项。其中，曾凡志同学荣获第十一届“蓝桥杯”全国软件和信息技术专业人才大赛全国决赛一等奖；牟若兰等同学参与的青风学堂项目荣获第七届中国国际“互联网+”大学生创新创业大赛铜奖；李仁鹏、陈涛等同学荣获2020年中国机器人大赛二等奖。在你们中间，还出现了考研学霸班级，2018级化学本科一班共57人，有40人考研，32人被录取，录取率高达80%，这在全国都是当之无愧的“学霸班”“梦之队”。亲爱的同学们，我想深情地说：你们都是好样的！奋斗是青春最亮丽的底色，成功是人生永不褪色的金色！你们在四年里取得的成绩，就是你们在学校矢志奋斗、擦亮青春的最佳注解。你们为学校添彩，学校为你们感到自豪！

相聚缘难忘，离别情难舍。如今，你们就要学成归去，回忆将转化为大家对母校的思念，祝福即将成为母校对大家的牵挂。习近平总书记指出，未来属于青年，希望寄予青年。新时代青年要以实现中华民族伟大复兴为己任，增强做中国人的志气、骨气、底气，不负时代，不负韶华，不负党和人民的殷切期望。① 同学们，中国人民正意气风发向着全面建成社会主义现代化强国的第二个百年奋斗目标奋勇前进，你们赶上了朝气蓬勃的好时代！古人说得好：“请君莫奏前朝曲，听唱新翻杨柳枝。”② 风华正茂的你，一定大有可为！让我们一起相约2035，强国有我；让我们一起聚首2049，复兴有我。

亲爱的同学们，我们都是追梦人，不怕万里路遥，只管风雨兼程，再遥远的梦想都能到达。在这个即将分别的时刻，我想以“激扬青春，在伟大中国梦的历史接力赛中奋勇争先”为主题，为大家在前行的路上加油、鼓劲！

青年要早立大志，做历史接力赛的领跑者。习近平总书记说：“中国梦是历史的、现实的，也是未来的；是我们这一代的，更是青年一代的。中华民族伟大复兴的中国梦终将在一代代青年的接力奋斗中变为现实。”③ 梦想人人皆有，实

① 参见习近平：《在庆祝中国共产党成立100周年大会上的讲话》，《人民日报》2021年7月2日。

② ［唐］刘禹锡撰、《刘禹锡集》整理组点校、卞孝萱校订：《刘禹锡集》下，中华书局1990年版，第360页。

③ 习近平：《在北京大学师生座谈会上的讲话》，《人民日报》2018年5月3日。

现梦想需要付出辛劳。中国梦是新时代的梦，是强国富民的梦，是最值得追寻的梦。伟大中国梦将14亿中国人的命运紧密联系在一起，形成最有生命力的中华民族命运共同体。它承载着国家的富强梦，寄托着人民的幸福梦，牵引着民族的复兴梦，当它实现的时候，我们必将以富裕代替贫穷，以欢歌代替悲叹，以荣光代替耻辱。同学们，这美好景象不正是革命先烈方志敏同志在《可爱的中国》一文中所梦想的可赞美的光明前途吗？清澈的爱，只为中国。追梦人，最具中国魂。请在中国梦的历史接力赛中奋力奔跑吧！同学们！

回想毛泽东同志17岁时，立志求学报国。他在离乡前往县立东山高等小学时，改写了一首七言绝句赠予父亲。“孩儿立志出乡关，学不成名誓不还，埋骨何须桑梓地，人生无处不青山。”① 这是多么坚定的志向、多么坦荡的胸怀啊！他一生酷爱读书，直到弥留之际，还让身边的工作人员用手托着文件和书给他阅读，时间长达2小时50分，他将“立志报国”和“学贵有恒”的宝贵品质诠释到极致，直到生命的最后一刻。

亲爱的同学们，你们正处在中华民族伟大复兴战略全局和世界百年未有之大变局这“两个大局”的历史交汇点上，有幸见证、参与实现了第一个百年奋斗目标，并将光荣奋战第二个百年奋斗目标！可以说，人生际遇难逢，施展才华的舞台广阔无比。希望大家在实现伟大中国梦的历史接力赛中找准自己的人生坐标，把小我融入大我，将人生梦融入中国梦，让青春之花绽放，让青春之梦闪光。

青年要珍惜韶华，做建设新时代的奋进者。梁启超在《少年中国说》中讲道，少年如潜龙腾渊，鳞爪飞扬；如乳虎啸谷，百兽震惶。少年前途似海，来日方长。少年与天不老，与国无疆。这是多么壮美的青春礼赞啊！他对少年寄语道：“制出将来之少年中国者，则中国少年之责任也。”“少年智则国智，少年富则国富，少年强则国强。”② 同学们，你们正值大好青春年华，可不要辜负时代重托啊。时间对于每个人都是平等的。人人都曾青春过，但未必人人都惜时如金。所以古人才会发出“少壮不努力，老大徒伤悲”的哀怨惋惜，才会有“劝

---

① 中共中央文献研究室编：《毛泽东年谱（1893—1949）（修订本）》上卷，中央文献出版社2013年版，第8页。

② 梁启超著，汤志钧、汤仁泽编：《梁启超全集》第二集，论著二，中国人民大学出版社2018年版，第224页。

君莫惜金缕衣，劝君惜取少年时”的苦心劝诫。

回想孔夫子15岁时，立志问学求知，后来发奋成才。30岁左右，开启私人办学的先河，教授各阶层好学青年。50岁左右，周游列国，讲学论道，宣扬自己的政治主张。大约68岁时，回到鲁国，专心从事整理古代典籍和文化教育工作。他勤奋地翻阅竹简，经常弄断系竹简的绳子，为我们留下“韦编三绝”、好学不厌的感人故事。他一生勤勉好学，诲人不倦，最终成为受后人景仰的万世师表。

同学们，圣人天赋、天才不可比，但志气、自强确定可以学到。22岁左右的你，正如红日初升，其道大光。无论你未来从事何种职业，请不要忘记“功崇惟志，业广惟勤”①的道理，做一个有崇高理想、志向坚定的人，做一个惜时如金、勤学好思的人，要努力长成参天大树，撑起一片蓝天，做青年中的佼佼者，把光和热洒在中华大地之上。

青年要勇于担当，做伟大事业的生力军。习近平总书记在庆祝中国共青团成立100周年的大会上说道，青年要自觉听从党和人民召唤，胸怀“国之大者”，担当使命任务，到新时代新天地中去施展抱负、建功立业，争当伟大理想的追梦人，争做伟大事业的生力军，让青春在祖国和人民最需要的地方绽放绚丽之花。②这是多么催人奋进的青春宣言啊！同学们，常饮赣江水，莫忘江右人。常食江南稻，莫失中华魂。请大家将习近平总书记的谆谆嘱托牢记在心，将祖国与人民的需要牢记在心，为自己的梦想而战，更为祖国与人民的梦想而战！

回想青年马克思17岁时，在他的中学毕业论文《青年在选择职业时的考虑》中写道：“在选择职业时，我们应该遵循的主要指针是人类的幸福和我们自身的完美。不应认为，这两种利益是敌对的，互相冲突的，一种利益必须消灭另一种的。”“人们只有为同时代人的完美、为他们的幸福而工作，才能使自己也达到完美。”③这就是17岁青年马克思的责任担当，为大多数人的幸福而工作，这样的责任担当是世界性的、有尊严的、高贵的、有价值的。同学们，你们毕业后，除了部分人继续求学深造之外，大多数人将进入职场。职业无贵贱之分，

① 王世舜、王翠叶译注：《尚书·周官》，中华书局2012年版，第471页。

② 参见习近平：《在庆祝中国共产主义青年团成立100周年大会上的讲话》，《人民日报》2022年5月11日。

③ 《马克思恩格斯全集》第四十卷，人民出版社1982年版，第7页。

人心有尊卑之别，只要心中有担当，三百六十行，行行出状元，行行可报国。

亲爱的同学们，今天你们就要毕业了，虽然专业的学习、研究暂告一段落，但人生的学习、学问才刚刚开始。大家即将踏入“社会”这所没有围墙的学校，这里没有指定的教师和教材，但时时刻刻都上演着生动、精彩、真实的教育故事。“世事洞明皆学问，人情练达即文章。”①“人在世上练，刀在石上磨。”②这些都是用得着的知识。大家要用敏锐的洞察力去发现学问，用坚强的意志力去坚守学问，用准确的判断力去考验学问，不断地增长智慧和才干，在实现伟大中国梦的历史接力赛中奋勇前进吧！

“宝剑锋从磨砺出，梅花香自苦寒来。”③最后，我想说的是，未来难求一帆风顺，人生难得万事如意。在这场梦想的接力赛中，大家可能有时会神疲乏力，会喘不过气来，甚至可能会摔跤跌倒。请记得心再累、身再乏，梦想千万不能丢，自我千万不能失。请记得山再高、路再远，也要鼓足勇气大着胆子往前闯，也要打起精神大步流星往前赶。母校永远是你的心灵港湾！母校永远是你的精神依靠！同学们，离别只是暂时，青春永不散场，人生总有归途，欢迎你们常回家看看！

同学们，衷心祝愿2022届毕业生梦想成真，前程似锦！

（本文系作者于2022年6月10日在南昌师范学院学生毕业典礼及学位授予仪式上的致辞。）

① ［清］曹雪芹著、［清］无名氏续：《红楼梦》，人民文学出版社2008年版，第69页。

② 杨贵生等：《俗语小典》，河南教育出版社1991年版，第268页。

③ 中国民间文艺出版社编：《中国谚语总汇·汉族卷·俗谚》上册，中国民间文艺出版社1983年版，第19页。

在伟大中国梦的旗帜下创造精彩人生

风吹稻谷千重浪，谷穗飘香万家忙。在这芒种夏收的六月，南昌师院迎来一年一度拨穗的毕业季。经过一路求索、坚持、拼搏，3247 名同学顺利完成学业，告别师院美好求学时光，开启人生发展新征程。今天，我们满怀喜悦心情，在此为毕业生举行隆重的毕业典礼暨学位授予仪式，共同见证这个“吾家儿女初学成”的神圣时刻。首先，我代表学校全体师生向你们表示热烈祝贺！向为你们成长成才付出辛勤劳动的全体教师及家长朋友们表示衷心感谢！祝福你们此生有梦都圆，所愿皆得！

“巢成雏长大，相伴过年华。”[①]看着你们一张张朝气蓬勃的面孔，回想你们在师院求学与生活的点点滴滴，我们不禁感慨：“特别的你们成就了特别的师院！你们就是学校最好的名片！”你们是值得自豪的一届毕业生，与学校共同见证新中国成立 70 周年庆典、建党百年华诞、党的二十大胜利召开等国家盛事。你们是值得骄傲的一届毕业生，在学校通过本科教学合格评估、师范类专业二级认证、获批硕士学位授予立项重点建设单位等重大发展节点上尽展学子风采。你们是值得点赞的一届毕业生，和学校齐心协力打赢三年疫情防控阻击战，共同守护美好健康家园，尽显新时代青年担当。今天，你们就要毕业了，而你们身上展现出来的“勇于担当、敢于拼搏、顾全大局、严于自律”的优秀品质已成为我们共有的宝贵精神财富，并汇入师院学统文脉。这笔精神遗产赓续前人，启发来者，必将得到永续传承！

“奋斗是青春最亮丽的底色，行动是青年最有效的磨砺。”[②]在读期间，你们秉承“厚德修身、博学育人”的校训精神，一路披荆斩棘，砥砺前行，在实践

① 乐云、黄鸣主编：《唐宋诗鉴赏辞典》，崇文书局 2015 年版，第 705 页。

② 习近平：《在庆祝中国共产主义青年团成立 100 周年大会上的讲话》，《人民日报》2022 年 5 月 11 日。

中增智慧、长本领、立新功、树新风，斩获各类学科竞赛奖160余项，近10%的同学考研成功上岸。你们当中有品学兼优的于琳同学，她曾获得国家奖学金，积极担任社区抗疫志愿者，参加志愿服务活动40余次。你们当中有励志达人闵思诗同学，她通过专升本方式考上我校，靠勤工助学获取生活费，荣获国家级奖项6项，毕业时成功考上研究生。你们当中有才华横溢的李丁宁同学，他在庆祝中华人民共和国成立70周年“金色赣鄱”江西彩车南昌展演活动、印度尼西亚“世界舞蹈节”艺术文化交流展演活动等多项重大活动中展现艺术魅力。你们当中有创新创业能手范传威同学，他为学校夺得中国国际“互联网+”创新创业大赛首个金奖。你们用自己的行动证明了：“青年的潜力无穷大！青春的奋斗无限美！青春的创造无止境！”亲爱的同学们，毕业离校并不意味着到达求学终点，而是标示着你们离开求学中转站，开启下一段人生行程。希望你们继续策马扬鞭，成功奔向远方。

心有鸿鹄志，何惧人生愁。二十几岁的青春，气贯如虹、锐不可当，如“河出伏流，一泻汪洋”①，不因离别感伤，不畏征途漫漫，正是你们“立大志、明大德、成大才、担大任”②的时候。“青年者，国家之魂。”“党和国家的希望寄托在青年身上！”③在党的二十大报告中，习近平总书记指出：“中国共产党的中心任务就是团结带领全国各族人民全面建成社会主义现代化强国、实现第二个百年奋斗目标，以中国式现代化全面推进中华民族伟大复兴。”④同学们！你们身处伟大新时代，奋战伟大新征程！新时代是奋力融入时代潮流的新时代，是奋力建设现代化强国的新时代；新征程是风雨兼程的新征程，是昼夜前行的新征程。新时代助力新征程，新征程彰显新时代。新时代的无限希望寄予你们，社会的无限创造依靠你们，实现中华民族伟大复兴的中国梦依靠你们。在你们学成而去、奔向五湖四海之际，我想以“在伟大中国梦的旗帜下创造精彩人生”

① 梁启超著，汤志钧、汤仁泽编：《梁启超全集》第二集，论著二，中国人民大学出版社2018年版，第225页。

② 《习近平在清华大学考察时强调　坚持中国特色世界一流大学建设目标方向　为服务国家富强民族复兴人民幸福贡献力量》，《人民日报》2021年4月20日。

③ 习近平：《在庆祝中国共产主义青年团成立100周年大会上的讲话》，《人民日报》2022年5月11日。

④ 习近平：《高举中国特色社会主义伟大旗帜　为全面建设社会主义现代化国家而团结奋斗——在中国共产党第二十次全国代表大会上的报告》，《人民日报》2022年10月26日。

为题，说几句心里话，我们一起共勉。

争做时代先锋，擦亮新征程的青春标识。“自度不为人后，赴死敢为天下先。”历史进程总是由先进分子引领的。“英雄造时势，时势造英雄。”先进性是中国共产党的本质属性。中国共产党人正是凭借“开天辟地、敢为人先”的首创精神，带领中华儿女造就惊天动地的历史伟业，实现从追赶时代到引领时代的伟大跨越。习近平总书记指出：“追求进步，是青年最宝贵的特质，也是党和人民最殷切的希望。”[①]追求进步的中国共产党人呼吁先进分子共创复兴伟业，追求高质量发展的当代中国呼吁先进分子共图强国伟业。

同学们！不忘初心，方得始终；十年寒窗苦，一生图强志。大家已经求学十余年，大学毕业后，不少同学还将继续深造，可千万不要忘记求学的初衷啊！近代著名思想家梁启超先生曾说，青年学生进学校求学问最终的目的就是为了学做人。[②]当代著名历史学家、教育家、华中师范大学前校长、我的博士生导师章开沅先生曾指出：“教育最重要的是做人教育，是道德。”[③]中国科学院院士、西湖大学校长施一公曾说：“青年人才应让科学精神成为一种本能。”[④]学生的职责在于“成人成才”，大学生的职责是在人格上做一个“大写的人”，在道德上做一个“高尚的人”，在才干上做一个“有益于人民的人”[⑤]。希望你们继续完善人格、增长才干，牢记“苟日新，日日新，又日新”[⑥]的古训，发展永不止步，做一个有人文情怀、科学精神、艺术气质的师院人，做一个具有职业操守、育人能力、服务地方发展需求的师范人，做一个将“个人小我”融入“祖国大我”，不断追求进步、追求卓越，有理想、敢担当，能吃苦、肯奋斗的新时代好青年。唯有这样与时俱进、毫不懈怠，你们才能实现华丽蜕变，才能成为站在时代发展前列的弄潮儿。

---

① 习近平：《在庆祝中国共产主义青年团成立 100 周年大会上的讲话》，《人民日报》2022 年 5 月 11 日。

② 参见梁启超著，汤志钧、汤仁泽编：《梁启超全集》第十六集，演说二，中国人民大学出版社 2018 年版，第 1 页。

③ 章开沅：《章开沅演讲访谈录》，华中师范大学出版社 2009 年版，第 172 页。

④ 张盖伦：《施一公：青年人才应让科学精神成为一种本能》，《科技日报》2020 年 11 月 12 日。

⑤ 张艳国：《积累学术文化，创新大学文化——南昌师范学院校庆七十周年“学者文丛”总序》，《南昌师范学院学报》2022 年第 5 期。

⑥ 胡平生、张萌译注：《礼记·大学》，中华书局 2017 年版，第 1165 页。

练就过硬本领，展现新征程的青春作为。“君子藏器于身，待时而动。”[①]机遇总是留给有准备的人。练就干事创业的硬本领、真功夫，才能把握发展机遇，掌握成长主动权。大家早在孩提时代就经受过《共产主义儿童团团歌》的洗礼：“准备好了么？时刻准备着。”“将来的主人，必定是我们。”蔡元培先生也曾这样寄语儿童，他在《儿童节歌》中写道：“好儿童，好儿童，未来世界在掌中。若非今日勤准备，将来落伍憾无穷。”[②]这份手迹，由他的家人保留至今。由此可见，“时刻准备着”是永不过时的成长宣言，它对每一个追求进步的新时代青年都具有指导意义。

同学们！今天之后，你们将与全国千千万万名毕业生一起步入社会，我既为你们高兴，又为你们担忧。高兴的是，你们风华正茂，伟大新时代赋予你们无上光荣的人生使命，你们施展才干的舞台无比广阔，实现梦想的前景无比光明。担忧的是，面对不可预知且充满挑战的未来，你们是否已经在思想境界、人生目标、能力素质各方面都准备好了。我想说的是，未必人人都能成为世俗定义的成功人士，但是从社会意义上说，每一个人都可以努力成为更好的自己，只要他们不曾抛弃自己的理想信念，没有忘记奋发进取，他们就是成功的自己。希望你们毕业后继续传承校训精神，坚守初心，强健身心，磨炼恒心，坚持“读万卷书、行万里路”[③]，书写豪迈人生。只要你们有时刻为美好未来准备着、为实现中华民族伟大复兴准备着的精神状态，最终总会迎来“清风徐来、花自盛开”的人生绚丽时刻。

敢于善于拼搏，激扬新征程的青春力量。“独有英雄驱虎豹，更无豪杰怕熊罴。”[④]胜利永远属于自强者、勇敢者、奋斗者。年轻人有志气、有血性，就应该学会在逆境中拼搏、在苦难中成长。中国女排正是凭借“祖国至上、团结协作、顽强拼搏、永不言败”的女排精神创造体坛传奇。中国航天人正是依靠“自主创新、开放融合、万众一心、追求卓越”的新时代北斗精神创造民族骄傲。中国高铁人正是凭借“勇攀科学高峰、争创世界一流”的拼搏精神创造领先世界

① 杨天才、张善文译注：《周易·系辞》，中华书局 2011 年版，第 621 页。

② 高平叔撰著：《蔡元培年谱长编》第四卷，人民教育出版社 1999 年版，第 488 页。

③ ［明］董其昌：《画禅室随笔》，华东师范大学出版社 2012 年版，第 61 页。

④ 中共中央文献研究室编：《毛泽东年谱（一九四九—一九七六）》第五卷，中央文献出版社 2013 年版，第 179 页。

的中国速度。他们都是青年有为的精神风标，更是值得大家学习的好榜样！

同学们！敢于拼搏、善于拼搏的人首先要具备健全、独立、高尚的人格。陶行知先生曾说：“中国要到什么时候才能翻身？要等到人命贵于财富，人命贵于机器，人命贵于安乐，人命贵于名誉，人命贵于权位，人命贵于一切。只有等到那时，中国才站得起来！”① 人性觉醒、人格独立是释放人的潜能、孕育高尚人格的基础。希望大家继续形成并坚守君子人格，做到“富贵不能淫，贫贱不能移，威武不能屈”②，坦坦荡荡、中中正正、光明磊落，始终保持蓬勃朝气、昂扬锐气、浩然正气，始终涵养并坚守“穷则独善其身，达则兼济天下”③ 的骨气、志气和底气。在学校，我们要做勤奋好学、追求上进、有责任感的好学生，自律包容、理性平和，融通情理法理，坚决不做告密者，守护校园文化；在社会，我们要做遵纪守法、重德明理、有家国情怀的好青年，敬业乐群、爱岗奉献，遵守公序良俗，守望幸福家园！敢于拼搏、善于拼搏的人还要养成批判性思维，追求真理，修正错误；坚持真理，坚定理想。中国科学院院士、上海交通大学前校长张杰指出：“大学生活本身就是从确定性思维到批判性思维，从随流从众到内心觉醒的转变过程。独立，是你们人生必经的道路。”④ 希望大家学会掌握批判思维这个强大的思想武器，理性地审视自己的言行、审视身边的人和事，克服传统路径依赖，不迷信僵化、不随波逐流，形成独立判断能力，掌握正确工作方法。敢于拼搏、善于拼搏的人还要具备顽强毅力和强大本领。宇宙悠悠、社会浩大，新问题、新矛盾层出不穷。人们总是在解决新难题、解决新问题中取得进步的。抬头见山山有路，出门临水水载舟。压力越大，拼搏的干劲越大，越是不怕困难，越是敢于战胜困难，就越能彰显大丈夫精神、大丈夫品格。希望大家在未来人生道路上鼓足拼搏勇气、提高拼搏本领、增强拼搏毅力，不回避矛盾问题，不惧怕危机挑战，牢牢把握实现中华民族伟大复兴中国梦这个时代主题，勇立时代潮头，激扬青春活力。

最后，我想把我很喜欢的清末民族英雄左宗棠的诗句送给大家：“能受天磨真铁汉，不遭人嫉是庸才。”敢于迎接挑战、敢于奉献自我、敢于成就人生从来

① 顾明远、边守正主编：《陶行知选集》第一卷，教育科学出版社 2011 年版，第 555 页。

② 方勇译注：《孟子 · 滕文公下》，中华书局 2010 年版，第 109 页。

③ 方勇译注：《孟子 · 尽心上》，中华书局 2010 年版，第 261 页。

④ 张杰：《独立，成就更好的自己》，《中国青年报》2015 年 9 月 15 日。

都是追梦人该有的青春姿态；人生本来就是一场修行，生活原本就是一种磨炼，追梦当然是一番考验。人生种种际遇，或成功或失败，没有哪一件不是冲着你来磨炼你的。“不以物喜，不以己悲。”[①] 能经得起磨炼者，就是大丈夫、真英雄。这正如流行歌曲《真心英雄》中所唱道的：“不经历风雨，怎么见彩虹，没有人能随随便便成功。”奋斗不息，成就自我，从来都是壮丽人生的成长样式。希望大家未来即使遭遇挫折，也要越挫越勇，不向困难低头，决不轻言放弃，不做懦弱的人、庸碌的人，永远都做个有追求的人、有作为的人、有情怀的人。

亲爱的同学们，一朝师院人，未了师院情。未来，无论你们身处何地、走向何方，你们都是母校最牵挂的人，母校永远张开双臂拥抱你，为你照亮前行的路，欢迎你们常回家看看！

衷心祝愿 2023 届毕业生和着《师范魅力激荡高山大河》的有力节拍和强劲旋律，在各行各业都充分展示激荡高山大河般的磅礴力量，燃烧激荡高山大河般的灿烂光焰，积累激荡高山大河般的伟大成就，一路乘风破浪，一生成功远航！

（本文系作者于 2023 年 6 月 16 日在南昌师范学院学生毕业典礼及学位授予仪式上的致辞。）

① 钟基、李先银、王身钢译注：《古文观止》，中华书局 2011 年版，第 708 页。

在导师的指引下走好人生的学术之路

今天，我们以线上线下的形式在这里举行2022级博士研究生开学仪式，稍后，我们请2022级博士生畅谈学习计划，并由2021级博士生汇报一年来的学习收获与不足。首先，我向2022级博士研究生表示热烈的祝贺和诚挚的欢迎！祝贺你们！祝福你们！欢迎你们！同时，祝贺2021级博士生愉快地完成第一学年的学习任务！

在2022级新生入学报到前夕，我们按照时间节点开展的这次活动非常重要。这基本上形成一种文化传承、一种惯例，特别是对于今年刚考上博士研究生的同学来说，具有非常强的仪式感、庄重感和文化感。回想我的求学经历，我的老师章开沅、夏振坤、冯天瑜、严昌洪教授也出席过这样的开学仪式。记得当时，章开沅老师是在办公室举行我们这一届博士研究生开学仪式的，不过流程与我们现在有些不一样，但学生所感受到的学术庄重感、求学仪式感是一样的。我们为什么要抢抓时间开展这样一个仪式呢？主要是因为这个学期时间比较宝贵，开学不久就遇上中秋、国庆，转眼就到了10月中旬，随后天气转冷，整个学期很快就要结束了，再加上今年2022级学生中在职读博的情况是主流，学习时间投入少，难免也有一些压力。从正式录取到现在开学，2022级同学给我的一个总体感觉就是：求学状态不饱满、情感不投入，还存在学风不浓，学习不紧张、不兴奋，效果不明显的问题。因此，我们举行这样一个仪式，请2022级学生讲讲博士生涯规划：准备学习几年毕业？每一年要完成哪些学习任务？准备怎样完成？这也是暑期我跟部分同学强调的，要从思想上做好规划和安排，目的就是要把大家的学习热情调动起来，积极性发挥出来。由此可见，老师是爱护同学们的！老师是关心同学们的！老师是重视同学们的！今天，我想就同学们今后如何走稳、走好学术人生路，与2022级博士生谈谈心，主要讨论五个问题，与大家一起共勉。

第一个问题：学生要对学校感恩、对老师感恩，感恩才能奋进

大家能够考上博士研究生，要感恩学校有一级学科博士点这个平台，能够给大家提供求学机会；要感恩老师对各位同学的欣赏与赏识。你们要带着这样一种感恩的情怀上路，爬山过海，才能学得好。同时，同学们对自己的成绩要自信，对通过努力而获得的成功要兴奋，就像搞体育运动一样，在情绪和行为上要兴奋起来、行动起来。我读书的那个时候，自己能够考上博士研究生，这是一件多么令人兴奋的事情啊，不像你们这批年轻人考上博士却不怎么兴奋和激动。那么不兴奋的原因是什么呢？我为你们想了一下，一是没有幸福感；二是没有敬畏感；三是可能觉得博士毕业容易，这种想法是个致命的错误。所以，这次谈心谈话我要说清楚的，一是要感恩学校，感恩老师；二是要兴奋，坚信“我能行、我能成功”。这是我今天讲话的主要意思。

昨天，我受省社科联党组书记罗勇兵同志、副主席汤水清同志的邀请，为省社科联组织的青年骨干教师作了题为“学术与人生的思考”的主题讲座，主要讲青年学者如何奋斗、如何成功。今天，你们也要带上你们处在博士期间甚至是一辈子的奋进力量，朝着学术发展、人生成长的道路前进。我读博时 33 岁，收到录取通知书的时候非常兴奋。读博士的时候，我在我的同届同学之中年龄是最小的，但那时我已经有教授职称了。那时候，慕章先生之名而来读博士的学生不限年龄大小，关键是要学得好、能成才。在章开沅老师门下读书的学生要么是想成为大学者的，要么是想当上大干部的。他们满怀豪情，显得十分上进，精神状态格外好！在我读博之前，夏振坤老师曾指导我进行人生规划。他认为，我本身是学历史出身的，已经做出来一些成绩，尽管后面跟着他学习了经济学理论知识，但他还是希望我跟着章开沅老师学习如何研究历史，进一步发挥自己有研究基础的优势。我第一次拜见章老师的时候，夏老师就拉着我的手放在章老师手上，表示把我交给章老师了。章老师双手握着我的手，有表示欢迎我的意思。他满心高兴，我满心欢喜。章老师直夸我基础好，是真的来读博士的。当时，我们班一共 8 个人，我是班长。其他同学有些是领导干部，他们的时间很紧。我既要做好自己的学业文章，还要做好同门的事情，主

要是公共学术事务。所以，当班长就要做同学们的服务员，要确保他们圆满毕业，一定要有这个情怀。但是你们不存在这个问题，各位同学都不是领导干部。当然，博士期间的学习任务主要是靠自己扎扎实实、认认真真地去完成。

我清楚地记得章开沅老师在开学之初和我们第一次见面时告诫我们，在他眼里读博士的没有官员，只有学生。当老师的主责主业就是教书育人。学生在学业上差一点不要紧，只要学习态度好，就可以通过勤奋学习一点点补上！在学业上有困难，老师可以教，同学可以帮，但是，如果我们把一些官僚主义思想带进学校来，这个书就读不成了。学习生活要团结紧张、严肃活泼。学习和工作是很严谨严肃的，而生活是人性化、轻松的。这是恩师章开沅老师对我们说过的话，很有教育意义。

因此，我由衷地感恩感激夏振坤老师，是他把我引上读博之路，多次提醒督促我要继续读书，提升学历，学到真本事。我一辈子碰到许多像章开沅、夏振坤老师这样的好老师，所以，我一直都喜欢亲近老师，喜欢在同学们面前讲我和我的老师的故事，并始终心怀童心和奋进之心，把“感恩奋进，感恩才能奋进”这句话作为鼓励同学们读书进步的思想方法，讲出来给大家听，让同学们践行。

第二个问题：学生要带着兴奋、带着朝气完成博士期间的学业，实现学术人生的良好开局

人一旦充满活力和朝气，昂扬奋进地朝着目标走，就没有空去想其他与学业、与成才无关的事情。特别是你们年轻人，认准了一个事情就要大步流星地向前走，一步一个脚印，踏踏实实，像古人说的，“不积跬步，无以至千里”①。2022级的博士研究生同学们，不知道你们暑期是否跟老师联系过，想过博士期间怎么读书，是否向师兄师姐请教经验，有什么样的准备打算，准备的方案老师是否批准了。现在读博士三年级的黄仁森同学曾经讲过一句话，“我一开始不知道读博士很辛苦，结果越读越难”。这句话我是赞成的。他为人很踏实。读硕士期间，他为了写硕士毕业论文一个暑期没有回家，顶着40度的高温在学生

① 方勇、李波译注：《荀子·劝学》，中华书局2011年版，第5页。

宿舍完成了论文写作，最后他的毕业论文评上了校级优秀论文、省级优秀论文。平时，他跟我联系很多，肯动脑子，很勤奋，我很了解他。他考上博士是很辛苦的。人一旦走进他人的内心世界，你就会认同他，你就会愿意帮助他，最后就愿意成就他。现在有些人还是不明白这个道理。不知者不为罪。所以，我今天在开学仪式上告诉大家这个道理：自助者人助，自助者天助；不自助者无助。

这不禁让我联想到当初我准备考博的情形。我在考前就已经开始思考我的读博计划，并暗下决心，三年后一定要顺利毕业，要当优秀毕业生，评上优秀毕业论文，得到我的老师的欣赏与肯定，站在老师的肩膀上继续前进。考上博士以后我也是这样跟章老师作汇报的。最后，我做到了，兑现了诺言。那时候，我们的博士论文评优很难，优秀的论文多，评优指标却很少。现在评优指标多了，但论文写得一般般者反而居多。章老师在读过我的博士论文后说，这是一篇多年难得一见的好文章，他希望我这篇毕业论文答辩评优。章老师亲自组织我们的论文答辩会，亲自确定答辩专家名单（那时候导师不参加答辩），亲自联系冯天瑜老师，请他做答辩委员会主席。因为同学们的人生阅历少，而老师的人生经历多，所以我就给你们讲讲我的人生故事。这样，你们就会从中有所感悟，知道奋起直追，也会有所成就。

向着“优秀”前进很重要。大家不能满足于“毕业万岁”；否则，就是混文凭。在我这里，不存在请老师酌情通过的问题。在我看来，大家都有可能在学业、学术上走得很远、做得很好。事实上，在职读博的同学基本上都是在教育文化战线上工作的。大家有责任把书读好，做好学生的表率。所以，大家从现在开始就要带着一种兴奋，带着青春朝气上路，向着你们的人生目标冲刺。成才要早，成功的人总是早出发的。“莫道君行早，更有早行人”① 啊！对于你们这一届学生来讲，你们要尽快思考我为什么来读博士这个问题，是不是老师拉你进来要你读的，解决好是“我要读，还是要我读”的问题。在成长之路上，学生固然需要老师讲感恩奋进激发你们。但是，如果你们只是一个劲地指望老师催着你跑，那么，作为一名博士生，你就是不合格的。你们来跟着老师读书，连老师的基本情况、代表作品都不知道，你怎么和老师交流？老师要讲的你怎

① 冯国超译注：《增广贤文》，商务印书馆 2015 年版，第 17 页。

么会懂？你们要顺着我讲的话，抓住“问题意识”，往深处钻研思考，与老师形成精神合体，形成思想默契，这样你就能与老师交流，形成教学互动了。优秀的学生都是这样成长起来的；做不到这一点，就谈不上传承师道尊严。比如说，长江学者汪信砚教授，现在60岁，刚刚被评为武汉大学资深教授。大家说他是“小陶德麟”。陶先生门下，人才济济，陶先生却格外器重他，重点培养他。后来，他接了陶先生的班，在武汉大学当过哲学学院院长，现在是《武汉大学学报（哲学社会科学版）》主编。我和他是好朋友。我的师兄马敏，以前我们开玩笑说他是“小章开沅”。马敏师兄学习章老师那真是学得好，得到了真传。他不仅仅与章老师在精神上合体，而且在学术成就上达到老师的水准。所以，你模仿他，你追随他，你敬爱他，那你就成了他。真是印证了这句话，“长大后我就成为了你”。

一个人如果有老师在旁边点拨，就可能学得更好，就能够做更好的自己。这又让我联想起我昨天在社科联讲课的情形。我讲课时，听众的抬头率是很高的，没有一个人看手机、打瞌睡。他们与我进行心灵的交流、情感的互动。这幅画面很感人啊！当然，我时间也把握得精确。我不喜欢讲长话，讲长课。我谈到青年学者成长的重点问题、成长成才的规律性问题。我认为，这是有规律可循的。比如，我们应届生，在理想状态下，29岁博士毕业，32岁做博士后，33岁评上副教授，36岁评上正教授，38岁做“博导”，40岁评上“四青人才”，这是正常的节奏。这是个人学术成长的40岁定律。40岁评上“四青人才”，多耽误一年时间，就要加倍努力。作为一名学者，40岁一定要争取成才！我们在座的部分在职研究生是耽误了时间的，他们就是要卡住这个时间点，耽误的时间就必须在这几年时间内找回来！不要觉得考上博士就能毕业。达到毕业要求，还要有积累、有成果，必须做好4年的安排。所以，我说大家要兴奋。老师一辈子的兴奋点主要是做学术研究工作。我常说，做学术研究要像打了鸡血一样兴奋，像参加长跑比赛一样拼命奔跑，越是耽误了，就越要迎头赶上。

第三个问题：学生要做好四年的学习规划，明确时间表、路线图，对着目标加油干

大家要有一段时间认真静下来思考，准备读什么书？准备怎么安排四年的

学习生活？准备研究什么、写什么？读了老师及相近领域的哪一些重要的代表性文章？什么时候与老师交流？这些问题都要尽早想清楚、弄明白。你们不用担心老师工作忙、没时间。我始终都把老师当作第一职业，做行政、当干部只是我的第二职业。只要有学生来找我，我都是用双休时间加班加点耐心接待，倒是双休、寒暑假几乎没有学生来找我请教问题。假如你因为老师忙而不找老师，那只是你不求上进、不爱学习的托词。找老师请教问题，当然是要讲究方法策略的，你们要在老师的研究兴奋点和兴趣上找话题。有的同学认为，约老师散步是可以启发教育自己的一种有效方式。比如说，吴荣杰同学约老师散步，两次后就把论文题目定了。所以一般来说，你们不找老师，老师也不找你们，这就是古人所说的“礼，闻来学，不闻往教”①。

四年的学习规划很重要，也很严肃，需要自我加压，做好非常严格的时间安排；不然，到临近毕业时才考虑发小论文就晚了。去年，我有个学生就出现了这样的情况。她举全家之力来找老师，真是磨死人、累死人。我想想，人情面子难却，学生好不容易进来读书，不送出去也不好，但这确实不是老师的本意。你起码要让老师高兴、愉快地愿意帮你。章开沅老师曾说，上天让我帮你，如果我不愿意，请不要绑架我，不要强迫我。老师对学生是无私的。我的师兄马敏32岁就在《中国社会科学》上发文章，“出道”就是正刊。你们的师兄刘小钧、朱士涛，“出道”文章就被《新华文摘》《中国社会科学文摘》全文转载。所以，大家要走进老师的内心世界，培育学术情怀，形成学术思维，保持朝气蓬勃，感恩奋进，圆满完成学业。老师会把有限的时间帮助最优秀的人，帮助你们向着太阳走，仰望北斗星，成为学术天空中最亮的那颗星。当然，你首先要用实际行动感动老师，让自己最大的优点发光。这就像章开沅老师选择马敏做他的博士研究生，从60多个本科生到12个硕士研究生，再到后来只选了2个人。这是“筛选”的产物，是一个在双向认可和相互欣赏的过程中的良性选择。老师现在也是在这样培养优秀的学生，好学风、好传统要一茬一茬地接下去。

这是我跟大家讲的第三点。等你们做好了规划、重点安排，老师再来提醒

① 胡平生、张萌译注：《礼记·曲礼上》，中华书局2017年版，第5页。

督促你们完成。我现在快60岁了，我想告诉大家一个道理：只有学术学问、思想灵魂的提升，才是一辈子的事，而行政事务永远达不到100分。比如，起草公文、开会、填表格以及其他事务性工作是永无休止的，你做不到100分。假如你把全身心的精力投入这些事情上，那你就是我们讲的“小男人”。我认为，不会抬头看远方的人，永远也不会成就大事。

学习从模仿开始，学术成长也不例外。大家要多读多看老师的文章，甚至是老师的老师的文章；与老师多交流多沟通，想老师所想，思想与老师靠拢，在问题意识上与老师聚同，在探寻新知上与老师求异。这样，渐渐地你就能与老师形成默契，就活得潇洒、学得自在。心理学里有一句话，我很赞同：你想成为什么样的人，就会成为什么样的人，你心想就能事成。这是美国行为心理学家普莱斯科特讲的，值得深思。用中国的成语讲，就是“心如所愿”。我昨天在江西省社科联很高兴地讲起了自己的科研成果。在申报国家社科基金项目方面，从一般研究项目到国家重大研究项目，我都拿到了；在发表文章方面，从C刊到《中国社会科学》顶刊，从《江西日报》《湖北日报》到《人民日报》《光明日报》，我都发表过；在文章转载方面，从人大报刊复印资料多种刊物到《新华文摘》《中国社会科学文摘》，我有70余篇文章被转载，其中，有3篇文章被两种刊物同时转载。我像你们现在这个年纪，肯定是没有这些成就的。但我经过锲而不舍，就获得了。所以，大家沿着老师的求学足迹前进。如果有老师在你们攀登的过程中向上推一把，在前面拉你一把，你就成了老师，获得了成功。比如说，现在在职读书的学生，只有专心致志地学、一心一意地学，取得优秀成果，将来转岗后再回转来，像我这样，“先专后红”，搞“双肩挑”，也会有所成就。我记得大学毕业刚入职湖北省社科院时，夏振坤老师找我谈心，问我的职业志向，我当时就表态：“我想沿着我在大学里面受到良好教育的方向走，继续在学术道路上奋进，像陈旭麓先生那样，成为全国知名的学者；同时，也希望能够跟着夏老师学会当干部、当领导，管点事，为大家服务。”夏老师听到我说这些话后，脱口而出鼓励道：“艳国先专后红，未来可期，艳国可期。期待的期，就是有未来。艳国有未来。”这个故事夏老师跟章老师讲过，跟师母万老师也多次讲过，几乎讲了一辈子。我就是这样在夏老师、章老师的身边成长的，沿着他们的足迹走，慢慢地就成了他们。我想，大家做到了这一点，就有了我这样的未来，这也是一种不错的人生选择；更何况，你们只要努力，肯定会比老师的未来还更好。

我还有一句话要告诉你们，我的成长经历是：时刻准备着，时刻等待良机。“东方不亮西方亮，黑了南方有北方”①，这是毛主席在井冈山说的。现在纯粹走行政这条道路，我看是不长久的。20 年前，湖北高校就没有了纯行政的正处长。五年前，梅国平同志到中国石油大学调研。会议接待时，办公室主任讲：“对不起，我要先退场了。”会后，我们得知办公室主任是教授、博导，要赶着去上课。我当时读博士也是“时刻准备着”。我记得 1997 年 5 月 21 日晚上，夏老师对我说，“你这一辈子的路还长着呢，还有许多精彩等着你”。他要我“先专后红”，先考个博士，再“双肩挑”。他认为，未来一定是注重学历学位的时代。他一直催促勉励我读博士，深入学术研究。就是这样，我来到了章开沅先生身边，终身受益。因此，人是需要发奋的，要明白自己的“天花板”在哪里。只有明确出发点的人，才会明白自己的奋斗目标在哪里、是什么、有多远、需要怎样付出。

第四个问题：学生要在抗压中努力奋斗、阔步前进，良好的精神面貌决定自己的学术人生到底能够走多远

如果我不读博士，我就来不了江西工作，就不会与江西、与你们结缘。我虽然来江西压力很大，但是，有压力一点总比没有压力好，人都是需要压力的，压力变动力，动力支撑人奋斗前行。比如说，同学们当中有一部分人是工作在辅导员岗位上的在职博士生，一天到晚都非常忙，从早上七点半忙到晚上十一点半，不仅要填表格、整数据，还要做学生工作、联系家长；可谓是整日忙得“不亦乐乎”。这就要求我们做工作时讲究方法，时间要安排妥当，分轻重缓急、粗细有章。大家要记住，你们的第一身份是学生，是博士研究生，要向着趁早毕业、具有博士学位更高起点的美好未来出发。

这么多年来，我也经常反思为什么学生成长得慢，出落优异有点迟？或许是我管得不紧，当然大家也找我找得少，和老师互动交流少。今后我要树立几

---

①《毛泽东选集》第一卷，人民出版社 1991 年版，第 189 页。

个标杆，营造“比学赶帮超”氛围。这样，大家才学得好、进步快。江西人才薄弱呀！像你们都还年轻，还是大有未来、大有前途的。老师要对你们负责，要对老师自己的名声负责，我要培养优秀的学生。你们要时刻记住自己的第一身份是什么，第一主业是什么，第一奋斗方向是什么，第一美好未来是什么，你们要仔细记下来。老师为了开这个会是做足了准备的，思来想去，夜不能寐。苏轼说：“古之立大事者，不唯有超世之才，亦必有坚忍不拔之志。”[①] 这也是写在曾国藩书房的座右铭，是曾国藩每天抬头可见的警示语。你们都需要类似励志的座右铭，也需要长期念一念座右铭。老师讲的这些，你们要一起来念叨提醒，相互鼓励，如果能够坚持下来，至少当个优秀教师没问题，甚至做个“长江学者”，也是有可能的。我在湖北省社会科学院工作期间，我的书房也有座右铭，写的是著名学者周有光先生的母亲教育他的话：“你不能不遇到困难，遇到困难你不要惊慌，自然会度过去的，不要失望。”[②] 我很喜欢这句话。一个人最主要是内心的强大，你要保持内心安定、稳定，遇到任何事情，都不要急躁焦躁，你要相信世界上美好的事情比你遇到的要多得多，生活一定会好起来。希望大家下脱胎换骨的决心，做最好的自己。我每天上班坐在电脑边，经常翻阅《新华字典》，查阅的字、词、义内容我都能背下来，这是修心之学。你们年轻人容易急躁、烦躁、焦躁，甚至是丧失理性。所以，每每想到这句话，我就深受教诲。周先生这句话是我师母万老师特意送给我的，这是心性之学，我非常珍惜。现在我把这句话送给大家。大家要学会在压力和奋斗中前进。

第五个问题：学生要尽早选定主攻方向，主攻方向就是完成学业的目标选择，主攻的力度有多大，成效就有多高

如果你犹豫不决，就会永远都处在犹豫当中，踌躇不前。你们要尽快搞明白自己要做什么，为什么这样做。这个是方法论，也是硬要求。经过暑假调整，大家应该结合自己的长处着手准备写些文章，不要再犹豫。治学无非性情之学，人生一辈子无非信义与情义。学问也是如此，大家都要珍惜自己的人生经历。

① 钟基、李先银、王身钢译注：《古文观止》，中华书局 2011 年版，第 822 页。
② 周有光著、文明国编：《对话周有光》，人民日报出版社 2014 年版，第 261 页。

我记得上次谈到马敏师兄成功的经验时，我的学生肖春脱口而出一句话，“付出了总有回报”。他能答出这句话，我觉得他还是有悟性的，知道我在讲什么。学术成就的取得需要师生相互配合。一方面，学生自身渴望成长很重要，你们要带着谈恋爱的精神来追求学术；另一方面，老师也是很重要的因素。如果没有老师的严格要求，你们就不能成长起来。老师因为大家做得不对，在电话里发脾气也是常有的事。难道因为老师发过脾气，你就不去找他吗？我记得有一次，夏老师头一天下午对我发了脾气，第二天早上九点钟我就去找了老师，老师又高兴地摸摸我的头就好了。因为他喜爱我，对我要求严格，希望我成才的心很急迫，所以才会这样。当然，也有我做得不够好，需要严厉批评的原因吧。在处理师生关系中，大家从外面看到的是阳光，当然内部也有风雨，摔电话、吼两句，没有什么关系，因为老师爱护学生才会这样。古人讲“严管厚爱”，说的就是这个意思吧。比如，此前我在微信公众号上的一篇文章中提到的我给章老师送书迟到三个多小时的事情，我想起来一辈子都觉得对不起他，他发脾气是对的。

所以你们要早做选择，选定方向，不要改来改去，要增大阅读量，加强学术交流。我讲一个经验，这么多年来，我看到凡是换了博士论文题目的同学，最终没有一个是换成功的。那是折腾自己、折腾老师。我的经验是，你选定了就选定了，不要像挑衣服一样，挑花了眼。挑得好与不好要凭自己的直觉、感觉；否则，就会越挑越差。题目要早选，什么时候选呢？你们读一年级的在元旦前就要选好题，二年级的现在就要选定题。以后的教学也采取专题式、互动式、研究式教学，由学生主讲、老师点评。下一次，就是一个星期的公众号文章发完的时候，你们就要以三五篇为一个单元进行探讨，仅凭灌输是没用的。老师研究的领域有四个，即马克思主义历史理论与史学理论、中国思想文化史、中国近现代史（含马克思主义中国化）、国家治理与社会建设，研究方向很清楚，由几百篇文章构成学术的四个板块。你们要根据自己的爱好，把相关文章找出来学习，这是学术引路；然后再延伸下去做学问。方向一定要选定，选定了以后就要多增加阅读量。我每天在自己的公众号上发一篇文章，不是给我自己看的，也不单是给朋友看的，主要是给学生看的。希望你们每天拿出一个小时的时间来阅读，每天我都要检查。

在江西读书、在江西毕业、留在江西工作的同学，你们要趁早赶快出去见见世面。“不经风雨，不见世面，哪能长成参天大树？”老师之所以说是老师，就是比你们更有经验、更有阅历。大家读博期间，有机会要多去北京、上海、武汉、南京、西安等名校所在地走走看看。远的不说，你们连近一点的武汉大学、华中师范大学、南京大学、湖南大学、中山大学、华东师范大学都没有去过，那么，你这样就读到博士毕业，真是丢死人！我经常说你们是羞涩的、青涩的、很紧张的，可能与老师在一起都很紧张。你们就像是老师的孩子一样，“师徒如父子”，有什么好那么紧张的！比如说，暑期在武汉，黄仁森跟我在电梯里碰到了徐勇老师，他都没有勇气上去邀徐勇老师照个相、合个影，尽管他内心很想踏出那一步，但最终还是留下擦肩而过的遗憾。所以，我说你们虽已成年，看似干了很大的事，但是按照老师来讲，心态上还不成熟，不能很好地处理焦虑、压力等情绪。这就是说你们感觉又要好，感觉又不要太好，因为你们的阅历不够，所以才不那么自信，遇人遇事拘束、害怕。你们认识到这些不足，就可以有针对性地加以改变。

学术上、事业上“得宠”，是学者最大的幸福。“得宠”来自老师对学生的喜爱，是来自向上进取的青春力量。章老师在离世前的一次小聚中说道：“别人说我是偏爱马敏；我和你们讲，我是从马敏身上找到了我年轻时候的影子。”夏老师说我多才多艺，很有慧根，很像他小时候。人和人之间交往是要投缘、结缘的。有了这个基础，人们才会有走进彼此内心世界的可能。你们首先要洋溢出你们的优点、放大你们的优点；如果不这样做，你们遇到名师大家、受到高人指点的概率就会小很多，成功的机会自然就会少很多。所以，你们一定要在学习、学业上体现出不可阻遏的、向上的、奔流的、涌动的活力。只有这样，大家才能像“千里马”一样被“伯乐”发现、赏识，进而受到他的指点，获得成功。

每一个人都期待成功，但这是一个长期努力的过程，需要大家打好基础、做好准备。对于你们来说，首先要做一名合格的毕业生，然后做一名优秀的毕业生，再做一名顺利成长的青年教师，最后再做一名优秀的青年学者。这是你们学术成长的四部曲。简而言之，第一是顺利毕业；第二是优秀毕业；第三是顺利走上工作岗位；第四是在工作岗位中成为一名优秀青年学者，最后通向

“先专后红”的“双肩挑”之路。当然，如果你只想潜心做一名专业研究人员，这也很好。评上“青年长江学者”，一年有60万的年薪；获得国家级人才称号，年薪有80万、100万。这也是一种前途！我这是给你们算生活的账，本意是希望你们成为大才！这才是人生正路！像我每晚十点半到正大广场走一圈，总看到有的学生在那搂搂抱抱，多好的青春年华，多么美好的求学上进的时间，都付诸在搂搂抱抱之中了。消磨时间，消费青春，而不是歌唱青春之歌，这是我心中最愤恨的事情。沉醉于谈恋爱的学生，能培养起来吗？能够成大才吗？有的时候我想，还是夏老师讲得对，孩子护狠了长不大，抱得太紧了也不行，还是要独立成长。没有经历过挫折、没有经历切肤之痛的孩子是没有办法成长的。但我是老师啊，师生有情有义，看到你们的缺点与不足，我不能不管。你们现在在谈对象的，我不要你们分手，希望你们正确处理生活与学业的关系；暂时还没有谈恋爱的学生，希望你们一定要耐得住寂寞，守得住清苦，盯得住人生目标。这是我对你们的要求。年纪大一些的学生更要努力，现在就想让老师帮你们毕业“过关”者，最终都将无法顺利毕业。你们要让外审专家一看到你们的论文，就羡慕这是哪位老师带了这么好的学生，由衷感到敬佩。这样的话，你们就给老师争了光、争了气，也给自己的人生添了彩，老师把你们抱紧就抱对了。这是我最深切的话，你们要记住，要立志成为最好的我们！

我总共讲5条，教你们怎么读博士，这对你们应该大有作用，希望你们铭记于心。最后一个小建议，为了保证落实好这5条，你们要调整好作息时间。只有健康的身体，才能保证旺盛的精力。就算睡不好，精力也很旺盛；否则，四年写不成博士论文。就算熬夜完成了晚上的工作，但是第二天白天的工作就完不成了；否则一起床、一工作，状态就不行。我建议你们晚上就工作到十二点为止，每天4个小时雷打不动，从晚上7点开始，11点收场，这就足够了。这是陈启能先生到我家现场指导史学理论研究会的事情时和我讲的。他知道我有熬夜工作的毛病，就对我说：“在中国社会科学院上班，我们都是上午两小时、下午两小时、晚上不工作，一天四小时就足够了；像你们年轻人手脚快，4个小时是铁定可以的。”我“出道”就是这样的因缘，碰到了像陈启能先生这么好的人。经过多年努力，我在史学理论研究领域也算取得了较好的成绩。这次中国史学理论研究会换届，我当选为副会长。如果你们努力保持好的状态，方方面面都这样做好，一定会有所收获的。大家一定要在生活习惯、作息时间上做好调整。我们以前经常打哈欠的人，是会被领导谈话批评的。夏老师曾跟我讲，就说我的精力好旺盛，带出去往他身边一站，气场都很旺。精神精力不旺盛，喜欢打哈欠很不好，在文明国度里，显得对人不尊重，令人反感。希望同学们重视这条意见。

以上是我对大家提的几点要求，希望同学们原汁原味地记下来，认真思考，好好消化。最后，我结合同学们讲到的读博期间的规划安排，做个简单总结。

你们要追赶学术、赶上时代，和老师的志趣、精神合体，在老师的带领下，一道奔跑，跑出“加速度”，跑出人生精彩！在老师的培养下扬帆远航的过程，就是“为伊消得人憔悴”、因“相思”而奋进的过程。你们为了“伊人”，那个“她”，就是为了追求自己的人生奋斗目标，每天要想着“她”，茶不思，饭不想；为追求“她”，展开猛烈的攻势，人都消瘦下来，吃再好的鸡鸭鱼肉都补不回来。如果大家不得这个“相思病”，人生就会漫无目的、得过且过、不思进取，人就会懒散下来，就会一事无成。这是因为，一个人如果缺少人生奋斗目标，精神上就会缺乏动力，人生就会碌碌无为。这就是老师今天讲的，为理想而奋斗就像谈恋爱得“相思病”一样，要“迷”进去，要“追”上去。相思是什么？是思考人生的未来，有目标。我每天晚上十点半出去散步休息时看到的那些孩子，我真担忧！家长管不了，老师管不好，辅导员没管住。他们的人生道路将会迂回曲折，会辛辛苦苦绕一大圈弯路，等到吃尽苦头，痛定思痛，才会幡然醒悟。到那时，可能为时已晚啊！所以，你们现在就要确定好奋斗目标，弄清我是谁、我要干什么、我能干成什么，在老师的指导下好好努力，少走弯路。这是很朴素而深刻的人生道理，好简单、好容易，懂了就一点都不难。所以，我建议你们每天晚上要早早就洗漱好，写完文章或看完书之后洗个手，就去睡觉，睡个好觉。这样的自律，“为伊消得人憔悴”①，最后才能“蓦然回首，那人却在，灯火阑珊处”。大家如果要想写好两篇小论文，评上优秀博士论文，最后把国家社科基金后期资助项目拿下来，现在就要打好基础，不要敷衍老师，不要唱高调，而要暗下决心朝着目标规划前行。在 3 月底，我写了篇文章，主

① ［宋］柳永撰，孙光贵、徐静校注：《柳永集》，岳麓书社 2003 年版，第 36 页。

要内容就是讲要多看看老师是怎么写文章的，要学会把老师的话融进自己的话里，近距离模仿他，勤学勤读，认真做笔记。你们在老师身边有机会可以跟老师对话，白天谈，下午谈，通宵谈，都可以，重要的是，大家要在谈话的过程中领悟老师的思想，把灵光闪现的东西抓住抓牢，融入自己的写作。用王国维先生《人间词话》中的三重境界[①]讲学术研究，其中，第三个境界讲的就是学术创新，希望你们把中国的学术读懂、弄通，然后通过外语的渠道，把国外的优秀学术思想吸收进来，把中国的优秀学术思想再传播出去，为中国哲学社会科学学科体系、学术体系、话语体系建设出一分力、争一分光。我希望你们写博士论文能达到这个层次，这也是我对你们未来的期待！

（本文系作者于2022年8月31日在江西师范大学历史文化与旅游学院、马克思主义学院博士研究生开学第一课上的讲话，陈芸等同学根据录音整理，经作者审定。）

① 王国维先生在《人间词话》中运用古诗词形象地比喻治学的三重境界。他说道："古今之成大事业、大学问者，必经过三种之境界：'昨夜西风凋碧树。独上高楼，望尽天涯路。'此第一境也。'衣带渐宽终不悔，为伊消得人憔悴。'此第二境也。'众里寻他千百度，回头蓦见，那人正在、灯火阑珊处。'此第三境也。"参见王国维撰、彭玉平疏证：《人间词话疏证》，中华书局2014年版，第328页。